Statistische Methoden der VWL und BWL
Theorie und Praxis

Unser Online-Tipp
für noch mehr Wissen ...

informit.de

Aktuelles Fachwissen rund um die Uhr
– zum Probelesen, Downloaden oder
auch auf Papier.

www.informit.de

Josef Schira

Statistische Methoden der VWL und BWL
Theorie und Praxis

3., aktualisierte Auflage

PEARSON
Studium

ein Imprint von Pearson Education
München • Boston • San Francisco • Harlow, England
Don Mills, Ontario • Sydney • Mexico City
Madrid • Amsterdam

Bibliografische Information Der Deutschen Nationalbibliothek

Die Deutsche Nationalbibliothek verzeichnet diese Publikation in der Deutschen Nationalbibliografie; detaillierte bibliografische Daten sind im Internet über <http://dnb.d-nb.de> abrufbar.

Die Informationen in diesem Buch werden ohne Rücksicht auf einen eventuellen Patentschutz veröffentlicht. Warennamen werden ohne Gewährleistung der freien Verwendbarkeit benutzt. Bei der Zusammenstellung von Texten und Abbildungen wurde mit größter Sorgfalt vorgegangen. Trotzdem können Fehler nicht ausgeschlossen werden. Verlag, Herausgeber und Autoren können für fehlerhafte Angaben und deren Folgen weder eine juristische Verantwortung noch irgendeine Haftung übernehmen. Für Verbesserungsvorschläge und Hinweise auf Fehler sind Verlag und Herausgeber dankbar.

Alle Rechte vorbehalten, auch die der fotomechanischen Wiedergabe und der Speicherung in elektronischen Medien. Die gewerbliche Nutzung der in diesem Produkt gezeigten Modelle und Arbeiten ist nicht zulässig.

Fast alle Produktbezeichnungen und weitere Stichworte und sonstige Angaben, die in diesem Buch verwendet werden, sind als eingetragene Marken geschützt. Da es nicht möglich ist, in allen Fällen zeitnah zu ermitteln, ob ein Markenschutz besteht, wird das ®-Symbol in diesem Buch nicht verwendet.

Umwelthinweis: Dieses Produkt wurde auf chlorfrei gebleichtem Papier gedruckt. Die Einschrumpffolie – zum Schutz vor Verschmutzung – ist aus umweltverträglichem und recyclingfähigem PE-Material.

10 9 8 7 6 5 4 3 2 1

11 10 09

ISBN 978-3-86894-020-6

© 2009 by Pearson Studium
ein Imprint der Pearson Education Deutschland GmbH,
Martin-Kollar-Straße 10–12, D-81829 München/Germany
Alle Rechte vorbehalten
www.pearson-studium.de
Lektorat: Christian Schneider, cschneider@pearson.de
Korrektorat: Dunja Reulein, München
Umschlaggestaltung: Thomas Arlt, tarlt@adesso21.net
Titelbild: fotolia, Deutschland
Herstellung: Elisabeth Prümm, epruemm@pearson.de
Satz: le-tex publishing services GmbH, Leipzig
Druck und Verarbeitung: Kösel, Krugzell (www.KoeselBuch.de)

Printed in Germany

Meinem Lehrer Hans Schneeweiß

Inhaltsverzeichnis

Vorwort ... 13

Teil I Beschreibende Statistik ... 17

Kapitel 1 Statistische Merkmale und Variablen ... 19

1.1 Statistische Einheiten und Grundgesamtheiten ... 19
1.2 Merkmale und Merkmalsausprägungen ... 21
1.3 Teilgesamtheiten, Stichproben ... 24
1.4 Statistische Verteilung ... 25
1.5 Häufigkeitsfunktion und Verteilungsfunktion ... 27
1.6 Histogramm und Häufigkeitsdichte ... 31

- Kontrollfragen ... 38
- Praxis: *Sterben die Deutschen aus?* ... 39
- Ergänzende Literatur, Aufgaben, Lösungen ... 39

Kapitel 2 Maßzahlen zur Beschreibung statistischer Verteilungen ... 43

2.1 Arithmetisches Mittel als Lagemaß ... 43
2.2 Median und Modus ... 45
2.3 Geometrisches Mittel ... 47
2.4 Harmonisches Mittel ... 49
2.5 Streuungsmaße ... 51
2.6 Varianz und Standardabweichung ... 53
2.7 Quantile ... 59
2.8 Konzentrationsmaße ... 64
2.9 LORENZ-Kurven und GINI-Koeffizienten ... 67

- Kontrollfragen ... 75
- Praxis: *Ist die Steuerprogression gerecht* ... 76
- Ergänzende Literatur, Aufgaben, Lösungen ... 77

Kapitel 3 Zweidimensionale Verteilungen ... 83

3.1 Streudiagramm und gemeinsame Verteilung ... 83
3.2 Randverteilungen ... 85
3.3 Bedingte Verteilungen und statistische Zusammenhänge ... 89
3.4 Kovarianz und Korrelationskoeffizient ... 92

3.5	Kontingenzkoeffizient	98
	- Kontrollfragen	101
	- Praxis: *Zahlt sich ein Studium aus?*	102
	- Ergänzende Literatur, Aufgaben, Lösungen	102

Kapitel 4 Lineare Regressionsrechnung 107

4.1	Die Regressionsgerade	108
4.2	Eigenschaften der Regressionsgeraden	111
4.3	Umkehrregression	117
4.4	Nichtlineare und mehrfache Regression	120
	- Kontrollfragen	124
	- Praxis: *Lohnen sich häufigere Kundenbesuche?*	125
	- Ergänzende Literatur, Aufgaben, Lösungen	126

Kapitel 5 Beschreibung von Zeitreihen 131

5.1	Die Komponenten einer Zeitreihe	133
5.2	Bestimmung des Trends durch Regressionsrechnung	136
5.3	Höhere Polynome für die glatte Komponente	139
5.4	Exponentieller Trend	141
5.5	Gleitende Durchschnitte	144
5.6	Exponentielles Glätten	149
5.7	Konstante additive Saisonfiguren	154
5.8	Konstante multiplikative Saisonfiguren	161
	- Kontrollfragen	162
	- Praxis: *Wirkt die Agenda 2010?*	163
	- Ergänzende Literatur, Aufgaben, Lösungen	165

Kapitel 6 Indexzahlen 169

6.1	Messzahlen	169
6.2	Preisindizes	171
6.3	Indexreihen	178
6.4	Deflationieren nominaler Größen	183
6.5	Mengenindizes	185
6.6	Wertindizes	189
	- Kontrollfragen	190
	- Praxis: *Macht der Euro alles teurer?*	191
	- Ergänzende Literatur, Aufgaben, Lösungen	192

Teil II Wahrscheinlichkeitsrechnung — 197

Kapitel 7 Elementare Kombinatorik — 199

- 7.1 Fakultäten und Binomialkoeffizienten — 199
- 7.2 Das Fundamentalprinzip der Kombinatorik — 203
- 7.3 Permutationen — 204
- 7.4 Kombinationen — 206
  - Kontrollfragen — 208
  - Praxis: *Holländische Autonummern* — 209
  - Ergänzende Literatur, Aufgaben, Lösungen — 209

Kapitel 8 Grundlagen der Wahrscheinlichkeitstheorie — 213

- 8.1 Ereignisse, Ereignisraum und Ereignismenge — 213
- 8.2 Das Rechnen mit Ereignissen — 216
- 8.3 Klassische Wahrscheinlichkeit — 219
- 8.4 Statistische Wahrscheinlichkeit — 222
- 8.5 Der subjektive Wahrscheinlichkeitsbegriff — 224
- 8.6 Axiomatik der Wahrscheinlichkeitstheorie — 226
- 8.7 Wichtige Regeln der Wahrscheinlichkeitsrechnung — 228
- 8.8 Wahrscheinlichkeitsräume — 231
- 8.9 Bedingte Wahrscheinlichkeit und stochastische Unabhängigkeit — 238
- 8.10 Totale Wahrscheinlichkeit — 243
- 8.11 Das BAYES-Theorem — 247
  - Kontrollfragen — 249
  - Praxis: *Just In Time* — 250
  - Ergänzende Literatur, Aufgaben, Lösungen — 251

Kapitel 9 Zufallsvariablen — 257

- 9.1 Die Verteilungsfunktion — 260
- 9.2 Diskrete Zufallsvariablen — 266
- 9.3 Stetige Zufallsvariablen — 268
- 9.4 Erwartungswerte von Zufallsvariablen — 272
- 9.5 Varianzen — 278
- 9.6 Standardisieren — 285
- 9.7 Die TSCHEBYSCHEVsche Ungleichung — 287
- 9.8 Momente — 291
- 9.9 Momenterzeugende Funktionen — 294
- 9.10 Median, Quantile und Modus — 297
  - Kontrollfragen — 300
  - Praxis: *Kann sich eine Markteinführung rentieren?* — 301
  - Ergänzende Literatur, Aufgaben, Lösungen — 303

Kapitel 10 Mehrdimensionale Zufallsvariablen — 307

- 10.1 Gemeinsame Verteilung und Randverteilungen — 308
- 10.2 Bedingte Verteilungen und stochastische Unabhängigkeit — 315
- 10.3 Erwartungswerte, Varianzen, Kovarianz — 319
- 10.4 Summe von zwei oder mehreren Zufallsvariablen — 325
  - Kontrollfragen — 330
  - Praxis: *Portfolio Selection* — 331
  - Ergänzende Literatur, Aufgaben, Lösungen — 333

Kapitel 11 Stochastische Modelle und spezielle Verteilungen — 337

- 11.1 Gleichförmige Verteilung — 338
- 11.2 BERNOULLI-Verteilung — 340
- 11.3 Binomialverteilung — 342
- 11.4 Hypergeometrische Verteilung — 348
- 11.5 POISSON-Verteilung — 353
- 11.6 Geometrische Verteilung — 357
- 11.7 Rechteckverteilung — 361
- 11.8 Exponentialverteilung — 363
- 11.9 Normalverteilung — 369
- 11.10 Logarithmische Normalverteilung — 378
- 11.11 Gamma-Verteilungen — 381
  - Kontrollfragen — 387
  - Praxis: *Kreditrisikomanagement* — 388
  - Ergänzende Literatur, Aufgaben, Lösungen — 390

Kapitel 12 Wichtige Grenzwertsätze — 395

- 12.1 Das Gesetz der großen Zahlen — 397
- 12.2 BERNOULLIs Gesetz — 402
- 12.3 Der Hauptsatz der Statistik — 405
- 12.4 Der zentrale Grenzwertsatz — 407
- 12.5 Normalverteilung als Näherungsverteilung — 413
  - Kontrollfragen — 415
  - Praxis: *Abschied vom Kopf-oder-Zahl-Spiel* — 416
  - Ergänzende Literatur, Aufgaben, Lösungen — 419

Teil III Schließende Statistik — 423

Kapitel 13 Punktschätzung von Parametern einer Grundgesamtheit — 425

- 13.1 Punktschätzung, Momentenmethode — 426
- 13.2 Eigenschaften von Punktschätzungen — 434
- 13.3 Schätzprinzipien — 437
  - Kontrollfragen — 442
  - Praxis: *Schätzung der Risikokennzahl Value at Risk (VaR)* — 442
  - Ergänzende Literatur, Aufgaben, Lösungen — 444

Kapitel 14 Intervallschätzungen — 447

- 14.1 Stichprobenverteilungen — 447
- 14.2 Intervallschätzung mit großen Stichproben — 453
- 14.3 Chi-Quadrat-Verteilung — 457
- 14.4 STUDENT-t-Verteilung — 458
- 14.5 Intervallschätzung mit kleinen Stichproben — 460
- 14.6 Übersicht: Varianzen — 466
  - Kontrollfragen — 467
  - Praxis: *Einsparpotential durch Abbau von Fehlbelegung im Krankenhaus* — 467
  - Ergänzende Literatur, Aufgaben, Lösungen — 469

Kapitel 15 Statistisches Testen — 475

- 15.1 Nullhypothese, Gegenhypothese und Entscheidung — 475
- 15.2 Testen von Hypothesen über Mittelwerte — 477
- 15.3 Testen von Hypothesen über Anteilswerte — 485
- 15.4 Test für Varianzen — 488
- 15.5 Vergleich zweier Mittelwerte — 490
- 15.6 Vergleich zweier Anteilswerte — 493
- 15.7 F-Verteilung — 494
- 15.8 Vergleich zweier Varianzen — 496
- 15.9 Signifikanzniveau und Überschreitungswahrscheinlichkeit — 498
- 15.10 Macht und Trennschärfe eines Tests — 499
  - Kontrollfragen — 503
  - Praxis: *Sind Meinungsforscher politisch neutral?* — 504
  - Ergänzende Literatur, Aufgaben, Lösungen — 506

Kapitel 16 Spezielle Testverfahren — 511

- 16.1 Tests für Median und Quantile — 511
- 16.2 Anpassungstests — 515
- 16.3 Unabhängigkeitstest — 521
- 16.4 Homogenitätstest — 523
- 16.5 Tests auf Korrelation — 525
- 16.6 Varianzanalyse — 528
  - Kontrollfragen — 531
  - Praxis: *Eigenkapitalisierung von Small Enterprises* — 532
  - Ergänzende Literatur, Aufgaben, Lösungen — 533

Kapitel 17 Regressionsanalyse — 537

- 17.1 Das einfache lineare Modell — 538
- 17.2 Schätzmethode der kleinsten Quadrate — 542
- 17.3 Multiple lineare Regressionsanalyse — 547
- 17.4 Stochastische Eigenschaften — 557
  - Kontrollfragen — 563
  - Praxis: *Müssen die Lohnnebenkosten gesenkt werden?* — 564
  - Ergänzende Literatur, Aufgaben, Lösungen — 565

Kapitel 18 Stochastische Prozesse und Zeitreihenmodelle — 569

- 18.1 Kennzahlen stochastischer Prozesse — 571
- 18.2 Stationäre stochastische Prozesse — 574
- 18.3 Moving-Average-Prozesse — 579
- 18.4 Autoregressive Prozesse — 583
- 18.5 Prognosen mit AR-Modellen — 594
- 18.6 ARMA und ARIMA-Modelle — 599
  - Kontrollfragen — 601
  - Praxis: *Folgt die Inflationsrate einem stochastischen Prozess?* — 602
  - Ergänzende Literatur, Aufgaben, Lösungen — 603

Anhang: Statistische Tafeln — 607

- Standardnormalverteilung — 608
- STUDENT-t-Verteilung — 609
- Binomialverteilung — 610
- POISSON-Verteilung — 612
- Chi-Quadrat-Verteilung — 613
- F-Verteilung — 614

Stichwortverzeichnis — 621

Vorwort

Statistik ist die Wissenschaft vom Sammeln, Aufbereiten, Darstellen, Analysieren und Interpretieren von Fakten und Zahlen. Staatliches Interesse an Informationen über demographische, soziale und ökonomische Sachverhalte war seit Jahrhunderten die Triebfeder für die Entwicklung der Statistik und gab ihr auch den Namen. Heute stimuliert die Notwendigkeit, große Mengen von verfügbaren Daten in vielen Anwendungsgebieten in nützliche Information zu verwandeln, die theoretische und praktische Weiterentwicklung der Statistik. In allen „empirischen Wissenschaften", wie der Medizin, Biologie, Geologie, Physik, Psychologie, Soziologie und der Wirtschaftswissenschaft, um nur die bekanntesten zu nennen, ist sie zu einer der wichtigsten Methoden der Erkenntnisgewinnung geworden. Zum Studium dieser Wissenschaften gehört deshalb auch eine intensive Beschäftigung mit Statistik.

Das vorliegende Buch wendet sich vor allem an Studierende der Volks- und Betriebswirtschaftslehre im Grund- und Hauptstudium. Es kann als Textbook oder als Begleitlektüre zu Vorlesungen und Seminaren in den herkömmlichen Diplomstudiengängen an Universitäten und Fachhochschulen und in den neuen Bachelor- und Masterstudiengängen dienen. Gleichzeitig ist das Buch als allgemeines Nachschlagewerk zu den grundlegenden statistischen Fragestellungen und Methoden angelegt und kann den Studenten während seines ganzen fachwissenschaftlichen Studiums und später in der Berufspraxis begleiten.

Der Leser benötigt die üblichen Grundkenntnisse der Elementarmathematik, wie sie in den Oberschulen und Gymnasien unterrichtet wird. Die darüber hinausgehenden Anforderungen beschränken sich auf das Rechnen mit dem Summenzeichen, die Lösung linearer Gleichungssysteme und auf etwas Matrizenrechnung. Die wenigen Elemente aus der höheren Mathematik, die zur Darstellung der statistischen Theorie hilfreich sind, werden an Ort und Stelle auf verständliche Weise erläutert. Statistische Sätze und Theoreme der Wahrscheinlichkeitsrechnung werden nur dann durch mathematische Beweise ergänzt, wenn diese kurz sind, mit einfachen Mitteln bewerkstelligt werden können und dadurch das Verständnis der statistischen Theorie befördert wird. Denn die statistische Grundausbildung hat auch das Ziel, auf das Studium der fortgeschrittenen Statistik und Ökonometrie vorzubereiten.

Der Aufbau des Buches ist einerseits in dem Sinne traditionell, als er dem heute an deutschen Hochschulen für volks- und betriebswirtschaftliche Studiengänge üblichen Standardprogramm folgt. Andererseits habe ich besondere Bemühungen darauf verwandt, Theorie und Praxis einander näherzubringen. Beinahe alle behandelten Sachverhalte sind wohlbegründet und bauen aufeinander auf, der Leser muss sich nicht mit einer bloßen Rezeptesammlung zufriedengeben. Seit auf jedem Schreibtisch ein PC steht und vielfältige statistische Software angeboten wird, kann auch der Laie jede aufwendige und anspruchsvolle statistische Auswertung per Mausklick erledigen, aus jedem Datensatz statistische Kenngrößen ermitteln und Schätzungen und Prognosen anfertigen, ob sie nun sinnvoll sind oder nicht. Deshalb wird hier besonderer Wert darauf gelegt, den theoretischen Hintergrund der statistischen Methoden klar aufzuzeigen, um so die Urteils- und Kritikfähigkeit zu fördern. Die mathematische Notation erschwert das nicht, wie manchem auf den ersten Blick erscheinen mag, sie ist vielmehr so angelegt, dass sie das Verstehen erleichtert.

Außerdem wird das Buch durch eine große Anzahl von Graphiken und Tabellen anschaulich und übersichtlich gegliedert, wodurch das Verständnis und die Orientierung zusätzlich erleichtert werden.

Beispiele
Jedes Kapitel enthält zahlreiche Beispiele, die den Text beleben. Sie dienen einerseits der didaktischen Aufbereitung und sollen abstrakte Zusammenhänge anschaulich darstellen, andererseits zeigen viele von ihnen ganz konkrete wirtschafts- und sozialwissenschaftliche Anwendungen der vorgestellten statistischen Methoden.

Kontrollfragen
Am Ende eines Kapitels finden sich Kontrollfragen. Sie helfen dem Studenten, seinen Wissensstand zu überprüfen. Wenn nötig, kann zur Beantwortung einer Kontrollfrage der Text des Kapitels noch einmal herangezogen werden. Die Fragen sind so angelegt, dass durch ihre Beantwortung der Stoff wiederholt und die Struktur und die Inhalte des jeweiligen Kapitels verdeutlicht werden.

Theorie und Praxis
Zu jedem Kapitel wird eine typische Problemstellung aus der Praxis vorgestellt. Es handelt sich dabei um interessante Fragen aus der aktuellen wirtschaftspolitischen Diskussion und um Ansätze der neueren betriebswirtschaftlichen Forschung. Der Sachverhalt wird erläutert und es wird aufgezeigt, mit welchen statistischen Methoden eine Lösung herbeigeführt werden kann und welche Schlüsse aus dem Ergebnis zu ziehen sind. Diese Praxisanwendungen sind für Studenten besonders wichtig, da sie die oft empfundene Diskrepanz zwischen statistischer Methodenlehre und substanzwissenschaftlichen Fragestellungen zu überwinden helfen.

Ergänzende Literatur
Jedem Kapitel folgt eine kurze Liste ergänzender Literatur. Die Literaturangaben sind spezifisch, es handelt sich dabei um Monographien und Aufsätze zum Gegenstand des jeweiligen Kapitels. Außerdem werden allgemeine statistische und wahrscheinlichkeitstheoretische Werke und Lehrbücher genannt, die als klassisch gelten können oder in den bezeichneten Teilen detailliertere oder weitergehende Ausführungen zu den Methoden des Kapitels anbieten.

Aufgaben und Lösungen

Eine Zusammenstellung einer Vielzahl von sorgfältig ausgearbeiteten Aufgaben schließt jedes Kapitel ab. Dabei handelt es sich zum einen Teil um einfache, auf die Inhalte des jeweiligen Kapitels zugeschnittene Übungsaufgaben, zum anderen Teil um typische Klausuraufgaben, zu deren Lösung Kenntnisse aus verschiedenen Stoffgebieten benötigt werden. Die Beschäftigung mit den Aufgaben ist für das Studium und die Prüfungsvorbereitung besonders wichtig. Die meisten Aufgaben münden in die Berechnung von numerischen Ausdrücken, wobei die im Text entwickelten Formeln zu benutzen sind. Bei manchen Aufgaben ist die Berechnung leicht von Hand oder mit dem Taschenrechner möglich, in vielen Fällen sind PC-Programme vorteilhaft. Dazu bieten sich zwar spezielle Statistik-Programme an, besonders empfohlen wird aber, die Aufgaben mit Excel-Tabellen zu lösen: Der Rechenweg und die Formeln können dort explizit umgesetzt werden, womit ein besonderer Lerneffekt verbunden ist.

In den Lösungen sind, etwas abgesetzt, die numerischen Ergebnisse genannt, was dem Benutzer die Kontrolle seiner Arbeit ermöglicht.

Danksagung

An der Entstehung dieses Buches waren viele Personen beteiligt, und ich möchte vor allem denen danken, die als Erste den Text mit kritischen Kommentaren und hilfreichen Anregungen versehen haben, namentlich Dipl.-Psych. Horst Minkmar und Dipl.-Chem. Dr. Thomas Schauer. Mein Dank gilt insbesondere meinen früheren und jetzigen Assistenten, Dipl.-Math. Dr. Wilhelm Hennerkes, Prof. Dr. rer. pol. André Kuck, Dipl.-Ök. Elsbeth Kuck, Dipl.-Ök. Nicole van de Locht und Dipl.-Volkswirt Detlef Scholz, die mich alle bei der Ausarbeitung von Beispielen und Praxisaufgaben unterstützten.

Schließlich mussten mich meine Kollegen, meine Familie und Freunde bei der Fertigstellung des Buches öfter entbehren, ihnen sei für ihre Nachsicht gedankt. Besonderer Dank gilt auch Herrn Christian Schneider, dem Lektor bei Pearson Studium, für die verständnisvolle Zusammenarbeit und für seinen tatkräftigen Einsatz bei der Verwirklichung dieses Buchprojektes.

Konstanz im April 2009
J.S.

Teil I
Beschreibende Statistik

Kapitel 1 **Statistische Merkmale und Variablen** 19

Kapitel 2 **Maßzahlen zur Beschreibung statistischer Verteilungen** 43

Kapitel 3 **Zweidimensionale Verteilungen** 83

Kapitel 4 **Lineare Regressionsrechnung** 107

Kapitel 5 **Beschreibung von Zeitreihen** 131

Kapitel 6 **Indexzahlen** 169

KAPITEL 1

Statistische Merkmale und Variablen

Am Anfang jeder Gewinnung von statistischer Information steht die Erhebung einer großen Zahl von Einzeldaten. Die erste Aufgabe der Statistik ist es, diese zuweilen unübersichtliche Datenmenge so darzustellen und aufzubereiten, dass danach die in der Menge der Einzeldaten verborgene Information mit statistischen Methoden herausgefiltert und analysiert werden kann. In diesem Kapitel werden die fundamentalen Konzepte der Darstellung von statistischem Datenmaterial eingeführt und gezeigt, was sie leisten und wie man mit ihnen arbeitet. Zuvor sind einige technische Begriffe zu definieren und auch ein Blick auf die Objekte zu werfen, an denen die Daten erhoben wurden.

1.1 Statistische Einheiten und Grundgesamtheiten

Die Objekte, deren Merkmale in einer gegebenen Fragestellung von Interesse sind und im Rahmen einer empirischen Untersuchung erhoben, also beobachtet, erfragt oder gemessen werden sollen, heißen *Untersuchungseinheiten* oder *statistische Einheiten*.

Als statistische Einheiten können grundsätzlich alle materiellen Gegenstände oder Lebewesen sowie immateriellen Dinge auftreten: Personen, Haushalte, Unternehmungen, Waren, Länder, Ereignisse, Handlungen usw.

Beispiel [1] Statistische Einheiten können sein: Kraftfahrzeuge, Gebäude, Pferde, Studenten, Beamte, Bauernhöfe, Branchen, Äpfel, Verkäufe, Eheschließungen, Geburten, Unfälle, Girokonten.

Die statistische Einheit ist **Träger der Information**, die erhoben werden soll. Das Hauptinteresse der Statistik gilt nicht der einzelnen statistischen Einheit. In diesem Sinne interessiert sie sich nur für Massenphänomene, also dafür, was in einer *statistischen Masse*, das heißt einer bestimmten Menge von im Wesentlichen *gleichartigen Einheiten* vor sich geht. Die Abgrenzung dieser Menge muss stets sehr sorgfältig erfolgen und der jeweiligen Fragestellung der statistischen Untersuchung entsprechen. Man könnte dazu die Elemente der Menge einzeln aufzählen. Meistens wird man jedoch nicht so verfahren, sondern zur Identifikation der gleichartigen statistischen Einheiten, die zu einer solchen statistischen Menge gehören sollen, sogenannte **Identifikationskriterien** angeben. In der Regel werden die statistischen Einheiten durch mindestens jeweils ein Kriterium

1. zeitlicher,
2. räumlicher und
3. sachlicher Art

identifiziert oder definiert. Diese Kriterien sollten dabei möglichst objektiv und genau sein, das heißt, es sollte nicht von subjektiven Einschätzungen abhängen, ob ein bestimmter Gegenstand diese Kriterien erfüllt oder nicht. Mit Hilfe der Identifikationskriterien wird gleichzeitig die interessierende statistische Masse abgegrenzt.

Definition: Die Menge

$$\Omega := \{ \omega \mid \omega \text{ erfüllt } IK \} \qquad (1\text{-}1)$$

aller statistischen Einheiten ω, die dieselben wohldefinierten Identifikationskriterien IK erfüllen, heißt **Grundgesamtheit**.

Häufig verwendete Synonyme für den Terminus Grundgesamtheit sind **statistische Masse**, **Population** und **Kollektiv**.

Beispiele [2] Verkehrsunfälle im Jahre 2008 in Bayern.

[3] Verkehrsunfälle mit Personenschaden im Jahre 1999 in Deutschland.

[4] Studenten in der Vorlesung am Mittwoch, den 23.04.2008 um 14.15 Uhr, im Audimax der Universität Duisburg-Essen, Campus Duisburg.

[5] Angemeldete Konkurse von Bauunternehmungen im April 2009 in Nordrhein-Westfalen.

Eine Grundgesamtheit wird damit als eine ganz gewöhnliche Menge Ω im mengentheoretischen Sinne definiert. Die Elemente ω dieser Menge sind die statistischen Einheiten, die die Identifikationskriterien erfüllen: Es sind diese Kriterien, die die Grundgesamtheit bestimmen bzw. abgrenzen, indem sie ihre Elemente definieren.

Die Identifikation von statistischen Einheiten und die Abgrenzung von Grundgesamtheiten scheint im Prinzip einfach, kann aber in der Praxis durchaus schwierig sein. Sollen für eine bestimmte Erhebung Unternehmen, Betriebe oder Arbeitsstätten erfasst werden? Soll das Einkommen erhoben werden, das von Inländern oder im Inland erzielt wird?

Die Anzahl $n(\Omega)$ ihrer Elemente heißt der **Umfang** einer Grundgesamtheit Ω. In der Regel hat man es in der beschreibenden Statistik mit sogenannten **realen** Grundgesamtheiten (Bevölkerung eines Landes, Unternehmen eines Landes etc.) zu tun. Reale Grundgesamtheiten haben stets einen endlichen Umfang n. Demgegenüber stehen hypothetische oder *fiktive* Grundgesamtheiten, die durchaus unendlich viele Elemente haben können –

wie zum Beispiel die Menge der Würfe, die man mit einem Würfel je machen kann. Mit derartigen Grundgesamtheiten werden wir aber erst in späteren Kapiteln Bekanntschaft machen.

1.2 Merkmale und Merkmalsausprägungen

Das Interesse der Statistik gilt nicht den statistischen Einheiten ω selbst, sondern lediglich einigen ihrer Eigenschaften, den sogenannten **Merkmalen** $M(\omega)$. Deshalb bezeichnet man die statistischen Einheiten auch als die **Merkmalsträger**. Unterscheidbare Erscheinungsformen eines Merkmals heißen **Merkmalsausprägungen** oder **Modalitäten**.

Beispiele [6] Das Merkmal „Geschlecht" hat die beiden Modalitäten männlich und weiblich.

[7] Das Merkmal „Familienstand" hat die vier Merkmalsausprägungen: ledig, verheiratet, geschieden, verwitwet. Oder etwas moderner: verheiratet und single.

[8] Für das Merkmal „Körpergewicht" erwachsener Menschen müssen als Ausprägungen alle Werte zwischen 30 und 300 kg zugelassen werden.

Statistische Variable

Die Begriffe **Merkmal** und **Variable** werden häufig synonym verwendet, obwohl sie streng genommen nicht ganz dasselbe bedeuten. Statistische Variablen ordnen den statistischen Einheiten ω bzw. ihren Merkmalswerten $M(\omega)$ reelle Zahlen x zu. Somit ist die *statistische Variable* eine reellwertige Funktion X

$$x = X(\omega) = Fkt(M(\omega))$$

der Untersuchungseinheiten ω. Man bringt deshalb gerne statistische Variablen ins Spiel, weil man mit Zahlen besser arbeiten kann. Da nun sehr häufig die Merkmalsausprägungen bereits als reelle Zahlen vorliegen, kann das Merkmal selbst als Variable benutzt werden: Die Funktion *Fkt* ist dann die *identische Funktion*.

Mit dem Symbol X bezeichnet man die Abbildung bzw. Funktion

$$X : \Omega \longrightarrow \mathbb{R}$$
$$\omega \longrightarrow X(\omega) = x \ ,$$

aber man benutzt es auch für den Namen der statistischen Variablen und meistens eben auch für den Namen des Merkmals selbst. Man sagt einfach: *„die statistische Variable X"* oder *„das Merkmal X"*.

Merkmalstypen und Messbarkeitsniveaus

Merkmale und Variablen sind nicht alle von gleicher Qualität, was die Möglichkeiten ihrer statistischen Analyse und Interpretation angeht. Es ist deshalb angebracht, sie in verschiedene Kategorien einzuteilen. Man unterscheidet zunächst qualitative und quantitative Merkmale.

1. **Qualitative Merkmale** sind solche Eigenschaften, die qualitativ, das heißt der Beschaffenheit nach, artmäßig variieren. Sie besitzen nur endlich viele Ausprägungen. Beispiele sind Geschlecht, Religionszugehörigkeit und Rechtsform von Unternehmungen.

2. **Quantitative Merkmale** sind dagegen solche Eigenschaften von Untersuchungseinheiten, die quantitativ, das heißt der Größe nach oder zahlenmäßig, variieren. Ihre Merkmalsausprägungen sind von vornherein *Zahlen*, mit oder ohne Maßeinheit. Quantitativ sind Merkmale wie Alter, Kinderzahl, Einkommen.

Auch ursprünglich qualitative Merkmale werden oft in Zahlen ausgedrückt. Drückt man das Ausbildungsniveau einer Person durch die zu seiner Erreichung mindestens erforderliche Anzahl von Jahren an Ausbildungszeit aus, spricht man von **Quantifizierung** und hat damit eine echt quantitative Variable. Ordnet man aber etwa den Ausprägungen des Merkmals „Familienstand" die Zahlen 1 für ledig, 2 für verheiratet und 3 für verwitwet zu, spricht man von *Signierung* und hat nur scheinbar quantitative Größen.

Die quantitativen Variablen werden in stetige und diskrete unterteilt:

1. **Diskrete Merkmale** können nur ganz bestimmte (endlich viele oder schlimmstenfalls abzählbar unendlich viele) abgestufte Werte als Merkmalsausprägung haben. Diskret sind alle Merkmale, deren Ausprägungen man durch Zählen erhält, auch wenn keine Obergrenze vorhanden ist.

2. **Stetige oder kontinuierliche Merkmale** können in einem Intervall jeden reellen Wert als Ausprägung annehmen (überabzählbar unendlich viele verschiedene mögliche Merkmalsausprägungen innerhalb eines Intervalls). Stetig sind alle Merkmale, deren Ausprägungen gemessen werden. Hierzu gehören beispielsweise alle Messungen in Zeit-, Längen- oder Gewichtseinheiten.

Besonders fein abgestufte diskrete Variablen werden in der statistischen Praxis wie stetige behandelt; man spricht von **quasi-stetigen** Merkmalen. Andererseits werden im Prinzip stetige Variablen durch den Mess- oder Erhebungsvorgang zu quasi-stetigen oder gar diskreten. Denn jede Messung kann aus technischen Gründen nur mit einer bestimmten Genauigkeit durchgeführt werden, so dass dadurch das ursprünglich stetige Intervall in **diskrete Größenklassen** aufgeteilt wird. Obwohl beispielsweise die Körpergröße ein stetiges Merkmal ist, wird es in der Praxis meist nur in Abstufungen erhoben. Eine Größe von 180 cm bedeutet, dass die Person zwischen 179.5 cm und 180.5 cm misst.

1.2 Merkmale und Merkmalsausprägungen

Eine andere sehr wichtige Einteilung der Typen von statistischen Variablen ist die nach dem Niveau der Messbarkeit, also danach, mit welcher *Skala* oder welchem *Maßstab* sie gemessen werden können. Das Niveau der Messbarkeit bestimmt dabei, wie wir noch sehen werden, die Möglichkeiten und Grenzen der statistischen Auswertungen, die man sinnvoll mit den erhobenen Daten vornehmen kann. In der Reihenfolge aufsteigender Messbarkeit unterscheiden wir:

1. **Nominal messbare Variablen.** Ein Merkmal oder eine Variable ist *nominal skaliert*, wenn lediglich die Gleichheit oder Andersartigkeit verschiedener Ausprägungen festgestellt werden kann. Beispiele für nominal skalierte Merkmale sind Religion, Nationalität, Beruf, Rechtsform eines Unternehmens. Ein Merkmal ist immer dann nominal, wenn mit ihm keinerlei Bewertung oder Quantifizierung intendiert werden soll. Nominale Merkmale sind stets qualitativ.

2. **Ordinal messbare Variablen.** Ein Merkmal oder eine Variable ist *ordinal skaliert*, wenn die möglichen Merkmalsausprägungen unterscheidbar sind und zusätzlich in eine natürliche oder sinnvoll festzulegende Rangordnung gebracht werden können. Als Beispiele wären hier Intelligenzquotient, sozialer Status, Schulnoten oder aber Tabellenplätze der Fußball-Bundesliga zu nennen.

3. **Kardinal messbare Variablen.** Schließlich spricht man von einem *kardinal* oder *metrisch skalierten* Merkmal, wenn die verschiedenen Ausprägungen nicht nur eine Rangfolge ausdrücken, sondern außerdem der quantitative Unterschied zwischen ihnen bestimmt ist. Die Ausprägungen müssen numerisch, das heißt in Zahlen, angegeben werden. Die meisten in den Wirtschaftswissenschaften interessierenden Merkmale wie zum Beispiel BIP, Investitionen und Inflation oder aber Kosten, Umsatz und Gewinn sind kardinal skaliert.

Man unterscheidet bei kardinal skalierten Merkmalen noch, ob ihr Maßstab einen sachlogisch begründeten absoluten Nullpunkt hat oder nicht. Ist ein solcher vorhanden, lassen sich sinnvoll Quotienten aus Merkmalsausprägungen bilden, und man spricht von einem **verhältnisskalierten Merkmal**. Zum Beispiel haben die Merkmale „Gewicht", „Einkommen" oder „Preis" einen absoluten Nullpunkt, und man kann sagen, der Merkmalsträger ω_1 hat ein Einkommen, das doppelt so groß ist wie das von ω_2, wenn $X(\omega_1) = 2 \cdot X(\omega_2)$.

Hat die Skala hingegen keinen absoluten Nullpunkt, liegt ein **intervallskaliertes Merkmal** vor, und nur die Differenzen zwischen den Merkmalsausprägungen können sinnvoll interpretiert werden. Ein Beispiel für eine Intervallskala ist die Messung der Temperatur in Celsius-Graden. 40° warmes Wasser ist eben nicht „doppelt so warm" wie Wasser mit 20°C. Aber der Temperaturunterschied zwischen 50°C und 60°C und der zwischen 70°C und 80°C wird als gleich erachtet, denn man benötigt etwa die gleiche Energiemenge, um einen Temperaturanstieg um 10° zu erzeugen. Nur die Kelvin-Skala verfügt über einen absoluten Nullpunkt bei −273.15°C = 0 K.

1.3 Teilgesamtheiten, Stichproben

Werden die Merkmalsausprägungen des interessierenden Merkmals aller statistischen Einheiten einer Grundgesamtheit festgestellt oder **erhoben**, spricht man von einer **Vollerhebung** oder **Totalerhebung**. Technisch erfolgt eine Erhebung – je nach Merkmalsträger und untersuchtem Merkmal – meist in Form von

> Beobachtungen,
> Messungen
> oder Befragungen.

Oftmals ist es jedoch unpraktisch oder zu teuer, eine Vollerhebung durchzuführen, z. B. *alle* Bürger der Bundesrepublik zu ihren täglichen Ausgaben für Brot zu befragen, die Körpergröße *aller* Bundesbürger zu messen oder die Zahl der Autos, die eine bestimmte Straße befahren, an *jedem* Tag zu beobachten. Dies wird besonders deutlich, wenn man bedenkt, dass allein die Vorbereitung einer Volkszählung oder der Arbeitsstättenzählung mehrere Jahre in Anspruch nimmt. Aus diesem Grund werden häufig nur Teilgesamtheiten oder Stichproben erhoben und untersucht.

Ist Ω^* eine Auswahl oder Teilmenge von der Grundgesamtheit Ω, so erfüllt jedes Element von Ω^* die Kriterien *IK*. Wenn Ω endlich ist, gilt $n(\Omega^*) \leq n(\Omega)$.

Definition: Jede echte Teilmenge Ω^* von Ω heißt **Teilgesamtheit** der Grundgesamtheit. Teilgesamtheiten heißen **Stichproben**, wenn bei der Auswahl der Elemente der Zufall wesentlich beteiligt war.

Der Zweck einer Teilerhebung besteht meist darin, die interessierenden Merkmale nur von einer Teilgesamtheit erheben zu müssen, aber auf Basis dieser Ergebnisse Aussagen über die Merkmale in der Grundgesamtheit machen zu können.

Reine Zufallsstichprobe

Bei der reinen Zufallsauswahl soll jedes Element der Grundgesamtheit die gleiche „Chance" haben, in die Stichprobe mit aufgenommen zu werden. Auf diesem Wege wird versucht, sicherzustellen, dass kein Merkmalsträger oder keine Gruppe von Merkmalsträgern bevorzugt ausgewählt und somit die Struktur der Grundgesamtheit systematisch verfälscht wird. Es scheint paradox, dass die *Zufälligkeit* der Auswahl durch eine sorgfältige Planung der Vorgehensweise bei der Bestimmung der Merkmalsträger sichergestellt werden muss.

Repräsentative Stichprobe

Wünschenswert wäre es, eine Teilgesamtheit auszuwählen, die *repräsentativ* für die Grundgesamtheit ist, also eine Struktur bezüglich der interessierenden Merkmale aufweist, die der Grundgesamtheit möglichst ähnlich ist. Da man diese Struktur aber vor der Erhebung noch gar nicht kennen kann, versucht man, die Repräsentanz bezüglich *anderer* Merkmale zu gewährleisten. Denn man nimmt an, dass das zu untersuchende Merkmal in einem gewissen „statistischen Zusammenhang" mit diesen anderen Merkmalen steht. Es gibt unterschiedliche *Auswahlverfahren*, um zu erreichen, dass die gewonnene Teilgesamtheit repräsentativ ist. Man spricht von **eingeschränkter Zufallsauswahl**.

Beispiel [9] Ein Meinungsforschungsinstitut will eine Wahlprognose erstellen. Dazu wird 3000 Wahlberechtigten die sogenannte Sonntagsfrage gestellt: „Welche Partei würden Sie wählen, wenn am nächsten Sonntag Wahl wäre?" Um verlässlichere Ergebnisse zu bekommen, wird die Stichprobe repräsentativ gestaltet: Dazu überlegt man, welche anderen Merkmale die Parteienpräferenz „statistisch beeinflussen". In der Stichprobe soll der Anteil der Frauen dem in der Grundgesamtheit aller Wahlberechtigten entsprechen. Die Altersstruktur soll mit der der Grundgesamtheit übereinstimmen. Damit ist die Stichprobe für diesen Zweck schon recht repräsentativ. Wichtig wäre sicherlich noch, die geographische Verteilung zu berücksichtigen, damit es nicht vorkommen kann, dass zu viele Befragte zufällig in Baden-Württemberg wohnen. Weiterhin wäre es gut, wenn die Berufsstruktur, wenigstens in den Ausprägungen Arbeiter, Angestellte, Beamte, Selbständige, analog wäre. Ja, und natürlich müssen Studenten in der Stichprobe sein, sonst wären die Wähler der Grünen eventuell „unterrepräsentiert".

1.4 Statistische Verteilung

Eine Grundgesamtheit, Teilgesamtheit oder Stichprobe vom Umfang n und mit den Elementen ω_i sei bezüglich eines Merkmals X untersucht worden. Von jedem Element ω_i sei sein „individueller" Merkmalswert x_i festgestellt und in der *Urliste* notiert worden:

Urliste						
Elemente	ω_1	ω_2	$\cdots$	ω_i	$\cdots$	ω_n
Merkmalswerte	x_1	x_2	$\cdots$	x_i	$\cdots$	x_n

Das Hauptinteresse der beschreibenden Statistik gilt aber nicht den Merkmalsträgern, sondern den Merkmalswerten.

Definition: Die Folge der n Werte

$$x_1, x_2, \cdots, x_i, \cdots, x_n \qquad (1\text{-}2)$$

mit $x_i = X(\omega_i)$, für $i = 1, \cdots, n$, heißt **Beobachtungsreihe der Variablen** X oder einfach ***statistische Reihe*** X.

Spielt dabei die Reihenfolge, in der die Beobachtungen gemacht wurden, keine Rolle, ist auch die Anordnung der Werte in der statistischen Reihe ohne Bedeutung und sie könnten beliebig umgestellt werden. Die Nummerierung (Indizierung) dient nur der Unterscheidung der einzelnen Werte; eine Umnummerierung wäre zulässig und würde den Informationsgehalt der statistischen Reihe nicht verändern. Nur bei den sogenannten ***Zeitreihen*** ist das anders, diese werden aber erst in Kapitel **5** behandelt.

Häufig ist es sinnvoll, die Merkmalswerte der Urliste der Größe nach zu sortieren und umzunummerieren, so dass dann

$$x_1 \leq x_2 \leq x_3 \leq \cdots \leq x_i \leq \cdots \leq x_n \qquad (1\text{-}3)$$

geschrieben werden kann. In der Praxis wird es oft vorkommen, dass in dieser Abfolge gleich große Werte nebeneinanderstehen, weil einzelne Ausprägungen in der statistischen Reihe mehrfach auftauchen, beispielsweise

$$\begin{array}{l} 1.6 \quad 1.6 \quad 3.0 \quad 3.0 \quad 3.0 \quad 3.0 \quad 4.1 \quad 4.1 \quad 4.1 \quad 4.1 \quad 4.1 \quad 4.1 \\ 4.1 \quad 5.0 \quad 5.0 \quad 5.0 \quad 5.0 \quad 5.0 \quad 5.0 \, , \end{array} \qquad (1\text{-}4)$$

weshalb in (1-3) ja die $\leq$–Zeichen stehen. Dann ordnet man die k vorkommenden, aber unterschiedlichen Variablenwerte der Größe nach zu

$$x_1 < x_2 < \cdots < x_k , \quad \text{mit } k \leq n$$

und gibt zu jedem Variablenwert x_i die **absolute Häufigkeit**

$$n_i := \text{absH}(X = x_i) \qquad (1\text{-}5)$$

an, das heißt, man gibt an, wie oft die statistische Variable X den Wert x_i in der statistischen Reihe X annimmt. Man beachte, dass k, die Anzahl der vorkommenden Merkmalsausprägungen, nicht größer als n sein kann, in der Praxis aber meist viel kleiner ist. Auf diese Weise erhalten wir eine Tabelle, die den vorkommenden Variablenwerten die zugehörigen Häufigkeiten zuordnet. Diese kann noch übersichtlicher werden, wenn statt der absoluten die ***relativen Häufigkeiten***

$$h_i := \text{relH}(X = x_i) = n_i / n , \quad 0 < h_i \leq 1 \qquad (1\text{-}6)$$

verwendet werden.

Definition: Die Tabellen

x_1	x_2	$\cdots$	x_k
n_1	n_2	$\cdots$	n_k

$\sum n_i = n$

und

x_1	x_2	$\cdots$	x_k
h_1	h_2	$\cdots$	h_k

$\sum h_i = 1$ (1-7)

heißen absolute bzw. relative **_Häufigkeitsverteilung_** der statistischen Variablen X.

Häufigkeitsverteilungen lassen sich auf sehr einfache Weise anschaulich graphisch darstellen. Man braucht nur die Häufigkeiten als Ordinate über der statistischen Variablen als Abszisse in ein Koordinatensystem einzuzeichnen. Zur Erhöhung der Anschaulichkeit verbindet man die Punkte durch senkrechte Linien mit der Abszisse: Die Längen der einzelnen Linien sind somit proportional zu den Häufigkeiten.

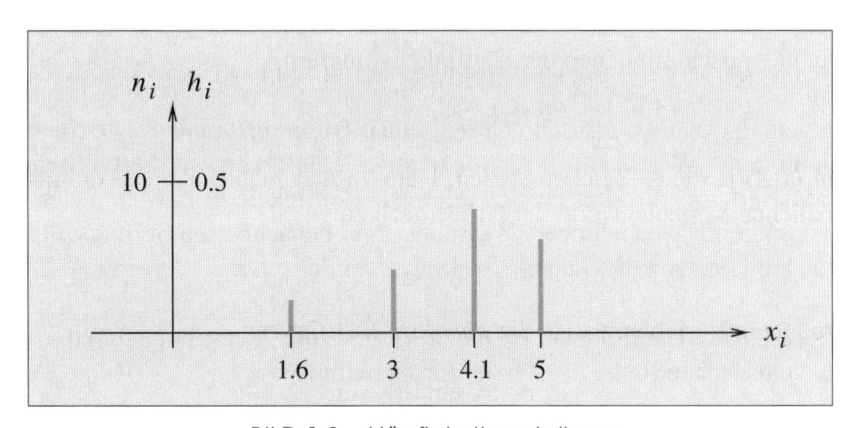

BILD 1.1 Häufigkeitsverteilung

1.5 Häufigkeitsfunktion und Verteilungsfunktion

Der einfachste Weg, zur Häufigkeitsfunktion zu gelangen, ist, ausgehend von der relativen Häufigkeitsverteilung (1-7), alle reellen Zahlen x, die nicht in der statistischen Reihe X vorkommen, mit aufzunehmen, ihnen aber die relative Häufigkeit Null zuzuweisen.

28 KAPITEL 1 *Statistische Merkmale und Variablen*

Definition: Die Funktion

$$h(x) = \begin{cases} h_i & \text{falls } x = x_i \\ 0 & \text{sonst} \end{cases} \tag{1-8}$$

heißt *Häufigkeitsfunktion* der statistischen Variablen X.

Diese Funktion gibt für jede reelle Zahl und damit auch für jeden möglichen Variablenwert x an, ob und mit welcher relativen Häufigkeit er in der statistischen Reihe vorkommt. Der Definitionsbereich der Häufigkeitsfunktion ist somit die ganze reelle Achse, während der Wertebereich der Funktion sich auf die rationalen Zahlen im Intervall [0,1] beschränkt. Ihre graphische Darstellung entspricht derjenigen der Häufigkeitsverteilung.

Definition: Die Funktion

$$H(x) = \sum_{x_i \leq x} h(x_i) \tag{1-9}$$

heißt *empirische Verteilungsfunktion* der statistischen Variablen X.

Die empirische Verteilungsfunktion gibt für jedes $x \in \mathbb{R}$ die relative Häufigkeit aller Beobachtungen an, die gleich groß oder kleiner als x sind. Ihre Definitions- und Wertebereiche sind identisch mit denen der Häufigkeitsfunktion.

Der Graph von $H(x)$ hat die typische Gestalt einer **Treppenfunktion**. Die **Sprungstellen** finden sich an den x-Werten mit positiver relativer Häufigkeit; an diesen Stellen springt der Funktionswert um den Betrag der relativen Häufigkeit h_i bzw. um den Wert der Häufigkeitsfunktion $h(x_i)$ nach oben. Zwischen zwei benachbarten Sprungstellen verharrt die Funktion auf konstantem Niveau.

Beispiel [10] Die Häufigkeitsfunktion $h(x)$ und die Verteilungsfunktion $H(x)$ zur statistischen Reihe (1-4) bzw. zur Verteilung

x_i	1.6	3.0	4.1	5.0
h_i	0.1	0.2	0.4	0.3

sind in BILD 1.2 dargestellt.

Es ist darauf zu achten, dass die Funktion $H(x)$ stets auf der *ganzen reellen* Achse $-\infty < x < +\infty$ erklärt ist. Sie hat im Beispiel [10] für $-\infty < x < 1.6$ den Wert $H(x) = 0$ und für $5 \leq x < \infty$ den Wert $H(x) = 1$. An den Sprungstellen selbst hat die Verteilungsfunktion grundsätzlich den oberen Wert. Die empirische Verteilungsfunktion in der Definition (1-9) hat die folgenden **Eigenschaften**:

1.5 Häufigkeitsfunktion und Verteilungsfunktion

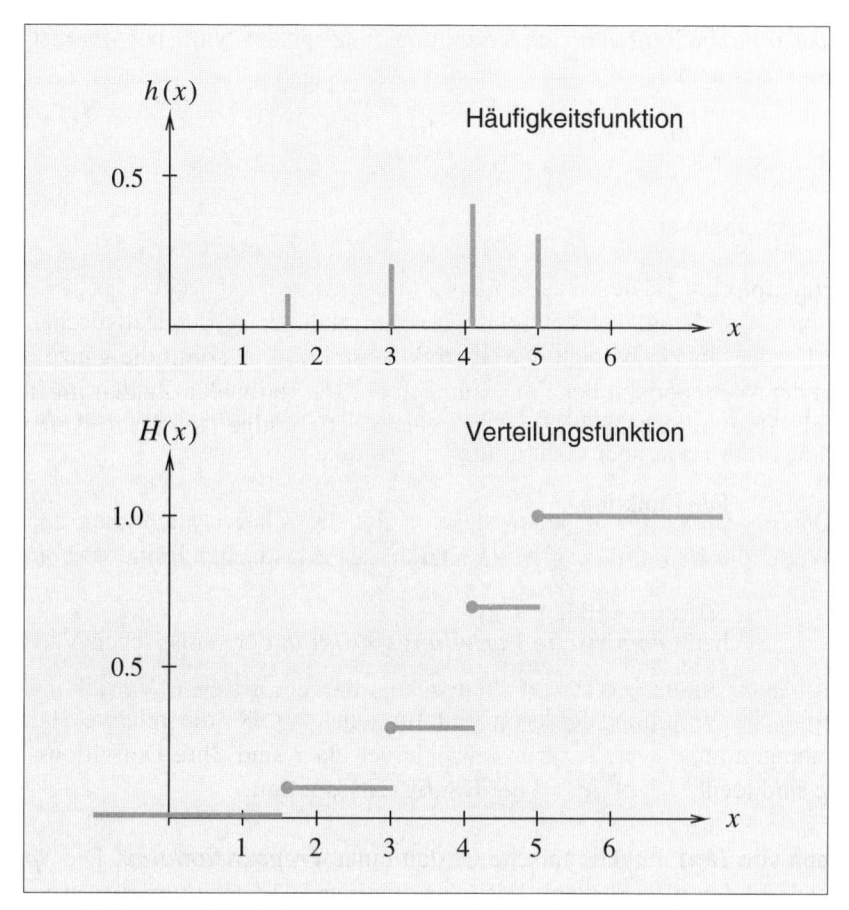

BILD 1.2 Häufigkeitsfunktion und Verteilungsfunktion

1. Die Funktion $H(x)$ ist *überall wenigstens rechtsseitig stetig*, das heißt es gilt für jedes $x \in \mathbb{R}$ (mit $\Delta x > 0$)

$$\lim_{\Delta x \to 0} H(x + \Delta x) = H(x) \,. \tag{1-10}$$

An den Sprungstellen ist sie jedoch *nur* rechtsseitig stetig; dort gilt

$$\lim_{\Delta x \to 0} H(x - \Delta x) \neq H(x) \,. \tag{1-11}$$

2. Die Funktion H ist *monoton steigend*, das heißt für jedes a und $b \in \mathbb{R}$ gilt

$$H(a) \leq H(b), \quad \text{falls} \quad a < b \,. \tag{1-12}$$

3. Der *untere Grenzwert* der Verteilungsfunktion ist Null, der *obere Grenzwert* ist Eins, das heißt

$$\lim_{x \to -\infty} H(x) = 0, \qquad \lim_{x \to \infty} H(x) = 1. \tag{1-13}$$

Weiter ist anzumerken:

1. Die *Differenz*

$$H(b) - H(a) = \text{relH}(a < X \leq b) \tag{1-14}$$

gibt für $a < b$ die relative Häufigkeit der Beobachtungswerte der Variablen X an, die größer als a, aber nicht größer als b sind.

2. Der *Funktionswert* an jeder Stelle x gibt die relative Häufigkeit an, mit welcher Werte, die *kleiner oder gleich x* sind, in der statistischen Reihe vorkommen:

$$H(x) = \text{relH}(X \leq x) \tag{1-15}$$

3. An jeder Stelle $x \in \mathbb{R}$ erhält man aus der empirischen Verteilungsfunktion *die Werte der Häufigkeitsfunktion* als Differenz

$$h(x) = H(x) - \lim_{\Delta x \to 0} H(x - \Delta x) \tag{1-16}$$

zwischen dem Funktionswert und dem linksseitigen Grenzwert.

Wir beachten, dass mit der Formel (1-16) *nur an den Sprungstellen* der Verteilungsfunktion positive Differenzen herauskommen können: An allen anderen Stellen von H ist der linksseitige Grenzwert gleich dem Funktionswert, so dass die Häufigkeitsfunktion Null bleibt.

Die hier definierte empirische Verteilungsfunktion H mag aus der Sicht der beschreibenden Statistik wenig Anschaulichkeit besitzen und es scheint auch, dass man eigentlich nicht sehr viel damit anfangen kann, jedenfalls nicht viel mehr als mit der anschaulicheren Häufigkeitsfunktion h selbst. Aber die für die Anwendung sehr wichtigen Instrumente *Histogramm* und *Häufigkeitsdichte*, die im nächsten Abschnitt eingeführt werden, lassen sich am besten auf der Grundlage der Verteilungsfunktion verstehen.

Darüber hinaus dient die Beschäftigung mit H nicht zuletzt der didaktischen Hinführung zu ihrem Analogon, der *stochastischen* Verteilungsfunktion F, die in Kapitel **9** eingeführt werden wird. Diese betrifft nicht statistische Variablen, sondern sogenannte *stochastische Variablen*. Das sind Variablen, deren Werte nicht aus Beobachtungen stammen, sondern *vom Zufall abhängig* sind.

1.6 Häufigkeitsdichte und Histogramm

In der Praxis kommt es häufig vor, dass große Gesamtheiten mit einer Vielzahl verschiedener Merkmalsausprägungen untersucht werden müssen. Aus messtechnischen Gründen, aber auch aus erhebungs- oder aufbereitungstechnischen Gründen kann dabei selbst bei stetigen oder quasi-stetigen Merkmalen und vielen Einzelbeobachtungen oft nur eine endliche und verhältnismäßig kleine Zahl unterschiedlicher Merkmalsausprägungen Berücksichtigung finden, so dass für eine Variable X **Größenklassen** oder **Schichten** gebildet werden müssen. Dazu wird das von möglichen Merkmalsausprägungen belegte reelle Intervall durch geeignet gewählte **Klassengrenzen**

$$\xi_0, \xi_1, \xi_2, \cdots, \xi_m$$

in m Abschnitte unterteilt, wie in BILD 1.3 dargestellt.

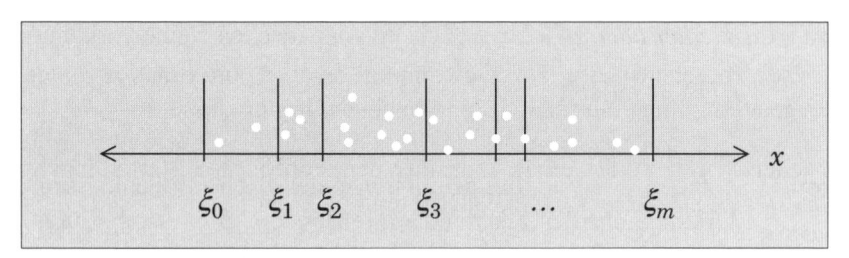

BILD 1.3   Bildung von Größenklassen

Diese m Abschnitte haben die **Klassenbreiten**

$$\Delta_i := \xi_i - \xi_{i-1}, \qquad i = 1, \cdots, m \qquad (1\text{-}17)$$

und die relative Häufigkeit der Werte in jeder Größenklasse sei mit

$$h_i := \text{relH}(\xi_{i-1} < X \le \xi_i), \qquad i = 1, \cdots, m \qquad (1\text{-}18)$$

angegeben. Die weißen Punkte in BILD 1.3 sollen Beobachtungswerte darstellen, die in die einzelnen Größenklassen fallen. Fällt ein Wert genau auf die Klassengrenze, so ist er der kleineren Größenklasse zuzuordnen. Ordnet man nun diese **Klassenhäufigkeiten** den Klassenobergrenzen zu (eine alternative Möglichkeit wäre, die Klassenhäufigkeiten den Klassenmitten zuzuordnen), so kann aus den Werten der folgenden Häufigkeitstabelle

ξ_1	ξ_2	$\cdots$	ξ_m
h_1	h_2	$\cdots$	h_m

$\sum h_i = 1 \qquad (1\text{-}19)$

die *Verteilungsfunktion der Klassen* $H_K(x)$ gezeichnet werden.

Durch diese Erhebungs- bzw. Aufbereitungstechnik ist natürlich die Information der Häufigkeitsverteilung innerhalb der Klassen verloren gegangen bzw. gar nicht erst erhoben worden. Es bieten sich zwei Möglichkeiten an, die verlorene Information annäherungsweise zu ersetzen, um die „wahre" Verteilungsfunktion $H(x)$ wenigstens ungefähr zu bestimmen.

Approximierender Polygonzug

Im oberen Teil von BILD 1.4 verbinden wir die Funktionswerte von H_K an den Sprungstellen durch gerade Linien und erhalten so eine approximierende Verteilungsfunktion $\overline{H}(x)$ als Polygonzug. Die Sprungstellen von H_K werden zu Knickstellen von $\overline{H}$, an denen sich die Steigung von $\overline{H}$ abrupt ändert, während sie dazwischen konstant ist und

$$\frac{H_K(\xi_i) - H_K(\xi_{i-1})}{\xi_i - \xi_{i-1}} = \frac{h_i}{\Delta_i} \quad , \quad i = 1, \cdots, m$$

beträgt. Diese Vorgehensweise zur Gewinnung einer Approximation unterstellt eine „gleichmäßige Verteilung" innerhalb jeder einzelnen Größenklasse.

Definition: Ist $H_K(x)$ die Verteilungsfunktion eines nach Größenklassen erhobenen Merkmals mit den Klassenobergrenzen $\xi_1, \xi_2, \cdots, \xi_m$ und $\overline{H}(x)$ die durch einen Polygonzug approximierte Verteilungsfunktion, so heißt der Quotient

$$\frac{H_K(\xi_i) - H_K(\xi_{i-1})}{\xi_i - \xi_{i-1}} = \frac{h_i}{\Delta_i} \qquad (1\text{-}20)$$

die (durchschnittliche) *Häufigkeitsdichte* der i-ten Größenklasse ($i = 1, \cdots, m$). Die erste Ableitung

$$\overline{h}(x) := \frac{d\overline{H}(x)}{dx} \qquad (1\text{-}21)$$

in den Intervallen $\xi_{i-1} < x < \xi_i$ heißt *Häufigkeitsdichtefunktion* und ihr Graph *Histogramm*.

Diese gleichmäßige Verteilung der Merkmalsausprägungen innerhalb einer jeden Größenklasse wird in den meisten Fällen zwar nicht mit der Realität übereinstimmen, gleichwohl stellt das Histogramm eine gute Visualisierung der Verteilung H_K dar. Nur wenn die Besetzungszahlen einzelner Größenklassen allzu gering sind, kann durch das Histogramm ein falscher Eindruck vermittelt werden.

Wie im Bild angedeutet, müssen die einzelnen „Säulen" des Histogramms, die jeweils eine Größenklasse repräsentieren, durchaus nicht die gleiche Breite Δ_i haben. Im

Gegensatz zum Graphen der Häufigkeitsfunktion gibt *nicht die Höhe der Säule, sondern die Fläche*

$$\frac{h_i}{\Delta_i} \cdot \Delta_i$$

die relative Häufigkeit in der Größenklasse an.

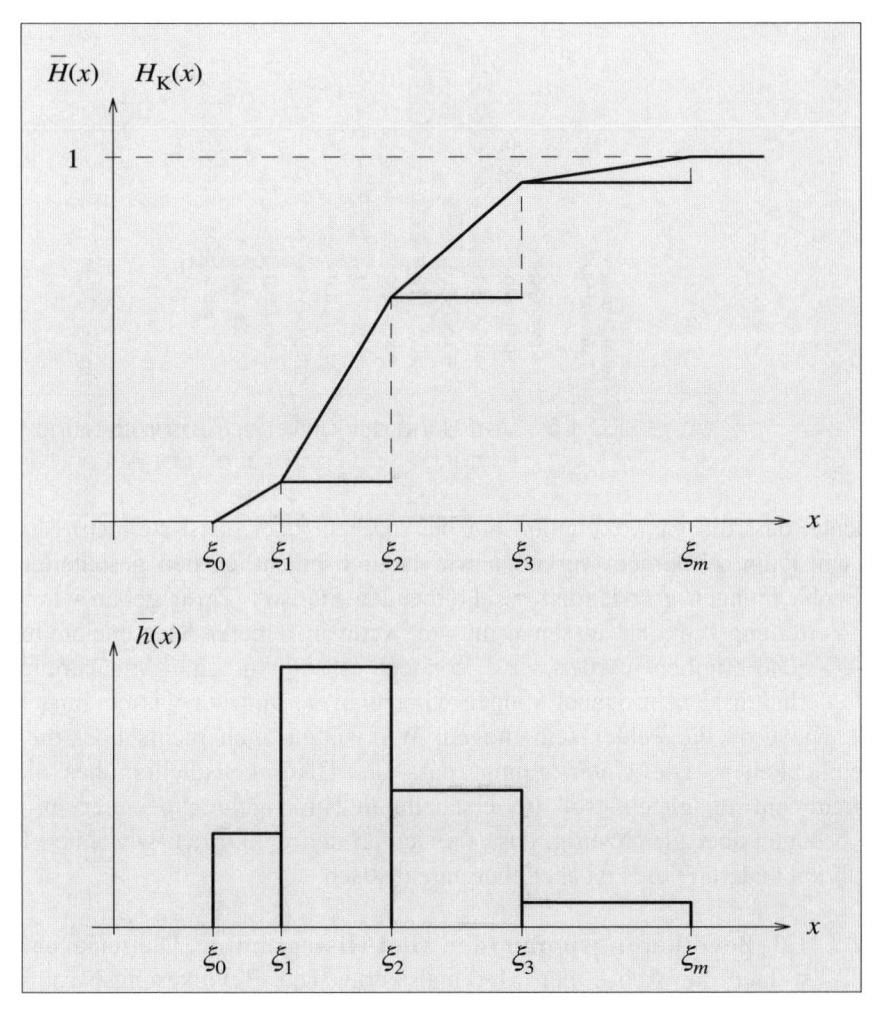

BILD 1.4   Approximierender Polygonzug und Histogramm

Die Gesamtfläche der Säulen des Histogramms ergibt somit

$$\sum_{j=1}^{m} \Delta_j \frac{h_j}{\Delta_j} = 1.$$

Beispiel [11] Im untenstehenden Histogramm sind alle Klassenbreiten mit $\Delta_i = 10\,000$ Euro gleich. Nur die unterste und die oberste Einkommensklasse haben eine andere Breite. Deshalb entspricht bei den anderen nicht nur die Fläche sondern auch die Höhe der Säulen den Klassenhäufigkeiten, die hier in Prozent angegeben sind

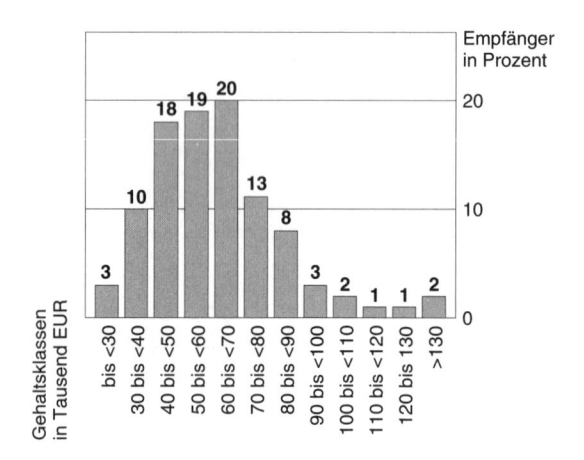

BILD 1.5 Verteilung der jährlichen Gesamtbezüge von Führungs- und Fachkräften des Außendienstes

Man beachte, dass die Approximation nur bei stetigen (oder quasi-stetigen) Merkmalen sinnvoll sein kann. Außerdem verlassen wir dadurch eigentlich den gesicherten Boden der auf Beobachtungen gründenden beschreibenden Statistik. Zwar geben wir nicht an, wie eine Verteilungsfunktion aussehen müsste, wenn in feinerer Klasseneinteilung oder ohne eine solche erhoben worden wäre, sondern es soll nur eine Annäherung an die „wahren" Verhältnisse sein. Dabei können wir uns irren, und wir wissen zunächst auch gar nicht, wie groß die Fehler sein mögen. Wir wissen auch nichts über die Fehlerwahrscheinlichkeiten. Die Unterstellung, dass die Häufigkeitsdichte über die ganze Klassenbreite hinweg gleich groß ist, erscheint in Ermangelung besserer Information sinnvoll, bedeutet aber gleichzeitig, dass sie sich an den willkürlich gewählten Klassengrenzen abrupt ändert. Dieses ist aber eher unrealistisch.

Beispiel [12] **Bevölkerungspyramiden sind Histogramme.** Die senkrechte Achse ist hier die Achse der Merkmalswerte. Die Bevölkerungspyramiden für Deutschland, Frankreich, Italien und Ungarn, aber auch die für die USA zeigen alle den für moderne Gesellschaften typischen „Bauch". Die hier und auf der folgenden Seite dargestellten Graphiken demonstrieren, dass der Begriff „Pyramide" die Form des Histogramms der Altersverteilung auch für China und Brasilien nicht mehr adäquat beschreibt. Nur die Altersstruktur in Entwicklungsländern mit hohem Bevölkerungswachstum, wie z. B. Indien, erzeugt noch das früher für die meisten Länder typische pyramidenförmige

1.6 Häufigkeitsdichte und Histogramm 35

Histogramm. Interessant ist in diesem Zusammenhang, dass sich die Auswirkungen einer Änderung des generativen Verhaltens der Bevölkerungen zuerst in Deutschland und Frankreich, dann in Ungarn und den USA, relativ spät in Italien und China und erst jüngst in Brasilien bemerkbar machten.

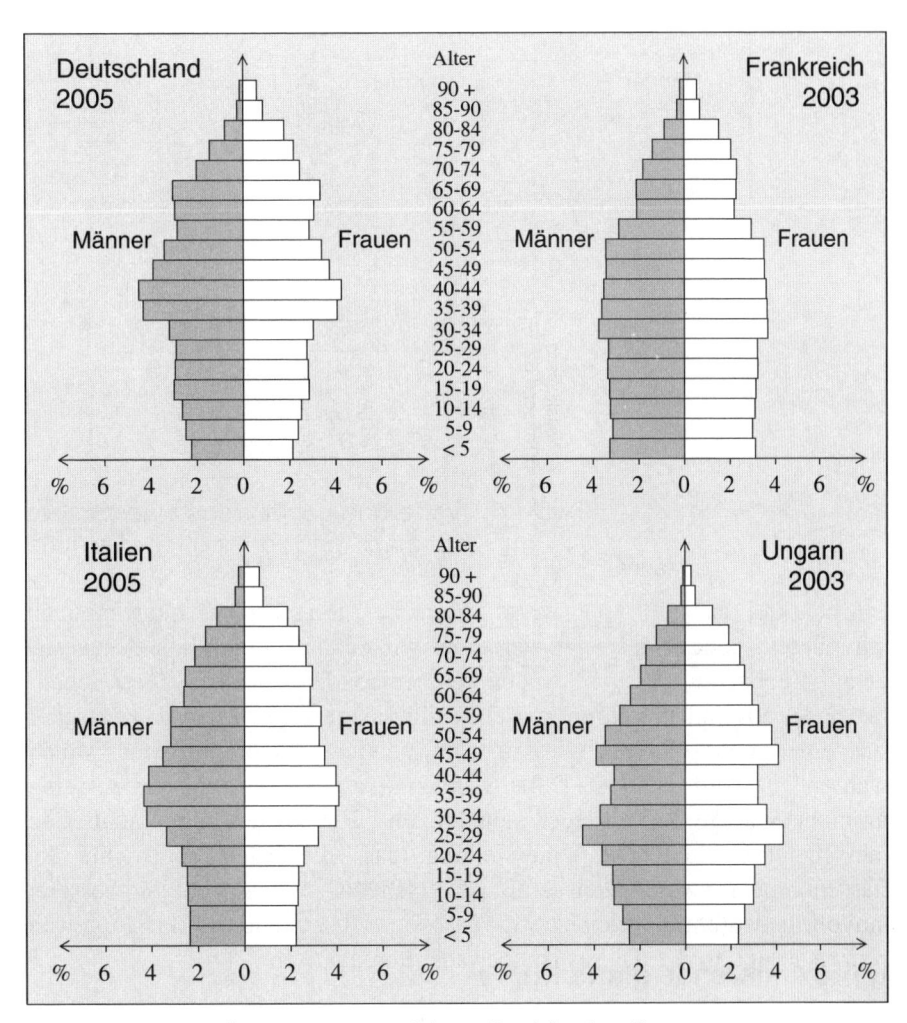

BILD 1.6   Bevölkerungspyramiden alter Länder: Europa

Die Ursachen für diese Änderungen können dabei recht unterschiedlicher Natur sein, und es lassen sich Vermutungen über die Auswirkungen des 2. Weltkriegs in Deutschland und Frankreich, der 68er-Bewegung (Pillenknick) in Deutschland, Frankreich, Italien und den USA, des sowjetischen Einmarschs in Ungarn 1956, der Kulturrevolution und der späteren 1-Kind-Politik in China anstellen.

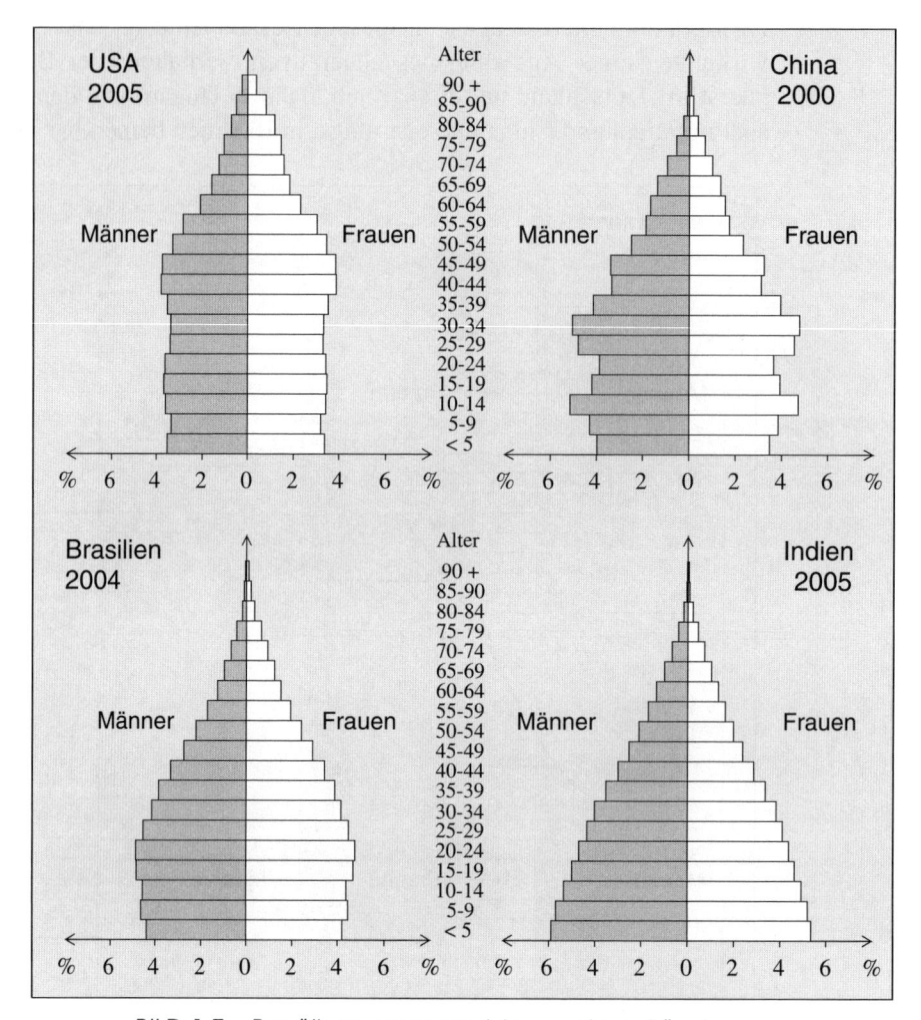

36 KAPITEL 1 *Statistische Merkmale und Variablen*

BILD 1.7   Bevölkerungspyramiden anderer Länder

Approximierende glatte Kurve

Verbindet man hingegen die Funktionswerte $H_K(x_i)$ durch eine glatte Kurve ohne Knickstellen, so gibt man dadurch die Annahme der gleichmäßigen Verteilung innerhalb der einzelnen Größenklassen auf. Meistens ist diese Annahme auch nicht realistisch, denn sie bedeutet, dass sich die Häufigkeitsdichte an den oft willkürlich gewählten Grenzen der Größenklassen abrupt ändert. Wählt man deshalb als approximierende Verteilungsfunktion eine stetige und differenzierbare Funktion $\widetilde{H}(x)$, hat die Dichtefunktion $\widetilde{h}(x) := d\widetilde{H}(x)/dx$ auch keine Sprungstellen, und es gilt

1.6 Häufigkeitsdichte und Histogramm

$$\int_{-\infty}^{x} \widetilde{h}(u)\,du = \widetilde{H}(x)$$

und

$$\int_{-\infty}^{+\infty} \widetilde{h}(x)\,dx = \int_{\xi_0}^{\xi_m} \widetilde{h}(x)\,dx = \widetilde{H}(\xi_m) = H(\xi_m) = 1.$$

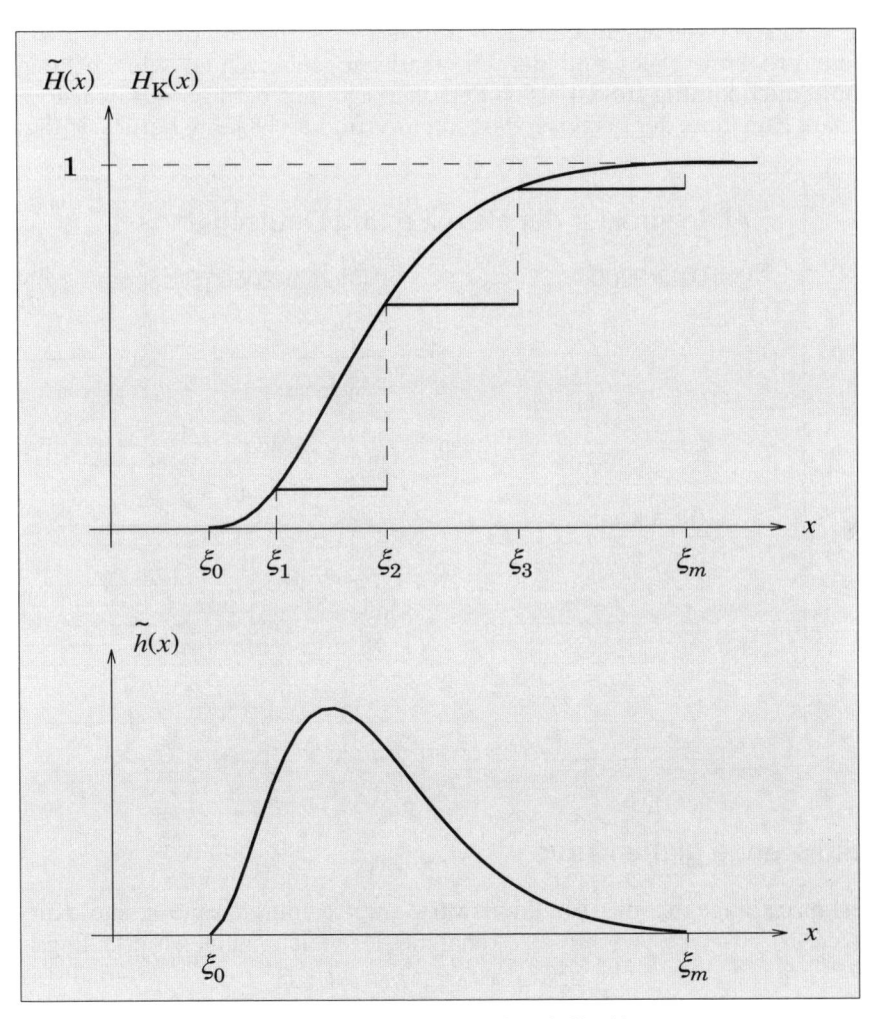

BILD 1.8 Approximierende glatte Kurven

PRAXIS

Sterben die Deutschen aus?

Die künftige demographische Entwicklung Deutschlands bereitet Sorgen. Der Vergleich der beiden Bevölkerungspyramiden in Bild 1.9 macht dies deutlich. Die rechte Pyramide ist eine Projektionsrechnung. Sie zeigt den Altersaufbau unter der Voraussetzung, dass die Geburtenrate wie seit einem Vierteljahrhundert weiterhin auf dem Niveau von 1.3 bis 1.4 Kindern pro Frau bleibt und der Einwanderungsüberschuss wie im langjährigen Durchschnitt auch künftig rund 170 000 Personen pro Jahr beträgt. Zusätzlich wird noch die absehbare Zunahme der Lebenserwartung um rund sechs Jahre berücksichtigt.

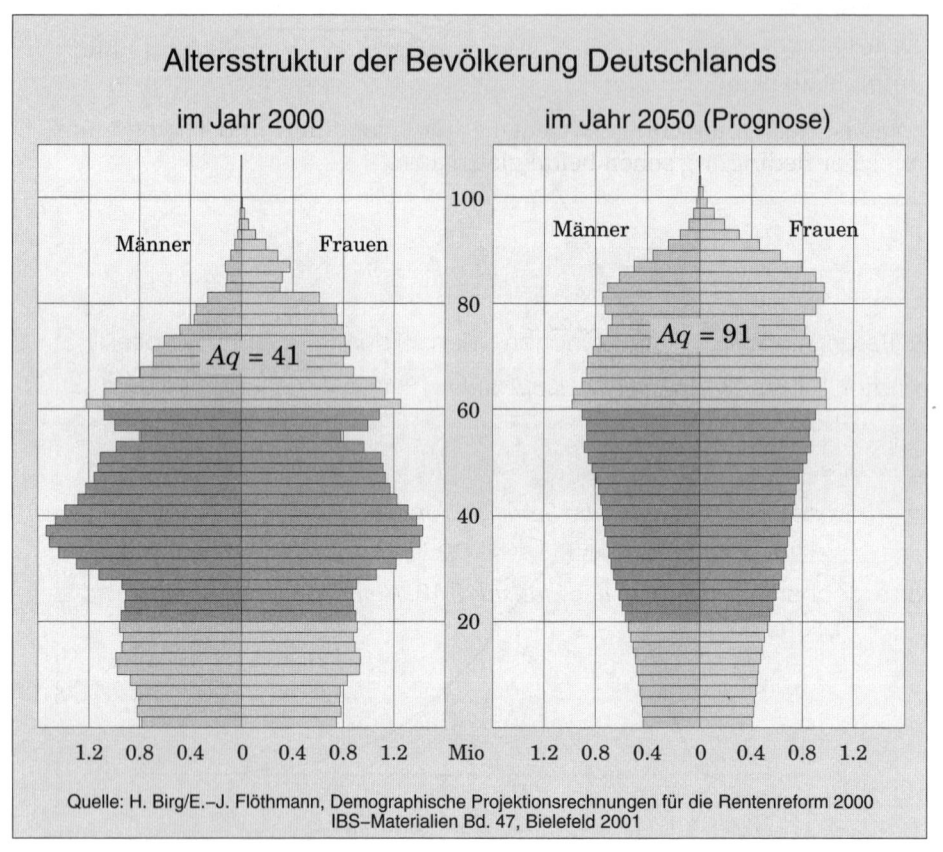

BILD 1.9   Bevölkerungspyramiden für Deutschland

So standen 100 Menschen der ökonomisch aktiven Altersgruppe 20 bis 60 im Jahre 2000 rund 41 über Sechzigjährige gegenüber. Nach der Prognose würde dieser Altenquotient Aq im Jahre 2050 auf 91 ansteigen. Dies hätte enorme sozialpolitische Konsequenzen.

Kontrollfragen

1. Was ist der Unterschied zwischen Merkmal und Variable?
2. Welche verschiedenen Skalenarten kennen Sie? Überlegen Sie sich eigene Beispiele!
3. Warum werden in der Praxis zumeist repräsentative Stichproben erhoben?
4. Welche Eigenschaften hat die Treppenfunktion? Welchen Aussagegehalt besitzt sie?
5. Warum ist die Bildung von Größenklassen oft notwendig? Überlegen Sie sich ein Beispiel!
6. Welche Annahme liegt der approximierenden Verteilungsfunktion $\overline{H}(x)$ implizit zugrunde?
7. Was ist der Unterschied zwischen Säulendiagramm und Histogramm? Unter welcher Bedingung sehen beide gleich aus?

ERGÄNZENDE LITERATUR

Bohley, Peter, *Statistik*, 7. Aufl., München, Wien: Oldenbourg, 2000, Kapitel III

Hochstädter, Dieter: *Statistische Methodenlehre*, 8. Aufl., Frankfurt am Main: Harri Deutsch, 1996

Krämer, Walter: *So lügt man mit Statistik*, 4. Aufl., München: Piper, 2003

Schlittgen, Rainer: *Einführung in die Statistik: Analyse und Modellierung von Daten*, 9. Aufl., München, Wien: Oldenbourg, 2003, Kapitel 1 und 2

Schwarze, Jochen: *Grundlagen der Statistik I*, 10. Aufl., Herne: Neue Wirtschaftsbriefe, 2005

AUFGABEN

1.1 **Zuckerpakete.** Bei einer Nachwiegung von 20 verpackten Pfundpaketen Zucker ergaben sich folgende Werte (in g):

$$\begin{array}{cccccccc} 492 & 497 & 478 & 482 & 499 & 512 & 503 \\ 511 & 499 & 504 & 508 & 496 & 502 & 500 \\ 499 & 500 & 507 & 502 & 500 & 499. \end{array}$$

Zeichnen Sie ein Histogramm mit der

a) Klassenbreite 1 g
b) Klassenbreite 2 g.

1.2 Merkmale. Geben Sie zu den folgenden Merkmalen Beispiele für statistische Einheiten und Merkmalsausprägungen an. Nennen Sie Merkmalstyp und Skalierung.

Haarfarbe
Verdienst
Abiturnote in Deutsch
Geschlecht
Beruf
Kontobewegungen/Monat

Körpergröße
Gewicht
Religionsbekenntnis
Zugehörigkeit zu einer sozialen Schicht
Vermögen

1.3 FAZ. Ein Kioskbesitzer notiert 200 Tage lang die Zahl der verkauften Exemplare der FAZ.

a) Geben Sie Merkmalsträger und mögliche Merkmalsausprägungen an. Um welche Merkmalstypen handelt es sich?

b) Zeichnen Sie die Verteilungsfunktion.

Verkaufte Zeitungen	Anzahl der Tage
0	21
1	46
2	54
3	40
4	24
5	10
6	5

1.4 Statistikklausur. Bei der letzten Statistikklausur machte sich der Prüfer die nebenstehenden Aufzeichnungen über die erreichten Punktezahlen.

a) Skizzieren Sie die Verteilungsfunktion.

Punkte von ... bis unter ...	Anzahl
0 – 25	50
25 – 50	90
50 – 75	170
75 – 100	90

b) Wie viele Klausurteilnehmer erzielten weniger als 90 Punkte? Erläutern Sie Ihre Antwort.

1.5 Polygonzug und glatte Kurve. Ein Merkmal X wurde nach Größenklassen erhoben:

Größenklassen	relative Häufigkeiten
0 – 5	0.1
5 – 8	0.7
8 – 10	0.2

a) Zeichnen Sie $H_K(x)$ und $\overline{H}(x)$.

b) Zeichnen Sie das Histogramm.

c) Zeichnen Sie die approximierende Verteilungsfunktion als ein Polynom 3. Grades

$$\widetilde{H}(x) = ax^3 + bx^2 + cx$$

im Intervall [0,10]. Berechnen Sie dazu die Koeffizienten a, b und c.

d) Wie lautet die approximierende Dichtefunktion $\tilde{h}(x)$?
Zeichnen Sie sie in das Histogramm ein.

1.6 **Einkommensverteilung.** Im „Statistischen Taschenbuch" 2007 des BUNDES-MINISTERIUMS FÜR ARBEIT UND SOZIALES (BMAS) findet sich als Ergebnis der Einkommensteuerstatistik folgende Tabelle für 2002:

Jahreseinkünfte in Euro von ... bis unter ...	Steuer-pflichtige %	Gesamtbetrag der Einkünfte %
unter 2 500	3.1	0.1
2 500 – 5 000	3.7	0.4
5 000 – 7 500	4.3	0.8
7 500 – 10 000	4.4	1.1
10 000 – 12 500	4.3	1.4
12 500 – 25 000	24.2	12.8
25 000 – 37 500	23.0	19.7
37 500 – 50 000	13.6	16.3
50 000 – 125 000	17.5	33.9
125 000 – 250 000	1.4	6.5
250 000 – 500 000	0.3	2.8
500 000 und mehr	0.1	4.2
	100	100

a) Zeichnen Sie aus diesen Angaben ein Histogramm und eine Verteilungsfunktion.

b) An welcher Stelle hätte die approximierende glatte Kurve der Verteilungsfunktion – nach der Freihandmethode gezeichnet – ihre größte Steigung? Eine näherungsweise Angabe genügt.

1.7 **Diplomnoten.** Ein frischgebackener Master of Arts in Ökonomie bewirbt sich bei einem großen Stuttgarter Unternehmen und erhält postwendend eine formlose Absage. Eher empört über diese Art der Benachrichtigung ruft er den Personalchef an und befragt ihn nach den Gründen für die Ablehnung. Dieser erklärt dem Absolventen, dass das Unternehmen eine Vorauswahl nach Notendurchschnitten vornehme und er ja leider nur eine befriedigende Gesamtnote vorzuweisen habe, daher also nicht in Frage käme.
Der Bewerber erklärt dem Personalchef daraufhin, dass das arithmetische Mittel bei Noten keine Aussagekraft habe, da Zensuren ordinal skaliert seien. Zudem könne man schon gar nicht Diplomnoten aus verschiedenen Fachbereichen oder gar von verschiedenen Unis miteinander vergleichen. Die Gesamtnote sei also ein denkbar schlechtes Auswahlkriterium. Zum Schluss des Gesprächs empfiehlt der Exstudent dem Personalchef die Lektüre einschlägiger Statistikliteratur.
Hat der Bewerber recht? Diskutieren Sie die Unterschiede zwischen Nominal-, Ordinal- und Kardinalskala.

1.8 Amerikaner und Deutsche in Durchschnittswerten

	USA	Deutschland
BIP pro Kopf	47 025 $	46 498 $
Arbeitseinkommen	47 688 $	38 626 $
Arbeitsstunden/Jahr	1 804	1 436
Alter	36.7	43.4
Lebenserwartung	78.1	79.3
Kinder pro Frau	2.1	1.4
TV-Konsum pro Tag	3	2
Body-Mass-Index	35.1	25.5
Alkohol Liter/Jahr	8.6	12.0

Quelle: FRANKFURTER ALLGEMEINE SONNTAGSZEITUNG 02.11.2008

a) Sind sie wirklich so viel dicker als wir oder
b) rechnen die Amerikaner das Merkmal Body-Mass-Index in Pounds und Inches? Rechnen Sie um!

LÖSUNGEN

1.2

Merkmal	statistische Einheiten	Merkmalsausprägung	Merkmalstyp	Skalierung
Haarfarbe	Männer im Alter zwischen 60 und 65	schwarz, braun, blond, grau	qualitativ	nominal
Verdienst	Studentische Hilfskräfte	8 – 12 €/Stunde	quantitativ diskret	kardinal
Abiturnote in Deutsch	Jahrgang 2000	0 – 15 Punkte	quantitativ diskret	ordinal
Beruf	Mitglieder der FDP	Arbeiter, Angest., Selbständiger	qualitativ	nominal
Kontobewegungen pro Monat	Girokonten der Sparkasse Duisburg	0 – 1000 Stück	quantitativ diskret	kardinal
Körpergröße	Mitglieder der dt. Basketball-Nationalmannschaft	1,60 m – 2,3 m	quantitativ stetig	kardinal

1.3 Tage; 0, 1, 2, ... ; quantitativ, diskret

1.4 ca. 364

1.5 c) $a = -0.005333$; $b = 0.096$
  $c = -0.3267$

  d) $\tilde{h}(x) = -0.016 x^2 + 0.192 x - 0.327$

1.6 b) ca. 35 000

1.8 a) nein b) ja

KAPITEL 2

Maßzahlen zur Beschreibung statistischer Verteilungen

Zuweilen – besonders bei statistischen Beobachtungsreihen mit sehr vielen unterschiedlichen Merkmalsausprägungen – verstellt die Zahlenfülle den Blick auf das Wesentliche. Selbst wenn die Verteilung nach Größenklassen gegliedert in Form einer Tabelle oder eines Histogramms aufbereitet vorliegt, entsteht doch der Wunsch, durch die Angabe einiger weniger Zahlen die gesamte Verteilung des Merkmals zu charakterisieren. Selbstverständlich bedeutet dies einen Verzicht auf Information. Solche Zahlen heißen *Maßzahlen* oder *Parameter* einer Verteilung. Zuerst möchte man ein Maß für die Lage der Verteilung, das heißt für die durchschnittliche Größenordnung der Variablenwerte einer Beobachtungsreihe haben. Als Nächstes interessiert, wie eng die einzelnen Werte beieinanderliegen oder wie weit sie streuen. Die Maßzahlen dienen gewissermaßen zur „Vermessung" einer Verteilung. Dazu hat die deskriptive Statistik für verschiedene Fragestellungen und Anwendungssituationen eine Reihe von Konzepten entwickelt.

2.1 Arithmetisches Mittel als Lagemaß

Das für quantitative Merkmale am häufigsten verwendete Lokalisationsmaß ist das arithmetische Mittel.

Definition: Die Größe

$$\bar{x} := \frac{1}{n} \sum_{j=1}^{n} x_j \qquad (2\text{-}1)$$

heißt *arithmetisches Mittel* oder *Mittelwert* einer statistischen Verteilung.

44 KAPITEL 2 *Maßzahlen zur Beschreibung statistischer Verteilungen*

In anderer Schreibweise – unter Verwendung der absoluten Häufigkeiten – erhalten wir

$$\bar{x} := \frac{1}{n}\sum_{j=1}^{k} n_j x_j \qquad (2\text{-}2)$$

beziehungsweise – unter Verwendung der relativen Häufigkeiten $h_i = n_i/n$ –

$$\bar{x} := \sum_{j=1}^{k} h_j x_j \,. \qquad (2\text{-}3)$$

Diese beiden letzten Schreibweisen sehen so aus, als ob es sich um ein *gewichtetes* arithmetisches *Mittel* handeln würde. In der Tat werden die vorkommenden k Merkmalsausprägungen mit ihrer relativen Häufigkeit gewichtet.

Beispiel [1] Nehmen wir die Verteilung aus Beispiel [10] des vorigen Kapitels:

x_i	1.6	3.0	4.1	5.0
h_i	0.1	0.2	0.4	0.3

Das arithmetische Mittel ist gemäß Formel (2-3) einfach

$$\bar{x} = 0.1\cdot 1.6 + 0.2\cdot 3.0 + 0.4\cdot 4.1 + 0.3\cdot 5.0 = 3.9 \,.$$

Eigenschaften des arithmetischen Mittels

1. Zentraleigenschaft. Die Summe aller Abweichungen der Merkmalswerte einer statistischen Reihe von ihrem eigenen arithmetischen Mittel ist stets Null:

$$\sum_{j=1}^{n}(x_j - \bar{x}) = 0 \,. \qquad (2\text{-}4)$$

2. Verschiebung aller Werte einer statistischen Reihe um den konstanten Wert a verschiebt das arithmetische Mittel um eben diesen Wert:

$$y_i := x_i + a \quad (i = 1, \cdots, n)$$
$$\Rightarrow \quad \bar{y} = \bar{x} + a \,. \qquad (2\text{-}5)$$

3. Homogenität. Multiplikation aller Werte einer statistischen Reihe X mit dem konstanten Faktor $b \neq 0$ multipliziert das arithmetische Mittel mit diesem Wert:

$$z_i := b\cdot x_i \quad (i = 1, \cdots, n)$$
$$\Rightarrow \quad \bar{z} = b\cdot\bar{x} \,. \qquad (2\text{-}6)$$

4. Berechnung von $\bar{x}_{ges}$ aus den Gruppenmittelwerten $\bar{x}_i$: Die statistische Reihe X mit n Elementen sei in $m < n$ disjunkte statistische

Teilreihen (Gruppen)	$X_1, X_2, \cdots, X_m$	
mit jeweils	$n_1, n_2, \cdots, n_m$	Elementen
und den Mittelwerten	$\bar{x}_1, \bar{x}_2, \cdots, \bar{x}_m$	

   zerlegt worden. Es gilt dann

   $$\bar{x}_{ges} = \frac{1}{n}\sum_{j=1}^{m} n_j \bar{x}_j, \qquad (2\text{-}7)$$

   das heißt der Mittelwert *der gesamten statistischen Reihe* kann als gewichtetes arithmetisches Mittel der Gruppenmittelwerte berechnet werden, wobei die Gewichte durch die Besetzungszahlen der einzelnen Gruppen n_j/n gegeben sind.

2.2 Median und Modus

Zur Kennzeichnung der Lage einer Verteilung findet zuweilen der Median Anwendung. Um ihn zu bestimmen, müssen die Merkmalsausprägungen in der statistischen Reihe der Größe nach geordnet sein:

$$x_1 \leq x_2 \leq x_3 \leq \cdots \leq x_i \leq \cdots \leq x_n. \qquad (1\text{-}3)$$

Definition: Eine Zahl x_{Med} mit

$$\boxed{\begin{array}{ll} x_{Med} = x_{\frac{n+1}{2}} & \text{falls } n \text{ ungerade} \\[4pt] x_{\frac{n}{2}} \leq x_{Med} \leq x_{\frac{n}{2}+1} & \text{falls } n \text{ gerade} \end{array}} \qquad (2\text{-}8)$$

heißt **Median** oder **Zentralwert** der empirischen statistischen Reihe X.

Man sieht gleich, dass in dieser Definition x_{Med} nicht immer eindeutig bestimmt ist. Ist n gerade und sind die beiden benachbarten Werte in der Mitte nicht gleich groß, dann ist jede der beiden Zahlen und jede Zahl dazwischen ein Median. Man wählt in diesem Fall häufig

$$x_{Med} = \frac{1}{2}(x_{\frac{n}{2}} + x_{\frac{n}{2}+1})$$

als Median.

Beispiel [2] Die statistische Reihe 4, 7, 7, 7, 12, 12, 13, 16, 19, 23, 23, 97 hat das arithmetische Mittel $\bar{x} = 20$ und den Median $x_{Med} = 12.5$. Auch 12 und 12.2 wären Mediane.

Das Lagemaß Median hat den Nachteil, dass es – ganz im Gegensatz zum arithmetischen Mittel – unter Umständen nur die Zahlenwerte von einer oder zwei Ausprägungen berücksichtigt. Dafür hat dieses Lagemaß den Vorteil, dass seine Berechnung – zumindest für ungerades n – nur ordinale Messbarkeit voraussetzt, das heißt die Beobachtungswerte x_i brauchen nur auf einer Ordinalskala angesiedelt zu sein. Wir werden den Median noch als einfachen Spezialfall der sogenannten Quantile in Abschnitt **2.7** dieses Kapitels kennenlernen.

Der Modus als Lokalisationsmaß wird in jedem statistischen Lehrbuch erwähnt, jedoch wird er eher selten in der praktischen statistischen Analyse verwendet. Der Modus ist derjenige Wert in einer Stichprobe oder einer Grundgesamtheit, der am häufigsten vorkommt.

Definition: Die Zahl

$$x_{Mod}, \quad \text{mit} \quad h(x_{Mod}) \geq h(x_i) \quad \text{für alle } i \tag{2-9}$$

heißt ***Modus*** oder ***Modalwert*** einer empirischen statistischen Reihe.

Somit wird mit Modus der häufigste Merkmalswert einer statistischen Reihe bezeichnet. Auch der Modus ist ein Lagemaß, das vorzugsweise bei nicht metrisch skalierten Merkmalen Verwendung findet. Im Gegensatz zum Median und arithmetischen Mittel behält es sogar seinen Sinn bei rein qualitativen Merkmalen. Obwohl Konzept und Definition sehr einfach erscheinen, birgt die sinnvolle Anwendung des Modus zuweilen doch einige Schwierigkeiten, wie die folgenden Beispiele zeigen.

Beispiele [3] Die statistische Reihe 2, 3, 3, 4, 4, 4, 5, 6 hat den Modus 4.

[4] Zwei „häufigste" Werte gibt es in der statistischen Reihe 1, 2, 3, 3, 3, 4, 5, 6, 6, 6, 7, nämlich 3 und 6. Die Werte liegen getrennt und kommen jeweils häufiger vor als ihre beiden Nachbarwerte.

Der Modus muss nicht für jede statistische Reihe in eindeutiger Weise existieren. Verteilungen, die genau einen Modus besitzen, heißen ***unimodal***.

2.3 Geometrisches Mittel

Beim geometrischen Mittel

$$G_X := \sqrt[n]{x_1 \cdot x_2 \cdot \ldots \cdot x_n} \, , \qquad x_i > 0 \qquad (2\text{-}10)$$

werden die einzelnen Merkmalswerte multipliziert und aus dem Produkt die *n*-te Wurzel gezogen. Es ist nur definiert, wenn sämtliche Werte der statistischen Reihe *X* positiv sind.

Beispiel [5] Das geometrische Mittel aus der statistischen Reihe *X* mit den Werten 2, 6, 12, 9 ist $G_X = 6$, während das arithmetische daraus $\bar{x} = 7.25$ ist.

In der Tat ist das geometrische Mittel für jede Reihe mit nur positiven Werten stets *kleiner als das arithmetische*, es sei denn, alle Werte der Reihe sind gleich. Das geometrische Mittel entspricht dem *arithmetischen Mittel der Logarithmen*, genauer

$$\log G_X = \frac{1}{n} \sum \log x_j \, .$$

Daraus folgt wegen der Zentraleigenschaft des arithmetischen Mittels, dass die Summe der logarithmierten **Quotienten** der Werte mit ihrem geometrischen Mittel

$$\sum \left(\log x_j - \log G_X \right) = 0$$

Null ist. Wenn wir (2-10) hoch *n* nehmen

$$G_X^n = x_1 \cdot x_2 \cdot \ldots \cdot x_n$$
$$1 = \frac{x_1}{G_X} \cdot \frac{x_2}{G_X} \cdot \ldots \cdot \frac{x_n}{G_X} \, ,$$

sehen wir, dass das geometrische Mittel in einer besonderen Weise „zentral" ist: Die *n* Quotienten x_i/G_X, von denen einige kleiner als Eins, andere größer als Eins sind, multiplizieren sich gerade zu Eins auf.

Wegen dieser Eigenschaft ist das geometrische Mittel eher geeignet, *Quotienten*, *Prozente* und *Wachstumsraten* zu mitteln, wenn das arithmetische Mittel versagen würde. Deshalb ist das geometrische Mittel besonders bei der Beschreibung von Zeitreihen (siehe Kapitel **5**) ein guter Lageparameter.

48 KAPITEL 2 *Maßzahlen zur Beschreibung statistischer Verteilungen*

Beispiel [6] In fünf aufeinanderfolgenden Jahren haben sich die Umsätze Y (in Tausend €) einer bestimmten Firma wie folgt entwickelt:

Jahr t	2004	2005	2006	2007	2008
Umsatz y_t in 1000 €	1 200	1 440	1 224	1 714	2 142
y_t/y_{t-1}		1.20	0.85	1.40	1.25
Rate $r_t := y_t/y_{t-1} - 1$		0.20	−0.15	0.40	0.25
Veränderung in % gegenüber dem Vorjahr		20%	−15%	40%	25%

(1) Würde man zur Berechnung des „durchschnittlichen Wachstums" das *arithmetische Mittel* des prozentualen Wachstums

$$\overline{1+r} = (1.20+0.85+1.40+1.25)/4 = 4.70/4 = 1.175$$

oder $(20\%-15\%+40\%+25\%)/4 = 70\%/4 = 17.5\%$

nehmen, ergäbe diese durchschnittliche Umsatzsteigerung, von 1 200 im Jahre 2004 ausgehend, im Jahre 2008 einen Umsatz von 2 287 anstatt $Y_{2008} = 2\,142$:

Jahr t	2004	2005	2006	2007	**2008**
Umsatz y_t in 1000 €	1 200	1 440	1 224	1 714	**2 142**
mit ⌀ 17.5% pro Jahr		*1 410*	*1 657*	*1 947*	*2 287*
mit ⌀ 15.59% pro Jahr		*1 387*	*1 603*	*1 853*	**2 142**

(2) Berechnen wir jedoch das *geometrische Mittel*

$$G_{1+r} = \sqrt[4]{(1+r_1)(1+r_2)(1+r_3)(1+r_4)}$$
$$= \sqrt[4]{1.20 \cdot 0.85 \cdot 1.40 \cdot 1.25} = 1.1559 \, ,$$

erhalten wir eine durchschnittliche Umsatzsteigerung von 15.59%, die, wäre sie Jahr für Jahr eingetreten, 2008 gerade zum aktuellen Wert führen würde.

Die Berechnung einer *durchschnittlichen* Wachstumsrate basiert, wie im obigen Beispiel, auf der Vorstellung einer konstanten Wachstumsrate oder geometrischen Progression. Kennt man den Anfangswert und den Endwert einer Zeitreihe, sagen wir der Zeitreihe des Bruttoinlandsproduktes

$$BIP_0, BIP_1, \cdots, BIP_T,$$

kann man daraus natürlich die durchschnittliche Wachstumsrate r nach der Formel

$$1 - r = \sqrt[T]{\frac{BIP_T}{BIP_0}} \qquad (2\text{-}11)$$

finden, was der Berechnung eines geometrischen Mittels entspricht.

❑ *Beweis:* Würde man eine konstant bleibende Wachstumsrate r unterstellen, wäre ja gerade entsprechend der Zinseszinsformel

$$BIP_1 = BIP_0(1+r)$$
$$BIP_2 = BIP_1(1+r) = BIP_0(1+r)(1+r)$$
$$\vdots$$
$$BIP_T = BIP_0(1+r)^T .$$

Eingesetzt in (2-11) ergibt das sogleich

$$(1+r) = \sqrt[T]{\frac{BIP_0(1+r)^T}{BIP_0}} = \sqrt[T]{(1+r)^T} = (1+r),$$

was zu beweisen war. ❑

2.4 Harmonisches Mittel

Bildet man von den Werten x_i einer statistischen Reihe die Kehrwerte $1/x_i$, kann man natürlich auch von diesen das arithmetische Mittel

$$\frac{1}{n}\left(\frac{1}{x_1} + \cdots + \frac{1}{x_n}\right)$$

berechnen. Nimmt man dann vom Ergebnis wieder den Kehrwert, erhält man das sogenannte *harmonische Mittel*

$$H_X := \frac{n}{\sum(1/x_j)} . \qquad (2\text{-}12)$$

Beispiel [7] Das harmonische Mittel aus der statistischen Reihe X mit den Werten 2, 6, 12, 9 ist

$$H_X = 4/(1/2 + 1/6 + 1/12 + 1/9) = 4.645 \ldots,$$

während das arithmetische daraus $\bar{x} = 7.25$ und das geometrische $G_X = 6$ war.

Natürlich darf die statistische Reihe keine Nullen und keine negativen Werte enthalten. Für jede statistische Reihe mit (verschiedenen) positiven Werten ist

$$H_X < G_X < \bar{x}$$

das harmonische Mittel kleiner als das geometrische und das arithmetische.

Auch hier stellt sich die Frage, wann das harmonische Mittel benutzt werden sollte, das heißt wann es einen mit der Fragestellung konsistenten Mittelwert liefert. Jedenfalls wird oft das arithmetische Mittel genommen, obwohl eigentlich das harmonische verwendet werden sollte, ja sogar verwendet werden müsste.

Beispiel [8] Die durchschnittliche Geschwindigkeit von Lastzügen auf deutschen Autobahnen, als arithmetisches Mittel gerechnet, beträgt $\bar{v} = 71$ km/h. Dividiert man eine bestimmte Distanz $d = 412$ km, etwa von Hamburg nach Duisburg, durch diesen Durchschnittswert, um die Transportzeiten t, Transportkapazitäten und Transportkosten abzuschätzen, erhält man mit

$$\bar{t} = d/\bar{v} = 412/71 = 5.80$$

Stunden ein falsches Ergebnis. Ein richtiges Ergebnis kommt heraus, wenn das harmonische Mittel $H_V = 68$ km/h als Divisor verwendet wird:

$$\bar{t} = d/H_V = 412/68 = 6.06$$

Geschwindigkeiten berechnet man als Quotient aus dem zurückgelegten Weg und der dafür gebrauchten Zeit. Legt dieses Beispiel nun nahe, dass man etwa Geschwindigkeiten oder jede Messreihe von Quotienten, wie Arbeitslosenquoten, stets harmonisch mitteln sollte? Das kommt darauf an, wozu man den Mittelwert verwenden will. Im Beispiel [8] will man für eine feste Distanz d eine durchschnittliche Transportzeit berechnen. Dazu bräuchte man die einzelnen Geschwindigkeiten v_i im Nenner – oder eben das harmonische Mittel:

$$\bar{t} = \frac{1}{n}(t_1 + \cdots + t_n) = \frac{1}{n}(d/v_1 + \cdots + d/v_n)$$
$$= d \cdot \frac{1}{n}(1/v_1 + \cdots + 1/v_n) = d \cdot 1/H_V.$$

Würden wir hingegen wissen wollen, wie weit die Lastzüge im arithmetischen Durchschnitt nach einer festgelegten Zeit t gekommen sind, wäre sicher die Rechnung

$$\bar{d} = \frac{1}{n}(d_1 + \cdots + d_n) = \frac{1}{n}(tv_1 + \cdots + tv_n)$$
$$= t \cdot \frac{1}{n}(v_1 + \cdots + v_n) = t \cdot \bar{v}$$

die richtige.

2.5 Streuungsmaße

Die Lageparameter wie Modus, Median, die arithmetischen Mittel und andere Lagemaße geben jeweils nur eine *zentrale Tendenz* einer Verteilung an. Nun soll aber auch noch das Ausmaß der *Streuung* oder *Variation* oder *Dispersion* einer Verteilung bzw. der Werte einer statistischen Reihe in einer Maßzahl ausgedrückt werden. Die beschreibende Statistik stellt dazu einige Maßzahlen bereit.

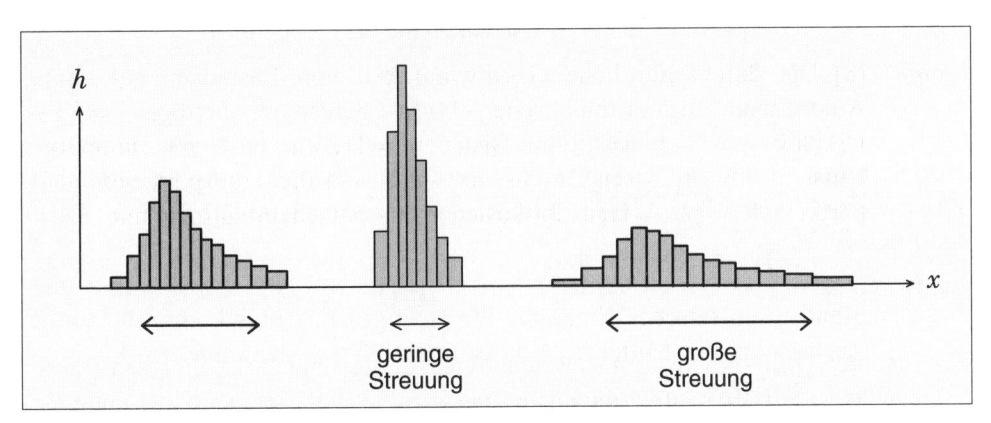

BILD 2.1 Drei Histogramme: Verteilungen mit verschiedenen Streuungen

Spannweite

Sie ist die Differenz zwischen der größten und der kleinsten Merkmalsausprägung in der statistischen Reihe:

$$\text{Spannweite} := x_{\max} - x_{\min}$$

Die Spannweite ist natürlich besonders einfach zu berechnen, denn es werden nur der größte und der kleinste Wert einer statistischen Reihe verwendet. Dies ist aber natürlich gleichzeitig die Schwäche dieses Streuungsmaßes, denn das Verhalten der übrigen Werte wird nicht beachtet.

52 KAPITEL 2 *Maßzahlen zur Beschreibung statistischer Verteilungen*

Mittlere absolute Abweichung

Um aber alle Werte einer statistischen Reihe in ein Streuungsmaß eingehen zu lassen, könnte man versucht sein, die durchschnittliche Abweichung der Beobachtungswerte von ihrem Mittelwert zu berechnen. Man wird jedoch sogleich feststellen, dass wegen der Zentraleigenschaft des arithmetischen Mittels sich die positiven und negativen Abweichungen gerade ausgleichen, so dass als Ergebnis stets Null herauskäme. Um dem zu entgehen und ein Maß für die Streuung der Einzelwerte zu erhalten, könnte man die Absolutbeträge der Abweichungen betrachten. Die sogenannte *mittlere absolute Abweichung*

$$\text{MAA} := \frac{1}{n} \sum_{j=1}^{n} |x_j - \bar{x}| \tag{2-13}$$

wird als arithmetisches Mittel der Beträge der Abweichungen der Merkmalswerte von ihrem Mittelwert berechnet.

Mittlerer Quartilsabstand

Man ordnet die Merkmalswerte der statistischen Reihe der Größe nach

$$x_1 \leq x_2 \leq \cdots \leq x_n$$

und teilt sie in vier Segmente mit möglichst gleich großer Anzahl von Werten. Exakt geht das natürlich nur, wenn ihre Gesamtzahl n durch 4 teilbar ist, sonst behilft man sich näherungsweise – oder verwendet die Formel aus dem Abschnitt **2.7** über die Quantile. Die drei Werte

$$Q_1 \leq Q_2 = x_{\text{Med}} \leq Q_3,$$

die sogenannten *Quartile*, müssen so beschaffen sein, dass sie in der gleichen Weise wie der Median x_{Med} zwischen den Segmenten liegen. Somit befinden sich zwischen Q_1 und Q_3 stets 50% der Beobachtungswerte. Dieser Bereich

$$\text{IQA} := Q_3 - Q_1$$

heißt der *Interquartilsabstand*, und das arithmetische Mittel der beiden Quartilsabstände vom Median ist nun der *mittlere Quartilsabstand*

$$\text{MQA} := \frac{(Q_3 - Q_2) + (Q_2 - Q_1)}{2} = \frac{\text{IQA}}{2}. \tag{2-14}$$

Einerseits wird der mittlere Quartilsabstand als Streuungsmaß vor allem dann gern verwendet, wenn es sich um ordinal skalierte Daten handelt; der zu diesem Streuungsmaß passende Lageparameter wäre dann der Median. Die Quartilsabstände verschiedener Verteilungen sollten dann aber auch nur ordinal verglichen werden. Andererseits sind gerade bei metrischen Merkmalen die Quartile (und die weiter unten erwähnten Quantile) sehr hilfreiche *Markierungen zum Vermessen einer Verteilungsfunktion*.

Beispiel [9] Von einer statistischen Reihe mit $n = 14$ Werten suchen wir den mittleren Quartilsabstand.

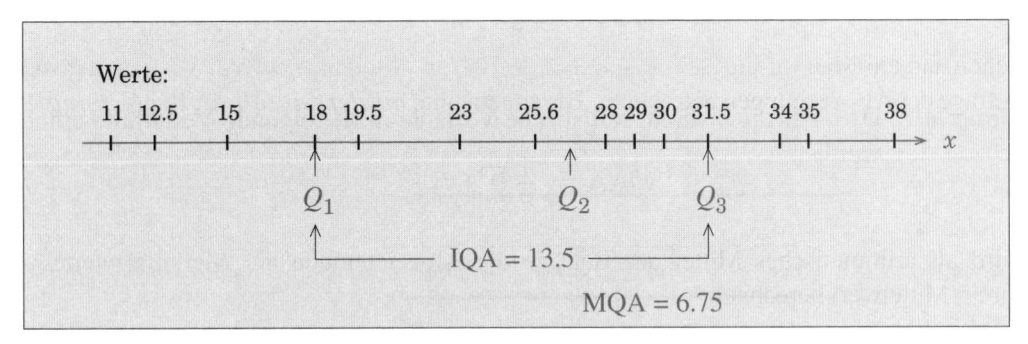

Werte:
11 12.5 15 18 19.5 23 25.6 28 29 30 31.5 34 35 38

Q_1 Q_2 Q_3

IQA = 13.5

MQA = 6.75

BILD 2.2   Mittlerer Quartilsabstand

Als Median nehmen wir das arithmetische Mittel der beiden Nachbarn und erhalten $Q_2 = 26.8$.

2.6 Varianz und Standardabweichung

Das am häufigsten verwendete Streuungsmaß ist die Varianz. Die Varianz hat außerdem zentrale Bedeutung in der theoretischen Statistik.

Definition: Die mittlere quadratische Abweichung vom arithmetischen Mittel

$$s_X^2 := \frac{1}{n} \sum_{j=1}^{n} (x_j - \bar{x})^2 \tag{2-15}$$

heißt *empirische Varianz* oder kurz *Varianz* einer beobachteten statistischen Reihe X.

Liegt eine relative Häufigkeitsverteilung der statistischen Reihe vor, so kann die Varianz auch damit berechnet werden:

$$s_X^2 := \sum_{j=1}^{k} h_j (x_j - \bar{x})^2 \tag{2-15a}$$

Definition: Die positive Wurzel aus der Varianz

$$s_X := +\sqrt{s_X^2} \qquad (2\text{-}16)$$

heißt **Standardabweichung**.

Beispiel [10] Für die diskrete statistische Variable X sei folgende Verteilung erhoben worden:

x_i :	4	5	6
$h(x_i)$:	1/4	1/2	1/4

Sie hat den Mittelwert $\bar{x} = 5$. Ihre Varianz ist

$$\begin{aligned} s_X^2 &= (4-5)^2 \cdot (1/4) + (5-5)^2 \cdot (1/2) + (6-5)^2 \cdot (1/4) \\ &= 1/4 + 1/4 = 1/2 \end{aligned}$$

und ihre Standardabweichung

$$s_X = 1/\sqrt{2} = 0.7071 \;.$$

Beispiel [11] Bei der statistischen Reihe

$$\begin{array}{ccccccccc} 3 & 5 & 9 & 9 & 6 & 6 & 3 & 7 & 7 & 6 \\ 7 & 6 & 5 & 7 & 6 & 9 & 6 & 5 & 3 & 5 \end{array}$$

rechnen wir mit folgender Arbeitstabelle:

i	x_i	n_i	h_i	$H(x_i)$	$h_i \cdot x_i$	$x_i - \bar{x}$	$(x_i - \bar{x})^2$	$h_i \cdot (x_i - \bar{x})^2$
1	3	3	0.15	0.15	0.45	−3	9	1.35
2	5	4	0.20	0.35	1.00	−1	1	0.20
3	6	6	0.30	0.65	1.80	0	0	0
4	7	4	0.20	0.85	1.40	1	1	0.20
5	9	3	0.15	1.00	1.35	3	9	1.35
		$20 = n$	1		$6.00 = \bar{x}$	0		**3.10**

Der Mittelwert der statistischen Reihe beträgt 6, die Varianz $s_X^2 = 3.1$ und die Standardabweichung 1.761.

Beispiel [12] Die Verteilung einer statistischen Variablen sei im Intervall $0 < x < 2$ durch das Parabelstück als stetige Häufigkeitsdichtefunktion $h(x)$ approximiert.

Die Dichtefunktion lässt sich durch

$$h(x) = \frac{3}{2}(x - 0.5x^2)$$

beschreiben. Wie die Skizze zeigt, ist der Mittelwert $\bar{x}$ aus Symmetriegründen gleich Eins.

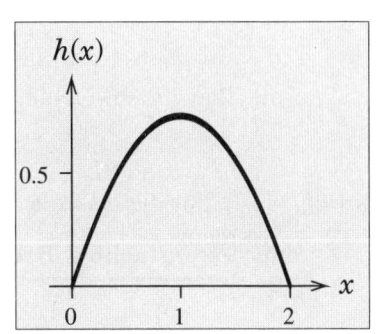

Die Varianz berechnen wir als das bestimmte Integral wie in (9-16b), wobei die Integration an die Stelle der Summation in (2-15a) tritt:

$$\begin{aligned} s_X^2 &= \int_0^2 h(x) \cdot (x-1)^2 \, dx = \int_0^2 \frac{3}{2}(x - \frac{1}{2}x^2)(x-1)^2 \, dx \\ &= \frac{3}{2} \int (x - \frac{5}{2}x^2 + 2x^3 - \frac{1}{2}x^4) \, dx \\ &= \frac{3}{2} \left[\frac{1}{2}x^2 - \frac{5}{6}x^3 + \frac{1}{2}x^4 - \frac{1}{10}x^5 \right]_0^2 \\ &= \frac{3}{2} \left[\frac{4}{2} - \frac{40}{6} + \frac{16}{2} - \frac{32}{10} \right] = 3 - 10 + 12 - \frac{24}{5} = \frac{1}{5} \end{aligned}$$

und die Standardabweichung als Wurzel daraus mit $s_X = 0.4472...$.

Eigenschaften der Varianz

Die folgenden Eigenschaften tragen zum Verständnis des Varianzbegriffs bei und sind auch als Rechenregeln recht nützlich.

1. Die Varianz ist stets größer oder gleich Null:

$$s_X^2 \geq 0 \, .$$

2. Translation der statistischen Reihe um $a = $ const lässt die Varianz unverändert:

$$y_i := x_i + a \quad (i = 1, \cdots, n)$$
$$\Rightarrow \quad s_Y^2 = s_X^2 \, .$$

56 KAPITEL 2 *Maßzahlen zur Beschreibung statistischer Verteilungen*

3. Streckung der statistischen Reihe mit dem Faktor b = const:

$$z_i := b \cdot x_i \quad (i = 1, \cdots, n)$$

$$\Rightarrow \quad s_Z^2 = b^2 \cdot s_X^2 \;. \tag{2-17}$$

Was die Standardabweichung betrifft, so gilt entsprechend:

$$s_Z = |b| \cdot s_X \;. \tag{2-18}$$

4. Zu ihrer **vereinfachten Berechnung** dient die folgende Eigenschaft der Varianz. Es gilt:

$$\boxed{\frac{1}{n}\sum(x_j - \overline{x})^2 = \frac{1}{n}\sum x_j^2 - \overline{x}^2} \tag{2-19}$$

❏ *Beweis:* Zum Beweis braucht man die linke Klammer nur auszumultiplizieren

$$\frac{1}{n}\sum(x_j - \overline{x})^2 = \frac{1}{n}\sum(x_j^2 - 2\overline{x}x_j + \overline{x}^2)$$

und dann die Mittelungsoperation auf die drei Elemente in der Klammer einzeln anzuwenden

$$= \frac{1}{n}\sum x_j^2 - 2\overline{x} \cdot \frac{1}{n}\sum x_j + \frac{1}{n}\sum \overline{x}^2$$

$$= \frac{1}{n}\sum x_j^2 - 2\overline{x} \cdot \overline{x} + \frac{1}{n}n\overline{x}^2$$

$$= \frac{1}{n}\sum x_j^2 - 2\overline{x}^2 + \overline{x}^2 = \frac{1}{n}\sum x_j^2 - \overline{x}^2 \;. \quad ❏$$

Man muss also nicht von jedem einzelnen Wert x_j das arithmetische Mittel abziehen, sondern man kann direkt die quadrierten Werte mitteln und anschließend das Quadrat des arithmetischen Mittels abziehen. In Kurzschreibweise ausgedrückt:

$$s_X^2 = \overline{x^2} - \overline{x}^2 \;. \tag{2-19a}$$

5. Obiger Sachverhalt ist nur ein Spezialfall (mit d = 0) des folgenden STEINERschen **Verschiebungssatzes**. Für jedes konstante d gilt:

$$\boxed{\frac{1}{n}\sum(x_j - \overline{x})^2 = \frac{1}{n}\sum(x_j - d)^2 - (\overline{x} - d)^2} \tag{2-20}$$

6. Berechnung der Gesamtvarianz s_{ges}^2 aus den Gruppenvarianzen s_i^2: Die statistische Reihe X mit n Elementen sei in $m < n$ disjunkte statistische Teilreihen oder

Gruppen	$X_1, X_2, \cdots, X_m$
mit jeweils	$n_1, n_2, \cdots, n_m$ Elementen
und den Mittelwerten	$\bar{x}_1, \bar{x}_2, \cdots, \bar{x}_m$
und den Varianzen	$s_1^2, s_2^2, \cdots, s_m^2$

zerlegt worden. Daraus errechnet sich die Gesamtvarianz als

$$s_{ges}^2 = \frac{1}{n}\sum_{j=1}^m n_j s_j^2 + \frac{1}{n}\sum_{j=1}^m n_j (\bar{x}_j - \bar{x})^2 . \qquad (2\text{-}21)$$

Der 1. Summand heißt ***innere Varianz*** oder interne Varianz. Sie ist das gewichtete Mittel aus den Varianzen *innerhalb* der m Gruppen. Der 2. Summand heißt die ***äußere Varianz*** oder externe Varianz. Sie ist die Varianz der Gruppenmittelwerte $\bar{x}_i$ ($i = 1, \cdots, m$), also die Varianz *zwischen* den Gruppen.

Minimaleigenschaft der Varianz

Da im Verschiebungssatz

$$\frac{1}{n}\sum (x_j - \bar{x})^2 = \frac{1}{n}\sum (x_j - d)^2 - (\bar{x} - d)^2$$

der Term $(\bar{x} - d)^2$ nie negativ sein kann, gilt für jedes $d \neq \bar{x}$ stets

$$\frac{1}{n}\sum (x_j - \bar{x})^2 < \frac{1}{n}\sum (x_j - d)^2 ,$$

das heißt, die mittlere quadratische Abweichung vom arithmetischen Mittel $\bar{x}$ ist kleiner als die mittlere quadratische Abweichung von irgendeinem anderen Wert (Minimaleigenschaft).

Mit n multipliziert, erhält man für die **Summe der quadrierten Abweichungen** von irgendeinem d:

$$\text{SQA}(d) := \sum (x_j - d)^2 \geq \sum (x_j - \bar{x})^2 .$$

Somit könnten wir das arithmetische Mittel auch definieren als diejenige Zahl d, die SQA minimiert. Das ist das ***Prinzip der kleinsten Quadrate***. Das Minimum von SQA finden wir durch Differentiation nach d und Nullsetzen:

58 KAPITEL 2 *Maßzahlen zur Beschreibung statistischer Verteilungen*

$$\frac{d\,SQA}{d\,d} = \sum_{j=1}^{n} 2(x_j - d)(-1) = 0$$

$$\sum (x_j - d) = 0$$

$$\sum x_j - \sum d = \sum x_j - nd = 0$$

$$d = \frac{1}{n}\sum x_j$$

und erhalten als Lösung

$$d = \bar{x}\,.$$

Variationskoeffizient

Definition: Der Quotient aus Standardabweichung und Absolutbetrag des Mittelwertes einer statistischen Reihe mit $\bar{x} \neq 0$

$$VK_X := \frac{s_X}{|\bar{x}|} \qquad (2\text{-}22)$$

heißt *Variationskoeffizient*.

Der Variationskoeffizient ist ein relatives Maß. Er misst die Streuung *relativ zum Niveau bzw. zur absoluten Größenordnung* der statistischen Reihe.

Beispiel [13] Der Aktienkurs der Volkswagen-Aktie wies in einem Zeitraum von 250 Handelstagen bei einem Mittelwert von $\bar{x} = 174.56$ Euro eine Standardabweichung von $s_X = 10.28$ Euro auf. Für den gleichen Zeitraum ermittelt man für die Aktie der BMW AG eine Standardabweichung von $s_Y = 4.68$ Euro bei einem Mittelwert von $\bar{y} = 36.96$ Euro. Die beiden Variationskoeffizienten betragen

$VK_X = 10.28/174.56 = 0.0589$ für VW und

$VK_Y = 4.68/36.96 = 0.1266$ für BMW.

Somit streute die BMW-Aktie trotz geringerer Standardabweichung relativ stärker.

Man verwendet den Variationskoeffizienten auch gerne als Maß für die *Volatilität eines Aktienkurses*. Die Volatilität gilt als Einschätzung des zukünftigen Risikos einer Anlage in dieser Aktie.

2.7 Quantile

Eigentlich sind die Quartile nur ein Spezialfall der allgemeiner definierten Quantile.

Definition: Eine Zahl $x_{[q]}$ mit $0 < q < 1$ heißt q-***Quantil***, wenn sie die statistische Reihe X so aufteilt, dass mindestens $100 \cdot q\,\%$ ihrer Beobachtungswerte kleiner oder gleich $x_{[q]}$ sind und gleichzeitig mindestens $100 \cdot (1-q)\,\%$ größer oder gleich $x_{[q]}$ sind, also

$$\boxed{\operatorname{relH}(X \leq x_{[q]}) \geq q \quad \text{und} \quad \operatorname{relH}(X \geq x_{[q]}) \geq 1-q} \qquad (2\text{-}23)$$

Somit wäre das untere Quartil Q_1 ein 25%-Quantil, das obere Quartil Q_3 ein 75%-Quantil und der Median ein 50%-Quantil

$$Q_1 = x_{[0.25]} \quad \text{unteres Quartil}$$
$$Q_2 = x_{[0.50]} \quad \text{Median}$$
$$Q_3 = x_{[0.75]} \quad \text{oberes Quartil}.$$

Neben den Quartilen sind noch die ***Dezile***

$$x_{[0.1]}, x_{[0.2]}, x_{[0.3]}, \ldots, x_{[0.9]}$$

und die ***Perzentile***

$$x_{[0.01]}, x_{[0.02]}, x_{[0.03]}, \ldots, x_{[0.99]}$$

beliebte Quantile. Da bei *stetig approximierten Verteilungsfunktionen* für die q-Quantile stets gilt, dass

$$H(x_{[q]}) = q,$$

findet man die Quantilswerte auch sehr leicht aus der Verteilungsfunktion, indem man nachschaut, bei welchem Argumentwert sie den Funktionswert q hat, also wenn man die Verteilungsfunktion *umkehrt*, d.h.

$$x_{[q]} = H^{-1}(q).$$

Das geht auch bei *treppenförmigen Verteilungsfunktion* meistens gut und man findet einen wohldefinierten in der statistischen Reihe vorkommenden Wert an einer Sprungstelle. Nur wenn man dabei genau auf einer Treppenstufe von H landet, ist die Umkehrfunktion nicht eindeutig bestimmt: Man hätte gewissermaßen alle Werte zwischen den fraglichen benachbarten Sprungstellen x_i und x_{i+1} zur Auswahl. In der Tat ist in diesem Fall *jeder Wert*

$$x_i \leq x_{[q]} \leq x_{i+1}$$

60 KAPITEL 2 *Maßzahlen zur Beschreibung statistischer Verteilungen*

zwischen den beiden ein *q*-Quantil! Um einen *eindeutigen Wert* zu erhalten, wählt man dann in der Regel das arithmetische Mittel aus beiden. Zwar haben diskrete Verteilungsfunktionen im streng mathematischen Sinne keine Umkehrfunktion, aber man kann graphisch vorgehen. BILD 2.3 veranschaulicht dies: Beim Median hat man hier Glück und trifft auf eine Sprungstelle, bei den beiden Quartilswerten muss gemittelt werden.

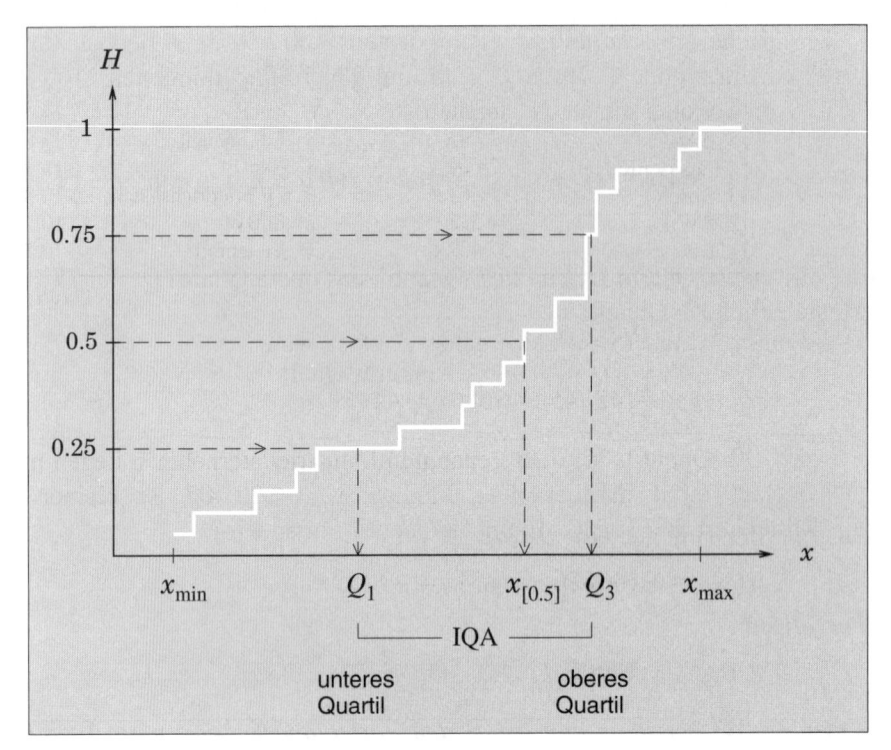

BILD 2.3   Quantile und wie man sie aus der Verteilungsfunktion ableitet

Natürlich findet man das *q*-Quantil auch ohne den Umweg über den Graphen der Verteilungsfunktion. Ist *n* der Umfang der statistischen Reihe mit den der Größe nach geordneten und nummerierten Werten und erweist sich das Produkt *nq* als eine ganze Zahl, so ist einfach

$$x_{[q]} = \frac{1}{2}(x_{nq} + x_{nq+1}).$$

Ist jedoch *nq* keine ganze Zahl, nimmt man die *nächstgrößere ganze* Zahl <*nq*>. Im Beobachtungswert mit dieser Indexnummer hat man dann

$$x_{[q]} = x_{<nq>}$$

direkt das *q*-Quantil.

2.7 Quantile

Beispiel [14] In der nachfolgenden Tabelle sind die größten Industrieunternehmen in Deutschland mit dem jeweiligen Umsatz (2005, in Mio. Euro) aufgeführt.

Unternehmen	Umsatz	Unternehmen	Umsatz
20 DaimlerChrysler	149 776	10 Bayer	27 383
19 Volkswagen	95 268	9 Shell Deutschland	24 300
18 Siemens	75 445	8 RAG AG	21 869
17 E.ON	51 854	7 Hochtief	14 854
16 BMW	46 656	6 MAN	14 671
15 BASF	42 745	5 Continental	13 837
14 ThyssenKrupp	42 064	4 Henkel	11 974
13 Bosch	41 461	3 ZF Friedrichshafen	10 833
12 RWE	40 518	2 EnBW	10 769
11 Deutsche BP	37 432	1 Vattenfall	10 543

Quelle: FAZ

Weil $nq = 20 \cdot 0.75 = 15$ eine ganze Zahl ist, wäre

$$x_{[0.75]} = \frac{1}{2}(42\,745 + 46\,656) = 44\,700.5$$

ein 75%-Quantil. 75% der genannten Industrieunternehmen liegen mit ihrem Umsatz nicht darüber. Der Median $x_{[0.5]} = 32\,407$ ist kleiner als der Mittelwert $\bar{x} = 39\,212$. Ein 80%-Quantil finden wir in

$$x_{[0.80]} = \frac{1}{2}(46\,656 + 51\,854) = 49\,255.$$

Umsatz in Mio Euro

80%-Quantil = 49 225

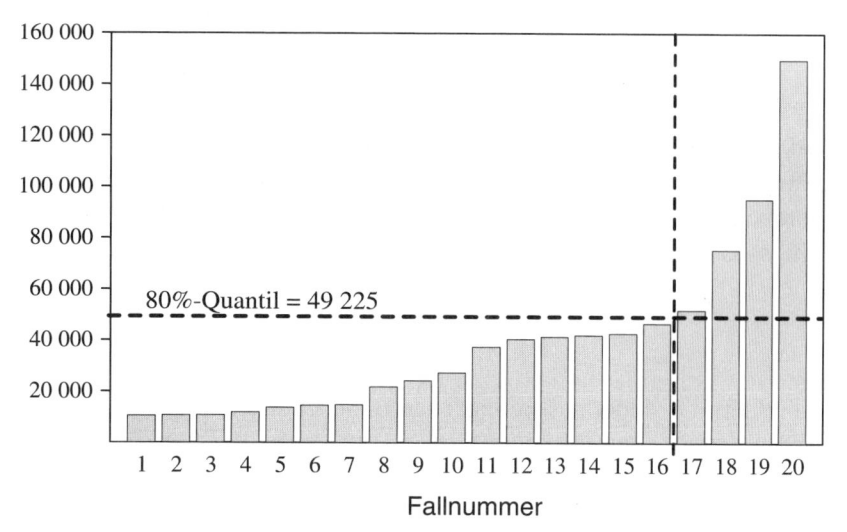

Fallnummer

BILD 2.4 Umsatz von 20 Industrieunternehmen und 80%-Quantil

Fünf-Punkte-Zusammenfassung und Box-Plot

In der Tat kann man durch die Angabe von wenigen Werten die Gestalt einer Häufigkeitsverteilung recht gut analysieren. In der Praxis beliebt ist die sogenannte *Fünf-Punkte-Zusammenfassung*

$$(x_{\min}, x_{[0.25]}, x_{\text{Med}}, x_{[0.75]}, x_{\max}).$$

Sie teilt den Datensatz in vier Teile, so dass in jedem Teil etwa ein Viertel der Beobachtungswerte liegt. Sie enthält den Median als Lagemaß, die Spannweite und den Interquartilsabstand IQA als Streuungsmaße. Besonders in der graphischen Darstellung als *Box-Plot*

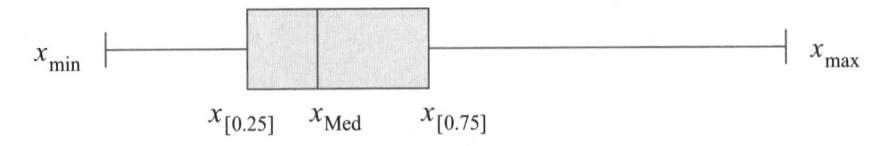

BILD 2.5   Box-Plot einer linkssteilen Verteilung

vermitteln diese fünf Werte einen guten Gesamteindruck von der Verteilung. Die Box wird von den Quartilen begrenzt und vom Median geteilt. Ihre Länge entspricht dem Interquartilsabstand IQA und sie enthält die Hälfte der Beobachtungswerte. Auf den ersten Blick kann man erkennen, ob die Verteilung symmetrisch ist. Je länger die beiden sogenannten *Whiskers* („Antennen", „Fühler") im Vergleich zur Box sind, desto geringer ist die *Wölbung*[1] der Verteilung.

Zäune und Ausreißer

Zuweilen verwendet man Box-Plots in etwas modifizierter Form. Liegt das Minimum oder das Maximum zu weit von der Box entfernt, könnten die Whiskers recht lang werden. Man begrenzt ihre Länge dann durch die *Zäune*

$$z_{\text{unten}} = x_{[0.25]} - 1.5 \cdot \text{IQA}$$

$$z_{\text{oben}} = x_{[0.75]} + 1.5 \cdot \text{IQA}$$

und erklärt die weiter außen liegenden Beobachtungswerte zu *Ausreißern*. Die Ausreißer werden einzeln eingezeichnet.

---

[1]   Zur Definition der Wölbung vgl. Abschnitt **9.8**.

2.7 Quantile

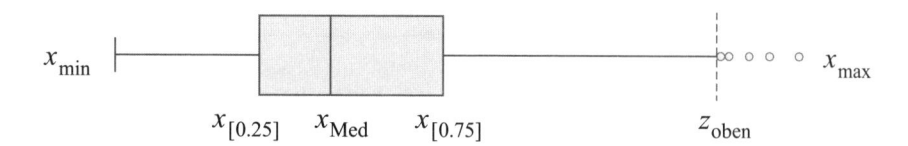

BILD 2.6 Box-Plot einer linkssteilen Verteilung mit oberem Zaun

Beobachtungswerte, die weiter als das Anderthalbfache des IQA abseits vom 50%-Pulk der Werte liegen, als Ausreißer zu definieren, ist natürlich nicht unproblematisch. Will man damit singuläre Werte kennzeichnen, die gar nicht zum Gesamtbild passen, untypisch weit von der Masse der Daten entfernt sind oder eventuell auf Messfehlern beruhen? Manchmal bezeichnet man erst diejenigen Werte, die weiter als 2.5 Interquartilsabstände entfernt liegen, als *strenge* Ausreißer, die anderen als *milde*.

Boxplots ermöglichen einen raschen und übersichtlichen Vergleich mehrerer Verteilungen; sie lassen sich leicht unter- oder nebeneinander auf derselben Skala darstellen, wie das Beispiel [15] zeigt.

Beispiel [15] Die Verteilungen der Arbeitskosten in den einzelnen EU-Beitrittsländern unterscheiden sich sehr stark, sowohl in der durchschnittlichen Lohnhöhe als auch in der Streuung.

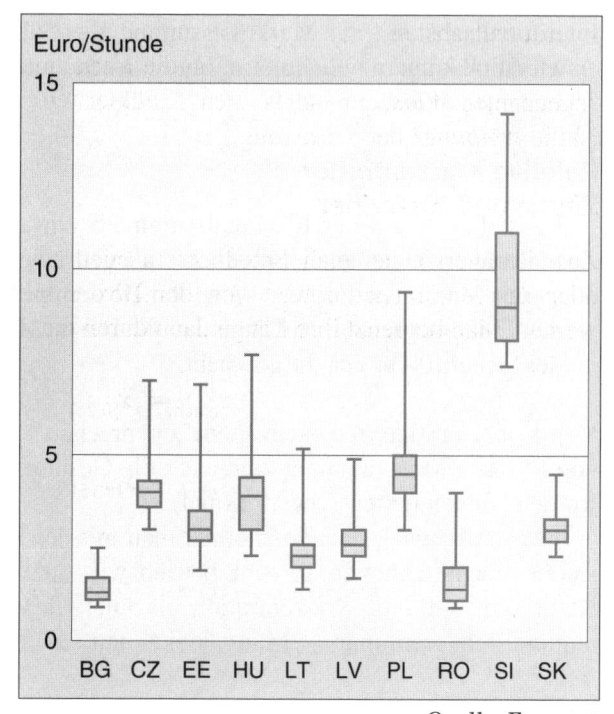

BILD 2.7
Arbeitskosten bei EU-Beitrittskandidaten im Jahre 2000.

Quelle: Eurostat

2.8 Konzentrationsmaße

Die Streuungsmaße geben Auskunft darüber, wie stark oder wie weit die einzelnen Merkmalsausprägungen einer statistischen Reihe voneinander oder von einem Zentralwert abweichen. Auch das Konzept der Konzentration will eine ähnliche Struktureigenschaft empirischer Verteilungen beschreiben, allerdings unter einem anderen Gesichtspunkt. Die Frage nach der Konzentration richtet sich auf den Anteil, den einzelne statistische Einheiten ω_i an der gesamten Summe der Merkmalswerte in einer statistischen Reihe

$$S := x_1 + x_2 + \cdots + x_n$$

haben. Es könnte ja sein, dass sich die Merkmalssumme S zu einem großen Teil oder fast vollständig auf nur wenige Merkmalsträger „konzentriert". Wenn in einer Branche 5% der Firmen 80% des Branchenumsatzes machen, liegt eine hohe Umsatzkonzentration vor. Wenn in einem Land 3% der Einwohner über 50% des Gesamtvermögens verfügen, wird man das für eine hohe Vermögenskonzentration oder sehr ungleiche Vermögensverteilung halten. Unter Konzentration versteht man also eine *Ungleichheit in der Verteilung der Merkmalssumme auf die Merkmalsträger*.

Absolute Konzentration

Ein hoher Anteil der Merkmalssumme S entfällt auf eine kleine *absolute Anzahl* von Merkmalsträgern. Beispiel: Vier Firmen machen 62% des Gesamtumsatzes des Lebensmitteleinzelhandels.

Relative Konzentration

Ein hoher Anteil der Merkmalssumme S entfällt auf einen *kleinen Anteil* der Merkmalsträger. Oder auch umgekehrt ausgedrückt: Ein geringer Anteil der Merkmalssumme entfällt auf einen hohen Anteil der Merkmalsträger. Beispiel: Nur knapp 4% des Einkommensteueraufkommens in Deutschland wurden 2007 vom unteren Drittel der Steuerpflichtigen aufgebracht.

Von Konzentration in diesem Sinne zu sprechen, geht natürlich nur dann, wenn Summen von Merkmalsausprägungen und auch die Gesamtsumme S sachlich sinnvoll interpretiert werden können (extensives Merkmal).

Die statistischen Phänomene, die man mit der Fragestellung der Konzentration analysieren möchte, können sowohl betriebswirtschaftlicher als auch wirtschaftspolitischer Natur sein. Oft gilt Konzentration als unerwünscht oder wird gar als ungerecht oder unmoralisch empfunden. Man denke nur an die Verteilung des Einkommens, der

Steuerlast oder des Vermögens in einer Gesellschaft, an die Verteilung des Ackerlandes unter südamerikanischen Campesinos und Latifundistas. Zuweilen wird die möglichst gleichmäßige Verteilung als ideal und erstrebenswert angesehen.

Beispiel [16] Im Jahre 2007 haben die deutschen Kfz-Hersteller über 5.7 Mio. PKWs produziert. In Deutschland wurden davon gut 2 Mio. neu zugelassen, und zwar:

Opel	285 267	Stück
Ford	202 532	
BMW	284 889	
VW	608 820	
Audi	249 305	
Mercedes	327 742	
Porsche	17 663	
Smart	31 974	

Quelle: VDA

Gibt es in dieser Branche eine Konzentration, und wie groß ist sie? Die meisten neu zugelassenen PKWs waren VWs und die wenigsten Porsches. Ordnen wir nach der Größe der Merkmalsausprägungen, erhalten wir die folgende Verteilung und Arbeitstabelle:

Marke	i	n_i	x_i	kumuliert $\sum_{j=1}^{i} n_j$	kumuliert $\sum_{j=1}^{i} x_j$
Porsche	1	1	17 663	1	17 663
Smart	2	1	31 974	2	49 637
Ford	3	1	202 532	3	252 169
Audi	4	1	249 305	4	501 474
BMW	5	1	284 889	5	786 363
Opel	6	1	285 267	6	1 071 630
Mercedes	7	1	327 742	7	1 399 372
VW	8	1	608 820	8	2 008 192

Nun berechnen wir aus dieser Verteilung die kumulierten Merkmalswerte (insgesamt sind es für diese acht Marken genau 2 008 192 neu zugelassene PKWs) und stellen sie den kumulierten Häufigkeiten in einem Koordinatensystem gegenüber. So erhalten wir den folgenden Streckenzug:

66 KAPITEL 2 *Maßzahlen zur Beschreibung statistischer Verteilungen*

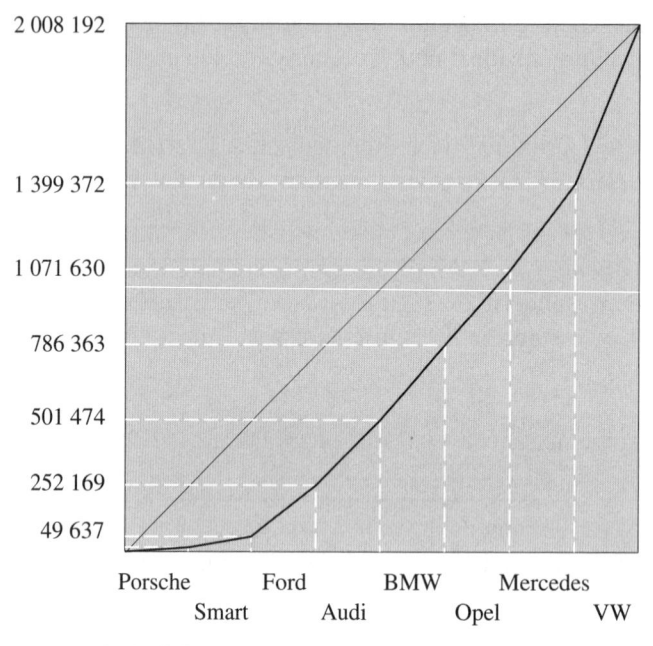

BILD 2.8 PKW-Neuzulassungen in Deutschland

An diesem Streckenzug können wir beispielsweise ablesen, dass von den beiden kleinsten der acht Marken, nämlich Smart und Porsche, zusammen 49 637 PKWs zugelassen wurden, was einem Anteil von 2.5% entspricht. Die beiden größten Marken Mercedes und VW hingegen haben zusammen ca. 47% der PKWs dazu beigetragen. Außerdem erhalten wir einen *guten optischen Eindruck* der Verteilung oder Konzentration der Neuzulassungen auf die statistischen Einheiten.

Man beachte: Eine gewisse Konzentration in den *Neuzulassungen* liegt in diesem Beispiel zwar vor, aber ob sich daraus auch eine *Gewinn*konzentration oder *Macht*konzentration folgern lässt, sei einmal dahingestellt.

Keine Konzentration bezüglich eines Merkmals X in einer Verteilung liegt vor, wenn alle Elemente ω_i denselben Merkmalswert

$$X(\omega_i) = x_i = \bar{x}, \qquad (i = 1, \cdots, n)$$

aufweisen. Zur Veranschaulichung stelle man sich einmal vor, alle Unternehmungen einer Branche hätten genau denselben Umsatz oder alle Bewohner der Insel Kuba dasselbe Vermögen oder den gleichen Intelligenzquotienten. Dann vereinigten 10% der Elemente von Ω auch 10% der gesamten Merkmalssumme S auf sich, und das gälte auch für jeden anderen Prozentsatz. Die Merkmalssumme verteilte sich somit völlig gleichmäßig auf die Merkmalsträger. In diesem unrealistischen und vom statistischen Standpunkt aus gesehen recht unergiebigen Fall der fehlenden Konzentration hätten natürlich auch die Varianz, die Spannweite, der Quartilsabstand und jedes andere sinnvolle Streuungsmaß den Wert Null.

2.9 LORENZ-Kurven und GINI-Koeffizienten

Anders als bei den Lage- und Streuungsmaßen wird hier – zunächst – nicht eine *aggregierte* oder *summarische* Maßzahl zur Charakterisierung der Konzentration einer Verteilung ermittelt, sondern eine ganze Kurve konstruiert, die sogenannte LORENZ-Kurve[2]. Sie zeigt, wie sich die Merkmalsumme S auf die Merkmalsträger verteilt oder konzentriert. Damit das geht, müssen einige Voraussetzungen erfüllt sein:

(1) Es dürfen keine negativen Merkmalsausprägungen vorkommen, das heißt

$$x_i \geq 0 \qquad (i = 1, \cdots, k).$$

(2) Die Merkmalsausprägungen müssen der Größe nach geordnet (worden) sein:

$$0 \leq x_1 < x_2 < \cdots < x_k$$

(3) Die Größen

$$n_i x_i \geq 0 \quad \text{und} \quad \sum_{j=1}^{i} n_j x_j > 0$$

müssen sinnvoll und interpretierbar sein (extensives Merkmal).

Zur Konstruktion der Kurve trägt man nunmehr für jedes $i = 1, \cdots, k$ auf der Ordinate die Werte des **kumulierten Anteils an der Merkmalsumme**

$$M_i := 100 \cdot \sum_{j=1}^{i} n_j x_j \Big/ S \qquad (2\text{-}24)$$

gegen die Werte der empirischen **Verteilungsfunktion**

$$H_i := 100 \cdot \sum_{j=1}^{i} n_j \Big/ n = 100 \cdot \sum_{j=1}^{i} h_j \qquad (2\text{-}25)$$

---

[2] LORENZ, M. O., *Methods of Measuring the Concentration of Wealth*, Quarterly Publications of the American Statistical Association, 1905, S. 209–219.

68 KAPITEL 2 *Maßzahlen zur Beschreibung statistischer Verteilungen*

auf der Abszisse ab, wobei

$$S := \sum_{j=1}^{k} n_j x_j$$

die gesamte Merkmalssumme ist. Der Faktor 100 dient lediglich der Umrechnung in Prozentwerte.

Nachdem nun die so berechneten Wertepaare $(H_i, M_i) = P_i$ als Punkte in einem *H-M*-Koordinatensystem eingetragen sind, werden sie durch Linien verbunden.

Definition: Ein Streckenzug, der in einem Koordinatensystem ausgehend vom Ursprung $P_0 = (0, 0)$ die Punkte $P_i = (H_i, M_i)$ miteinander verbindet, heißt **Lorenz-Kurve**.

Die LORENZ-Kurve gibt somit zu jedem Prozentsatz der statistischen Einheiten den dazugehörigen Prozentsatz an der Merkmalssumme an.

Beispiel [17] Im Prinzip ist die im vorigen Beispiel berechnete und wiedergegebene Kurve bereits eine LORENZ-Kurve. Lediglich die Normierung ihrer Koordinatenachsen ist noch nicht vollzogen, die Einheiten lauten in absoluten Größen statt in Prozent. Das ist schnell nachgeholt: Man dividiert die Ordinatenwerte durch die Merkmalssumme $S = 2\,008\,192$ und multipliziert mit 100. Die Abszissenwerte werden durch den Umfang $n = 8$ geteilt. So erhält man die folgende Arbeitstabelle:

Marke	i	n_i	x_i	$\sum_{j=1}^{i} n_j$	$\sum_{j=1}^{i} x_j$	H_i	M_i
Porsche	1	1	17 663	1	17 663	12.5	0.88
Smart	2	1	31 974	2	49 637	25.0	2.47
Ford	3	1	202 532	3	252 169	37.5	12.56
Audi	4	1	249 305	4	501 474	50.0	24.97
BMW	5	1	284 889	5	786 363	62.5	39.16
Opel	6	1	285 267	6	1 071 630	75.0	53.36
Mercedes	7	1	327 742	7	1 399 372	87.5	69.68
VW	8	1	608 820	8	2 008 192	100	100

2.9 Lorenz-Kurven und Gini-Koeffizienten

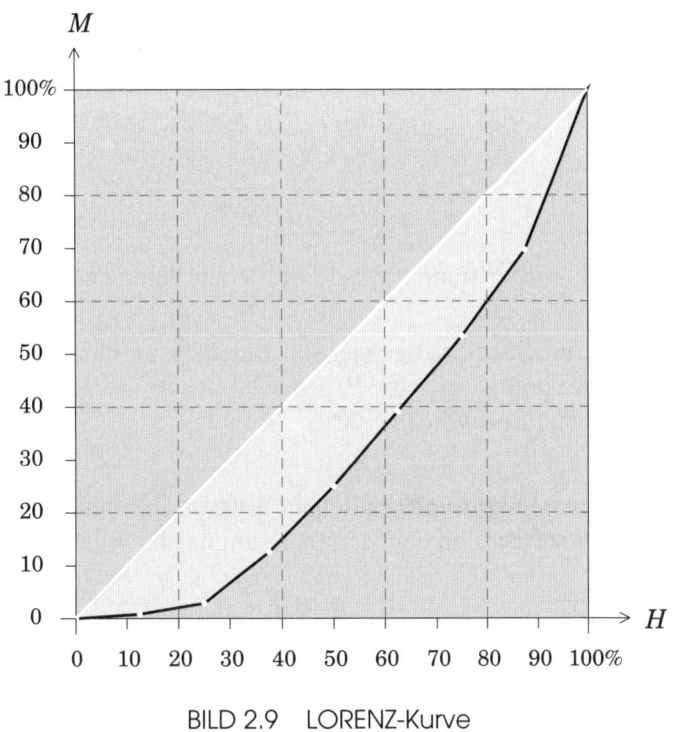

BILD 2.9 LORENZ-Kurve

Die LORENZ-Kurve ist somit eigentlich keine Kurve, sondern ein Polygon- oder Streckenzug, der stets vollständig unterhalb der Diagonalen verläuft; er beginnt im Punkt $P_0 = (0, 0)$ und endet im Punkt $P_k = (100, 100)$. Jedes einzelne Stückchen des Streckenzugs ist steiler als das vorhergehende:

Satz: Die LORENZ-Kurve ist *konvex*.

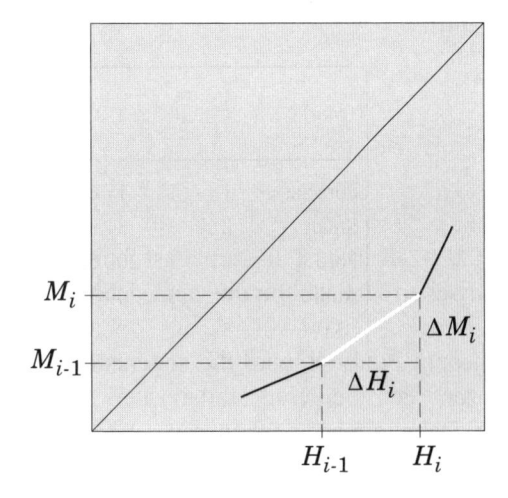

BILD 2.10 Steigung der LORENZ-Kurve

❏ *Beweis:* Zum Beweis berechnen wir einfach die Steigung b_i des i-ten Geradenstücks $(i = 1, \cdots, k)$. Das ist recht einfach, denn sie ist wie in BILD 2.10 dargestellt gerade der Quotient aus dem Zuwachs der LORENZ-Kurve in Ordinatenrichtung und dem in Abszissenrichtung

$$b_i = \frac{\Delta M_i}{\Delta H_i} = \frac{M_i - M_{i-1}}{H_i - H_{i-1}}.$$

Dieser Zuwachs ist aber immer gerade der letzte Summand in den Formeln (2-24) und (2-25), so dass

$$b_i = \frac{100 \cdot n_i x_i / S}{100 \cdot n_i / n} = x_i \frac{n}{S} = \frac{x_i}{\bar{x}}.$$

Die Steigungen b_i sind also proportional zu den x_i. Da diese der Größe nach geordnet sind, folgt daraus sofort:

$$0 < b_1 < b_2 < \cdots < b_k.$$

Das jeweils folgende Stückchen der LORENZ-Kurve ist daher *steiler als das vorhergehende.* ❏

Außerdem erkennen wir in diesem Beweis, dass für unterdurchschnittlich kleine Merkmalswerte die LORENZ-Kurve eine kleinere Steigung als die Diagonale aufweist und umgekehrt:

$$b_i = \frac{x_i}{\bar{x}} < 1, \quad \text{wenn} \quad x_i < \bar{x}$$

$$b_i = \frac{x_i}{\bar{x}} > 1, \quad \text{wenn} \quad x_i > \bar{x}.$$

Die LORENZ-Kurve stellt zunächst kein Konzentrationsmaß im Sinne einer einzigen summarischen Maßzahl für die ganze Verteilung dar. Vielmehr gibt sie **punktuelle Maße** an.

Zu jedem Punkt H_i wird die sogenannte **relative Konzentration** M_i angegeben: Auf H_i Prozent der kleineren statistischen Einheiten entfallen M_i Prozent der Merkmalssumme. Dabei sind die „kleineren" statistischen Einheiten diejenigen mit den geringeren Merkmalswerten. Natürlich entfallen dann auf die $100 - H_i$ Prozent größeren Einheiten $100 - M_i$ Prozent der Merkmalssumme.

LORENZ-Kurve nach Größenklassen

Liegt die Verteilung nur nach Größenklassen vor, kann ebenfalls eine LORENZ-Kurve gezeichnet werden.

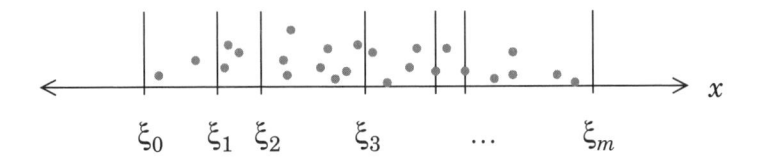

BILD 2.11   Begrenzung der Größenklassen

Exakt sind in diesem Falle ihre Werte aber nur an den **Klassenobergrenzen**, die dann die Knickstellen der LORENZ-„Kurve" bilden. Denn die Information über die Verteilung innerhalb der Größenklasse ist nicht vorhanden oder durch die Aufbereitung verlorengegangen. Zusätzlich zu den absoluten oder relativen Klassenhäufigkeiten

$$n_i := \text{absH}(\xi_{i-1} < X \leq \xi_i), \qquad i = 1, \cdots, m$$

benötigt man aber noch die **Merkmalsteilsummen** S_i, die jeder Größenklasse zukommen und zusammen die Merkmalssumme

$$S = S_1 + S_2 + \cdots + S_m$$

ausmachen. Wenn die arithmetischen Mittelwerte der Klassen angegeben sind, lassen sie sich leicht daraus berechnen als

$$S_i = n_i \bar{x}_i, \qquad i = 1, \cdots, m.$$

Zur Berechnung der LORENZ-Kurve würde man nach folgender Arbeitstabelle vorgehen können:

Nr. i	Größenklasse $\xi_{i-1} < X \leq \xi_i$	n_i	$\bar{x}_i$	$S_i = n_i \bar{x}_i$	$\sum_{j=1}^{i} n_j$	$\sum_{j=1}^{i} S_j$	H_i	M_i

Beispiel [18] (fiktiv) Die Bruttoanlageinvestitionen des Baugewerbes betrugen nach Größenklassen gegliedert:

Nr.	Bruttoanlage-investitionen von ... bis (in 1000 Euro)	Anzahl der Unter-nehmen	Bruttoanlage-investitionen insgesamt (Mio. Euro)	$\sum_{j=1}^{i} n_j$	$\sum_{j=1}^{i} S_j$	H_i	M_i
1	100 oder weniger	15 000	890	15 000	890	75.0	37.7
2	100 – 300	2 800	560	17 800	1 450	89.0	61.4
3	300 – 500	1 700	600	19 500	2 050	97.5	86.9
4	500 – 750	400	220	19 900	2 270	99.5	96.2
5	mehr als 750	100	90	20 000	2 360	100	100

In dieser Tabelle sind in der 4. Spalte die Gesamtwerte für jede Größenklasse vorgegeben; sie lassen sich nicht aus den Angaben in der 2. und 3. Spalte errechnen.

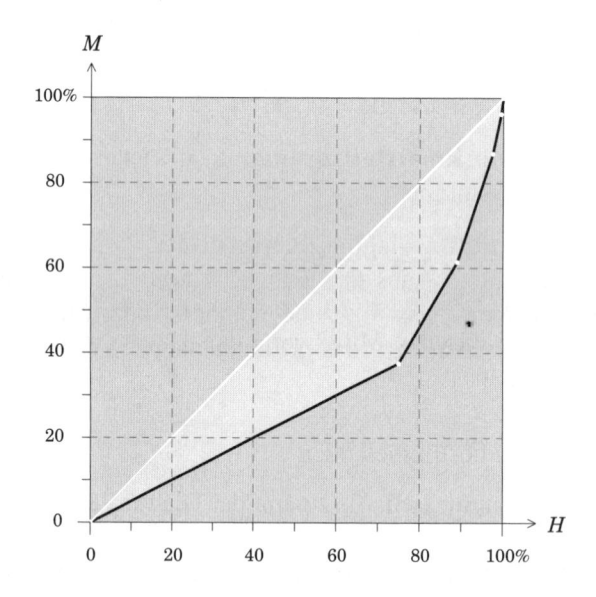

BILD 2.12 LORENZ-Kurve nach Größenklassen

Die „wahre" Konzentrationskurve wird zwischen den Knickstellen stärker durchhängen, es sei denn, innerhalb der Klassen gäbe es keinerlei Konzentration. Die Konzentrationsfläche K (siehe unten) des nach Größenklassen berechneten und gezeichneten LORENZ-Polygons wird dadurch eher etwas zu klein ausfallen.

Möchte man auch Aussagen über die relative Konzentration an **Zwischenstellen** H machen, kann man versuchen, eine *glatte Kurve* durch die Knickpunkte zu ziehen. Damit erhielte man eine **Approximation** der wahren Konzentration durch eine *stetige* LORENZ-*Kurve* ohne Knickstellen. In der nebenstehenden Graphik zeigt eine stetige Approximation an der Stelle $H = 50$ eine relative Konzentration M von 13.4%, während auf dem Steckenzug 15.6% abzulesen wäre.

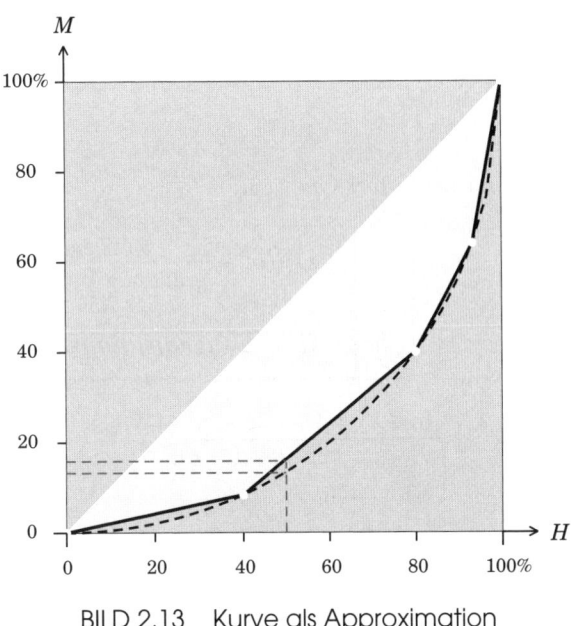

BILD 2.13   Kurve als Approximation

GINI-Koeffizient

Um ein aggregiertes oder **summarisches Konzentrationsmaß** – also eines, das die ganze Verteilung berücksichtigt – aus der LORENZ-Kurve zu gewinnen, kann man sich den Umstand zunutze machen, dass mit zunehmender Konzentration die Kurve immer stärker durchhängt. Die einfachste Art, das „Durchhängen" und damit die Konzentration zu messen, wäre,

(1)   ihre Länge L zu bestimmen oder

(2)   die Fläche KF zu messen, die sie mit der Diagonalen einschließt.

Normiert man die Seitenlänge des Quadrats in der Darstellung der LORENZ-Kurve auf 1 statt auf 100 (dies geschieht durch Weglassen des Faktors 100 in den Formeln für die Koordinaten H und M), so liegt die Länge zwischen

$$\sqrt{2} \leq L \leq 2,$$

wobei $L = \sqrt{2}$ fehlende und $L = 2$ vollständige Konzentration bedeutete. Die Fläche zwischen der Diagonalen und der LORENZ-Kurve läge zwischen

$$0 \leq KF \leq 1/2,$$

74 KAPITEL 2 *Maßzahlen zur Beschreibung statistischer Verteilungen*

wobei $KF = 0$ fehlende und $KF = 1/2$ vollständige Konzentration bedeuten würde. Das ist eher unpraktisch. Deshalb vergleicht man die **Konzentrationsfläche** *KF* mit der maximal möglichen Fläche, die sich bei einer LORENZ-Kurve unter der Diagonalen finden könnte:

Definition: Der Quotient

$$GINI := \frac{\text{Konzentrationsfläche } KF}{\text{größtmögliche Konzentrationsfläche}} \qquad (2\text{-}26)$$

heißt **Gini-Konzentrationskoeffizient** einer Verteilung.

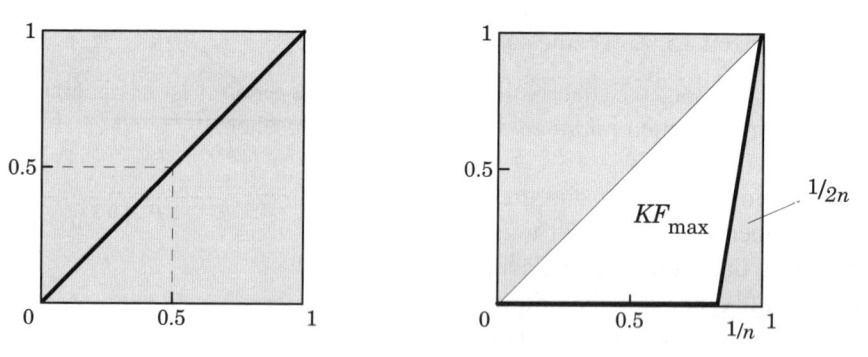

BILD 2.14 Kleinste und größtmögliche Konzentrationsfläche

Der GINI[3]-Koeffizient wäre dann gleich der doppelten Konzentrationsfläche. Bei genauerem Hinsehen bemerkt man allerdings, dass die größtmögliche Fläche unter der Diagonalen nicht 1/2, sondern selbst bei maximaler Konzentration, wenn also die gesamte Merkmalssumme auf die *n*-te Einheit entfallen würde, nur

$$KF_{\max} = \frac{1}{2} - \frac{1}{2n}$$

ist. Deshalb wird zweckmäßigerweise der GINI-Koeffizient als

$$GINI := KF \frac{2n}{n-1}$$

definiert.

---

[3] CORRADO GINI, 1884–1965, italienischer Statistiker und Demograph, Professor in Cagliari, Padua und Rom.

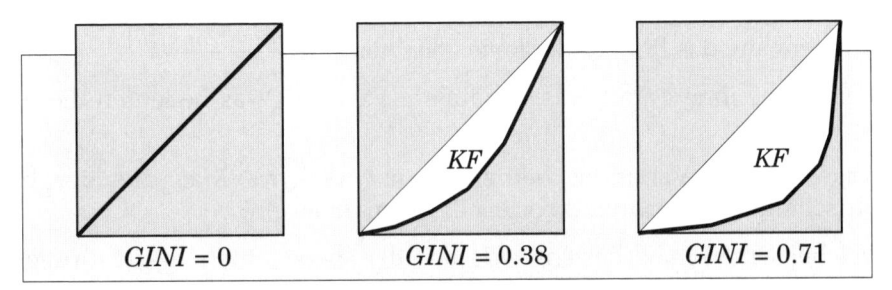

KAPITEL 2 *Maßzahlen zur Beschreibung statistischer Verteilungen* **75**

BILD 2.15 LORENZ-Kurven und GINI-Koeffizienten

Der GINI-Konzentrationskoeffizient

$$0 \leq GINI \leq 1$$

hat den Vorteil, dass er zwischen Null und Eins liegt, und somit ist er als eine *normierte* Maßzahl der summarischen *relativen Konzentration* anzusehen.

Die Konzentrationsfläche *KF* auszurechnen ist nicht schwer, aber von Hand eher umständlich. Man berechnet dazu die Trapezflächen *unter* dem LORENZ-Polygon, um ihre Summe dann von der Dreiecksfläche abzuziehen. Man erhält

$$KF = \frac{1}{2} - \sum_{j=1}^{k} \frac{1}{2}(M_{j-1} + M_j) \cdot h_j \, .$$

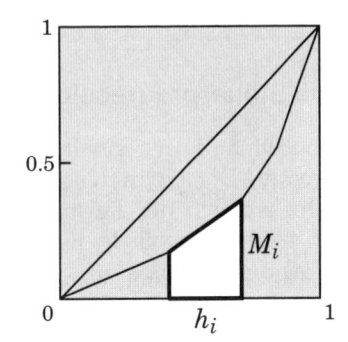

Kontrollfragen

1 Was ist die Zentraleigenschaft des arithmetischen Mittels?

2 Wann wird das arithmetische, wann das geometrische Mittel verwendet und warum?

3 Welche Maße charakterisieren eine empirische Verteilung? Unter welchen Gegebenheiten kann welches Maß sinnvoll verwendet werden?

4 Wie verändert sich die Varianz, wenn alle Werte einer statistischen Reihe von DM in Euro umgerechnet werden?

5 Beschreiben Sie den Verschiebungssatz als Eigenschaft der Varianz! Welche Besonderheit ergibt sich durch den Spezialfall $d = 0$?

6 Was ist die Minimaleigenschaft der Varianz? Was bedeutet in diesem Zusammenhang das Prinzip der kleinsten Quadrate?

7 Was ist die innere und was die äußere Varianz? Was bedeuten diese beiden Varianzen?

8 Was sagt der Variationskoeffizient aus? Welches Maß aus der betriebswirtschaftlichen Portfoliotheorie fällt Ihnen dabei ein?

9 Welcher Unterschied besteht zwischen der sogenannten „gleichförmigen Verteilung" und „fehlender Konzentration"?

10 Warum wird die Steigung der LORENZ-Kurve in jedem Abschnitt größer?

11 Warum ist die größtmögliche Konzentrationsfläche kleiner als 1/2?

12 Die Varianz einer statistischen Beobachtungsreihe s^2 sei Null. Folgt daraus, dass auch *GINI* Null ist?

PRAXIS

Ist die Steuerprogression gerecht?

In Deutschland ist, wie in vielen anderen Ländern, der Einkommensteuertarif stark progressiv. Die Finanzwissenschaftler rechtfertigen dies mit dem Leistungsfähigkeitsprinzip, wonach der Leistungsfähigere mehr zur Finanzierung der Gemeinschaftsaufgaben beitragen soll. In jüngerer Zeit wird unter dem Schlagwort „Flatrate" die Absenkung der Steuerlast und die Abmilderung der Steuerprogression diskutiert.

Jahreseinkünfte in Euro von ... bis unter ...	Steuerpflichtige %	Gesamtbetrag der Einkünfte %
unter 2 500	3.1	0.1
2 500 – 5 000	3.7	0.4
5 000 – 7 500	4.3	0.8
7 500 – 10 000	4.4	1.1
10 000 – 12 500	4.3	1.4
12 500 – 25 000	24.2	12.8
25 000 – 37 500	23.0	19.7
37 500 – 50 000	13.6	16.3
50 000 – 125 000	17.5	33.9
125 000 – 250 000	1.4	6.5
250 000 – 500 000	0.3	2.8
500 000 und mehr	0.1	4.2
	100	100

Quelle: Bundesministerium für Arbeit und Soziales, 2007

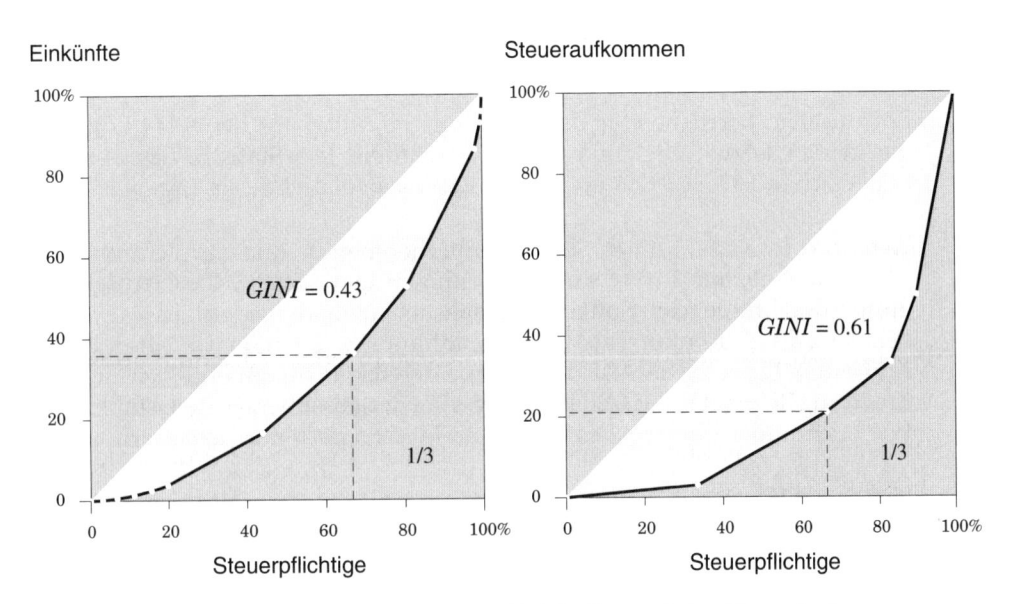

KAPITEL 2   *Maßzahlen zur Beschreibung statistischer Verteilungen*   **77**

BILD 2.16 Konzentration der Einkünfte und der Steuerlast

Welche Verteilungswirkungen hat nun der progressive Einkommensteuertarif? In der LORENZ-Kurve ist eine deutliche Einkommenskonzentration zu erkennen. So erzielt das obere Drittel der Steuerpflichtigen über 63% der Einkünfte. Jedoch werden vom oberen Drittel 79% der Lohn- und Einkommensteuer aufgebracht, 18% vom mittleren Drittel und ganze 3% vom unteren. Die oberen 10% erbringen reichlich die Hälfte des Steueraufkommens, die oberen 17% sogar zwei Drittel.

ERGÄNZENDE LITERATUR

Bomsdorf, Eckart: *Deskriptive Statistik*, 12. Aufl., Köln: Eul-Verlag, 2007

Bohley, P.: *Statistik*, 7. Aufl., München, Wien: Oldenbourg, 2000, Kap. IV und V

Eckey, Hans-F.; Kosfeld R.; Türck, M.: *Deskriptive Statistik*, 4. Aufl., Wiesbaden: Gabler, 2005, Kap. 4 – 6

Neubauer, W.; Bellgardt, E.; Behr, A.: *Statistische Methoden*, München: Vahlen, 2002, Kap. 5

Vogel, Friedrich: *Beschreibende und schließende Statistik*, 9. Aufl., München, Wien: Oldenbourg, 2001, Kap. 3

AUFGABEN

2.1 **Lottozahlen.** Berechnen Sie das arithmetische Mittel aus den 9 114 Lottozahlen, die in den letzten 25 Jahren gezogen wurden. Die Statistik der Lottozahlen findet sich in TABELLE 12.1 im Kapitel **12**. Was bedeutet dieses Ergebnis?

2.2 **Gehälter.** In einem jungen Softwareunternehmen beträgt der Zentralwert aller gezahlten Gehälter 3 100 € und das arithmetische Mittel 3 400 €. Aufgrund der großen Nachfrage nach Softwarespezialisten sowie der ständigen Abwerbungsversuche durch Konkurrenten und Headhunter werden die Gehälter der besten Kräfte um 12% erhöht. Auf die Gruppe der Begünstigten entfielen die vor der Erhöhung 20% höchsten Gehälter bzw. 40% der gesamten Gehaltssumme.
Wie hoch sind arithmetisches Mittel und Median nach der Gehaltserhöhung?

2.3 Berechnen Sie den Mittelwert, Median und Modus der statistischen Variablen aus Aufgabe **1.1**.

2.4 **Lageregel** von Modus, Median und arithmetischem Mittel. Vorgegeben sei folgende Häufigkeitsverteilung eines metrischen Merkmals X:

Merkmalsausprägung x_i:	–2	–1	0	1	2	3	4	5
abs. Häufigkeit n_i:	1	1	2	3	5	8	7	3

Die Verteilung ist unimodal und rechtssteil.

a) Machen Sie eine Zeichnung der Häufigkeitsfunktion.

b) Berechnen Sie Modus x_{Mod}, Median $x_{[0.5]}$ und arithmetische Mittel $\bar{x}$.
Fügen Sie die drei Größen in die Zeichnung ein.

In diesem Beispiel gilt die sogenannte FECHNERsche Lageregel. Danach liegt der Median zwischen Modus und arithmetischem Mittel. Ist das immer so? Erfinden Sie ein Beispiel einer Häufigkeitsverteilung, bei welcher der Median nicht zwischen arithmetischem Mittel und Modus liegt, also

$$\bar{x} \leq x_{[0.5]} \leq x_{Mod} \quad \text{bzw.} \quad x_{Mod} \leq x_{[0.5]} \leq \bar{x}$$

nicht gilt. Beachten Sie auch die Ergebnisse zu Aufgabe **2.3**.

2.5 **Median.** Kann man den Median einer statistischen Reihe X definieren als diejenige Zahl x, für die $H(x) = 1/2$? Oder wäre $\overline{H}(x) = 1/2$ richtiger?

2.6 **Lastzüge.** Verifizieren Sie den Sachverhalt aus Beispiel [8]. Zwei Lastzüge fahren unabhängig voneinander von Duisburg nach Hamburg. Der eine benötigt für die 412 km fünf, der andere sieben Stunden.

a) Berechnen Sie die Durchschnittsgeschwindigkeit $\bar{v}$ als arithmetisches Mittel aus v_1 und v_2.

KAPITEL 2 *Maßzahlen zur Beschreibung statistischer Verteilungen* **79**

b) Berechnen Sie die Durchschnittsgeschwindigkeit als harmonisches Mittel.

c) Vergleichen Sie die mit den beiden Durchschnittsgeschwindigkeiten berechneten durchschnittlichen Fahrzeiten.

2.7 **Vitamin C.** Sie kaufen in einem Geschäft einen Beutel mit zwölf Orangen für 6.–€ und finden das billig. Im nächsten Geschäft sehen Sie einen Beutel mit zwei Dutzend Orangen für 6.–€. Da Ihre ganze Familie gerade an einem grippalen Infekt leidet und Sie an Vitamin C glauben, nehmen Sie die Orangen mit. Im nächsten Geschäft bekommen Sie sogar drei Dutzend für 6.–€ und kaufen sie. Die statistische Reihe der von Ihnen bezahlten Preise p_i ist somit

$$6.-, \quad 3.-, \quad 2.-.$$

Was hat das Dutzend Orangen im Durchschnitt gekostet? Berechnen Sie dazu

a) das ungewichtete arithmetische Mittel der drei Preise,

b) das ungewichtete harmonische Mittel H_p,

c) das mit den Mengen gewichtete arithmetische Mittel der drei Preise.

Gibt **a)**, **b)** oder **c)** die richtige Antwort?

2.8 **Intelligenztest.** Der bekannte Psychologe J. Ensen führt Intelligenztests durch und erhebt bei zwei Gruppen (*w* und *sch*) gleichaltriger amerikanischer Studenten das metrische Merkmal „Intelligenzquotient" *IQ*. Er findet:

IQ(w) :   90 90 97 99 98 145 114 80 85 102
IQ(sch):   95 99 90 105 85 98 110 96 69 103

a) Berechnen Sie die durchschnittlichen Intelligenzquotienten der beiden Gruppen, und geben Sie für jedes Gruppenmitglied die Abweichung zum jeweiligen Mittelwert an.

b) In welcher der beiden Gruppen streut der Intelligenzquotient stärker?

2.9 **Refa.** Bei der Produktion eines feinmechanischen Werkstücks müssen nacheinander zwei Arbeitsgänge ausgeführt werden. Der 1. Arbeitsgang stellt höhere Anforderungen an die Geschicklichkeit, der 2. Arbeitsgang dagegen höhere Anforderungen an die Aufmerksamkeit und Sorgfalt. Zur Vorbereitung einer Refa-Studie werden bei sechs Mechanikern folgende Zeiten gemessen:

X: verbrauchte Arbeitszeit für den 1. Arbeitsgang
Y: verbrauchte Arbeitszeit für den 2. Arbeitsgang (jeweils in Minuten)

Mechaniker	X	Y
1	11	16
2	12	22
3	15	16
4	9	23
5	11	23
6	14	20

Welche der Arbeitszeiten variiert am stärksten:

a) die für den 1. Arbeitsgang

b) die für den 2. Arbeitsgang

c) die für beide Arbeitsgänge zusammen?

2.10 **Varianzen.** Gegeben sind die folgenden statistischen Reihen

$X:$ 0, 0, 0, 0, 0, 0, 0, 0

$Y:$ 1, 1, 1, 1, 1, 1, 1, 1

$Z:$ a, a, a, a, a, a, a, a

$U:$ 0, 1, 0, 1, 0, 1, 0, 1

$V:$ 1, 0, 1, 0, 1, 0, 1, 0, 1

$W:$ 3, 3, 3, 7, 5, 3, 5, 4

$T:$ 1, 2, 3, 4, 5, 6, 7, 8, 9

Berechnen Sie die Varianzen all dieser sieben statistischen Reihen. Vergessen Sie dabei nicht die Formel für die vereinfachte Berechnung.

2.11 **Transformation.** Gegeben ist eine statistische Reihe X. Sie hat den Mittelwert $\bar{x}=12$ und die Varianz $s_X^2=25$.

Die statistische Reihe Y errechnet sich aus der Reihe X, indem man jedes Element der Reihe X mit dem konstanten Faktor $b = -2.5$ multipliziert und die feste Zahl $a = 4$ dazuzählt. Wie groß sind $\bar{y}$ und s_Y^2 und s_Y?

2.12 Wie groß sind Spannweite, mittlere absolute Abweichung und der mittlere Quartilsabstand der Verteilung in obiger Aufgabe **2.4**?

2.13 **Das Alter** der eheschließenden Frauen in Bayern zeigte im Jahre 2000 folgende Verteilung:

Alter in Jahren	rel. Häufigkeit (%)	$\bar{x}$	s_X^2
15 bis unter 20	6	18.5	0.9
20 bis unter 25	37	23	1.4
25 bis unter 30	31	26.5	1.7
30 bis unter 40	18	32	5.1
40 bis unter 50	5	43	4.8
50 bis unter 60	2	52	4
60 bis unter 80	1	64	15

a) Stellen Sie die Altersverteilung graphisch in einem Histogramm dar.

b) Berechnen Sie das Durchschnittsalter. Berechnen Sie die Varianz und den Variationskoeffizienten, indem Sie auch die innere Varianz berücksichtigen.

c) Zeichnen Sie die Verteilungsfunktion unter der Annahme der Gleichverteilung innerhalb der einzelnen Gruppen.

d) Bestimmen Sie daraus Median und Modus sowie deren relative Lage zum arithmetischen Mittel.

2.14 **Verschiebungssatz.** Beweisen Sie den Satz (2-20).

2.15 **Prinzip der kleinsten Abweichung.** Von welcher Zahl b ist die mittlere absolute Abweichung

$$\text{MAA}(b) = \frac{1}{n} \sum_{j=1}^{n} |x_j - b|$$

minimal?

a) von $b = \bar{x}$?
b) vom Modus $b = x_{\text{Mod}}$?
c) vom Median $b = x_{[0.5]}$?
d) von einem anderen Wert?

2.16 Gegeben sei die folgende einfache statistische Reihe des Merkmals Y:

1, 3, 4, 1

a) Geben Sie die Verteilung des Merkmals an!
b) Berechnen und zeichnen Sie dazu die LORENZ-Kurve!

2.17 Dem STATISTISCHEN JAHRBUCH entnehmen wir die Verteilung des Merkmals „Beschäftigtenzahl" in der Grundgesamtheit der Unternehmungen des Bauhauptgewerbes:

		Hochbau		Brücken- und Tunnelbau	
i	x_i	n_i	S_i	n_i	S_i
1	1 – 19	18 161	145 320	689	6 691
2	20 – 49	4 542	135 750	590	18 605
3	50 – 99	1 148	77 312	231	..
4	100 – 199	369	49 429	89	..
5	200 – 499	102	29 217	26	..
6	500 und mehr	9	5 356	4	2 297
		24 331	442 384	1 629	61 941

a) Berechnen Sie die Koordinaten beider LORENZ-Kurven!
b) Zeichnen Sie beide Kurven in ein Koordinatensystem ein. Wo liegt größere Konzentration bezüglich des Merkmals vor, im Hochbau oder im Brücken- und Tunnelbau?
c) Leider fehlen uns in obiger Tabelle ein paar Zahlen. Ist das schlimm?

82 KAPITEL 2 *Maßzahlen zur Beschreibung statistischer Verteilungen*

2.18 Einkommensteuerlast. In einem Kommentar von HEIKE GÖBEL in der F.A.Z. zum Vorurteil, „dass die kleinen immer mehr und die großen immer weniger zur Finanzierung des Gemeinwesens beitrügen", stand am 19.02.2008 zu lesen:

„Und nach wie vor gilt, dass die oberen zehn Prozent der Einkommensbezieher mehr als die Hälfte des Einkommensteueraufkommens zahlen, während die unter Hälfte nicht einmal einen Anteil von zehn Prozent bestreitet."

   a) Lässt sich aus diesen wenigen Angaben von HEIKE GÖBEL schon näherungsweise eine LORENZ-Kurve skizzieren? Verwenden Sie Karopapier.

   b) Wie groß wäre die Fläche unter der LORENZ-Kurve und wie groß die Konzentrationsfläche KF?

   c) Gewinnen Sie daraus eine grobe Abschätzung des GINI-Koeffizienten für die Verteilung der Einkommensteuerlast. Unterscheidet sie sich von dem in BILD 2.16 angegebenen Wert?

2.19 Bier. Die zehn weltgrößten Brauereien hatten im Jahre 2007 folgenden Ausstoß in Hektolitern:
Anheuser-Busch 357.5, SABMiller 150.8, Heineken 127.8, Carlsberg 98.6, China Resources Breweries 53.1, Modelo 48.0, Tsingtao 45.8, Molson-Coors 45.6, Femsa 36.7, Yanjing 36.1.

   a) Zeichnen Sie daraus die LORENZ-Kurve.

   b) Üben Sie Kritik an dieser Darstellung. Was ist mit Paulaner und DAB?

LÖSUNGEN

2.1	25.2211	2.11	−26; 156.25; 12.5
2.2	3 563.20	2.12	7; 1.3866; 1
2.3	499.5; 500, 499	2.13	b) 27.425; 56.13; 0.273
2.4	3; 3; 2.5667		d) 26.13; 22.5
2.6	a) 70.6286 b) 68.6667 c) 5.8333; 6	2.17	a) Hochbau (0,0), (74.64, 32.85), (93.31, 63.54), (98.03, 81.01), (99.54, 92.18), (99.96, 98.79), (100,100)
2.7	a) 3.6667 b) 3 c) 3		Brücken- und Tunnelbau (0,0), (42.30, 10.80), (78.51, 40.83), (92.69, ….), (98.16, ….) (99.75, 96.29), (100, 100)
2.8	a) 100; 95 b) 306.4; 121.6		
2.9	a) 0.1667; b) 0.15; c) 0.07864	2.18	c) GINI ≥ 0.56
2.10	0; 0; 0; 0.25; 0.2469; 1.8594; 6.6667		

KAPITEL 3

Zweidimensionale Verteilungen

Hängt die Dauer der Arbeitslosigkeit vom Ausbildungsstand ab, oder vom Alter und vom Geschlecht? Beeinflusst die Wachstumsrate der Geldmenge die Inflationsrate? Um wieviel verringert sich die Nachfrage, wenn Volkswagen seine Preise um 5% erhöht? Solche und ähnliche Fragestellungen erfordern die Untersuchung von Zusammenhängen und Abhängigkeiten zwischen *zwei* oder *mehreren Merkmalen*, die *gemeinsam* erhoben werden müssen. In diesem Kapitel wird ausgeführt, wie zweidimensionales Datenmaterial aufbereitet und dargestellt werden kann. Vor allem aber werden Verfahren und Maßzahlen vorgestellt, mit denen die Zusammenhänge und Abhängigkeiten aufgedeckt und gemessen werden können.

3.1   Streudiagramm und gemeinsame Verteilung

Jede statistische Einheit ω_i ($i = 1, \cdots, n$) einer Grundgesamtheit Ω kann Träger **einer Vielzahl** von Merkmalen sein. Die univariate Statistik beachtet davon nur ein Merkmal bzw. nur eine Variable, die multivariate Statistik beobachtet von jedem Merkmalsträger ω_i mehrere Variablen

$$X_1(\omega_i),\ X_2(\omega_i),\ \cdots,\ X_m(\omega_i) \tag{3-1}$$

und analysiert die Beziehungen zwischen den Variablen. Der einfachste Fall einer mehrdimensionalen Statistik ist die zweidimensionale. Bei ihr sind zwei Variablen

$$X(\omega_i) \quad \text{und} \quad Y(\omega_i)$$

von Interesse. Das Ergebnis der Erhebung sind *Wertepaare* (x_i, y_i). Im *Streudiagramm* werden Wertepaare

$$\begin{aligned}(x_1, y_1) &=: P_1 \\ (x_2, y_2) &=: P_2 \\ (x_3, y_3) &=: P_3 \\ &\vdots \\ (x_n, y_n) &=: P_n\end{aligned}$$

84 KAPITEL 3 *Zweidimensionale Verteilungen*

als Koordinaten von Punkten P_i angesehen und in ein Koordinatensystem eingezeichnet:

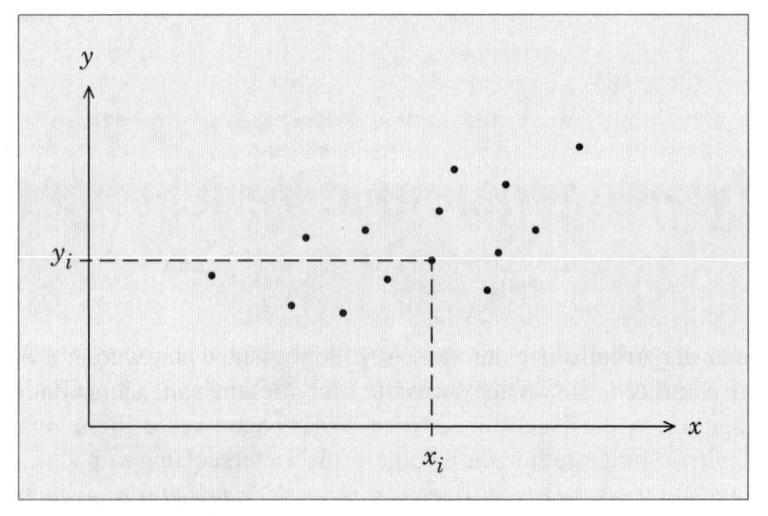

BILD 3.1   Punkte im Streudiagramm

Die ***Kontingenztabelle*** oder Korrelationstabelle

	y_1	y_2	$\cdots$	y_j	$\cdots$	y_l	insgesamt
x_1	n_{11}	n_{12}		n_{1j}		n_{1l}	$n_{1\bullet}$
x_2	n_{21}	n_{22}		n_{2j}		n_{2l}	$n_{2\bullet}$
$\vdots$				$\vdots$			$\vdots$
x_i	n_{i1}	n_{i2}		n_{ij}		n_{il}	$n_{i\bullet}$
$\vdots$				$\vdots$			$\vdots$
x_k	n_{k1}	n_{k2}		n_{kj}		n_{kl}	$n_{k\bullet}$
insgesamt	$n_{\bullet 1}$	$n_{\bullet 2}$	$\cdots$	$n_{\bullet j}$	$\cdots$	$n_{\bullet l}$	n

stellt die ***gemeinsame Verteilung*** der statistischen Variablen X und Y übersichtlich dar.[1] Dabei gehen wir davon aus, dass die Merkmale jeweils nur k respektive l Ausprägungen

---

[1]   Bei der Behandlung der eindimensionalen statistischen Variablen wurde i als Laufindex und j als Summationsindex verwendet, und es konnte sorgfältig zwischen beiden unterschieden werden. In der Kontingenztabelle der zweidimensionalen statistischen Variablen (X, Y) bezeichnet i gleichzeitig den Summationsindex und Laufindex von X,

annehmen oder annehmen können. Sehr oft werden aber auch bei der Anfertigung von Kontingenztabellen **Größenklassen** gebildet. In der Tabelle bedeutet

$$n_{ij} = \mathrm{absH}(X = x_i \cap Y = y_j), \tag{3-2}$$

für $i = 1, \cdots, k$ und $j = 1, \cdots, l$, die absolute Häufigkeit, mit der die Wertekombination (x_i, y_j), und

$$n_{i\bullet} = \sum_{j=1}^{l} n_{ij} \quad \text{bzw.} \quad n_{\bullet j} = \sum_{i=1}^{k} n_{ij} \tag{3-3}$$

die absolute Häufigkeit, mit der der Wert x_i bzw. y_j beobachtet wurde. Es gilt natürlich, dass die Summe der Zeilensummen gleich der Summe der Spaltensummen ist:

$$\sum_{i=1}^{k}\sum_{j=1}^{l} n_{ij} = \sum_{i=1}^{k} n_{i\bullet} = n = \sum_{j=1}^{l} n_{\bullet j} = \sum_{j=1}^{l}\sum_{i=1}^{k} n_{ij}.$$

Natürlich können in Kontingenztabellen auch die relativen Häufigkeiten oder Prozentwerte angegeben sein, was meist anschaulicher ist. Für die relativen Häufigkeiten $h_{ij} := n_{ij}/n$ gilt entsprechend:

$$\sum_{i=1}^{k}\sum_{j=1}^{l} h_{ij} = \sum_{i=1}^{k} h_{i\bullet} = 1 = \sum_{j=1}^{l} h_{\bullet j} = \sum_{j=1}^{l}\sum_{i=1}^{k} h_{ij}.$$

3.2 Randverteilungen

Natürlich kann man auch bei zwei- oder mehrdimensionalem Datenmaterial das Augenmerk nur auf das eine oder andere Merkmal richten und die Zusammenhänge zunächst unbeachtet lassen. Man wird dann diese eindimensionalen Merkmale getrennt behandeln und mit den Verfahren des vorigen Kapitels auswerten. Bildlich gesprochen bedeutet dies, dass man nur auf die **Ränder** der Kontingenztabelle schaut und das Innere der Matrix nicht beachtet.

---

während j Summations- und Laufindex von Y ist. k bezeichnet die Anzahl der verschiedenen Ausprägungen von X und l die von Y, n ist die Anzahl der Beobachtungen bzw. Merkmalsträger.

Definition: Die beiden eindimensionalen Verteilungen

$$h_{i\bullet} = \text{relH}(X = x_i) = \frac{n_{i\bullet}}{n}, \quad i = 1, \cdots, k \tag{3-4}$$

beziehungsweise

$$h_{\bullet j} = \text{relH}(Y = y_j) = \frac{n_{\bullet j}}{n}, \quad j = 1, \cdots, l \tag{3-5}$$

heißen **Randverteilungen** der statistischen Variablen X bzw. Y.

Betrachtet man aber nur die Ränder, geht die wesentliche Information einer zweidimensionalen Statistik, nämlich die über das gemeinsame Verhalten der Merkmale und deren Abhängigkeit oder Unabhängigkeit, leider verloren.

Berechnung von Mittelwert und Varianz

Die Randverteilungen geben die Verteilung *einer Variablen* an, ganz unabhängig davon, welchen Wert die *andere Variable* gerade hat. Mit der jeweiligen Randverteilung lassen sich Mittelwert und empirische Varianz für jede Variable einzeln berechnen als

$$\bar{x} = \sum_{i=1}^{k} h_{i\bullet} x_i \quad \text{beziehungsweise} \quad \bar{y} = \sum_{j=1}^{l} h_{\bullet j} y_j \tag{3-6}$$

und

$$s_X^2 = \sum_{i=1}^{k} h_{i\bullet}(x_i - \bar{x})^2 \quad \text{bzw.} \quad s_Y^2 = \sum_{j=1}^{l} h_{\bullet j}(y_j - \bar{y})^2. \tag{3-7}$$

Beispiel [1] Abstraktes Rechenbeispiel für eine zweidimensionale Häufigkeitsverteilung.

Die Komponente X hat die $k = 4$ Merkmalsausprägungen

$x_1 = 30, \quad x_2 = 40, \quad x_3 = 50, \quad x_4 = 60$.

Die Komponente Y hat die $l = 5$ Merkmalsausprägungen

$y_1 = 1, \quad y_2 = 2, \quad y_3 = 4, \quad y_4 = 5, \quad y_5 = 8$.

Die Anzahl der Merkmalsträger bzw. Wertepaare ist $n = 200$.
Die gemeinsame Verteilung sei gegeben durch die folgende Tabelle der absoluten Häufigkeiten:

3.2 Randverteilungen

Y\X	1	2	4	5	8	insgesamt
30	4	8	8	0	0	20
40	4	8	16	20	12	60
50	12	10	16	28	14	80
60	0	4	10	16	10	40
insgesamt	20	30	50	64	36	200 = n

Die relativen Häufigkeiten erhält man durch Division aller Werte durch $n = 200$:

Y\X	1	2	4	5	8	$h_{i\bullet}$
30	0.02	0.04	0.04	0	0	0.10
40	0.02	0.04	0.08	0.10	0.06	0.30
50	0.06	0.05	0.08	0.14	0.07	0.40
60	0	0.02	0.05	0.08	0.05	0.20
$h_{\bullet j}$	0.10	0.15	0.25	0.32	0.18	1

In der letzten Spalte und der untersten Zeile erkennt man die beiden Randverteilungen dieser gemeinsamen Verteilung, und zwar die für X

X	30	40	50	60
$h_{i\bullet}$	0.10	0.30	0.40	0.20

und die für die Komponente Y

Y	1	2	4	5	8
$h_{\bullet j}$	0.10	0.15	0.25	0.32	0.18

Mittelwerte und Varianzen werden mit den Randverteilungen berechnet. Zunächst für X

$$\bar{x} = \sum_{i=1}^{4} h_{i\bullet} x_i = 0.1 \cdot 30 + 0.3 \cdot 40 + 0.4 \cdot 50 + 0.2 \cdot 60$$
$$= 3 + 12 + 20 + 12 = 47$$

$$s_X^2 = \sum_{i=1}^{4} h_{i\bullet}(x_i - \bar{x})^2 = 0.1 \cdot (30-47)^2 + 0.3 \cdot (40-47)^2$$
$$+ 0.4 \cdot (50-47)^2 + 0.2 \cdot (60-47)^2$$
$$= 0.1 \cdot (-17)^2 + 0.3 \cdot (-7)^2 + 0.4 \cdot (3)^2 + 0.2 \cdot (13)^2$$
$$= 28.9 + 14.7 + 3.6 + 33.8 = 81$$

$$s_X = \sqrt{81} = 9$$

und dann für Y

$$\bar{y} = \sum_{j=1}^{5} h_{\bullet j} y_j = 0.10 \cdot 1 + 0.15 \cdot 2 + 0.25 \cdot 4 + 0.32 \cdot 5 + 0.18 \cdot 8$$
$$= 0.10 \cdot 1 + 0.15 \cdot 2 + 0.25 \cdot 4 + 0.32 \cdot 5 + 0.18 \cdot 8$$
$$= 0.10 + 0.30 + 1.00 + 1.60 + 1.44 = 4.44$$

$$\sum_{j=1}^{5} h_{\bullet j} y_j^2 = 0.10 \cdot 1^2 + 0.15 \cdot 2^2 + 0.25 \cdot 4^2 + 0.32 \cdot 5^2 + 0.18 \cdot 8^2$$
$$= 0.10 \cdot 1 + 0.15 \cdot 4 + 0.25 \cdot 16 + 0.32 \cdot 25 + 0.18 \cdot 64$$
$$= 0.10 + 0.60 + 4.00 + 8.00 + 11.52 = 24.22$$

$$s_Y^2 = 24.22 - (4.44)^2 = 24.22 - 19.7136 = 4.5064$$

$$s_Y = \sqrt{4.5064} = 2.1228 \,.$$

3.3 Bedingte Verteilungen und statistische Zusammenhänge

Besonders interessiert bei einer zweidimensionalen statistischen Variablen die Verteilung der relativen Häufigkeiten über einer Variablen, wenn (unter der Bedingung, dass) die andere auf einem bestimmten Wert festgehalten wird. Auf diese Weise erhält man einen wichtigen Einblick in die Art des Zusammenhangs zwischen beiden.

Definition: Die $j = 1, \cdots, l$ eindimensionalen Verteilungen

$$h_{i|y_j} = \text{relH}(X = x_i \,|\, Y = y_j), \quad i = 1, \cdots, k \tag{3-8}$$

und die $i = 1, \cdots, k$ eindimensionalen Verteilungen

$$h_{j|x_i} = \text{relH}(Y = y_j \,|\, X = x_i), \quad j = 1, \cdots, l \tag{3-9}$$

heißen *bedingte Verteilungen*.

Die bedingten Verteilungen lassen sich leicht aus der Kontingenztabelle entnehmen; man braucht nur die Zeilen oder Spalten der Tabelle durch den ihnen entsprechenden Wert der Randverteilung zu dividieren:

$$h_{i|y_j} = \frac{h_{ij}}{h_{\bullet j}} = \frac{n_{ij}}{n_{\bullet j}} \quad \text{und} \quad h_{j|x_i} = \frac{h_{ij}}{h_{i\bullet}} = \frac{n_{ij}}{n_{i\bullet}}$$

Definition: Ist die gemeinsame Verteilung h_{ij} der statistischen Variablen X und Y gleich dem Produkt der beiden Randverteilungen

$$h_{ij} = h_{i\bullet} \cdot h_{\bullet j}, \tag{3-10}$$

für $i = 1, \cdots, k$ und $j = 1, \cdots, l$, so heißen X und Y *statistisch unabhängig*.

Bei unabhängigen statistischen Variablen sind die bedingten Verteilungen **identisch** und jeweils gleich der Randverteilung. Es gilt also für alle $j = 1, \cdots, l$ bedingten Verteilungen von X

$$h_{i|y_j} = \frac{h_{ij}}{h_{\bullet j}} = h_{i\bullet}, \quad i = 1, \cdots, k$$

90 KAPITEL 3 *Zweidimensionale Verteilungen*

und für alle $i = 1, \cdots, k$ bedingten Verteilungen von Y

$$h_{j|x_i} = \frac{h_{ij}}{h_{i\bullet}} = h_{\bullet j}, \quad j = 1, \cdots, l.$$

Beispiel [2] Für die gemeinsame Verteilung aus dem Zahlenbeispiel [1] gibt es fünf bedingte Verteilungen von X und eine Randverteilung von X:

X	$h_{i|Y=1}$	$h_{i|Y=2}$	$h_{i|Y=4}$	$h_{i|Y=5}$	$h_{i|Y=8}$	$h_{i\bullet}$
30	0.2	0.267	0.160	0	0	0.10
40	0.2	0.267	0.320	0.313	0.333	0.30
50	0.6	0.333	0.320	0.437	0.389	0.40
60	0	0.133	0.200	0.250	0.278	0.20
	1	1	1	1	1	1

Alle diese fünf bedingten Verteilungen sind verschieden und keine ist gleich der Randverteilung. Die beiden Komponenten X und Y sind deshalb hier nicht unabhängig.

Es gibt vier bedingte Verteilungen von Y und eine Randverteilung von Y:

Y	1	2	4	5	8	
$h_{j|X=30}$	0.200	0.400	0.400	0	0	1
$h_{j|X=40}$	0.067	0.133	0.267	0.333	0.200	1
$h_{j|X=50}$	0.150	0.125	0.200	0.350	0.175	1
$h_{j|X=60}$	0	0.100	0.250	0.400	0.250	1
$h_{\bullet j}$	0.10	0.15	0.25	0.32	0.18	1

Zusammenfassende Maßzahlen

Die Elemente ω_i $(i = 1, \cdots, n)$ einer statistischen Masse Ω vom Umfang n sind nach zwei Merkmalen untersucht und die statistischen Variablen

$$x_i = X(\omega_i) \quad \text{und} \quad y_i = Y(\omega_i)$$

als Wertepaare erhoben worden. Von beiden Variablen seien sowohl Mittelwerte $\bar{x}$ und $\bar{y}$ als auch die Varianzen s_X^2 und s_Y^2 berechnet. Es gilt für die Summe $Z := X + Y$:

$$\bar{z} = \bar{x} + \bar{y}, \tag{3-11}$$

das heißt, *der Mittelwert einer Summe ist gleich der Summe der Mittelwerte.* Entsprechend ist *der Mittelwert einer Differenz gleich der Differenz der Mittelwerte.* Dies gilt ohne Ansehen der gemeinsamen Verteilung der beiden Variablen und ebenso für statistisch unabhängige wie für statistisch abhängige Variablen.

Beispiel [3] Das deutsche Einkommensteuergesetz kennt sieben Einkunftsarten. Viele Steuerpflichtige erzielen Einkünfte aus zwei oder mehreren Einkunftsarten. Seien X die von den Steuerpflichtigen erklärten Einkünfte aus nichtselbständiger Arbeit, Y die aus Kapitalvermögen und Z die Summe aus beiden. Dann gilt sicherlich für den Mittelwert der Summe $\bar{z} = \bar{x} + \bar{y}$. Aber wie ist es mit der Streuung?

Für die Varianz der Summe $Z = X + Y$ erhalten wir durch Anwenden der binomischen Formel

$$\begin{aligned}
s_{X+Y}^2 &= \frac{1}{n}\sum_{j=1}^{n}[(x_j + y_j) - (\bar{x} + \bar{y})]^2 \\
&= \frac{1}{n}\sum[(x_j - \bar{x}) + (y_j - \bar{y})]^2 \\
&= \frac{1}{n}\sum[(x_j - \bar{x})^2 + (y_j - \bar{y})^2 + 2 \cdot (x_j - \bar{x})(y_j - \bar{y})] \\
s_{X+Y}^2 &= s_X^2 + s_Y^2 + 2 \cdot \frac{1}{n}\sum(x_j - \bar{x})(y_j - \bar{y})
\end{aligned} \tag{3-12}$$

und entsprechend für die Varianz der Differenz

$$s_{X-Y}^2 = s_X^2 + s_Y^2 - 2 \cdot \frac{1}{n}\sum(x_j - \bar{x})(y_j - \bar{y}). \tag{3-13}$$

92 KAPITEL 3 *Zweidimensionale Verteilungen*

Nur für den Spezialfall, dass der letzte Term in (3-12) bzw. (3-13) verschwindet, wäre die Varianz einer Summe oder Differenz gleich der Summe der Einzelvarianzen:

$$s_{X\pm Y}^2 = s_X^2 + s_Y^2, \qquad (3\text{-}14)$$

falls $\frac{1}{n}\sum (x_j - \bar{x})(y_j - \bar{y}) = 0$.

Ob nun dieser Term, der den linearen statistischen Zusammenhang beider Variablen widerspiegelt, verschwindet oder nicht, hängt von der gemeinsamen Verteilung von X und Y ab.

3.4 Kovarianz und Korrelationskoeffizient

Definition: Die aus den n Wertepaaren (x_i, y_i) berechnete Größe

$$c_{XY} := \frac{1}{n}\sum_{j=1}^{n}(x_j - \bar{x})(y_j - \bar{y}) \qquad (3\text{-}15)$$

heißt *empirische Kovarianz* oder kurz die **Kovarianz** zwischen den statistischen Variablen X und Y.

Die Kovarianz ist nichts weiter als das arithmetische Mittel des Produkts der Abweichungen der einzelnen Beobachtungen von ihrem jeweiligen Mittel.

Ähnlich wie bei der Varianz gibt es auch bei der Kovarianz eine *vereinfachte Berechnung*. Statt die Abweichungsprodukte zu mitteln, kann man auch das Produkt der Werte selbst mitteln

$$c_{XY} = \frac{1}{n}\sum_{j=1}^{n} x_j y_j - \bar{x}\,\bar{y}$$

und anschließend das Produkt der beiden Mittelwerte abziehen. Die Kurzschreibweise

$$c_{XY} = \overline{xy} - \bar{x}\,\bar{y} \qquad (3\text{-}15a)$$

drückt dies prägnant aus. Der Beweis ist leicht; man braucht nur die Abweichungsprodukte in (3-15) auszumultiplizieren und die vier Summanden getrennt zu mitteln.

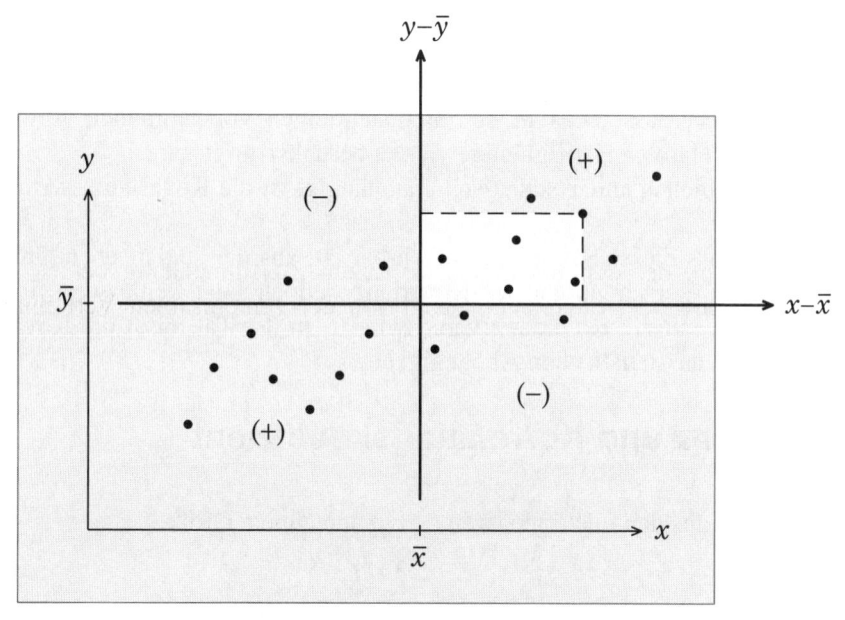

BILD 3.2   Illustration der Kovarianz

Zur Illustration der Kovarianz ist in BILD 3.2 ein Hilfs-Koordinatensystem eingezeichnet, das durch den Schwerpunkt $(\bar{x}, \bar{y})$ der Punktewolke geht. In diesem Koordinatensystem werden die Abweichungen der Beobachtungswerte von ihrem eigenen arithmetischen Mittel gemessen. Deshalb sind seine Achsen mit $x-\bar{x}$ und $y-\bar{y}$ bezeichnet. Die einzelnen Abweichungsprodukte $(x_i - \bar{x})(y_i - \bar{y})$ entsprechen den *Flächen der von den einzelnen Punkten aufgespannten Rechtecke*. Sind die Abweichungen groß, gibt es große, sind sie klein, gibt es kleine Rechtecke. Die Rechtecksflächen im I. und III. Quadranten entsprechen positiven Abweichungsprodukten. Im II. und IV. Quadranten haben die Abweichungen verschiedene Vorzeichen, was ein negatives Produkt ergibt. Überwiegen die positiven Abweichungsprodukte, *bleibt ihre Summe positiv*, überwiegen die Beobachtungswerte im II. und IV. Quadranten, *wird sie negativ*.

Eine positive Kovarianz beschreibt somit eine *gemeinsame Tendenz* der beobachteten Werte x_i und y_i: Relativ große Werte von X gehen im Durchschnitt der Beobachtungen mit relativ großen Werten von Y einher. Entsprechend zeigt eine negative Kovarianz an, dass die Beobachtungswerte im II. und IV. Quadranten überwiegen, das heißt große Werte der einen Variablen eher mit kleinen Werten der anderen einhergehen.

Die Kovarianz kann nur für Wertepaare berechnet werden oder – was dasselbe ist – für zwei Variablen, die eine gemeinsame Verteilung besitzen. Unter Verwendung ihrer gemeinsamen Verteilung h_{ij} erhält die Definition die folgende Schreibweise:

$$c_{XY} := \sum_{i=1}^{k}\sum_{j=1}^{l} h_{ij}(x_i - \bar{x})(y_j - \bar{y}) \qquad (3\text{-}15b)$$

Hierin wird deutlich, dass jedes in den Beobachtungen vorkommende Abweichungsprodukt mit seiner relativen Häufigkeit gewichtet berücksichtigt wird.

Sind zwei Variablen X und Y statistisch unabhängig, ist die Kovarianz zwischen ihnen Null.

Man beachte, dass dieser Satz nicht umkehrbar ist; aus der statistischen Unabhängigkeit folgt zwar das Verschwinden der Kovarianz, jedoch liegt keineswegs immer Unabhängigkeit vor, wenn die Kovarianz verschwindet. In der Tat misst die Kovarianz nur den *linearen Anteil* der statistischen Abhängigkeit.

Definition: Der Quotient

$$r_{XY} := \frac{c_{XY}}{s_X \cdot s_Y} \qquad (3\text{-}16)$$

heißt (empirischer) **Korrelationskoeffizient** zwischen X und Y.

Natürlich lässt sich dieser Quotient nur dann ausrechnen, wenn beide Standardabweichungen im Nenner größer als Null sind. Einige wichtige Eigenschaften des Korrelationskoeffizienten seien beachtet:

1. Mit der Division durch die beiden Standardabweichungen erhält man *ein normiertes* Maß für die Strenge des linearen statistischen Zusammenhanges. Denn ein großer Zahlenwert der Kovarianz kann auch daher rühren, dass die Streuung der beiden Komponenten für sich genommen schon groß ist, obwohl gar keine allzu große lineare Abhängigkeit zwischen ihnen besteht. Die Größe r_{XY} hat das gleiche Vorzeichen wie die Kovarianz, liegt aber stets zwischen –1 und +1, das heißt

$$-1 \leq r_{XY} \leq +1.$$

2. Eine weitere Folge der Normierung ist, dass der Korrelationskoeffizient unverändert bleibt, wenn man eine oder beide Variablen linear transformiert, das heißt den Maßstab ändert. Es ist ihm egal, ob man in Dollar, Yen oder Euro rechnet. Um das zu zeigen, definieren wir zwei neue Variablen

3.4 Kovarianz und Korrelationskoeffizient

$$U := a_1 + b_1 X, \quad \text{mit } b_1 \neq 0$$
$$V := a_2 + b_2 Y, \quad \text{mit } b_2 \neq 0$$

als lineare Transformation von X respektive Y und berechnen den Korrelationskoeffizienten zwischen ihnen. Wir erhalten unter Berücksichtigung der Rechenregel (2-18)

$$r_{UV} = \frac{c_{UV}}{s_U \cdot s_V} = \frac{b_1 \cdot b_2 \cdot c_{XY}}{|b_1| \, s_X \cdot |b_2| \, s_Y} = \frac{b_1 \cdot b_2}{|b_1| \cdot |b_2|} r_{XY},$$

dass sich der Korrelationskoeffizient nicht verändert, solange b_1 und b_2 beide positiv oder beide negativ sind. Andernfalls ändert sich lediglich das Vorzeichen von r, was ja nur plausibel ist.

3. Vertauscht man die Variablen X und Y, ändert sich dadurch nichts am Korrelationskoeffizienten, vielmehr ist

$$r_{XY} = r_{YX}.$$

Beide Merkmale werden in der Korrelationsrechnung symmetrisch behandelt, keines ist gegenüber dem anderen bevorzugt. Es wird zwar eine statistische Abhängigkeit konstatiert, ohne festzulegen, welche der beiden die abhänge oder die unabhängige Variable ist. Das ist in der Regressionsrechnung des folgenden Kapitels anders.

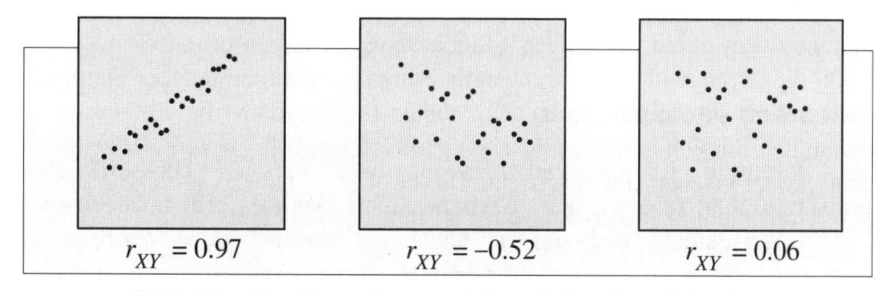

BILD 3.3 Punktewolken und Korrelationskoeffizienten

Beispiel [4] Für die gemeinsame Verteilung aus dem Zahlenbeispiel [1] erhält man für die Kovarianz

$$c_{XY} := \sum_{i=1}^{4}\sum_{j=1}^{5} h_{ij}(x_i - \bar{x})(y_j - \bar{y}) = \sum_{i=1}^{4}\sum_{j=1}^{5} h_{ij} x_i y_j - \bar{x}\bar{y}$$

über den *Umweg der vereinfachten Berechnung* zunächst

96 KAPITEL 3 *Zweidimensionale Verteilungen*

$$\sum_{i=1}^{4}\sum_{j=1}^{5} h_{ij} x_i y_j = 0.02 \cdot 30 \cdot 1 + 0.04 \cdot 30 \cdot 2 + 0.04 \cdot 30 \cdot 4 + 0 \cdot 30 \cdot 5 + 0 \cdot 30 \cdot 8$$
$$+ 0.02 \cdot 40 \cdot 1 + 0.04 \cdot 40 \cdot 2 + 0.08 \cdot 40 \cdot 4 + 0.10 \cdot 40 \cdot 5 + 0.06 \cdot 40 \cdot 8$$
$$+ 0.06 \cdot 50 \cdot 1 + 0.05 \cdot 50 \cdot 2 + 0.08 \cdot 50 \cdot 4 + 0.14 \cdot 50 \cdot 5 + 0.07 \cdot 50 \cdot 8$$
$$+ 0 \cdot 60 \cdot 1 + 0.02 \cdot 60 \cdot 2 + 0.05 \cdot 60 \cdot 4 + 0.08 \cdot 60 \cdot 5 + 0.05 \cdot 60 \cdot 8$$
$$= 0.6 + 2.4 + 4.8 + 0.8 + 3.2 + 12.8 + 20.0 + 19.2$$
$$+ 3.0 + 5.0 + 16.0 + 35.0 + 28.0 + 2.4 + 12.0 + 24.0 + 24.0$$
$$= 7.8 + 56 + 87 + 62.4 = 213.2$$

und dann

$$c_{XY} = 213.2 - 47 \cdot 4.44 = 213.2 - 208.68 = 4.52.$$

Der Korrelationskoeffizient beträgt somit

$$r_{XY} = \frac{4.52}{9 \cdot 2.1228} = +0.2366,$$

was eine schwache positive Korrelation bedeutet.

Es ist sehr wichtig zu betonen, dass Kovarianz und Korrelationskoeffizient nicht zwingend *eine* **kausale Beziehung** zwischen den Merkmalen bedeuten: Lediglich die gerade vorliegenden Beobachtungen zeigen eine **statistische Tendenz**, diese könnte aber auch rein zufällig sein. Je strenger die Korrelation allerdings ist, umso eher wird man geneigt sein, einen substantiellen Zusammenhang zu vermuten, der aber durch theoretische und sachliche Überlegungen sowie durch weitere empirische Forschungen gestützt werden müsste.

Bravais-Pearson und Spearman

Der oben definierte Korrelationskoeffizient wird oft als BRAVAIS[2]-PEARSON[3]-Korrelationskoeffizient oder PEARSON *r* bezeichnet. Denn es gibt noch einen anderen, nämlich den Korrelationskoeffizienten nach SPEARMAN[4] oder ***Rangkorrelations-koeffizienten***.

---

[2] AUGUSTE BRAVAIS, 1811 – 1863) französischer Physiker, Professor an der École Polytechnique, Paris, berühmt durch die Entdeckung der Gitterstruktur der Kristalle (Bravais-Gitter). Wahrscheinlich hat er den Korrelationskoeffizienten „erfunden".

[3] KARL PEARSON, 1857 – 1936, englischer Mathematiker und Antropologe am University College, London. Er ist einer der Begründer der modernen Statistik. Außerdem war er noch Rechtsanwalt, Poet und radikaler Politiker, aber nicht verwandt und nicht verschwägert mit dem Verlag, in dem dieses Lehrbuch erscheint.

[4] CHARLES EDWARD SPEARMAN, 1863 – 1945, englischer Psychologe und wie PEARSON Professor am University College, London. Er schuf die Ansätze zur objektiven Messung von Intelligenz und anderen menschlichen Fähigkeiten.

3.4 Kovarianz und Korrelationskoeffizient

Man verwendet ihn bei ordinal skalierten Merkmalen. Er ist nichts anderes als der *Korrelationskoeffizient zwischen den Rangplätzen* der Beobachtungen

$$r_{XY}^{\text{Sp}} := r_{\text{rg}(X),\,\text{rg}(Y)}. \tag{3-17}$$

Die Formel zur Berechnung dieses Koeffizienten ist im Prinzip die gleiche, mit dem Unterschied, dass nicht mit den gemessenen Variablenwerten (x_i, y_i) selbst, sondern mit ihren Rangplätzen [rg(x_i), rg(y_i)] gerechnet wird. Die Rangplätze sind die Indizes, nachdem die Beobachtungswerte der Größe nach sortiert worden sind. Es spielt dabei keine Rolle, ob man dem größten oder dem kleinsten Wert den Rangplatz 1 zuweist.

Treten dabei zwei oder mehrere gleich große Werte auf, so nummeriert man zunächst einfach durch, ordnet aber dann den gleichen Werten das arithmetische Mittel ihrer Rangplätze zu.

Beispiel [5] Die folgende Tabelle zeigt die Ergebnisse der Abiturprüfungen von zehn Schülern in den Fächern Deutsch (Merkmal *D*) und Geschichte (Merkmal *G*). Die maximal erreichbare Punktzahl beträgt jeweils 15.

Schüler i	Deutsch D	Geschichte G	rg(D)	rg(G)
1	13	15	4	1
2	14	8	2.5 (2)	4 (3)
3	8	1	9	10
4	10	7	7	6.5 (6)
5	15	9	1	2
6	1	5	10	9
7	14	8	2.5 (3)	4 (4)
8	12	7	5	6.5 (7)
9	9	6	8	8
10	11	8	6	4 (5)

Sind die Noten korreliert? Gehen gute Leistungen in Deutsch mit guten Geschichtskenntnissen einher? Zuerst werden für jeden Schüler in jedem der beiden Fächer die Rangplätze bestimmt. Dazu ordnen wir die Schüler nach den von ihnen erzielten Ergebnissen in den Fächern an. Schülern mit gleichem Ergebnis wird das arithmetische Mittel derjenigen Rangplätze zugeordnet, die sie bei willkürlicher Anordnung erhalten hätten (sind in Klammern jeweils angegeben). So kann es zu Rangplätzen 2.5 oder 6.5 kommen. Dann berechnen wir Varianzen, Standardabweichungen und die Kovarianz der Rangplätze und erhalten mit

$$r_{DG}^{\text{Sp}} = \frac{6.95}{2.8636 \cdot 2.8284} = 0.8581$$

eine recht positive Korrelation, was zu erwarten war.

98 KAPITEL 3 *Zweidimensionale Verteilungen*

Man wird im Einzelfall auch dann lieber die Rangkorrelation berechnen, wenn man der Qualität der Skala eines oder beider Merkmale nicht recht traut, also nicht weiß, ob sie abstandstreu ist. Bei Examensnoten etwa werden die meisten zustimmen, dass eine 1 wohl besser ist als eine 2, aber ob die Differenz zwischen der 1 und der 2 genau so viel bedeutet wie die zwischen der 2 und der 3, ist fraglich.

Während der BRAVAIS-PEARSON-Korrelationskoeffizient den linearen statistischen Zusammenhang angibt, misst der SPEARMANsche Rangkorrelationskoeffizient nur den *monotonen* Anteil des statistischen Zusammenhangs der beiden Variablen. *Streng monotone Transformationen* der beiden Variablen verändern ihn nicht, denn sie lassen die Rangplätze unverändert. Die linearen Transformationen gehören natürlich zu den monotonen Transformationen, aber auch etwa das Logarithmieren wäre eine monotone Transformation. Auch hier ändert der Korrelationskoeffizient allenfalls das Vorzeichen, nämlich genau dann, wenn die eine Transformation streng monoton fallend war und die andere steigend.

3.5 Kontingenzkoeffizient

Die Berechnung und sinnvolle Interpretation der Kovarianz und des Korrelationskoeffizienten setzt voraus, dass die statistischen Variablen eine metrische Messbarkeit haben. Für den Rangkorrelationskoeffizienten reicht eine ordinale Messbarkeit aus, aber wie misst man den statistischen Zusammenhang, wenn nur nominalskalierte Merkmale vorliegen?

Ausgangspunkt für die Überlegungen ist der Begriff der *statistischen Unabhängigkeit*. Nach der Definition (3-10) würden zwei Komponenten X und Y als statistisch unabhängig bezeichnet werden, wenn sich ihre gemeinsame Verteilung aus dem Produkt der beiden Randverteilungen

$$h_{ij} = h_{i\bullet} \cdot h_{\bullet j} \qquad (3\text{-}18)$$

für $i = 1, \cdots, k$ und $j = 1, \cdots, l$ berechnen ließe. In *absoluten* Häufigkeiten ausgedrückt würde das Unabhängigkeitskriterium

$$E_{ij} := n h_{i\bullet} \cdot h_{\bullet j} = \frac{n_{i\bullet} \cdot n_{\bullet j}}{n} \qquad (3\text{-}19)$$

lauten. Dabei ist zu beachten, dass die Zahlen E_{ij} eben hypothetische Werte sind, die auch keineswegs ganzzahlig zu sein brauchen. Um das Ausmaß der Abhängigkeit zu quantifizieren, wird man auf die Abweichungen

$$n_{ij} - E_{ij}$$

schauen. Im Allgemeinen aber sind empirische gemeinsame Verteilungen nicht unabhängig, sondern es gibt mehr oder weniger große Abweichungen. Je stärker die tatsächlichen Häufigkeiten von den hypothetischen abweichen, umso größer wird der statistische Zusammenhang sein. Um eine Maßzahl zu gewinnen, quadriert man die Abweichungen, teilt sie durch den hypothetischen Wert und summiert über alle Felder der Kontingenztabelle auf.

Definition: Die Summe der relativen quadratischen Abweichungen

$$QK := \sum_{i=1}^{k} \sum_{j=1}^{l} \frac{(n_{ij} - E_{ij})^2}{E_{ij}} \qquad (3\text{-}20)$$

heißt *quadratische Kontingenz* oder ***Chi-Quadrat-Koeffizient***.

Die quadratische Kontingenz wäre im Falle vollkommener Unabhängigkeit natürlich Null, in allen anderen Fällen positiv, und sie kann, wenn Abhängigkeit vorliegt, für große n sehr groß werden. Darum ist sie als Zusammenhangsmaß nicht recht geeignet. Man würde ein *normiertes* Maß vorziehen. Der ***Kontingenzkoeffizient*** nach PEARSON

$$K := \sqrt{\frac{QK}{QK + n}}$$

ist ebenfalls Null, wenn die quadratische Kontingenz Null ist. Für großes QK wird auch K größer, erreicht den Wert Eins aber nicht ganz, sondern maximal den Wert K_{max}

$$0 \le K \le K_{max} = \sqrt{\frac{m-1}{m}} < 1 \; ,$$

der von der Größe der Kontingenztabelle abhängt, das heißt von ihrer Zeilenzahl k und Spaltenzahl l, wobei m die kleinere von beiden ist. Unter Berücksichtigung dieses Sachverhalts korrigiert man den Kontingenzkoeffizienten in einem zweiten Normierungsschritt.

Definition: Die Größe

$$\boxed{K^* := \frac{K}{K_{max}} = \sqrt{\frac{QK \cdot m}{(QK + n)(m-1)}}} \qquad (3\text{-}21)$$

heißt ***korrigierter Kontingenzkoeffizient***.

Es ist nun $0 \le K^* \le 1$, und man kann damit auch die Stärke des Zusammenhangs von verschiedenen Kontingenztabellen eher vergleichen als mit K. (Vgl. dazu Aufgabe **3.8**)

Beispiel [6] Streben männliche und weibliche Jugendliche in Deutschland in die gleichen Berufe? Die folgende Kontingenztabelle zeigt die gemeinsamen Häufigkeiten der beiden Merkmale Geschlecht und Ausbildungsbereich in Deutschland im Jahr 2005 (in Tausend Personen):

TABELLE 3.1a Azubis in Deutschland

Ausbildungsbereich	männlich	weiblich	gesamt
Industrie und Handel	513.2	335.0	848.2
Handwerk	368.0	109.2	477.2
öffentlicher Dienst	15.9	27.5	43.4
	897.1	471.7	1 368.8

Quelle: Deutschland in Zahlen 2007, Institut der deutschen Wirtschaft

Wäre die Berufswahl *unabhängig vom Geschlecht*, müsste die gemeinsame Verteilung etwa so aussehen:

TABELLE 3.1b Verteilung der Azubis bei Unabhängigkeit

Ausbildungsbereich	männlich	weiblich	gesamt
Industrie und Handel	*555.90*	*292.30*	848.2
Handwerk	*312.75*	*164.45*	477.2
öffentlicher Dienst	*28.44*	*14.96*	43.4
	897.1	471.7	1 368.8

Mit Hilfe der folgenden Arbeitstabelle berechnen wir zuerst die quadratische Kontingenz:

i	j	$n_{i\bullet}$	$n_{\bullet j}$	n_{ij}	$E_{ij} = \dfrac{n_{i\bullet} \cdot n_{\bullet j}}{n}$	$\dfrac{(n_{ij} - E_{ij})^2}{E_{ij}}$
1	1	848.2	897.1	513.2	*555.9031*	3.2804
2	1	477.2	897.1	368.0	*312.7529*	9.7593
3	1	43.4	897.1	15.9	*28.4440*	5.5320
1	2	848.2	471.7	335.0	*292.2969*	6.2387
2	2	477.2	471.7	109.2	*164.4471*	18.5607
3	2	43.4	471.7	27.5	*14.9560*	10.5210
						$QK = 53.8921$

Der korrigierte Kontingenzkoeffizient

$$K^* = \sqrt{\frac{53.8921 \cdot 2}{(53.8921 + 1368.8) \cdot (2-1)}} = 0.2752$$

zeigt, dass die Berufswahl auch heute durchaus nicht unabhängig vom Geschlecht ist. Im Jahre 1999 betrug er noch 0.3422.

Der Kontingenzkoeffizient kann natürlich auch für *ordinale* und sogar *metrische Merkmale* berechnet und sinnvoll interpretiert werden. Jedoch ist zu beachten, dass er nur angibt, *wie stark* der Zusammenhang ist, aber nichts über die Richtung des Zusammenhangs aussagt, wie es etwa der Korrelationskoeffizient tut. Man kann aufgrund eines großen Koeffizienten K eben nicht sagen, dass große Werte der einen Variablen tendenziell mit großen Werten der anderen einhergehen. Das liegt daran, dass eben bei der Berechnung der QK nur das Nominalskalenniveau beachtet wird. Größen und Abstände der Merkmalswerte werden nicht berücksichtigt, sie kommen in den Formeln gar nicht vor. Auch beliebige Umstellungen von Spalten oder Zeilen in der Kontingenztabelle verändern nichts an den Kontingenzmaßen.

Beispiel [7] Die folgenden Verteilungen haben alle die gleichen korrigierten Kontingenzkoeffizienten, aber verschiedene Korrelationskoeffizienten:

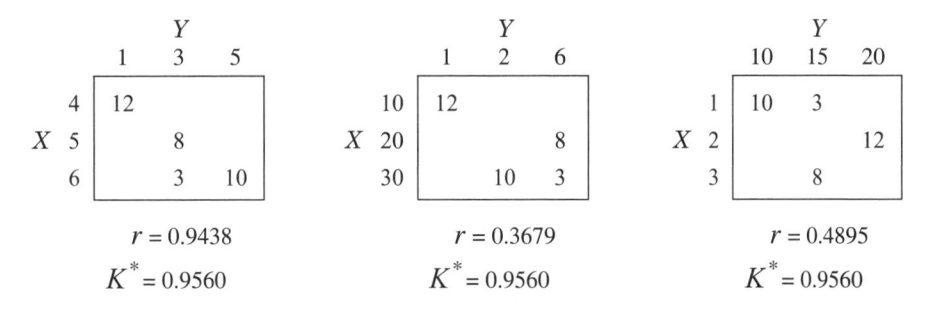

		Y		
		1	3	5
X	4	12		
	5		8	
	6		3	10

$r = 0.9438$
$K^* = 0.9560$

		Y		
		1	2	6
X	10	12		
	20			8
	30		10	3

$r = 0.3679$
$K^* = 0.9560$

		Y		
		10	15	20
X	1	10	3	
	2			12
	3		8	

$r = 0.4895$
$K^* = 0.9560$

Der korrigierte Kontingenzkoeffizient einer Verteilung ist genau dann Eins, wenn in jeder Zeile höchstens eine Spalte und jeder Spalte höchstens eine Zeile mit Häufigkeiten besetzt ist und somit *vollkommene Abhängigkeit* besteht.

Kontrollfragen

1 Was ist der Unterschied zwischen univariater und multivariater Statistik? Überlegen Sie sich ein Beispiel der bivariaten Statistik!

2 Welchen Aufbau und welche Funktion haben Kontingenztabellen? Gibt es auch Kontingenztabellen für mehr als zwei Merkmale?

3 Wie viele Randverteilungen hat eine 3-dimensionale statistische Verteilung?

4 Wann ist die Varianz einer Summe kleiner als die Summe der Varianzen?

5 Was ist statistische Unabhängigkeit? In welchem Zusammenhang steht hierbei die Kovarianz?

6 Was sagt der Korrelationskoeffizient aus? Bedeutet ein empirischer Korrelationskoeffizient von 0, dass es keinen sachlichen Zusammenhang zwischen den betrachteten Merkmalen gibt?

7 Was ist eine Rangkorrelation? Womit misst man sie?

8 Warum ist die quadratische Kontingenz nicht von den Variablenwerten abhängig?

ERGÄNZENDE LITERATUR

Everitt, B. S.: *The Analysis of Contingency Tables*, 2. Auflage, Boca-Raton: Chapman & Hall, 2000

Fahrmeir, L.; Künstler, R.; Pigeot, I.; Tutz, G.: *Statistik: Der Weg zur Datenanalyse*, 6. Aufl., Berlin, Heidelberg, New York: Springer, 2007, Kapitel 3

Hartung, J.; Elpelt, B.: *Multivariate Statistik*, 7. Auflage, München, Wien: Oldenbourg, 2007

Kendall, M. G.; Gibbons J. D.: *Rank correlation methods*, 5. Auflage, New York: Oxford University Press, 1990

Kotz, S.; Drouet, M. D.: *Correlation and Dependence*, London: Imperial College Press, 2001

PRAXIS

Zahlt sich ein Studium aus?

Häufig ist die Frage gestellt worden, ob sich ein Studium überhaupt lohnt. Wird man im späteren Leben ein höheres Einkommen erzielen, wenn man besser ausgebildet ist, einen Master oder gar einen Doktortitel hat? Um die Frage zu klären, werden die Erhebungen der Einkommens- und Verbrauchsstichprobe (EVS) herangezogen. Die EVS wird vom STATISTISCHEN BUNDESAMT seit 1962 in der Regel alle fünf Jahre erstellt und erfasst 0.2% aller privaten Haushalte in Deutschland. Aus den Daten von 1993 errechnen wir die absolute Häufigkeitsverteilung des jährlichen Bruttoeinkommens des Haushaltsvorstandes in Abhängigkeit vom Ausbildungsabschluss und erhalten:

TABELLE 3.2   Verteilung des Bruttoeinkommens

Bruttoeinkommen in Tsd DM	Berufs-fachschule	Meister/Techniker	FH	Uni	Σ
bis 30	1 336	311	196	318	2 161
30 – 50	2 958	539	394	542	4 433
50 – 70	3 565	831	770	654	5 820
70 – 90	2 185	688	852	995	4 720
90 – 110	1 295	456	578	774	3 103
110 – 130	626	270	331	517	1 744
130 – 150	334	130	257	357	1 078
150 – 170	157	70	127	245	599
170 – 190	80	44	61	120	305
über 190	69	32	57	157	315
Σ	12 605	3 371	3 623	4 679	24 278

Quelle: Einkommens- und Verbrauchsstichprobe 1993

Bruttoeinkommen in Tsd DM	Berufs-fachschule	Meister/Techniker	FH	Uni	alle
bis 30	10.6	9.2	5.4	6.8	8.9
30 – 50	23.5	16.0	10.9	11.6	18.3
50 – 70	**28.3**	**24.7**	21.3	14.0	24.0
70 – 90	17.3	20.4	**23.5**	**21.3**	19.4
90 – 110	10.3	13.5	16.0	16.5	12.8
110 – 130	5.0	8.0	9.1	11.0	7.2
130 – 150	2.6	3.9	7.1	7.6	4.4
150 – 170	1.2	2.1	3.5	5.2	2.5
170 – 190	0.6	1.3	1.7	2.6	1.3
über 190	0.5	0.9	1.6	3.4	1.3
Σ	100	100	100	100	100
arithm. Mittel	66.715	75.411	86.179	92.444	75.786
Standardabweichung	34.139	38.091	41.006	46.196	39.761
Median	59.820	70.100	79.467	86.730	68.963
3. Quartil	83.907	95.905	106.833	118.661	95.852
90%-Quantil	110.141	123.178	139.568	153.187	128.041

Wie wir sehen, kann man auch mit geringer Ausbildung hohe Einkommen erzielen und umgekehrt. Zur Beantwortung der Frage nach der statistischen Abhängigkeit oder Unabhängigkeit von individueller Ausbildung und Einkommen schauen wir auf die bedingten Verteilungen, aber auch auf die durchschnittlichen Einkommen und die Medianeinkommen. Die Durchschnittseinkommen sind größer als die Mediane, die Verteilungen sind also rechtsschief, was typisch ist für Einkommensverteilungen. Der Kontingenzkoeffizient K beträgt 0.281.

KAPITEL 3 Zweidimensionale Verteilungen

Fazit: Es ist also eine deutliche Abhängigkeit der Bruttoeinkommen vom Ausbildungsniveau erkennbar. Gleichwohl sind die absoluten Einkommensunterschiede wenig dramatisch, auch verglichen mit den Standardabweichungen innerhalb einer Gruppe. Außerdem wird durch den progressiven Einkommensteuertarif, die Sozialgesetzgebung und die öffentlichen Leistungen eine weitere Nivellierung der Nettoeinkommen erreicht. Um die eingangs gestellte Frage zu beantworten, wären noch die Kosten eines Studiums zu bedenken, die Alternativkosten des entgangenen Einkommens bei einer anderen Beschäftigung, aber auch weitere, sich nicht in Geldeinkommen ausdrückende Erträge.

AUFGABEN

3.1 **Zwillingsforschung.** Der bekannte Psychologe A. Skinner misst den Intelligenzquotienten *IQ* von sieben eineiigen Zwillingen, die nach der Geburt voneinander getrennt worden waren. In der folgenden Tabelle stehen in der ersten Zeile (*X*) die *IQ*s der im Elternhaus aufgewachsenen, in der zweiten Zeile (*Y*) die der bei Pflegeeltern aufgewachsenen Testpersonen. Untereinander stehen jeweils die *IQ*s eines Zwillingspaares:

X:	98	100	104	104	102	102	104
Y:	94	94	103	105	99	102	103

Untersuchen Sie den Zusammenhang in dieser Statistik

a) indem Sie den möglichen statistischen Zusammenhang geeignet graphisch darstellen und erläutern und

b) den Zusammenhang rechnerisch ermitteln und interpretieren.

3.2 Berechnen Sie für die statistischen Reihen in Aufgabe **2.10** die Kovarianzen und Korrelationskoeffizienten

a) c_{XY}, c_{YZ} **b)** c_{ZU}, c_{VT}, c_{UV}

c) r_{UW}, r_{ZU}, r_{VT}

3.3 Gegeben ist die statistische Reihe *X*. Sie hat den Mittelwert 240 und die Varianz 81. Die statistische Reihe *Y* errechnet sich aus *X*, indem man jedes Element der Reihe *X* mit dem konstanten Faktor $b > 0$ multipliziert, also

$$y_i := b x_i \quad \text{für } i = 1, \cdots, n.$$

a) Berechnen Sie die Kovarianz zwischen *X* und *Y* und den Korrelationskoeffizienten.

b) Welchen Wert hat r_{XY}, wenn der Faktor *b* negativ ist?

3.4 **Refa.** Gehen Sie von dem Sachverhalt und dem statistischen Material der Aufgabe **2.9** aus.

a) Zeichnen Sie ein sorgfältiges Streudiagramm. Berechnen Sie den Korrelationskoeffizienten.

b) Welcher der folgenden Aussagen

(1) Die Korrelation zwischen den Arbeitszeiten für den 1. und 2. Arbeitsgang ist positiv
(2) Die Korrelation ist stark negativ
(3) Die Korrelation ist schwach negativ
(4) Es gibt keinen linearen statistischen Zusammenhang

würden Sie zustimmen?

c) Versuchen Sie, das statistische Ergebnis der Erhebung bezüglich Geschicklichkeit und Sorgfalt verbal zu interpretieren.

3.5 **Erwerbstätige.** In der amtlichen Statistik finden Sie folgende Verteilung der Erwerbstätigen in Deutschland für April 2005 (in 1000 Personen):

Altersgruppe von ... bis unter ...	Selbständige und mithelfende Familienangehörige	abhängig Beschäftigte
15 – 25	102	4080
25 – 35	604	6597
35 – 45	1453	9672
45 – 55	1272	7827
55 – 65	798	3643
> 65	273	246

Quelle: Statistisches Jahrbuch 2006

a) Was sind die statistischen Einheiten, Grundgesamtheiten und Merkmale?

b) Zeichnen Sie ein Histogramm der Randverteilung und der beiden bedingten Verteilungen des Merkmals Alter.

c) Zeichnen Sie beide bedingten Verteilungsfunktionen in ein Koordinatensystem. Geben Sie die bedingten Mediane an.

d) Berechnen Sie die beiden bedingten Mittelwerte.

e) Müssen die Selbständigen länger arbeiten? Welcher Anteil der Selbständigen und welcher Anteil der Unselbständigen ist 55 Jahre und älter? Welcher Anteil der über 65-jährigen Erwerbstätigen ist selbständig? Kann man aus diesen Daten die durchschnittliche „Lebensarbeitszeit" berechnen?

Hinweis: Gehen Sie von der Annahme einer gleichmäßigen Verteilung innerhalb der Altersgruppen aus.

106 KAPITEL 3 *Zweidimensionale Verteilungen*

3.6 Der Verschiebungssatz für die empirische Kovarianz lautet:

$$c_{XY} = \overline{(x-a)(y-b)} - \overline{(x-a)} \cdot \overline{(y-b)},$$

wobei a und b konstante Größen sind. Beweisen Sie diesen Satz.

3.7 Macht es Sinn, mit den Daten aus Aufgabe **2.8** einen statistischen Zusammenhang in Gestalt eines Korrelationskoeffizienten zu berechnen? (Begründung)

3.8 Cramérs V. Manche Statistiker bevorzugen den normierten Kontingenzkoeffizienten nach CRAMÉR. Er dividiert gleich die quadratische Kontingenz

$$QK \leq QK_{max} = n \cdot (m-1)$$

durch ihren jeweils maximal möglichen Wert. Dieser errechnet sich nur aus n und m, dem Minimum aus Zeilenzahl k und Spaltenzahl l der Kontingenztabelle. Man definiert also

$$V := \sqrt{\frac{QK}{QK_{max}}} = \sqrt{\frac{QK}{n(m-1)}}.$$

Natürlich liegt auch V zwischen Null und Eins.

   a) Berechnen Sie mit den Zahlen aus Beispiel [6] CRAMÉRs V.
   b) Ist CRAMÉRs V in jedem Falle kleiner als PEARSONs K^*?

LÖSUNGEN

3.1   b) 0.936

3.2   a) 0; 0   b) 0; 0; –
      c) 0.09167; –; 0

3.3   a) $81b$; 1   b) –1

3.4   a) –3.3333; –0.5556

3.5   c) 45.72; 40.54
      d) 46.71; 40.34
      e) 23.8%; 12.13%
         52.6%

3.8   a) 0.1984

KAPITEL 4

Lineare Regressionsrechnung

Im vorangegangenen Kapitel wurde der statistische Zusammenhang zwischen den Komponenten zwei- und mehrdimensionaler Merkmale durch Maßzahlen wie die Kovarianz und den Korrelationskoeffizient beschrieben. Mit der Regressionsrechnung gehen wir einen Schritt weiter: Der durchschnittliche lineare Zusammenhang zwischen den Merkmalswerten einer zweidimensionalen statistischen Variablen (X, Y) soll nun durch eine **lineare Funktion**, also eine Gerade

$$y(x) = a + bx,$$

im Streudiagramm dargestellt werden. Diese Gerade soll eine mittlere Gerade sein, das heißt, sie soll so durch die die beobachteten Merkmalswerte (x_i, y_i) darstellende Punktewolke hindurchgehen, dass sie – wie in BILD 4.1 zu sehen – die Lage und Hauptrichtung dieser Punktewolke im Streudiagramm anzeigt.

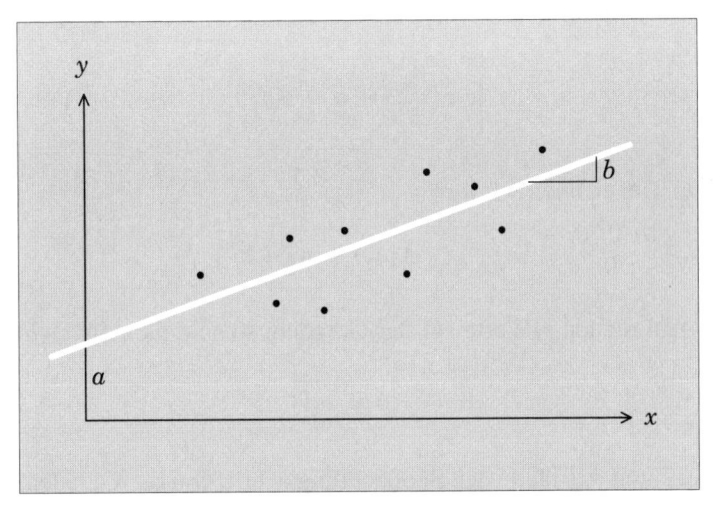

BILD 4.1   Punktewolke und Gerade im Streudiagramm

108   KAPITEL 4   *Lineare Regressionsrechnung*

Wenn die Punktewolke (x_i, y_i) eine schon mit bloßem Auge gut erkennbare Korrelation aufweist, ist es im Allgemeinen nicht schwer, ohne irgendwelche Berechnungen anzustellen, mit einem Lineal eine Gerade einzuzeichnen, die den statistischen Zusammenhang zwischen den beiden Komponenten X und Y als lineare Funktion recht gut wiedergibt. Diese sogenannte *Freihandmethode* versagt allerdings, wenn die Korrelation schwach ist. Außerdem ist sie als statistische Methode nicht geeignet, da sie nicht zu einem eindeutigen Ergebnis führt. Vor allem sind die Eigenschaften einer solchen nach dem Gefühl eingezeichneten Geraden nicht bekannt. Gefragt ist eine eindeutige Methode, die – wer auch immer sie anwendet – bei gegebenen Beobachtungen (x_i, y_i) zu exakt demselben Ergebnis führt. Die Methode der Wahl ist die sogenannte ***Methode der kleinsten Quadrate***. Sie folgt dem Prinzip der Varianzminimierung, das bereits in Abschnitt **2.6** kurz erwähnt wurde.

4.1   Die Regressionsgerade

Während in der Korrelationsanalyse die beiden Komponenten der zweidimensionalen statistischen Variablen (X, Y) völlig gleichberechtigt waren, werden sie hier nicht mehr symmetrisch behandelt. Wie die Schreibweise $y(x) = a + bx$ bereits nahelegt, unterscheiden wir zwischen einer im mathematischen Sinne **unabhängigen** Variablen X und einer **abhängigen** Variablen Y: Das heißt, die Schwankungen der Beobachtungswerte der Komponente Y sollen durch die Beobachtungswerte der Komponente X beschrieben werden.

Im Allgemeinen wird jedoch Y nicht streng von X abhängen. Vielmehr werden die einzelnen Punkte der Punktewolke mehr oder weniger stark von der Geraden abweichen. Für die Beobachtungswerte gilt somit

$$\boxed{y_i = a + bx_i + e_i} \qquad (4\text{-}1)$$

mit $i = 1, \cdots, n$. Bezeichnen wir mit

$$\hat{y}_i := y(x_i) = a + bx_i$$

die zu jedem x_i gehörenden y-Werte auf der Geraden, so sind die **Abweichungen**

$$e_i := y_i - \hat{y}_i \qquad (4\text{-}2)$$

gerade die senkrechten Abstände der Beobachtungswerte von der Geraden.

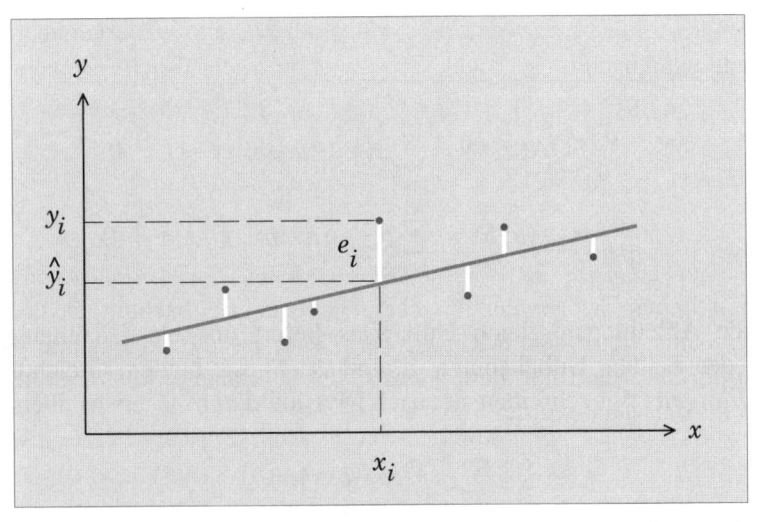

BILD 4.2 Abweichungen zwischen Beobachtungswerten und Gerade als senkrechte Abstände

Wie ist nun die fragliche Gerade in der Punktewolke zu plazieren? Intuitiv wird man dazu neigen, eine ausgleichende Gerade einzeichnen zu wollen, die die Abweichungen e_i zwischen den Beobachtungswerten y_i und den zu x_i gehörenden Werten auf der Geraden $y(x_i)$ insgesamt gesehen möglichst gering erscheinen lässt. Allerdings gibt das noch keine brauchbare Vorschrift zur eindeutigen Festlegung der Geraden ab, da man sie stets so drehen und schieben kann, dass manche der Abstände kleiner, andere dafür größer werden. Verlangt man, dass die Summe der Abweichungen möglichst klein oder gar Null ist, wird es nicht viel anders sein. Auch die Minimierung der Summe der absoluten Abweichungen wird in vielen Fällen nicht auf eine einzige Weise zu erreichen sein. Erst die **Minimierung der Summe der quadrierten Abweichungen**

$$\sum_{j=1}^{n} e_j^2 = \sum (y_j - \hat{y}_j)^2 = \sum (y_j - a - bx_j)^2 =: \mathrm{SQA}(a,b) \qquad (4\text{-}3)$$

führt zu einer eindeutigen statistischen Methode. Die Quadratsumme SQA ist – bei vorliegenden Beobachtungswerten x_i und y_i – nur noch von der Lage der Geraden, also von den Koeffizienten a und b, abhängig: Das bedeutet, die Gerade ist in der Punktewolke des Streudiagramms so lange zu schieben und zu drehen, bis SQA den kleinstmöglichen Wert erreicht hat.

Die algebraische Lösung dieser Minimierungsaufgabe

$$\mathrm{SQA}(a,b) \xrightarrow[a,b]{} \text{Minimum}$$

bezüglich a und b ist recht einfach. Wir bilden dazu die partiellen Ableitungen von

SQA(a, b) nach a und nach b

$$\begin{cases} \dfrac{\partial}{\partial a}\text{SQA}(a,b) = \sum_{j=1}^{n} 2(y_j - a - bx_j)(-1) \overset{!}{=} 0 \\ \dfrac{\partial}{\partial b}\text{SQA}(a,b) = \sum_{j=1}^{n} 2(y_j - a - bx_j)(-x_j) \overset{!}{=} 0 \end{cases}$$

und setzen die Ableitungen gleich Null. Das liefert uns ein Gleichungssystem zur Bestimmung der beiden Unbekannten a und b. Diese beiden Gleichungen heißen *Normalgleichungen*. Wir schreiben sie, nach Division durch –2, etwas übersichtlicher

$$\begin{cases} \sum (y_j - a - bx_j) = 0 \\ \sum (y_j - a - bx_j)x_j = 0 \end{cases} \tag{4-4}$$

und nach Hereinziehen der Summenzeichen in die Klammern als

$$\begin{cases} \sum y_j - an - b\sum x_j = 0 \\ \sum x_j y_j - a\sum x_j - b\sum x_j^2 = 0. \end{cases}$$

Nach Division durch die Anzahl der Beobachtungen n erhalten wir mit $\dfrac{1}{n}\sum x_j = \bar{x}$ usw. schließlich die Form

$$\begin{cases} a + \bar{x}b = \bar{y} \\ \bar{x}a + \overline{x^2}\,b = \overline{xy}\,. \end{cases}$$

Durch Auflösen dieses linearen Gleichungssystems nach den Unbekannten a und b finden wir unter Beachtung der Kurzschreibweisen (2-19a) und (3-15a)

$$s_X^2 = \overline{x^2} - \bar{x}^2 \quad \text{und} \quad c_{XY} = \overline{xy} - \bar{x}\,\bar{y}$$

die Formeln (4-5) und (4-6) für das Steigungsmaß und den Achsenabschnitt der gesuchten Geraden.

Definition: Seien (x_1, y_1), (x_2, y_2), $\cdots$, (x_n, y_n) beobachtete Wertepaare einer zweidimensionalen statistischen Variablen (X, Y) und sei $s_X > 0$. Die Gerade

$$y(x) = a + b\,x$$

mit den Koeffizienten

$$b = \frac{c_{XY}}{s_X^2} \qquad (4\text{-}5)$$

$$a = \bar{y} - b\bar{x} \qquad (4\text{-}6)$$

heißt *Regressionsgerade* einer Regression von Y auf X. Die zu den einzelnen x_i gehörenden Werte auf der Regressionsgeraden $\hat{y}_i = y(x_i)$ heißen *Regressionswerte*.

Es ist leicht einzusehen, dass die Regressionsgerade die Summe der quadrierten Abweichungen SQA tatsächlich *minimiert* und nicht etwa maximiert: Erstens gibt es nur eine einzige Lösung, und zweitens würde SQA immer größer, je weiter die Gerade sich von der Punktewolke entfernte, und könnte über alle Grenzen wachsen.

4.2 Eigenschaften der Regressionsgeraden

Welche Eigenschaften hat nun die nach der Methode der kleinsten Quadrate berechnete Regressionsgerade? Vier Eigenschaften sind besonders wichtig:

(1) Mittlere Gerade: Formen wir die Lösung (4-6) für den Achsenabschnitt a einfach um

$$\bar{y} = a + b\bar{x} = y(\bar{x}),$$

so erkennen wir, dass die Regressionsgerade genau durch den Schwerpunkt $(\bar{x}, \bar{y})$ der Punktewolke verläuft. In diesem Sinne ist die Regressionsgerade eine mittlere Gerade, und das arithmetische Mittel der Regressionswerte $\hat{y}_i$ ist identisch mit dem der Beobachtungswerte y_i selbst, also

$$\bar{\hat{y}} = \frac{1}{n}\sum(a + bx_j) = a + b\frac{1}{n}\sum x_j = a + b\bar{x} = \bar{y}.$$

Aus der ersten der beiden Normalgleichungen (4-4) folgt

$$\sum(y_j - a - bx_j) = \sum e_j = 0 = \bar{e}, \qquad (4\text{-}7)$$

dass die Summe der die Abweichungen e_i und ihr Mittelwert Null ist, aus der zweiten folgt

$$\sum (y_j - a - bx_j)x_j = \sum e_j x_j = 0, \qquad (4\text{-}8)$$

und

$$\sum e_j \hat{y}_j = \sum e_j(a + bx_j) = a\sum e_j + b\sum e_j x_j = 0. \qquad (4\text{-}9)$$

(2) Varianzminimierung: Die Varianz der Regressionsabweichungen

$$\frac{1}{n}\sum (e_j - \bar{e})^2 = \frac{1}{n}\sum e_j^2 = \frac{1}{n}\mathrm{SQA}(a,b)$$

ist bis auf den Faktor n identisch mit der Summe der kleinsten Quadrate. Das bedeutet, dass die Regressionsgerade die Varianz der Abweichungen minimiert.

(3) Steigungsregression: Besondere Beachtung verdient die Steigung der Regressionsgeraden. Zwischen dem Steigungsmaß b und dem Korrelationskoeffizienten r_{XY} besteht eine enge Beziehung. Sie wird deutlich, wenn wir (4-5) mit s_Y erweitern. Die Erweiterung ergibt

$$b = \frac{c_{XY}}{s_X^2} = \frac{c_{XY}\,s_Y}{s_X\,s_X\,s_Y} = r_{XY}\frac{s_Y}{s_X}$$

und damit

$$|b| = \frac{s_Y}{s_X}, \qquad \text{falls } |r_{XY}| = 1$$

$$|b| < \frac{s_Y}{s_X}, \qquad \text{falls } |r_{XY}| < 1.$$

Somit lassen sich folgende Eigenschaften der Steigung b der Regressionsgeraden festhalten:

1. Das Vorzeichen der Steigung entspricht dem Vorzeichen des Korrelationskoeffizienten bzw. der Kovarianz zwischen X und Y: Bei positiver Korrelation steigt die Regressionsgerade, bei negativer fällt sie.

2. Die Steigung hängt vom Verhältnis der beiden Standardabweichungen ab. Das ist geometrisch einleuchtend: Die Gerade verläuft *ceteris paribus* umso steiler, je stärker die y-Werte in Ordinatenrichtung auseinandergezogen sind, und umso flacher, je weiter die x-Werte streuen.

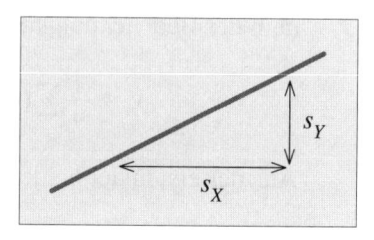

3. Bei gegebener Streuung der beiden Variablen X und Y verläuft die Regressionsgerade **umso flacher**, je schwächer der lineare statistische Zusammenhang zwischen den Variablen ist: Dieses „Rückschreiten" der Steigung hat der „Regression" ihren Namen gegeben.

(4) Varianzzerlegung: Quadrieren wir beide Seiten der Identität

$$(y_i - \bar{y}) \equiv (\hat{y}_i - \bar{y}) + (y_i - \hat{y}_i)$$

und bilden die Summe, erhalten wir unter Verwendung von (4-9)

$$\sum (y_j - \bar{y})^2 = \sum (\hat{y}_j - \bar{y})^2 + \sum (y_j - \hat{y}_j)^2$$

$$s_Y^2 = s_{\hat{Y}}^2 + s_E^2 \ . \tag{4-10}$$

Durch die Regressionsgerade wird somit die Gesamtvarianz von Y in zwei Teile zerlegt, und zwar in die Varianz der Regressionswerte und die Varianz der Abweichungen. Die Varianz der Regressionswerte misst den Anteil der Variation in Y, die durch die Variation der unabhängigen Variablen X beschrieben oder erklärt wird. Die Varianz der Abweichungen misst den durch die Variation von X nicht erklärten Teil der Gesamtvarianz. Die erklärte Varianz ist also kleiner als die Gesamtvarianz, solange es Abweichungen gibt.

Bestimmtheitsmaß

Je kleiner die durch eine Regressionsgerade übriggelassenen Abweichungen e sind, umso besser werden wir die von ihr erreichte Anpassung an die Punktewolke beurteilen. Jedoch ist die Varianz der Abweichungen kein sehr brauchbares Maß für die Güte der Anpassung, wir hätten lieber ein standardisiertes Maß, das auch frei von den jeweiligen Maßeinheiten und absoluten Größenordnungen der Variablen X und Y ist und außerdem leicht und schnell interpretiert werden kann.

Definition: Das Verhältnis der in einer linearen Regression erklärten Varianz zur Gesamtvarianz der abhängigen Variablen Y

$$R^2 := \frac{s_{\hat{Y}}^2}{s_Y^2} \tag{4-11}$$

heißt *Bestimmtheitsmaß* der linearen Regression.

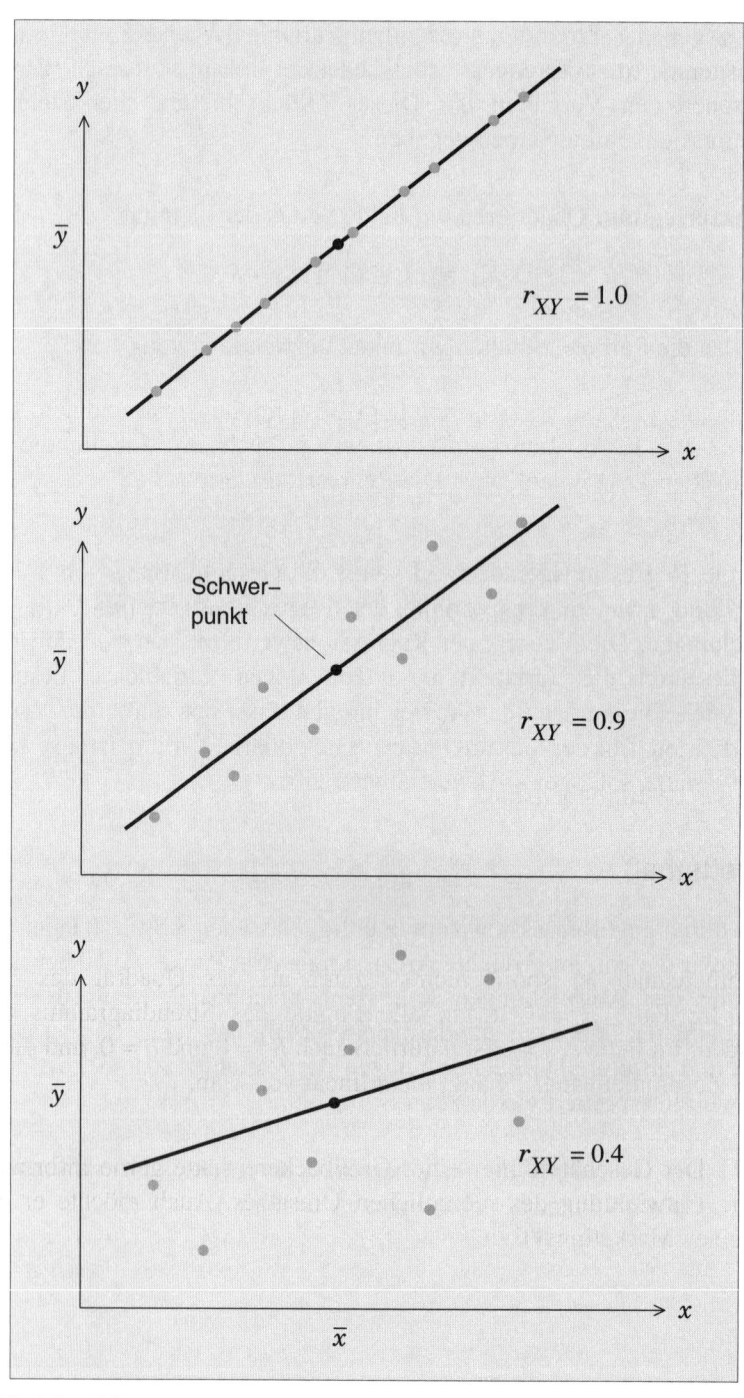

BILD 4.3 Rückschreiten der Steigung mit abnehmender Korrelation

4.2 Eigenschaften der Regressionsgeraden

Je größer R ist, umso besser ist die Anpassung der Regressionsgerade an die Punktewolke, es wird daher als *Maß für die Güte der Anpassung* verwendet. Weil aber nach (4-10) die erklärte Varianz stets kleiner oder gleich der Gesamtvarianz

$$s_{\hat{Y}}^2 \leq s_Y^2$$

ist, liegt R^2 stets zwischen Null und Eins:

$$\boxed{0 \leq R^2 \leq 1}$$

Welche Verbindung gibt es nun zwischen dem Bestimmtheitsmaß und dem Korrelationskoeffizienten r? Der Korrelationskoeffizient war ja auch ein Maß für die Strenge des linearen statistischen Zusammenhangs. Die Regressionswerte

$$\hat{y}_i = a + b x_i$$

hängen linear von den Beobachtungswerten x_i ab. Deshalb gilt für ihre Varianz gemäß der Rechenregel (2-17)

$$s_{\hat{Y}}^2 = b^2 s_X^2$$

und damit für das Bestimmtheitsmaß

$$R^2 = \frac{b^2 s_X^2}{s_Y^2} = \left(\frac{c_{XY}}{s_X s_Y}\right)^2 = r_{XY}^2 .$$

Das Bestimmtheitsmaß ist somit nichts weiter als das Quadrat des Korrelationskoeffizienten. Im Falle $R^2 = 1$ liegen alle Punkte des Streudiagramms auf der Regressionsgeraden; im Falle $r_{XY} = 0$ ist natürlich auch $R^2 = 0$ und $b = 0$, und die Regression zeigt keinerlei Zusammenhang: Y hängt *nicht* linear von X ab.

Beispiel [1] Der Geschäftsführer einer Großbäckerei hätte gerne Informationen über die Entwicklung des monatlichen Umsatzes. Auch möchte er erfahren, ob seine Marketingaktivitäten erfolgreich sind. Eine Stichprobe von zehn zufällig ausgewählten Monatsumsätzen mit den dazugehörigen Marketingausgaben lieferte folgende Daten (in Tausend €):

Umsatz y	201	184	220	240	180	164	186	150	182	210
Marketingausgaben x	24	16	20	26	14	16	20	12	18	22

116 KAPITEL 4 *Lineare Regressionsrechnung*

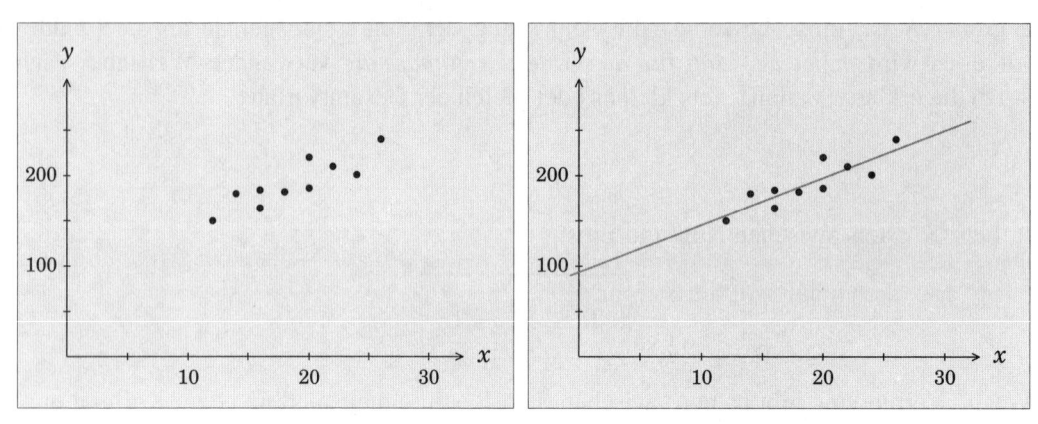

BILD 4.4   Marketingausgaben und Umsatz

Die graphische Darstellung im Streudiagramm zeigt, dass Umsatz und Marketingausgaben positiv korreliert sind, und legt nahe, den Umsatz als lineare Funktion der Marketingausgaben darzustellen. Wir rechnen mit folgender Arbeitstabelle:

i	x_i	y_i	x_i^2	$x_i y_i$	y_i^2
1	24	201	576	4 824	40 401
2	16	184	256	2 944	33 856
3	20	220	400	4 400	48 400
4	26	240	676	6 240	57 600
5	14	180	196	2 520	32 400
6	16	164	256	2 624	26 396
7	20	186	400	3 720	34 596
8	12	150	144	1 800	22 500
9	18	182	324	3 276	33 124
10	22	210	484	4 620	44 100
Σ	188	1 917	3 712	36 968	373 873

Zunächst berechnen wir die Mittelwerte

$$\bar{x} = \frac{188}{10} = 18.8, \qquad \bar{y} = \frac{1\,917}{10} = 191.7,$$

dann die Varianzen

$$s_X^2 = \frac{1}{10}x^2 - \bar{x}^2 = 371.2 - (18.8)^2 = 371.2 - 353.44 = 17.76$$

$$s_Y^2 = \frac{1}{10}y^2 - \bar{y}^2 = 37\,387.3 - (191.7)^2 = 638.41$$

und die Kovarianz

$$c_{XY} = \frac{1}{10} xy - \bar{x}\,\bar{y} = 3696.8 - 18.8 \cdot 191.7 = 92.84.$$

Der Korrelationskoeffizient

$$r_{XY} = \frac{c_{XY}}{s_X \cdot s_Y} = \frac{92.84}{4.214 \cdot 25.267} = 0.872$$

bestätigt die vermutete starke positive Korrelation. Aus diesen Werten lassen sich nun leicht die Steigung

$$b = \frac{c_{XY}}{s_X^2} = \frac{92.84}{17.76} = 5.2274$$

und der Achsenabschnitt

$$a = \bar{y} - b\bar{x} = 191.7 - 5.2274 \cdot 18.8 = 93.4249$$

ausrechnen, und wir erhalten als Regressionsgerade

$$y = 93.4249 + 5.2274\,x.$$

Die Rechnung zeigt uns, dass in der Stichprobe höhere Marketingausgaben mit höheren Umsätzen einhergingen und zusätzliche 1 000 € Ausgaben mit durchschnittlich 5 227 € höherem Umsatz verbunden waren. So könnte man vermuten, dass die Marketingausgaben sich lohnen. Das Bestimmtheitsmaß ist

$$R^2 = (r_{XY})^2 = 0.760.$$

4.3 Umkehrregression

Anstelle der Regression von Y auf X kann auch als sogenannte ***Umkehrregression*** die Regression von X auf Y

$$x(y) = a' + b'\,y$$

berechnet werden. In dieser Umkehrregression übernimmt Y die Rolle der unabhängigen Variablen, und X wird als von ihr abhängig angesehen. Die Abweichungen in

$$x_i = a' + b'\,y_i + e'_i \qquad (4\text{-}12)$$

sind jetzt senkrecht zur y-Achse zu messen. Nach der Methode der kleinsten Quadrate erhält man für die Koeffizienten der Regression von X auf Y die analogen Formeln:

118 KAPITEL 4 *Lineare Regressionsrechnung*

$$b' = \frac{c_{XY}}{s_Y^2} \quad (4\text{-}13)$$

$$a' = \bar{x} - b'\bar{y}. \quad (4\text{-}14)$$

Die Umkehrregression darf nicht mit der Umkehrfunktion verwechselt werden. Wäre die Umkehrregression nur die Umkehrfunktion zur Regression, so wäre b' der reziproke Wert von b, also $b' = 1/b$ und damit $b \cdot b' = 1$. Wie eine einfache Rechnung zeigt, ist dies aber nicht der Fall; vielmehr ist das Produkt der beiden Steigungen

$$b \cdot b' = \frac{c_{XY}}{s_X^2} \frac{c_{YX}}{s_Y^2} = \frac{(c_{XY})^2}{s_X^2 \cdot s_Y^2} = (r_{XY})^2$$

$$b \cdot b' = R^2 \leq 1$$

von Regression und Umkehrregression gerade gleich dem Bestimmtheitsmaß. Somit fielen die Geraden von Regression und Umkehrregression dann und nur dann zusammen, wenn $r_{XY} = 1$ oder $r_{XY} = -1$ ist, das heißt wenn alle Punkte im Streudiagramm genau auf einer Geraden liegen. In den allermeisten Anwendungsfällen wird jedoch $|r_{XY}| < 1$ sein, und die beiden Geraden fallen auseinander. Die Ursache liegt in der oben erläuterten Steigungsregression, die umso stärker ausfällt, je schwächer der lineare statistische Zusammenhang zwischen den beiden Komponenten X und Y ist. Die Beziehungen zwischen einer Regression und ihrer Umkehrregression sind in BILD 4.5 und BILD 4.6 illustriert.

Welche der beiden möglichen Regressionsrechnungen ist nun zu wählen, die Regression oder ihre Umkehrregression? Welche der beiden Komponenten X und Y ist zur abhängigen und welche zur unabhängigen Variablen zu machen? Dies wird stets vom jeweiligen Anwendungsfall abhängen und von der intendierten Fragestellung, das heißt vor allem davon, welche der beiden Komponenten man durch die andere beschreiben oder erklären will.

Ist man der Auffassung oder ist es naheliegend, dass eine der beiden Variablen die Veränderung der anderen *verursacht*, so wird man in aller Regel diese zur unabhängigen Variablen machen und die andere zur abhängigen. So hängen Ausgaben für Urlaubsreisen vermutlich vom Haushaltseinkommen ab und nicht umgekehrt. Aber oft ist es nicht von vornherein klar, was Ursache und was Wirkung ist: Steigern höhere Werbeausgaben den Umsatz oder ist eine Firma bei guten Umsätzen eher bereit, mehr für Werbung auszugeben? Kann man mit niedrigeren Preisen mehr verkaufen oder gewähren die Verkäufer bei großen Bestellmengen günstigere Preise?

4.3 Umkehrregression

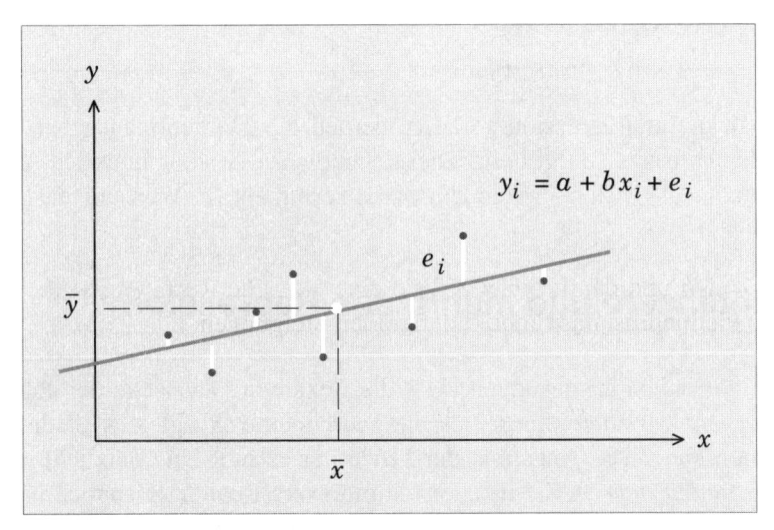

BILD 4.5   Regression von Y auf X

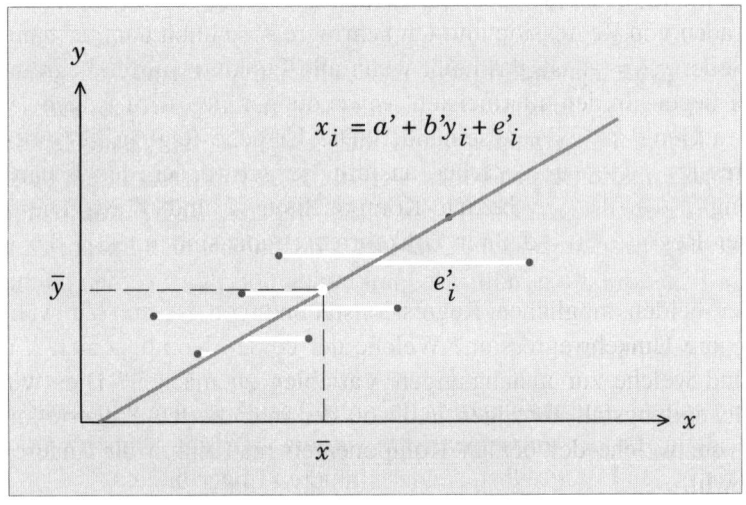

BILD 4.6   Regression von X auf Y

Beispiel [2] Zu der Regression aus Beispiel [1] ließe sich auch die Umkehrregression berechnen. Wir erhielten mit der Steigung

$$b' = \frac{c_{XY}}{s_Y^2} = \frac{92.84}{638.41} = 0.1454$$

und dem Achsenabschnitt

$$a' = \bar{x} - b'\bar{y} = 18.8 - 0.1454 \cdot 191.7 = -9.073$$

nun die Regressionsgerade

$$x = -9.073 + 0.1454\, y\,.$$

Mit dieser Regressionsgeraden werden die Marketingausgaben als Funktion des Umsatzes dargestellt. Diese Sichtweise ist eher unüblich, unterstellt sie doch, dass man bei guten Umsätzen gern mehr für Werbung ausgibt.

4.4 Nichtlineare und mehrfache Regression

Bisher waren wir davon ausgegangen, dass die Beziehung zwischen der abhängigen und der unabhängigen Variablen linear sei und durch eine Ausgleichsgerade gut wiedergegeben werden kann. Die Annahme der Linearität erlaubt eine nützliche und leicht zu handhabende *Annäherung* an die meistens komplexere Realität. Dennoch ist es in vielen Fällen wünschenswert oder notwendig, die Linearitätsannahme aufzugeben, vor allem dann, wenn die Daten im Streudiagramm sehr deutlich einen nichtlinearen Zusammenhang nahelegen. Aber welche Funktion aus der großen Vielfalt der nichtlinearen Funktionstypen soll man wählen? Zumindest in der beschreibenden Statistik ist diese zunächst schwierig erscheinende Frage nicht wirklich problematisch, geht es doch nur darum, einen erkennbar nichtlinearen Zusammenhang durch eine Kurve zu approximieren, die den Punkten im Streudiagramm eher gerecht wird als eine Gerade.

Einige wenige Funktionstypen haben sich dafür bewährt, vor allem deshalb, weil sie es erlauben, die oben dargestellte Technik der linearen Regressionsrechnung mit nur geringen Änderungen anzuwenden. Geeignet sind solche nichtlineare Funktionen, die durch einfache Transformation in lineare Funktionen überführt werden können.

Logarithmische Ansätze

Eine gern verwendete Alternative zum linearen Ansatz in der wirtschaftswissenschaftlichen Anwendung ist der **logarithmisch lineare Ansatz**. Dabei wird eine lineare Beziehung nicht in den Daten selbst, sondern in deren Logarithmen

$$\log y = a + b \log x \qquad (4\text{-}15)$$

unterstellt. Durch Rücktransformation erhalten wir den Zusammenhang zwischen den ursprünglichen Beobachtungswerten. Es ist

$$y = a^* \cdot x^b$$

eine Potenzfunktion durch den Ursprung, das heißt die Variable Y wird als statistisch abhängig von der b-ten Potenz von X dargestellt. Die Koeffizienten dieser Regression werden nach der Methode der kleinsten Quadrate gemäß (4-5) und (4-6) berechnet, jedoch muss man zuvor die Ausgangsdaten einer Transformation unterziehen und die (dekadischen oder natürlichen) Logarithmen der Beobachtungswerte nehmen. Selbstverständlich geht das nur, wenn in den Daten keine Nullen und keine negativen Beobachtungswerte vorkommen, denn die Logarithmen sind nur für echt positive Argumente erklärt.

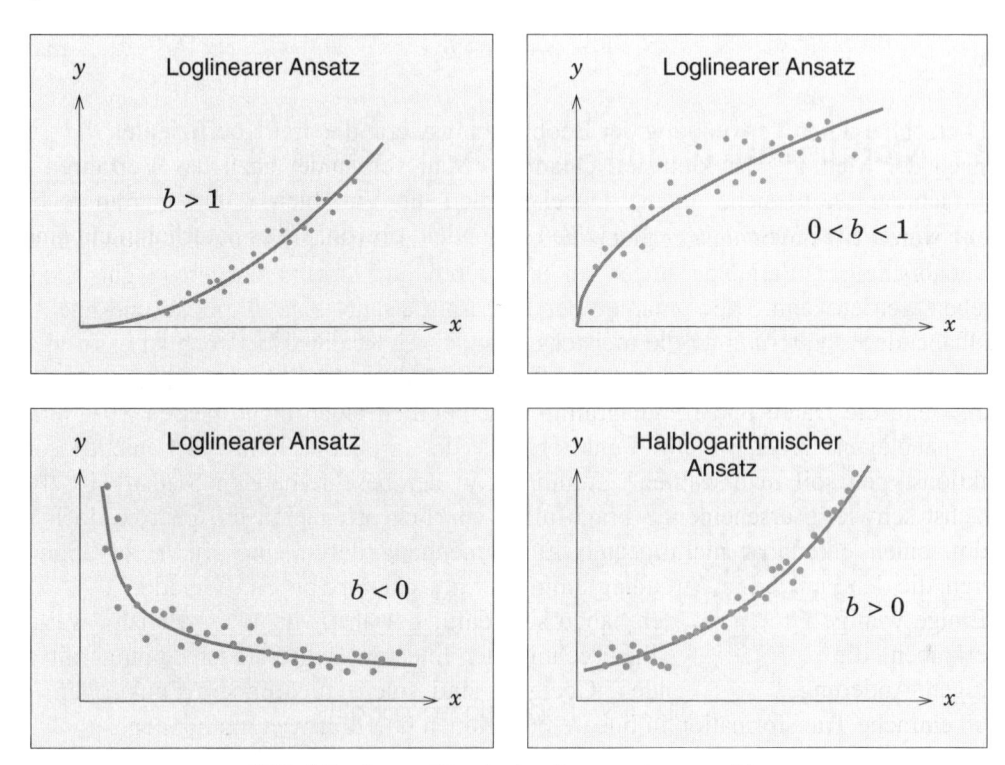

BILD 4.7 Logarithmische Regressionsansätze

Die loglineare Regression zeichnet eine Kurve in das Streudiagramm. Wie in BILD 4.7 illustriert, erhält man je nach der Gestalt der Punktewolke einen Regressionskoeffizienten b, der größer oder kleiner als Eins ist. Negative Koeffizienten repräsentieren Hyperbeln. Die Interpretation des Koeffizienten b lässt den loglinearen Ansatz für manche Anwendungen attraktiv erscheinen: Ist die Anpassung gut, so geht eine Zunahme des x-Wertes um 1% im Mittel einher mit einer Zunahme des y-Wertes um b%.

Häufig gelingt auch mit dem sogenannten **_halblogarithmischen Ansatz_**

$$\log y = a + bx, \qquad (4\text{-}16)$$

bei dem nur eine der beiden Variablen logarithmisch transformiert wird, eine gute Beschreibung des statistischen Zusammenhangs. Rücktransformiert erhalten wir

$$y = a^* \cdot e^{bx}$$

eine Exponentialfunktion für den Zusammenhang der ursprünglichen Daten.

Quadratische Ansätze

Bei den quadratischen Ansätzen wird der Zusammenhang zwischen X und Y als Polynom 2. Grades formuliert. Man schreibt

$$y = a + b_1 x + b_2 x^2 \qquad (4\text{-}17)$$

und berechnet unter Verwendung der Beobachtungswerte die drei Koeffizienten a, b_1 und b_2 nach der Methode der kleinsten Quadrate. Man verwendet dazu das Verfahren der Mehrfachregression (siehe unten). Dabei werden die Variablen x und x^2 rein rechentechnisch *wie zwei verschiedene Variablen* behandelt, obwohl sie es natürlich nicht sind.

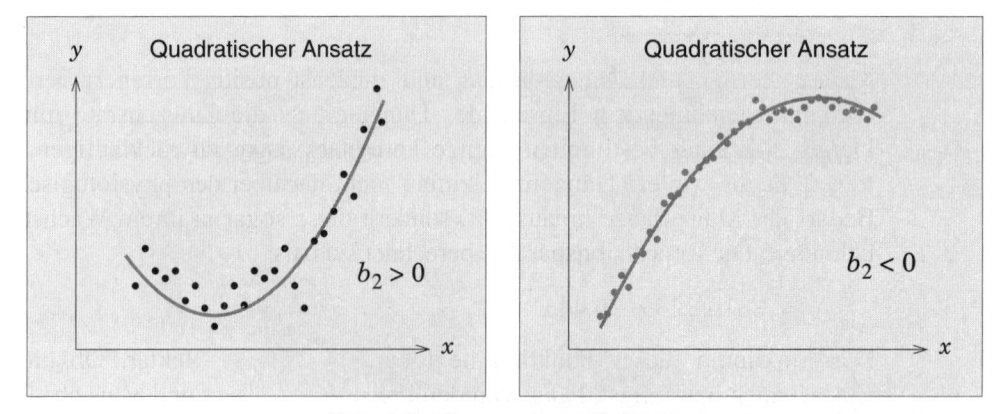

BILD 4.8   Regressionsparabeln

Dadurch wird ein Parabelstück so in die Punktewolke eingepasst, dass die Varianz der Abweichungen minimiert wird. In sehr vielen Fällen eignen sich die quadratischen Ansätze ebenso gut wie die loglinearen oder halblogarithmischen. Die quadratischen Ansätze haben aber den Vorteil, dass mit ihnen auch solche Zusammenhänge dargestellt werden können, *deren Richtung umkehrt*. Das ist dann von Nutzen, wenn die Korrelation mit ansteigenden x-Werten nicht nur schwächer wird, sondern das Vorzeichen wechselt, wie in BILD 4.8 veranschaulicht.

Beispiel [3] Ein Bauer erwägt, zur ökologischen Wirtschaftsweise überzugehen und mit einem Minimum an Dünger auszukommen. Dazu möchte er den statistischen Zusammenhang zwischen Düngereinsatz und Ernteertrag messen. Auf 14 Teilstücken seiner Anbaufläche für Mais führt er Versuche mit verschiedenen Düngermengen aus. Die Tabelle zeigt das Ergebnis in kg/Hektar.

Dünger	Mais
15	1800
30	3600
45	6840
60	7200
75	8100
90	8460
105	8640
120	9000
135	9180
150	9000
165	8640
180	8460
195	8100
210	7740

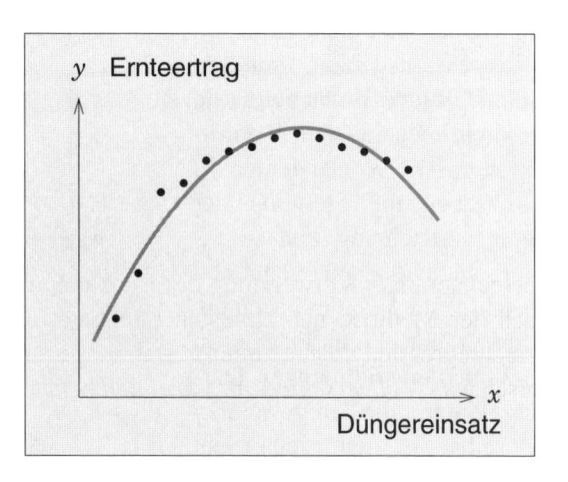

Maisernteertrag und Düngereinsatz sind zunächst positiv korreliert. Jedoch wird mit zunehmendem Einsatz des Düngemittels die Zuwachsrate immer kleiner. Ab einer bestimmten Menge kommt es sogar zu rückläufigen Erträgen, da die weitere Düngemittelzufuhr nicht nur über den physiologischen Bedarf der Maispflanze hinausgeht, sondern diese sogar in ihrem Wachstum behindert. Die Regressionsparabel berechnet sich als

$$y = 881 + 123x - 0.44x^2.$$

Das Maximum dieser Funktion liegt bei $x = 139.8$ kg/Hektar. Ob dieser Einsatz auch optimal ist, hängt von den Preisen für Dünger und Mais ab.

Beispiel [4] Die Umsätze eines Konsumartikels sind zunächst positiv korreliert mit dem Werbeaufwand. Jedoch kann mit zunehmendem Werbeaufwand der Umsatzzuwachs kleiner werden. Es kann sogar vorkommen, dass eine weitere Intensivierung der Werbung zu rückläufigen Umsätzen führt – aus Überdruss der Konsumenten an der Werbung.

Mehrfache Regression

In manchen Fällen ist es angezeigt, die Variation einer statistischen Variablen Y in Abhängigkeit von zwei anderen Variablen X_1 und X_2 darzustellen und zwar in der Form

$$y_i = b_0 + b_1 x_{1i} + b_2 x_{2i} + e_i.$$

Zur Berechnung der drei Koeffizienten wäre das entsprechende Minimierungsproblem wie in (4-4) zu lösen, wobei die drei partiellen Ableitungen nun zu drei Normalgleichungen führen. Auf ihre Herleitung und die Angabe der Formeln sei hier verzichtet. Jede Statistiksoftware hat sie implementiert. Im Übrigen kann der Leser weitere Einzelheiten dazu in Abschnitt **17.3** erfahren.

Es handelt sich nun nicht mehr um eine Regressionsgerade, sondern um eine **Regressionsebene** in einem dreidimensionalen Koordinatensystem. Die Koeffizienten b_1 und b_2 geben die Steigung der Ebene in x_1-Richtung und in x_2-Richtung an. Die Ebene schneidet die y-Achse bei b_0. Wir beachten, dass die rechteckige Fläche in BILD 4.9 nur der bildmäßigen Darstellung dient, die Regressionsebene selbst ist natürlich nicht durch sie begrenzt.

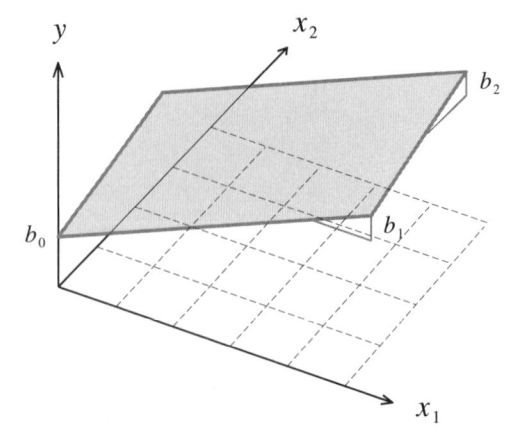

BILD 4.9 Regressionsebene

Prinzipiell können auch noch mehr unabhängige Variablen ins Spiel gebracht werden. Die Regressionsbeziehung lautet dann

$$y_i = b_0 + b_1 x_{1i} + b_2 x_{2i} + \cdots + b_k x_{ki} + e_i,$$

wenn es in einem Einzelfall sinnvoll wäre, Y in linearer Abhängigkeit von k anderen Variablen darzustellen. Im folgenden Kapitel **5** ist im Beispiel [9] eine praktische Anwendung gezeigt. Auch hierzu vgl. der Leser Abschnitt **17.3**.

Kontrollfragen

1 Welche Eigenschaften sollte eine Gerade aufweisen, die den durchschnittlichen linearen Zusammenhang zweier Variablen bestmöglich beschreibt?

2 Was sind „Normalgleichungen"?

3 Was ist das „Prinzip der kleinsten Quadrate"?

4 Welche vier Eigenschaften der Methode der kleinsten Quadrate zur Berechnung einer Regressionsgeraden kennen Sie?

5 Welcher Zusammenhang besteht zwischen der Steigung der Regressionsgeraden und dem Korrelationskoeffizienten?

6 In welcher Beziehung stehen R^2 und der Korrelationskoeffizient? Welche Werte kann R^2 annehmen (Extrema), und welche Aussagen können so über den statistischen Zusammenhang getroffen werden?

7 In welchem Fall ist die Umkehrregression identisch mit der Umkehrfunktion?

8 Was ist die lineare und was die nichtlineare Regressionsrechnung?

PRAXIS

Lohnen sich häufigere Kundenbesuche?

Der persönliche Vertrieb ist für viele Unternehmen das wichtigste Marketinginstrument und gleichzeitig auch das teuerste. Je häufiger jeder Kunde besucht wird, umso größer muss die Anzahl der Vertriebsaußendienstmitarbeiter (Sales-Force) sein und desto höher sind die entstehenden Personalkosten. In der Planung des Vertriebsaußendienstes stellt sich deshalb häufig die Frage, ob und wie sich der persönliche Besuch beim Kunden wirklich lohnt.

Ein europäischer Lebensmittelhersteller nutzt den persönlichen Vertrieb, um Speiseöle und andere Lebensmittel an Kunden aus dem Gastronomiebereich (Restaurants, Hotels, Gaststätten) zu verkaufen. Diese Vertriebsart wird von dem Hersteller als besonders wichtig eingeschätzt, da persönliche Kundenbeziehungen aufgebaut werden und eine Kundenberatung möglich ist, durch die im Vergleich zur Konkurrenz höhere Preise realisiert werden können.

Der Vertriebsleiter für die Schweiz, Herr Hürlimann, ist mit dem mengenmäßigen Absatz seines Speiseöls nicht zufrieden. Er hat beobachtet, dass sich der Absatz in seinen verschiedenen Verkaufsgebieten teilweise stark unterscheidet, obwohl alle 37 Gebiete gemessen am Kundenbedarf in etwa die gleiche Größe haben und das Speiseöl zum gleichen Preis und unter vergleichbaren Wettbewerbsbedingungen verkauft wird. Die monatlichen Absatzmengen liegen zwischen 856 und 2 597 Litern. Ein Außendienstmitarbeiter, der sein Gebiet bis zu diesem Zeitpunkt alleine bearbeitet, gibt ihm den Hinweis: „Wenn ich häufiger zu den Kunden hinfahren könnte, würde ich wesentlich mehr verkaufen. Aber ich schaffe es zeitlich einfach nicht."

Der Vertriebsleiter nimmt diese Aussage zum Anlass, die Abhängigkeit der Absatzmenge (abhängige Variable) von der Häufigkeit der Kundenbesuche (unabhängige Variable) näher zu untersuchen, um seine Verkaufsgebietsplanung und die Einteilung seiner Vertriebsmitarbeiter zu optimieren. Seine CRM-Applikation liefert ihm für die Untersuchungsperiode Daten über die abgesetzten Mengen und die Zahl der Vertreterbesuche sämtlicher Vertriebsgebiete. Zunächst berechnet er, unter Annahme eines linearen Zusammenhangs, die Regressionsgleichung:

$$\text{Absatzmenge} = 1\,696.8 + 22.08 \text{ Kundenbesuche}.$$

Anhand der Gleichung vermutet Herr Hürlimann, dass ein zusätzlicher Außendienstmitarbeiter, der im Durchschnitt ca. 85 Besuche pro Monat schafft, eine zusätzliche Menge von

$$22.08 \cdot 85 = 1\,887 \text{ Liter Speiseöl}$$

absetzen kann. Aus dem beim Kunden erzielten Preis und den internen Herstellkosten kann der Deckungsbeitrag errechnet werden, der durch einen zusätzlichen Mitarbeiter beim Produkt Speiseöl erwirtschaftet würde.

126 KAPITEL 4 *Lineare Regressionsrechnung*

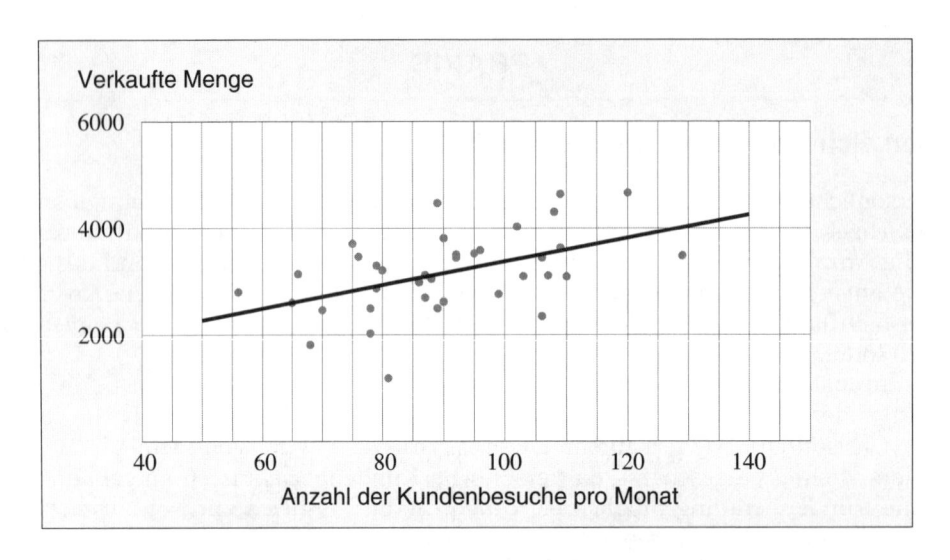

Hinzu kämen Deckungsbeiträge von weiteren Produkten, die mitverkauft werden könnten. Endlich könnte der Vertriebsleiter den *Gesamtdeckungsbeitrag* (über alle Produkte), den ein zusätzlicher Mitarbeiter erbringen würde, den entstehenden Kosten gegenüberstellen. Sind die Deckungsbeiträge höher, so lohnt es sich, einen neuen Mitarbeiter für zusätzliche Kundenbesuche einzustellen. Im Falle niedriger Deckungsbeiträge lohnt es sich nicht.

Um die Komplexität zu verringern, wurde im vorliegenden Fall nicht berücksichtigt, dass die abgesetzte Menge vermutlich weiterhin vom Preis, von den Werbeausgaben, dem Umfang der Verkaufsförderung und etwaigen saisonalen Schwankungen in den verschiedenen Verkaufsgebieten (zum Beispiel Wintersportorte) abhängt. Um dies zu erfassen, könnte eine Mehrfachregression versucht werden.

Quelle: Christian Schmitz, Institut für Marketing und Handel an der Universität St.Gallen (CH).
Siehe dazu auch: Ch. Belz: *Verkaufskompetenz*, 2. Aufl., St. Gallen, Wien: Thexis/Ueberreuter, 1999

ERGÄNZENDE LITERATUR

Kuter, M. H.; Neter, J.; Nachtsheim, C. J.; Wasserman, W.: *Applied Linear Regression Models*, 4. Aufl., 2003

Montgomery, D. C.; Peck, E. A.; Vining, G. G.: *Introduction to Linear Regression Analysis*, 3. Aufl., New York: John Wiley and Sons, 2001

Pokropp, Fritz: *Lineare Regression und Varianzanalyse*, München, Wien: Oldenbourg, 1999

AUFGABEN

4.1 **Produktionsfunktion.** Ein Betrieb, der in einer seiner Produktionsabteilungen einen Heizlüfter herstellt, hat für diese Abteilung im Jahre 2007 folgende Statistik aufgestellt:

Monat	Produktion in Stück	geleistete Überstunden
Januar	3000	200
Februar	3200	250
März	2900	200
April	2700	150
Mai	2700	150
Juni	2800	150
Juli	2600	100
August	0	0
September	2500	50
Oktober	2600	70
November	2800	150
Dezember	3000	180

Im ganzen Monat August waren Betriebsferien.

a) Berechnen Sie den Korrelationskoeffizienten zwischen Produktion und geleisteten Überstunden. Besteht ein linearer statistischer Zusammenhang?

b) Beschreiben Sie diesen Zusammenhang durch eine lineare Regression sowie durch ihre Umkehrregression. Berechnen Sie beide Regressionsfunktionen.

c) Fertigen Sie eine graphische Darstellung der Beobachtungswerte und beider Regressionsgeraden an.

d) Versuchen Sie, einen Schätzwert einer „normalen" Monatsproduktion, wenn keine Überstunden geleistet wurden, anzugeben.

4.2 **Ein Wohnungsmakler** vermittelt im Monat Mai insgesamt 26 Wohnungen. Der Makler macht sich statistische Aufzeichnungen über die Größe X jeder Wohnung in m^2 und den Mietpreis Y in Euro. Aus den Aufzeichnungen berechnet er

$$\overline{x} = 80 \, \text{m}^2 \qquad \overline{y} = 1100 \, € \qquad \overline{xy} = 93760 \, \text{m}^2 \, €$$

$$\overline{x^2} = 6880 \, \text{m}^4 \qquad \overline{y^2} = 1260000 \, €^2.$$

Berechnen Sie

a) den durchschnittlichen Quadratmeterpreis und den marginalen Quadratmeterpreis im Mittel dieser 26 Wohnungen.

b) Fertigen Sie eine diesen Zahlenangaben entsprechende graphische Darstellung des in **a)** berechneten Sachverhaltes an.

c) Welche Regression ist sinnvoller, die von Y auf X oder die Umkehrregression von X auf Y? Finden Sie Argumente für beide.

d) Was, würden Sie vermuten, kostet eine 100-m^2-Wohnung?

4.3 Molkereiprodukte.
Bei fünf Haushalten wurden jeweils zwei Merkmale X und Y erhoben:

X:	40	45	60	80	75
Y:	80	80	90	140	100

X: Haushaltsnettoeinkommen in Tausend Euro pro Jahr
Y: monatliche Ausgaben für Molkereiprodukte in Euro

a) Berechnen Sie zuerst s_X^2, s_Y^2, c_{XY}.

b) Stellen Sie fest, ob ein statistischer Zusammenhang zwischen dem Haushaltsnettoeinkommen und den monatlichen Ausgaben für Molkereiprodukte besteht. Geben Sie gegebenenfalls Richtung und Stärke an.

c) Beschreiben Sie diesen Zusammenhang durch eine lineare Regressionsfunktion.

d) Machen Sie eine möglichst exakte graphische Darstellung der berechneten Regressionsgeraden und der beobachteten Werte.

e) Ist es möglich, eine zweite Regressionsfunktion sinnvoll zu berechnen? Tun Sie dies und stellen Sie beide Funktionen in einer Graphik dar.

f) Geben Sie für beide Regressionsfunktionen jeweils schlichte sachliche Begründungen oder Interpretationen im Sinne von Ursache und Wirkung.

4.4 Die größten Unternehmen.
In seinen „Wirtschaftzahlen 2007" veröffentlicht das INSTITUT DER DEUTSCHEN WIRTSCHAFT in Köln die folgenden Daten über Umsatz Y des Jahres 2005 und Beschäftigtenzahl X einiger deutscher Großfirmen:

Unternehmen	Umsatz	Zahl der Beschäftigten
VW	95 268	344.9
ThyssenKrupp	42 064	183.7
RWE AG	40 518	85.9
DaimlerChrysler	149 772	382.7
BMW Group	46 656	105.8
MAN	14 671	58.2
BASF	42 745	80.9
Bosch	41 461	251.0

a) Was sind die statistischen Einheiten, Grundgesamtheiten und Merkmalsausprägungen? In welchen Maßeinheiten lautet die Tabelle?

b) Zeichnen Sie ein sorgfältiges Streudiagramm.

c) Berechnen Sie eine lineare Regression von Y auf X. Wie groß ist r_{XY}?

d) Begründen Sie, warum Sie lieber eine Regression von X auf Y berechnen würden.

4.5 **Kostenspaltung.** Eine wichtige Aufgabe von Kostenrechnern ist die Trennung von fixen und variablen Kosten, dies insbesondere vor dem Hintergrund der Unzulänglichkeiten der Vollkostenrechnung. Will man die Vorzüge der Teilkostenrechnung nutzen, so sind geeignete Verfahren zur Kostenspaltung oder -auflösung anzuwenden. SCHMALENBACH[1] empfahl dazu eine einfache, aber wenig genaue rechnerische Methode, die Kostenauflösung mit Hilfe von Mittelwertdiagrammen. Hierbei werden im Streudiagramm Mengen und Kosten aus niedriger und hoher Produktion zu zwei Gruppen zusammengefasst, die vier Mittelwerte gebildet und durch diese beiden Punkte die Kostengerade gezeichnet.

Als das wesentlich elegantere Verfahren wendet man heute dafür grundsätzlich die Regressionsrechnung an. Auch hierbei erhält man, wenn man den einfachen linearen Ansatz $y = a + bx$ wählt, die variablen Kosten durch den Steigungsparameter b und die fixen Kosten als das Absolutglied a.

Eine Schnapsbrennerei hatte 2007 folgende Ausstöße zu verzeichnen gehabt:

Monat	Ausstoß in Hektoliter	Kosten in Euro
1	650	17 600
2	700	8 100
3	730	7 200
4	1 070	9 100
5	880	9 500
6	1 020	9 700
7	1 320	10 200
8	1 430	12 200
9	1 390	12 000
10	1 000	9 000
11	780	800
12	1 030	9 200

a) Berechnen Sie die variablen Kosten mit einer linearen Regression. Welche Maßeinheit hat b?

b) Berechnen Sie eine Kostengerade mit SCHMALENBACHs Mittelwertdiagramm und vergleichen Sie die Ergebnisse.

4.6 Um die lineare Regression $y = a + bx$ zu berechnen, haben Sie von den 26 Wertepaaren folgende Größen ermittelt:

$$n = 26 \qquad \overline{x} = 20 \qquad \overline{y} = 3$$
$$\overline{x^2} = 418 \qquad \overline{y^2} = 24 \qquad \overline{xy} = 77$$

Genügen diese Werte, um eine Regressionsgerade zu berechnen? Berechnen Sie das Bestimmtheitsmaß. Was fällt Ihnen auf? Erklären Sie, wie diese Auffälligkeit möglich sein kann.

---

[1] EUGEN SCHMALENBACH, 1873–1955, berühmter deutscher Betriebswirtschaftler, arbeitete über Kostenrechnung, Bilanzierung, Finanzierung u. a.

130 KAPITEL 4 *Lineare Regressionsrechnung*

4.7 **Soziale Kosten.** Der Nobelpreisträger für Wirtschaftswissenschaften 1991, RONALD H. COASE, hat seine Auszeichnung unter anderem für die Darstellung des „COASE-Theorems" erhalten, das sich mit der Zurechnung von negativen externen Effekten einer Produktion – beispielsweise Lärmbelästigungen oder Wasserverunreinigungen – befasst. Ohne auf dieses Theorem eingehen zu wollen, sei die Aufgabe gestellt, Regressionsfunktionen für die privaten und die gesamten wirtschaftlichen Grenzkosten, welche die beiden zu berücksichtigenden Angebotsfunktionen darstellen, einer Produktion des Gutes Y zu errechnen und diese in ein Kosten-Mengen-Diagramm einzuzeichnen. Gegeben seien folgende Daten aus einem Betrieb:

Monat	1	2	3	4	5	6	7	8	9	10
Menge in 1000 Stück	19	24	43	26	33	25	50	22	19	62
Grenzkosten in 1000 €	10	12	21	14	17	13	25	11	9	30
soziale Zusatzkosten	2	3	6	4	5	4	9	2	2	12

Die sozialen Zusatzkosten (hier ebenfalls Grenzkosten) sind die monetär bewerteten Umweltschäden. Gesamte Kosten sind private Kosten zuzüglich sozialer Zusatzkosten.

a) Zeichnen Sie die beiden errechneten Grenzkostenverläufe als Angebotskurven in ein Koordinatensystem ein.

b) Zeichnen Sie zusätzlich noch eine Nachfragekurve, die durch die Funktion

$$\text{Preis} = 28.600 - 0.5 \cdot \text{Menge}$$

gegeben sei, ein.

c) Berechnen Sie die beiden Marktgleichgewichte und interpretieren Sie diese.

LÖSUNGEN

4.1 a) $r_{XY} = 0.9455$
c) $y(x) = -594.5 + 0.2659\,x$
$x(y) = 2295.7 + 3.3621\,y$
d) 2295 Stück

4.2 a) 13.75 €/qm; 12.00 €/qm
d) 1340 Euro

4.3 a) 250; 496; 300
b) positiv; 0.852
c) $y(x) = 26 + 1.2\,x$
e) $x(y) = 0.71 + 0.605\,y$

4.4 c) $y = 4602.44 + 292.23\,x$;
+0.8620

4.5 a) Kosten = $6467.4 + 3.0826\,x$;
Euro/Hektoliter
b) Kosten = $5502.4 + 4.0476\,x$

4.6 1.07037

4.7 a) private Grenzkosten = $0.796 + 0.477 \cdot$ Menge;
gesamte Grenzkosten = $-1.497 + 0.700 \cdot$ Menge

c) Menge = 28.46, Preis = 14.37
Menge = 25.07, Preis = 16.06

KAPITEL 5

Beschreibung von Zeitreihen

Bei der bisherigen Behandlung statistischer Variablen spielte die Anordnung der einzelnen Beobachtungswerte in der statistischen Reihe keine Rolle. Beliebige Umstellungen der Werte ändern nichts am Mittelwert oder an der Varianz, die Häufigkeitsverteilung bleibt dieselbe.

Will man aber mit einer statistischen Reihe von Beobachtungswerten die Veränderung einer Variablen in der Zeit untersuchen, ist deren zeitliche Anordnung sehr wohl von Interesse und kann nicht vernachlässigt werden. Man denke nur an die Entwicklung von Aktienkursen, des Bruttoinlandsprodukts, der Inflationsrate, des Gewinns einer Unternehmung und Ähnliches.

Ein kurzer Blick in ein statistisches Jahrbuch zeigt, dass die allermeisten ökonomischen Sachverhalte, die statistisch erhoben werden, als Zeitreihen vorliegen. Deshalb ist der geschickte Umgang mit Zeitreihen für die empirische Wirtschaftsforschung von großer Bedeutung.

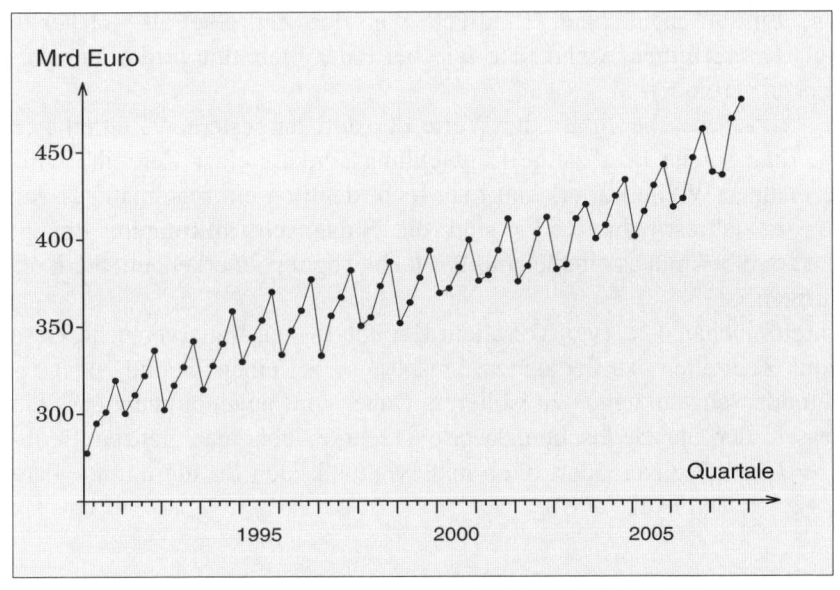

BILD 5.1 Volkseinkommen in Deutschland 1992 – 2007
Quartalswerte in jeweiligen Preisen

Die beschreibende Zeitreihenanalyse beschäftigt sich mit den *Regelmäßigkeiten* in der Entwicklung zeitlich geordneter Beobachtungen. Es wird dabei nach bestimmten Eigenschaften der Zeitreihe wie zum Beispiel nach einem Trend oder nach regelmäßigen periodischen Schwankungen gesucht und versucht, diese zu quantifizieren.

Definition: Eine empirische *Zeitreihe* ist eine Sequenz oder zeitlich geordnete Folge von T Beobachtungen

$$y_1, y_2, \cdots, y_t, \cdots, y_T \qquad (5\text{-}1)$$

einer statistischen Variablen Y.

Das Subskript t gibt dabei die Nummer des *Zeitpunkts* oder des *Zeitintervalls* an, zu dem der Wert y_t gehört. Bei **Stromgrößen**, wie zum Beispiel dem Bruttoinlandsprodukt eines Landes oder den Umsätzen einer Firma, haben die Zeitintervalle stets gleiche Länge (BIP eines Quartals, die Umsätze eines Monats). Bei Zeitreihen von **Bestandsgrößen**, wie die Zahl der gemeldeten Arbeitslosen oder der Warenbestand einer Großhandelsfirma, sollte der zeitliche Abstand der Beobachtungszeitpunkte gleich sein.

In ähnlicher Weise, wie eine zweidimensionale statistische Variable im Streudiagramm dargestellt wird, lässt sich auch eine Zeitreihe Y graphisch veranschaulichen: Die Merkmalsausprägungen y sind auf der Ordinate, die Zeit t ist auf der Abszisse abgetragen. Ein anschaulicherer Eindruck von der Zeitreihe als solcher und ihrer Bewegung wird vermittelt, wenn man wie bei einer Fieberkurve die einzelnen Punkte durch Strecken verbindet.

In BILD 5.1 ist zu sehen, dass die Werte der dort dargestellten Zeitreihe tendenziell zunehmen. Eine solche langfristige Entwicklungstendenz einer Zeitreihe wird man als **Trend** bezeichnen. Weiterhin erkennt man recht deutlich ein regelmäßiges Auf und Ab der Werte im Jahresrhythmus. Es sind die **Saisonschwankungen**. Bei genauerem Hinsehen ist darüber hinaus eine leichte Wellenbewegung zu erkennen, die **Konjunkturschwankungen**.

In der Zeitreihenanalyse (vgl. vor allem Kapitel 18) wird nun versucht, Gesetzmäßigkeiten von Zeitreihen zu erkennen, insbesondere einen Trend oder periodisch wiederkehrende Schwankungen zu isolieren. Dabei wird angenommen, dass die Struktur des Prozesses, der die Beobachtungswerte erzeugte, über den ganzen Beobachtungszeitraum $t = 1, \cdots, T$ unverändert blieb und eventuell auch für die unmittelbare Zukunft $t = T+1, T+2, \cdots$ so bleibt.

5.1 Die Komponenten einer Zeitreihe

Üblicherweise zerlegt man eine Zeitreihe in die folgenden Komponenten:

Trend *Tr*

Die Trendkomponente beschreibt die langfristige Veränderung des durchschnittlichen Niveaus der Zeitreihe.

Zyklus *Cy*

Die zyklische Komponente oder Konjunkturkomponente beschreibt mehrjährige, nicht notwendig regelmäßige Schwankungen.

Saison *S*

Die Saisonkomponente oder periodische Komponente soll Schwankungen mit regelmäßiger Periodenlänge angeben.

Rest *U*

Die Restschwankung, irreguläre oder stochastische Komponente schließlich nimmt die unregelmäßigen Einflüsse oder Störungen auf.

Wenn sie sich nicht vernünftig trennen lassen, fasst man Trend und Zyklus zu einer Komponente zusammen und nennt sie die

glatte Komponente *G* .

Man wird dies dann tun müssen, wenn die Zeitreihe nur einen Teil eines Konjunkturzyklus umfasst.

Die zyklische Komponente und die Saisonkomponente dürfen nicht verwechselt werden: Die einzelnen Perioden einer Saisonkomponente sind exakt von gleicher zeitlicher Länge; auch muss der Beobachtungszeitraum der Zeitreihe mehrere Perioden überdecken. Dagegen haben aufeinanderfolgende (Konjunktur-)Zyklen im Allgemeinen nicht dieselbe zeitliche Ausdehnung; der Beobachtungszeitraum braucht auch keinen ganzen Zyklus zu enthalten. Schließlich braucht die zyklische oder glatte Komponente einer zu analysierenden Zeitreihe nicht unbedingt mit Konjunkturschwankungen zusammenzuhängen. Eine Saisonkomponente wird man vor allem in Zeitreihen mit Quartalswerten oder Monatswerten vorfinden.

Ob die „Restschwankung" nun als zufällige und damit unwesentliche Abweichung angesehen wird oder im Gegenteil die eigentliche Information darstellt, hängt von statistischen und sachlogischen Überlegungen ab: Ist z. B. die Restschwankung im Vergleich zu den übrigen Komponenten recht groß, wird man kaum mehr geneigt sein, sie als zufällig und unwesentlich zu akzeptieren. Andererseits wird man bei einer Zeitreihe der Monatswerte der Arbeitslosenzahlen gerade an der Restkomponente die Wirkung arbeitsmarktpolitischer Maßnahmen ablesen wollen.

Die Zusammensetzung der einzelnen Komponenten wird gewöhnlich additiv oder multiplikativ modelliert.

Additives Modell
$$Y = Tr + Cy + S + U \tag{5-2}$$

Multiplikatives Modell
$$Y = Tr \cdot Cy \cdot S \cdot U \tag{5-3}$$

Multiplikative Modelle können durch Logarithmieren in additive überführt werden:

$$\ln(Y) = \ln(Tr) + \ln(Cy) + \ln(S) + \ln(U).$$

BILD 5.2 zeigt die Entwicklung des realen Bruttoinlandsprodukts der Bundesrepublik Deutschland in Quartalswerten, bezogen auf das Preisniveau des Jahres 2000. Man erkennt die verschiedenen Komponenten der Zeitreihe. Der lineare Trend Tr ist durch eine mittlere Gerade dargestellt und kann als langfristiger Wachstumspfad interpretiert werden. Um diesen Trend herum bewegen sich die konjunkturellen Schwankungen, die mit dem linearen Trend zusammen die glatte Komponente $Tr + Cy = G$ ausmachen. Schließlich sind noch die regelmäßigen Saisonschwankungen S recht deutlich zu sehen.

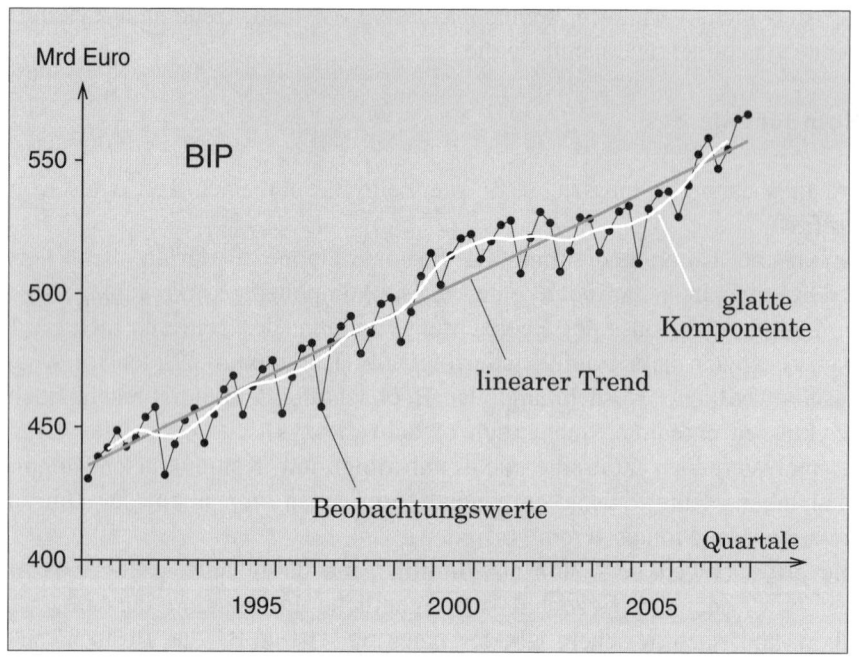

BILD 5.2 Bruttoinlandsprodukt, linearer Trend und glatte Komponente

Bei der Beschreibung von Zeitreihen wird auf die Ursachen, die den einzelnen Bewegungskomponenten zugrunde liegen, nicht geachtet. Es wird nur versucht, Regelmäßigkeiten sichtbar zu machen. Dabei ist zu beachten, dass nicht in jeder Zeitreihe alle oben erwähnten Komponenten zu finden sind.

Trend und glatte Komponente

Es gibt viele Verfahren, mit denen die langfristige Veränderung des durchschnittlichen Niveaus einer Zeitreihe, also der Trend oder die gesamte glatte Komponente, isoliert werden können. Einige davon wollen wir kennenlernen. Die Verfahren können in zwei Klassen eingeteilt werden:

1. **Funktion der Zeit.** Man modelliert die Trend- oder glatte Komponente als eine *mathematische Funktion* des Zeitindex t

$$g_t = G(t)$$

   und nimmt an, dass diese Funktion wenigstens für den Beobachtungszeitraum *stabil* bleibt. Man bevorzugt einfache Funktionstypen, geeignet sind lineare Funktionen oder Polynome

$$G(t) = b_0 + b_1 t + b_2 t^2 + \cdots + b_k t^k,$$

   und die Parameter b_i werden mit der Methode der kleinsten Quadrate in einer einfachen oder mehrfachen Regressionsrechnung bestimmt. Aber auch andere Funktionsformen wie etwa die Exponentialfunktion

$$Tr(t) = a \cdot e^{bt}$$

   werden gerne als Modell für einen Trendpfad verwendet.

2. **Filtermethoden.** Man versucht, eine Zeitreihe so zu transformieren, dass Bestandteile, die nicht zur Trend- oder zur glatten Komponente gehören, *weggefiltert* werden. Dabei soll die Filterung bewirken, dass sich die glatte Komponente nur an die Beobachtungswerte in ihrer engeren zeitlichen Umgebung annähert. Diese *lokale Approximation* geschieht durch die Bildung geeigneter Durchschnitte

$$g_t = \sum_i \alpha_i y_{t-i}$$

   über *zeitlich benachbarte* Beobachtungswerte, wobei α_i die Gewichte sind, mit denen diese in die glatte Komponente einfließen. Häufig verwendete Filter sind die gleitenden Durchschnitte und das exponentielle Glätten.

Periodische Komponente

Die periodische oder saisonale Komponente einer Zeitreihe besteht aus Schwankungen mit einer *festen* Periodenlänge. Innerhalb einer **Periode** werden verschiedene **Phasen** ph durchlaufen. Diese Phasen, seien es Wochentage, Monate oder Quartale, sind durch *regelmäßige, in jeder Periode wiederkehrende* Abweichungen der Zeitreihenwerte vom Durchschnittsniveau, vom Trend oder der glatten Komponente gekennzeichnet. Es gilt, diese Abweichungen zu identifizieren und zu quantifizieren und dadurch eine Phasenfigur oder *Saisonfigur* zu beschreiben.

Es gibt dafür eine ganze Reihe mehr oder weniger aufwendiger Verfahren. Je nach der speziellen Zeitreihe verwendet man für die Saisonstruktur verschiedene Modelle:

1. **Additiv überlagerte konstante Saisonfigur.** Die positiven und negativen saisonalen Abweichungen in den jeweils einander entsprechenden Phasen sind in allen Perioden des Beobachtungszeitraums gleich groß (vgl. Abschnitt **5.7**).

2. **Multiplikativ überlagerte konstante Saisonfigur.** Die Abweichungen in den einzelnen Phasen stehen in jeder Periode im gleichen Verhältnis zu den Werten der glatten Komponente (vgl. Abschnitt **5.8**).

3. **Variable Saisonfigur.** Bei diesen Saisonfiguren variiert die Höhe der Abweichungen im Zeitverlauf allmählich, es verändert sich also ihre Struktur. Die Verfahren für diesen Modellansatz streben eine *lokale Approximation* der variablen Saisonstruktur an die der eng benachbarten Perioden an.

Hat man die Saisonkomponente quantifiziert, kann damit auch eine *saisonbereinigte Zeitreihe* berechnet werden. Diese zeigt die zeitliche Entwicklung der Variablen ohne die saisonalen Einflüsse. Im additiven Komponentenmodell wäre dann

$$Y^{SB} := Y - S = Tr + Cy + U . \tag{5-4}$$

5.2 Bestimmung des Trends durch Regressionsrechnung

Bei der Wahl der Trendfunktion muss man prüfen, wie gut sie sich in der graphischen Darstellung an die beobachteten Zeitreihenwerte anpasst. Viele ökonomische Zeitreihen haben eine ausgesprochen lineare Grundrichtung, so dass es naheliegt, eine **Trendgerade**

$$\boxed{Tr(t) = b_0 + b_1 t} \tag{5-5}$$

zu unterstellen. Sieht man von den anderen möglichen Komponenten einer Zeitreihe einmal ab oder denkt sie sich in der Restkomponente zusammengefasst, erhält man eine

5.2 Bestimmung des Trends durch Regressionsrechnung

lineare Funktion

$$y_t = b_0 + b_1 t + u_t,$$

in welcher die Werte der Restkomponenten U als Abweichungen vom linearen Trend zu interpretieren sind, die sich über den Beobachtungszeitraum hinweg gegenseitig ausgleichen. Die Koeffizienten der Funktion werden mit Hilfe der Regressionsrechnung ermittelt, in welcher t die unabhängige und y die mathematisch abhängige Variable ist. Wir erhalten nach (4-5) und (4-6)

$$b_1 = \frac{c_{Yt}}{s_t^2} = \frac{\frac{1}{T}\sum_{i=1}^{T}(y_i - \bar{y})(t - \bar{t})}{\frac{1}{T}\sum_{i=1}^{T}(t_i - \bar{t})^2}$$

und

$$b_0 = \bar{y} - b_1 \bar{t}.$$

Beispiel [1] Welchen linearen Trend zeigen die Jahreswerte des privaten Konsums in Österreich? Aus den Daten der untenstehenden Tabelle soll ein durchschnittlicher linearer Trend für den realen Konsum berechnet werden.

TABELLE 5.1   Konsumausgaben der privaten Haushalte in Österreich
Volumenindex, verkettet[1], Basisjahr 2000=100

Jahr	t	realer Konsum	Jahr	t	realer Konsum
1985	1	69.5	1996	12	92.9
1986	2	71.4	1997	13	92.8
1987	3	72.8	1998	14	94.3
1988	4	74.6	1999	15	96.2
1989	5	77.5	2000	16	100
1990	6	81.1	2001	17	101.0
1991	7	84.0	2002	18	100.8
1992	8	87.0	2003	19	102.2
1993	9	86.6	2004	20	103.9
1994	10	89.4	2005	21	105.9
1995	11	89.8	2006	22	108.1

Quelle: Statistik Austria – Bundesanstalt Statistik Österreich

Das arithmetische Mittel des realen Konsums beträgt hier $\overline{C} = 90.05$, und der Mittelwert der Zeitvariablen ist $\bar{t} = 11.5$. Die Varianz von t beträgt 40.25 und die Kovarianz zwischen der Zeitvariablen t und dem Konsum ist 72.5023.

---

[1] Zur Definition der verketteten Volumenindizes siehe Kapitel **6**.

138 KAPITEL 5 *Beschreibung von Zeitreihen*

Man errechnet für die Trendgerade die Steigung

$$b_1 = \frac{\text{Kovarianz}}{\text{Varianz}} = \frac{72.5023}{40.25} = 1.8013$$

und den Achsenabschnitt

$$\begin{aligned}b_0 &= \overline{C} - b_1 \overline{t} \\ &= 90.05 - 1.8013 \cdot 11.5 = 69.3351.\end{aligned}$$

Ergebnis: Im Durchschnitt hat sich der reale Konsum in jedem Jahr um 1.8013 Volumenindexpunkte erhöht. Die Trendgerade lautet also

$$Tr(t) = 69.3351 + 1.8013\, t,$$

und man erhält folgendes Bild:

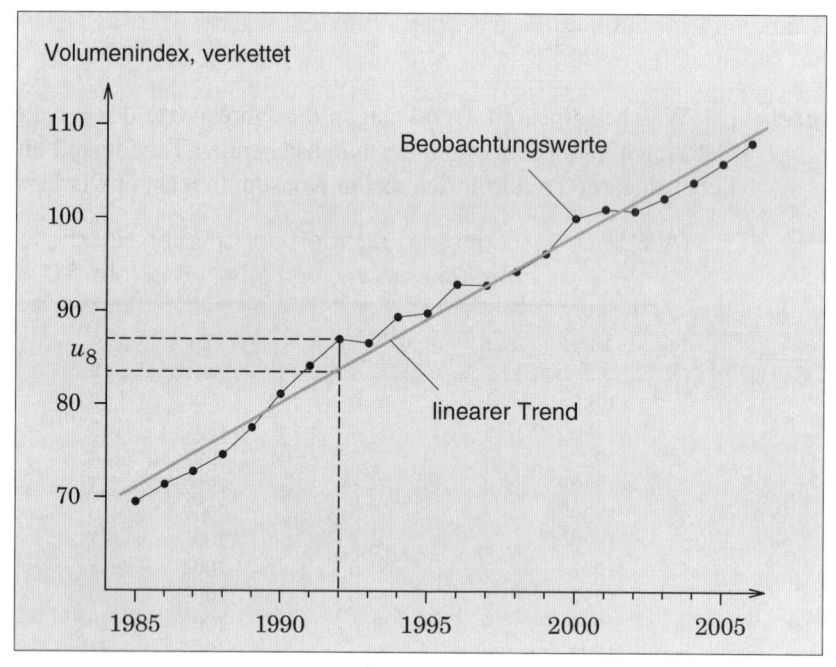

BILD 5.3 Realer Konsum in Österreich und sein linearer Trend

Die Güte der Anpassung der Trendgerade an den beobachteten Verlauf der Zeitreihe lässt sich mit dem Bestimmtheitsmaß

$$B = \frac{s_{Tr}^2}{s_C^2} = 0.984$$

ausdrücken. Hier werden also 98.4% der Varianz des realen Konsums von der Trendgeraden beschrieben. Man sieht deutlich, dass der reale Konsum eine konjunkturelle Komponente hat.

5.3 Höhere Polynome für die glatte Komponente

Häufig ist jedoch eine lineare Funktion zur Beschreibung der durchschnittlichen Entwicklung eher ungeeignet, nämlich dann, wenn die Zeitreihe einen gekrümmten Verlauf nimmt oder gar eine *Trendumkehr* zeigt. Dann muss geprüft werden, inwieweit die Krümmungen durch eine passende Funktion nachgezeichnet oder ausgeglichen werden sollen. Die glatte Komponente darf ja nicht jeder Einzelbewegung folgen, sondern sie muss „glatt" sein, so dass der typische Verlauf erkennbar wird.

Um in solchen Fällen einen zur Beschreibung der Daten „adäquaten" Trend zu bestimmen, eignet sich die Berechnung eines Polynoms höherer Ordnung

$$G^{(k)}(t) = b_0 + b_1 t + b_2 t^2 + \cdots + b_k t^k \tag{5-6}$$

mit Hilfe der mehrfachen linearen Regression

$$y_t = b_0 + b_1 t + b_2 t^2 + \cdots + b_k t^k + u_t$$

für $t = 1, \cdots, T$. Zur Berechnung der $k+1$ Koeffizienten wird die Methode der kleinsten Quadrate verwendet.

Beispiel [2] Betrachten wir die Bauinvestitionen in Ostdeutschland seit der Wiedervereinigung, so sehen wir diese, überlagert von deutlichen Saisonschwankungen, zunächst stark ansteigen. Der Anstieg flacht sich aber nach ein paar Jahren rasch ab, und die Bauinvestitionen fallen nach Überschreiten eines Maximums sogar wieder nachhaltig ab.

140 KAPITEL 5 *Beschreibung von Zeitreihen*

TABELLE 5.2   Bauinvestitionen in Ostdeutschland
in Mrd. € zu Preisen von 1995, Quartalswerte

	1. Qu.	2. Qu.	3. Qu.	4.Qu.		1. Qu.	2. Qu.	3. Qu.	4. Qu.
1991	7.44	8.92	9.40	8.87	1997	15.14	19.51	19.73	16.91
1992	11.05	12.99	13.29	12.22	1988	15.05	17.01	18.01	15.61
1993	12.73	15.67	16.30	14.61	1999	13.64	16.16	17.10	15.05
1994	16.25	19.55	19.93	18.00	2000	13.23	14.57	14.99	12.89
1995	17.53	20.14	20.29	17.54	2001	11.29	12.74	13.29	11.53
1996	14.86	20.34	21.18	18.21	2002	10.11			

Durch die in der Tabelle wiedergegebenen Daten soll nach der Methode der kleinsten Quadrate eine Parabel der Form

$$G^{(2)}(t) = b_0 + b_1 t + b_2 t^2$$

gelegt werden. Wir berechnen diese Zweifachregression mit Hilfe einer Statistik-Software auf dem PC. Die gesuchte Parabel für die glatte Komponente lautet

$$G^{(2)}(t) = 7.1923 + 0.9514 t - 0.01999 t^2$$

und hat ein Bestimmtheitsmaß von $B = 0.7813$. Die Abweichungen von der glatten Komponente sind hier als die Summe von Saison- und irregulärer Komponente $Y - G = S + U$ zu interpretieren.

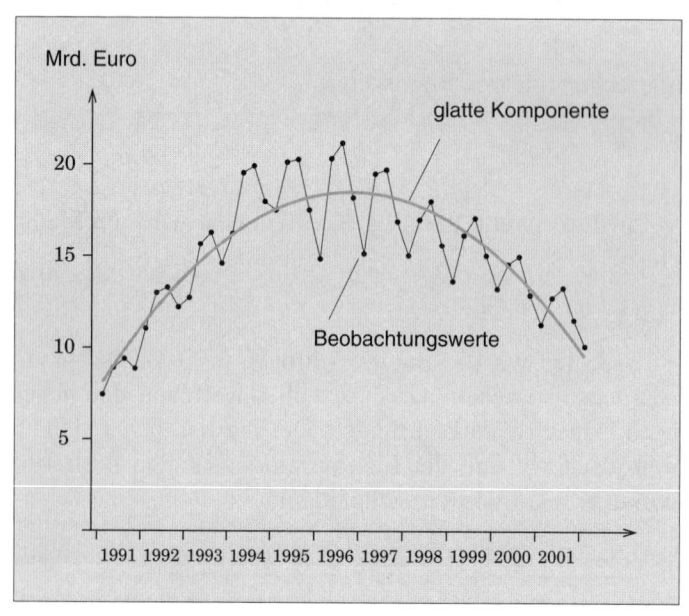

BILD 5.4 Bauinvestitionen in Ostdeutschland und quadratische glatte Komponente

In BILD 5.4 erkennen wir sofort, dass in diesem Beispiel [2] ein Polynom 2. Grades sich sehr gut anpasst und damit geeignet ist, die glatte Komponente darzustellen. Eine lineare Funktion wäre hier ganz und gar unbrauchbar.

Nun könnte durch den Einsatz noch höherer Polynome die Anpassung immer weiter verbessert werden. Erkennt man einen Wendepunkt im Zeitreihenverlauf, so kann dieser im Allgemeinen durch ein Polynom 3. Grades dargestellt werden. Schließlich ließe sich eine Zeitreihe mit T Werten durch ein Polynom $(T-1)$-ten Grades in ihrem Verlauf sogar exakt beschreiben. Diese Verbesserung der Anpassung des Polynoms an die Beobachtungswerte ist aber nicht sinnvoll. Deshalb werden in der Praxis außer Trendgeraden meist nur Polynome 2. oder 3. Grades zur Bestimmung der Trend- bzw. glatten Komponente verwendet. Es wird kaum je über $k = 4$ hinausgegangen.

5.4 Exponentieller Trend

Neben den Polynomen verwendet man auch andere Funktionstypen zur Modellierung von nichtlinearen Trends oder glatten Komponenten. Der wichtigste nichtlineare Ansatz ist der exponentielle Trend. Dieses Modell wird verwendet, wenn die Wachstumsrate einer Zeitreihe zwar von zyklischen, saisonalen und irregulären Schwankungen überlagert ist, langfristig aber als konstant angesehen werden soll, so dass es Sinn macht, eine *durchschnittliche Wachstumsrate* zu berechnen. Dazu wird die Trendkomponente als eine Exponentialfunktion

$$Tr(t) = a \cdot e^{bt} \qquad (5\text{-}7)$$

dargestellt. Die Steigung dieser Trendfunktion

$$\frac{d\,Tr(t)}{dt} = b \cdot a \cdot e^{bt} = b \cdot Tr(t)$$

ist nicht konstant, sondern proportional zum erreichten Niveau. Der Koeffizient b gibt **die konstante Rate** an, mit der die Trendfunktion wächst. Sieht man wiederum von Saison und Zyklus ab oder fasst sie mit der Restkomponente zusammen, stellt sich eine Zeitreihe Y im multiplikativen Modell als

$$y_t = a \cdot e^{bt} \cdot u_t$$

dar. Logarithmiert man nun, ergibt sich mit

$$\ln y_t = \ln a + bt + \ln u_t$$

und der Substitution $\ln a =: b_0$, $b =: b_1$, $\ln u_t =: u_t^*$ wieder ein additiver linearer Ansatz

142 KAPITEL 5 *Beschreibung von Zeitreihen*

$$\ln y_t = b_0 + b_1 t + u_t^*$$

für die logarithmierten Werte der Zeitreihe. Zur Bestimmung der Koeffizienten b_0 und b_1 kann wieder die einfache lineare Regressionsrechnung eingesetzt werden.

Zeigt die graphische Darstellung der logarithmierten Werte einen ausgeprägt linearen Verlauf, so haben wir darin einen ersten Anhaltspunkt dafür, dass ein exponentieller Trend angezeigt ist.

Beispiel [3] Betrachten wir die Entwicklung der Geldmenge M3 der Vereinigten Staaten seit 1963, so erkennen wir zumindest stückweise einen *exponentiellen Verlauf*. In der Tat steigt die Zeitreihe der logarithmierten Werte bis 1987 und dann wieder ab 1995 nahezu vollkommen linear an.

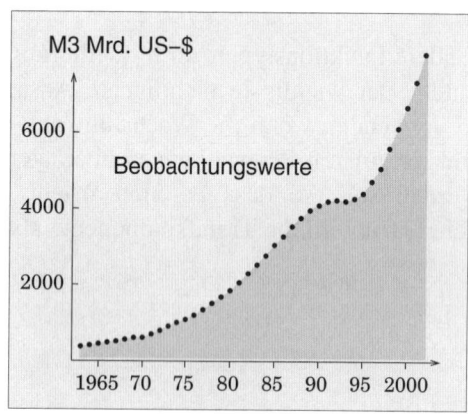

BILD 5.5 Geldmenge M3 in den USA

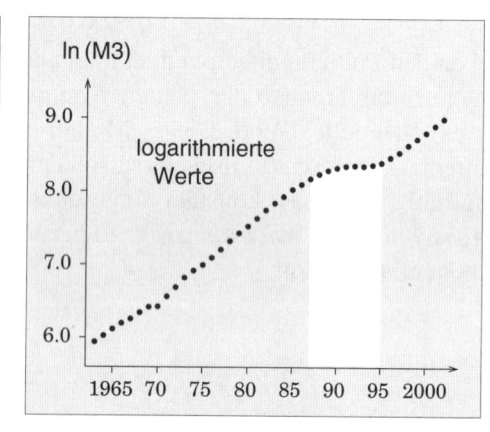

BILD 5.6 Natürlicher Logarithmus der US Geldmenge

Dieser graphische Befund legt nahe, die Trendkomponente – für beide Zeiträume getrennt – durch je eine Funktion

$$\ln(M3_t) = b_0 + b_1 t + u_t^*, \quad \begin{array}{ll} \text{für } t = 1, 2, \cdots, 25 & (1963 - 1987) \\ \text{für } t = 33, \cdots, 40 & (1995 - 2002) \end{array}$$

zu beschreiben. Berechnet man die Koeffizienten b_0 und b_1 mit der Methode der kleinsten Quadrate für den Zeitraum 1963 – 1987, so erhält man

$$b_1 = \frac{\text{Kovarianz}}{\text{Varianz}} = \frac{c_{\ln(M3),t}}{s_t^2} = 0.09674$$

$$b_0 = \overline{\ln(M3)} - b_1^* \bar{t} = 7.0280 - 0.09674 \cdot 13 = 5.7704 \, .$$

Die gesuchte exponentielle Trendfunktion ist dann nach der Rücksubstitution

$$a = e^{b_0} = e^{5.7704} = 320.666$$

$$Tr(t) = 320.6660\, e^{0.09674\, t}, \quad \text{für} \quad t = 1, 2, \cdots, 25 \quad (1963 - 1987).$$

Die amerikanische Geldmenge M3 wuchs also in diesem Zeitraum um ca. 9.7% jährlich.

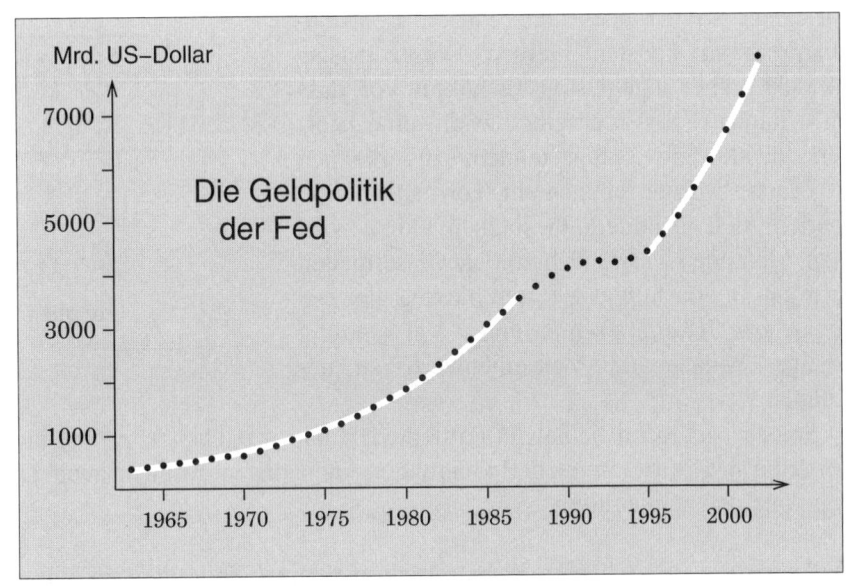

BILD 5.7 Geldmenge M3, exponentieller Anstieg mit Strukturbruch

Für den zweiten Zeitraum findet man in entsprechender Rechnung

$$Tr(t) = 253.6078\, e^{0.08605\, t}, \quad \text{für} \quad t = 33, \cdots, 40 \quad (1995 - 2002),$$

was einer durchschnittlichen Wachstumsrate von 8.6% entspricht.

Offensichtlich ereigneten sich zwischen 1987 und 1995 **Strukturbrüche** in der Entwicklung der Geldmenge. 1987 litt Amerika unter den Folgen eines schweren Börsenkrachs, die FEDERAL RESERVE BANK (Fed) schlug aber einen auf **Preisniveaustabilität** ausgerichteten Kurs ein und wurde mitverantwortlich gemacht für die 1990 einsetzende Rezession. Ab 1995 gelang es der Fed unter ALLAN GREENSPAN durch expansive Geldpolitik starke Wachstumsimpulse zu geben.

Seine Kritiker sagen heute, dass damals schon die Ursachen für die schwere **Finanzmarktkrise** des Jahres 2008 gelegt wurden.

144 KAPITEL 5 *Beschreibung von Zeitreihen*

5.5 Gleitende Durchschnitte

Die in den vorangegangenen Abschnitten behandelten Verfahren modellieren den Trend oder die glatte Komponente als eine Funktion des Zeitindex. Die verwendete Funktion, sei sie linear oder nicht, sollte stabil sein, und ihre Parameter sollten über dem ganzen Beobachtungszeitraum konstant bleiben. Dieser Ansatz ist nicht immer angemessen. Es kommt vor, dass im Graphen der Zeitreihe zwar eine vorherrschende Entwicklungstendenz zu erkennen ist, deren Muster aber nicht konstant bleibt, sondern sich verändert. In solchen Fällen wird man Methoden verwenden, die gewissermaßen über den Beobachtungszeitraum hinweg gleitend versuchen, *lokale Trends* unter Verwendung weniger benachbarter Zeitreihenwerte zu berechnen.

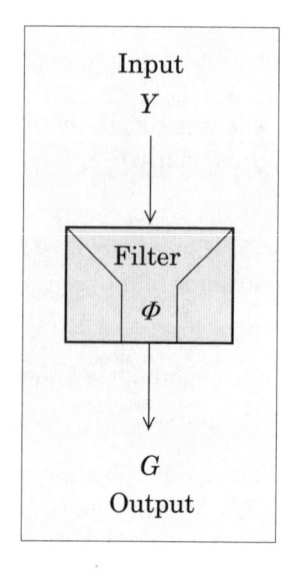

Solche Methoden heißen Filtermethoden und erreichen zunächst eine *Glättung* der Zeitreihe. Unter bestimmten Bedingungen kann man mit ihnen auch Saison- und Restkomponenten herausfiltern.

Definition: Eine lineare Transformation Φ einer Zeitreihe Y in eine neue Zeitreihe G gemäß der Transformationsvorschrift $G := \Phi Y$

$$g_{t+v} := \sum_{i=1}^{l} \alpha_i y_{t+i-1} \quad \text{für } t = 1, \cdots, T-l+1 \qquad (5\text{-}8)$$

heißt *linearer Filter*. Die α_i heißen *Gewichte*, die Anzahl der Summanden l heißt *Länge* des Filters. v verschiebt den Zeitindex, der dem jeweiligen Wert g zugewiesen wird.

Eine so gefilterte Zeitreihe ist immer um $l-1$ Werte kürzer als die ursprüngliche Beobachtungsreihe.

Beispiel [4] Ein linearer Filter Φ der Länge $l = 4$ habe die Gewichte

$\alpha_1 = 0.1, \quad \alpha_2 = 0.6, \quad \alpha_3 = 0.3, \quad \alpha_4 = 0.2.$

Filtert man mit ihm die Zeitreihe

$Y = \{6, 12, 16, 13, 6, 16, 19, 17, 21, 8, 15, 21\}$,

so erhält man als Output für den ersten Wert (mit $v = 0$ gesetzt)

$g_1 = 0.1 \cdot 6 + 0.6 \cdot 12 + 0.3 \cdot 16 + 0.2 \cdot 13 = 0.6 + 7.2 + 4.8 + 2.6 = 15.2$.

Die gefilterte Zeitreihe lautet dann:
$G = \{15.2, 15.9, 14.4, 13.5, 19.3, 22.3, 20.0, 19.7, 15.6\}$.

Beispiel [5] Ein häufig verwendeter Filter ist der Differenzenfilter Δ. Es ist ein linearer Filter der Länge 2 mit den Gewichten

$\alpha_1 = 1, \alpha_2 = -1$.

Sein Output sind die ersten Differenzen

$\Delta y_t := y_t - y_{t-1}$

einer Zeitreihe, die nun nicht mehr das Niveau der Zeitreihenwerte, sondern ihre Veränderungen zeigen (vgl. Kapitel **18**).

Einfache und weithin verwendete lineare Filter sind die sogenannten gleitenden Durchschnitte. Sie dienen der Bestimmung von Trend- bzw. glatter Komponente.

Definition: Ein linearer Filter Φ, dessen Gewichte

$$\boxed{\sum_{i=1}^{l} \alpha_i = 1} \qquad (5\text{-}9)$$

sich zu Eins addieren, heißt ***gleitender Durchschnitt***.

Die Mittelwerte g heißen *gleitend*, weil ihr Stützbereich sich von Wert zu Wert verändert und *über die Zeitreihe hinweg gleitet*. Sind die Gewichte, mit denen einzelne Beobachtungen in die Berechnung von g eingehen, alle gleich, also $\alpha_i = 1/l$, handelt es sich um einen ***einfachen gleitenden Durchschnitt***, bei verschiedenen Gewichten liegt ein ***gewichteter gleitender Durchschnitt*** vor.

Welchen Zeitindex sollen nun die gefilterten Werte beziehungsweise die gleitenden Durchschnitte erhalten? Schließlich enthält jeder g-Wert die Information aus l aufeinanderfolgenden y-Werten. Die Zahl v in der Filterdefinition spezifiziert die zeitliche Zuordnung, wobei $0 \le v \le l-1$ liegen soll. Bildet man aus der folgenden Zeitreihe Y gleitende Fünferdurchschnitte,

$\underbrace{y_1, y_2, y_3, y_4, y_5,}_{g_{1+v}} y_6, y_7, y_8, y_9, y_{10}, y_{11}, y_{12},$

könnte der erste berechnete g-Wert dem Zeitindex 1, 2, 3, 4 oder 5 zugeordnet werden.

Wir unterscheiden insbesondere:

1. **Zentrierte gleitende Durchschnitte**: $\quad v = (l-1)/2$

$$\underbrace{y_1, y_2, y_3, y_4, y_5}_{g_3}, y_6, y_7, y_8, y_9, y_{10}, y_{11}, y_{12}$$

$$y_1, \underbrace{y_2, y_3, y_4, y_5, y_6}_{g_4}, y_7, y_8, y_9, y_{10}, y_{11}, y_{12}$$

$$\vdots$$

$$y_1, y_2, y_3, y_4, y_5, y_6, y_7 \underbrace{y_8, y_9, y_{10}, y_{11}, y_{12}}_{g_{10}}$$

2. Vorlaufende gleitende Durchschnitte: $\quad v = 0$

$$\underbrace{y_1, y_2, y_3, y_4, y_5}_{g_1}, y_6, y_7, y_8, y_9, y_{10}, y_{11}, y_{12}$$

$$\vdots$$

$$y_1, y_2, y_3, y_4, y_5, y_6, y_7 \underbrace{y_8, y_9, y_{10}, y_{11}, y_{12}}_{g_8}$$

3. Nachlaufende gleitende Durchschnitte: $\quad v = l-1$

$$\underbrace{y_1, y_2, y_3, y_4, y_5}_{g_5}, y_6, y_7, y_8, y_9, y_{10}, y_{11}, y_{12}$$

$$\vdots$$

$$y_1, y_2, y_3, y_4, y_5, y_6, y_7 \underbrace{y_8, y_9, y_{10}, y_{11}, y_{12}}_{g_{12}}$$

Ein wohlbekannter nachlaufender gleitender Durchschnitt ist der 38-Tage-Durchschnitt börsennotierter Werte. Vorlaufende gleitende Durchschnitte kommen in der Praxis der Wirtschaftsstatistik kaum vor.

Die Werte g_t haben immer einen glatteren Verlauf als die Beobachtungswerte y_t, völlig gleichgültig, wodurch die Volatilität erzeugt worden war. Auch irreguläre oder erratische Schwankungen sowie eventuell vorhandene Saisonschwankungen werden zum großen Teil ausgeglichen, Trend und glatte Komponente einer Zeitreihe treten deutlicher hervor.

5.5 Gleitende Durchschnitte

Bei der Anwendung gleitender Durchschnitte ist zu beachten:

1. Je größer die Länge l ist, umso stärker ist die bewirkte Glättung.

2. Die irreguläre Komponente U einer Zeitreihe wird ausgeglichen, denn ihre Werte summieren sich über dem Stützbereich

$$\sum_{i=1}^{l} u_{t+i-1} \cong 0$$

ungefähr zu Null, so dass $\Phi U \cong 0$.

3. Will man nicht nur glätten, sondern eine Saisonkomponente S „wegfiltern", so muss die Länge l des Filters der Anzahl der Phasen der Periode entsprechen oder ein ganzzahliges Vielfaches davon sein. Denn die Saisonschwankungen gleichen sich über eine Periode hinweg

$$\sum_{i=1}^{l} s_{t+i-1} \cong 0$$

gegenseitig weitgehend aus, und es ist $\Phi S \cong 0$.

4. Damit ergibt sich für die gefilterte Reihe G

$$\begin{aligned} G &= \Phi Y = \Phi[Tr + Cy + S + U] \\ &= \Phi Tr + \Phi Cy + \Phi S + \Phi U \\ &\cong \Phi Tr + \Phi Cy + 0 + 0 \\ G &\cong \Phi[Tr + Cy] \,. \end{aligned}$$

Der gleitende Durchschnitt ist also nur noch ein Mittelwert über **Trend- und Konjunkturkomponente**, während sich die einzelnen Werte der Saison- und Restkomponenten jeweils zu ungefähr Null addieren.

Einfache zentrierte gleitende Durchschnitte in der oben beschriebenen Form können nur für *ungerade* Längen l berechnet werden. Will man mit gleitenden Durchschnitten aber die Saisonschwankungen in **Zeitreihen mit Quartalswerten** wegfiltern, wäre eine *gerade* Filterlänge $l = 4$ angezeigt und für die Zentrierung

$$v = (l-1)/2 = (4-1)/2 = 1.5$$

zu verwenden. Das ließe sich wohl rechnen und ergäbe mit

148 KAPITEL 5 *Beschreibung von Zeitreihen*

$$g_{2.5} = \frac{1}{4}(y_1 + y_2 + y_3 + y_4)$$

$$g_{3.5} = \frac{1}{4}(y_2 + y_3 + y_4 + y_5)$$

$$g_{4.5} = \frac{1}{4}(y_3 + y_4 + y_5 + y_6)$$

unpassende Zeitindizes. Ganzzahlige Indizes erhielte man, wenn man nun daraus gleitende Zweierdurchschnitte

$$g_3^* = \frac{1}{2}(g_{2.5} + g_{3.5}) = \frac{1}{8}y_1 + \frac{1}{4}y_2 + \frac{1}{4}y_3 + \frac{1}{4}y_4 + \frac{1}{8}y_5 \qquad (5\text{-}10)$$

berechnete.

Diese **gleitenden Durchschnitte zweiter Ordnung** werden wieder aus einer ungeraden Anzahl von Beobachtungen berechnet. Der erste und der letzte Beobachtungswert werden aber nur mit „halbem Gewicht" berücksichtigt. Statt der einfachen zentrierten gleitenden Durchschnitte mit gerader Länge 4 werden **gewichtete zentrierte gleitende Durchschnitte** der Länge 5 verwendet.

Genau dies ist die bevorzugte Vorgehensweise, um bei Quartalsdaten die Saisonschwankungen auszuschalten. Für die Filterung von Monatsdaten verwendet man $l = 13$.

Ansonsten hängt die Wahl der geeigneten Länge eines gleitenden Durchschnitts vom gewünschten Grad der Glättung ab, wie die beiden folgenden Beispiele zeigen.

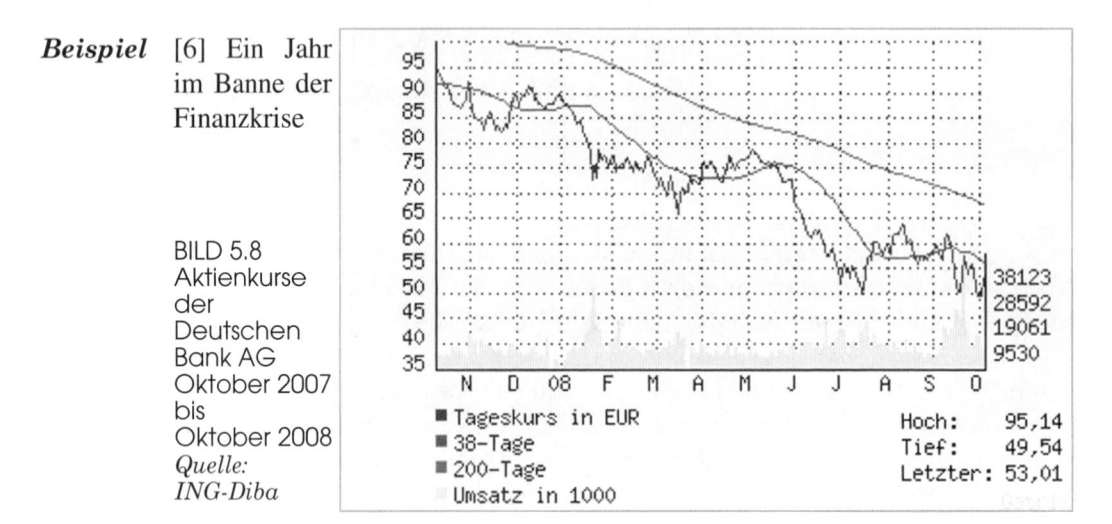

Beispiel [6] Ein Jahr im Banne der Finanzkrise

BILD 5.8 Aktienkurse der Deutschen Bank AG Oktober 2007 bis Oktober 2008 *Quelle: ING-Diba*

Beispiel [7] In der Charttechnik ist es üblich, nachlaufende gleitende Durchschnitte der Länge 15, 38 und 200 zur Bestimmung von glatten Komponenten von Aktienkursen zu benutzen. In BILD 5.9 ist deutlich zu erkennen, dass der 15-Tage-Durchschnitt nur *kurzfristige Schwankungen* herausfiltert, während der 200-Tage-Durchschnitt mehr die *langfristige Entwicklung* aufzeigt. Die Chartanalysten schließen aus solchen Graphiken auf die künftige Entwicklung der Kurse: Durchsticht der aktuelle Kurs seine 200-Tage-Linie von unten nach oben, so gilt das als Kaufsignal für langfristig orientierte Anleger. Im umgekehrten Fall jedoch, wie am 15. Januar 2008, ist dies ein unbedingtes **Verkaufssignal**. Wohl dem, der diese Regel befolgt hat!

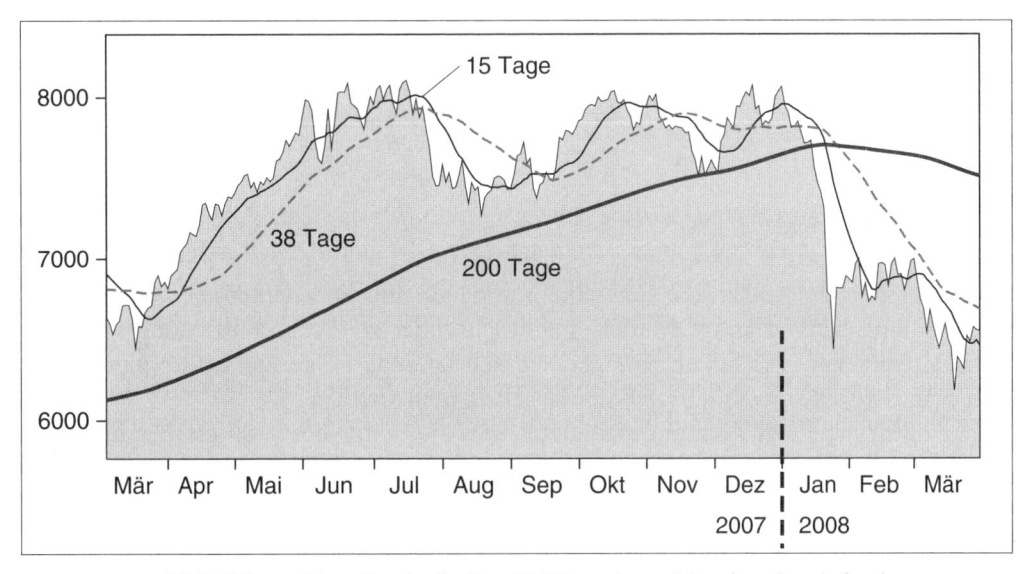

BILD 5.9 Charttechnik: Der DAX und nachlaufende einfache gleitende Durchschnitte der Länge 15, 38 und 200

5.6 Exponentielles Glätten

Ein häufig verwendetes Verfahren zur Ermittlung einer glatten Komponente einer Zeitreihe ist das exponentielle Glätten. Hier erfolgt die Glättung durch den Einsatz eines **rekursiven linearen Filters**.

Definition: Die Filterung

$$g_t^e := \beta g_{t-1}^e + (1-\beta) y_t \tag{5-11}$$

für $t = 2, 3, \cdots, T$ heißt *einfaches exponentielles Glätten*. Die reelle Zahl $0 < \beta < 1$ heißt *Glättungsparameter*. Als Startwert setzt man in der Regel $g_1^e := y_1$.

Dieser Filter ist rekursiv, denn der geglättete Wert ist ein gewichtetes Mittel aus dem geglätteten Wert der Vorperiode und dem aktuellen Beobachtungswert. Somit geht in jedes *g* die *ganze Vergangenheit* der Zeitreihe ein:

$$g_1^e = y_1$$
$$g_2^e = (1-\beta)y_2 + \beta y_1$$
$$g_3^e = (1-\beta)y_3 + \beta(1-\beta)y_2 + \beta^2 y_1$$
$$g_4^e = (1-\beta)y_4 + \beta(1-\beta)y_3 + \beta^2(1-\beta)y_2 + \beta^3 y_1$$
$$\vdots$$
$$g_t^e = (1-\beta)[y_t + \beta y_{t-1} + \beta^2 y_{t-2} + \cdots + \beta^{t-2} y_2] + \beta^{t-1} y_1.$$

Diese Rechnung zeigt, dass die Gewichte, mit denen alte Beobachtungen beim exponentiellen Glätten berücksichtigt werden, mit wachsender zeitlicher Entfernung von *t* geometrisch abnehmen. Sie bilden eine geometrisch fallende Folge und konvergieren gegen Null; es müsste also eigentlich „geometrisches Glätten" heißen.

Je größer dabei der Glättungsparameter gewählt wird, desto langsamer nimmt der Einfluss der zurückliegenden Beobachtungen ab und desto stärker ist der glättende Effekt des Filters. Gern verwendete Werte sind: $0.6 \leq \beta \leq 0.9$.

Beispiel [8] Zu Anfang des Jahres 2008 ging es im Gefolge der weltweiten Finanzkrise und der Furcht vor einer Rezession in den USA mit dem Wechselkurs des Dollars bergab. Aus den steigenden Tageskursen des Euro vom 25.02.2008 bis zum 21.03.2008 errechnen wir die exponentiell geglätteten Reihen mit dem Glättungsparameter $\beta = 0.7$ wie folgt:

$$g_1^e = EUR_1 = 1.481$$
$$g_2^e = 0.7 \cdot g_1^e + 0.3 \cdot EUR_2 = 0.7 \cdot 1.481 + 0.3 \cdot 1.485 = 1.482$$
$$g_3^e = 0.7 \cdot g_2^e + 0.3 \cdot EUR_3 = 0.7 \cdot 1.482 + 0.3 \cdot 1.505 = 1.489$$
$$\vdots$$

Mit dem Glättungsparameter $\beta = 0.9$ erhielte man

$$g_1^e = EUR_1 = 1.481$$
$$g_2^e = 0.9 \cdot g_1^e + 0.1 \cdot EUR_2 = 0.9 \cdot 1.481 + 0.1 \cdot 1.485 = 1.481$$
$$g_3^e = 0.9 \cdot g_2^e + 0.1 \cdot EUR_3 = 0.9 \cdot 1.481 + 0.1 \cdot 1.505 = 1.484$$
$$\vdots$$

5.6 Exponentielles Glätten

TABELLE 5.3 Kurs des Euro in $: Originalwerte und glatte Komponenten

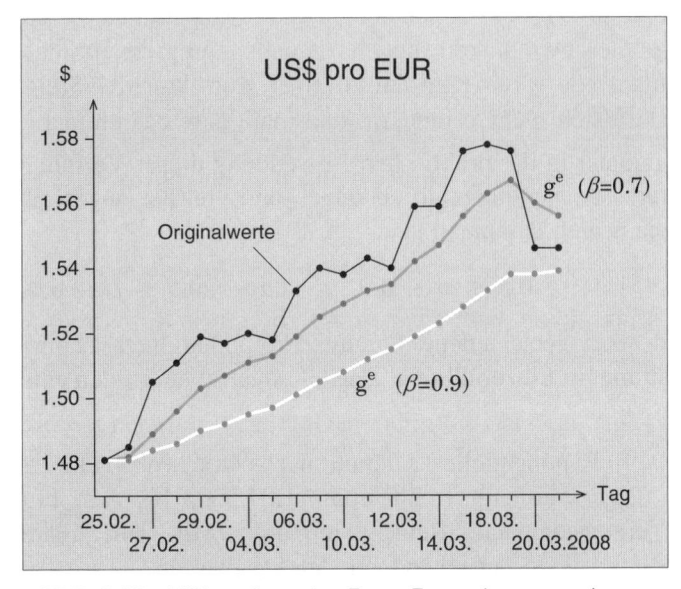

Tag	EUR	g^e $\beta=0.7$	g^e $\beta=0.9$	Tag	EUR	g^e $\beta=0.7$	g^e $\beta=0.9$
25.02.08	1.481	1.481	1.481	11.03.08	1.538	1.529	1.508
26.02.08	1.485	1.482	1.481	12.03.08	1.543	1.533	1.512
27.02.08	1.505	1.489	1.484	13.03.08	1.540	1.535	1.515
28.02.08	1.511	1.496	1.486	14.03.08	1.559	1.542	1.519
03.03.08	1.519	1.503	1.490	17.03.08	1.559	1.547	1.523
04.03.08	1.517	1.507	1.492	18.03.08	1.576	1.556	1.528
05.03.08	1.520	1.511	1.495	19.03.08	1.578	1.563	1.533
06.03.08	1.518	1.513	1.497	20.03.08	1.576	1.567	1.538
07.03.08	1.533	1.519	1.501	21.03.08	1.546	1.560	1.538
10.03.08	1.540	1.525	1.505	22.03.08	1.546	1.556	1.539

BILD 5.10 Höhenflug des Euro: Tageskurse und einfache exponentielle Glättung

Das einfache exponentielle Glätten eignet sich nicht sehr gut zur Beschreibung der glatten Komponente, wenn die Originalzeitreihe trendbehaftet ist. In BILD 5.10 ist zu sehen, dass der Filteroutput den beobachteten Werten immer „hinterherläuft". Bei einem nachhaltigen Trend wird das Niveau der Zeitreihe somit verschoben; nur wenn die Bewegungsrichtung umkehrt, kann die geglättete Zeitreihe die Beobachtungswerte einholen.

Exponentielles Glätten nach HOLT-WINTERS

Aber auch für *trendbehaftete Zeitreihen* gibt es geeignete rekursive Filter. So berücksichtigt z. B. die Methode von HOLT-WINTERS stärker den lokalen Trend durch eine laufende Niveauanpassung b_t. Dazu wird auch die Anpassung b_t rekursiv berechnet, also laufend korrigiert.

Der Filteroutput ist dann für $t = 2, 3, \cdots, T$:

$$\begin{aligned} g_t^H &= \beta(g_{t-1}^H + b_{t-1}) + (1-\beta)y_t \\ b_t &= \alpha b_{t-1} + (1-\alpha)(g_t^H - g_{t-1}^H) \end{aligned}$$

(5-12)

mit $0 < \alpha < 1$ und $0 < \beta < 1$. Als Startwerte werden hier üblicherweise $g_1^H = y_1$ und $b_1 = 0$ gesetzt.

Dieser rekursive Filter hat neben dem Glättungsparameter β einen weiteren Parameter α, der die Geschwindigkeit der Niveauanpassung bestimmt. Für große α führen Veränderungen von g nur langsam zu einer Korrektur der Steigung b. Setzte man gar $\alpha = 1$, würde b sich nicht verändern, und man hätte das einfache exponentielle Glätten.

Welche Parameter in der praktischen Anwendung dieser Verfahren zu wählen sind, wird vom konkreten Anwendungsfall abhängen und von der angestrebten Glättung. Gängige Werte für die beiden Parameter sind

$$0.5 \leq \alpha \leq 0.9 \quad \text{und} \quad 0.5 \leq \beta \leq 0.9 \,.$$

Meist wird man verschiedene Parameterkombinationen ausprobieren, um zu sehen, welche Glättung im Einzelfall dem Darstellungsziel am besten entspricht.

Beispiel [9] Exponentielles Glätten nach HOLT-WINTERS. Aus der Zeitreihe der Tagespreise für Rohöl vom 11.07.2008 bis zum 11.08.2008 errechnen wir eine geglättete Reihe wie folgt: Mit dem Glättungsparameter $\beta = 0.8$ und $\alpha = 0.5$ ausgehend von den Startwerten

$$g_1^H = y_1 = 145.60$$
$$b_1 = 0$$

erhalten wir sukzessive

$$\begin{aligned} g_2^H &= 0.8 \cdot (g_1^H + b_1) + (1 - 0.8)y_2 \\ &= 0.8 \cdot 145.60 + 0.2 \cdot 145.67 = 145.614 \end{aligned}$$

$$\begin{aligned} b_2 &= 0.5 b_1 + (1 - 0.5)(g_2^H - g_1^H) \\ &= 0.5 \cdot 0 + 0.5 \cdot (145.614 - 145.60) = 0.007 \end{aligned}$$

$$\begin{aligned} g_3^H &= 0.8 \cdot (g_2^H + b_2) + 0.2 \cdot y_3 \\ &= 0.8 \cdot (145.614 + 0.007) + 0.2 \cdot 139.18 = 144.33 \end{aligned}$$
$\vdots$

die folgende Tabelle:

TABELLE 5.4   Rohölpreis und glatte Komponente nach HOLT-WINTERS

Tag	y	g^H	b	Tag	y	g^H	b
11.07.08	145.60	145.60	0	28.07.08	124.75	119.36	−1.847
14.07.08	145.67	145.61	+0.007	29.07.08	122.11	118.44	−1.388
15.07.08	139.16	144.33	−0.639	30.07.08	127.01	119.04	−0.392
16.07.08	134.91	141.93	−1.517	31.07.08	124.00	119.72	+0.144
17.07.08	130.84	138.50	−2.475	01.08.08	125.10	120.91	+0.667
18.07.08	129.33	134.69	−3.144	04.08.08	121.01	121.46	+0.611
21.07.08	132.44	131.72	−3.055	05.08.08	118.55	121.37	+0.258
22.07.08	128.23	128.58	−3.098	06.08.08	118.24	120.95	−0.081
23.07.08	124.28	125.24	−3.219	07.08.08	119.63	120.62	−0.204
24.07.08	125.40	122.70	−2.881	08.08.08	115.05	119.34	−0.741
25.07.08	123.42	120.54	−2.521	11.08.08	115.14	117.91	−1.087

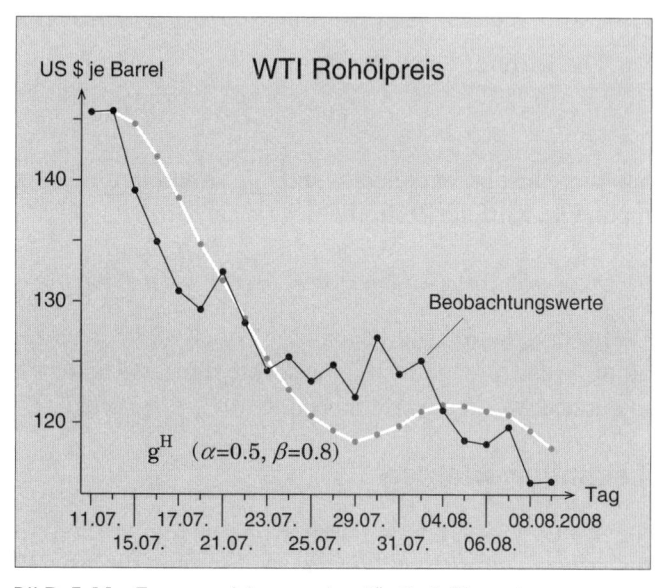

BILD 5.11   Tagesschlusspreise für Rohöl und exponentielle Glättung nach HOLT-WINTERS

5.7 Konstante additive Saisonfiguren

Dieser Ansatz unterstellt, dass eine sehr **stabile Saisonfigur** über den ganzen Beobachtungszeitraum existiert. Ausgehend vom additiven Modell

$$Y = Tr + Cy + S + U$$

wird angenommen, dass der saisonale Effekt für einen bestimmten Monat oder ein bestimmtes Quartal *in jedem Jahr* den Beobachtungswert um einen *wohlbestimmten konstanten Betrag* erhöht oder gesenkt hat. Im Falle von Quartalsdaten gilt es also, vier Werte

$$S_1, S_2, S_3, S_4$$

zu finden. Zuerst wird die glatte Komponente $G = Tr + Cy$ bestimmt. Sie kann entweder als

– lineare Funktion der Zeit,
– Polynom höheren Grades,
– Exponentialfunktion oder
– unter Verwendung von gleitenden Durchschnitten

berechnet werden. Die Differenz

$$Y - G = S + U$$

enthält nur noch die Saisonkomponente und die irreguläre Komponente. Wegen der irregulären Komponente wird die Zeitreihe

$$y_1 - g_1, y_2 - g_2, y_3 - g_3, \cdots, y_T - g_T$$

nicht streng periodisch verlaufen. Zu beachten ist noch, dass diese Zeitreihe erst mit dem Index $t = 3$ beginnt, wenn die glatte Komponente mit zentrierten gewichteten Fünferdurchschnitten berechnet worden war, und schon mit $t = T-2$ endet.

Phasendurchschnittsverfahren

Um die Zeitreihe $Y - G$ von der irregulären Komponente zu befreien, wendet man das sogenannte *Phasendurchschnittsverfahren* an: Es wird für jede Phase (Monat, Quartal) der Durchschnitt D_{ph} der Abweichungen von der glatten Komponente berechnet. Man erhält im Falle von Quartalsdaten also vier Werte

$$D_1, D_2, D_3, D_4.$$

Wenn sich diese vier Werte nicht zu Null addieren, korrigiert man sie um ihren Mittelwert

$$\bar{d} = \frac{1}{4}\sum D_{ph}$$

und erhält dadurch die **Saisonveränderungszahlen**

$$S_{ph} := D_{ph} - \bar{d}.\tag{5-13}$$

Die Saisonveränderungszahlen addieren sich stets zu Null auf

$$S_1 + S_2 + S_3 + S_4 = 0.$$

Eine *saisonbereinigte Zeitreihe* erhält man, wenn man von der unbereinigten Zeitreihe die Saisonveränderungszahlen abzieht. Die bereinigte Zeitreihe überdeckt also wieder den ganzen Beobachtungszeitraum.

Beispiel [10] In der nachfolgenden Tabelle sind das Lohnsteueraufkommen in Mrd. Euro pro Quartal *Tax* und dessen glatte Komponente *G* wiedergegeben. Die glatte Komponente wurde mit einem zentrierten, gewichteten gleitenden 5er-Durchschnitt gemäß (5-10) bestimmt.

TABELLE 5.5

Quartal	Tax	G	Quartal	Tax	G
2001:1	37.83		:3	36.63	40.008
:2	41.53		:4	46.14	39.815
:3	38.20	41.915	2005:1	36.66	39.628
:4	49.82	42.086	:2	39.48	39.429
2002:1	38.39	42.281	:3	35.83	39.391
:2	42.34	42.415	:4	45.35	39.631
:3	38.95	42.510	2006:1	37.15	39.973
:4	50.14	42.620	:2	40.91	40.366
2003:1	38.83	42.705	:3	37.13	40.851
:2	42.78	42.621	:4	47.20	41.446
:3	39.19	42.341	2007:1	39.18	42.056
:4	49.23	41.850	:2	43.64	42.606
2004:1	37.50	41.205	:3	39.28	
:2	40.18	40.499	:4	49.45	

Quelle: Statistisches Bundesamt Deutschland, GENESIS-Online 2008

KAPITEL 5 *Beschreibung von Zeitreihen*

Die Saisonkomponente wird nun mit den verfügbaren Abweichungen $Tax - G$ aus den Jahren 2001 – 2007 bestimmt. Wir berechnen den Phasendurchschnitt des ersten Quartals als

$$D_1 = \frac{1}{6} \cdot (-3.891 - 3.875 - 3.705 - 2.968 - 2.823 - 2.876) = -3.356.$$

Im Durchschnitt der Jahre betrug die Abweichung von der glatten Komponente im ersten Quartal -4.729 Mrd. €. Die Berechnung der drei anderen Phasendurchschnitte ergibt

$$D_2 = 0.232, \quad D_3 = -3.541 \quad \text{und} \quad D_4 = 6.739.$$

Da die Summe der Phasendurchschnitte 0.101 beträgt, müssen diese noch um $0.101/4 = 0.024$ korrigiert werden, um die Saisonveränderungszahlen zu erhalten.

TABELLE 5.6   Abweichungen von der glatten Komponente und Saisonveränderungszahlen

	Quartale			
	1	2	3	4
2001	–	–	−3.715	7.734
2002	−3.891	−0.075	−3.560	7.520
2003	−3.875	0.159	−3.151	7.380
2004	−3.705	−0.319	−3.377	6.325
2005	−2.968	0.051	−3.561	5.719
2006	−2.823	0.544	−3.721	5.754
2007	−2.876	1.034	–	–

Phasendurchschnitte D_{ph}			
−3.356	0.232	−3.514	6.739

Saisonveränderungszahlen S_{ph}			
−3.381	0.207	−3.539	6.714

Was sind die Ursachen für diese deutliche saisonale Veränderung des Lohnsteueraufkommens?

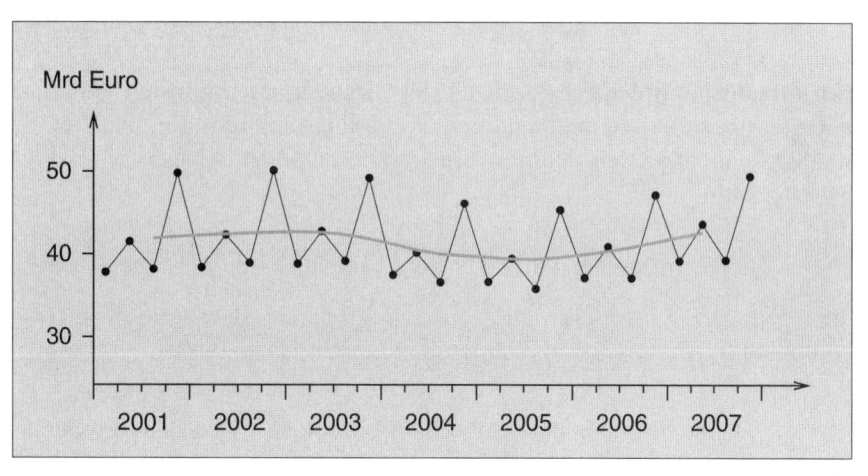

BILD 5.12   Lohnsteueraufkommen und glatte Komponente

Regressionsverfahren

Die Saisonveränderungszahlen können auch mit Hilfe der Regressionsrechnung bestimmt werden. Dieser Ansatz wird gern und häufig verwendet und ist mit den gängigen Statistikprogrammen sehr einfach durchführbar. Man bedient sich dabei sogenannter **Saison-Dummies**. Allgemein sind Dummies künstliche Hilfsvariablen, mit denen man bestimmte qualitative Einflüsse messen will (wie zum Beispiel die Qualität *Saison*). Es sind dichotome Variablen, das heißt sie können nur zwei verschiedene Werte annehmen, meist nimmt man Null und Eins.

Für die vier Quartale eines Jahres sind vier Saison-Dummies ausreichend. Die Saisonvariable hat in der Phase, die sie repräsentiert, den Wert Eins, sonst ist sie Null.

t	1	2	3	4	5	6	7	8	9	...	38
y_t	y_1	y_2	y_3	y_4	y_5	y_6	y_7	y_8	y_9	...	y_{38}
abs	1	1	1	1	1	1	1	1	1	...	1
Dummy$_1$	1	0	0	0	1	0	0	0	1	...	0
Dummy$_2$	0	1	0	0	0	1	0	0	0	...	1
Dummy$_3$	0	0	1	0	0	0	1	0	0	...	0
Dummy$_4$	0	0	0	1	0	0	0	1	0	...	0

Ausgehend von der additiven Zerlegung

$$Y - G = S + U$$

lautet der Ansatz der Regressionsrechnung dann

$$y_t - g_t = b_1 \text{Dummy}_1 + b_2 \text{Dummy}_2 + b_3 \text{Dummy}_3 + b_4 \text{Dummy}_4 + u_t.$$

Die in diesem multiplen Ansatz nach der Methode der kleinsten Quadrate berechneten vier Regressionskoeffizienten sind gerade die Phasendurchschnitte D_1 bis D_4. Verwendet man aber, wie allgemein üblich, einen inhomogenen Ansatz mit Absolutglied bzw. Achsenabschnitt

$$y_t - g_t = b_0 + b_1 \text{Dummy}_1 + b_2 \text{Dummy}_2 + b_3 \text{Dummy}_3 + u_t,$$

so genügen drei Saison-Dummies. Das liegt daran, dass ihre Koeffizienten nur das Absolutglied für das 1., 2. und 3. Quartal *modifizieren*, so dass

$$\begin{aligned} D_1 &= b_0 + b_1 \\ D_2 &= b_0 + b_2 \\ D_3 &= b_0 + b_3 \\ D_4 &= b_0. \end{aligned} \qquad (5\text{-}14)$$

Die Saisonveränderungszahlen gewinnt man, indem man gemäß (5-13) von den Phasendurchschnitten ihren Mittelwert abzieht.

Die Residuen u_t einer solchen Regressionsrechnung repräsentieren nun die irreguläre Komponente U. Eine saisonbereinigte Zeitreihe erhält man deshalb mit

$$y_t^{\text{SB}} = g_t + u_t. \qquad (5\text{-}15)$$

Der eigentliche Vorteil der Regressionsmethode liegt darin, dass mit ihr *gleichzeitig* mit den periodischen Schwankungen auch ein Trend oder eine glatte Komponente bestimmt werden kann. Dies geschieht durch Kombination mit den Regressionsverfahren, wie sie schon zur Bestimmung von Trend und glatter Komponente erwähnt wurden, also im einfachsten Fall durch den Ansatz

$$y_t = b_0 + b_1 \text{Dummy}_1 + b_2 \text{Dummy}_2 + b_3 \text{Dummy}_3 + b_5 t + u_t$$

oder

$$y_t = b_0 + b_1 \text{Dummy}_1 + b_2 \text{Dummy}_2 + b_3 \text{Dummy}_3 + b_5 t + b_6 t^2 + u_t$$

für einen linearen bzw. quadratischen Trend. Ja, sogar eventuell in der Zeitreihe Y enthaltene *weitere* Bewegungskomponenten, die mit einer *anderen Zeitreihe X* korreliert oder ursächlich verbunden sind, können durch einen Regressionsansatz

$$y_t = b_0 + b_1 \text{Dummy}_1 + b_2 \text{Dummy}_2 + b_3 \text{Dummy}_3 + b_5 t + b_7 x_t + u_t$$

berechnet werden.

5.7 Konstante additive Saisonfiguren

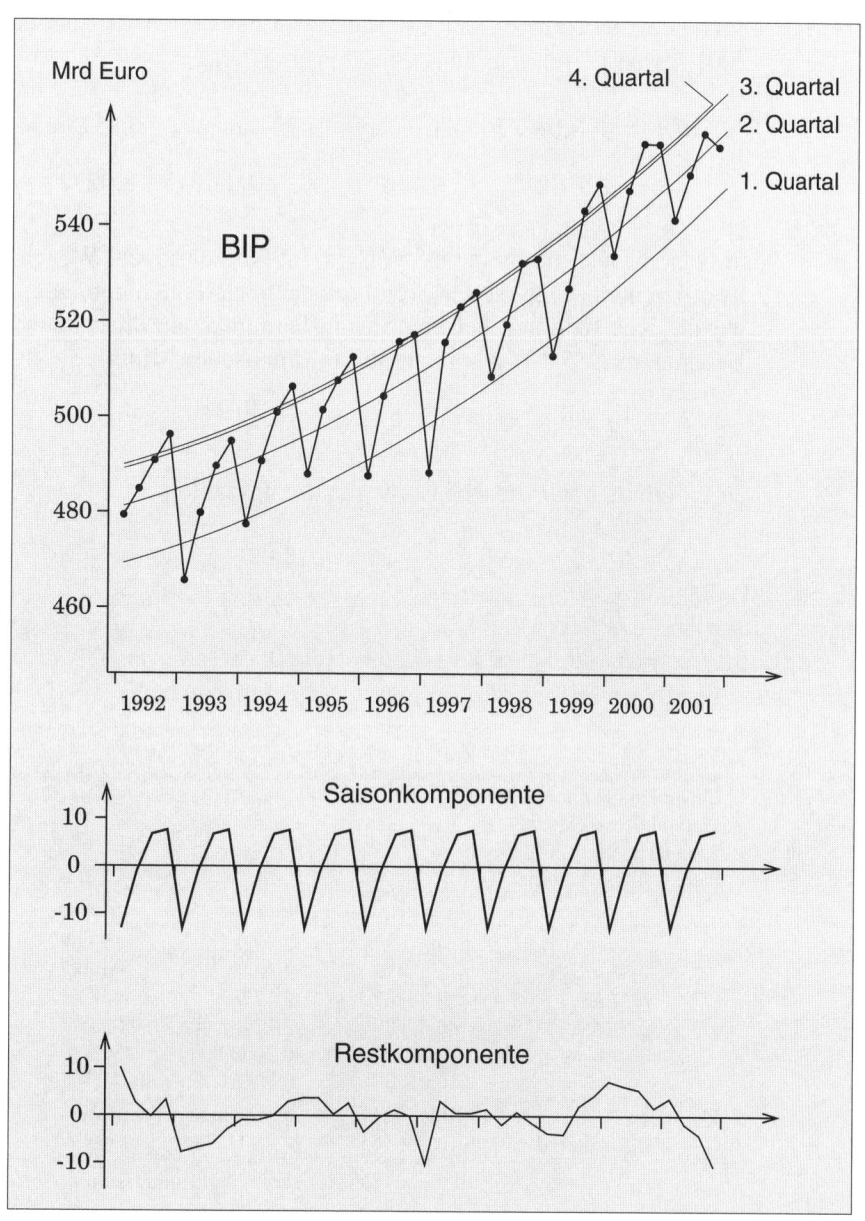

BILD 5.13   Bruttoinlandsprodukt, Kettenindex bezogen auf 2000

160 KAPITEL 5 *Beschreibung von Zeitreihen*

Beispiel [11] Die Bewegungen der Quartalswerte des realen BIP der Jahre 1992 bis 2001 lassen sich durch die Regressionsgleichung

$$BIP_t = 498.08 - 20.64\,\text{Dummy}_1 - 8.72\,\text{Dummy}_2 - 0.85\,\text{Dummy}_3 \\ + 0.862\,t + 0.027\,t^2 + u_t$$

mit einem Bestimmtheitsmaß von $B = 0.97$ beschreiben. Wegen des positiven Koeffizienten 0.025 ist der Trend schwach nach oben gebogen. Interpretieren wir die Koeffizienten bei den Saison-Dummies als Phasendurchschnitte und ziehen gemäß (5-13) von ihnen ihr arithmetisches Mittel

$$\bar{d} = \frac{1}{4}(-20.64 - 8.72 - 0.85 + 0) = -\frac{30.21}{4} = -7.55$$

ab, so erhalten wir die 4 Saisonveränderungszahlen

$$S_1 = b_1 - \bar{d} = -20.64 + 7.55 = -13.09$$
$$S_2 = b_2 - \bar{d} = -8.72 + 7.55 = -1.17$$
$$S_3 = b_3 - \bar{d} = -0.85 + 7.55 = +6.70$$
$$S_4 = 0 - \bar{d} = 0 + 7.55 = +7.55.$$

Dependent Variable: BIP
Method: Least Squares
Sample: 1992:1–2001:4
Included observations: 40

Variable	Coefficient	Std. Error	t-Statistic	Prob
Const	489.084	2.75235	177.697	0.0000
@SEAS(1)	−20.6428	2.13280	−9.67871	0.0000
@SEAS(2)	−8.71667	2.12783	−4.09651	0.0002
@SEAS(3)	−0.85029	2.12482	−0.40017	0.6915
T	0.86219	0.26669	3.23294	0.0027
T^2	0.02737	0.00631	4.34015	0.0001
R-squared	0.970851	Mean dependent var		461.0575
Adjusted R-squared	0.966565	S.D. dependent var		23.27992

Printout der ökonometrischen Software EViews

Das Ergebnis dieser Rechnung ist in BILD 5.13 dargestellt. Vier zueinander parallel verschobene Parabelstücke beschreiben den Verlauf der Zeitreihe. Wir erkennen außerdem die konstante Saisonfigur und den irregulären Verlauf der Restkomponente.

5.8 Konstante multiplikative Saisonfiguren

Das additive Modell ist jedoch nicht in allen Fällen geeignet. Wachsen die saisonalen Ausschläge einer Zeitreihe – wie im folgenden Bild gezeigt – mit der Größe der Beobachtungswerte, wendet man lieber das multiplikative Modell

$$Y = Tr \cdot Cy \cdot S \cdot U$$

an. Hier wird also angenommen, dass der saisonale Effekt für einen bestimmten Monat oder ein bestimmtes Quartal *in jedem Jahr* den Beobachtungswert um einen *bestimmten konstanten Faktor proportional* erhöht oder gesenkt hat.

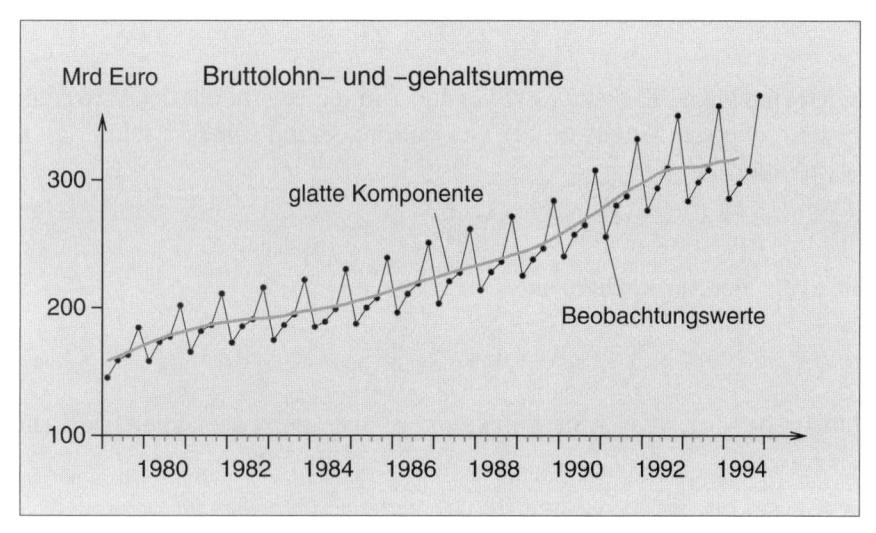

BILD 5.14 Bruttolohn- und -gehaltsumme und gewichteter zentrierter gleitender Durchschnitt der Länge 5

Im Fall von Quartalsdaten gilt es nun, vier Proportionalitätsfaktoren

$$S_1, S_2, S_3, S_4$$

zu bestimmen. Nach der Berechnung der glatten Komponente stellt man auf die Quotienten

$$\frac{Y}{G} = S \cdot U$$

ab, die nur noch die Saisonkomponente und die irreguläre Komponente enthalten. Die Quotienten

$$\frac{y_1}{g_1}, \frac{y_2}{g_2}, \frac{y_3}{g_3}, \ldots, \frac{y_T}{g_T}$$

drücken die Beobachtungswerte im Verhältnis zu ihrer glatten Komponente aus. Ein Quotient von 1.32 würde bedeuten, dass der aktuelle Wert um 32% höher liegt als die glatte Komponente.

Um die Zeitreihe *Y/G* von der irregulären Komponente zu befreien, wendet man wieder das **Phasendurchschnittsverfahren** an: Der Logik des Ansatzes folgend, sollte man nun erwarten, dass die Phasendurchschnitte als geometrische Mittel dieser Quotienten berechnet werden. In der Praxis wird jedoch meist das arithmetische Mittel, oft sogar der Median genommen. Das geschieht der Einfachheit halber und macht in der Regel keinen großen Unterschied. Im Falle von Quartalsdaten sind das die vier Phasendurchschnitte

$$Q_1, Q_2, Q_3, Q_4.$$

Nun ist noch eine kleine Korrektur notwendig: Um die Neutralität der Saisonfaktoren zu gewährleisten, sollte der Mittelwert der vier Saisonfaktoren gerade 1 sein. Man korrigiert also um den Mittelwert

$$\bar{q} = \frac{1}{4}\sum Q_{ph}$$

und erhält so die vier **Saisonfaktoren**

$$S_{ph} := \frac{Q_{ph}}{\bar{q}}$$

Das arithmetische Mittel dieser Saisonfaktoren ist nun 1 bzw. sie addieren sich zu 4 auf

$$S_1 + S_2 + S_3 + S_4 = 4.$$

Kontrollfragen

1. In welche Komponenten zerlegt man üblicherweise eine Zeitreihe, und was bedeuten sie? Welcher Gedanke liegt der Aufteilung einer Zeitreihe in Komponenten zugrunde?

2. Was unterscheidet die Saisonkomponente von der zyklischen Komponente? Warum fasst man Trend und Zyklus manchmal zusammen?

3. Welche mathematische Funktion hat eine konstante Wachstumsrate?

4. Was ist die „unabhängige Variable", wenn man mit Hilfe der Regressionsrechnung einen Trend ermittelt?

5 Warum werden in der Praxis höchstens Polynome 2. oder 3. Grades zur Bestimmung von Trendkomponenten verwendet?

6 Was ist ein Filter, und wofür sorgt er? Was ist ein rekursiver Filter?

7 Was ist der Unterschied zwischen vorlaufenden, zentrierten und nachlaufenden gleitenden Durchschnitten?

8 Was ist ein gewichteter gleitender Durchschnitt? Wozu verwendet man ihn?

9 Warum werden bei den zentrierten gleitenden Durchschnitten von Quartalswerten manche Werte mit 1/4 und manche mit 1/8 gewichtet?

10 Was ist der Unterschied zwischen exponentiellem Trend und exponentieller Glättung?

11 Warum ist das einfache exponentielle Glätten nicht zur Beschreibung eines Trends geeignet?

12 Welche Verfahren gibt es zur Beschreibung konstanter Saisonfiguren?

13 Was sind Saison-Dummies und wie hängen sie mit den Saisonfaktoren zusammen?

14 Was ist der Unterschied zwischen Saisonbereinigung und Glättung?

PRAXIS

Wirkt die Agenda 2010?

Zur Beurteilung der Wirtschaftskompetenz einer Partei und des Erfolgs einer Regierung wird an erster Stelle auf das Wirtschaftswachstum und die Beschäftigungssituation hingewiesen. Im Jahre 2003 setzte der damalige Bundeskanzler GERHARD SCHRÖDER die „Agenda 2010" durch, die auch Jahre später in seiner Partei heftig umstritten ist.

In der graphischen Darstellung sind die Monatswerte der einzelnen Jahre übereinander abgetragen.

Dadurch wird die Saisonstruktur recht deutlich, und man sieht, dass die Zahl der Arbeitslosen von März bis Juni stets sinkt. Ist der saisonale Anstieg im Juli 2007 nun über- oder unterdurchschnittlich?

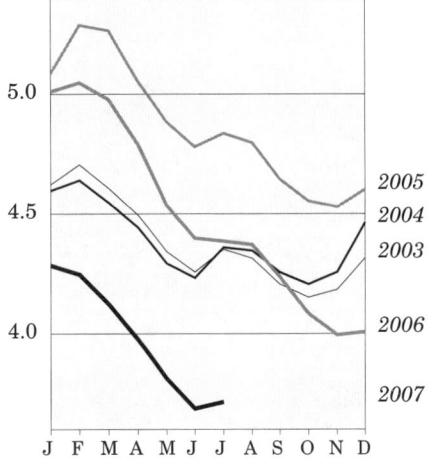

BILD 5.15 Saisonfigur

164 KAPITEL 5 *Beschreibung von Zeitreihen*

Unter der Überschrift „Kein Sommerloch am Arbeitsmarkt" stand dazu in der F.A.Z. zu lesen:

Frankfurt, 31. Juli 2007. Die gute Konjunktur und die hohe Nachfrage nach Arbeitskräften haben auch im Juli die Entwicklung am deutschen Arbeitsmarkt bestimmt. Zwar stieg die Zahl der arbeitslos gemeldeten Menschen gegenüber dem Vormonat um 28 000 auf 3.72 Mio und die Quote auf 0.1 Punkte auf 8.9%. Die war jedoch der niedrigste Juli-Wert seit 12 Jahren. Die übliche Sommerflaute fiel geringer aus als in den Vorjahren, sagte FRANK-JÜRGEN WEISE, der Vorstandsvorsitzende der BUNDESAGENTUR FÜR ARBEIT (BA), am Dienstag in Nürnberg.

Laut WEISE belasten in den Sommermonaten üblicherweise zwei Saisoneffekte die Arbeitsmarktbilanz. Zum einen hielten sich viele Unternehmen wegen der Werksferien mit Neueinstellungen zurück. Zum anderen meldeten sich viele Schulabgänger, die noch keine Lehrstelle oder keinen Studienplatz hätten. Mit dem Beginn des Ausbildungsjahres im September gehe die Zahl jedoch regelmäßig zurück. Bereinigt um solche jahreszeitlichen Einflüsse, sank die Arbeitslosen zahl sogar um 45 000. (...)

Für die Zukunft rechnete WEISE allerdings damit, dass sich der Abbau der Arbeitslosigkeit verlangsamt. Der Grund dafür liege in der immer noch schleppenden Integration der Langzeitarbeitslosen. Deshalb sprach sich WEISE auch gegen Überlegungen der Bundesregierung aus, den Arbeitsmarkt vor 2009 für Arbeitskräfte aus Osteuropa zu öffnen. „Wir müssen erst einmal unsere Arbeitslosen vermitteln, bevor wir neue Leute zu uns einladen."

Der arbeitsmarktpolitische Sprecher der SPD-Fraktion, KLAUS BRANDNER, forderte, die Milliarden-Überschüsse der BA für eine Qualifizierungsoffensive von Langzeitarbeitslosen zu nutzen. Dagegen plädierte der CDU-Generalsekretär RONALD POFALLA dafür, die Mittel dafür zu nutzen, die Beiträge der Arbeitslosenversicherung zum 1. Januar nicht wie geplant auf 3.9, sondern auf 3.7 Prozent zu senken. POFALLA sprach von „der Chance, Arbeitskosten dauerhaft zu senken".

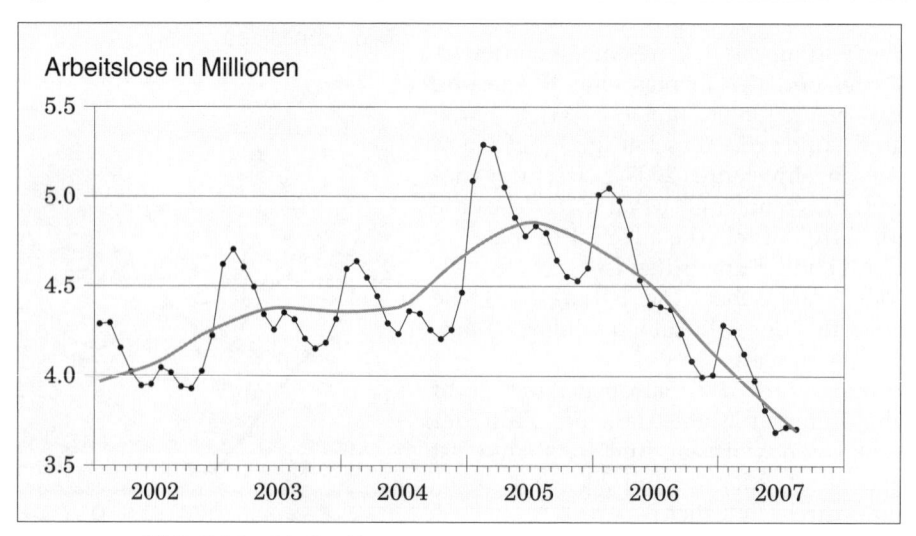

BILD 5.16 Glatte Komponente der Arbeitslosenzahlen

KAPITEL 5 *Beschreibung von Zeitreihen* **165**

Die graphische Darstellung in BILD 5.16 zeigt wiederum die Zahl der registrierten Arbeitslosen und die durch die Bundesbank berechnete glatte Komponente dieser Zeitreihe.

Die glatte Komponente hat zunächst eine ansteigende Tendenz, fällt dann aber seit Januar 2005 doch sehr deutlich. Welches Fazit kann man daraus ziehen? Ist das der Agenda 2010 zu verdanken oder Folge des weltwirtschaftlichen Aufschwungs?

ERGÄNZENDE LITERATUR

Edel, K.; Schäffer K.-A.; Stier W.: *Analyse saisonaler Zeitreihen*, Heidelberg: Physica, 1996

Holland, H.; Scharnbacher, K.: *Grundlagen der Statistik: Datenerfassung und –darstellung. Maßzahlen, Indexzahlen, Zeitreihenanalyse*, 7. Aufl., Wiesbaden: Gabler, 2006, Kapitel 6

Neubauer, W.; Bellgardt, E.; Behr, A.: *Statistische Methoden*, München: Vahlen, 2002, Kapitel 6

Polasek, Wolfgang: *Explorative Datenanalyse*, 2. Aufl., Berlin, Heidelberg: Springer, 1999, Kapitel 8

Rinne, H.; Specht, K.: *Zeitreihen*, München: Vahlen, 2002

Schlittgen, R.; Streitberg, B. H. J.: *Zeitreihenanalyse*, 9. Aufl., München, Wien: Oldenbourg, 2001, Kapitel 1

AUFGABEN

5.1 **Linearer Trend.** Gegeben ist die folgende statistische Zeitreihe

300 370 390 400 420 450 470 .

a) Berechnen Sie den Trend dieser Zeitreihe nach der Methode der kleinsten Quadrate.

b) Geben Sie die Restschwankung an.

c) Geben Sie eine trendbereinigte Zeitreihe auf der Basis des ersten Wertes an.

d) Versuchen Sie, den Trend dieser Zeitreihe mit Hilfe von dreigliedrigen gleitenden Durchschnitten zu berechnen.

5.2 **Trendprognose.** Der Umsatz eines Unternehmens ist in den vergangen Jahren recht gleichmäßig gestiegen. Die folgende Tabelle gibt den zu jedem der vergangenen fünf Jahre gehörigen Umsatz Y in Mio. € an:

166 KAPITEL 5 *Beschreibung von Zeitreihen*

Jahr	t	1	2	3	4	5
Umsatz	Y	250	270	310	320	350

a) Berechnen Sie eine lineare Trendkomponente Tr der Zeitreihe Y durch Regressionsrechnung.

b) Fertigen Sie eine geeignete Darstellung der Zeitreihe der Umsätze und ihrer Trendkomponente an.

c) Versuchen Sie, eine Prognose für den Umsatz des Unternehmens im 6. Jahr aufzustellen.

d) Geben Sie einen Prognosewert für den Umsatz im 12. Jahr. Begründen Sie Ihr Vorgehen und üben Sie Kritik an der Prognosemethode.

5.3 **Aufbau Ost dauert noch 320 Jahre**. Unter dieser Überschrift stand am 20.06.2008 in der RHEINISCHEN POST (RP) zu lesen:

Trotz der guten Konjunktur in Gesamtdeutschland wird der Abstand zwischen Osten und Westen kaum kleiner. Hält der schwache Wachstumstrend in den neuen Ländern an, kommt der Osten erst nach 320 Jahren auf West-Niveau. Das geht aus einer Studie des INSTITUTS FÜR WIRTSCHAFTSFORSCHUNG HALLE (IWH) hervor. Das IWH hat berechnet, dass sich die Wirtschaftsleistung im Osten pro Kopf von Anfang 2007 bis Ende 2009 gemessen am Westen minimal von 68.0 auf 68.2 Prozent erhöht. In diesem Tempo würde die Angleichung des Pro-Kopf-Einkommens bis zum Jahr 2329 dauern.

Als wichtigsten Grund für den Rückstand nennt IWH-Konjunkturchef UDO LUDWIG den Personalabbau im öffentlichen Dienst und den schwachen Konsum. „Die Kaufkraft ist gering, gleichzeitig schrumpft die Bevölkerung." Darunter litten Handel, Gast- und Ernährungsgewerbe sowie alle Handwerksbetriebe.

a) Kritisieren Sie diese Trendprognose.

b) Ein Leser der RP schreibt: „Anno 1688 lebte man im hl. Römischen Reich dt. Nationen. Es gab Pferdefuhrwerke, und die Hütten der ...". Was meint er?

c) Ein anderer: „Es wäre besser, wenn all diese Politiker, die das verbrochen haben ... , denn diese Leute haben noch immer das Sagen, daher wird es niemals besser werden, daran haben diese ...". Was meint er damit?

5.4 **Wachstumsraten**. Das STATISTISCHE BUNDESAMT veröffentlichte im „Internationalen Statistischen Jahrbuch" folgende Zahlen für das deutsche reale Bruttoinlandsprodukt in Preisen von 2000:

Jahr	BIP^{real}		Jahr	BIP^{real}	
1998	1 958.96		2003	2 083.54	*−0.22*
1999	1 998.36	*2.01*	2004	2 108.70	*1.21*
2000	2 062.50	*3.21*	2005	2 124.99	*0.77*
2001	2 088.08	*1.24*	2006	2 187.90	*2.96*
2002	2 088.08	*0.00*	2007	2 241.73	*2.46*

Die jeweils dritte Spalte gibt die Wachstumsraten in Prozent an.

a) In welchen Maßeinheiten ist BIP^{real} hier angegeben?

b) Berechnen Sie die durchschnittliche jährliche Wachstumsrate zwischen 1998 und 2007.

c) Wuchs die deutsche Wirtschaft von 1998 bis 2002 schneller als zwischen 2002 und 2007?

5.5 **Linearer und exponentieller Trend.** Betrachten Sie die Zeitreihe der Jahreswerte des realen BIP aus Aufgabe **5.4**.

a) Berechnen Sie den linearen Trend nach der Methode der kleinsten Quadrate.

b) Machen Sie eine Skizze dazu.

c) Berechnen Sie anschließend den exponentiellen Trend nach der Formel

$$BIP_t^{\text{real}} = a\,e^{bt} u_t$$

– nachdem Sie diese linearisiert haben – nach der Methode der kleinsten Quadrate.

d) Machen Sie eine Skizze des exponentiellen Trends.

e) Vergleichen Sie den erhaltenen Zahlenwert für b mit der durchschnittlichen Wachstumsrate aus Aufgabe **5.4**.

5.6 **Höhere Trendpolynome.** TABELLE 5.8 enthält Angaben über die Entwicklung der selbständigen Erwerbstätigen in Deutschland von 1992 bis 2007. Berechnen Sie den Trend bzw. die glatte Komponente gemäß der Funktion

$$y_t = b_0 + b_1 t + b_2 t^2 + u_t.$$

Verwenden Sie dazu eine Statistiksoftware.

TABELLE 5.8   Selbständige und mithelfende Familienangehörige in 1000 Personen

t	y_t	t	y_t
1992	3577	2000	3915
1993	3625	2001	3983
1994	3725	2002	4003
1995	3749	2003	4073
1996	3742	2004	4222
1997	3816	2005	4356
1998	3865	2006	4392
1999	3857	2007	4446

168 KAPITEL 5 *Beschreibung von Zeitreihen*

5.7 Mrd. Euro Bruttoanlageinvestitionen

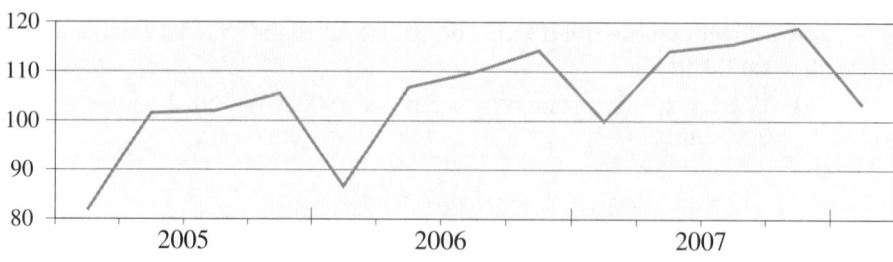

81.8 101.5 102.0 105.5 86.7 106.8 109.4 114.2 99.9 114.1 115.6 119.8 103.3

Obige Grafik und Tabelle zeigt in Quartalszahlen die Entwicklung der Bruttoanlageinvestitionen in Deutschland seit 2005 bis zum 1. Quartal 2008.

a) In welche Komponenten würden Sie obige Zeitreihe zwecks Analyse zerlegen? Erläutern Sie kurz die Komponenten.

b) Berechnen Sie die glatte Komponente G der obigen Zeitreihe zum einen mit Hilfe zentrierter gleitender Durchschnitte für den Zeitraum 2005:3 bis 2007:3 und zum anderen mit Hilfe linearer Einfachregression für den gesamten Zeitraum.

c) Berechnen Sie ausgehend vom Ansatz $Y - G = S + U$ die Saisonveränderungszahlen S_{ph} nach dem Phasendurchschnittsverfahren.

Die Berechnungen können Sie leicht mit EXCEL durchführen.

LÖSUNGEN

5.1
a) $y = 300 + 25\,t$
b) −25; 20; 15; 0; −5; 0; −5
c) 275; 320; 315; 300; 295; 300; 295
d) 353.3; 386.6; 403.3; 423.3; 446.6

5.2
a) $y = 225 + 25\,t$
c) 375   d) 525

5.3
a) $y = 196 - 22\,t$
b) 6; −2; −10; 2; 4
c) 42; −90

5.4
b) 3.42%
c) ja: 4.65% vs. 2.45%

5.5
$y = 2913 + 109.22\,t$
$y = 2942.45\,e^{0.0315\,t}\,u$

5.6 $y = 3396.88 - 50.81\,t + 1.71\,t^2$

5.7
b) (1) 98.32; 99.589; 101.17; 103.19; 105.93; 108.51; 110.20; 111.69 ; 112.81
(2) $y = 91{,}79 + 1.8413\,t$
93.63; 95.47; 97.31; 99.15; 100.99; 102.83; 104.67; 106.52; 108.36; 110.20; 112.04; 113.88; 115.72
c) $S_1 = 4.6505$; $S_2 = 4.3492$; $S_3 = 6.6979$; $S_4 = -11.7741$

KAPITEL 6

Indexzahlen

Messzahlen und Indexzahlen wollen die zeitliche Entwicklung, die regionalen oder sachlichen Unterschiede von statistischen Variablen widerspiegeln und deren Vergleich erleichtern.

Während Messzahlen nur jeweils eine statistische Variable in ihrer unterschiedlichen zeitlichen oder regionalen Ausprägung vergleichen, werden von den Indexzahlen Gruppen gleichartiger Variablen zusammengefasst und verglichen. Für diese Zusammenfassung in einer Indexzahl ist das Problem der Gewichtung der einzelnen Variablen zu lösen. Ein typischer Anwendungsfall für Mess- und Indexzahlen ist die Darstellung beobachteter ökonomischer Phänomene im Zeitablauf und somit ihre Anordnung in *Zeitreihen*

$$I_0, I_1, I_2, \cdots, I_t, \cdots .$$

Deshalb wird im Folgenden für die Kennzeichnung meist das Subskript t verwendet, jedoch sind die entsprechenden Mess- und Indexzahlen auch für *Querschnittsanalysen* verwendbar. Die Werte von Zeitreihen können sich auf Zeitpunkte oder auf Zeitintervalle beziehen. Da insbesondere bei den in den Wirtschaftswissenschaften wichtigen Preis- und Mengenindizes die zeitraumbezogene Betrachtung vorherrscht, sprechen wir in den folgenden Darlegungen der Einfachheit halber stets von Zeitperioden, ohne damit eine zeitpunktbezogene Anwendung ausschließen zu wollen.

6.1 Messzahlen

Dividiert man, ausgehend von einer Zeitreihe

$$y_0, y_1, y_2, \cdots, y_t, \cdots, y_T$$

von Beobachtungen eines Merkmals Y, jedes Element durch ein und dasselbe Element – zum Beispiel y_0 –, so erhält man mit

$$\frac{y_0}{y_0} \cdot 100, \frac{y_1}{y_0} \cdot 100, \frac{y_2}{y_0} \cdot 100, \cdots, \frac{y_t}{y_0} \cdot 100, \cdots, \frac{y_T}{y_0} \cdot 100 \qquad (6\text{-}1)$$

170 KAPITEL 6 *Indexzahlen*

eine Zeitreihe von **Messzahlen** zur Basis $t = 0$. Die Multiplikation mit 100 gibt der Messzahl für die Basisperiode stets den Wert 100, die prozentuale Abweichung der übrigen Messzahlen von dieser Bezugsgröße ist sofort erkennbar. Die Zeitreihe der Messzahlen ist streng proportional zur Zeitreihe der Beobachtungen.

Beispiel [1] *Zeitreihe:* Darstellung des Verbrauchs von Rohstoffen in Deutschland im Zeitablauf durch Messzahlen zur Basis 2000:

TABELLE 6.1 Rohstoffverbrauch y_t im Inland in Mio. Tonnen und als Messzahlen zur Basis 2000=100

Jahr	t	y_t	$100 \cdot y_t / y_0$
1996	−4	1 445	102.5
1997	−3	1 455	103.2
1998	−2	1 393	98.8
1999	−1	1 419	100.6
2000	0	1 410	100
2001	1	1 340	95.0
2002	2	1 327	94.1
2003	3	1 342	95.2
2004	4	1 337	94.8
2005	5	1 306	92.6

Quelle: Statistisches Bundesamt, Statistisches Jahrbuch 2007

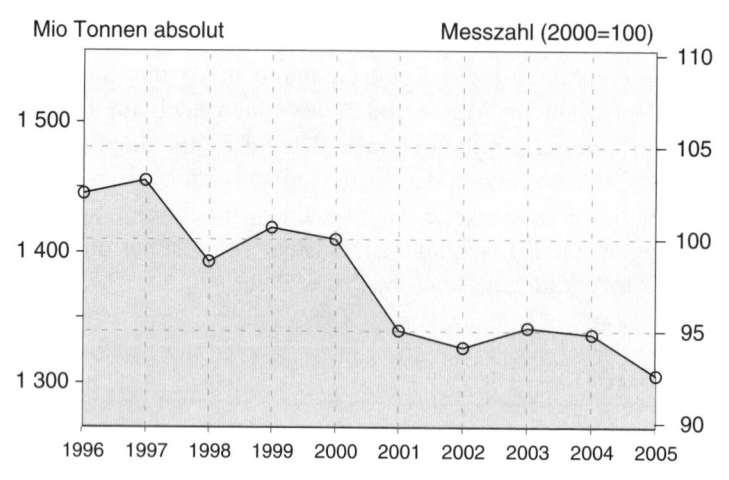

BILD 6.1 Entwicklung des Rohstoffverbrauchs in Deutschland

Messzahlen sind jedoch nicht nur zur Darstellung der zeitlichen Entwicklung nützlich, man verwendet sie auch in der sogenannte **Querschnittsanalyse**.

Beispiel [2] *Querschnitt:* Der Energieverbrauch pro Kopf der Bevölkerung in verschiedenen Ländern soll miteinander verglichen werden.

TABELLE 6.2 Primärenergieverbrauch x_i pro Kopf der Bevölkerung im Jahre 2006, absolut in Megawattstunden und als Messzahlen im Vergleich zu Deutschland=100

Land	i	x_i	$100 \cdot x_i / x_1$
Deutschland	1	45.71	100
Frankreich	2	50.13	109.7
UK	3	43.85	95.9
Italien	4	36.52	69.9
Schweden	5	63.97	139.9
Japan	6	47.68	104.3
Türkei	7	14.42	31.5
USA	8	90.60	198.2

Quelle: *Statistisches Bundesamt, Statistisches Jahrbuch 2007*

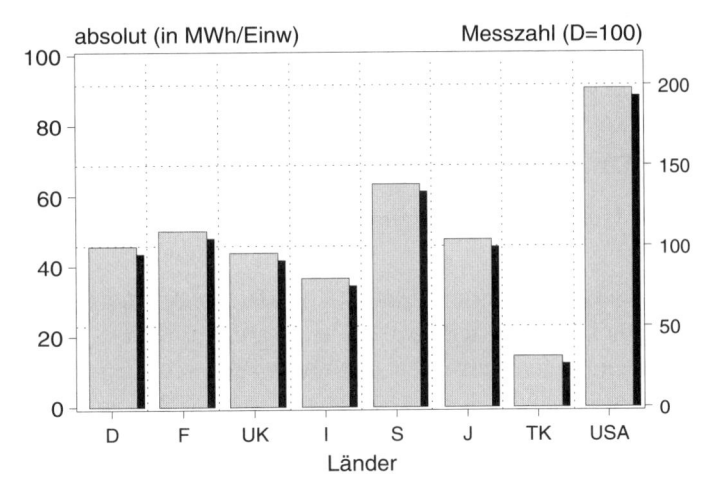

BILD 6.2 Primärenergieverbrauch pro Einwohner

6.2 Preisindizes

In einer Marktwirtschaft bleiben Preise in der Regel über die Zeit hinweg nicht konstant. Einerseits stellt man fest, dass sich die relativen Preise der einzelnen Waren und Dienstleistungen als Folge veränderter Knappheitsrelationen im Laufe der Zeit verändern. Andererseits beobachtet man aber auch gleichzeitig eine mehr oder weniger stark ausgeprägte allgemeine Tendenz zu meistens höheren, selten niedrigeren Preisen. Zur Quantifizierung dieser zeitlichen Veränderung des allgemeinen **Preisniveaus** benutzt man Preisindizes. Die Berechnung von Preisindizes und ihr Ausweis durch die statistischen Ämter sind für die empirische Wirtschaftsforschung und für die Wirtschaftspolitik von sehr großer Bedeutung. Nur mit ihrer Hilfe kann zwischen nominalen und realen

Phänomenen unterschieden werden. Preisindizes geben Auskunft über die Entwicklung der Kaufkraft der Einkommen und über die Stabilität oder Instabilität des Geldwertes.

Preisindizes sollen die **durchschnittliche Preisentwicklung** einer wohldefinierten Gruppe von Gütern (z. B. Lebensmittel, Dienstleistungen, landwirtschaftliche Produkte, Bruttosozialprodukt, Investitionsgüter, Exporte usw.) beschreiben. Da die einzelnen Güter der Gruppe in der Regel eine unterschiedliche Preisentwicklung zeigen, besteht das Problem in der geeigneten Gewichtung bei der Durchschnittsbildung. Hierbei werden die transferierten (konsumierten, verkauften, produzierten, exportierten) Mengen eine Rolle spielen.

Es bezeichne

q_{it} die transferierte Menge des i-ten Gutes in der Periode t und

p_{it} den erzielten Preis des i-ten Gutes in der Periode t.

Definition: Das geordnete n-Tupel der transferierten Mengen

$$\mathbf{q}_t = (q_{1t}, q_{2t}, \cdots, q_{nt}) \tag{6-2}$$

heißt *Mengenvektor*, *Mengenschema* oder *Warenkorb* der Periode t.

Die verwendeten Maßeinheiten der einzelnen Güter der Gruppe dürfen dabei verschieden sein (kg, Tonnen, Stück, Hektoliter usw.). Der Warenkorb kann sämtliche Güter der betreffenden Gruppe enthalten, zuweilen begnügt man sich auch mit einem repräsentativen Teil daraus.

Definition: Das geordnete n-Tupel der erzielten Preise

$$\mathbf{p}_t = (p_{1t}, p_{2t}, \cdots, p_{nt}) \tag{6-3}$$

heißt *Preisvektor* der Periode t.

Es ist darauf zu achten, dass Mengenvektor und Preisvektor gleich lang sind und dass gleiche Nummern i im Mengen- und Preisvektor sich auf das gleiche Gut beziehen. Somit erhält man den *Gesamtwert* des Warenkorbes als Skalarprodukt zwischen Preisvektor und Mengenvektor:

$$\mathbf{p}_t \mathbf{q}_t = W_t = \sum_{j=1}^{n} p_{jt} q_{jt}$$

Die Periode $t = 0$ heißt **Basisperiode**, die anderen Perioden $t \neq 0$ heißen **Berichtsperioden**.

Beispiel [3] Ein Vier-Personen-Arbeitnehmerhaushalt kaufte im Basismonat und im Berichtsmonat die folgenden Grundnahrungsmittel:

i	Gut	Basismonat März 2006 q_{i0}	p_{i0}	Berichtsmonat März 2007 q_{i1}	p_{i1}
1	Brot	32 kg	1.90 €/kg	23 kg	2.00 €/kg
2	Milch	28 l	0.54 €/l	30 l	0.54 €/l
3	Eier	54 Stück	0.13 €/Stück	54 Stück	0.15 €/St
4	Kartoffeln	45 Pfund	0.18 €/Pf	38 Pfund	0.20 €/Pf
5	Fleisch	24 kg	6.25 €/kg	32 kg	6.37 €/kg

Die Mengenvektoren und Preisvektoren sind:

$\mathbf{q}_0 = (32, 28, 54, 45, 24)$
$\mathbf{q}_1 = (23, 30, 54, 38, 32)$
$\mathbf{p}_0 = (1.90, 0.54, 0.13, 0.18, 6.25)$
$\mathbf{p}_1 = (2.00, 0.54, 0.15, 0.20, 6.37)$

(1) Die Ausgaben des Haushalts für Grundnahrungsmittel betrugen in der Basisperiode

$$\mathbf{p}_0 \mathbf{q}_0 = \sum_{j=1}^{5} p_{j0} q_{j0} = 241.04 \text{ €}.$$

Für denselben Warenkorb $\mathbf{q}_0$ hätte der Haushalt in der Berichtsperiode

$$\mathbf{p}_1 \mathbf{q}_0 = \sum_{j=1}^{5} p_{j1} q_{j0} = 249.1 \text{ €}$$

ausgeben müssen. Das Verhältnis dieser Beträge quantifiziert die durchschnittliche Änderung der Preise bezüglich der konsumierten Mengen der Basisperiode

$$\frac{\mathbf{p}_1 \mathbf{q}_0}{\mathbf{p}_0 \mathbf{q}_0} = \frac{249.1}{241.04} = 1.03344.$$

(2) Vergleicht man dagegen die Ausgaben des Haushalts in der Berichtsperiode

$$\mathbf{p}_1 \mathbf{q}_1 = \sum_{j=1}^{5} p_{j1} q_{j1} = 281.74 \text{ €}$$

mit dem, was er für den Warenkorb $\mathbf{q}_1$ zu Preisen der Basisperiode hätte bezahlen müssen

$$\mathbf{p}_0\mathbf{q}_1 = \sum_{j=1}^{5} p_{j0} q_{j1} = 273.76 \, \text{€},$$

so erhält man für die durchschnittliche Änderung der Preise bezüglich der konsumierten Mengen der Berichtsperiode

$$\frac{\mathbf{p}_1\mathbf{q}_1}{\mathbf{p}_0\mathbf{q}_1} = \frac{281.74}{273.76} = 1.02915 \, .$$

Im obigen Beispiel werden zwei verschiedene Methoden entworfen, die Änderung des Preisniveaus zu quantifizieren: Die erste Methode gewichtet mit den Mengen der Basisperiode und konstatiert eine Preiserhöhung von März 2006 auf März 2007 in Höhe von 3.3%. Die zweite Methode gewichtet mit den Mengen der Berichtsperiode und berechnet die Preissteigerung mit 2.9%. Mithin widersprechen sich die beiden Methoden. In der Tat ist dieser Widerspruch grundsätzlich nicht auflösbar und wird als **das Indexproblem** bezeichnet. Daher ist es notwendig, bei der Berechnung von Indexzahlen jenen Ansatz auszuwählen, der sich am besten für die zu untersuchende Fragestellung eignet.

Preisindex nach LASPEYRES

Definition: Der Quotient

$$P_t^{(L)} := \frac{\sum_{j=1}^{n} p_{jt} \, q_{j0}}{\sum_{j=1}^{n} p_{j0} \, q_{j0}} \cdot 100 \qquad (6\text{-}4)$$

heißt *Preisindex nach* LASPEYRES[1] für die Berichtsperiode t zur Basisperiode 0.

Man erkennt leicht, dass in dieser Indexformel *zwei Wertaggregate* miteinander verglichen werden. Im Nenner steht der tatsächliche (Markt-) Wert des betrachteten Warenkorbs der Basisperiode. Im Zähler dagegen steht ein fiktiver Wert, nämlich der Wert des Warenkorbs der Basisperiode, bewertet zu Preisen der jeweiligen Berichtsperiode. Die Multiplikation mit 100 wird vorgenommen, um den Index als Prozentzahl interpretieren zu können.

Im Folgenden soll die Art der Durchschnittsbildung im LASPEYRES–Preisindex näher untersucht werden. Bezeichnen wir im Nenner von (6-4) die n einzelnen Summanden mit

---

[1] ERNST LOUIS ÉTIENNE LASPEYRES, 1834–1913, deutscher Nationalökonom: *Die Berechnung einer mittleren Warenpreissteigerung* (1871), Professor in Gießen.

$$w_{i0} := p_{i0} q_{i0}, \qquad i = 1, \cdots, n$$

$$W_0 := \sum w_{j0} = \sum p_{j0} \cdot q_{j0}, \qquad (6\text{-}5)$$

ist W_0 der Gesamtwert des Warenkorbs der Basisperiode. Bezeichnen wir weiter die n **Preismesszahlen** mit

$$\pi_{it} := \frac{p_{it}}{p_{i0}} \cdot 100, \qquad i = 1, \cdots, n$$

und setzen beides in die Indexformel (6-4) ein, erhalten wir

$$P_t^{(L)} = \sum_{j=1}^{n} \frac{w_{j0}}{W_0} \cdot \pi_{jt}.$$

In dieser Form erkennt man, dass der LASPEYRES-Preisindex ein gewogenes arithmetisches Mittel der n Preismesszahlen π_{it} ist, wobei die Gewichte für jedes Gut i gerade die Anteile des Wertes dieses Gutes am Gesamtwert des Warenkorbes der Basisperiode sind. Die Gewichte, mit denen die einzelnen Preisänderungen im LASPEYRES-Preisindex zu Buche schlagen, stammen also nur aus der Basisperiode.

Es ist der entscheidende Vorteil dieses Indexes, dass er von Mengenänderungen in den Berichtsperioden nicht beeinflusst wird, er spiegelt die reine Preisentwicklung wider. Gleichzeitig ist dies aber auch sein entscheidender Nachteil: Insbesondere bei langen Indexreihen kann sich der Warenkorb $\mathbf{q}_t$ der Berichtsperioden so stark verändern, dass die Preiserhöhungen oder Preissenkungen der einzelnen Güter vom LASPEYRES-Preisindex nicht mehr ihrer ökonomischen Bedeutung entsprechend berücksichtigt werden.

Diesem Nachteil versucht die folgende Indexkonstruktion zu begegnen:

Preisindex nach PAASCHE

Definition: Der Quotient

$$\boxed{P_t^{(P)} := \frac{\sum_{j=1}^{n} p_{jt} q_{jt}}{\sum_{j=1}^{n} p_{j0} q_{jt}} \cdot 100} \qquad (6\text{-}6)$$

heißt **Preisindex nach PAASCHE**[2] für die Berichtsperiode t zur Basisperiode 0.

---

2 HERMANN PAASCHE, 1851–1925, deutscher Nationalökonom und Politiker.

176 KAPITEL 6 *Indexzahlen*

Ähnlich wie im LASPEYRES-Index werden auch hier zwei Wertgrößen miteinander verglichen. Im Zähler steht der tatsächliche Wert des Warenkorbs der jeweiligen Berichtsperiode, der fiktive Wert im Nenner gibt an, was der Warenkorb der Berichtsperiode zu Preisen der Basisperiode gekostet hätte. Auch der PAASCHE-Preisindex ist ein gewogenes arithmetisches Mittel der Preismesszahlen π_{it}

$$P_t^{(P)} = \sum_{j=1}^{n} \frac{g_{jt}}{G_t} \cdot \pi_{jt},$$

wobei die Gewichte

$$g_{it} := p_{i0} q_{it}, \qquad i = 1, \cdots, n$$

$$G_t := \sum g_{jt} = \sum p_{j0} q_{jt}$$

nun allerdings von Berichtsperiode zu Berichtsperiode verschieden sind: Sie sind die Anteile der Werte der in den Berichtsperioden transferierten Mengen zu Preisen der Basisperiode. Die größere Aktualität der Gewichtung erscheint als Vorteil des PAASCHE-Preisindex. Allerdings „veraltet" bei längeren Indexreihen auch bei ihm das Gewichtungsschema, denn die Preisrelationen der Basisperiode behalten ihren Einfluss auf die Gewichte. Als ein gewisser Nachteil des PAASCHE-Preisindex ist jedoch anzuführen, dass sein Verlauf nicht nur von Preisänderungen abhängt. Auch Mengenänderungen können ihn beeinflussen. Führt zum Beispiel bei allgemeiner Preissteigerung die *relative Verbilligung* eines oder einiger Güter dazu, dass die Nachfrager substituieren und diese Güter verstärkt konsumieren, dann könnte man den Standpunkt vertreten, dass ein Verbraucherpreisindex nach PAASCHE die Preissteigerung untertreibt. Er tut es jedenfalls im Vergleich zum LASPEYRES-Preisindex. Ein eher erhebungstechnischer denn rechentechnischer Nachteil des PAASCHE-Index ist, dass für seine Berechnung die Mengenvektoren aller fraglichen Berichtsperioden benötigt werden.

Andere Preisindizes

Es hat zahlreiche Versuche gegeben, die jeweiligen Nachteile der beiden oben vorgestellten Indexformeln zu beseitigen und neue Indizes zu konstruieren. Wegen des grundsätzlichen Dilemmas, dass sich eben in der Realität gleichzeitig Preise und Mengen verändern, laufen die meisten dieser Versuche darauf hinaus, LASPEYRES- und PAASCHE-Index irgendwie zu mitteln, mit dem Ziel, von den Vorteilen beider Indizes etwas zu haben und beider Nachteile zu mildern.

Der Preisindex nach DROBISCH mittelt einfach beide Indizes arithmetisch:

$$P_t^{(Dr)} := \frac{1}{2}(P_t^{(L)} + P_t^{(P)}) \qquad (6\text{-}7)$$

Das geometrische Mittel aus LASPEYRES- und PAASCHE-Index heißt „FISHERscher Idealindex"[3]

$$P_t^{(Fi)} := \sqrt{P_t^{(L)} \cdot P_t^{(P)}} \, . \tag{6-8}$$

MARSHALL[4]-EDGEWORTH[5] kamen zu der Überzeugung, dass es vorteilhaft wäre, statt der Mengen der Basisperiode oder der Berichtsperiode lieber ihr arithmetisches Mittel zu nehmen, und konstruierten ihren Preisindex als

$$P_t^{(ME)} := \frac{\sum p_{jt}(q_{j0} + q_{jt})}{\sum p_{j0}(q_{j0} + q_{jt})} \cdot 100 \, . \tag{6-9}$$

Berechnet man das arithmetische Mittel aller beobachteten Mengen zwischen Basisperiode und Berichtsperiode

$$\bar{q}_{it} = (q_{i0} + q_{i1} + \cdots + q_{it})/(t+1) \, ,$$

so erhält man den Preisindex nach LOWE

$$P_t^{(Lo)} := \frac{\sum p_{jt} \, \bar{q}_{jt}}{\sum p_{j0} \, \bar{q}_{jt}} \cdot 100 \, . \tag{6-10}$$

Eigentlich sind diese Indexkonstruktionen recht phantasielos und haben auch kaum praktische Bedeutung. Lediglich die Anwendung des FISHERschen Idealindex (6-8) wurde vom Statistischen Amt der Vereinten Nationen 1993 in einer überarbeiteten Version des SNA (Statistical National Account) empfohlen.

Beispiel   [4] Wie sehr unterscheiden sich die nach den verschiedenen Indexformeln berechneten Zahlenwerte in der Praxis? Meistens nicht sehr. Einer Studie über die Entwicklung der Fleischpreise in Österreich entnehmen wir folgende Tabelle.

---

[3] IRVING FISHER, 1867–1947, amerikanischer Nationalökonom, Professor an der Yale University, vertrat die Quantitätstheorie des Geldes. Werke: *Die Zinstheorie* (1907), *Die Kaufkraft des Geldes* (1911).

[4] ALFRED MARSHALL, 1842–1924, britischer Nationalökonom, Begründer der Neoklassik. Hauptwerk: *The Principles of Economics* (1890).

[5] FRANCIS Y. EDGEWORTH, 1845–1926, britischer Nationalökonom und Statistiker. Entwickelte die mathematisch-geometrische Indifferenzkurvenanalyse des Kontrakts (EDGEWORTH-BOX).

TABELLE 6.3   Verbraucherpreisindizes für 2005 zur Basis 2000=100:

	LASPEYRES	PAASCHE	FISHER
Fleisch, Fleischwaren, insgesamt	113.90	113.69	113.80
Rind- und Kalbfleisch	116.94	120.70	118.80
Schweinefleisch	116.65	116.32	116.48
Geflügel	110.26	110.41	110.33
Fleisch- und Wurstwaren, Innereien	112.83	112.02	112.43

Quelle: Statistik Austria. Aus MARTIN KNIEPERT (2007),
Anmerkungen zur Verbraucherpreisentwicklung für Fleisch

6.3 Indexreihen

In der Praxis werden Preisindizes gewöhnlich für mehrere aufeinanderfolgende Berichtsperioden $t = 1, 2, 3, \cdots$ und bezogen auf eine Basisperiode $t = 0$ berechnet. So erhält man eine **Preisindex-Zeitreihe**

$$P_0 = 100, \; P_1, \; P_2, \cdots, P_t, \cdots .$$

Die Preissteigerung für die Gütergruppe von der Basisperiode 0 bis zur Berichtsperiode t kann dann mit

$$(P_t - 100) \, \%$$

angegeben werden. Allgemein beträgt die prozentuale Preisniveauänderung zwischen verschiedenen Perioden t und $t' < t$

$$(100 \frac{P_t}{P_{t'}} - 100)\% \; . \tag{6-11}$$

Die Periodenlänge ist bei Preisindizes der amtlichen Statistik in der Regel ein Monat. Aber auch Quartalsindizes und Jahresindizes kommen vor. Will man aus Monatsindizes Quartals- oder Jahreswerte berechnen, wird man einfach das arithmetische Mittel nehmen; eine besondere Gewichtung entsprechend der Mengenverteilung auf die einzelnen Monate zahlt sich in der Regel nicht aus. Ein Beispiel für einen Tagesindex ist der Deutsche Aktienindex DAX. Er soll die allgemeine Kursentwicklung deutscher Aktien wiedergeben und benutzt als „Warenkorb" ein konstantes repräsentatives Aktienportefeuille mit 30 Standardwerten und als Basis den 31.12.1987=1000. Die berücksichtigten 30 Aktien repräsentieren über die Hälfte des gesamten Grundkapitals inländischer börsennotierter Gesellschaften.

Preisindizes des Statistischen Bundesamtes

Von den statistischen Ämtern fast aller Länder werden regelmäßig Konsumentenpreisindizes berechnet. Der *Preisindex für die Lebenshaltung* gilt als wichtigster Bestandteil des preisstatistischen Berichtssystems in Deutschland. Er soll die durchschnittliche Veränderung der Preise aller Waren und Dienstleistungen, die von privaten Haushalten für Konsumzwecke gekauft werden, messen und somit die Veränderung der Verbraucherpreise umfassend abbilden. Er wird auch zur Messung der *allgemeinen Geldwertentwicklung* verwendet. Aufgrund der Wiedervereinigung von Ost- und Westdeutschland und der damit verbundenen Schwierigkeiten bei der Aufbereitung des Datenmaterials ist es zu einer Neustrukturierung der Zeitreihen gekommen. So wird heute vom Statistischen Bundesamt nur noch ein

(1)   Verbraucherpreisindex (VPI)

der Lebenshaltung aller privaten Haushalte für Gesamtdeutschland berechnet. Nicht mehr fortgeführt werden die früher beliebten nach Haushaltstypen bzw. –einkommen disaggregierten Preisindizes für die Lebenshaltung von (a) Beamten- und Angestelltenhaushalten mit höherem Einkommen, (b) Arbeiterhaushalten mit mittlerem Einkommen und von (c) Rentnerhaushalten mit geringem Einkommen.

Schließlich wird seit dem Jahr 1997 ein

(2)   harmonisierter Verbraucherpreisindex (HVPI) in der EU für Deutschland

berechnet, um besonders im Hinblick auf die Einführung des Euro eine einheitliche Inflationsmessung innerhalb von „Euroland" zu ermöglichen. Der HVPI soll auch für internationale Vergleiche von Inflationsraten herangezogen werden. Man erkennt in TABELLE 6.4, dass zwischen dem VPI und HVPI bisher kaum bemerkenswerte numerische Unterschiede erkennbar sind. Weitere Auskünfte über die Verbraucherpreisentwicklung gibt der

(3)   Index der Einzelhandelspreise für den privaten Verbrauch.

Der letztere zeigt aber eine deutlich schwächere Preissteigerung, was damit zu erklären ist, dass in der Vergangenheit die Preise für Dienstleistungen, Wohnungen, Energie und öffentliche Gebühren überdurchschnittlich gestiegen sind.

Neben den Konsumentenpreisindizes werden auch Preisindizes, die die Preisentwicklung auf anderen Stufen des Wirtschaftsprozesses widerspiegeln, veröffentlicht. Zu nennen wären hier die Indizes der Erzeugerpreise gewerblicher Produkte, der Ein- und Ausfuhrpreise oder auch der Index der Großhandelsverkaufspreise.

In TABELLE 6.4 sind die Zahlenwerte einiger ausgewählter Indizes angegeben. Man erkennt deutlich die stark voneinander abweichenden Preisentwicklungen zwischen dem früheren Bundesgebiet und den neuen Bundesländern. Dabei zeigt sich, dass die Preisentwicklung in den neuen Ländern auf die Entwicklung des Gesamtindexes nur einen geringen Einfluss ausübt. Man könnte auch den Eindruck gewinnen, dass die Preise im Osten im Jahre 2001 viel höher lagen als im Westen. In Wirklichkeit jedoch lagen sie im Jahre 1991 deutlich niedriger (besonders die Wohnungsmieten) und glichen sich im Lauf der Zeit an.

TABELLE 6.4 Verschiedene Preisindizes für Deutschland

Jahr	Preisindex für die Lebenshaltung				EU-harmonisierter Verbraucherpreisindex HVPI	Index der Einzelhandelspreise
	alle privaten Haushalte		Verbraucherpreisindex VPI			
	alte Länder	neue Länder	1995=100	2000=100		
1991	89.3	75.5	87.4			92.0
1992	92.5	85.6	91.6			94.4
1993	95.8	94.7	95.7			96.4
1994	98.4	98.1	98.3			97.4
1995	100	100	100		94.8	98.0
1996	101.3	101.9	101.4		95.9	98.8
1997	103.2	104.2	103.3		97.4	99.3
1998	104.1	105.3	104.3		97.9	99.7
1999	104.8	105.7	104.9		98.6	99.9
2000	106.9	107.5	106.9	100	100	100
2001	109.4	110.6		102.0	101.8	101.1
2002				103.4	103.2	101.8
2003				104.5	104.3	102.0
2004				106.2	106.1	102.3
2005				108.3	108.2	103.0
2006				110.1	110.1	104.0
2007				112.6	112.6	106.0

Quelle: Statistisches Bundesamt

Alle diese Indizes werden nach der LASPEYRES-Formel berechnet, allein der HVPI ist ein Kettenindex (siehe unten). Ihnen liegen repräsentative Warenkörbe mit ca. 700 bis 1000 Waren und Dienstleistungen zugrunde. Bei den Konsumentenpreisindizes repräsentieren die Warenkörbe *die Verbrauchsgewohnheiten* eines durchschnittlichen Haushalts der jeweiligen Gruppe, bei den Handelsindizes *die Umsatzstruktur*.[6]

Da sich die Verbrauchsgewohnheiten der Haushalte und Umsatzstrukturen im Handel verändern, neue Güter hinzukommen und wesentliche Qualitätsänderungen stattfinden, müssen die Warenkörbe von Zeit zu Zeit aktualisiert werden; der Index wird dabei gleichzeitig auf eine neue Basis gestellt. Solche **Indexreformen** führte das Statistische Bundesamt in der Vergangenheit mehrfach durch und stellte seine Indizes nacheinander auf die Basisjahre 1950, 1962, 1970, 1976, 1980, 1985, 1991, 1995, 2000 und 2005.

---

[6] Methodische und technische Einzelheiten über die Konstruktion, Erhebung und Berechnung der Preisindizes findet man schnell und leicht auf den Webseiten des Statistischen Bundesamtes: www.destatis.de.

Umbasieren und Zusammenbinden von Indexreihen

Diese Indexreformen, so nötig sie auf der einen Seite für die Aussagefähigkeit der Indizes sind, erschweren auf der anderen Seite die Bildung von längeren Indexreihen. Will man die Preisentwicklung über einen längeren Zeitraum hinweg darstellen, muss man einzelne Indexreihen mit verschiedenen Basisperioden „zusammenbinden" oder „verketten".

Vor dem Zusammenbinden muss eine der beiden Indexreihen umbasiert werden. Umbasierfaktor ist der Quotient aus den beiden Indexwerten für die überlappende Periode, im folgenden Beispiel [5] für das Jahr 2000 also 106.9/100 = 1.049 respektive 100/106.9 = 0.9355.

Beispiel [5] Das Statistische Bundesamt stellte im Jahre 2000 seine Verbraucherpreisindizes auf eine neue Basis:

TABELLE 6.5 Verbraucherpreisindex insgesamt, für Deutschland

Jahr	originale Indexreihen 1995 =100	originale Indexreihen 2000 =100	zusammengebundene Indexreihen 1995 =100	zusammengebundene Indexreihen 2000 =100	Preisniveauveränderung gegenüber der Vorperiode
1995	100		100	93.6	
1996	101.4		101.4	95.9	1.4%
1997	103.3		103.3	96.7	1.9%
1998	104.3		104.3	97.6	1.0%
1999	104.9		104.9	98.1	0.6%
2000	106.9	100	106.9	100	1.9%
2001		102.0	109.0	102.0	2.0%
2002		103.4	110.5	103.4	1.4%
2003		104.5	111.7	104.5	1.0%
2004		106.2	113.5	106.2	1.6%
2005		108.3	115.8	108.3	2.0%
2006		110.1	117.7	110.1	1.7%
2007		112.6	120.4	112.6	2.3%

Man muss sich bewusst sein, dass diese „Umbasierung" nur äußerlich auf die absolute Höhe des Indexwertes wirkt, das Wägungsschema, das ja die eigentliche Basis einer Indexreihe darstellt, und die Preisrelationen der Basisperiode werden nicht berührt: Exakte Werte liefert diese Methode des Zusammenbindens nur, wenn sich der alte Index proportional zum neuen Index entwickelt hat. Diese Unterstellung ist natürlich nicht sehr realistisch; träfe sie zu, hätte man sich die Indexreform sparen können. Dennoch verfährt man in der Regel nach dieser Methode. Was sie in Wirklichkeit leistet, ist ein Fortschreiben der von dem jeweiligen Index errechneten Preisniveauänderung gegenüber der jeweiligen Vorperiode. Dies ist der Ansatz der im Folgenden dargestellten Kettenindizes.

Kettenindizes

Die oben besprochenen Preisindizes stellen immer Vergleiche zwischen den Preisen in verschiedenen Berichtsperioden *t* und *einer festen Basisperiode* 0 dar. Bildet man so längere Indexzeitreihen, entfernt man sich immer weiter von der Basisperiode und es entsteht das Bedürfnis nach einer Aktualisierung der Basis bzw. ihres Warenkorbs. Die Statistischen Ämter aller Länder tragen dem in Abständen von ca. fünf Jahren durch die Indexreformen Rechnung. Warum sollte man also nicht die Basis laufend anpassen und stets nur den *Vergleich mit der unmittelbaren Vorperiode* vornehmen? Man erhielte auf diese Weise eine Folge von Zwei-Perioden-Vergleichen.

Beispiel [6] Der sogenannte Harmonisierte Verbraucherpreisindex der EU für Deutschland HVPI wird vom STATISTISCHEN BUNDESAMT als Kettenindex in der LASPEYRES-Form berechnet. Die Jahreswerte der Folge der Zwei-Perioden-Vergleiche von 2001 bis 2007 lauten

$$\frac{\mathbf{p}_1 \mathbf{q}_0}{\mathbf{p}_0 \mathbf{q}_0} = 1.018, \quad \frac{\mathbf{p}_2 \mathbf{q}_1}{\mathbf{p}_1 \mathbf{q}_1} = 1.014, \quad \frac{\mathbf{p}_3 \mathbf{q}_2}{\mathbf{p}_2 \mathbf{q}_2} = 1.010, \quad \cdots, \quad \frac{\mathbf{p}_7 \mathbf{q}_6}{\mathbf{p}_6 \mathbf{q}_6} = 1.023,$$

was Preisniveausteigerungen von +1.8%, +1.4%, +1.0%, $\cdots$, +2.3% gegenüber dem jeweiligen Vorjahr entspricht.

Für eine übersichtlichere Darstellung wird hier die Schreibweise mit den Preis- und Mengenvektoren aus Beispiel [3] dieses Kapitels verwendet. Die Kettenglieder kann man nun zu einer Kette multiplikativ verknüpfen oder verketten und man erhält

$$P_t^{\text{Kette}} := \frac{\mathbf{p}_1 \mathbf{q}_0}{\mathbf{p}_0 \mathbf{q}_0} \cdot \frac{\mathbf{p}_2 \mathbf{q}_1}{\mathbf{p}_1 \mathbf{q}_1} \cdot \ldots \cdot \frac{\mathbf{p}_t \mathbf{q}_{t-1}}{\mathbf{p}_{t-1} \mathbf{q}_{t-1}} \cdot 100 \qquad (6\text{-}12)$$

oder in *rekursiver* Definition

$$P_t^{\text{Kette}} := P_{t-1}^{\text{Kette}} \cdot \frac{\mathbf{p}_t \mathbf{q}_{t-1}}{\mathbf{p}_{t-1} \mathbf{q}_{t-1}} . \qquad (6\text{-}13)$$

Mit den Zahlen aus Beispiel [6] berechnen wir so eine Indexzeitreihe beginnend mit dem Wert 100 für das Jahr 2000:

TABELLE 6.6 Harmonisierter Verbraucherpreisindex für Deutschland, 2000=100

Jahr	2000	2001	2002	2003	2004	2005	2006	2007
Kettenglieder		1.018	1.014	1.010	1.018	1.019	1.018	1.023
		+1.8%	+1.4%	+1.0%	+1.8%	+1.9%	+1.8%	+2.3%
P_t^{Kette}	**100**	101.8	103.2	104.3	106.1	108.2	110.1	112.6
P_t^{Kette}	92.5	94.1	95.4	96.4	98.1	**100**	101.8	104.1

Wir können aber genauso gut auch jedes andere Jahr, etwa 2005, als „Basisjahr" oder besser als *Referenzjahr* für die Zeitreihe nehmen. Es kommt nur darauf an, dass benachbarte Indexwerte sich gemäß (6-13) genau um den Faktor des Kettenglieds unterscheiden.

Natürlich kann man auch Kettenindizes aus PAASCHE- oder FISHER-Indizes bilden, das Prinzip ist dasselbe. Die Kettenindizes sind auf jeden Fall sehr praktisch. Denn man kann nicht nur das Mengengerüst laufend anpassen, sondern auch die Zusammensetzung des Warenkorbs (vgl. **Hocus-Pocus** Aufgabe **6.9**).

6.4 Deflationieren nominaler Größen

In der Wirtschaftstheorie wird sowohl bei Bestandsgrößen als auch bei Stromgrößen häufig zwischen *nominalen* und *realen* Größen unterschieden. Während die Angabe nominaler Wertaggregate

$$X_t^{nominal} = \sum_j p_{jt} q_{jt}$$

in der Regel keine großen Probleme aufwirft, ist die statistische Darstellung realer Größen durchaus schwierig. Im strengen Sinne müsste eine „reale" Größe in (physischen) Mengeneinheiten gemessen werden. Das ist aber bei einem inhomogenen Aggregat – wie dem Volkseinkommen oder den Bruttoinvestitionen – nicht möglich, denn sie bestehen aus einer Vielzahl sehr verschiedener Waren und Dienstleistungen, die als Mengen nicht sinnvoll addiert werden können. Die Statistiker behelfen sich deshalb damit, dass sie die realen Größen durch Wertgrößen *zu konstanten Preisen* einer Basisperiode $t = 0$ approximieren oder operationalisieren und definieren:

$$X_t^{real} := \sum_j p_{j0} q_{jt} \ . \tag{6-14}$$

Es ist leicht zu erkennen, dass der Quotient aus einer nominalen Größe und einer auf diese Weise operationalisierten realen Größe

$$\frac{X_t^{\text{nominal}}}{X_t^{\text{real}}} \cdot 100 = P_t^{(P)}(X)$$

einen PAASCHE-Preisindex für das Aggregat X abgibt. Umgekehrt eignet sich ein PAASCHE-Preisindex zum „Preisbereinigen" oder „Deflationieren" eines nominalen Aggregats, auch wenn er nur mit einem für das Aggregat X repräsentativen Warenkorb berechnet worden ist. Steht kein PAASCHE-Preisindex zur Verfügung, wird man einen anderen, unter Umständen auch einen Kettenindex, nehmen. Findet man keinen Index, der genau auf das Aggregat X zugeschnitten ist, wird man hilfsweise einen anderen, der ihm am nächsten kommt, nehmen müssen. Dividiert man eine Zeitreihe nominaler Größen durch eine entsprechende Preisindex-Zeitreihe, erhält man die *preisbereinigte* oder *deflationierte* Zeitreihe

$$X_t^{\text{ber}} = \frac{X_t^{\text{nominal}}}{P_t} \cdot 100 \qquad (6\text{-}15)$$

für $t = \cdots, 0, 1, 2, \cdots$. Ihre Werte dienen als Approximation für die entsprechenden Wertgrößen zu konstanten Preisen der Basisperiode des Preisindex' und als Ersatz für die realen Größen.

Beispiel [7] Der Quotient aus nominalem und realem bzw. preisbereinigtem Bruttoinlandsprodukt ist der BIP-Deflator. Die preisbereinigten BIP-Werte wurden durch Multiplikation der verketteten Mengenindexzeitreihe mit dem nominalen Wert der Referenzperiode 2000 gemäß Formel (6-18) gewonnen:

TABELLE 6.7 Bruttoinlandsprodukt in Deutschland in Mrd. EUR/Jahr

Jahr	t	zu jeweiligen Preisen BIP_t^{nominal}	preisbereinigt bezogen auf das Jahr 2000 BIP_t^{real}	BIP-Deflator 2000=100 P_t
1998	−2	1 965,38	1 958.96	100.33
1999	−1	2 012,00	1 998.36	100.68
2000	0	2 062,50	2 062,50	100
2001	1	2 113,16	2 088.08	101.20
2002	2	2 143,18	2 088.08	102.64
2003	3	2 163,80	2 083.54	103.85
2004	4	2 211,20	2 105.61	105.02
2005	5	2 244,60	2 122.11	105.77
2006	6	2 322,20	2 182.95	106.38
2007	7	2 423,80	2 237.19	108.34

Quelle: Statistisches Bundesamt, Statistisches Jahrbuch 2008

Beispiel [8] Wie entwickelten sich die Arbeitnehmerverdienste in Deutschland, wenn man sie an der Kaufkraft misst? Zur Berechnung kann man die nominalen *Bruttolöhne und -gehälter* mit dem Verbraucherpreisindex VPI (2000=100) deflationieren. Wie wir erkennen, sind die Verdienste zwar gestiegen, „real" aber seit vielen Jahren zurückgegangen.

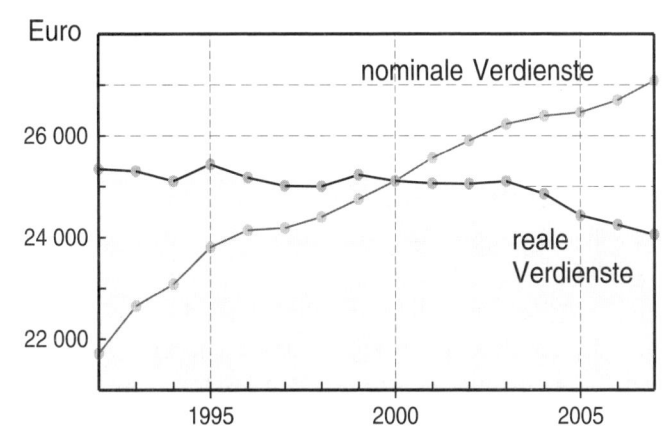

BILD 6.3 Durchschnittlicher jährlicher Bruttolohn je Arbeitnehmer in Deutschland von 1992 bis 2007 in Euro/Jahr

6.5 Mengenindizes

Will man die durchschnittliche Mengenänderung einer Gruppe von n Gütern angeben, stößt man auf die Schwierigkeit, dass die einzelnen Mengen des Mengenvektors nicht addiert werden können, wenn sie in verschiedenen Größenarten (kg, Stück, Liter, km, ...) angegeben sind. Aber selbst wenn es sich um Güter handelt, die in der gleichen Größenart gemessen werden, ist es unter Umständen nicht erwünscht, wenn eine Mengenänderung beim Rohstoff Kohle in der Durchschnittsbildung genauso berücksichtigt wird wie beim Rohstoff Gold. Deshalb geht man entsprechend der Berechnung der Preisindizes vor und gewichtet jetzt umgekehrt die Mengen mit den Preisen der Güter:

Definition: Der Quotient

$$Q_t^{(L)} := \frac{\sum_{j=1}^{n} q_{jt} p_{j0}}{\sum_{j=1}^{n} q_{j0} p_{j0}} \cdot 100 \qquad (6\text{-}16)$$

heißt *Mengenindex nach* LASPEYRES für die Berichtsperiode t zur Basisperiode 0.

Definition: Der Quotient

$$Q_t^{(P)} := \frac{\sum_{j=1}^{n} q_{jt} p_{jt}}{\sum_{j=1}^{n} q_{j0} p_{jt}} \cdot 100 \qquad (6\text{-}17)$$

heißt **Mengenindex nach** PAASCHE für die Berichtsperiode t zur Basisperiode 0.

Wenn auch der PAASCHE-Mengenindex mit den Preisen der laufenden Berichtsperiode gewichtet, zeigt er doch ebenso wie der LASPEYRES-Mengenindex einen „realen" Sachverhalt auf und stellt in einer Zeitreihe eine reale Entwicklung dar. Man beachte außerdem, dass sich der LASPEYRES-Mengenindex zu jeder Periode t von einer realen Größe entsprechend (6-14) nur um den konstanten Faktor $100 / \Sigma q_{j0} p_{j0}$ unterscheidet. Mengenindizes werden zuweilen auch **Volumenindizes** genannt.

Beispiel [9] Ein wichtiger, von der amtlichen Statistik veröffentlichter Mengenindex ist der Index der industriellen Nettoproduktion. Seine Entwicklung liefert Informationen über die Situation im produzierenden Gewerbe. Weitere Erkenntnisse über die Veränderungen in einzelnen Wirtschaftszweigen lassen sich an den Mengenindizes einzelner Sektoren ablesen. Interessant ist hier ein Vergleich zwischen der Entwicklung im früheren Bundesgebiet und den neuen Bundesländern

TABELLE 6.8   Index der Nettoproduktion für Deutschland, 2000=100

	Insgesamt		Bauhauptgewerbe		Fahrzeugbau	
Jahr	alte Länder	neue Länder	alte Länder	neue Länder	alte Länder	neue Länder
1999	94.7	92.7	101.9	112.2	91.3	91.6
2000	100	100	100	100	100	100
2001	99.7	104.8	94.0	88.5	103.7	108.8
2002	98.0	107.5	92.0	81.2	105.4	113.6
2003	97.8	113.6	87.8	77.9	108.4	119.7
2004	102.5	111.0	85.2	73.2	111.8	143.2
2005	105.4	121.3	80.6	68.5	115.4	149.4
2006	107.9	134.2	56.0	39.2	121.0	164.8

Quelle: Jahresgutachten 2006/07 des Sachverständigenrates zur Begutachtung der gesamtwirtschaftlichen Entwicklung

Beispiel [10] Ein weiterer Mengenindex ist der Index des Auftragseingangs im Bauhauptgewerbe. In ihm wird das Volumen der errichteten Bauwerke mit den Preisen der Basisperiode bewertet. Der sogenannte Wertindex (Abschnitt **6.6**) verwendet die jeweiligen Preise. Beide zeigen das gleiche trübe Bild.

TABELLE 6.9   Auftragseingang im Bauhauptgewerbe, 2000=100

Jahr	Insgesamt Volumenindex	Insgesamt Wertindex	Hochbau Volumenindex	Hochbau Wertindex	Tiefbau Volumenindex	Tiefbau Wertindex
2000	100	100	100	100	100	100
2001	95.0	93.1	92.5	93.3	98.3	92.7
2002	89.4	87.8	81.9	83.8	99.8	93.1
2003	80.1	80.2	71.3	73.7	92.1	88.8
2004	74.6	74.2	66.8	68.6	85.4	81.7
2005	73.9	72.4	64.4	67.2	84.6	79.2

Quelle: Jahresgutachten 2006/07 des Sachverständigenrates zur Begutachtung der gesamtwirtschaftlichen Entwicklung

Mengenindizes als Kettenindizes

Auch Mengen- bzw. Volumenindizes können sinnvoll als Kettenindex berechnet werden. In der LASPEYRES-Form bewertet man die aktuellen Mengen mit den Preisen der jeweiligen Vorperiode.

Die preisbereinigten Ergebnisse der VGR werden entsprechend internationaler Konventionen und verbindlicher europäischer Rechtsvorschriften nicht mehr wie bisher in Preisen eines – üblicherweise fünfjährlich wechselnden – festen Preisbasisjahres (zuletzt 1995) ausgedrückt, sondern stets in Preisen des jeweiligen Vorjahres (also z. B. Ergebnisse für das Jahr 2005 in Preisen von 2004). Durch Verkettung (chain-linking) werden für jedes Merkmal lange Zeitreihen ermittelt. Da die so verketteten Absolutwerte nicht mehr additiv sind, stehen die verketteten Indizes (in Deutschland bezogen auf das Referenzjahr 2000) im Mittelpunkt der Veröffentlichungen.

Beispiel [11] In der Volkswirtschaftlichen Gesamtrechnung (VGR) des Bundes veröffentlicht das STATISTISCHE BUNDESAMT die Entwicklung des Bruttoinlandsprodukts preisbereinigt als Kettenindex in der LASPEYRES-Form. Die Jahreswerte der Folge der Zwei-Perioden-Vergleiche von 2001 bis 2007 lauten

$$\frac{q_1 p_0}{q_0 p_0} = 1.012, \quad \frac{q_2 p_1}{q_1 p_1} = 1.00, \quad \frac{q_3 p_2}{q_2 p_2} = 0.998, \quad \cdots, \quad \frac{q_7 p_6}{q_6 p_6} = 1.025,$$

188 KAPITEL 6 *Indexzahlen*

was einem realem Wachstum von +1.24%, +0.0%, −0.2%, ⋯, +2.5% gegenüber dem jeweiligen Vorjahr entspricht.

Mit diesen Zahlen berechnet man durch Verketten eine Volumenindexzeitreihe für das BIP beginnend mit dem Wert 100 für das Jahr 2000:

TABELLE 6.10 Deutsches BIP, preisbereinigt, Kettenindex 2000=100

Jahr	2000	2001	2002	2003	2004	2005	2006	2007
Ketten- glieder		1.012	1.00	0.998	1.011	1.008	1.029	1.025
		+1.24%	0%	−0.2%	+1.1%	+0.8%	+2.9%	+2.5%
Q_t^{Kette}	**100**	101.24	101.24	101.02	102.09	102.89	105.84	108.47

Eine reale oder preisbereinigte Zeitreihe von absoluten Werten des BIP könnte man durch Multiplizieren dieser Kettenindizes

$$BIP_t^{\text{real}} = BIP_0 \cdot \frac{Q_t^{\text{Kette}}}{100} \qquad (6\text{-}18)$$

mit dem nominalen Wert einer Referenzperiode erhalten.

TABELLE 6.11 Deutsches BIP, preisbereinigt, als Kettenindex und in absoluten Werten (Mrd. Euro) bezogen auf das Jahr 2000

Jahr	2000	2001	2002	2003	2004	2005	2006	2007
Q_t^{Kette}	**100**	101.24	101.24	101.02	102.09	102.89	105.84	108.47
BIP_t^{real}	2 062.50	2 088.08	2 088.08	2 083.54	2 105.61	2 122.11	2 182.95	2 237.19

Jedoch ist dabei zu beachten, dass dies nun nicht mehr eine Zeitreihe des BIP *bewertet zu konstanten* Preisen eines Basisjahres 2000 im Sinne von (6-14) oder (6-15) darstellt, wie sie das Statistische Bundesamt früher veröffentlichte oder wie man sie durch Deflationieren mit einem PAASCHE-Preisindex näherungsweise erhalten könnte. Vielmehr bleibt es bis auf den konstanten Faktor $BIP_0/100$ eine Kettenindex-Zeitreihe. Auch wäre jedes andere Jahr als Referenzjahr ebenso geeignet.

6.6 Wertindizes

Will man die zeitliche Veränderung von Wertgrößen (Umsatz, Sozialprodukt, Export, Verbrauch usw.) in einer Zeitreihe anschaulich darstellen und mit einer Basisperiode vergleichen, so kann man **Wertindizes**

$$I_t := \frac{\sum_{j=1}^{n} q_{jt} p_{jt}}{\sum_{j=1}^{n} q_{j0} p_{j0}} \cdot 100 \qquad (6\text{-}19)$$

für $t = \cdots, -1, 0, 1, 2, 3, \cdots$ berechnen.

Diese Wertindizes heißen nur so, sind aber keine „echten Indizes", denn sie spiegeln die Entwicklung nur *einer* statistischen Variablen, nämlich die des Wertaggregates W, wider. Es sind daher reine *Messzahlen*, wie in Abschnitt **6.1** dargestellt:

$$I_t = \frac{\sum q_{jt} p_{jt}}{\sum q_{j0} p_{j0}} \cdot 100 = \frac{W_t}{W_0} \cdot 100$$

Beispiel [12] Zeitreihe der Umsätze eines Unternehmens

TABELLE 6.12   Umsatz der BOSCH-GRUPPE in Mio. € ab 1997

Jahr	t	$q_t p_t$ Mio. €/Jahr	I_t 2000=100	Jahr	t	$q_t p_t$ Mio. €/Jahr	I_t 2000=100
1997	−3	23 955	76.0	2002	2	34 977	110.8
1998	−2	25 735	81.6	2003	3	36 357	117.1
1999	−1	27 906	88.4	2004	4	38 954	123.4
2000	0	31 556	100	2005	5	41 461	131.4
2001	1	34 029	107.8	2006	6	43 684	138.4

Quelle: Geschäftsberichte der Robert Bosch GmbH

Eine Wertindex-Zeitreihe gibt immer eine *nominale* Entwicklung wieder. Sie kann allerdings entsprechend den Überlegungen in Abschnitt **6.4** preisbereinigt werden, indem man sie durch eine passende Preisindex-Zeitreihe dividiert. Wie man leicht sieht, entspricht der mit einem PAASCHE-Preisindex deflationierte Wertindex

$$\frac{I_t}{P_t^{(P)}} \cdot 100 = Q_t^{(L)}$$

einem LASPEYRES-Mengenindex (und umgekehrt).

Beispiel [13] Monatliche Konsumausgaben der privaten Haushalte

TABELLE 6.13 Privater Verbrauch in Deutschland

Jahr	t	$q_t p_t$ privater Verbrauch in €/Monat	I_t 2000=100	$Q_t^{Kette} = \dfrac{I_t}{HVPI_t} \cdot 100$ preisbereinigt mit HVPI
1998	−2	2 714.88	94.92	96.96
1999	−1	2 792.40	97.63	99.02
2000	0	2 860.16	100	100
2001	1	2 940.15	102.80	100.98
2002	2	2 922.53	102.18	99.01
2003	3	2 952.72	103.24	98.98
2004	4	2 991.47	104.59	98.58
2005	5	3 026.13	105.80	97.78
2006	6	3 097.45	108.30	98.36
2007	7	3 131.46	109.49	97.23

Quelle: Statistisches Bundesamt, Statistisches Jahrbuch 2008

Man erhält einen PAASCHE-Mengenindex für den privaten Verbrauch, indem man den Wertindex durch die Zeitreihe des LASPEYRES-Preisindex dividiert.

Kontrollfragen

1. Was ist der Unterschied zwischen einer Mess- und einer Indexzahl?
2. Was ist ein Warenkorb?
3. Welche Preisindizes kennen Sie? Wozu dient die Berechnung von Preisindizes?
4. Warum übt die Preisentwicklung in den neuen Ländern auf die Entwicklung der Gesamtindizes nur einen geringen Einfluss aus?
5. Die Einzelhandelspreise sind nach TABELLE 6.4 seit 2000 um 6% gestiegen, der Verbraucherpreisindex aber um 12.6%. Wie ist das möglich?
6. Warum führt man Indexreformen durch?
7. Nennen Sie Vor- und Nachteile der Berechnung von Kettenindizes.
8. Was ist der Unterschied zwischen einer realen und einer nominalen Größe? Was sind die Unterschiede zwischen den Attributen *real, nominal, zu konstanten Preisen, preisbereinigt, deflationiert*?

9 Worüber geben Mengenindizes Auskunft?

10 Was versteht man unter einer Wertgröße und was unter einem Wertaggregat? Nennen Sie Beispiele.

PRAXIS

Macht der Euro alles teurer?

Nach der Einführung des Euro als Bargeld zum Jahreswechsel 2001/2002 berichteten die Medien mit Schlagwörtern wie „Euro = Teuro" immer wieder über erhebliche Preissteigerungen. Am 19.06.2002 wurde im ARD-Morgenmagazin ein Interview mit einem Vertreter des Statistischen Bundesamtes ausgestrahlt.

ARD-Morgenmagazin: Etwa sechs Monate Euro: Wir wollen in dieser Woche eine erste Bilanz ziehen, wollen schauen, wie ist die Euro-Umstellung gelungen, und ist durch die Einführung des Euros alles teurer geworden? Sind die Preise tatsächlich gestiegen? Der Mann, der diese Woche für uns aufs Geld schauen wird, kuckt eigentlich immer nur auf das Wetter, aber hat den Euro fest im Blick: Karsten Schwanke. Heute sind wir im Statistischen Bundesamt in Wiesbaden. Dort wird regelmäßig die Inflationsrate ermittelt. Im Mai lag sie noch bei 1.1 %, also viel niedriger, als die meisten denken. Karsten, jetzt an dich die Frage: Wie wird die Inflationsrate ermittelt?

Karsten Schwanke: *Mit Hilfe dieses Einkaufswagens, den wir hier hereingeschoben haben. Nicht, dass man hier im Statistischen Bundesamt die Sachen alle kaufen kann, nein, das ist ein ganz kleiner Auszug des sogenannten „Warenkorbs". Was haben wir da alles drin? Tomaten, Milch, Blumenkohl, einen Drucker, eine Tageszeitung und und und. Insgesamt werden die Preise von mehr als 750 verschiedenen Waren betrachtet. Neben mir steht der Leiter der Abteilung, die sich hier beim Statistischen Bundesamt um die Preisentwicklung kümmert, Jürgen Chlumsky, und die erste Frage, die mich interessiert: 750 verschiedene Waren, haben die alle in dieser Preisbetrachtung die gleiche Bedeutung?*

Jürgen Chlumsky: Nein, selbstverständlich nicht. Diese Waren und Dienstleistungen werden gemäß ihrer Verbrauchsbedeutung gewichtet. Es ist ja ein Unterschied, ob die Miete um 10% steigt oder der Kopfsalat um 10% teurer wird. Und diese Wägungsanteile, diese Gewichtung, die leiten wir aus Erhebungen ab, die wir bei den Haushalten machen. Da schreiben 60 000 Haushalte auf, wofür sie ihr Geld ausgeben, und daraus werden dann diese Gewichtungen errechnet.

Karsten Schwanke: *Wie gut ist denn eigentlich jetzt dieser Warenkorb? Also, wie oft wird denn hier angepasst, und wonach wird er ausgerichtet?*

Jürgen Chlumsky: Wir werden alle fünf Jahre diesen Warenkorb neu justieren. Wir werden das jetzt Anfang 2003 wieder machen. Ich kann aber jetzt schon verraten – aus der Werkstatt sozusagen –, dass sich das Verbrauchsverhalten viel weniger ändert, als die Menschen häufig annehmen.

Karsten Schwanke: *Wir haben jetzt fast sechs Monate schon den Euro in den Händen. Da gibt's ja jetzt vielerorts bei den meisten Leuten die Befürchtung und Meinung, alles hat sich verteuert. Auch das haben Sie untersucht. Was können Sie uns sagen? Haben sich die Preise bei der Euro-Umstellung definitiv geändert, und zwar nach oben?*

Jürgen Chlumsky: So kann man das nicht sagen. Unser Geld hat durch die Währungsumstellung nicht an Wert verloren. Aber es gibt unterschiedliche Entwicklungen. So haben wir es im Dienstleistungssektor – und da können wir es tatsächlich beobachten – mit Preissteigerungen zu tun, die über das normale Maß hinausgehen.

Karsten Schwanke: *Was ist da besonders teuer geworden?*

Jürgen Chlumsky: Es fällt auf, dass im Gastgewerbe im Grunde genommen rundum die Preise heftig gestiegen sind, und zwar in der Tat zu Beginn des Jahres. Wir haben da einen Preissprung, den es so und auch sonst zu einem Jahrswechsel nicht gegeben hat. Hier ist es der Verzehr von Bier und von Mineralwasser, das gilt aber ebenso für 'ne Pizza und ein Schnitzel.

Karsten Schwanke: *Hier in diesem Haus in Wiesbaden beim Statistischen Bundesamt arbeiten ja mehr als 2000 Mitarbeiter, aber etwa 23 kümmern sich genau um diese Verbraucherpreise. Hier werden die Preise, die Preisentwicklungen berechnet und statistisch untersucht für Deutschland. Nun sagt ja der Name Euro, wir haben es hier auch mit einem europäischen Problem oder mit einer europäischen Angelegenheit zu tun. Wie sehen denn die Warenkörbe in den anderen europäischen Ländern aus, und wird dort auch nach der gleichen Methode gerechnet?*

Jürgen Chlumsky: Die Warenkörbe sehen in den anderen Ländern anders aus, denn die Verbrauchsbedeutung der einzelnen Produkte sieht auch anders aus. Das Heizen hat in Norwegen einen anderen Stellenwert als z. B. in Griechenland. Roggenbrot hat in Frankreich nicht die Bedeutung wie in Deutschland. Aber die Methodik, die Verfahren in der Preisermittlung, auch die Klassifikation und die Gliederung sind international abgestimmt. Es gibt das EUROSTAT, das statistische Amt der Europäischen Union in Luxemburg, und da fahren meine Kollegen hin. Der für die Verbraucherpreise zuständige Referatsleiter verbringt dort einen gehörigen Teil seiner Arbeitszeit.

Karsten Schwanke: *Und was können Sie uns jetzt verraten über die Preisentwicklung bei der Euro-Umstellung in den anderen Euro-Ländern? Gab es dort auch einige Ausreißer?*

Jürgen Chlumsky: Es gab auch Ausreißer und auch auf ähnlichen Gebieten. Es fällt auf, dass auch der Dienstleistungssektor in anderen Ländern betroffen ist. Aber lassen Sie sich das ruhig auch mal sagen bei der Gelegenheit: Die öffentliche Aufregung ist in anderen Ländern sehr viel geringer als bei uns!

Statistisches Bundesamt (Hrsg.): *Sechs Monate Euro – Eine Zwischenbilanz der amtlichen Preisstatistik* (Wolfgang Buchwald, Jürgen Chlumsky und Nadin Engelhard)
Statistisches Bundesamt (Hrsg.): *Ein Jahr Euro - ein Jahr Teuro?* (Jürgen Chlumsky und Nadin Engelhard) (www.destatis.de/presse/d/preis/vpitsti10.htm)

ERGÄNZENDE LITERATUR

Allen, R. G. D.: *Index Numbers in Economic Theory and Practice*, Chicago: Aldine Pub, 2008

von der Lippe, Peter M.: *Wirtschaftsstatistik*, 5. Aufl., Stuttgart: Lucius & Lucius, 1996, Kap. 9

Neubauer, Werner: *Preisstatistik*, München: Vahlen, 1996

Polasek, Wolfgang: *Explorative Datenanalyse*, 2. Aufl., Berlin, Heidelberg, New York: Springer 1999, Kap. 14

Statistisches Bundesamt: *Zur Kritik am Preisindex für die Lebenshaltung in der Bundesrepublik Deutschland*, erhältlich unter www.destatis.de/basis/d/preis/vpitsti1.htm

AUFGABEN

6.1 **Berechnung von Preisindizes.** Es werde ein Warenkorb mit vier Gütern herangezogen. Mengen und Preise sind in der folgenden Tabelle zusammengefasst:

Gut Nr.	2002 Menge	2002 Preis	2006 Menge	2006 Preis
1	10	40	10	60
2	10	30	8	45
3	5	20	25	30
4	25	80	5	120

a) Berechnen Sie einen Preisindex nach LASPEYRES für 2006 zur Basis 2002=100.

b) Berechnen Sie einen Preisindex nach PAASCHE für 2006 zur Basis 2002=100.

c) Falls die beiden Indizes verschieden sind: Begründen Sie, warum die Indizes voneinander abweichen.

Falls die beiden Indizes gleich sind: Erläutern Sie, warum die Indizes gleich sind, obwohl sich die Struktur des Warenkorbs geändert hat.

6.2 Wie können mögliche numerische Unterschiede zwischen PAASCHE- und LASPEYRES-Index erklärt werden, obwohl die Ausgangsdaten für die Berechnung gleich waren?

6.3 In der Periode $t = 1$ sind alle Preise um genau 5 % höher als in der Periode $t = 0$. Infolge einer Rezession sind jedoch gleichzeitig die gehandelten Mengen sämtlich um genau 5 % gesunken.

a) Berechnen Sie $P_1^{(L)}$ und $P_1^{(P)}$.

b) Unter welchen anderen, von der oben geschilderten Situation abweichenden Bedingungen könnte sich ein PAASCHE-Preisindex von einem LASPEYRES-Preisindex unterscheiden?

6.4 **Photoamateure.** Vom Verein der Photoamateure e.V. wurden folgende durchschnittliche Preise p und durchschnittlich vom gehobenen Digitalamateur konsumierte Mengen q mitgeteilt:

	2005		2006		2007		2008	
	q_0	p_0	q_1	p_1	q_2	p_2	q_3	p_3
Digitalcamera 5 MPix	0.2	727.–	0.2	690.–	0.3	550.–	0.3	390.–
Stativ	0.3	50.–	0.2	55.–	0.2	55.–	0.2	70.–
Speicherkarte	1	79.–	1	48.–	0.5	29.–	0	18.–
Color-Prints 13x18	90	1.–	110	0.85	140	–.27	150	–.37
Photobuch 32 Seiten	2	58.–	2	49.–	3	38.–	4	24.–

a) Berechnen Sie einen „Preisindex für Photoartikel (gehobener Amateurbedarf)" nach LASPEYRES zur Basis 2005=100.

b) Berechnen Sie eine entsprechende Index-Zeitreihe nach PAASCHE.

c) Zeichnen Sie die Charts der beiden Index-Zeitreihen in ein Diagramm.

d) Um wie viel Prozent/Jahr sind nun die Preise für Photoartikel von 2005 bis 2008 im Durchschnitt gestiegen oder gefallen? (Hinweis: Abschnitt **2.3**)

6.5 **Mittelwerte.** Bei der Berechnung von Preisindizes werden die Preise

$$p_{1t}, p_{2t}, \ldots, p_{nt}$$

der Periode t einer endlichen Anzahl n verschiedener Waren irgendwie „gemittelt". Dabei spielen die Mengen

$$q_{1t}, q_{2t}, \ldots, q_{nt}$$

der gehandelten Waren eine wichtige Rolle.

a) Um welche Art von Mittelwert handelt es sich, und welche Größen werden dabei gemittelt?

b) Wie lauten die Gewichte **(1)** beim PAASCHE-Index und **(2)** beim LASPEYRES-Index?

6.6 In einer Periode $t = 0$ seien LASPEYRES- und PAASCHE-Preisindex

$$P_0^{(L)} = P_0^{(P)} = 100.$$

In der Periode $t = 1$ seien nun alle Preise um genau 10% höher als in der Periode $t = 0$, die gehandelten Mengen jedoch mögen sich unterschiedlich verändert haben.

Können Sie $P_1^{(L)}$ und $P_1^{(P)}$ oder nur einen von beiden exakt angeben?

6.7 **Lebenshaltungskosten eines Studentenhaushalts.** Versuchen Sie, einen repräsentativen Warenkorb für die Berechnung eines Preisindex für die Lebenshaltungskosten eines „Ein-Personen-Studentenhaushalts mit niedrigem Einkommen" zu entwerfen. Der Einfachheit halber soll der Warenkorb nicht mehr als 20 Waren enthalten.

6.8 a) Berechnen Sie aus den Zahlen der Aufgabe **6.4** die Zeitreihen der Mengenindizes nach LASPEYRES und PAASCHE.

b) Warum unterscheiden sich die beiden Zeitreihen?

c) Wie sind sie zu interpretieren?

6.9 **Hocus-Pocus**

The Real-World Consequences of Producing Unreal Inflation Numbers

BUENOS AIRES, June 12th 2008. Rising inflation is causing headaches for central bankers across the world. But it seems that Argentina's monetary policymakers will be spared such concerns, thanks to the country's updated consumer price index, which came into force on June 10th.

According to the new methodology, every time a product's price rises too sharply, it will simply be removed from the index on the ground that consumers will be deterred by the expense and switch to other goods. It came as little surprise, therefore, when the government announced the official inflation figure for May to be a mere 0.6%, while virtually all independent estimates topped 1%.

Argentines are accustomed to their government cooking the books. Since January 2007, the official inflation rate has been doctored to remain in single digits, while the true figure has soared above 20%. When CRISTINA FERNÁNDEZ DE KIRCHNER succeeded her husband as president last December, it was hoped that she might help restore the government's computational credibility, given that she had promised during her campaign to revamp the national statistics bureau. Those expectations have now been dashed. Rather than stopping the meddling that took place during NÉSTOR KIRCHNER's administration, the new index merely formalises it.

Even without the government's creative accounting, inflation would still be Argentines' prime concern. Thanks to a public spending binge ahead of last October's elections, along with government-mandated wage increases, a cheap currency and low interest rates, demand has charged ahead of the economy's productive capacity. Most forecasters expect prices to rise by 25–30% this year. Salaries are struggling to keep up, particularly for workers paid under the table. According to ERNESTO KRITZ, a labour economist, real wages are now stagnant at best, and poverty and income inequality are on the rise. This has caused MS FERNÁNDEZ's popularity to fall even faster than inflation has risen, from 54% in February to 26% now, according to POLIARQUÍA, a pollster.

But manipulating the official statistics has created costs of its own. Corporate expansion plans and bank lending

depend on a reliable benchmark of price increases. In its absence, the long-term investment required to alleviate inflationary pressures has foundered. And although ERIC RITONDALE, senior economist with EconViews, a consultancy, reckons that the government saved around $500m last year on its inflation-protected bonds as a result of fiddling its figures, investors have punished Argentina for its malfeasance by increasing its risk premium, forcing it to pay higher interest rates when it refinances debt.

Fixing this mess will not be easy. The KIRCHNERs are loth to recognise mistakes, and a legitimate recalibration of the index would require them to admit they have been deceiving the public. A serious effort to combat inflation would also entail implementing policies they have publicly denounced: reducing transport and energy subsidies, raising utility tariffs, increasing interest rates, appreciating the currency and keeping a lid on wages. But the longer they wait to come clean, the fresher their deceit will be in the minds of voters in next year's mid-term elections.

The Economist

a) Stellen Sie dar, warum das in dem Artikel geschilderte argentinische Verfahren bei der Verwendung von Kettenindizes besonders leicht zu praktizieren ist.

b) Zählen Sie die angesprochenen „Real-World Consequences" auf.

c) Fallen Ihnen noch weitere reale Wirkungen ein, die von den unrealistischen Preisindizes ausgehen könnten?

LÖSUNGEN

6.1 a) 150   b) 150

6.3 105; 105

6.4 a) 100, 84.64, 57.43, 44.52
     b) 100, 85.76, 58,85, 43,61
     d) –13.6%, –14.2%

6.6 110, 110

6.8 a) 100, 121.8, 148.2, 165.1
     100, 122.0, 148.2, 166.1

Teil II
Wahrscheinlichkeitsrechnung

Kapitel 7 **Elementare Kombinatorik** 199

Kapitel 8 **Grundlagen der Wahrscheinlichkeitstheorie** 213

Kapitel 9 **Zufallsvariablen** 257

Kapitel 10 **Mehrdimensionale Zufallsvariablen** 307

Kapitel 11 **Stochastische Modelle und spezielle Verteilungen** 337

Kapitel 12 **Wichtige Grenzwertsätze** 395

KAPITEL 7

Elementare Kombinatorik

Die Kombinatorik beschäftigt sich mit der Bildung von Zusammenstellungen von Elementen aus einer vorgegebenen endlichen Menge. Bei den Elementen der fraglichen Menge kann es sich um die verschiedensten Dinge handeln, etwa um Bücher, Buchstaben, Zahlen, einen Satz Lottokugeln oder Spielkarten.

Verschiedene kombinatorische Modelle stellen die **Anzahl der möglichen Zusammenstellungen**, die man aus den Elementen der Menge bilden kann, fest. Dabei ist zu unterscheiden, ob für die Zusammenstellung alle Elemente der Menge verwendet werden oder nur ein Teil. Im ersten Fall sprechen wir von ***Permutationen***, im zweiten Fall von ***Kombinationen***.

Im folgenden Kapitel **8** werden wir sehen, wie man in bestimmten Fällen Wahrscheinlichkeiten durch Auszählen von Möglichkeiten ermitteln kann. Dazu werden die kombinatorischen Modelle nützlich sein. In Kapitel **11** verwenden wir sie auch als **Stichprobenmodelle**, also dazu, die möglichen Zufallsstichproben aus einer Grundgesamtheit zu untersuchen.

7.1 Fakultäten und Binomialkoeffizienten

Fakultäten und Binomialkoeffizienten sind Hilfsmittel zur übersichtlicheren Darstellung der kombinatorischen Modelle.

Definition: Das Symbol $n!$ bezeichnet das Produkt der natürlichen Zahlen von 1 bis n

$$n! := 1 \cdot 2 \cdot 3 \cdot \cdots \cdot (n-1) \cdot n \qquad (7\text{-}1)$$

und heißt *n–**Fakultät***. Zusätzlich ist festgelegt

$$0! := 1.$$

200 KAPITEL 7 *Elementare Kombinatorik*

Die Fakultäten können auch anders, nämlich rekursiv, definiert werden mit

$$0! := 1$$
$$(n+1)! := n! \cdot (n+1).$$
(7-2)

Beispiele [1] für Fakultäten:

$$1! = 1$$
$$2! = 1 \cdot 2 = 2$$
$$3! = 1 \cdot 2 \cdot 3 = 6$$
$$4! = 1 \cdot 2 \cdot 3 \cdot 4 = 24$$
$$5! = 4! \cdot 5 = 120$$
$$\vdots$$
$$10! = 3\,628\,800$$
$$20! = 2.432902008 \cdot 10^{18}$$
$$30! = 2.652528598 \cdot 10^{32}.$$

Man sieht, dass die Fakultäten enorm schnell ansteigen. So versagen ungefähr bei 60! bereits die meisten Taschenrechner. Einen guten Näherungswert für $n!$ liefert die STIRLING-Formel[1]:

$$n! \approx \sqrt{2\pi n} \cdot \left(\frac{n}{e}\right)^n =: \text{St}(n).$$
(7-3)

Dabei ist e die EULERsche Zahl[2] (e = 2.71828183...), eine irrationale reelle Zahl, die in der Mathematik eine große Bedeutung hat. Zwar nimmt der absolute Fehler der STIRLING–Formel für größer werdende n zu und wächst für $n \to \infty$ sogar über alle Grenzen. Es gilt einerseits

$$|n! - \text{St}(n)| \to \infty,$$

aber andererseits

$$\frac{n!}{\text{St}(n)} \to 1,$$

das heißt, der *relative* Fehler nimmt ab. An der STIRLING-Formel sieht man, dass die Fakultäten schneller ansteigen als jede Exponentialfunktion.

---

[1] JAMES STIRLING, 1692–1770, englischer Mathematiker, genannt STIRLING THE VENETIAN, weil er aus Oxford davongejagt wurde und in Venedig studieren musste. Die Formel ist nach ihm benannt, weil er sie benutzt hat, jedoch stammt sie in Wirklichkeit von ABRAHAM DE MOIVRE (vgl. Fußnote zu Abschnitt **11.9**).

[2] LEONHARD EULER, siehe Fußnote in Kapitel **12**.

Definition: Der *Binomialkoeffizient* $\binom{n}{k}$, sprich „n über k", ist für ganze $n > 0$, ganze $k \geq 0$ und $n \geq k$ definiert als

$$\binom{n}{k} := \frac{n!}{k!\,(n-k)!} \,. \tag{7-4}$$

Bei der praktischen Berechnung der Binomialkoeffizienten – sei es von Hand oder mit dem Computer – empfiehlt es sich, nicht Zähler und Nenner getrennt auszurechnen, sondern vorher soviel wie möglich zu kürzen. Das ist einfacher, und man vermeidet dadurch zu große Zahlen und Rundungsfehler. Grundsätzlich kommen die Faktoren von $k!$ beziehungsweise von $(n-k)!$ im Nenner jedes Binomialkoeffizienten im Zähler bereits vor, so dass sie alle weggekürzt werden können. Nehmen wir etwa den Binomialkoeffizienten

$$\binom{9}{4} = \frac{9!}{4!\,(9-4)!} = \frac{9!}{4!\,5!} = \frac{9\cdot 8\cdot 7\cdot 6\cdot 5\cdot 4\cdot 3\cdot 2\cdot 1}{4\cdot 3\cdot 2\cdot 1 \,\cdot\, 5\cdot 4\cdot 3\cdot 2\cdot 1},$$

bleibt nach dem Kürzen von 5! nur noch der Ausdruck

$$\binom{9}{4} = \frac{9\cdot 8\cdot 7\cdot 6}{4\cdot 3\cdot 2\cdot 1}$$

übrig: Im Zähler stehen als Faktoren die vier natürlichen Zahlen von 9 abwärts und im Nenner die vier natürlichen Zahlen von 4!. Auf diese Weise lassen sich viele Binomialkoeffizienten auch von Hand schnell ausrechnen.

Beispiele [2]

$$\binom{49}{6} = \frac{49\cdot 48\cdot 47\cdot 46\cdot 45\cdot 44}{6\cdot 5\cdot 4\cdot 3\cdot 2\cdot 1} = 49\cdot 2\cdot 47\cdot 46\cdot 3\cdot 22$$
$$= 13\,983\,816$$

$$\binom{37}{3} = \frac{37\cdot 36\cdot 35}{3\cdot 2\cdot 1} = 37\cdot 6\cdot 35 = 7770\,.$$

Die Binomialkoeffizienten heißen so, weil sie die Koeffizienten der bekannten binomischen Formel

$$(a+b)^n = \sum_{k=0}^{n} \binom{n}{k} a^k\, b^{n-k}$$

sind.

202 KAPITEL 7 *Elementare Kombinatorik*

Die Binomialkoeffizienten lassen sich besonders schön im sogenannten PASCALschen Dreieck[3] darstellen:

```
n = 0:                         1
n = 1:                       1   1
n = 2:                     1   2   1
n = 3:                   1   3   3   1
n = 4:                 1   4   6   4   1
n = 5:               1   5  10  10   5   1
n = 6:             1   6  15  20  15   6   1
n = 7:           1   7  21  35  35  21   7   1
n = 8:         1   8  28  56  70  56  28   8   1
n = 9:       1   9  36  84 126 126  84  36   9   1
```

BILD 7.1   Binomialkoeffizienten im PASCALschen Dreieck

Hierin steht zum Beispiel der Binomialkoeffizient

$$\binom{7}{3} = 35$$

an der 4. Stelle in der Zeile für $n = 7$. Jeder Koeffizient im Inneren des PASCALschen Dreieck kann rekursiv berechnet werden: Er ist gerade die Summe der beiden unmittelbar darüberstehenden Koeffizienten gemäß der Formel

$$\binom{n}{k} + \binom{n}{k+1} = \binom{n+1}{k+1}. \tag{7-5}$$

---

[3] BLAISE PASCAL, 1623–1662, französischer Mathematiker, Physiker, Religionsphilosoph und Dichter. Als 18-Jähriger baute er die erste Rechenmaschine, um seinem Vater, der Steuerinspektor war, die umfangreichen Rechenaufgaben zu erleichtern. Er erfand auch das Beweisverfahren der vollständigen Induktion.

Es gilt stets
$$\binom{n}{0} = \binom{n}{n} = 1, \qquad \binom{n}{1} = n$$

und
$$\binom{n}{k} = \binom{n}{n-k}.$$

7.2 Das Fundamentalprinzip der Kombinatorik

Wenn ein Sachverhalt auf n_1 Arten erfüllt werden kann und ein zweiter Sachverhalt unabhängig davon auf n_2 Arten, so ist die Gesamtzahl der Möglichkeiten, gleichzeitig beide Sachverhalte zu erfüllen, gerade gleich dem Produkt $n_1 \cdot n_2$.

Beispiel [3] Wenn es für den Posten des Wirtschaftsministers 3 geeignete Kandidaten gäbe und für den des Finanzministers 5 andere Kandidaten, dann hätte der Regierungschef $3 \cdot 5 = 15$ verschiedene Möglichkeiten, diese beiden Ministerämter zu besetzen.

Dieses Fundamentalprinzip, das das Verständnis des Folgenden erleichtert, kann auch auf k Sachverhalte verallgemeinert werden.

Die Anzahl der Möglichkeiten, k Sachverhalte, die unabhängig voneinander auf jeweils n_i Arten ($i = 1 \cdots k$) erfüllt werden können, gleichzeitig zu erfüllen, ist natürlich gerade gleich dem Produkt der einzelnen Anzahlen und beträgt

$$\boxed{T = n_1 \cdot n_2 \cdot \ldots \cdot n_k} \tag{7-6}$$

In vielen Anwendungen kann jeder der k Sachverhalte auf genau gleich viele Arten erfüllt werden. Dann sind alle $n_i = n$ und die Anzahl der Möglichkeiten ist einfach

$$_nT_k = n^k \tag{7-7}$$

Beispiel [4] Die Stadt Duisburg möchte wissen, wie viele verschiedene KFZ-Kennzeichen sie ausgeben kann, wenn ein oder zwei Buchstaben mit einer ein- bis dreistelligen Zahl verknüpft werden. Für den ersten Buchstaben gibt es 27 Möglichkeiten, für den zweiten 26, für die drei Ziffern jeweils 10 Möglichkeiten. Also gibt es

$$T = 27 \cdot 26 \cdot 10 \cdot 10 \cdot 10 = 702\,000$$

verschiedene Nummernschilder, was für Duisburg ausreichen sollte (vgl. Aufgabe 7.2).

Beispiel [5] Wie viele unterscheidbare Byte-Muster gibt es? Ein Byte besteht aus $k = 8$ Bit. Jedes Bit kann auf $n = 2$ Arten – nämlich mit 0 oder 1 – besetzt werden. Es gibt also

$$_2T_8 = 2^8 = 256$$

verschiedene Byte-Muster.

Beispiel [6] Zwei Würfel, ein roter und ein grüner, werden gleichzeitig geworfen. Wie viele verschiedene Ergebnisse können hervortreten? Jeder Würfel kann auf $n = 6$ verschiedene Arten liegenbleiben. Es gibt also

$$_6T_2 = 6^2 = 36$$

verschiedene mögliche Würfelergebnisse.

7.3 Permutationen

Definition: Gegeben sei eine Menge mit n Elementen. Jede Zusammenstellung all dieser Elemente in irgendeiner Reihenfolge heißt eine **Permutation** dieser n Elemente.

Beispiel [7] Aus der Menge $\{a, b, c\}$ lassen sich 6 Permutationen bilden, nämlich

abc   bac   cab
acb   bca   cba .

Die Menge $\{a, b, c, d\}$ hat bereits die 24 Permutationen:

abcd   bacd   cabd   dabc
abdc   badc   cadb   dacb

acbd   bcbd   cbad   dbac
acdb   bcdb   cbda   dbca

adbc   bdbc   cdab   dcab
adcb   bdcb   cdba   dcba .

Bei der Berechnung der Anzahl der möglichen Permutationen von n Elementen ist zu beachten, ob diese Elemente alle verschieden sind oder nicht: Sind alle n Elemente unterscheidbar, so gilt

$$\boxed{_nP = n!}$$ (7-8)

❏ *Beweis:* Die Richtigkeit der Formel ist leicht einzusehen: Man hat n Möglichkeiten, den ersten Platz der Zusammenstellung zu besetzen; danach bleiben für die Besetzung des 2. Platzes noch $n-1$ Elemente, für den 3. Platz noch $n-2$ Elemente usw. Nach dem Fundamentalprinzip ist die Gesamtzahl der möglichen Permutationen gleich dem Produkt $n \cdot (n-1) \cdot (n-2) \cdot \ldots \cdot 1 = n!$. ❏

Beispiel [8] Nur zehn Bücher lassen sich in sage und schreibe $_{10}P = 10! = 3\,628\,800$ verschiedenen Reihenfolgen nebeneinander ins Regal stellen.

Sind nicht alle n Elemente verschieden, so wird die Anzahl der unterscheidbaren Permutationen natürlich kleiner sein. Befinden sich in einer Menge von $n = 10$ zum Beispiel $n_1 = 4$ gleiche Elemente, so sind diejenigen 4! Zusammenstellungen, die sich nur in der Reihenfolge dieser 4 Elemente unterscheiden würden, als ein und dieselbe Permutation anzusehen. Die Anzahl der unterscheidbaren Permutationen wäre dann nach dem Fundamentalprinzip der Kombinatorik um den Faktor 4! kleiner, und zwar

$$_nP_{n_1} = \frac{n!}{n_1!} = \frac{10!}{4!} = \frac{3\,628\,800}{24} = 151\,200 \; ,$$

was immer noch eine ganz schöne Menge ist.

In der Verallgemeinerung dieser Überlegungen kommen wir zu folgendem Ergebnis: Sind nicht alle Elemente der zu permutierenden Menge verschieden, bildet man aus ihnen m Gruppen (Klassen) gleicher Elemente; die Gruppe i enthalte $n_i \geq 1$ Elemente, so dass $n = n_1 + n_2 + \cdots + n_m$. Dann ist die Anzahl der unterscheidbaren Permutationen dieser Elemente

$$_nP_{n_1,\cdots,n_m} = \frac{n!}{n_1! \cdot n_2! \cdot \ldots \cdot n_m!} \tag{7-9}$$

Beispiel [9] Die Anzahl der Permutationen der $n = 9$ Buchstaben des Wortes STATISTIK beträgt

$$_9P_{2,3,1,2,1} = \frac{9!}{2!\,3!\,1!\,2!\,1!} = 15\,120 \; .$$

Formel (7-9) enthält natürlich (7-8) als trivialen Spezialfall: Sind alle n Elemente verschieden, so wären dies n Gruppen zu jeweils genau *einem* Element; im Nenner von (7-9) würden lauter Einsen stehen.

7.4 Kombinationen

Definition: Gegeben sei eine Menge mit n verschiedenen Elementen. Jede Zusammenstellung von k Elementen daraus heißt **Kombination k-ter Ordnung** aus diesen Elementen.

Um die Anzahl der möglichen Kombinationen anzugeben, müssen wir zwei Fälle unterscheiden. Je nachdem, ob wir Kombinationen, die sich nur in der Reihenfolge der Elemente unterscheiden, als verschieden ansehen oder nicht, sprechen wir von *Kombinationen mit Berücksichtigung der Anordnung* oder *Variationen* und von *Kombinationen ohne Berücksichtigung der Anordnung*.

Kombinationen mit Berücksichtigung der Anordnung

Beispiel [10] Aus den Elementen der Menge $\{a, b, c\}$ lassen sich die folgenden sechs Kombinationen 2. Ordnung bilden:

$$\begin{array}{ll} ab & ac \\ ba & bc \\ ca & cb \end{array}$$

Die Anzahl der möglichen Kombinationen k-ter Ordnung aus n Elementen *mit* Berücksichtigung der Anordnung beträgt:

$$\boxed{{}_nV_k = \frac{n!}{(n-k)!}} \qquad (7\text{-}10)$$

❏ *Beweis:* Es gibt genau n Möglichkeiten, den 1. Platz der Kombination zu besetzen, danach $n-1$ Möglichkeiten für den 2. Platz usw. und schließlich $n-k+1$ Möglichkeiten für den k-ten und letzten Platz. Somit gibt es nach dem Fundamentalprinzip gerade

$$n \cdot (n-1) \cdot (n-2) \cdot \ldots \cdot (n-k+1) = n!/(n-k)!$$ Kombinationen. ❏

Beispiel [11] Bei den Olympischen Sommerspielen in London starten $n = 8$ Sprinter zum 100-Meter-Lauf. Es gibt

$${}_8V_3 = \frac{8!}{(8-3)!} = 8 \cdot 7 \cdot 6 = 336$$

verschiedene Kombinationen für Gold, Silber und Bronze.

Man beachte, dass die Permutationen auch als Spezialfall der Kombinationen, und zwar als Kombinationen *n*-ter Ordnung aus *n* Elementen, angesehen werden können. Deshalb ist auch

$$_nP = {_nV_n}.$$

Kombinationen ohne Berücksichtigung der Anordnung

Die Anzahl der Kombinationen *ohne* Berücksichtigung der Anordnung ist natürlich kleiner.

Beispiel [12] Wenn die Anordnung nicht berücksichtigt wird, dann zählt man aus der Menge {a, b, c} nur die drei Kombinationen 2. Ordnung:

$$ab = ba$$
$$ac = ca$$
$$bc = cb.$$

Die Anzahl der möglichen Kombinationen *k*-ter Ordnung aus *n* verschiedenen Elementen ohne Berücksichtigung der Anordnung beträgt

$$\boxed{_nC_k = \binom{n}{k}} \qquad (7\text{-}11)$$

❑ *Beweis:* Jede dieser Kombinationen ohne Berücksichtigung der Anordnung kann nach (7-8) auf genau *k*! Weisen permutiert werden. Deshalb muss gelten:

$$_nC_k = \frac{_nV_k}{k!} = \frac{n!}{(n-k)!\,k!} = \binom{n}{k}. \qquad ❑$$

Beispiel [13] Möchte man wissen, wie viele Möglichkeiten es gibt, im Lotto zu tippen, berechnet man die Anzahl der Kombinationen 6. Ordnung aus 49 Elementen, also den Binomialkoeffizienten

$$_{49}C_6 = \binom{49}{6} = \frac{49 \cdot 48 \cdot 47 \cdot 46 \cdot 45 \cdot 44}{1 \cdot 2 \cdot 3 \cdot 4 \cdot 5 \cdot 6} = 13\,983\,816,$$

aber nur eine einzige dieser vielen Kombinationen ist ein Sechser.

Beispiel [14] Für einen Fünfer im Lotto braucht man fünf von den sechs Richtigen und irgendeine von den 43 Falschen. Es gibt damit

$$\binom{6}{5} \cdot \binom{43}{1} = 6 \cdot 43 = 258$$

verschiedene Fünferkombinationen. Für einen Vierer müssen vier von den sechs Richtigen und gleichzeitig zwei von den 43 Falschen zusammenkommen. Es sind

$$\binom{6}{4} \cdot \binom{43}{2} = 15 \cdot 903 = 13\,545$$

verschiedene Viererkombinationen möglich.

Kontrollfragen

1 Was ist eine Fakultät? Geben Sie ein Beispiel.

2 Warum stehen in einem Binomialkoeffizienten keine negativen Zahlen?

3 Was ist die Aufgabe der Kombinatorik?

4 Was ist der Unterschied zwischen Permutation und Kombination?

5 Bei den Kombinationen wird zwischen Fällen „mit Berücksichtigung der Anordnung" und „ohne Berücksichtigung der Anordnung" unterschieden. Warum tut man das bei den Permutationen nicht?

6 Wie hängen $_nP_{k,n-k}$ und $_nC_k$ zusammen?

7 Bei den kombinatorischen Modellen unterscheidet man manchmal Modelle mit Zurücklegen und solche ohne Zurücklegen. Was bedeutet das?

PRAXIS

Holländische Autonummern

Die Nummernschilder der niederländischen Autos enthalten im Gegensatz zu den deutschen keinen Hinweis auf die Stadt oder die Provinz, in der das Fahrzeug registriert ist. Vor langer Zeit, als es noch nicht so viele Autos gab, bestanden sie aus sechsstelligen Zahlen. Der besseren Lesbarkeit halber wurden sie in drei Gruppen zu je zwei Ziffern geschrieben, etwa als 86-07-13 oder allgemein

$$\boxed{\text{ZZ-ZZ-ZZ}}$$

Man hielt das für eine gute Idee, schließlich hatte Holland nur ca. 12 Millionen Einwohner und eine Million unterscheidbare Nummernschilder sollten wohl ausreichen. Als die Motorisierung unerwartet anstieg, beschloss man, die mittlere Zifferngruppe durch eine Buchstabengruppe zu ersetzen, also

$$\boxed{\text{ZZ-BB-ZZ}}$$

wodurch man $10 \cdot 10 \cdot 26 \cdot 26 \cdot 10 \cdot 10 = 6\,760\,000$ Möglichkeiten hinzugewann, wie zum Beispiel 56-KN-09. Das ließ sich immer noch gut optisch erfassen und etwa im Fall von Fahrerflucht nach Unfällen mit geringer Fehlerquote aufschreiben.

Einige Jahre später war zu beobachten, dass die Einschränkung aufgehoben wurde und die Buchstabengruppe nun auch am Anfang oder Ende auftauchen durfte, also

$$\boxed{\text{BB-ZZ-ZZ}} \quad \text{und} \quad \boxed{\text{ZZ-ZZ-BB}}$$

Dadurch wurden weitere 13 520 000 Autonummern geschaffen, aber mit erschwerter Lesbarkeit erkauft.

Inzwischen gibt es auch Nummernschilder mit zwei Buchstabengruppen, getrennt durch eine Zifferngruppe. Das sind noch einmal $26 \cdot 26 \cdot 10 \cdot 10 \cdot 26 \cdot 26 = 45\,679\,600$ Möglichkeiten. Ob das in Zukunft ausreichen wird?

ERGÄNZENDE LITERATUR

Aigner, Martin: *Combinatorial Theory*, Berlin: Springer, 2008

Bodendiek, R.; Burosch, G.: *Streifzüge durch die Kombinatorik*, Heidelberg: Spektrum Akademischer Verlag, 1995

Dürr, W.; Mayer H.: *Wahrscheinlichkeitsrechnung und schließende Statistik*, 6. Aufl., Leipzig: Hanser, 2008, Kapitel 3

Grimmett, G.; McDiarmid, C. (Ed.): Combinatorics, Complexity, and Chance, Oxford University Press, 2007

Hesse, Christian: *Angewandte Wahrscheinlichkeitstheorie*, Braunschweig, Wiesbaden: Vieweg, 2003, Kapitel 4

Tittmann, Peter: *Einführung in die Kombinatorik*, Heidelberg: Spektrum Akademischer Verlag, 2000

AUFGABEN

7.1 **PASCALsches Dreieck.** Beweisen Sie die Formel (7-5)

$$\binom{n}{k}+\binom{n}{k+1}=\binom{n+1}{k+1}.$$

Anleitung: **(1)** Benutzen Sie die formale Definition des Binomialkoeffizienten. **(2)** Sie erhalten den passenden Hauptnenner, indem Sie den 1. Summanden mit $k+1$ erweitern und den 2 Summanden mit $n-k$.

7.2 **Deutsche Autonummern.** Im Beispiel [4] mit den Nummernschildern im Abschnitt **7.2** hätte man genauer rechnen müssen, weil die Zahl 0 nicht verwendet werden soll. Wie viele Nummernschilder gibt es?

7.3 **Englische Wörter.** Im Englischen sind dreibuchstabige Wörter (cat, dog, man, kid, $\cdots$) besonders beliebt. Wie viele solche dreibuchstabigen Wörter, die in der Mitte einen Vokal haben, lassen sich bilden?

7.4 **Zahlenlotto.** Im Lotto habe gewonnen, wer sechs Richtige hat, fünf Richtige mit Zusatzzahl, fünf Richtige, vier Richtige und drei Richtige. Wie viele Gewinnkombinationen gibt es insgesamt?

7.5 **Consultingteams.** Eine Consultingfirma hat 12 hauptberufliche Mitarbeiter und 5 nebenberuflich beratende Professoren. Für ein neu akquiriertes Projekt soll ein Team zusammengestellt werden mit einem Teamchef, zwei Consultants und einem beratenden Professor. Wie viele verschiedene Consultingteams können zusammengestellt werden?

7.6 Eine Menge bestehe aus den fünf Elementen {a, b, c, d, e }.

a) Wie viele Kombinationen 3. Ordnung mit Berücksichtigung der Anordnung lassen sich daraus bilden?

b) Schreiben Sie alle diese Kombinationen einzeln auf.

7.7 **Mit Berücksichtigung der Anordnung oder ohne?** Eine Menge bestehe aus $n = 10$ Kugeln, wovon $k = 3$ weiß sind und die anderen schwarz. Offenbar gibt es für die zehn Elemente

$$\binom{n}{k} = \binom{10}{3} = 120$$

Permutationen, das heißt Möglichkeiten der Anordnung. Nun ist das aber doch die Formel (7-11) für die Anzahl der Kombinationen ohne Berücksichtigung der Anordnung. Wie hängt das zusammen?

7.8 **Permutation oder Kombination?** Beim 100-Meter-Lauf starten $n = 8$ Läufer, wovon $k = 3$ Amerikaner sind. Achtet man beim Ergebnis des Laufs nur auf die Rangplätze, die dabei die drei Amerikaner erreicht haben, so zählt man

$$\frac{n!}{(n-k)!} = \frac{8!}{(8-3)!} = 8 \cdot 7 \cdot 6 = 336$$

mögliche Permutationen von acht Elementen, wobei man die fünf Nichtamerikaner als „gleich" ansehen will. Nun ist das aber doch die Formel (7-10) für die Anzahl der *Kombinationen* von 3 aus 8 Elementen mit Berücksichtigung der Anordnung. Wie hängt das zusammen?

7.9 **WM 2006.** Der Bundestrainer ist mit 25 aktiven Fußballern nach Berlin gereist. Drei der 25 Fußballer sind als Torwart spezialisiert und können nicht als Feldspieler eingesetzt werden, bei den anderen ist es umgekehrt.

Die Sportjournalisten rätseln, wie die Aufstellung der Mannschaft für das Endspiel wohl aussehen wird. Wie viele mögliche Aufstellungen stehen Jürgen Klinsmann (kombinatorisch) zur Auswahl? Drei Feldspieler sind verletzt, Michael Ballack hat sich im Halbfinale seine zweite gelbe Karte geholt und ist für das Finale gesperrt. Bitte gehen Sie bei Ihren Überlegungen davon aus, dass Jürgen Klinsmann die traditionelle 3-5-2-Aufstellung favorisiert. Hierfür stehen ihm noch fünf Stürmer, sieben Mittelfeldspieler und sechs Verteidiger zur Verfügung. Ein Mittelfeldspieler kann jede Position im Mittelfeld spielen, dasselbe gilt für die Stürmer und die Verteidiger.

Wie viele mögliche Aufstellungen stehen Klinsmann zur Auswahl? Wie viele, wenn man die Anordnung innerhalb einer Kette nicht berücksichtigt?

LÖSUNGEN

7.2	701 298	7.5	3 300
7.3	2 205	7.6	a) 60
7.4	1 + 6 + 258 + 13 545 + 246 820	7.9	18 144 000; 12 600

KAPITEL 8

Grundlagen der Wahrscheinlichkeitstheorie

8.1 Ereignisse, Ereignisraum und Ereignismenge

Ausgangspunkt für die Wahrscheinlichkeitstheorie ist der Begriff des Zufallsexperiments. Man spricht auch von Zufallsvorgang oder Zufallsbeobachtung.

Ein Experiment heißt *Zufallsexperiment*, wenn es

1. nach einer ganz bestimmten Vorschrift ausgeführt wird,
2. unter gleichen Bedingungen beliebig oft wiederholbar ist und
3. das Ergebnis ungewiss ist und nicht vorausgesagt werden kann.

Klassische Beispiele für Zufallsexperimente sind das Werfen eines Würfels oder einer Münze, das Ziehen einer Karte, das Drehen eines Roulettes oder eines Glücksrades. Strenggenommen sind auch physikalische Versuche, wie etwa die Messung des Stromes I, der bei Anlegen der Spannung $U = 220$ Volt durch einen Widerstand von $R = 800$ Ohm fließt, Zufallsexperimente. Zwar würde man nach dem OHMschen Gesetz *erwarten*, dass $I = U/R = 220/800 = 0.2750$ Ampere fließen. Dennoch kann das Ergebnis nicht genau *vorausgesagt* werden, denn der Stromfluss wird von Temperatur, Luftfeuchtigkeit und anderen Umweltbedingungen beeinflusst, und es gibt Messfehler und Ablesefehler.

Definition: Die einzelnen, nicht mehr zerlegbaren und sich gegenseitig ausschließenden Ausgänge oder Ergebnisse eines Zufallsexperiments heißen *Elementarereignisse*.

Beim Werfen des Würfels sind die Elementarereignisse durch die Zahl der Augen auf der obenliegenden Fläche des Würfels gekennzeichnet. Dieses Zufallsexperiment hat die sechs Elementarereignisse

„1", „2", „3", „4", „5", „6".

214 KAPITEL 8 *Grundlagen der Wahrscheinlichkeitstheorie*

Sämtliche Elementarereignisse als mögliche Ausgänge eines bestimmten Zufallsexperiments fasst man zu einer Menge Ω zusammen:

Definition: Die Menge Ω aller Elementarereignisse eines Zufallsexperiments heißt ***Ereignisraum*** oder ***Stichprobenraum*** dieses Zufallsexperimentes.[1]

Beispiel [1] Beim Zufallsexperiment „Werfen eines Würfels" hat der Ereignisraum

$$\Omega = \{\text{„1", „2", „3", „4", „5", „6"}\}$$

endlich viele Elemente.

Beispiel [2] Das Zufallsexperiment „Man werfe eine Münze so lange, bis Kopf erscheint" hat den Ereignisraum

$$\Omega = \{\text{K, ZK, ZZK, ZZZK, ZZZZK,} \cdots\}$$

und somit unendlich viele Elemente. Die Menge Ω ist aber abzählbar.

Eine solche Schreibweise des Ereignisraums, bei der die einzelnen Elementarereignisse durch Kommata getrennt nebeneinandergestellt sind

$$\Omega = \{e_1, e_2, \cdots, e_m, \cdots\}, \tag{8-1}$$

ist jedoch nur möglich, wenn der Ereignisraum endlich viele oder höchstens abzählbar unendlich viele Elementarereignisse hat. Das muss aber nicht immer der Fall sein, wie das folgende Zufallsexperiment zeigt.

Beispiel [3] Man werfe eine Stecknadel auf ein liniertes Blatt Papier und stelle den Winkel α fest, unter dem die Nadel die Linien schneidet. Dieses Zufallsexperiment hat den Ereignisraum

$$\Omega = \{\alpha \mid 0 \leq \alpha < 180\}.$$

Für die Winkel α kommen alle reellen Zahlen zwischen 0 und 180° in Betracht, so dass Ω ein stetiges Kontinuum darstellt und überabzählbar unendlich viele Elemente hat. Wir lesen: Ω ist die Menge aller Winkel α, wobei α kleiner als 180° ist.

---

[1] In manchen Abhandlungen wird der Ereignisraum auch als „Ergebnisraum", „Ergebnismenge" oder „Grundraum" bezeichnet. Omega ist der letzte Buchstabe des griechischen Alphabets.

Hierbei wäre das Ergebnis, dass die Nadel die Linien mit einem Winkel von 45 Grad schneidet

$$e = \{45°\},$$

ein Elementarereignis und

$$A = \{\alpha \mid 0° \leq \alpha \leq 30°\}$$

das zufällige Ereignis, dass der Winkel nicht größer als 30 Grad ist.

Es gibt damit auch Zufallsexperimente, bei denen der Ereignisraum „mehr" als endlich viele oder abzählbar unendlich viele Elemente hat, mathematisch gesprochen also ein *stetiges Kontinuum* von Elementarereignissen darstellt.

In dem Beispiel wird auch deutlich, dass man sich nicht nur für einzelne Elementarereignisse eines Zufallsexperiments interessiert, sondern auch für Mengen von Elementarereignissen, also gewissermaßen zusammengesetzte Ereignisse. Deshalb liegt die folgende Definition nahe:

Definition: Ein *zufälliges Ereignis* A ist eine Teilmenge des Ereignisraumes Ω. Das Ereignis A ist eingetreten, wenn das Ergebnis des Zufallsexperiments ein Element dieser Teilmenge A ist.

Beispiele [4] Beim Werfen von zwei Würfeln besteht das zufällige Ereignis A = „Augensumme ist größer als 10" aus den drei Elementarereignissen

$$A = \{(5,6), (6,5), (6,6)\}.$$

[5] Wirft man eine Münze mit den beiden Seiten Kopf K und Zahl Z so lange, bis Kopf erscheint, dann hat das Ereignis B = „Kopf erscheint nicht vor dem 5. Wurf" unendlich viele Elementarereignisse

$$B = \{ZZZZK, ZZZZZK, ZZZZZZK, \cdots\}.$$

Wir beachten, dass in Beispiel [5] ZZZZZK kein zusammengesetztes Ereignis ist, sondern ein Elementarereignis und Z oder K keine Elementarereignisse sind! Ereignisse werden meist mit großen Buchstaben $A, B, C, \cdots, A_1, A_2, \cdots$ symbolisiert. Fasst man die Ereignisse eines Zufallsexperiments zusammen, erhält man ein Mengensystem, dessen Elemente Teilmengen von Ω sind.

Definition: Alle Ereignisse eines Zufallsexperiments mit dem Ereignisraum Ω bilden die dazugehörige *Ereignismenge* $E(\Omega)$.

216 KAPITEL 8 *Grundlagen der Wahrscheinlichkeitstheorie*

In diesem Sinne sind die Elementarereignisse selbst natürlich auch Ereignisse, denn sie sind Teilmengen von Ω. Die Ereignismenge *E* enthält normalerweise alle bei einem Zufallsexperiment in Betracht kommenden Ereignisse. Man beachte jedoch, dass nicht unbedingt sämtliche Teilmengen von Ω in *E* enthalten sein müssen. Zur Ereignismenge *E* müssen aber stets zwei besondere Teilmengen von Ω gehören:

1. Der Ereignisraum selbst als das sogenannte

   sichere Ereignis   Da es sämtliche Elementarereignisse

   $\Omega \subset \Omega$ enthält, tritt es bei jedem Ausführen des

   Zufallsexperiments immer ein.

2. Die leere Menge als das sogenannte

   unmögliche Ereignis   Da $\emptyset = \{\ \}$ kein Element enthält, tritt

   $\emptyset \subset \Omega$ dieses Ereignis niemals ein.

8.2 Das Rechnen mit Ereignissen

Da die Ereignisse in dieser einfachen Weise als Mengen definiert sind, können die in der Mengenlehre verwendeten Notationen und Operationen auf Ereignisse übertragen werden, das heißt man kann *mit Ereignissen rechnen wie mit Mengen*. Die mengenalgebraischen Operationen führen wieder zu Ereignissen in *E*:

Negation	$\overline{A}$:	Das Ereignis **nicht** *A* tritt genau dann ein, wenn *A* nicht eintritt.
Vereinigung	$A \cup B$:	Das Ereignis *A* **oder** *B* tritt genau dann ein, wenn Ereignis *A* oder Ereignis *B* oder beide zugleich eintreten.
Durchschnitt	$A \cap B$:	Das Ereignis *A* **und** *B* tritt genau dann ein, wenn Ereignis *A* und Ereignis *B* zugleich eintreten.
Differenz	$A \setminus B$:	Das Ereignis *A* **ohne** *B* tritt genau dann ein, wenn zwar *A*, aber nicht *B* eintritt.

Definition: Zwei Ereignisse A und D heißen ***disjunkt***[2] oder ***unvereinbar***, wenn

$$A \cap D = \emptyset \qquad (8\text{-}2)$$

ist.

Disjunkte Ereignisse schließen sich gegenseitig aus, das heißt sie können nicht zugleich eintreten; sie haben kein gemeinsames Elementarereignis. Elementarereignisse sind alle paarweise disjunkt.

Beispiel [6] Beim Roulette setzen die Spieler zuweilen auf „Rouge" oder auf „Noir". Es bezeichne R das Ereignis „Die Kugel fällt auf ein rotes Feld" und N das Ereignis „Die Kugel fällt auf ein schwarzes Feld". Die beiden Ereignisse R und N haben kein gemeinsames Elementarereignis, denn keines der Felder auf der Rouletteschüssel ist rot und schwarz zugleich. Es gilt somit

$$R \cap N = \emptyset,$$

das heißt, R und N sind elementfremd, also *disjunkte Ereignisse*.

Definition: Das Ereignis

$$\overline{A} := \Omega \setminus A \qquad (8\text{-}3)$$

heißt das zu A ***komplementäre Ereignis***.

Zu jedem Ereignis lässt sich das komplementäre Ereignis bilden: Das zu A komplementäre Ereignis tritt genau dann ein, wenn A nicht eintritt. Man sagt auch, A und $\overline{A}$ sind ***zueinander komplementär***, das heißt sie sind disjunkt und ergänzen sich zum sicheren Ereignis:

$$\overline{A} \cap A = \emptyset, \qquad \overline{A} \cup A = \Omega.$$

Außerdem gilt:

$$\overline{\overline{A}} = A, \qquad \overline{\Omega} = \emptyset, \qquad \overline{\emptyset} = \Omega.$$

Beispiel [7] Die beiden Ereignisse R und N aus dem vorangegangenen Beispiel [6] sind nicht zueinander komplementär. Zwar sind R und N disjunkt, aber ihre Vereinigungsmenge macht nicht das sichere Ereignis Ω aus. Vielmehr gilt

$$R \cup N = \Omega \setminus \{0\},$$

---

[2] wörtlich: unverbunden, getrennt.

Komplement von A

Vereinigung $A \cup B$

Durchschnitt $A \cap B$

Differenz $A \setminus B$

Disjunkte Ereignisse

C impliziert A

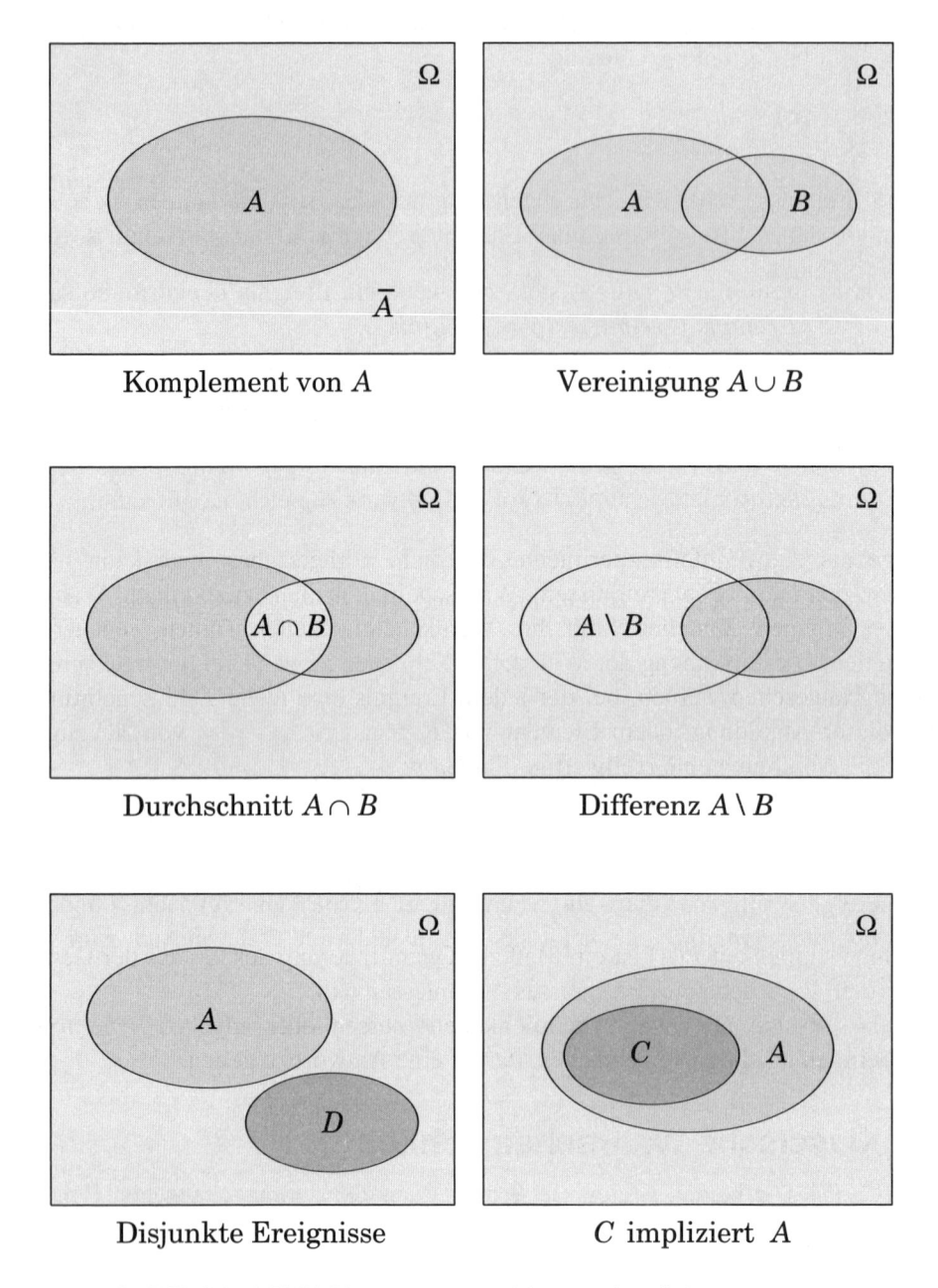

BILDER 8.1 VENN-Diagramme zur Veranschaulichung von Ereignissen und Ereignisoperationen

denn die Null ist beim Roulette weder rot noch schwarz, sondern grün eingefärbt. Komplementär wären

$$R \quad \text{und} \quad \overline{R} = \Omega \setminus R = N \cup \{0\},$$

aber auch

$$N \quad \text{und} \quad \overline{N} = \Omega \setminus N = R \cup \{0\}.$$

Definition: Tritt ein Ereignis A stets ein, wenn ein Ereignis C eintritt, so sagt man, ***Ereignis C impliziert das Ereignis A***.

Impliziert ein Ereignis C ein anderes Ereignis A, muss jedes Elementarereignis von C auch in A sein. C ist daher eine Teilmenge von A:

$$C \text{ impliziert } A \quad \Leftrightarrow \quad C \subset A.$$

Das Ergebnis eines Zufallsexperimentes ist nicht vorhersagbar; man kann höchstens versuchen, den möglichen Ereignissen „Wahrscheinlichkeiten" zuzuordnen. Während die Ereignisse Mengen darstellen, sind ihre Wahrscheinlichkeiten Zahlen, genauer gesagt, reelle Zahlen. Die Zuordnung der Wahrscheinlichkeiten zu den Ereignissen kann als eine Abbildung angesehen werden, bei der jedem Ereignis eine reelle Zahl zugeordnet wird. Da bei dieser Abbildung jedem Element von E genau ein Element von $\mathbb{R}$ zugeordnet wird, ist die Abbildung eine reellwertige *Funktion*:

$$P: E \longrightarrow \mathbb{R}$$
$$A \longrightarrow P(A).$$

Die Wahrscheinlichkeit $P(A)$ ist ein Maß zur Quantifizierung des Grades der Gewissheit, den man dem Eintreten eines Ereignisses A beimessen will.

Wie lassen sich nun Wahrscheinlichkeiten messen oder angeben? Die folgenden Wahrscheinlichkeitsbegriffe versuchen, darauf eine Antwort zu geben.

8.3 Klassische Wahrscheinlichkeit

Die sogenannte klassische Wahrscheinlichkeitstheorie wurde von Mathematikern und Philosophen der Neuzeit entwickelt und von LAPLACE[3] zu einem gewissen Abschluss gebracht. Sie entstand zunächst aus dem Versuch, Glücksspiele zu analysieren und

---

[3] PIERRE-SIMON MARQUIS DE LAPLACE, 1749–1827, französischer Mathematiker, Astronom und Physiker. Seine *Théorie analytique des probabilités* erschien 1812 als Buch. Allerdings hat JAKOB BERNOULLI, 1655–1705, schon über 100 Jahre früher denselben Vorschlag gemacht.

220 KAPITEL 8 *Grundlagen der Wahrscheinlichkeitstheorie*

rationale Spielanweisungen zu geben. Die Bemühungen richteten sich deshalb vor allem auf das Problem, Wahrscheinlichkeiten zahlenmäßig anzugeben.

LAPLACE bot dafür folgende Lösung an:

„Wenn ein Experiment eine Anzahl verschiedener und gleich möglicher Ausgänge hervorbringen kann und einige davon als günstig anzusehen sind, dann ist die Wahrscheinlichkeit eines günstigen Ausgangs (Ereignis *A*) gleich dem Verhältnis der Anzahl der günstigen zur Anzahl der möglichen Ausgänge":

$$P(A) := \frac{\text{Anzahl der günstigen Ausgänge}}{\text{Anzahl der möglichen Ausgänge}} = \frac{g}{m} \qquad (8\text{-}4)$$

Offensichtlich liegt dieser LAPLACEschen Wahrscheinlichkeit die Vorstellung eines Zufallsexperiments mit einem Ereignisraum mit m Elementarereignissen

$$\Omega = \{e_1, e_2, \cdots, e_m\}$$

zugrunde, die alle die gleiche Eintrittswahrscheinlichkeit

$$P(e_1) = P(e_2) = \cdots = P(e_m) = \frac{1}{m} \qquad (8\text{-}5)$$

haben, wobei die Summe all dieser Wahrscheinlichkeiten gleich Eins ist.

Definition: Ein Zufallsexperiment mit endlich vielen gleichwahrscheinlichen Elementarereignissen heißt ***Laplace-Experiment***.

Für die Wahrscheinlichkeit *P(A)* des Ereignisses *A* eines LAPLACE–Experiments mit dem Ereignisraum Ω gilt:

$$P(A) = \frac{\text{Anzahl der Elemente von } A}{\text{Anzahl der Elemente von } \Omega}$$

Beispiel [8] Eine Münze und ein Würfel werden gemeinsam geworfen. Stellen wir die Frage: Wie groß ist die Wahrscheinlichkeit für das Ereignis *A*, dass dabei Kopf und eine Augenzahl größer als 4 erscheint? Zur Beantwortung dieser Frage muss zunächst der Ereignisraum „passend" konstruiert werden. Definieren wir darin die Elementarereignisse als

$$\{(K, \leq 4), (K, > 4), (Z, \leq 4), (Z, > 4)\},$$

was durchaus zulässig ist, wird sicherlich niemand dazu neigen, diese als gleichwahrscheinlich anzusehen. Geeigneter erscheint es, den Ereignisraum zu diesem Zufallsexperiment mit den folgenden zwölf Elementarereignissen zu füllen:

$$\Omega = \{(K, 1), (Z, 1), (K, 2), (Z, 2), (K, 3), (Z, 3),$$
$$(K, 4), (Z, 4), (K, 5), (Z, 5), (K, 6), (Z, 6)\}.$$

Das fragliche Ereignis

$$A = \{(K, 5), (K, 6)\}$$

besteht nun aus zwei Elementarereignissen. Somit ergibt sich für die LAPLACEsche Wahrscheinlichkeit des Ereignisses

$$P(A) = \frac{2}{12} = \frac{1}{6}.$$

Ob es solche LAPLACE-Experimente, bei denen jedes Elementarereignis in der Tat exakt dieselbe Wahrscheinlichkeit hat, in der Realität gibt, sei einmal dahingestellt. Jedenfalls scheint es so, als ob die Anwendung dieses Wahrscheinlichkeitsbegriffs und der mit ihm gewonnenen Zahlenwerte auf Glücksspielsituationen und auf recht einfach konstruierte Zufallsexperimente beschränkt sei und keine brauchbare Entscheidungshilfe darstellt, wenn es etwa darum geht, eine Investitionsentscheidung zu treffen oder zwischen dieser und jener Marketingstrategie zu wählen. Aber wir wissen ja auch nicht, ob eine zu werfende Münze „perfekt", ein real existierender Würfel „fair" ist oder ob ein Roulettetisch nicht bestimmte Zahlen bevorzugt.

Dennoch wird diese klassische Methode zur zahlenmäßigen Bestimmung von Wahrscheinlichkeiten in der Praxis sehr gern und häufig angewandt, auch wenn es sich um komplexere Sachverhalte handelt. Man rechtfertigt dies mit dem **Prinzip des unzureichenden Grundes**: Wenn es keinen ausreichenden Grund gibt anzunehmen, dass ein Elementarereignis wahrscheinlicher sei als ein anderes, so ist es vernünftig, davon auszugehen, dass sie alle gleichwahrscheinlich sind. LAPLACE selbst führte aus, dass wir nach seiner Regel (8-5) verfahren dürfen, „sofern uns nichts veranlasst zu glauben, dass einer der Fälle leichter eintreten muss als die anderen, was sie für uns gleich möglich macht."

Auf diese Weise gelangt man in vielen Fällen wenigstens zu quantifizierten Wahrscheinlichkeitsaussagen, selbst wenn diese vielleicht nur annähernd richtig sind. Auch für LAPLACE war die Wahrscheinlichkeit nur ein Notbehelf des Menschen in ungewissen Situationen und eben nicht – wie heute oft angenommen – eine objektive Eigenschaft des Naturgeschehens. Damit hat er den **subjektiven Wahrscheinlichkeitsbegriff** des 20. Jahrhunderts eigentlich schon vorweggenommen.

Obwohl der LAPLACEsche Wahrscheinlichkeitsbegriff große praktische Bedeutung hat, wird dadurch das Grundproblem nicht gelöst. Es wird nicht gesagt, *was Wahrscheinlichkeiten sind*, und auch nicht, wie sie letztlich zahlenmäßig zu bestimmen sind. Bei genauerem Hinsehen erkennt man, dass die Wahrscheinlichkeit mit der Wahrscheinlichkeit erklärt wird. LAPLACE verwendet in seiner Definition den Ausdruck

„gleich möglich" (*également possible*) und hat damit doch nur „gleich wahrscheinlich" gemäß (8-5) gemeint.

Ungeachtet dessen gibt es aber auch eine Reihe von Problemen, bei denen uns der klassische Wahrscheinlichkeitsbegriff überhaupt nicht weiterhilft. Was ist zu tun, wenn das Prinzip des unzureichenden Grundes nicht anzuwenden ist, weil man weiß, dass ein bestimmter Würfel nicht regelmäßig und sein Schwerpunkt aus der Mitte verschoben ist? Wie bestimmt eine Lebensversicherungsgesellschaft die Wahrscheinlichkeit, dass ein 50-Jähriger im nächsten Jahr stirbt? Wie groß ist die Wahrscheinlichkeit, dass eine in der Bäckerei gekaufte Schnecke mehr als fünf Rosinen hat?

8.4 Statistische Wahrscheinlichkeit

Die Häufigkeitstheorie der Wahrscheinlichkeit geht auf JOHN VENN[4] zurück und wurde von RICHARD VON MISES[5] mathematisch zu fundieren versucht. Die sogenannten Häufigkeitstheoretiker bestehen darauf, dass das einzig zulässige **Verfahren zur Bestimmung von Eintrittswahrscheinlichkeiten** das Experiment sei: Möchte man zum Beispiel wissen, wie groß bei einem bestimmten Würfel, sei er nun erkennbar unsymmetrisch oder nicht, die Wahrscheinlichkeit ist, dass eine Sechs fällt, müsse man ein groß angelegtes Experiment machen und 100mal, 1000mal oder gar 10 000mal würfeln und die relativen Häufigkeiten aufschreiben.

Wir führen ein Zufallsexperiment n-mal durch, wobei die jeweiligen Ergebnisse nachfolgende Durchführungen unbeeinflusst lassen sollen. Dabei notieren wir für jedes laufende n die absolute Häufigkeit und berechnen die relative Häufigkeit

$$h_n(A)$$

des Eintretens eines bestimmten Ereignisses A bei diesen n Durchführungen. Es zeigt sich folgender Sachverhalt: Mit wachsender Anzahl n der Durchführungen des Zufallsexperimentes stabilisieren sich die relativen Häufigkeiten, das heißt sie pendeln sich immer mehr um einen bestimmten Wert ein. Dies legt es nahe anzunehmen, dass ein Grenzwert $P(A)$ existiert, gegen den die relativen Häufigkeiten konvergieren.

Beispiel [9] Ein Würfel werde 3000-mal hintereinander geworfen. Nach jedem Wurf notieren wir, wie viele Sechser bisher gefallen sind.

---

[4] JOHN VENN, 1834–1923, britischer Logiker; nach ihm sind auch die VENN-Diagramme benannt.

[5] RICHARD VON MISES, 1883–1953, Mathematiker, Ingenieur und Philosoph; Bruder des berühmten Ökonomen LUDWIG VON MISES.

TABELLE 8.1   Ein Häufigkeitsexperiment

Anzahl der Würfe	absolute Häufigkeit der Augenzahl 6	relative Häufigkeit der Augenzahl 6
1	1	1.00000
2	1	0.50000
3	1	0.33333
4	1	0.25000
5	2	0.40000
10	2	0.20000
20	5	0.25000
100	12	0.12000
200	39	0.19500
300	46	0.15333
400	72	0.18000
500	76	0.15200
600	102	0.17000
700	120	0.17143
1000	170	0.17000
2000	343	0.17150
3000	506	0.16867

Nach der Berechnung der relativen Häufigkeiten hat es den Anschein, als ob diese in irgendeiner Weise konvergieren.

Definition: Der Grenzwert

$$P(A) = \lim_{n \to \infty} h_n(A) \tag{8-6}$$

heißt die *statistische Wahrscheinlichkeit* des Ereignisses A.

Der obige Sachverhalt der Konvergenz der relativen Häufigkeit wird als **Gesetz der großen Zahlen** bezeichnet. Er erscheint als eine grundlegende Erfahrungstatsache und wird von den Häufigkeitstheoretikern zur Begründung ihres Konzepts der Wahrscheinlichkeit herangezogen. Allerdings hat bis heute noch niemand unendlich oft gewürfelt; das Gesetz der großen Zahlen kann daher empirisch nicht bewiesen werden. Auch theoretisch-mathematische Beweisversuche sind bisher misslungen, denn die Art der fraglichen Konvergenz ist nicht deterministisch (vgl. Abschnitt **12.1** ff.).

Trotz dieser „Mängel" ist der statistische Wahrscheinlichkeitsbegriff von allergrößter praktischer Bedeutung. Auf ihm gründet die ganze schließende Statistik. Kann man damit auch keine Wahrscheinlichkeiten exakt bestimmen, so bietet er doch die Möglichkeit, brauchbare Näherungswerte dafür anzugeben. Dazu wird eine große oder sehr große, aber endliche Anzahl n von Versuchen mit dem Zufallsexperiment durchgeführt. Die beobachtete relative Häufigkeit wird dann als **Näherungswert** oder **Schätzwert** $\hat{P}$ für die gesuchte Wahrscheinlichkeit $P(A)$ hergenommen:

$$P(A) \approx h_n(A)$$
$$\hat{P}(A) = h_n(A)$$

(8-7)

Beispiel [10] TABELLE 8.2 Ein Würfel wurde 300mal geworfen

Elementar-ereignis	beobachtete Häufigkeit absolut	relativ	LAPLACEsche Wahrscheinlich-keit
"1"	51	0.17000	.166666...
"2"	53	0.17667	.166666...
"3"	48	0.16000	.166666...
"4"	52	0.17333	.166666...
"5"	49	0.16333	.166666...
"6"	47	0.15667	.166666...
	300	1.00000	1.00000000

Die Güte der Schätzung ist in der Regel von der Anzahl der Beobachtungen abhängig. Man hat wohl Grund davon auszugehen, dass die Schätzung um so verlässlicher sein wird, je größer die Zahl der Beobachtungen ist.

8.5 Der subjektive Wahrscheinlichkeitsbegriff

Sowohl die klassische Theorie als auch die Häufigkeitstheorie geben dem Begriff der Wahrscheinlichkeit eine objektive Deutung. Die klassische Definition ist objektiv in dem Sinne, dass sie auf Deduktion aus bestimmten Annahmen basiert, die statistische Definition der Wahrscheinlichkeit ist objektiv, weil sie auf der Beobachtung wiederholt durchgeführter Experimente beruht.

Die objektiven Wahrscheinlichkeitsbegriffe versagen jedoch weitgehend, wenn es darum geht, **einmaligen Ereignissen** eine zahlenmäßige Wahrscheinlichkeit zuzuordnen. Wie groß war am Tag davor die Wahrscheinlichkeit des Reaktorunfalls in Tschernobyl? Zuweilen behilft man sich, indem man versucht, durch Verknüpfung einer großen Zahl von objektiv bestimmten Wahrscheinlichkeiten diejenige für einen GAU (Größter anzunehmender Unfall eines Atomreaktors) zu berechnen. Man bestimmt die Wahrscheinlichkeiten für das Versagen dieses und jenes Elektromotors und Schalters, für das Reißen der Kühlleitungen, für die Fehler des Bedienungspersonals usw. und setzt sie nach den Regeln der Wahrscheinlichkeitsrechnung zusammen, um die Wahrscheinlichkeit des Zusammentreffens der Ereignisse anzugeben, die eine Katastrophe auslösen. Aber wie groß ist die Wahrscheinlichkeit, dass ein bestimmtes Pferd ein Rennen gewinnt oder dass ein neues Produkt vom Markt aufgenommen wird?

Im Gegensatz zur klassischen Theorie und zur Häufigkeitstheorie interpretiert die subjektive Theorie die Wahrscheinlichkeit nur als ein **Maß für das persönliche Vertrauen**, das ein Individuum in ein bestimmtes Ereignis setzt. Mit anderen Worten: Die Wahrscheinlichkeit eines Ereignisses ist das, was ein Individuum dafür hält. Wenn es einen Würfel für fair hält, mag es die Wahrscheinlichkeit, eine Sechs zu würfeln, als 1/6 ansehen. Nach einigen Würfen mag es seine Meinung ändern, wenn es zu beobachten glaubt, dass der Würfel ungleichmäßig ist. Es kann aber auch die Wahrscheinlichkeit als Eins ansehen, wenn es überzeugt ist, dass transzendente Kräfte beim nächsten Wurf ganz sicher dafür sorgen werden, dass die Sechs fällt.

Die subjektive Theorie wurde vor allem von DE FINETTI[6] und SAVAGE[7] entwickelt und entstand aus der Kritik am objektiven Wahrscheinlichkeitsbegriff. Die Hardliner unter den Subjektivisten leugnen sogar kategorisch die Existenz einer objektiven Wahrscheinlichkeit und die Sinnhaftigkeit jedes objektiven Wahrscheinlichkeitsbegriffs. In der Tat ist dieser Standpunkt nicht ohne weiteres zurückzuweisen, zumal die Objektivisten – wie wir gesehen haben – doch einige Schwierigkeiten damit haben, zu sagen was Wahrscheinlichkeit letztlich ist.

Ein praktisches Verfahren, die subjektive Wahrscheinlichkeit eines Individuums für das Eintreten eines bestimmten Ereignisses herauszufinden, besteht darin, ihm alternative Risikosituationen anzubieten, etwa:

Risikosituation A: Man erhält 1 000 € mit der Wahrscheinlichkeit p.

Man erhält 0 € mit der Wahrscheinlichkeit $1-p$.

Risikosituation B: Man erhält 1 000 €, wenn der DAX innerhalb der nächsten drei Monate um mindestens 100 Punkte steigt.

Wenn nicht, geht man leer aus.

Man variiere nun p so lange, bis das Individuum gegenüber diesen beiden Risikosituationen indifferent ist. Dann gibt die Zahl p seine subjektive Wahrscheinlichkeit dafür an, dass der DAX in den nächsten drei Monaten um mindestens 100 Punkte steigt.

Subjektive Wahrscheinlichkeiten können auch durch Wettquotienten festgestellt werden. Ist jemand bereit, im Verhältnis 5:1 darauf zu wetten, dass die CDU die nächste Wahl gewinnt, wäre seine subjektive Wahrscheinlichkeit für das Eintreten dieses Ereignisses $5/(1+5) = 5/6$ oder größer. Es muss also versucht werden, seinen höchsten Wettquotienten herauszufinden, zu dem er gerade noch bereit ist, die Wette einzugehen.

---

[6] BRUNO DE FINETTI, 1906–1985, Professor für Finanz- und Versicherungsmathematik und für Statistik in Rom.

[7] LEONARD JIMMIE SAVAGE, 1917–1971, Professor of Statistics, Yale University.

8.6 Axiomatik der Wahrscheinlichkeitstheorie

Sowohl vom theoretischen Standpunkt aus betrachtet als auch in der praktischen Anwendung haben alle drei oben erläuterten Wahrscheinlichkeitsbegriffe ihre Vor- und Nachteile. Der statistische Ansatz betont die Bedeutung des Experiments zur Gewinnung von Informationen über die Wahrscheinlichkeit von Ereignissen. Das ist sicherlich vernünftig, auch wenn nicht ganz klar ist, wie viele Versuche durchgeführt werden müssen und in welcher Weise die relative Häufigkeit konvergiert. Er versagt aber vollständig, wenn es sich um seltene oder einmalige Ereignisse handelt. Der subjektive Ansatz erlaubt es, auch intuitive persönliche Urteile und Erfahrungen für die Wahrscheinlichkeitszumessung zu nutzen und sie so in die Analyse von Entscheidungssituationen einzubeziehen. Der klassische Ansatz schließlich ist sehr hilfreich, wenn es darum geht, Glücksspiele oder damit vergleichbare Situationen zu analysieren. Nach dem Prinzip des unzureichenden Grundes lässt er sich auch anwenden, wenn keine Experimente gemacht werden können und subjektive Urteile nicht vorliegen.

Zusammenfassend lässt sich sagen, dass die Wahrscheinlichkeitsbegriffe sich eher ergänzen als miteinander zu konkurrieren. Die einzelnen Ansätze haben jeweils ihre spezifischen Stärken bei verschiedenen Anwendungen. Auch die Interpretation von „Wahrscheinlichkeit" sollte sich danach richten, was unter den jeweils gegebenen Umständen passend und sinnvoll ist.

Für die Grundlegung der Wahrscheinlichkeitstheorie und die Entwicklung der Regeln der Wahrscheinlichkeitsrechnung ist es jedoch überhaupt nicht notwendig, sich auf einen der oben beschriebenen Wahrscheinlichkeitsbegriffe zu stützen. Die Wahl des Wahrscheinlichkeitsmaßes P ist nahezu beliebig. Es spielt auch keine Rolle, ob die damit erzeugten Wahrscheinlichkeiten objektiv oder subjektiv oder in irgendeinem Sinne richtig oder falsch sind. Nur erstaunlich wenige Voraussetzungen muss eine Funktion P erfüllen, damit sie als Wahrscheinlichkeitsfunktion verwendbar ist:

Definition: Eine jede Funktion P

$$P: E \longrightarrow \mathbb{R}$$
$$A \longrightarrow P(A),$$
(8-8)

die jedem Ereignis A aus der Ereignismenge E eine reelle Zahl zuordnet, darf **Wahrscheinlichkeitsfunktion** heißen und $P(A)$ die **Wahrscheinlichkeit** von A, wenn die drei folgenden KOLMOGOROVschen Axiome[8] erfüllt sind:

Axiom K1: $P(A) \geq 0$, für jedes $A \in E$

Die Wahrscheinlichkeit $P(A)$ jedes Ereignisses A ist eine nichtnegative reelle Zahl.

Axiom K2: $P(\Omega) = 1$

Das sichere Ereignis hat die Wahrscheinlichkeit 1.

Axiom K3: $P(A \cup B) = P(A) + P(B)$, falls $A \cap B = \emptyset$

Additionsregel für disjunkte Ereignisse.

Man erkennt leicht, dass es genau die Forderungen sind, die von den relativen Häufigkeiten gewissermaßen automatisch erfüllt werden. Auch die LAPLACEschen Wahrscheinlichkeiten erfüllen sie.

Ursprünglich hatte der im obigen Abschnitt **8.1** entwickelte Ereigniskalkül noch nichts mit Wahrscheinlichkeiten zu tun. Erst mit der Funktion P wird die Ereignismenge E mit einem Wahrscheinlichkeitsmaß ausgerüstet.

Es soll nicht unerwähnt bleiben, dass die Ereignismenge E, die ja ein System von Teilmengen des Ereignisraumes Ω ist, auch geeignet beschaffen sein muss:

Für die Ereignismenge E muss gelten:

(1) $\quad \Omega \in E$
(2) $\quad \overline{A} \in E$, wenn $A \in E$ (8-9)
(3) $\quad \bigcup_{j=1}^{\infty} A_j \in E$, wenn alle $A_j \in E$

---

[8] ANDREJ NICOLAYEVICH KOLMOGOROV, 1903–1987, bedeutender russischer Mathematiker, veröffentlichte dieses Axiomensystem 1933 in seinem auf Deutsch verfaßten Buch *Grundbegriffe der Wahrscheinlichkeitsrechnung*.

Postulat **(1)** legt fest, dass das sichere Ereignis in jedem Fall zur Ereignismenge gehören muss. Postulat **(2)** verlangt, dass jedes Ereignis auch sein komplementäres Ereignis in *E* findet. Dadurch wird auch sichergestellt, dass das unmögliche Ereignis darin enthalten ist. Postulat **(3)** schließlich sichert die **Abgeschlossenheit** der Menge *E*. Die Ergebnisse von Mengenoperationen führen nicht aus der Ereignismenge heraus; sogar jeder Grenzwert, der durch eine unendliche Folge von Mengenoperationen erreicht werden kann, ist ebenfalls ein von vornherein in *E* enthaltenes Ereignis. In diesem Sinne erweitert man die Additionsregel K3 für paarweise disjunkte Ereignisse A_i entsprechend zu

Axiom K3*: $\quad P(A_1 \cup A_2 \cup A_3 \cup \cdots) = P(A_1) + P(A_2) + P(A_3) + \cdots.$

Erfüllt die Ereignismenge *E* die angegebenen Postulate (8-9), so sagen wir, *E* sei eine „Sigma-Mengenalgebra". Genügt außerdem das Wahrscheinlichkeitsmaß *P* den KOLMOGOROVschen Axiomen, heißt die Zusammenstellung

$$[\Omega, E, P(\cdot)]$$

ein KOLMOGOROV*scher Wahrscheinlichkeitsraum*.

8.7 Wichtige Regeln der Wahrscheinlichkeitsrechnung

Ohne viel Mühe lassen sich aus diesen Axiomen bereits einige wichtige Eigenschaften der Wahrscheinlichkeiten als *Sätze* oder *Theoreme* herleiten. Diese Theoreme sind nicht nur von mathematischem Interesse, sondern in hohem Maße nützlich für den Umgang und das Rechnen mit Wahrscheinlichkeiten. Denn alles, was aus den KOLMOGOROVschen Axiomen hergeleitet werden kann, ist sofort und ohne Einschränkung für klassische, statistische und subjektive Wahrscheinlichkeiten anwendbar.

Manchmal wird der KOLMOGOROVsche Ansatz als „axiomatischer Wahrscheinlichkeitsbegriff" bezeichnet und gleichberechtigt neben den klassischen, statistischen und subjektiven Wahrscheinlichkeitsbegriff gestellt. Das ist natürlich ein Missverständnis. Es ist ja gerade die große Leistung von KOLMOGOROV, die Wahrscheinlichkeitsrechnung auf eine feste mathematische Grundlage gestellt zu haben, ohne die philosophische Frage beantworten zu müssen, was Wahrscheinlichkeit letztlich *ist*, und zu zeigen, dass man das auch gar nicht braucht.

Es sei auch betont, dass die axiomatische Grundlegung der Wahrscheinlichkeitsrechnung noch keine zahlenmäßige Bemessung von Wahrscheinlichkeiten enthält. Umgekehrt kann man jedoch leicht erkennen, dass die Bemessung von Wahrscheinlichkeiten nach dem klassischen oder nach dem statistischen Wahrscheinlichkeitsbegriff das KOLMOGOROVsche Axiomensystem in jedem Fall erfüllt. Auch subjektive Wahrscheinlichkeitsvorstellungen sollten sich nach diesen Axiomen richten, um vernünftig und widerspruchsfrei zu sein.

8.7 Wichtige Regeln der Wahrscheinlichkeitsrechnung

Theorem 1: Die Wahrscheinlichkeit des zu A komplementären Ereignisses ist stets

$$P(\overline{A}) = 1 - P(A), \quad \text{für jedes } A \in \boldsymbol{E}.$$

❏ *Beweis:* Die Ereignisse A und $\overline{A}$ sind disjunkt, folglich gilt nach Axiom K3 und K2

$$P(A) + P(\overline{A}) = P(\Omega) = 1$$
$$\Rightarrow P(\overline{A}) = 1 - P(A)$$

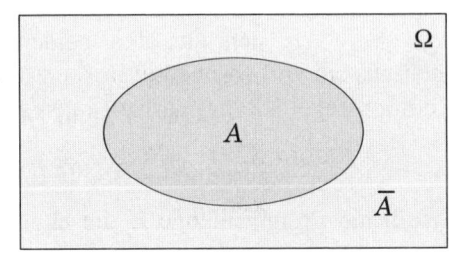

Theorem 2: Das unmögliche Ereignis hat die Wahrscheinlichkeit Null:

$$P(\varnothing) = 0.$$

❏ *Beweis:* $\varnothing$ und Ω sind komplementäre Ereignisse. Nach Axiom K2 ist $P(\Omega) = 1$, und nach Theorem 1 folgt daraus $P(\varnothing) = 1 - 1 = 0$. ❏

Theorem 3: Sind die Ereignisse $A_1, A_2, \cdots, A_n \in \boldsymbol{E}$ paarweise disjunkt, so ist die Wahrscheinlichkeit für das Ereignis, das aus der Vereinigung all dieser Ereignisse entsteht, gleich der Summe der Einzelwahrscheinlichkeiten,

$$P(A_1 \cup \cdots \cup A_n) = \sum_{j=1}^{n} P(A_j).$$

❏ *Beweis* durch vollständige Induktion ausgehend von Axiom K3. ❏

Durch das Beweisverfahren der vollständigen Induktion kann man Theorem 3 nur für endliche, wenn auch noch so große *n*, beweisen. Für $n \to \infty$ benötigt man deswegen Axiom K3*. Das ist bei den *stetigen* Wahrscheinlichkeitsräumen (vgl. folgenden Abschnitt **8.8**) von Bedeutung.

Theorem 4: Für eine Differenzmenge $A \setminus B$ gilt stets

$$P(A \setminus B) = P(A) - P(A \cap B).$$

❏ *Beweis:* Das Ereignis A setzt sich aus den beiden disjunkten Ereignissen

$A \setminus B$ und $A \cap B$

zusammen. Somit folgt aus dem Axiom K3

$$P(A) = P(A \setminus B) + P(A \cap B)$$

und daraus Theorem 4. ❏

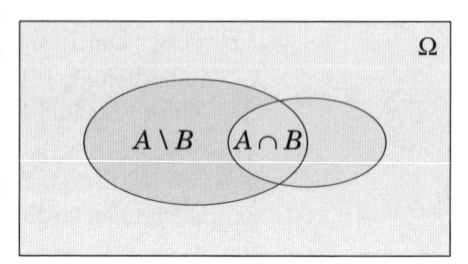

Theorem 5: **Additionssatz für beliebige Ereignisse**

Für zwei beliebige Ereignisse A und B aus E gilt stets

$$P(A \cup B) = P(A) + P(B) - P(A \cap B).$$

❏ *Beweis:* Das Ereignis $A \cup B$ setzt sich aus den drei disjunkten Ereignissen

$A \cup B =$
$(A \setminus B) \cup (A \cap B) \cup (B \setminus A)$

zusammen. Zunächst ist nach Theorem 4

$P(A \setminus B) = P(A) - P(A \cap B)$

$P(B \setminus A) = P(B) - P(A \cap B)$ und dann folgt gemäß Theorem 3

$$\begin{aligned}P(A \cup B) &= P(A \setminus B) + P(A \cap B) + P(B \setminus A) \\ &= P(A) - P(A \cap B) + P(A \cap B) + P(B) - P(A \cap B) \\ &= P(A) + P(B) - P(A \cap B).\end{aligned}$$
❏

Beim Beweis dieses sehr wichtigen Additionssatzes wurde nicht mehr direkt auf die Axiome zurückgegriffen, sondern auf Theoreme. Das vereinfacht die Argumentation und ist zulässig, wenn die verwendeten Theoreme bereits vorher bewiesen worden sind.

Als einen Spezialfall dieses **Additionssatzes für beliebige Ereignisse** könnte man den **Additionssatz für disjunkte Ereignisse** ansehen. Denn für zwei disjunkte Ereignisse A und B ist ja gerade $A \cap B = \emptyset$ und damit der letzte Summand $P(A \cap B) = 0$.

Man beachte jedoch, dass der Additionssatz für disjunkte Ereignisse eigentlich kein „Satz" oder Theorem ist, sondern eben nur eines der Axiome.

Theorem 6: **Monotonieeigenschaft des Wahrscheinlichkeitsmaßes**

Impliziert das Ereignis *A* das Ereignis *B*, dann ist die Wahrscheinlichkeit von *B* niemals kleiner als die von *A*, das heißt

$$A \subset B \quad \Rightarrow \quad P(A) \leq P(B).$$

❑ *Beweis:* Ereignis *B* setzt sich aus den beiden disjunkten Ereignissen *A* und *B\A* zusammen. Nach Axiom K3 gilt daher

$$P(A) + P(B\setminus A) = P(B)$$

und damit − weil $P(B\setminus A)$ nach Axiom K1 nicht negativ sein kann −

$$P(A) \leq P(B).$$

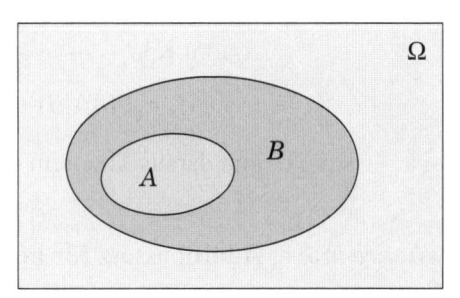

❑

8.8 Wahrscheinlichkeitsräume

Es ist zweckmäßig, die am Ende des Abschnitts **8.6** definierten Wahrscheinlichkeitsräume nach der mengentheoretischen Qualität der jeweiligen Ereignisräume Ω zu klassifizieren. Wie wir an den verschiedenen Beispielen gesehen haben, kann der Ereignisraum *endlich*, *abzählbar unendlich*, aber auch *überabzählbar unendlich* sein.

Diskrete Wahrscheinlichkeitsräume

Ausgegangen werde von einem endlichen Ereignisraum mit *m* Elementarereignissen

$$\Omega = \{e_1, e_2, \cdots, e_m\}.$$

Die Ereignismenge *E* hat dann ebenfalls endlich viele Elemente; sie besteht aus allen Teilmengen von Ω einschließlich Ω selbst und der leeren Menge, also aus 2^m Ereignissen (Fundamentalprinzip der Kombinatorik, vgl. Abschnitt **7.2**).

Der Ereignisraum Ω muss allerdings nicht endlich sein, um einen diskreten Wahrscheinlichkeitsraum zu erzeugen. Vielmehr genügt es, wenn er abzählbar ist. Abzählbar heißt, dass die Elemente des Ereignisraumes, auch wenn es unendlich viele sind, fortlaufend numeriert oder indiziert werden können:

$$\Omega = \{e_1, e_2, \cdots, e_m, \cdots\}$$

Definition: Ist ein Ereignisraum Ω endlich oder abzählbar unendlich, heißt er *diskret*.

Sei nun $P(\cdot)$ ein Wahrscheinlichkeitsmaß, das den KOLMOGOROVschen Axiomen gehorcht, dann wird jedem Elementarereignis e_i eine nichtnegative Wahrscheinlichkeit $p_i = P(e_i)$ zugeordnet. Weil alle Elementarereignisse paarweise disjunkt sind und ihre Vereinigung das sichere Ereignis ausmacht, ist die Summe aller p_i nach Axiom K2 und Theorem 3 gleich Eins.

$$e_1, e_2, e_3, \cdots, e_m, \cdots$$
$$p_1, p_2, p_3, \cdots, p_m, \cdots$$

(1) $\quad p_i \geq 0 \quad$ für jedes $i = 1, 2, \cdots$

(2) $\quad \sum_{\text{alle } j} p_j = 1$

(3) $\quad P(A) = \sum_{e_j \in A} p_j$

Die Wahrscheinlichkeit für jedes Ereignis $A \in E$ berechnet sich dann aus der Summe der Wahrscheinlichkeiten derjenigen Elementarereignisse, die in A enthalten sind.

Wir beachten, dass einige oder viele oder fast alle der p_i Null sein können. Die Funktion $P(\cdot)$ kann aber auch vorschreiben, dass alle $p_i > 0$ sind.

Einen Spezialfall der diskreten Wahrscheinlichkeitsräume stellen die endlichen *Gleichwahrscheinlichkeitsräume* der LAPLACE-Experimente dar. In ihnen haben alle m Elementarereignisse die gleiche Wahrscheinlichkeit

$$p_i = \frac{1}{m},$$

deren Summe Eins ergibt:

$$\sum_{j=1}^{m} p_j = \sum_{j=1}^{m} \frac{1}{m} = 1.$$

Ein abzählbar unendlicher Ereignisraum wurde bereits im Beispiel [2] von Abschnitt **8.1** vorgestellt. Das Zufallsexperiment dieses Beispiels „Man werfe eine Münze so lange, bis Kopf erscheint" ist ein mehrstufiges Experiment, wobei die Anzahl der Stufen bzw. Münzwürfe nicht von vornherein festgelegt ist. Es hat den Ereignisraum

$$\Omega = \{ K, ZK, ZZK, ZZZK, ZZZZK, \cdots \}.$$

Die Zahl der notwendigen Würfe, bis endlich „Kopf" erscheint, kann sehr groß werden; es gibt keine obere Grenze dafür. Die Wahrscheinlichkeit, dass man einmal 400 000-mal die Münze werfen muss, bis zum ersten Mal „Kopf" erscheint, mag zwar jedem von uns sehr klein erscheinen, aber dennoch wollen wir ihr nicht den Wert Null geben. Es weise nun die Wahrscheinlichkeitsfunktion $P(\cdot)$ den Elementarereignissen die Wahrscheinlichkeiten p_i

$$
\begin{aligned}
P(K) &= p_1 = 1/2 \\
P(ZK) &= p_2 = 1/4 \\
P(ZZK) &= p_3 = 1/8 \\
P(ZZZK) &= p_4 = 1/16 \\
&\vdots \\
P(ZZ\cdots ZK) &= p_i = 1/2^i \\
&\vdots
\end{aligned}
\tag{8-10}
$$

zu.[9] Diese werden mit zunehmendem i immer kleiner, sind aber für alle unendlich vielen Elementarereignisse größer als Null. Die Summe all dieser unendlich vielen positiven Wahrscheinlichkeiten bleibt jedoch endlich und konvergiert als unendliche Reihe

$$
\sum_{j=1}^{\infty} p_j = \frac{1}{2} + \frac{1}{4} + \frac{1}{8} + \frac{1}{16} + \cdots = 1
\tag{8-11}
$$

gegen Eins. Ob die obigen, von der Funktion $P(\cdot)$ angegebenen Wahrscheinlichkeiten subjektiv oder objektiv richtig oder falsch sind, spielt hier keine Rolle: Jedenfalls genügen sie den KOLMOGOROVschen Axiomen.

Man erkennt leicht, dass in einem Quadrat mit der Fläche Eins alle unendlich vielen Summanden von (8-11) Platz finden.

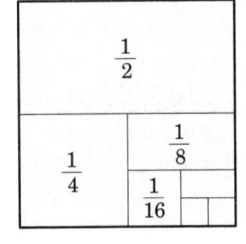

BILD 8.2 Visualisierung der Konvergenz

---

[9] Später in diesem Kapitel werden wir im „Multiplikationssatz für unabhängige Ereignisse" eine gewisse Begründung dafür finden. Dieses Zufallsexperiment ist als das *St. Petersburger Spiel* bekannt geworden. DANIEL BERNOULLI soll es während seiner Zeit in St. Petersburg als Erster gelöst haben. Vgl. Fußnote im Abschnitt **11.2** und Aufgabe **9.10**. Das Interessante an dem Spiel ist, dass es keinen Erwartungswert hat.

Wie wir sehen, ist der abzählbar unendliche Fall nicht sehr verschieden vom endlichen Fall. Die Existenz von konvergenten unendlichen Reihen gestattet es, auch einer unendlichen Anzahl von Elementarereignissen positive Wahrscheinlichkeiten zuzuordnen, die in ihrer Summe gerade Eins sind. Die in (8-10) gewählte Zuordnung $P(\cdot)$ ist natürlich nicht die einzig mögliche, sondern es gibt beliebig viele andere.

Wesentlich anders ist jedoch der Fall, wenn der Ereignisraum *überabzählbar* unendlich ist.

Stetige Wahrscheinlichkeitsräume

Aus mathematischer Sicht ist der stetige Fall deutlich schwieriger, so dass wir uns ihm hier nur heuristisch und mit einigen erläuternden Beispielen nähern wollen.

Definition: Ist ein Ereignisraum Ω nicht abzählbar, heißt er *stetig*.

Während es bei den diskreten Ereignisräumen stets möglich ist, jedem einzelnen Elementarereignis eine positive Wahrscheinlichkeit zu geben, versagt dieser Versuch bei den stetigen gründlich. Typisch für stetige Wahrscheinlichkeitsräume ist, dass ihre Elementarereignisse die Wahrscheinlichkeit Null haben. Das mag zunächst verblüffen.

Um diesen Sachverhalt anschaulich zu machen, denke man am besten an eine Gerade beziehungsweise an ein Geradenstück, etwa an das abgeschlossene Intervall zwischen

$$\vdash\!\!\!\text{―――――――}\!\!\!\dashv$$
$$0 1$$

Null und Eins. Auf diesem Geradenstück befinden sich Punkte, die, einzeln betrachtet, keinerlei Ausdehnung und damit die Länge Null haben. Allerdings sind es unendlich viele Punkte, genauer gesagt überabzählbar unendlich viele. Das ganze stetige Kontinuum von Punkten hat aber sehr wohl eine Ausdehnung, wie man weiß, hat es die Länge Eins. Können Elementarereignisse, die die Wahrscheinlichkeit Null haben, überhaupt eintreten? Theorem 2 aus Abschnitt **8.7** sagt doch, dass das unmögliche Ereignis die Wahrscheinlichkeit Null hat. Das ist richtig, aber nicht umkehrbar: Nicht jedes Ereignis mit der Wahrscheinlichkeit Null muss deswegen gleich das unmögliche Ereignis sein:

$$P(A) = 0 \quad \not\Rightarrow \quad A = \emptyset \;.$$

Versuchte man umgekehrt, jedem Elementarereignis eines Kontinuums Ω eine positive Wahrscheinlichkeit zu geben, würde die Summe dieser Wahrscheinlichkeiten, wie immer man es auch anstellte, nicht existieren. Schon der Versuch der Summenbildung würde bereits im Ansatz scheitern, weil man dazu ja in irgendeiner Reihenfolge „aufsummieren" müsste, und dazu bräuchte man die *Eigenschaft der Abzählbarkeit* des Ereignisraumes.

8.8 Wahrscheinlichkeitsräume

Denken wir uns ein Zufallsexperiment, das darin besteht, dass aus dem abgeschlossenen Intervall [0, 1] der reellen Zahlen eine Zahl $0 \leq a \leq 1$ zufällig gewählt wird. In jedem Falle ist dann

$$P(a) = 0 \quad \text{für jedes } a \in \Omega = [0, 1].$$

Jedoch müssten wir positive Wahrscheinlichkeiten solchen Ereignissen zuordnen, die wiederum aus einem Teilintervall bestehen. Definieren wir dazu drei Teilintervalle als Ereignisse, etwa

$$A = \{a \mid a < 0.4\},$$
$$B = \{a \mid 0.6 < a < 0.9\}, \quad (8\text{-}12)$$
$$C = \{a \mid a > 0.8\}.$$

Intuitiv würden wir dazu neigen, diesen drei Ereignissen die Wahrscheinlichkeiten

$$P(A) = 0.4, \quad P(B) = 0.3 \quad \text{und} \quad P(C) = 0.2$$

zu geben, also eine Funktion $P(\cdot)$ zu wählen, die den Ereignissen ihre Wahrscheinlichkeit proportional zur Länge des jeweiligen Teilintervalls zuweist. Das ist natürlich willkürlich. Es lehnt sich aber an den LAPLACEschen Gleichwahrscheinlichkeitsraum an und wäre als ein *stetiger Gleichwahrscheinlichkeitsraum* zu bezeichnen.

Wie rechnet man nun in einem solchen stetigen Wahrscheinlichkeitsraum mit den Ereignissen und ihren Wahrscheinlichkeiten? Im Prinzip natürlich auch nicht anders als im diskreten Fall. Durch einfache Mengenoperationen können wir aus den in (8-12) definierten Ereignissen neue Ereignisse gewinnen. Zum Beispiel hat das Ereignis

$$B \cap C = \{a \mid 0.6 < a < 0.9 \text{ und } a > 0.8\}$$
$$= \{a \mid 0.8 < a < 0.9\}$$

dann die Wahrscheinlichkeit

$$P(B \cap C) = 0.1,$$

und das Ereignis

$$B \cup C = \{a \mid 0.6 < a < 0.9 \text{ oder } a > 0.8\}$$
$$= \{a \mid 0.6 < a < 1.0\}$$

236 KAPITEL 8 *Grundlagen der Wahrscheinlichkeitstheorie*

erhält nach dem Additionssatz die Wahrscheinlichkeit

$$P(B \cup C) = P(B) + P(C) - P(B \cap C)$$
$$= 0.3 + 0.2 - 0.1 = 0.4 .$$

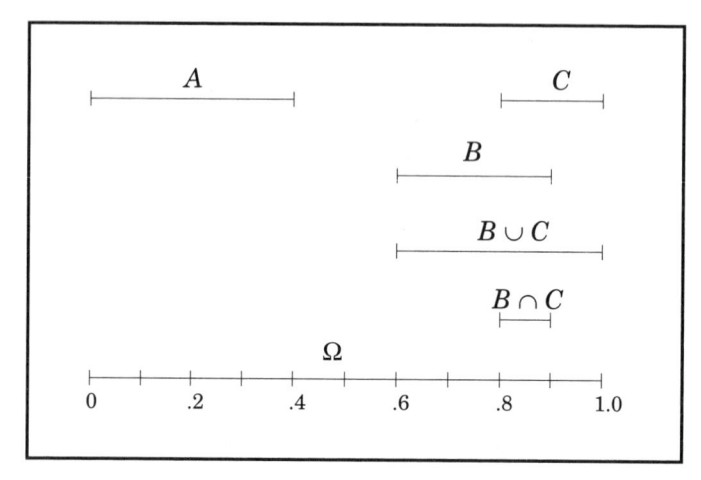

BILD 8.3 Ereignisse als Intervalle auf der reellen Achse

Es sollte noch darauf hingewiesen werden, dass die oben definierten Ereignisse offene oder halboffene Intervalle auf dem Geradenstück [0, 1] darstellen. Das Ereignis

$$B^+ = \{ a \mid 0.6 \leq a \leq 0.9 \}$$

wäre ein anderes; es hat nämlich genau zwei Elementarereignisse mehr. Trotzdem ist seine Wahrscheinlichkeit dieselbe

$$P(B^+) = P(B) = 0.3 ,$$

denn die Wahrscheinlichkeit der beiden Randpunkte ist „vom Maße Null". Wie wir gesehen haben, kommt man bei den stetigen Wahrscheinlichkeitsräumen mit dem „Zählen" nicht mehr aus, es muss „gemessen" werden. Als Maß wird im obigen Beispiel die Länge der Intervalle verwendet. Die Wahrscheinlichkeit eines Ereignisses $A \subset \Omega$ ist dann

$$P(A) = \frac{Länge\,(A)}{Länge\,(\Omega)} . \tag{8-13}$$

Aber auch andere Maße kommen dafür in Frage. Um dies zu verdeutlichen, untersuchen wir noch ein zweites Zufallsexperiment mit einem stetigen Ereignisraum. Man wähle aus dem Inneren eines Rechtecks der Größe 3 x 2 einen Punkt zufällig aus. Wird der Punkt durch seine von der linken unteren Ecke des Rechtecks aus gemessenen Koordinaten

(a, b) beschrieben, ist die folgende Menge

$$\Omega = \{(a, b) \mid 0 < a < 3 \text{ und } 0 < b < 2\}$$

der Ereignisraum des Zufallsexperiments. Der Einfachheit halber verteile die Funktion $P(\cdot)$ die Wahrscheinlichkeit gleichmäßig auf der ganzen Rechteckfläche, so dass wir wieder einen stetigen Gleichwahrscheinlichkeitsraum vor uns haben. Es bezeichne

$$D = \{(a, b) \mid 0 < a < b < 2\}$$

das Ereignis, dass ein zufällig gewählter Punkt oberhalb der Hauptdiagonalen zu liegen kommt.

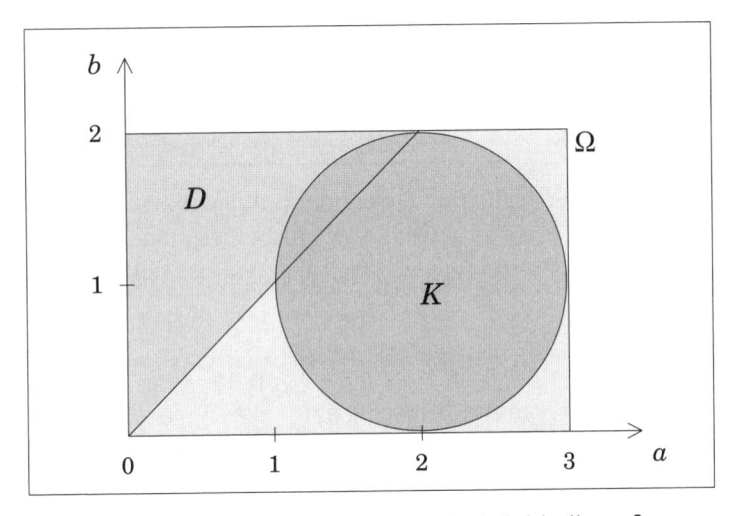

BILD 8.4   Flächen als Wahrscheinlichkeitsmaß

Die Wahrscheinlichkeit von D kann nun als Verhältnis der Flächen

$$P(D) = \frac{\text{Fläche}(D)}{\text{Fläche}(\Omega)} = \frac{2}{6} = 0.333... \tag{8-14}$$

berechnet werden. Das Ereignis, dass der Punkt im Inneren eines im Rechteck einbeschriebenen Kreises (vgl. Bild 8.4) liegt,

$$K = \{(a, b) \mid (a-2)^2 + (b-1)^2 < 1\},$$

berechnen wir dann als

$$P(K) = \frac{\text{Fläche}(K)}{\text{Fläche}(\Omega)} = \frac{\pi}{6} = \frac{3.14}{6} = 0.5236... \ .$$

Auch hier ändert sich an der Wahrscheinlichkeit nichts, wenn wir den Umfang des Kreises mit zum Ereignis nehmen, also anstelle von K das Ereignis

$$K^+ = \{ (a, b) \mid (a-2)^2 + (b-1)^2 \leq 1 \}$$

betrachten. Zwar ist der Unterschied

$$K \setminus K^+ = \{ (a, b) \mid (a-2)^2 + (b-1)^2 = 1 \}$$

$$P(K \setminus K^+) = 0$$

eine ganze Kreislinie der Länge 2π und ein Kontinuum von überabzählbar unendlich vielen Elementarereignissen. Aber diese Kreislinie hat keine Fläche.

8.9 Bedingte Wahrscheinlichkeit und stochastische Unabhängigkeit

Bei der Anwendung der Wahrscheinlichkeitstheorie auf praktische Probleme kommt es häufig vor, dass bestimmte *Zusatzinformationen* zu berücksichtigen sind. Beim Zufallsexperiment des einfachen Würfelwurfes mag die Wahrscheinlichkeit, dass eine „6" gewürfelt wurde,

$$P(\text{„6"}) = 1/6$$

sein. Sicher verändert sich unsere Einschätzung der Wahrscheinlichkeit dieses Ereignisses, wenn wir erfahren, dass die gewürfelte Augenzahl eine gerade Zahl ist. Intuitiv würden wir dazu neigen, seine Wahrscheinlichkeit nun für größer zu halten, und von

$$P(\text{„6"} \mid \text{Augenzahl ist gerade}) = 1/3$$

ausgehen, weil jetzt nur noch drei „mögliche" Elementarereignisse zur Debatte stehen. Bezeichne A das Ereignis, dass ein zufällig aus der Grundgesamtheit aller Haushalte in der Welt ausgewählter Haushalt ein jährliches Einkommen von über 50 000 € hat, und B das Ereignis, dass es sich dabei um einen europäischen Haushalt handelt, so wird die Wahrscheinlichkeit von A wohl eine andere sein als die Wahrscheinlichkeit von A unter der Bedingung B; mutmaßlich wird in diesem Falle

$$P(A) < P(A \mid B)$$

sein. $P(A \mid B)$ wird gerade so groß sein wie die Wahrscheinlichkeit, dass ein zufällig aus der verkleinerten Grundgesamtheit aller europäischen Haushalte gezogener Haushalt ein Jahreseinkommen von über 50 000 € hat.

8.9 Bedingte Wahrscheinlichkeit und stochastische Unabhängigkeit

Die Wahrscheinlichkeit des Eintretens eines Ereignisses A unter der Bedingung, dass das Ereignis B eingetreten ist (oder gleichzeitig mit A eintritt), heißt „bedingte Wahrscheinlichkeit von A unter der Bedingung B", und man schreibt $P(A|B)$. Die bedingte Wahrscheinlichkeit steht in Analogie zur bedingten Verteilung aus Kapitel 3.

Definition: Seien A und B zwei Ereignisse eines gegebenen Wahrscheinlichkeitsraumes $[\Omega, E, P]$. Die **bedingte Wahrscheinlichkeit von A unter der Bedingung B** ist definiert als

$$P(A|B) := \frac{P(A \cap B)}{P(B)} \qquad (8\text{-}15)$$

für $P(B) > 0$ und bleibt undefiniert für $P(B) = 0$.

Zum Verständnis dieser Definition mache man sich den Sachverhalt an den relativen Häufigkeiten klar. Dazu betrachte man ein Zufallsexperiment, bei dem zwei Münzen geworfen werden. Das Ereignis A bestehe darin, dass die erste Münze Kopf zeigt, das Ereignis B darin, dass die zweite Münze Kopf zeigt. Man stelle sich vor, das Experiment sei zwölfmal durchgeführt und folgende Beobachtungen seien notiert worden:

Versuch Nr.	1	2	3	4	5	6	7	8	9	10	11	12
Münze 1	K	K	Z	K	Z	Z	Z	K	Z	K	K	Z
Münze 2	Z	Z	K	K	K	Z	K	Z	K	K	K	Z
Ereignis A	x	x		x				x		x	x	
Ereignis B			x	x	x		x		x	x	x	
Ereignis $A \cap B$				x						x	x	

Aus der Strichliste kann man leicht die relativen Häufigkeiten ablesen:

$$\text{relH}(A) = 6/12$$
$$\text{relH}(B) = 7/12$$
$$\text{relH}(A \cap B) = 3/12 \,.$$

Die relative Häufigkeit, dass die erste Münze Kopf zeigt – bezogen auf solche Fälle, bei denen die zweite Münze Kopf zeigt –, beträgt

$$\text{relH}(A|B) = 3/7 = \frac{3/12}{7/12} = \frac{\text{relH}(A \cap B)}{\text{relH}(B)}.$$

Entsprechend wäre

$$\text{relH}(B\,|\,A) = 3/6$$

die bedingte relative Häufigkeit, mit der B eingetreten ist, unter der Bedingung, dass Ereignis A eingetreten ist.

Wie bei den bedingten relativen Häufigkeiten werden die bedingten Wahrscheinlichkeiten bezüglich der Wahrscheinlichkeit der Bedingung B gemessen, also auf einen neuen – eingeschränkten – Ereignisraum B bezogen, wie BILD 8.5 veranschaulicht: Die ganze Wahrscheinlichkeitsmasse von $P(\cdot\,|\,B)$ liegt auf der Menge B und nichts außerhalb von B.

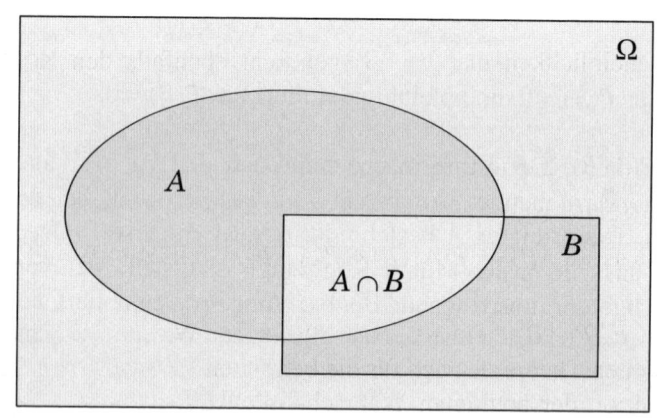

BILD 8.5 Illustration der bedingten Wahrscheinlichkeit

Beispiel [11] Ein roter und ein grüner Würfel werden geworfen. Wie groß ist die LAPLACEsche Wahrscheinlichkeit, dass mindestens einer der beiden Würfel eine Sechs zeigt unter der Bedingung, dass die Augensumme größer als neun ist?

Der Ereignisraum dieses Zufallsexperiments hat 36 gleichwahrscheinliche Elementarereignisse und sei schematisch dargestellt:

$$
\begin{array}{cccccc}
(1,1) & (1,2) & (1,3) & (1,4) & (1,5) & \mathbf{(1,6)} \\
(2,1) & (2,2) & (2,3) & (2,4) & (2,5) & \mathbf{(2,6)} \\
(3,1) & (3,2) & (3,3) & (3,4) & (3,5) & \mathbf{(3,6)} \\
(4,1) & (4,2) & (4,3) & (4,4) & (4,5) & \mathbf{(4,6)} \\
(5,1) & (5,2) & (5,3) & (5,4) & (5,5) & \mathbf{(5,6)} \\
\mathbf{(6,1)} & \mathbf{(6,2)} & \mathbf{(6,3)} & \mathbf{(6,4)} & \mathbf{(6,5)} & (6,6)
\end{array}
$$

Das Ereignis A = „mindestens eine Sechs" hat genau elf Elementarereignisse, so dass

$P(A) = 11/36$.

Die Bedingung $B = $ „Augensumme > 9" hat sechs Elemente, so dass

$P(B) = 6/36 > 0$.

Die Schnittmenge $A \cap B$ hat fünf Elementarereignisse, so dass

$P(A \cap B) = 5/36$.

Die gesuchte Wahrscheinlichkeit beträgt daher

$$P(A|B) = \frac{5/36}{6/36} = \frac{5}{6}.$$

Das neue Wahrscheinlichkeitsmaß $P(\cdot|B)$ gehorcht ebenfalls den KOLMOGOROVschen Axiomen

(1) $P(A|B) \geq 0$ für jedes $A \in E$

(2) $P(\Omega|B) = 1$

(3) $P(A_1 \cup A_2|B) = P(A_1|B) + P(A_2|B)$, falls $A_1 \cap A_2 = \emptyset$,

so dass auch $[\Omega, E, P(\cdot|B)]$ ein KOLMOGOROVscher Wahrscheinlichkeitsraum ist und alle oben entwickelten Theoreme auch für die bedingten Wahrscheinlichkeiten gelten.

Aus der Definition der bedingten Wahrscheinlichkeit folgt durch bloße Umformung unmittelbar das wichtige

Theorem 7: **Multiplikationssatz der Wahrscheinlichkeitsrechnung**

Die Wahrscheinlichkeit, dass zwei Ereignisse A und B gleichzeitig eintreten, beträgt

$$\boxed{P(A \cap B) = P(A) \cdot P(B|A)} \qquad (8\text{-}16)$$

Ebenso gilt

$$P(B \cap A) = P(B) \cdot P(A|B).$$

Nun kann es natürlich vorkommen, dass die Wahrscheinlichkeit des Eintretens eines Ereignisses A vollkommen unbeeinflusst davon ist, ob das Ereignis B eingetreten ist oder nicht. Man gelangt so zum Begriff der Unabhängigkeit.

Definition: Zwei Ereignisse A und B heißen **stochastisch unabhängig** oder **unabhängig**, wenn

$$P(A|B) = P(A) \ . \ \text{Es gilt dann auch} \tag{8-17}$$

$$P(B|A) = P(B) \ .$$

Als unmittelbare Folgerung aus dieser Definition und dem Multiplikationssatz (8-16) erhält man den folgenden Satz:

Theorem 8: **Multiplikationssatz für unabhängige Ereignisse**

Sind zwei Ereignisse A und B unabhängig, dann ist die Wahrscheinlichkeit, dass A und B eintreten, gerade gleich dem Produkt der einzelnen Wahrscheinlichkeiten:

$$\boxed{P(A \cap B) = P(A) \cdot P(B)} \tag{8-18}$$

Den in der Wahrscheinlichkeitstheorie überaus wichtigen Begriff der Unabhängigkeit und auch diesen Multiplikationssatz hat als erster ABRAHAM DE MOIVRE 1711 formuliert (vgl. auch Fußnote im Abschnitt **11.9**). Für den Fall, dass mehr als zwei Ereignisse im Spiel sind, wird der Sachverhalt etwas verwickelter. Für drei Ereignisse A, B und C beispielsweise lautet der Multiplikationssatz

$$P(A \cap B \cap C) = P(A) \cdot P(B|A) \cdot P(C|A \cap B) \ .$$

Sind nun A und B, B und C sowie C und A wechselseitig unabhängige Ereignisse, so gilt gleichwohl

$$P(A \cap B \cap C) = P(A) \cdot P(B) \cdot P(C)$$

und verallgemeinert

$$P(A_1 \cap A_2 \cap \cdots \cap A_n) = P(A_1) \cdot P(A_2) \cdot \cdots \cdot P(A_n),$$

wenn alle Ereignisse A_i *paarweise unabhängig* sind.

Beispiel [12] In der Silvesternacht 1988 geschah im Spielcasino zu Konstanz ein denkwürdiges Ereignis. Das Ereignis $A=\{0,3\}$, auf das man setzen kann und dann das 18fache des Einsatzes erhält, wiederholte sich neunmal hintereinander. Nach LAPLACE müsste die Wahrscheinlichkeit dafür mit $P(A) = 2/37$ angegeben werden. Nach dem Multiplikationssatz erhalten wir für die Gesamtwahrscheinlichkeit

$$P(A_1 \cap A_2 \cap \cdots \cap A_9) = P(A_1) \cdot P(A_2|A_1) \cdot \ldots \cdot P(A_9|A_1 \cap \cdots \cap A_8)$$
$$= (2/37)^9 = 0.000\,000\,000\,004.$$

Unabhängige Ereignisse dürfen nicht mit *disjunkten* Ereignissen verwechselt werden! Für disjunkte Ereignisse gilt ja $P(A \cap B) = 0$. Um festzustellen, ob Ereignisse disjunkt sind, braucht man die Wahrscheinlichkeiten der einzelnen Ereignisse gar nicht zu beachten. Ob zwei Ereignisse stochastisch unabhängig sind, kann jedoch nur entschieden werden, wenn man die Wahrscheinlichkeitsfunktion kennt. Man könnte sagen, dass disjunkte Ereignisse *in höchstem Maße abhängige* Ereignisse sind, denn wenn eines von ihnen eintritt, kann das andere gar nicht mehr eintreten.

8.10 Totale Wahrscheinlichkeit

Unter der totalen Wahrscheinlichkeit versteht man eigentlich nichts anderes als eine einfache Wahrscheinlichkeit. Der Terminus „total" will aber den Gegensatz zur bedingten Wahrscheinlichkeit ausdrücken, die sich ja nur auf eine Teilmenge von Ω bezieht. Ausgedrückt werden soll auch, dass man die Wahrscheinlichkeit eines Ereignisses ausrechnen kann, wenn man nur seine bedingten Wahrscheinlichkeiten kennt – und die Wahrscheinlichkeiten der Bedingungen.

Beispiel [13] Ein und derselbe Massenartikel werde auf zwei Maschinen gefertigt. Die schnellere Maschine M1 hinterlässt 10 % Ausschuss, produziert aber doppelt so viel wie die langsamere Maschine M2, die aber nur einen Ausschussanteil von 7% aufweist. Wie groß ist die Wahrscheinlichkeit, dass ein zufällig aus der Gesamtproduktion gezogenes Einzelstück defekt ist? Gegeben sind also

P(Stück defekt | Stück auf M1 produziert) = 0.1

P(Stück auf M1 produziert) = 2/3

P(Stück defekt | Stück auf M2 produziert) = 0.07

P(Stück auf M2 produziert) = 1/3

und gesucht ist die totale Wahrscheinlichkeit

P(Stück defekt) = ?

Zur Veranschaulichung des im Beispiel gestellten Problems diene das folgende Bild:

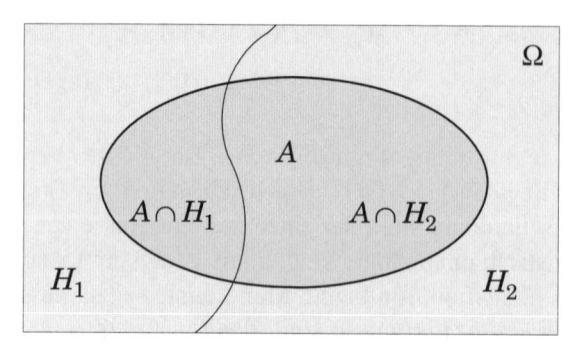

244 KAPITEL 8 *Grundlagen der Wahrscheinlichkeitstheorie*

BILD 8.6 VENN-Diagramm zur totalen Wahrscheinlichkeit

Der Ereignisraum Ω sei in die zwei Ereignisse H_1 und $H_2 = \overline{H}_1$ aufgeteilt, die Trennungslinie durchschneide auch das Ereignis A und teile es in die zwei disjunkten Ereignisse $A \cap H_1$ und $A \cap H_2$. Nach dem Multiplikationssatz ist die Wahrscheinlichkeit dieser Ereignisse

$$P(A \cap H_1) = P(A|H_1) \cdot P(H_1) \quad \text{und}$$

$$P(A \cap H_2) = P(A|H_2) \cdot P(H_2),$$

und nach Axiom K3 folgt sofort

$$P(A) = P(A|H_1) \cdot P(H_1) + P(A|H_2) \cdot P(H_2).$$

Damit beträgt die in obigem Beispiel gesuchte totale Wahrscheinlichkeit

$$P(\text{Stück defekt}) = 0.1 \cdot \frac{2}{3} + 0.07 \cdot \frac{1}{3} = 0.09.$$

Auf diese Weise lässt sich die totale Wahrscheinlichkeit auch dann bestimmen, wenn eine Aufteilung des Ereignisraums in mehr als zwei Teile (vgl. BILD 8.7) vorliegt und die entsprechenden bedingten Wahrscheinlichkeiten und die Wahrscheinlichkeiten der Bedingungen gegeben sind.

Definition: Irgendwelche n Ereignisse $H_1, H_2, \cdots, H_n$, die sich gegenseitig ausschließen, aber zusammengenommen den Ereignisraum ganz ausfüllen, also

$$H_i \cap H_j = \varnothing \quad \text{für} \quad i \neq j \quad \text{und}$$
$$H_1 \cup H_2 \cup \cdots \cup H_n = \Omega,$$

(8-19)

heißen eine *Aufteilung* oder *Partition* von Ω.

Theorem 9: **Satz von der totalen Wahrscheinlichkeit**

Seien $H_1, H_2, \cdots, H_n$ eine Aufteilung von Ω. Dann gilt für jedes Ereignis $A \in E$

$$P(A) = \sum_{j=1}^{n} P(A|H_j) \cdot P(H_j) \tag{8-20}$$

❑ *Beweis:* Die Ereignisse $A \cap H_1, A \cap H_2, \cdots, A \cap H_n$ machen zusammengenommen genau das Ereignis

$$A = (A \cap H_1) \cup (A \cap H_2) \cup \cdots \cup (A \cap H_n)$$

aus. Da sie paarweise disjunkt sind, gilt nach Axiom K3

$$P(A) = P(A \cap H_1) + P(A \cap H_2) + \cdots + P(A \cap H_n).$$

Die einzelnen Summanden sind nach dem Multiplikationssatz aber gerade

$$P(A \cap H_i) = P(A|H_i) \cdot P(H_i),$$

und somit gilt

$$P(A) = P(A|H_1) \cdot P(H_1) + \cdots + P(A|H_n) \cdot P(H_n)$$
$$P(A) = \sum P(A|H_j) \cdot P(H_j). \qquad ❑$$

Das Konzept der totalen Wahrscheinlichkeit ist sehr nützlich für die Analyse von mehrstufigen Zufallsexperimenten. Das sind solche, bei denen zwei oder mehrere einfache Zufallsexperimente hintereinandergeschaltet sind.

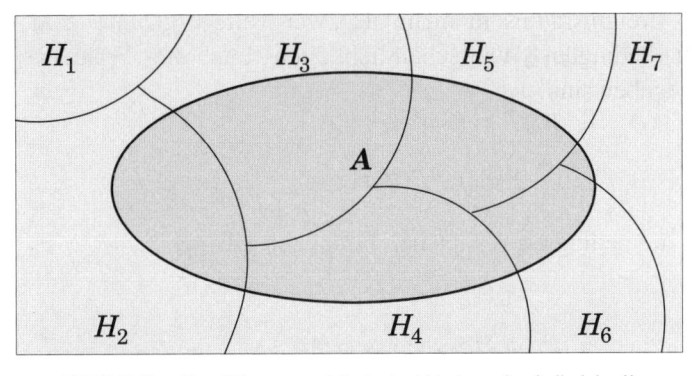

BILD 8.7 Partition und totale Wahrscheinlichkeit

Beispiel [14] Eine Versuchsanordnung bestehe aus einem Würfel und einem Schrank mit drei Schubladen. Schublade *Sch1* enthält 14 weiße und 6 schwarze Kugeln, Schublade *Sch2* dagegen 2 weiße und 8 schwarze Kugeln, Schublade *Sch3* schließlich 3 weiße und 7 schwarze. Zuerst wird gewürfelt. Erscheint auf dem Würfel eine Zahl kleiner als 4, wird Schublade *Sch1* ausgewählt, erscheint eine 4 oder 5, wird Schublade *Sch2* gewählt, andernfalls Schublade *Sch3* (1. Stufe). Danach wird aus der so gewählten Schublade eine Kugel zufällig gezogen (2. Stufe). Die totale Wahrscheinlichkeit, am Ende eine weiße Kugel zu ziehen, ist dann:

$$\begin{aligned} P(\text{weiß}) &= P(\text{weiß}|Sch1) \cdot P(Sch1) + \\ &\quad P(\text{weiß}|Sch2) \cdot P(Sch2) + \\ &\quad P(\text{weiß}|Sch3) \cdot P(Sch3) \\ &= (14/20) \cdot (3/6) + (2/10) \cdot (2/6) + (3/10) \cdot (1/6) \\ &= 28/60 = 0.4667 \,. \end{aligned}$$

Beispiel [15] Ein Hersteller von Computern erhält aus Japan regelmäßig Lieferungen mit je 3 000 Speicherchips. Bei der Annahmekontrolle wird nach folgendem zweistufigen Inspektionsplan verfahren: Man entnimmt aus der Lieferung eine Stichprobe von zehn Speicherchips. Sind alle zehn Chips in Ordnung (Ereignis B_0), wird die Lieferung angenommen, sind zwei oder mehr defekt (Ereignis B_2), wird die ganze Sendung zurückgeschickt. Ist jedoch nur ein Chip in der Stichprobe fehlerhaft (Ereignis B_1), wird eine zweite Stichprobe von 20 Stück entnommen. Sind in dieser zweiten Stichprobe alle Chips fehlerfrei, wird die Lieferung angenommen, andernfalls zurückgeschickt. Wie groß ist die Wahrscheinlichkeit, dass eine Lieferung angenommen wird (Ereignis A), in welcher 10% der Chips fehlerhaft sind?

Für die drei Ausgänge der 1. Stichprobe berechnen wir folgende Wahrscheinlichkeiten:

$$\begin{aligned} P(B_0) &= (0.9)^{10} \\ P(B_1) &= (0.9)^9 \cdot (1 - 0.9)^1 \cdot 10 \\ P(B_2) &= 1 - P(B_0) - P(B_1) \,. \end{aligned}$$

Für die bedingten Wahrscheinlichkeiten gilt

$$\begin{aligned} P(A|B_0) &= 1 \\ P(A|B_1) &= (0.9)^{20} \\ P(A|B_2) &= 0 \,. \end{aligned}$$

Daraus berechnet sich die totale Wahrscheinlichkeit der Annahme der Lieferung:

$$P(A) = P(A|B_0)P(B_0) + P(A|B_1)P(B_1) + P(A|B_2)P(B_2)$$
$$= 1 \cdot (0.9)^{10} + (0.9)^{20} \cdot (0.9)^9 \cdot 0.1 \cdot 10$$
$$= 0.34868 + 0.12158 \cdot 0.38742 = 0.39578 .$$

Im Allgemeinen werden in der statistischen Qualitätskontrolle natürlich Stichproben „ohne Zurücklegen" entnommen. Deshalb beachte man, dass bei obiger Rechnung der Einfachheit halber so getan wurde, als ob bei jeder Einzelstichprobe die Wahrscheinlichkeit, einen defekten Chip zu finden, unabhängig davon sei, ob vorher entnommene Chips defekt waren oder nicht.

8.11 Das BAYES-Theorem

Das BAYES-Theorem[10] stellt eine Verbindung zwischen zwei bedingten Wahrscheinlichkeiten, zum Beispiel.

$$P(A|B) \quad \text{und} \quad P(B|A)$$

her, bei denen die Rollen von Bedingung und Ereignis vertauscht sind. Das ist im Prinzip recht einfach, denn nach dem Multiplikationssatz der Wahrscheinlichkeitsrechnung ist

$$P(A \cap B) = P(A) \cdot P(B|A) = P(B) \cdot P(A|B),$$

und daraus folgt sofort

$$P(A|B) = \frac{P(A) \cdot P(B|A)}{P(B)}.$$

Diese Beziehung gilt für je zwei Ereignisse aus E, solange nur ihre Wahrscheinlichkeiten größer als Null sind. Sie gilt also auch für jedes H_i ($i = 1, \cdots, n$) aus der Aufteilung des Ereignisraumes, wie wir sie in BILD 8.7 vorgenommen haben:

$$P(H_i|B) = \frac{P(H_i) \cdot P(B|H_i)}{P(B)}.$$

Ersetzen wir im Nenner $P(B)$ durch den Ausdruck der totalen Wahrscheinlichkeit, erhalten wir das

---

[10] THOMAS BAYES, 1702–1761, englischer Geistlicher der Presbyterianer und Mathematiker.

BAYES-Theorem:

Bilden die Ereignisse $H_1, H_2, \cdots, H_n$ irgendeine Aufteilung des Ereignisraumes Ω und sei B ein Ereignis mit $P(B) > 0$. Dann gilt für jedes H_i

$$P(H_i|B) = \frac{P(B|H_i) P(H_i)}{\sum_{j=1}^{n} P(B|H_j) P(H_j)} \qquad (8\text{-}21)$$

Beispiel [16] Im Beispiel [13] im vorigen Abschnitt **8.10** ist die Wahrscheinlichkeit, dass ein zufällig aus der Tagesproduktion herausgegriffenes Stück von Maschine M1 produziert worden ist, a priori

$P(\text{Stück auf M1 produziert}) = 2/3 = 0.6667$.

Beobachtet man allerdings, dass das Stück defekt ist, wird man die Wahrscheinlichkeit sicher höher einschätzen wollen, da Maschine M1 ja mehr Ausschuss macht. Nach der BAYES-Formel errechnet man

$P(\text{Stück auf M1 produziert} | \text{Stück defekt}) = 20/27 = 0.741$.

BAYES untersuchte als Erster, wie aus gewonnenen Beobachtungen auf die Wahrscheinlichkeit der ihnen zugrundeliegenden Ursachen geschlossen werden kann.

In der „BAYES-Statistik" kennzeichnen $H_1, \cdots, H_n$ alternative **Hypothesen**. Sie schließen sich gegenseitig aus und bilden zusammen das sichere Ereignis.
$P(H_i)$ heißt die *A-priori-Wahrscheinlichkeit* der i-ten Hypothese. $P(H_i|B)$ ist die *A-posteriori-Wahrscheinlichkeit* der i-ten Hypothese nach Kenntnis der Beobachtung B.

Beispiel [17] Jede von fünf Urnen U1, U2, U3, U4 und U5 enthalte acht Kugeln. U1 enthalte eine weiße Kugel und sieben nichtweiße, U2 enthalte zwei weiße Kugeln usw. Betrachten wir das folgende Zufallsexperiment: Zuerst wird eine Urne zufällig ausgewählt und dann aus der Urne eine Kugel gezogen.

  a) Wie groß ist die Wahrscheinlichkeit, dass die gezogene Kugel weiß ist?

  b) Nachdem festgestellt wurde, dass die gezogene Kugel weiß ist, wie groß ist die A-posteriori-Wahrscheinlichkeit, dass sie aus Urne U1, U2, U3, U4 oder U5 stammt?

Lösung: Die A-priori-Wahrscheinlichkeiten seien zunächst nach dem *Prinzip des unzureichenden Grundes* für alle fünf Urnen gleich und zwar

$$P(U1) = P(U2) = P(U3) = P(U4) = P(U5) = 1/5 ,$$

die bedingten Wahrscheinlichkeiten

$P(\text{weiß}|U1) = 1/8$ $P(\text{weiß}|U4) = 4/8$
$P(\text{weiß}|U2) = 2/8$ $P(\text{weiß}|U5) = 5/8$,
$P(\text{weiß}|U3) = 3/8$

und damit beträgt die totale Wahrscheinlichkeit, eine weiße Kugel zu ziehen,

$$P(\text{weiß}) = \frac{1}{5} (1/8 + 2/8 + 3/8 + 4/8 + 5/8) = 3/8 .$$

Die A-posteriori-Wahrscheinlichkeiten sind nun nach dem BAYES-Theorem als

$$P(Ui|\text{weiß}) = P(\text{weiß}|Ui) \cdot P(Ui) / P(\text{weiß})$$
$$= (i/8) \cdot (1/5)/(3/8) = i/15$$

auszurechnen. Das ergibt:

$P(U1|\text{weiß}) = (1/8)\cdot(1/5)/(3/8) = 1/15 = 0.0667$
$P(U2|\text{weiß}) = (2/8)\cdot(1/5)/(3/8) = 2/15 = 0.1333$
$P(U3|\text{weiß}) = (3/8)\cdot(1/5)/(3/8) = 3/15 = 0.2000$
$P(U4|\text{weiß}) = (4/8)\cdot(1/5)/(3/8) = 4/15 = 0.2667$
$P(U5|\text{weiß}) = (5/8)\cdot(1/5)/(3/8) = 5/15 = 0.3333 .$

Die Summe dieser fünf bedingten Wahrscheinlichkeiten ist natürlich gleich Eins.

Kontrollfragen

1 Was ist der Unterschied zwischen einem Elementarereignis und einem Ereignis? Was ist der Unterschied zwischen dem Ereignisraum und der Ereignismenge?

2 Kann man für ein und dasselbe Zufallsexperiment verschiedene Ereignisräume angeben?

3 Sind komplementäre Ereignisse disjunkt? Sind disjunkte Ereignisse komplementär?

4 Was versteht man unter der Abgeschlossenheit der Ereignismenge?

5 Welche drei Wahrscheinlichkeitsbegriffe kennen Sie? Auf welchem Wahrscheinlichkeitsbegriff basieren die KOLMOGOROVschen Axiome?

6 Was ist der Unterschied zwischen stetig und diskret?

7 Ereignis *A* impliziere Ereignis *B*. Kann dann *B* von *A* unabhängig sein?

8 Bei welcher Fragestellung ist der Multiplikationssatz hilfreich, bei welcher der Additionssatz?

9 Können unabhängige Ereignisse disjunkt sein? Können disjunkte Ereignisse unabhängig sein?

10 Manche Ökonomen glauben, dass höhere Löhne die Konjunktur beleben und somit die Arbeitslosigkeit verringern. Wenn sie recht haben, sind dann diese drei Ereignisse abhängig oder unabhängig?

11 In der Kfz-Haftpflichtversicherung gibt es Schadenfreiheitsklassen. Was hat das mit bedingten Wahrscheinlichkeiten zu tun?

12 Verwendet man das BAYES-Theorem, um von den Wahrscheinlichkeiten der Ursachen auf die Beobachtungen zu schließen oder umgekehrt? Was bedeutet „a posteriori"?

PRAXIS

Just-In-Time

Ein Manager einer großen Lebensmitteleinzelhandelskette, der für das Gebiet Nordrhein-Westfalen zuständig ist, soll der Firmenleitung auf der monatlichen Tagung von den Erfahrungen des Just-In-Time Pilotprojekts berichten. Die Just-In-Time-Anlieferung bedeutet eine tägliche, frühmorgendliche Belieferung der Filialen, so dass eine Lagerhaltung und die dadurch entstehenden Kosten entfallen. Die Überwälzung der Lagerhaltung „auf die Straße" birgt jedoch Risiken. So sind nach Aufzeichnungen des Managers im abgelaufenen Monat die 46 Filialen seines Gebietes 1200-mal angesteuert worden. Neunmal ist ein erwarteter LKW morgens wegen eines Unfalls oder einer Panne nicht an der anzufahrenden Filiale angekommen, so dass erhebliche Umsatzeinbußen in Kauf genommen werden mussten, und 83mal gab es Verspätungen. Diese Pilotstudie soll als Grundlage für die Konzeption der Belieferung 16 neuer Filialen in Ostdeutschland dienen, die ohne Lagerraum auskommen sollen. In der Startphase des Aufbaus sollen möglichst keine Lieferschwierigkeiten auftreten.

Welchen Wert wird der berichtende Manager auf der Grundlage obiger Ergebnisse für die Wahrscheinlichkeit errechnen, dass diese 16 Filialen während einer Woche jeden Tag (sechs Tage insgesamt) pünktlich beliefert werden oder wenigstens verspätet ihre Ware erhalten?

Nach den Beobachtungen in der Vergangenheit beträgt die statistische Wahrscheinlichkeit, dass ein LKW bei einer einzelnen Fahrt

KAPITEL 8   *Grundlagen der Wahrscheinlichkeitstheorie*   **251**

1. einen Unfall oder eine Panne erleidet und nicht ankommt $P(\text{Panne}) = 9/1200 = 0.0075$
2. zu spät ankommt $P(\text{zu spät}) = 83/1200 = 0.06912$
3. eine Panne erleidet oder zu spät ankommt $P(\text{Panne} \cup \text{zu spät}) = 0.07662$
4. pünktlich ankommt $P(\text{pünktlich}) = 1 - 0.07662 = 0.92338$.

Um die 16 Filialen an sechs Tagen pro Woche zu beliefern, sind 96 Fahrten nötig. Die Wahrscheinlichkeit, dass in der Tat alle Lieferungen pünktlich erfolgen, ist verschwindend gering und beträgt nach dem Multiplikationssatz

$$P(\text{alle pünktlich}) = (0.92338)^{96} = 0.0004748.$$

Jedoch kann man mit deutlich höherer Wahrscheinlichkeit damit rechnen, dass alle Filialen an allen Tagen einer Woche – wenn auch mit Verspätung – erreicht und beliefert werden. Sie beträgt

$$P(\text{alle pünktlich} \cup \text{verspätet}) = (0.9925)^{96} = 0.4854.$$

Was ist zu dem Ergebnis zu sagen, oder mit welchen Argumenten ist es zu kritisieren?

ERGÄNZENDE LITERATUR

Bosch, Karl: *Elementare Einführung in die Wahrscheinlichkeitsrechnung*, 9. Aufl., Braunschweig, Wiesbaden: Vieweg+Teubner, 2006

Bourier, Günther: *Wahrscheinlichkeitsrechnung und schließende Statistik*, 5. Aufl., Wiesbaden: Gabler, 2006, Kap. 2 – 4

Fisz, Marek: *Wahrscheinlichkeitsrechnung und mathematische Statistik*, 11. Aufl., Berlin: Deutscher Verlag der Wissenschaften, 1989, Kapitel 1

Grimmett, G.; Welsh, D.: *Probability – An Introduction*, Oxford: Clarendon Press, 1998

Kolmogorov, Andrej N.: *Grundbegriffe der Wahrscheinlichkeitsrechnung*, reprinted, Berlin: Springer, 1977

Krengel, Ulrich: *Einführung in die Wahrscheinlichkeitstheorie und Statistik*, 8. Aufl., Braunschweig, Wiesbaden: Vieweg+Teubner, 2005

AUFGABEN

8.1 **Ein fairer Würfel** wird zweimal hintereinander geworfen.

  a) Geben Sie jedes Element des Ereignisraumes explizit an.
  b) Wie groß ist die Wahrscheinlichkeit, dass die Augensumme 10 oder größer ist, wenn beim ersten Wurf eine 5 erscheint?
  c) ..., wenn bei mindestens einem Wurf eine 5 erscheint?

8.2 **Sechs Münzen** werden (gleichzeitig oder hintereinander) geworfen. Wie groß ist die Wahrscheinlichkeit, dass genau drei davon „Kopf" zeigen?

8.3 **Skat.** Wie groß ist die Wahrscheinlichkeit, dass

  a) ein Skatspieler einen bestimmten Satz Karten erhält?
  b) genau ein Bube im Skat liegt?
  c) zwei Buben im Skat liegen?
  d) Spieler A findet in seinen zehn Karten einen Buben, Spieler B zwei, Spieler C keinen. Wie beurteilen nun die einzelnen Spieler die in **b)** und **c)** gefragten Wahrscheinlichkeiten?
  e) Wie beurteilt ein Kiebitz, der allen drei Spielern in die Karten geschaut hat, diese Wahrscheinlichkeiten?

Zusatzfrage: Handelt es sich hier um subjektive Wahrscheinlichkeiten, bedingte Wahrscheinlichkeiten oder um A-posteriori-Wahrscheinlichkeiten?

Hinweis für Nichtskatspieler: Das verwendete Kartenspiel hat 32 verschiedene Karten, vier davon sind Buben. Nach dem Mischen erhält jeder der drei Spieler genau zehn Karten, zwei Karten kommen in den verdeckt liegenden Skat.

8.4 Für die Ereignisse A, B seien die Wahrscheinlichkeiten gegeben:

$$P(A) = 0.5$$
$$P(B) = 0.3$$
$$P(A \cap B) = 0.2 \, .$$

Geben Sie – wenn möglich – die folgenden Wahrscheinlichkeiten zahlenmäßig an:

  a) $P(A \cup B)$ b) $P(A|B)$
  c) $P(\overline{A \cap B})$ d) $P(\overline{A} \cup \overline{B})$
  e) $P(\overline{A \cup B})$ f) $P(\overline{A} \cap \overline{B})$

8.5 Ein Spieler würfelt viermal hintereinander. Wie groß ist die Wahrscheinlichkeit, dass dabei die Augensumme nicht größer als 7 ist?

KAPITEL 8 *Grundlagen der Wahrscheinlichkeitstheorie* **253**

8.6 **Multiple Choice.** Kreuzen Sie bitte in den folgenden Mehrfachwahl-Aufgaben die richtigen Aussagen an. Dabei kann es sein, dass von den zu einer Aufgabe vorgeschlagenen Lösungsmöglichkeiten keine, eine, mehrere oder alle richtig sind.

    a) Aus „A impliziert B" folgt, $P(A) > 0$ vorausgesetzt,

$$P(A|B) \geq P(A)$$
$$P(A|B) < P(A)$$
$$P(A|B) \geq P(B)$$
$$P(B|A) > 0$$

    b) Aus „A und B sind unvereinbar" folgt, $P(A) > 0$ vorausgesetzt,

$$P(A \cap B) = P(A) \cdot P(B)$$
$$P(A \cup B) = P(A) + P(B)$$
$$P(A \cup B) = 0$$
$$P(A|B) = P(A)$$

8.7 **Zahlenlotto.** Wie groß ist die Wahrscheinlichkeit, beim Zahlenlotto 6 aus 49 sechs Richtige zu haben?

Wie groß ist die Wahrscheinlichkeit, fünf Richtige mit Zusatzzahl zu haben?

8.8 **Zwei Maschinen** produzieren denselben Artikel in einer Fabrik. Maschine A produziert 70% der Stücke; 8% der von A hergestellten Stücke sind fehlerhaft, aber nur 6% der von Maschine B produzierten Stücke.

Wie groß ist die Wahrscheinlichkeit, dass ein zufällig aus der Tagesproduktion gezogenes fehlerhaftes Stück von Maschine A hergestellt wurde?

8.9 **Bingo.** Sie dürfen zehn verschiedene Zahlen zwischen 1 und 100 wählen. Nun werden 60 verschiedene Zahlen zwischen 1 und 100 gezogen. Sind alle Ihre zehn gewählten Zahlen dabei, haben Sie gewonnen. Wie groß ist dafür die Wahrscheinlichkeit?

8.10 **Qualitätskontrolle.** Eine Firma erhält als Zulieferung regelmäßig ein bestimmtes Produkt in Sendungen zu 50 Stück. Die Annahmekontrolle geschieht nach dem folgenden „Inspektionsplan" *Ip5*:

Man entnimmt zufällig ein Stück und prüft es. Ist es in Ordnung, entnimmt man – ohne das schon geprüfte zurückzulegen – ein zweites usw. Sobald ein schadhaftes Stück gefunden wird, weist man die Sendung zurück. Sind jedoch die ersten fünf Stücke in Ordnung, wird die Sendung angenommen (Ereignis A).

    a) Wie groß ist die Annahmewahrscheinlichkeit $P(A)$, wenn 0, 2, 5 oder 10 Stücke in einer Sendung schadhaft sind?

    b) Zeichnen Sie die „Operationscharakteristik" des Inspektionsplanes *Ip5* (Annahmewahrscheinlichkeit in Abhängigkeit von den tatsächlich schadhaften Stücken).

254 KAPITEL 8 *Grundlagen der Wahrscheinlichkeitstheorie*

c) Der Inspektionsplan *Ip7* verfährt wie *Ip5* mit dem Unterschied, dass erst bei sieben brauchbaren Stücken angenommen wird. Zeichnen Sie die Operationscharakteristik des Inspektionsplanes *Ip7*.

8.11 **Familienplanung.** Wie groß ist die Wahrscheinlichkeit, dass von vier Geschwistern

a) alle vier Jungen sind
b) alle vier Mädchen sind
c) das älteste ein Junge, die folgenden Mädchen sind
d) die drei älteren Jungen, das jüngste ein Mädchen ist
e) zwei Jungen und zwei Mädchen sind?

8.12 **Ein bestimmtes technisches Gerät** G wird aus drei Einzelteilen A, B, C zusammengefügt. Das Gerät funktioniert nur dann, wenn alle drei Einzelteile funktionieren und außerdem bei der Montage M kein Fehler unterlaufen ist. Die Wahrscheinlichkeiten, dass die Teile A, B, C defekt sind, betragen

$$P(\overline{A}) = P(\overline{B}) = 0.01, \quad P(\overline{C}) = 0.05.$$

Die Wahrscheinlichkeit, dass bei der Montage ein Fehler gemacht wird, betrage

$$P(\overline{M}) = 0.02.$$

Die Fehler treten unabhängig voneinander auf.

a) Wie groß ist die Wahrscheinlichkeit
$$P(G) = P(A \cap B \cap C \cap M),$$
dass das einzelne Gerät funktioniert?

b) Wie groß ist die Wahrscheinlichkeit $P(\overline{G})$, dass das Gerät G nicht funktioniert?

8.13 **In einer Urne** befindet sich eine große Zahl von Kugeln. 80% der Kugeln sind weiß, 20% sind schwarz.

a) Wie groß ist die Wahrscheinlichkeit, eine schwarze Kugel bei blindem Hineingreifen zufällig zu ziehen?
b) Wie groß ist die Wahrscheinlichkeit, zufällig eine weiße Kugel zu ziehen?
c) Wie groß ist die Wahrscheinlichkeit, bei drei zufälligen Stichproben mit Zurücklegen genau drei weiße Kugeln zu finden?
d) Wie groß, genau drei schwarze Kugeln zu finden?
e) Wie groß, eine schwarze und zwei weiße Kugeln zu finden?

8.14 Berechnen Sie die bedingte Wahrscheinlichkeit $P(A|B)$, wenn

   a) A eine Teilmenge von B ist,

   b) B eine Teilmenge von A ist,

   c) A und B sich gegenseitig ausschließen.

8.15 **Pferderennen.** An einem Pferderennen nehmen 10 Pferde teil. Wie groß ist jeweils die Wahrscheinlichkeit, dass ein Pferderennen-Wetter ohne Kenntnis der Stärken und Schwächen der einzelnen Pferde folgende Ergebnisse richtig tippt:

   a) siegendes Pferd,

   b) die ersten drei Pferde in der Reihenfolge ihres Einlaufens,

   c) die ersten fünf Pferde ohne Berücksichtigung der Reihenfolge ihres Einlaufens?

   d) Wie ändern sich die Wahrscheinlichkeiten unter a) bis c), wenn der Wetter mit Sicherheit weiß, dass ein bestimmtes Pferd siegen wird?

8.16 **Würfelspiel.** Man bietet Ihnen das folgende Glücksspiel an: Sie bezahlen einen Einsatz von x Cent, dann dürfen Sie zweimal mit einem Würfel würfeln. Werfen Sie mindestens einmal eine Sechs, erhalten Sie als Gewinn 1.– €.

   a) Wie groß ist die Wahrscheinlichkeit, dass Sie bei diesem Spiel gewinnen?

   b) Sie dürfen das Spiel hinreichend oft wiederholen. Welchen Einsatz x wären Sie höchstens bereit zu zahlen, um langfristig zu gewinnen?

8.17 **Das Drei-Türen-Spiel** oder **Let's make a deal.** Sie haben als Kandidat in einem Fernsehquiz die letzte Runde erreicht. Der Quizmaster bietet Ihnen nun gegen Ihre bereits gewonnene Prämie von 15 000 Euro folgendes zweistufige Spiel an: Hinter einer von drei Türen einer großen Wand befindet sich ein 35 000-Euro-Auto, hinter den beiden anderen Türen je eine Ziege. Wenn Sie erraten, hinter welcher Tür das Auto steckt, haben Sie es gewonnen.

   Nachdem Sie eine Tür gewählt haben, öffnet der Quizmaster eine andere Tür, hinter der eine Ziege sichtbar wird. Nun können Sie Ihre Wahl neu treffen.

   a) Wie groß ist die Wahrscheinlichkeit, dass Sie das Auto gewinnen?

   b) Welche Strategie würden Sie wählen, um das Auto mit möglichst großer Wahrscheinlichkeit zu gewinnen?

   WIKIPEDIA: „Das Ziegenproblem ist ein Beispiel dafür, dass der menschliche Verstand zu Trugschlüssen neigt, wenn es um das Einschätzen von Wahrscheinlichkeiten geht."

LÖSUNGEN

8.1 b) 1/3   c) 3/11

8.2 0.3125

8.3 a) 0.000 000 0155
     b) 0.2258   c) 0.0121
     d) Spieler A: 0.2468; 0.012987
        Spieler B: 0.1732; 0.004329
        Spieler C: 0.3117; 0.025974
     e) Kiebitz: 1; 0

8.4 a) 0.6   b) 2/3   c) 0.8
     d) 0.8   e) 0.4   f) 0.4.

8.5 0.027

8.6 a) richtig   b) falsch
        falsch   richtig
        falsch   falsch
        richtig   falsch

8.7 0.000 000 071; 0.000 000 429

8.8 0.7568

8.9 0.004355

8.1 a) 1; 0.8082; 0.5766; 0.3106
     c) 1; 0.7371; 0.4543; 0.1867

8.11 a) 1/16   b) 1/16
     c) 1/16   d) 1/16   e) 3/8

8.12 a) 0.9125   b) 0.0875

8.13 a) 0.2   b) 0.8   c) 0.512
     d) 0.008   e) 0.384

8.14 a) $P(A)/P(B)$ b) 1   c) 0

8.15 a) 1/10   b) 0.001389
     c) 0.003968
     d) 1; 0.01389; 0.007937

8.16 a) 11/36   b) 30 Cent

8.17 wird nicht verraten.

KAPITEL 9

Zufallsvariablen

Im vorangegangenen Kapitel war vom Zufall nur im Zusammenhang mit Zufallsexperimenten die Rede. Das Attribut „zufällig" kam nur den Ereignissen zu, und nur ihnen wurden mit Hilfe der Wahrscheinlichkeitsfunktion $P(\cdot)$ Wahrscheinlichkeiten zugemessen. Nun sollen die Wahrscheinlichkeiten auch reellen Zahlen beigegeben werden.

Zuweilen mögen die Ergebnisse eines Zufallsexperiments bereits reelle Zahlen sein; ist dies nicht der Fall, kann man ihnen reelle Zahlen zuordnen. In vielen Fällen wird dies sehr leicht und zwanglos geschehen: Ein Würfel zeigt fünf Augen, zugeordnet wird die reelle Zahl 5. Auf jeden Fall wird die formale Behandlung von Zufallsereignissen auf diese Weise bequemer; vor allem aber erleichtert das Konzept der Zufallsvariablen die praktische Anwendung von stochastischen Modellen.

Zufallsvariablen sind also Variablen mit „stochastischem Charakter", und es gibt im Prinzip zwei verschiedene Wege, zu ihnen zu gelangen. Der eine – anschaulichere – Weg führt über Zufallsexperiment und Wahrscheinlichkeitsraum, der andere – letztlich leistungsfähigere – legt ihre stochastischen Eigenschaften durch die bloße Angabe ihrer Wahrscheinlichkeitsverteilung fest. Wir wählen zunächst den ersten Weg.

Definition: Gegeben sei ein Wahrscheinlichkeitsraum $[\Omega, E, P(\cdot)]$. Eine Funktion

$$X: \Omega \longrightarrow \mathbb{R}$$
$$e \longrightarrow X(e) \in \mathbb{R} \ , \qquad (9\text{-}1)$$

die jedem Elementarereignis e eine reelle Zahl $X(e)$ zuordnet, heißt *Zufallsvariable* oder *stochastische Variable*, wenn dabei zu jedem reellen r ein Ereignis $A_r \in E$ gehört, mit $A_r = \{e \mid X(e) \le r\}$.

Die Funktion X bildet die Elemente von Ω auf der reellen Zahlengerade ab. Wir sagen, Ω sei der *Definitionsbereich* der Funktion X und die Menge der reellen Zahlen ihr *Wertebereich*. Vom Wertebereich zu unterscheiden ist der *Wertevorrat W* der Zufallsvariablen. Die Menge W enthält gerade jene reellen Zahlen, die durch die Abbildung erreicht werden. Denn es werden zwar stets alle Elemente von Ω abgebildet, aber nicht unbedingt alle reellen Zahlen durch die Abbildung erreicht.

258 KAPITEL 9 *Zufallsvariablen*

Dabei ist aber zu beachten, dass jedem Element des *Wertebereichs*, also jeder reellen Zahl *r*, ein Ereignis A_r aus der Ereignismenge *E* zugeordnet werden kann, welches alle Elementarereignisse *e* umfasst, deren Bild $X(e) \leq r$ ist. Der Sinn dieser in der Definition angegebenen Bedingung ist nicht so leicht auf Anhieb zu verstehen. Sie stellt bei diskreten Wahrscheinlichkeitsräumen keine echte Einschränkung dar, sie ist dort stets erfüllt. Nur bei den stetigen Wahrscheinlichkeitsräumen muss unter Umständen darauf geachtet werden.

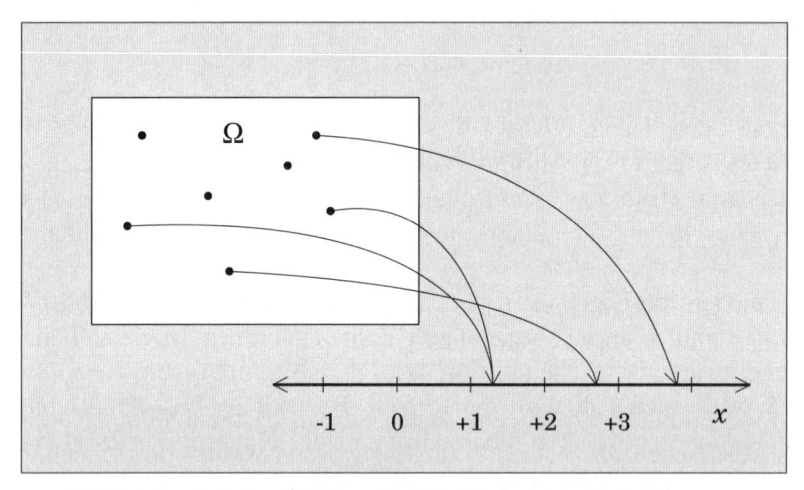

BILD 9.1 Zufallsvariable als Abbildung des Ereignisraums auf die reelle Achse

Durch die Einführung von Zufallsvariablen entfällt das eher mühsame Rechnen mit den Elementarereignissen und den Ereignissen weitgehend.

Zufallsvariablen werden meist mit großen lateinischen Buchstaben bezeichnet; man bevorzugt dabei die am Ende des Alphabetes: $\cdots, X, Y, Z$. Man beachte, dass bei der Definition der Zufallsvariablen die Wahrscheinlichkeitsfunktion $P(\cdot)$ noch gar nicht berücksichtigt wird.

Beispiel [1] Eine Münze werde einmal geworfen. Die Zufallsvariable *X* bezeichne die Anzahl der Köpfe, die bei diesem Experiment herauskommen kann. Die so definierte Zufallsvariable kann zwei Werte annehmen, nämlich

$$X(\text{Zahl}) = x_1 = 0 \quad \text{und} \quad X(\text{Kopf}) = x_2 = 1,$$

und hat somit den Wertevorrat W = {0, 1}. Die Ereignismenge *E* hat die vier Ereignisse

$$E = \{\emptyset, \{\text{Zahl}\}, \{\text{Kopf}\}, \Omega\},$$

und es kann noch nachgeprüft werden, ob auch zu jedem *r* ein Element dieser Ereignismenge *E* gehört. Man sieht leicht, dass dieses Erfordernis erfüllt ist, denn

für	$-\infty < r < 0$	ist	$A_r = \emptyset$,
für	$0 \leq r < 1$	ist	$A_r = \{\text{Zahl}\}$,
für	$1 \leq r < \infty$	ist	$A_r = \Omega$.

Beispiel [2] Zwei regelmäßige Würfel werden geworfen. Der Ereignisraum besteht aus 36 Elementarereignissen

$$\Omega = \{(i,j) \mid i = 1, \cdots, 6,\ j = 1, \cdots, 6\}.$$

Mehrere Zufallsvariablen lassen sich hier bilden. Bezeichne etwa X die Summe der Augenzahlen oder Y ihre Differenz:

$$X(i,j) := i + j, \qquad x = 2, 3, \cdots, 12$$
$$Y(i,j) := |i - j|, \qquad y = 0, 1, 2, 3, 4, 5.$$

Die Zufallsvariable X kann elf verschiedene ganzzahlige Werte annehmen, die Zufallsvariable Y nur sechs.

Beispiel [3] Ein Zufallsexperiment bestehe darin, dass ein Punkt im Inneren einer Kreisfläche vom Radius c zufällig gewählt werde. Bezeichnen ξ und η die Koordinaten des Punktes in einem Koordinatensystem durch den Mittelpunkt des Kreises, kann der Ereignisraum als

$$\Omega = \{(\xi,\eta) \mid \xi, \eta \in \mathbb{R}\ \text{und}\ \xi^2 + \eta^2 < c^2\}$$

geschrieben werden. Die Zufallsvariable Z werde nun definiert als der Abstand des gewählten Punktes vom Kreismittelpunkt,

$$Z(\xi, \eta) := \sqrt{\xi^2 + \eta^2} .$$

Die so definierte Zufallsvariable kann nun alle reellen Werte zwischen 0 und c

$$0 \leq Z < c$$

annehmen. Prüft man hier die Zusatzbedingung in der Definition der Zufallsvariablen (9-1) nach, findet man sie erfüllt, denn:

zu	$-\infty < r < 0$	gehört	$A_r = \emptyset$,
zu	$0 \leq r < c$	gehört	$A_r = \{(\xi,\eta) \mid \xi^2 + \eta^2 < r^2\}$,
zu	$c \leq r < \infty$	gehört	$A_r = \Omega$.

Die meisten in der Praxis vorkommenden Zufallsvariablen können in zwei Klassen aufgeteilt werden, und zwar in die Klasse der *diskreten* und die der *stetigen* Zufallsvariablen. Kriterium für die Aufteilung ist der Wertevorrat W der jeweiligen Zufallsvariablen.

Definition: Hat der Wertevorrat $W \subset \mathbb{R}$ einer Zufallsvariablen X endlich viele oder *abzählbar* unendlich viele Werte

$$W = \{x_1, x_2, x_3, \cdots\},$$

heißt sie **diskret**. Besteht der Wertevorrat $W \subset \mathbb{R}$ einer Zufallsvariablen X aus der ganzen reellen Achse oder aus Teilintervallen

$$W = \{x \mid a \leq x \leq b\}, \quad -\infty < a < b < \infty,$$

so heißt sie **stetig**. Ihr Wertevorrat hat dann *überabzählbar* unendlich viele Werte.

Natürlich sind auch Mischformen denkbar. Man beachte, dass zu stetigen Wahrscheinlichkeitsräumen auch diskrete Zufallsvariablen definiert werden können, aber nicht umgekehrt. Der Leser möge feststellen, welche Zufallsvariablen in den obigen Beispielen diskret und welche stetig sind.

9.1 Die Verteilungsfunktion

Bei der Definition der Zufallsvariablen wurde von Zufallsexperimenten oder genauer gesagt von Wahrscheinlichkeitsräumen $[\Omega, E, P(\cdot)]$ ausgegangen. Dabei betraf die dafür verwendete Abbildung nur den Ereignisraum Ω, allerdings mit einem kleinen Seitenblick auf E. Die Wahrscheinlichkeiten $P(\cdot)$ jedoch wurden überhaupt nicht beachtet. Da es keinen Sinn machen würde, von Wahrscheinlichkeitsräumen auf Zufallsvariablen überzugehen, ohne dabei die Wahrscheinlichkeiten zu berücksichtigen, kann das nicht so bleiben. Wir werden später sehen, dass eine Zufallsvariable ja gerade dadurch gekennzeichnet werden kann, dass wir angeben, mit welcher Wahrscheinlichkeit sie bestimmte Werte annimmt oder in ein bestimmtes Intervall fällt.

Mit anderen Worten: Wir interessieren uns nicht nur für die Werte der Zufallsvariablen, sondern auch für die Wahrscheinlichkeiten, mit denen Zufallsvariablen diese Werte annehmen. Dabei sollen die Wahrscheinlichkeiten übernommen werden, die vor der Abbildung den Ereignissen zukamen. Es bezeichne

$$P(X = a) \qquad P(a < X < b) \qquad P(X \leq x)$$

jeweils die Wahrscheinlichkeit, dass X den Wert a annimmt, dass die Zufallsvariable X in das Intervall $a < X < b$ fällt, und die Wahrscheinlichkeit, dass X irgendeinen Wert annimmt, der nicht größer als x ist.

Aber wie groß sind nun die Wahrscheinlichkeiten dieser Art von „Ereignissen"? Sie werden von dem Wahrscheinlichkeitsmaß im Wahrscheinlichkeitsraum $[\Omega, E, P(\cdot)]$ abhängen und von der bei der Bildung der Zufallsvariablen X verwendeten Abbildung. Dabei wird X genau dann den Wert a annehmen, wenn irgendeines der Elementarereignisse $e \in \Omega$ eingetreten ist, die von X auf den Zahlenwert a abgebildet worden sind, so dass

$$X = a \quad \Leftrightarrow \quad \{e \mid X(e) = a\}$$
$$P(X = a) \;=\; P(\{e \mid X(e) = a\}).$$

Würde von X keines der Elementarereignisse auf den Zahlenwert a abgebildet, so wäre $X = a$ ein unmögliches Ereignis und $P(X = a) = 0$. Entsprechend sind die beiden folgenden Ereignisse äquivalent und ihre Wahrscheinlichkeiten gleich

$$a < X \leq b \quad \Leftrightarrow \quad \{e \mid a < X(e) \leq b\}$$
$$P(a < X \leq b) \;=\; P(\{e \mid a < X(e) \leq b\}).$$

Schließlich gilt für jede reelle Zahl x

$$X \leq x \quad \Leftrightarrow \quad \{e \mid X(e) \leq x\} =: A_x$$
$$P(X \leq x) \;=\; P(\{e \mid X(e) \leq x\}).$$

Definition: **Verteilungsfunktion (1).** Die Funktion

$$\boxed{F(x) := P(X \leq x)} \tag{9-2}$$

die jeder reellen Zahl x die Wahrscheinlichkeit zuordnet, mit der die Zufallsvariable X einen Wert $X \leq x$ annimmt, heißt *Verteilungsfunktion* der betreffenden Zufallsvariablen X. Diese Wahrscheinlichkeit ist gleich der Wahrscheinlichkeit des Ereignisses $A_x = \{e \mid X(e) \leq x\}$.

Nun erkennt man auch den Sinn der in der Definition der Zufallsvariablen im vorangegangenen Abschnitt gemachten Einschränkung: Es muss sichergestellt sein, dass bei der Abbildung X jedes reelle Intervall $-\infty < X \leq x$ auch ein Ereignis aus E als Urbild hat, damit die Verteilungsfunktion eindeutig bestimmt werden kann. Zur Veranschaulichung der Definition der Verteilungsfunktion greifen wir auf die Beispiele zu Beginn dieses Kapitels zurück.

Beispiel [4] Die Zufallsvariable X sei definiert als die Anzahl der Köpfe beim einfachen Münzwurf. X kann die beiden Werte 0 oder 1 annehmen. Wenn die Wahrscheinlichkeit, Kopf zu werfen, 0.5 beträgt, dann ist die dazugehörige Verteilungsfunktion gegeben durch

$$F(x) = \begin{cases} 0 & \text{für} \quad x < 0 \\ 1/2 & \text{für} \quad 0 \leq x < 1 \\ 1 & \text{für} \quad 1 \leq x \end{cases}$$

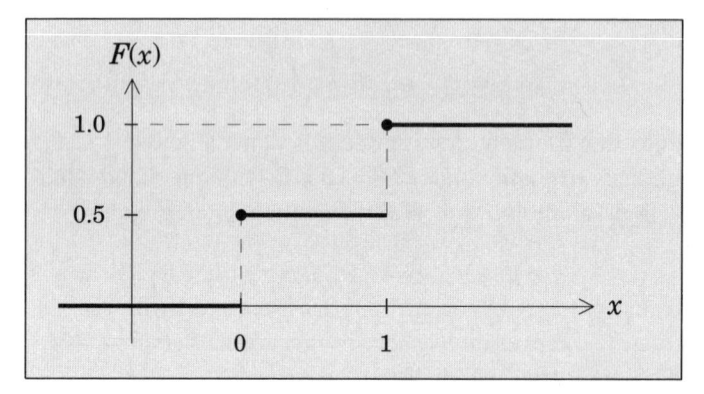

BILD 9.2 Graph einer Verteilungsfunktion

Beispiel [5] Zwei Würfel werden geworfen. Y sei definiert als die **Differenz der Augenzahlen**. Der Ereignisraum des zugrundeliegenden Zufallsexperiments hatte 36 gleichwahrscheinliche Elementarereignisse.

Elementarereignisse			Zufallsvariable		
Anzahl	$(i, j) \in \Omega$		y	$P(Y = y)$	$F(y)$
6	(1,1), (2,2), (3,3) (4,4), (5,5), (6,6)	→	0	6/36	6/36
10	(1,2), (2,3), (3,4), (4,5), (5,6), (2,1), (3,2), (4,3), (5,4), (6,5)	→	1	10/36	16/36
8	(1,3), (2,4), (3,5) (4,6), (3,1), (4,2) (5,3), (6,4)	→	2	8/36	24/36
6	(1,4), (2,5), (3,6) (4,1), (5,2), (6,3)	→	3	6/36	30/36
4	(1,5), (2,6), (5,1), (6,2)	→	4	4/36	34/36
2	(1,6), (6,1)	→	5	2/36	36/36

9.1 *Die Verteilungsfunktion* **263**

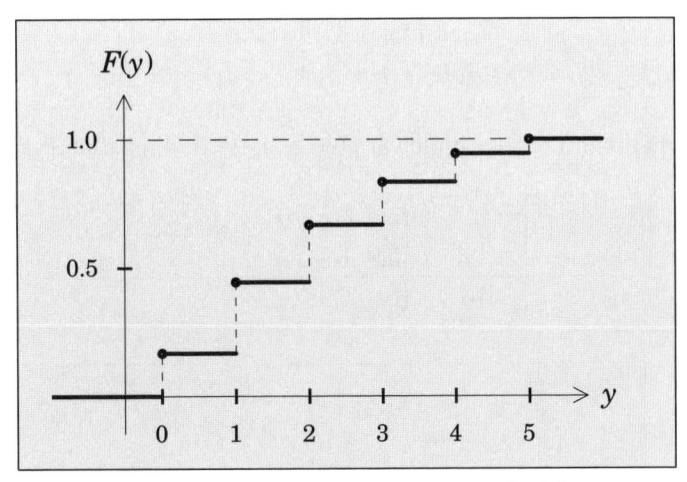

BILD 9.3 Graph einer Verteilungsfunktion

Die Tabelle zeigt, wie die Funktion Y diese auf die reellen Zahlen abbildet und die Wahrscheinlichkeiten in der beschriebenen Art „mitgenommen" werden. Die Verteilungsfunktion lautet:

$$F(y) = \begin{cases} 0 & \text{für} & y < 0 \\ 6/36 & \text{für} & 0 \leq y < 1 \\ 16/36 & \text{für} & 1 \leq y < 2 \\ 24/36 & \text{für} & 2 \leq y < 3 \\ 30/36 & \text{für} & 3 \leq y < 4 \\ 34/36 & \text{für} & 4 \leq y < 5 \\ 1 & \text{für} & 5 \leq y \end{cases}$$

Beispiel [6] Ein Punkt im Inneren eines Kreises vom Radius c werde zufällig gewählt. Dabei soll jeder Punkt gleich wahrscheinlich sein; genauer gesagt, die Wahrscheinlichkeit, dass der Punkt zu irgendeinem Flächenstück innerhalb des Kreises gehört, sei proportional zur Größe dieses Flächenstücks. Die Zufallsvariable Z sei definiert als Abstand des Punktes vom Kreismittelpunkt.

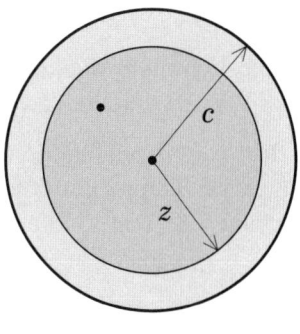

BILD 9.4

Aus BILD 9.4 berechnet man in Anlehnung an (8-14) leicht die für die Verteilungsfunktion benötigte Wahrscheinlichkeit

$$P(Z \leq z) = \frac{Kreisfläche(A_z)}{Kreisfläche(\Omega)} = \frac{z^2 \pi}{c^2 \pi} = \frac{z^2}{c^2}$$

und erhält für die Zufallsvariable Z als Verteilungsfunktion

$$F(z) = \begin{cases} 0 & \text{für} \quad z < 0 \\ z^2/c^2 & \text{für} \quad 0 \leq z < c \\ 1 & \text{für} \quad c \leq z. \end{cases}$$

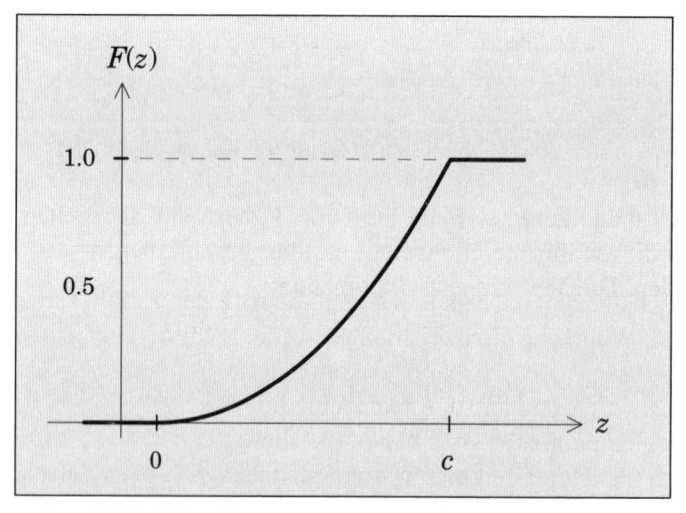

BILD 9.5   Graph einer Verteilungsfunktion

An den Graphen der drei Verteilungsfunktionen dieser Beispiele sind wesentliche Gemeinsamkeiten und wichtige Unterschiede erkennbar:

1. Eine Verteilungsfunktion ist stets über der ganzen reellen Achse erklärt, auch wenn ihr Wertevorrat nur endlich ist.

2. Die Verteilungsfunktionen der diskreten Zufallsvariablen X und Y weisen eine typische Treppenform auf: Ihr Funktionswert F verharrt auf gleichem Niveau und springt an den Stellen $x_i \in W$ genau um den Betrag der Wahrscheinlichkeit $P(X = x_i)$ nach oben. An den Sprungstellen selbst gilt stets der obere Wert.

3. Die Verteilungsfunktion der stetigen Zufallsvariablen Z hat einen glatten und monoton steigenden Verlauf.

4. Der niedrigste Wert von F ist Null, der höchste Eins.

Sorgfältige Prüfung der Definition (9-2) zusammen mit obigen Beispielen führt zu folgenden Eigenschaften der Verteilungsfunktion.

Eigenschaften von Verteilungsfunktionen

> (1) $F(x)$ ist an jeder Stelle x zumindest rechtsseitig stetig
> $$\lim_{\Delta x \to 0} F(x + \Delta x) = F(x)$$
>
> (2) $F(x)$ ist überall monoton steigend
> $$F(a) \leq F(b) \quad \text{für} \quad a < b$$
>
> (3) $F(x)$ hat die Grenzwerte
> $$\lim_{x \to -\infty} F(x) = 0 \quad \text{und} \quad \lim_{x \to +\infty} F(x) = 1$$

In den obigen Ausführungen haben wir den Begriff der Zufallsvariablen auf Zufallsexperimente und Wahrscheinlichkeitsräume zurückgeführt. Die Zufallsvariable wurde mittels der Abbildung (9-1) als passend konstruierte Funktion der Elementarereignisse hergeleitet. Dabei interessierten uns nicht nur die Werte der Zufallsvariablen, sondern auch die Wahrscheinlichkeiten, mit denen sie diese Werte annimmt. Dementsprechend wurden die den Elementarereignissen zukommenden Eintrittswahrscheinlichkeiten auf die Zufallsvariable übertragen, und sie erhielt auf diese Weise ihre Verteilungsfunktion. Diese Vorgehensweise ist zwar recht umständlich, aber sehr hilfreich für die wahrscheinlichkeitstheoretische Fundierung. In der Praxis wird man jedoch oft einen einfacheren Weg wählen und eine Zufallsvariable durch die bloße Angabe ihrer Verteilungsfunktion definieren, ohne sich um Zufallsexperiment und Wahrscheinlichkeitsraum zu kümmern.

Definition: **Verteilungsfunktion (2).** Jede Funktion $F(x)$ auf dem Definitionsbereich der reellen Zahlen $\mathbb{R}$ und mit dem Wertebereich [0, 1], die die obigen drei Eigenschaften hat, heißt ***Verteilungsfunktion*** und definiert eine Zufallsvariable.

Wie wir in den nächsten Kapiteln sehen werden, erlaubt uns diese Definition, eine Vielzahl nützlicher Verteilungsfunktionen zu kreieren, für die uns gar keine Zufallsexperimente einfallen würden.

9.2 Diskrete Zufallsvariablen

Manchmal ist die Verteilungsfunktion nicht gut geeignet, das stochastische Verhalten einer Zufallsvariablen auch *anschaulich* darzustellen. Deshalb verwendet man oft eine andere Funktion, um die Information der Wahrscheinlichkeitsverteilung auszudrücken.

Definition: Ist X eine *diskrete* Zufallsvariable, dann heißt die Funktion

$$f(x) := P(X=x) \qquad (9\text{-}3)$$

die **Wahrscheinlichkeitsmassenfunktion** oder kurz **Massenfunktion** der Zufallsvariablen X.

Man beachte, dass die Massenfunktion einer diskreten Zufallsvariablen auf der ganzen reellen Achse

$$-\infty < x < \infty$$

definiert ist. Natürlich hat sie nur an den Stellen $x = x_i$, die zum Wertevorrat W der Zufallsvariablen gehören, positive Werte $p_i = P(X = x_i)$, dazwischen ist sie Null:

$$f(x) = P(X=x) = \begin{cases} p_i & \text{für } x = x_i \\ 0 & \text{sonst} \end{cases}$$

Jede Wahrscheinlichkeitsmassenfunktion f hat die Eigenschaften

$$\begin{aligned}&(1) \quad f(x) \geq 0 \\ &(2) \quad \sum_{\text{alle } i} f(x_i) = 1\end{aligned} \qquad (9\text{-}4)$$

Die Eigenschaft **(1)** ist eine Folge von Axiom K1: Wahrscheinlichkeiten können nicht negativ sein. Eigenschaft **(2)** folgt aus dem Umstand, dass die Ereignisse $X = x_i$ disjunkte Ereignisse sind und zusammengenommen das sichere Ereignis ausmachen. Aus **(1)** und **(2)** folgt unmittelbar

$$(3) \quad f(x_i) \leq 1$$

für alle i.

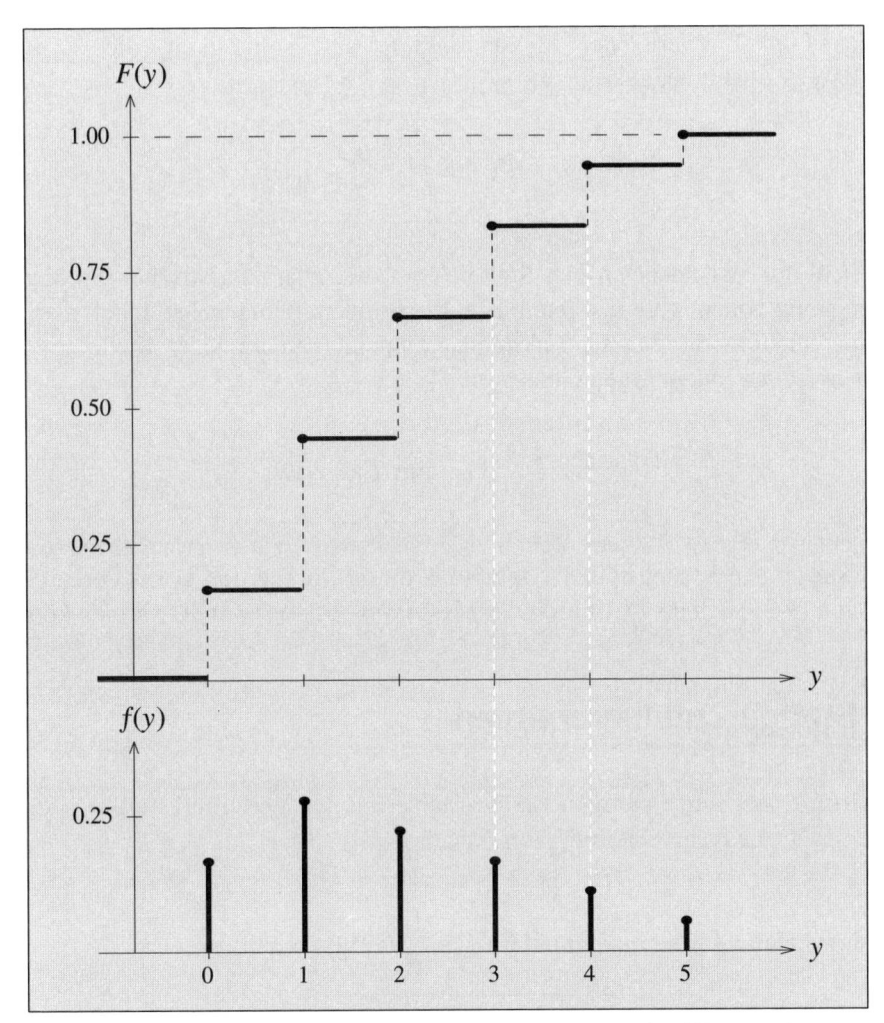

BILD 9.6 Zusammenhang zwischen Verteilungsfunktion und Massenfunktion einer diskreten Zufallsvariablen Y

Die Wahrscheinlichkeitsmassen p_i besitzen somit dieselben Eigenschaften wie die relativen Häufigkeiten h_i. Sind x_i die Werte der diskreten Zufallsvariablen X, nennen wir die Liste der Paare $[x_i, f(x_i)]$ die **Verteilung** der Zufallsvariablen X oder die ***Wahrscheinlichkeitsverteilung von X***. Wahrscheinlichkeitsverteilung und Häufigkeitsverteilung sind zwar analoge Konstrukte, dennoch inhaltlich – trotz ähnlicher Schreibweise – etwas ganz Verschiedenes und dürfen nicht miteinander verwechselt werden: Häufigkeiten sind eben keine Wahrscheinlichkeiten.

Durch die Massenfunktion $f(x)$ ist die Verteilung der entsprechenden diskreten Zufallsvariablen X vollständig bestimmt. Auch die Verteilungsfunktion $F(x)$ kann man leicht aus der Massenfunktion gewinnen. Man braucht nur, der Definition (9-2) folgend, diejenigen Funktionswerte der Massenfunktion aufzusummieren, die zu den Ausprägungen $x_i \leq x$ gehören, also

$$F(x) := P(X \leq x) = \sum_{x_i \leq x} f(x_i). \tag{9-5}$$

Auf diese Weise entstehen an den Stellen $x = x_i$ die charakteristischen Sprünge in den Verteilungsfunktionen von diskreten Zufallsvariablen. Umgekehrt leitet man aus der Verteilungsfunktion die Massenfunktion ab, indem man an jeder Stelle x von ihrem Funktionswert den linksseitigen Grenzwert

$$f(x) = F(x) - \lim_{\Delta x \to 0} F(x - \Delta x) \tag{9-6}$$

abzieht. Nur an den Sprungstellen x_i bleibt bei dieser Subtraktion etwas übrig. (9-6) hätte anstelle von (9-3) auch als Definition der Massenfunktion verwendet werden können.

9.3 Stetige Zufallsvariablen

Definition: Ist X eine stetige Zufallsvariable mit der Verteilungsfunktion F, so heißt die erste Ableitung von F nach x

$$f(x) := \frac{\mathrm{d}}{\mathrm{d}x} F(x) \tag{9-7}$$

die **Wahrscheinlichkeitsdichtefunktion** oder kurz **Dichtefunktion** von X.

Natürlich geht das nur an den Stellen x, an denen die Verteilungsfunktion *differenzierbar* ist, also bildlich gesprochen keine Knickstellen hat. Die meisten Verteilungsfunktionen sind in diesem Sinne gutartig. Sollt es einmal bei einer speziellen Verteilungsfunktion nicht auf der ganzen reellen Achse so sein, so wird man die Dichtefunktion doch stückweise berechnen können. Das folgende Integral muss dann eben auch stückweise zusammengesetzt werden. Jede Dichtefunktion hat die Eigenschaften

$$\boxed{\begin{aligned}&(\mathbf{1})\quad f(x) \geq 0\\&(\mathbf{2})\quad \int_{-\infty}^{\infty} f(x)\,\mathrm{d}x = 1\end{aligned}}\qquad(9\text{-}8)$$

Die Eigenschaft (**1**) folgt unmittelbar aus der Tatsache, dass die Verteilungsfunktion monoton steigend ist, also nirgends eine negative Ableitung haben kann. Eigenschaft (**2**) konstatiert, dass die Fläche unter jeder Dichtefunktion genau Eins ist.

Zwar sind die Dichtefunktion und die Massenfunktion miteinander verwandt, doch dürfen die fundamentalen Unterschiede nicht übersehen werden. Im Gegensatz zur Massenfunktion kann eine Dichtefunktion ohne weiteres Funktionswerte annehmen, die größer als 1 sind. Denn die Funktionswerte der Dichtefunktion sind keine Wahrscheinlichkeiten, sondern eben nur Wahrscheinlichkeitsdichten. Verteilt sich etwa bei einer stetigen Zufallsvariablen die Wahrscheinlichkeit auf das Intervall $0 \leq x \leq 0.5$, muss dort die Wahrscheinlichkeitsdichte im Durchschnitt 2 sein. Auch darf die Dichtefunktion in keiner Weise etwa als Grenzfall einer Massenfunktion angesehen werden.

Eine Dichtefunktion gibt die Wahrscheinlichkeiten nur mittelbar an. Wir finden sie als Flächen bzw. Flächenstücke unter der Dichtefunktion, und sie beziehen sich stets auf *Intervalle*:

$$P(X \leq x) = \int_{-\infty}^{x} f(u)\,\mathrm{d}u = F(x)$$

$$P(a < X \leq b) = \int_{a}^{b} f(x)\,\mathrm{d}x = F(b) - F(a).$$

Die Wahrscheinlichkeit dafür, dass eine stetige Zufallsvariable X irgendeinen bestimmten singulären Wert a annimmt, ist Null:

$$P(X = a) = \int_{a}^{a} f(x)\,\mathrm{d}x = 0.$$

Dennoch ist dies kein unmögliches Ereignis! Das unmögliche Ereignis hat zwar die Wahrscheinlichkeit Null, jedoch müssen nicht alle Ereignisse mit der Wahrscheinlichkeit Null unmöglich sein (Theorem 2 aus Abschnitt **8.7** ist nicht umkehrbar). Weil aber *jedem* einzelnen Wert a einer stetigen Zufallsvariablen die Wahrscheinlichkeit $P(X = a) = 0$ zukommt, gilt für *stetige Zufallsvariablen immer*

$$P(a<X<b) \;=\; P(a \leq X < b) \;=\; P(a \leq X \leq b)$$
$$= \; P(a < X \leq b) \;=\; F(b) - F(a) \; .$$

Es spielt also keine Rolle, ob die Wahrscheinlichkeit eines beidseitig offenen Intervalls bestimmt werden soll oder ob die Randpunkte hinzugenommen werden, denn sie haben keine Wahrscheinlichkeiten.

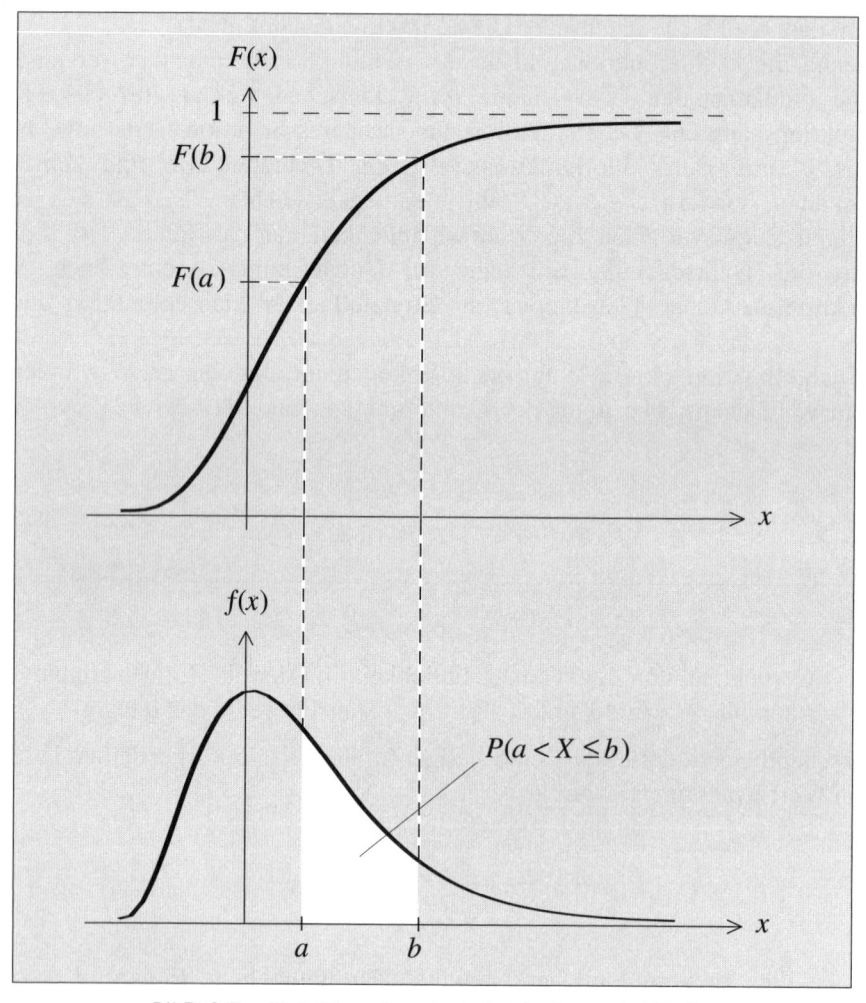

BILD 9.7 Eintrittswahrscheinlichkeiten als Flächen unter der Dichtefunktion

Beispiel [7] Eine stetige Zufallsvariable X sei charakterisiert durch die Verteilungsfunktion

$$F(x) = \begin{cases} 0 & \text{für } x < 0 \\ \frac{1}{27}(x-3)^3 + 1 & \text{für } 0 \leq x \leq 3 \\ 1 & \text{für } x > 3 . \end{cases}$$

Zur Berechnung der Dichtefunktion muss diese Verteilungsfunktion in allen drei Teilstücken nach x abgeleitet werden:

$$f(x) = \begin{cases} 0 & \text{für } x < 0 \\ \frac{1}{9}(x-3)^2 & \text{für } 0 \leq x \leq 3 \\ 0 & \text{für } x > 3 . \end{cases}$$

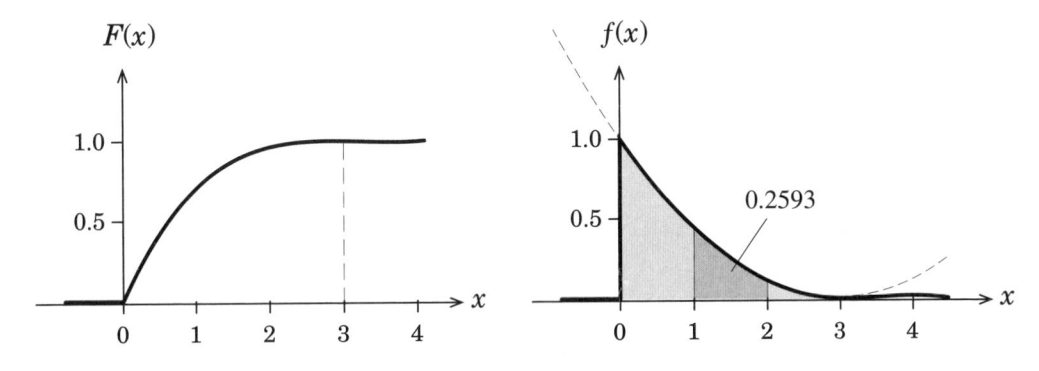

Gesucht sei nun die Wahrscheinlichkeit, mit der die Zufallsvariable X in das Intervall zwischen 1 und 2 fällt. Dazu kann entweder das Integral

$$P(1 \leq X \leq 2) = \int_1^2 \frac{1}{9}(x-3)^2 \, dx = \left[\frac{1}{27}(x-3)^3\right]_1^2$$

$$= \frac{1}{27}(2-3)^3 - \frac{1}{27}(1-3)^3$$

$$= \frac{1}{27}(-1) - \frac{1}{27}(-8) = \frac{7}{27} = 0{,}2593$$

ausgerechnet oder gleich die Verteilungsfunktion hergenommen werden, also

$$P(1 \le X \le 2) = F(2) - F(1)$$
$$= \frac{1}{27}(2-3)^3 + 1 - \frac{1}{27}(1-3)^3 - 1$$
$$= \frac{1}{27}(-1) - \frac{1}{27}(-8) = \frac{7}{27} = 0.2593.$$

Beide Rechenwege führen selbstverständlich zum gleichen Ergebnis.

9.4 Erwartungswerte von Zufallsvariablen

Wie bei den statistischen Variablen können auch bei den stochastischen Variablen zur Charakterisierung der Verteilung Maßzahlen oder **Momente** gebildet werden. Dies geschieht in analoger Weise: An die Stelle der Häufigkeitsfunktion tritt die Massenfunktion oder Dichtefunktion. Die einzelnen Ausprägungen der Zufallsvariablen werden mit ihren Wahrscheinlichkeiten beziehungsweise Wahrscheinlichkeitsdichten gewissermaßen gewichtet.

Definition: Sei X eine Zufallsvariable und f ihre Massen– bzw. Dichtefunktion. Ihr *Erwartungswert* ist definiert als

$$\boxed{E(X) := \sum_{\text{alle } j} x_j\, f(x_j)} \tag{9-9a}$$

falls X eine diskrete bzw. als

$$\boxed{E(X) := \int_{-\infty}^{\infty} x\, f(x)\, dx} \tag{9-9b}$$

falls X eine stetige Zufallsvariable ist.

Wir beachten: Der Erwartungswert einer diskreten Verteilung kann natürlich nur ausgerechnet werden, wenn die Summe auch tatsächlich *existiert*, das heißt *endlich bleibt*. Es kann bei ansonsten durchaus vernünftig erscheinenden Verteilungen vorkommen, dass die Summe über alle Grenzen wächst. Dann sagen wir, die entsprechende Verteilung *habe keinen Erwartungswert*, um nicht den Eindruck zu erwecken, er sei beliebig oder gar unendlich groß. Hat X nur endlich viele Ausprägungen mit positiver Wahrscheinlichkeit, kann das natürlich nicht passieren, weil die Summe nur endlich viele Summanden hat. Ein Beispiel für eine diskrete Verteilung ohne Erwartungswert findet sich in Aufgabe 9.10. Auch bei stetigen Zufallsvariablen kann es natürlich vorkommen, dass das Integral *nicht konvergiert*. Weist die Dichtefunktion nur in einem endlichen Intervall positive Werte auf, so braucht man nur über diesem Intervall die Integration auszuführen.

Das Konzept des Erwartungswertes stammt von HUYGENS[1]. Er bestimmte damit in seiner Abhandlung „Vom Rechnen in Glücksspielen" den Wert eines Spiels und schuf damit einen überaus wichtigen wahrscheinlichkeitstheoretischen Begriff, für den er zunächst keinen Fachausdruck hatte, den andere aber bald in lateinischer Übersetzung *expectatio* oder *valor expectationis* nannten.

Häufig gebrauchte Synonyme für $E(X)$ sind **Mittelwert** oder **mathematische Erwartung**. Der Erwartungswert entspricht dem arithmetischen Mittel bei statistischen Variablen. Die Entsprechung ist im diskreten Fall auf den ersten Blick zu erkennen: Die einzelnen Werte x_i werden mit der Wahrscheinlichkeit, mit der die Zufallsvariable diese Werte annimmt, gewichtet. Die Wahrscheinlichkeiten $f(x_i)$ übernehmen also die Rolle, die die relativen Häufigkeiten bei den statistischen Variablen spielten. Bei der Berechnung von Erwartungswerten von stetigen Zufallsvariablen tritt an die Stelle des Summenzeichens das Integralzeichen (Integration als Grenzfall der Summation).

Somit ist der Erwartungswert ebenso wie das arithmetische Mittel als **Lageparameter** der Verteilung anzusehen. *Um seinen Zahlenwert zu bezeichnen* – aber auch anstelle der Notation $E(X)$ –, verwendet man meistens den griechischen Buchstaben My,

$$\mu \quad \text{oder} \quad \mu_X \quad \text{oder} \quad \mu(X) \, ,$$

wobei der Name der Zufallsvariablen als Subskript oder in der Klammer angegeben werden kann, wenn man ausdrücken will, zu welcher Variablen er gehört. Er ist ein Maß für die zentrale Tendenz einer Verteilung. Um der Anschaulichkeit ein wenig nachzuhelfen, mag man sich auch vorstellen, dass der Erwartungswert dem Mittelwert der Ergebnisse entspricht, die zutage treten, wenn das Zufallsexperiment, das X hervorbringt, immer und immer wieder ausgeführt würde.

Satz: Der Erwartungswert der Abweichungen jeder Zufallsvariablen X von ihrem Erwartungswert ist Null, das heißt

$$E(X - \mu_X) = 0 \, . \tag{9-10}$$

Dies entspricht der Zentraleigenschaft des arithmetischen Mittels (2-4) bei den statistischen Variablen.

Die konkrete Berechnung eines Erwartungswertes kann bei manchen Verteilungen durchaus schwierig sein, in den meisten praktischen Fällen ist sie jedoch recht einfach.

---

[1] CHRISTIAN HUYGENS, 1629–1695, großer holländischer Mathematiker, Physiker, Astronom, Erfinder.

Die folgenden Beispiele zeigen dies und verdeutlichen die Anwendung der Definition (9-9):

Beispiel [8] Eine diskrete Zufallsvariable X habe die Massenfunktion

$$f(x) = \begin{cases} 1/3 & \text{für } x = 1 \\ 2/3 & \text{für } x = 2 \\ 0 & \text{sonst} . \end{cases}$$

Ihr Erwartungswert ist

$$E(X) = 1 \cdot (1/3) + 2 \cdot (2/3) = 5/3 = 1.666... .$$

Beispiel [9] Die diskrete Zufallsvariable Y aus Beispiel [5], definiert als die Differenz der Augenzahlen zweier Würfel, hat die Verteilung

y_i :	0	1	2	3	4	5
$f(y_i)$:	$\frac{6}{36}$	$\frac{10}{36}$	$\frac{8}{36}$	$\frac{6}{36}$	$\frac{4}{36}$	$\frac{2}{36}$

Zur Berechnung ihres Erwartungswertes bildet man die Summe

$$E(Y) = 0 \cdot \frac{6}{36} + 1 \cdot \frac{10}{36} + 2 \cdot \frac{8}{36} + 3 \cdot \frac{6}{36} + 4 \cdot \frac{4}{36} + 5 \cdot \frac{2}{36}$$
$$= \frac{10 + 16 + 18 + 16 + 10}{36} = \frac{70}{36} = 1.9444.$$

Beispiel [10] Eine stetige Zufallsvariable X gehorche der Dichtefunktion

$$f(x) = \begin{cases} \frac{1}{4}x & \text{für } 1 \leq x \leq 3 \\ 0 & \text{sonst} . \end{cases}$$

Zur Berechnung des Erwartungswertes spaltet man das Integral

$$E(X) = \int_{-\infty}^{\infty} x f(x) \, dx = \int_{-\infty}^{1} 0 \, dx + \int_{1}^{3} x \frac{1}{4} x \, dx + \int_{3}^{\infty} 0 \, dx$$

in drei Teilintegrale auf, wovon das erste und letzte gleich Null sind, weshalb nur das mittlere ausgerechnet werden muss, so dass

$$E(X) = \int_1^3 \frac{1}{4}x^2 \, dx = \left[\frac{1}{12}x^3\right]_1^3$$

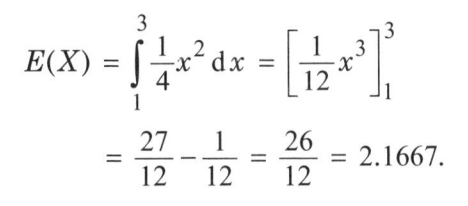

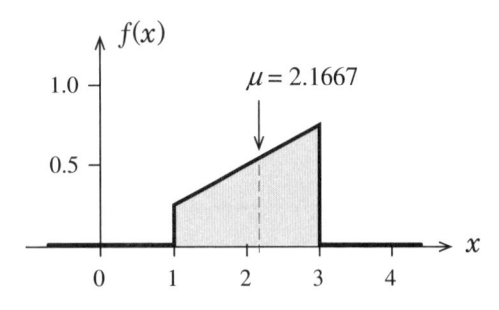

$$= \frac{27}{12} - \frac{1}{12} = \frac{26}{12} = 2.1667.$$

Erwartungswert einer Funktion von Zufallsvariablen

Zuweilen gilt es, anstelle des Erwartungswertes der Zufallsvariablen X mit gegebener Massen- oder Dichtefunktion $f(x)$ den Erwartungswert *einer Funktion oder Transformation* $g(X)$ zu berechnen. Bei dieser Transformation sollen die den Werten x zugewiesenen Wahrscheinlichkeitsmassen oder -dichten den Funktionswerten $g(x)$ zugeordnet werden. Es ist daher naheliegend, den Erwartungswert einer Funktion einer Zufallsvariablen als

$$E[g(X)] := \sum_{j=1}^{\infty} g(x_j) f(x_j) \qquad (9\text{-}11\text{a})$$

beziehungsweise als

$$E[g(X)] := \int_{-\infty}^{\infty} g(x) f(x) \, dx \qquad (9\text{-}11\text{b})$$

zu definieren. Diese Definition enthält offensichtlich die Definition (9-9) für den Spezialfall der identischen Funktion $g(X) = X$.

Beispiel [11] Beim Betrieb einer Produktionsanlage treten Störfälle auf. Aus Beobachtungen in der Vergangenheit hält man für die Anzahl der Störfälle pro Tag X folgende Wahrscheinlichkeitsverteilung für korrekt:

$x:$	0	1	2	3
$f(x):$	0.35	0.4	0.15	0.1

Mit der Behebung der Störfälle sind Kosten gemäß der degressiven Kostenfunktion

$$g(x) = 5 - \frac{4}{x+1}$$

(in Tausend €) verbunden. Würde man den Erwartungswert der Anzahl der Störfälle $E(X) = 1$ in die Kostenfunktion einsetzen, erhielte man erwartete Kosten in Höhe von

$$g[E(X)] = 5 - 4/2 = 3 \, .$$

Korrekt müssten jedoch die Kosten jedes einzelnen Störfalls mit ihrer Wahrscheinlichkeit bewertet werden, also

$g(x)$:	1	3	3.66	4
$f(x)$:	0.35	0.4	0.15	0.1

woraus sich ein niedrigerer Erwartungswert

$$E[g(X)] = 0.35 + 1.2 + 0.55 + 0.4 = 2.5$$

der Kosten der Störfallbeseitigung pro Tag ergäbe.

Rechnen mit Erwartungswerten

Bestimmte mathematische Eigenschaften des Erwartungswertes erleichtern uns in vielen Fällen seine Berechnung. Deshalb wollen wir seine wichtigsten Eigenschaften hier sorgfältig herausarbeiten und mit Rechenbeispielen versehen. Die so erhaltenen Rechenregeln helfen sowohl bei der praktischen Bestimmung des Zahlenwertes μ im konkreten Anwendungsfall als auch bei allgemeinen analytisch-algebraischen Berechnungen.

1. **Konstante.** Beachten wir zunächst, dass der Erwartungswert im Prinzip auch von einer konstanten Größe a berechnet werden kann. Dazu setzen wir in (9-11) die konstante Funktion $g(x) = a$ ein

$$E(a) = \int a \cdot f(x)\,dx = a \cdot \underbrace{\int f(x)\,dx}_{=1}$$

und ziehen das konstante a vor das Integral (beziehungsweise vor die Summe im diskreten Fall). Dann wird die Summe oder das Integral gemäß (9-5) und (9-8) zu Eins und wir erhalten

$$\boxed{E(a) = a}$$

das heißt, der Erwartungswert einer Konstanten ist die Konstante selbst. Zum selben Ergebnis gelangt man anschaulich, wenn man die Konstante als eine „entartete" Zufallsvariable A ansieht, die nur den einen Wert mit der Wahrscheinlichkeit Eins annimmt.

2. **Faktor.** Außerdem kann unter Beachtung der Summations- und Integrationsregeln leicht nachgeprüft werden, dass

$$\boxed{E[b \cdot g(X)] = b \cdot E[g(X)]}$$

ein konstanter Faktor stets vor den Erwartungsoperator *E* gezogen werden darf.

3. **Summe.** Ist die Funktion *g* in Summanden, sagen wir g_1 und g_2, aufspaltbar, dann gilt nach den elementaren Regeln der Summation und Integration

$$E[g_1(X) + g_2(X)] = E[g_1(X)] + E[g_2(X)] \tag{9-12}$$

das heißt der Erwartungswert einer Summe kann *summandenweise* berechnet werden.

Hiermit wären die wichtigsten Rechenregeln für Erwartungswerte schon angegeben. Zum besseren Verständnis und weil er häufig vorkommt, sei der folgende Spezialfall etwas ausführlicher untersucht:

4. **Lineare Transformation einer Zufallsvariablen.** Dazu betrachten wir beispielsweise die folgende Verteilung einer diskreten Zufallsvariablen *X*:

x :	−1	0	1.5	2
$f(x)$:	0.3	0.1	0.4	0.2

Für dieses *X* ist der Erwartungswert

$$E(X) = (-1) \cdot 0.3 + 0 \cdot 0.1 + 1.5 \cdot 0.4 + 2 \cdot 0.2 = 0.7 \,.$$

Addiert man eine Konstante *a* zur Zufallsvariablen *X*, dann ist der Erwartungswert der neuen Zufallsvariablen (*X* + *a*) um *a* größer (oder kleiner bei negativem *a*) als der von *X*, das heißt

$$E(X + a) = E(X) + a \,.$$

Addieren wir beispielsweise *a* = 3, so erhalten wir

$$E(X + 3) = (-1 + 3) \cdot 0.3 + (0 + 3) \cdot 0.1 + (1.5 + 3) \cdot 0.4 + (2 + 3) \cdot 0.2$$
$$= 3.7 = E(X) + 3 \,.$$

Multiplikation der Zufallsvariablen *X* mit dem konstanten Faktor *b* hat zur Folge, dass auch der Erwartungswert sich um diesen Faktor verändert, das heißt

$$E(b \cdot X) = b \cdot E(X) \,.$$

Multiplizieren wir die Werte der obigen Verteilung etwa mit *b* = 4, so prüfen wir leicht nach, dass

$$E(4 \cdot X) = (4 \cdot (-1)) \cdot 0.3 + (4 \cdot 0) \cdot 0.1 + (4 \cdot 1.5) \cdot 0.4 + (4 \cdot 2) \cdot 0.2$$
$$= 2.8 = 4 \cdot E(X)$$

ist. Das Ergebnis dieser Überlegungen kann im folgenden Satz zusammengefasst werden:

Satz: Wenn X eine Zufallsvariable mit dem Erwartungswert $E(X)$ ist und a und b reelle Konstanten sind, dann hat die Zufallsvariable $Y := a + b \cdot X$ den Erwartungswert

$$\boxed{E(Y) = E(a + b \cdot X) = a + b \cdot E(X)} \qquad (9\text{-}13)$$

Aus diesem Satz folgt auch direkt die Zentraleigenschaft (9-10), wenn man $b = 1$ und $a = -\mu_X$ setzt.

9.5 Varianzen

Ähnlich wie bei den statistischen Variablen wünscht man sich zur Charakterisierung einer Verteilung nicht nur eine Angabe über ihre Lage. Natürlich ist jede Verteilung erst dann vollständig charakterisiert, wenn ihre Verteilungsfunktion angegeben werden kann. In vielen praktischen Fällen und auch bei vielen theoretischen Erwägungen und Beweisführungen ist es jedoch ausreichend, wenn man neben dem Erwartungswert auch noch Informationen darüber zur Verfügung hat, wie stark die Verteilung um ihren Mittelwert streut.

Definition: Sei X eine Zufallsvariable und μ_X ihr Erwartungswert. Der Erwartungswert der quadrierten Abweichung der Zufallsvariablen von ihrem Erwartungswert

$$\boxed{Var(X) := E(X - \mu_X)^2} \qquad (9\text{-}14)$$

heißt **Varianz** der Zufallsvariablen X, falls die Summe bzw. das Integral existiert. Die positive Wurzel aus der Varianz

$$\sigma_X := +\sqrt{Var(X)} \qquad (9\text{-}15)$$

heißt ***Standardabweichung***.

Rechnet man die so definierte Varianz unter Verwendung von (9-11) aus, erhält man für den diskreten und den stetigen Fall die gebrauchsfertigen Formeln

$$Var(X) = \sum_{\text{alle } j} (x_j - \mu_X)^2 f(x_j) \qquad (9\text{-}16a)$$

und

$$Var(X) = \int_{-\infty}^{\infty} (x - \mu_X)^2 f(x)\,dx. \qquad (9\text{-}16b)$$

Um ihren Zahlenwert zu bezeichnen – aber auch oft anstelle der Notation *Var(X)* –, verwendet man das griechische Sigma

$$\sigma^2 \quad \text{oder} \quad \sigma_X^2 \quad \text{oder} \quad \sigma^2(X)$$

und schreibt den Namen der Zufallsvariablen ins Subskript oder in die Klammer, wenn Verwechslungen vermieden werden sollen. Die so definierte Varianz einer Zufallsvariablen ist der (empirischen) Varianz s^2 von statistischen Variablen nachgebildet und ebenso wie diese als ein **Streuungsparameter** der Verteilung anzusehen. Deshalb hat sie auch Eigenschaften, die denen von s^2 entsprechen. Natürlich ist auch σ^2 niemals negativ, denn in der Summe (9-16a) sind keine negativen Summanden, im Integral (9-16b) nur positive Ausdrücke.

Beispiel [12] Die diskrete Zufallsvariable *X* sei definiert als Anzahl der Köpfe bei zwei Münzwürfen. Offensichtlich hat sie die Verteilung

x:	0	1	2
$f(x)$:	1/4	1/2	1/4

und wegen der Symmetrie den Erwartungswert $E(X) = 1$. Ihre Varianz ist

$$Var(X) = (0-1)^2 \cdot (1/4) + (1-1)^2 \cdot (1/2) + (2-1)^2 \cdot (1/4)$$
$$= 1/4 + 1/4 = 1/2.$$

und ihre Standardabweichung

$$\sigma_X = 1/\sqrt{2} = 0.7071.$$

Beispiel [13] Für die Zufallsvariable Y aus Beispiel [9] berechnen wir als Varianz

$$\begin{aligned}Var(Y) &= (0-70/36)^2 \cdot 6/36 + (1-70/36)^2 \cdot 10/36 \\ &\quad + (2-70/36)^2 \cdot 8/36 + (3-70/36)^2 \cdot 6/36 \\ &\quad + (4-70/36)^2 \cdot 4/36 + (5-70/36)^2 \cdot 2/36 \\ &= [(-70)^2 \cdot 6 + (-34)^2 \cdot 10 + (+2)^2 \cdot 8 \\ &\quad + (+38)^2 \cdot 6 + (+74)^2 \cdot 4 + (+110)^2 \cdot 2]/36^3 \\ &= (29400 + 11560 + 32 + 8664 \\ &\quad + 21904 + 24200)/46656 = 2.05247.\end{aligned}$$

Beispiel [14] Die Verteilung einer stetigen Zufallsvariablen sei im Intervall $0 < x < 2$ durch das Parabelstück

$$f(x) = \frac{3}{2}(x - 0.5x^2)$$

als Dichtefunktion beschrieben. Wie die Skizze zeigt, ist der Erwartungswert aus Symmetriegründen

$$E(X) = 1.$$

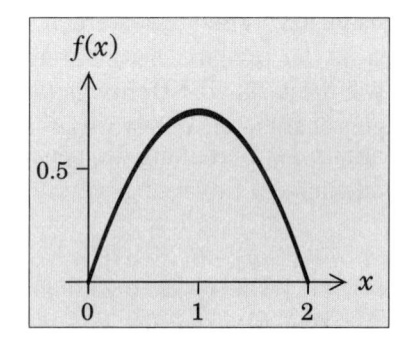

Die Varianz berechnet sich als das bestimmte Integral

$$\begin{aligned}Var(X) &= \int_0^2 (x-1)^2 f(x)\,dx = \int_0^2 (x-1)^2 \frac{3}{2}(x - \frac{1}{2}x^2)\,dx \\ &= \frac{3}{2} \int (x - \frac{5}{2}x^2 + 2x^3 - \frac{1}{2}x^4)\,dx \\ &= \frac{3}{2}\left[\frac{1}{2}x^2 - \frac{5}{6}x^3 + \frac{1}{2}x^4 - \frac{1}{10}x^5\right]_0^2 \\ &= \frac{3}{2}\left[\frac{4}{2} - \frac{40}{6} + \frac{16}{2} - \frac{32}{10}\right] = 3 - 10 + 12 - \frac{24}{5} = \frac{1}{5}\end{aligned}$$

und die Standardabweichung als Wurzel daraus mit

$$\sigma = 0.4472.$$

Rechenregeln für Varianzen

Wenn man nicht gerade einen Computer verwendet, ist die praktische Berechnung von Varianzen oft recht zeitaufwendig, mühevoll und fehlerträchtig. Ebenso wie für die Erwartungswerte lassen sich aber auch für das Rechnen mit Varianzen vereinfachende Regeln angeben. Man gewinnt diese Rechenregeln recht zwanglos, wenn man die Varianz als Erwartungswert versteht, wie es die Definition (9-14) tut.

1. **Konstante.** Da eine konstante Größe ja nicht streut, muss auch ihre Varianz Null sein. Rechnet man nach

$$Var(a) = E[a - E(a)]^2 = E(a-a)^2 = E(0^2),$$

erhält man

$$\boxed{Var(a) = 0}$$

für jedes reelle a.

2. **Verschiebung.** *Addiert* man zu jedem Wert x eine Konstante a, dann verschiebt sich die ganze Verteilung nach rechts, falls $a>0$, oder nach links, falls $a<0$. Die Varianz der Verteilung der neuen Zufallsvariablen $(X+a)$ aber bleibt unverändert, weil auch der Erwartungswert um a verschoben wird,

$$E[(X+a) - E(X+a)]^2 = E[X + a - E(X) - a]^2 = E[X - E(X)]^2,$$

so dass stets

$$\boxed{Var(X+a) = Var(X)}$$

gilt. Dieses Ergebnis verblüfft nicht, denn eine Verschiebung der Zufallsvariablen um einen konstanten Betrag a ändert ja ihre Streuung nicht.

3. **Streckung.** Wird eine Zufallsvariable mit einem konstanten Faktor b *multipliziert*, berechnet sich die Varianz als Erwartungswert von

$$[bX - E(bX)]^2 = [bX - bE(X)]^2$$
$$= [b(X - E(X))]^2 = b^2[X - E(X)]^2,$$

woraus die Rechenregel

$$\boxed{Var(b \cdot X) = b^2 \cdot Var(X)}$$

folgt. Ist $|b| > 1$, wird die Verteilung *gestreckt* – und *gestaucht* oder *zusammengequetscht*, wenn $|b| < 1$ ist. Das kann nicht ohne Wirkung auf die Varianz bleiben. Da die Varianz eine quadratische Maßzahl ist, wird sie sich um den Faktor b^2 verändern. Man beachte, dass auch für $b < 0$ die Varianz selbstverständlich positiv bleibt und dass $Var(-X) = Var(X)$. Was die Standardabweichung angeht, so ist natürlich

$$\sigma_{bX} = |b|\,\sigma_X\,.$$

4. **Lineare Transformation.** Wir können nun die beiden Transformationen der *Verschiebung* und *Streckung*, also die Rechenregeln 2 und 3 zusammenfassen und erhalten den

Satz: Wenn X eine Zufallsvariable mit der Varianz $Var(X)$ ist und a und b reelle Konstanten sind, dann hat die Zufallsvariable $Y := a + b\cdot X$ die Varianz

$$\boxed{Var(Y) = Var(a + b\cdot X) = b^2 \cdot Var(X)} \tag{9-17}$$

und die Standardabweichung

$$\sigma_Y = |b|\cdot \sigma_X\,. \tag{9-18}$$

Dass dieser Satz auch rechentechnische Nützlichkeit hat, erkennt man sehr schnell an folgendem

Beispiel [15] Gegeben sei eine Zufallsvariable X mit folgender Verteilung:

$x:$	6060	6100	6140
$f(x):$	0.2	0.3	0.5

Um die Varianz $Var(X)$ zu berechnen, nehmen wir zuerst eine Transformation vor und definieren eine neue Zufallsvariable

$$Y := \frac{X - 6100}{40},$$

deren Verteilung offensichtlich

$y:$	-1	0	$+1$
$f(y):$	0.2	0.3	0.5

ist, womit sich sehr leicht

$$E(Y) = (-1) \cdot 0.2 + 0 \cdot 0.03 + 1 \cdot 0.5 = 0.3$$

$$Var(Y) = (-1-0.3)^2 \cdot 0.2 + (0-0.3)^2 \cdot 0.3 + (1-0.3)^2 \cdot 0.5$$
$$= (-1.3)^2 \cdot 0.2 + (-0.3)^2 \cdot 0.3 + (0.7)^2 \cdot 0.5 = 0.61$$

die Varianz von Y berechnen lässt. Für die Varianz von X muss nur noch die Rücktransformation vorgenommen werden, und wir erhalten

$$Var(X) = Var(40 \cdot Y + 6100) = 40^2 \cdot Var(Y) = 1600 \cdot 0.61 = 976.$$

5. Vereinfachte Berechnung. Wendet man die Rechenregeln für Erwartungswerte auf die Definition (9-14) der Varianz an

$$E(X-\mu)^2 = E(X^2 - 2\mu X + \mu^2)$$
$$= E(X^2) - 2\mu E(X) + \mu^2 = E(X^2) - 2\mu^2 + \mu^2$$

erhält man die wichtige Formel

$$\boxed{Var(X) = E(X^2) - \mu^2} \qquad (9\text{-}19)$$

In vielen Fällen ist es analytisch, aber auch rechnerisch einfacher, die Varianz einer Verteilung nicht, wie es die Definition (9-14) angibt, als Erwartungswert der quadrierten Abweichung zu berechnen, sondern nach der Formel (9-19) vorzugehen und zuerst $E(X^2)$ auszurechnen und danach das Quadrat des Erwartungswertes davon abzuziehen. In der Tat führen natürlich beide Rechnungen zum identischen Ergebnis.

Beispiel [16] In Anwendung der Formel (9-19) für die Varianz der Zufallsvariablen Y aus Beispiel [9] berechnen wir zunächst

$$E(Y^2) = 0^2 \cdot 6/36 + 1^2 \cdot 10/36 + 2^2 \cdot 8/36$$
$$+ 3^2 \cdot 6/36 + 4^2 \cdot 4/36 + 5^2 \cdot 2/36$$
$$= (1 \cdot 10 + 4 \cdot 8 + 9 \cdot 6 + 16 \cdot 4 + 25 \cdot 2)/36$$
$$= (10 + 32 + 54 + 64 + 50)/36 = 210/36 = 5.83333$$

und ziehen danach das Quadrat des Erwartungswertes $E(Y) = 70/36$ ab

$$Var(Y) = 5.83333 - (70/36)^2 = 5.83333 - 3.78086 = 2.05247$$

und erhalten dasselbe numerische Ergebnis wie in Beispiel [13].

6. STEINERscher Satz oder Verschiebungssatz. Die Varianz ist definiert als der „Erwartungswert der quadrierten Abweichung von μ". Es liegt nahe – alternativ dazu –, auch den Erwartungswert der quadrierten Abweichung von *irgendeinem anderen* Wert d zu untersuchen und das Ergebnis mit der Varianz zu vergleichen.

Satz: Ist X eine Zufallsvariable mit dem Erwartungswert $E(X) = \mu$ und ist d eine reelle Zahl, dann gilt stets

$$\boxed{Var(X) = E(X-d)^2 - (\mu-d)^2} \qquad (9\text{-}20)$$

❏ *Beweis:* Dazu rechnen wir einfach eine mit der Varianz identische Umformung

$$E(X-\mu)^2 \equiv E(X-d-\mu+d)^2 \equiv E[(X-d)-(\mu-d)]^2$$
$$= E[(X-d)^2 - 2(X-d)(\mu-d) + (\mu-d)^2]$$

nach dem binomischen Satz aus und ziehen dann den Erwartungswertoperator gemäß Regel (9-12) in die Summe hinein. Berücksichtigen wir für den mittleren Summanden noch die Rechenregel (9-13), erhalten wir

$$E(X-\mu)^2 = E(X-d)^2 - 2(\mu-d)E(X-d) + E(\mu-d)^2$$
$$= E(X-d)^2 - 2(\mu-d)^2 + (\mu-d)^2$$
$$= E(X-d)^2 - (\mu-d)^2. \qquad ❏$$

Der Verschiebungssatz schließt für $d = 0$ als Spezialfall die Formel (9-19) für die „vereinfachte Berechnung" der Varianz mit ein. Außerdem erkennt man, dass

$$E(X-\mu)^2 < E(X-d)^2 \qquad \text{für} \qquad d \neq \mu,$$

egal ob d größer oder kleiner als μ ist. In diesem Sinne ist die Varianz *minimal*.

9.6 Standardisieren

Definition: Ist X eine Zufallsvariable mit dem Erwartungswert μ und der Standardabweichung $\sigma > 0$, dann heißt die transformierte Zufallsvariable

$$Z := \frac{X - \mu}{\sigma} \qquad (9\text{-}21)$$

standardisiert.

Man geht also von einer beliebigen stetigen oder diskreten Zufallsvariablen X, für die Mittelwert und Varianz

$$E(X) = \mu < \infty \quad \text{und} \quad Var(X) = \sigma^2 < \infty$$

existieren, aus und definiert daraus eine neue Zufallsvariable. Die neue – transformierte – Zufallsvariable Z erhält man in zwei Schritten, nämlich durch **Verschiebung** von X um μ

$$Y := X - \mu$$

und anschließende **Streckung** um den Faktor $1/\sigma$

$$Z := \frac{Y}{\sigma}.$$

Mit den Erwartungswerten und Varianzen geschieht dabei Folgendes:

X	$\longrightarrow$	$Y := X - \mu$	$\longrightarrow$	$Z := \dfrac{X-\mu}{\sigma}$
$E(X) = \mu$		$E(Y) = 0$		$E(Z) = 0$
$Var(X) = \sigma^2$		$Var(Y) = \sigma^2$		$Var(Z) = 1$

Jede standardisierte Zufallsvariable hat den Mittelwert 0 und die Varianz 1. In vielen Fällen ist es praktischer, mit standardisierten Zufallsvariablen umzugehen.

Natürlich wird durch die Standardisierung das Wahrscheinlichkeitsmuster der ursprünglichen Zufallsvariablen in keiner Weise verändert: Bezeichnet F die Verteilungsfunktion von X, gilt für die Verteilungsfunktion der standardisierten Zufallsvariablen

286 KAPITEL 9 *Zufallsvariablen*

$$F_S(z) = F_S(\frac{x-\mu}{\sigma}) = F(x).$$

Die Standardisierung hat nur den Effekt der Maßstabsänderung, wobei als neue Maßeinheit die Standardabweichung σ genommen wird. Diese Maßstabsänderung verändert die Wahrscheinlichkeitsmassen der **diskreten** Zufallsvariablen nicht, so dass immer

$$f_S(z_i) = f(x_i)$$

für alle *i* gilt. Das liegt daran, dass die Sprünge der Verteilungsfunktionen F und F_S an den Sprungstellen x_i bzw. z_i natürlich gleich hoch bleiben. Bei den **stetigen** Zufallsvariablen wird sich allerdings – wenn σ nicht von vornherein gerade gleich Eins war – die Steigung der Verteilungsfunktion ändern. Deshalb gilt für die Dichtefunktionen, die ja nach Definition (9-7) die Steigung der jeweiligen Verteilungsfunktionen angeben, wegen der Kettenregel

$$\frac{d}{dx}F(x) = \frac{d}{dz}F_S(z) \cdot \frac{dz}{dx}$$

$$f(x) = f_S(z) \cdot \frac{1}{\sigma}$$

$$f_S(z) = f(x) \cdot \sigma.$$

War zum Beispiel $\sigma = 2$, dann wird durch die Standardisierung die Dichtefunktion in *x*-Richtung auf die Hälfte zusammengedrückt. Gleichzeitig wird die neue Dichtefunktion $f_S(z)$ doppelt so hoch sein. Das muss ja auch so sein, denn die Fläche unter der Dichtefunktion soll ja unverändert und gleich Eins bleiben.

Beispiel [17] Die Zufallsvariable X aus Beispiel [12] dieses Kapitels hatte den Erwartungswert $E(X) = 1$ und die Varianz $Var(X) = 1/2$. Um sie zu standardisieren, müssen wir von jedem Wert zunächst 1 abziehen und dann durch die Wurzel aus 1/2 teilen. Wir erhalten für Z die Verteilung

z:	−1.4142	0	1.4142
$f(z)$:	1/4	1/2	1/4

und Z hat $E(Z) = 0$ und $Var(Z) = 1$.

9.7 Tschebyschevsche Ungleichung

Die Wahrscheinlichkeit, dass eine Zufallsvariable X in ein Intervall zwischen a und $b > a$ fällt, beträgt im stetigen Falle

$$P(a < X \leq b) = \int_a^b f(x)\,dx \qquad \text{bzw.} \qquad P(a < X \leq b) = \sum_{x_j > a}^{x_j \leq b} f(x_j)$$

in diskreten Falle. Diese Wahrscheinlichkeiten können nur dann exakt berechnet werden, wenn die entsprechenden Funktionen f bekannt sind. Sind sie jedoch nicht bekannt, kann die TSCHEBYSCHEVsche Ungleichung wenigstens eine **Abschätzung** liefern, wenn nur der Erwartungswert und die Standardabweichung der Verteilung bekannt sind. In der Tat haben diese beiden Maße bereits einen sehr hohen Informationsgehalt: Intuitiv empfinden wir, dass bei einem kleinen σ die Wahrscheinlichkeit größer ist, ein x in einem engen Bereich um den Erwartungswert zu erhalten.

Satz von TSCHEBYSCHEV[2]: Sei X eine beliebige diskrete oder stetige Zufallsvariable mit dem Erwartungswert μ und der Standardabweichung σ, so gilt stets die Ungleichung

$$\boxed{P(|X - \mu| \geq k\sigma) \leq \frac{1}{k^2}} \qquad (9\text{-}22)$$

für jedes $k > 0$ und völlig unabhängig von der Verteilungsfunktion.

❏ *Beweis:* Ausgehend von der Definition der Varianz einer stetigen Zufallsvariablen X mit der Dichtefunktion $f(x)$,

$$\int_{-\infty}^{\infty} (x - \mu)^2 f(x)\,dx =: \sigma^2$$

$$\int_{-\infty}^{\mu - k\sigma} + \int_{\mu - k\sigma}^{\mu + k\sigma} + \int_{\mu + k\sigma}^{\infty} = \sigma^2,$$

---

[2] PAFNUTY LVOVICH TSCHEBYSCHEV, 1821–1894, russischer Mathematiker, Professor in St. Petersburg. Er entwickelte die Ungleichung als Verallgemeinerung der BIENAYMÉ-TSCHEBYSCHEV-Ungleichung und bewies damit das Gesetz der großen Zahlen (vgl. **12.1**).

288 KAPITEL 9 *Zufallsvariablen*

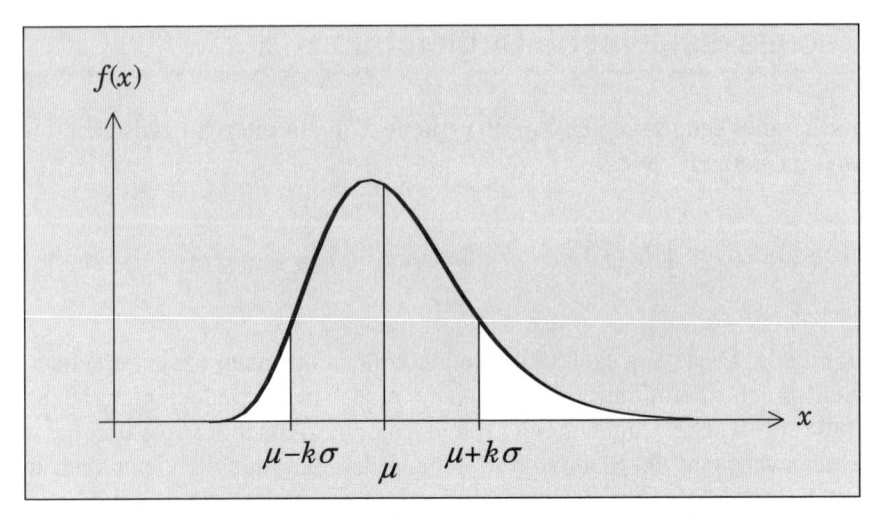

BILD 9.8 Stetige Dichtefunktion und Veranschaulichung der TSCHEBYSCHEVschen Ungleichung

spaltet man das Integral zunächst in drei Teilintegrale auf. Danach verkleinert man die linke Seite in zwei Schritten:

(1) Alle drei Teilintegrale sind positiv oder wenigstens Null, da in keinem der Integranden etwas Negatives steht. Lässt man das mittlere Integral weg, wird die linke Seite der Gleichung kleiner, und man erhält

$$\int_{-\infty}^{\mu-k\sigma}(x-\mu)^2 f(x)\,dx + \int_{\mu+k\sigma}^{\infty}(x-\mu)^2 f(x)\,dx \leq \sigma^2.$$

(2) In diesen beiden äußeren Integralen ist – unter Berücksichtigung der Integrationsgrenzen – der Faktor $x-\mu$ absolut gesehen niemals kleiner als $k\sigma$. Die linke Seite wird somit höchstens noch kleiner, wenn man im Integranden $(k\sigma)^2$ statt $(x-\mu)^2$ schreibt:

$$\int_{-\infty}^{\mu-k\sigma}(k\sigma)^2 f(x)\,dx + \int_{\mu+k\sigma}^{\infty}(k\sigma)^2 f(x)\,dx \leq \sigma^2$$

$$\int_{-\infty}^{\mu-k\sigma}f(x)\,dx + \int_{\mu+k\sigma}^{\infty}f(x)\,dx \leq 1/k^2.$$

Formuliert man diese Integrale in Wahrscheinlichkeiten um, erhält man sofort die TSCHEBYSCHEVsche Ungleichung:

$$P(X \leq \mu - k\sigma) + P(X \geq \mu + k\sigma) \leq 1/k^2$$

$$P(X - \mu \leq -k\sigma) + P(X - \mu \geq +k\sigma) \leq 1/k^2$$

$$P(|X - \mu| \geq k\sigma) \leq 1/k^2 \qquad \square$$

Für diskrete Zufallsvariablen geht der Beweis ganz entsprechend; der Leser möge ihn zur Übung selbst nachvollziehen.

Beispiel [18] Für einzelne Werte von k erhält man außerhalb der $k\sigma$-Schranke die Abschätzungen:

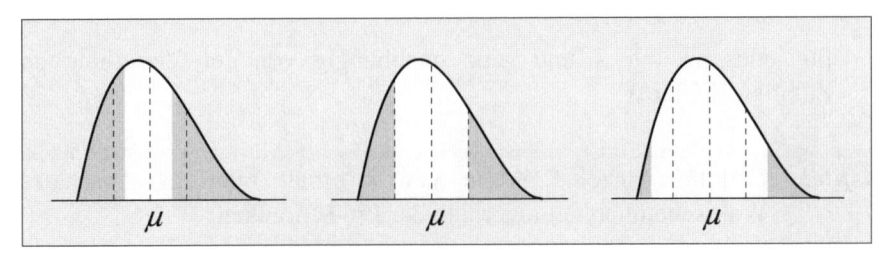

$k = 1$: $\quad P(|X - \mu| \geq \sigma) \quad \leq \quad 1 \qquad$ (trivial)
$k = 1.5$: $\quad P(|X - \mu| \geq 1.5\,\sigma) \leq 0.444\ldots$
$k = 2$: $\quad P(|X - \mu| \geq 2\,\sigma) \quad \leq 0.25$
$k = 2.5$: $\quad P(|X - \mu| \geq 2.5\,\sigma) \leq 0.16$
$k = 3$: $\quad P(|X - \mu| \geq 3\,\sigma) \quad \leq 0.111\ldots$
$\vdots$

BILD 9.9 Weniger Wahrscheinlichkeit "außerhalb" der $k\sigma$-Schranken für zunehmendes k

Nach dieser Abschätzung ist z. B. die Wahrscheinlichkeit, dass eine Zufallsvariable X um mehr als das Dreifache ihrer Standardabweichung von ihrem Mittelwert abweicht, jedenfalls nicht größer als 1/9, ganz unabhängig von ihrer Verteilung und gleichgültig, ob es sich um eine stetige oder diskrete Zufallsvariable handelt.

Einige wenige Bemerkungen seien noch angebracht:

1. Ungleichung (9-22) gibt **Obergrenzen** für Wahrscheinlichkeiten an, mit denen Zufallsvariablen bestimmte Abweichungen von ihrem Erwartungswert μ überschreiten. Die Abweichungen werden als Vielfaches der Standardabweichung ausgedrückt, das heißt „in σ-Einheiten gemessen".

2. Streng genommen gilt die Ungleichung für jedes positive k. Liegt k jedoch zwischen 0 und 1, ist $1/k^2$ größer als 1. Aber wir wissen schon vorher, dass die

Wahrscheinlichkeit irgendeines Ereignisses nicht größer als 1 sein kann; deshalb ist die TSCHEBYSCHEVsche Ungleichung für diese Fälle trivial und liefert echte Information erst für $k > 1$.

3. Die Bedeutung der TSCHEBYSCHEVschen Ungleichung liegt in ihrer Universalität. Sie ist **für jede Zufallsvariable anwendbar.** Um eine solche Allgemeingültigkeit zu erreichen, verzichtet sie auf Genauigkeit und liefert eher grobe Abschätzungen. So ist sie auch wenig geeignet, uns eine praktische Schätzmethode für Wahrscheinlichkeiten zu geben, denn die rechte Seite von (9-22) ist oft sogar beträchtlich größer. Aber sie liefert ein mächtiges analytisches Instrument und verhilft uns zu einem recht einfachen Beweis des wichtigen Gesetzes der großen Zahlen (Kapitel **12**).

4. Sucht man eine Abschätzung für die Wahrscheinlichkeit, dass X **innerhalb** der $k\sigma$-Schranke um μ liegt, braucht man nur die komplementäre Wahrscheinlichkeit zu berechnen. Es gilt

$$P(|X - \mu| < k\sigma) = 1 - P(|X - \mu| \geq k\sigma)$$

$$P(|X - \mu| < k\sigma) \geq 1 - 1/k^2 \qquad (9\text{-}23)$$

für jedes positive k und ganz unabhängig von der Verteilung der fraglichen Zufallsvariablen X.

Beispiel [19] Für einzelne Werte von k erhält man als Abschätzung für die Wahrscheinlichkeit innerhalb der $k\sigma$-Schranken:

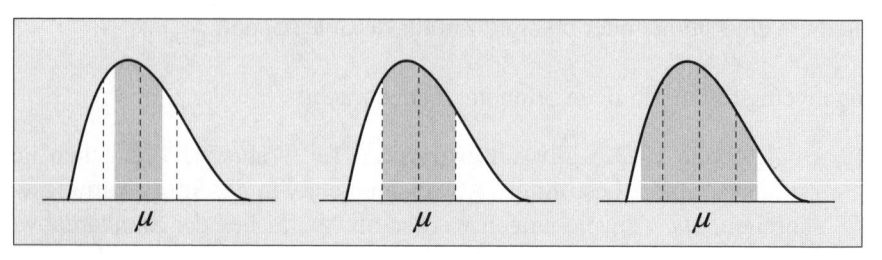

$$k = 1.5: \quad P(\mu - 1.5\sigma < X < \mu + 1.5\sigma) \geq 0.555\ldots$$
$$k = 2: \quad P(\mu - 2\sigma < X < \mu + 2\sigma) \geq 0.75$$
$$k = 2.5: \quad P(\mu - 2.5\sigma < X < \mu + 2.5\sigma) \geq 0.84$$
$$k = 3: \quad P(\mu - 3\sigma < X < \mu - 3\sigma) \geq 0.888\ldots$$
$$\vdots$$

BILD 9.10 Mehr Wahrscheinlichkeit „innerhalb" für zunehmendes k

Beispiel [20] Eine diskrete Zufallsvariable habe als mögliche Ausprägungen die ganzen Zahlen $x_i = 0, 1, 2, \cdots, 12$.

Ihr Erwartungswert sei 4.5 und ihre Varianz 8/3, ansonsten ist die Verteilung unbekannt. Die Wahrscheinlichkeit dafür soll abgeschätzt werden, dass $X < 3$ oder $X > 6$ ist, also X einen der fettgedruckten Werte

0 1 2 3 4 5 6 **7 8 9 10 11 12**

annimmt, das heißt

$$P(X<3 \cup X>6) = P(X \leq 2 \cup X \geq 7)$$

$$P(X-4.5 \leq -2.5 \cup X-4.5 \geq 2.5) = P(|X-4.5| \geq 2.5) \leq \frac{1}{k^2},$$

worin $2.5 = k\sigma$ ist. Somit errechnet sich k als

$$k = 2.5/\sigma = 2.5/1.633 = 1.5309$$

und wir erhalten

$$P(X<3 \cup X>6) \leq \frac{1}{k^2} = 0.4267.$$

9.8 Momente

Als Momente einer Verteilung bezeichnet man die Erwartungswerte von Potenzen der Zufallsvariablen.

Definition: Ist X eine Zufallsvariable mit einer gegebenen Verteilung und k eine natürliche Zahl, so heißt der Erwartungswert der k-ten Potenz

$$M_k := E(X^k) \tag{9-24}$$

das **k-te Moment oder Moment k-ter Ordnung** der Verteilung, falls er existiert. Der Erwartungswert der k-ten Potenz der Abweichung vom Mittelwert

$$M_k^Z := E[(X-\mu)^k] \tag{9-25}$$

heißt **k-tes zentrales Moment**.

Somit lässt sich für eine Verteilung eine sie charakterisierende Folge von Momenten oder zentralen Momenten berechnen:

$$M_1 = E(X) = \mu \qquad \text{Erwartungswert}$$

$$M_2 = E(X^2) \qquad \text{2. Moment}$$

$$M_3 = E(X^3) \qquad \text{3. Moment}$$

$$\vdots$$

$$M_k = E(X^k) \qquad k\text{-tes Moment}$$

$$\vdots$$

$$M_1^Z = E(X - \mu) = 0$$

$$M_2^Z = E(X - \mu)^2 = \sigma^2 \qquad \text{Varianz}$$

$$M_3^Z = E(X - \mu)^3 \qquad \text{3. zentrales Moment}$$

$$\vdots$$

$$M_k^Z = E(X - \mu)^k \qquad k\text{-tes zentrales Moment}$$

$$\vdots$$

So wie der Mittelwert und die Varianz Auskunft über Lage und Streuung der Verteilung geben, messen die höheren Momente andere Eigenschaften. Das 3. zentrale Moment lässt erkennen, ob die Verteilung symmetrisch oder schief ist. Da von ihm alle Abweichungen mit der dritten Potenz bewertet werden, behalten sie ihr Vorzeichen und heben sich auf, wenn die Verteilung symmetrisch um ihren Mittelwert ist. Natürlich sind bei symmetrischen Verteilungen auch sämtliche anderen ungeraden zentralen Momente Null.

Wie bei der vereinfachten Berechnung der Varianz kann man auch die höheren zentralen Momente aus den entsprechenden nichtzentralen Momenten und denen niedrigerer Ordnung ausrechnen. Für das 3. zentrale Moment rechnet man nach dem binomischen Satz

$$\begin{aligned} E(X-\mu)^3 &= E(X^3 - 3X^2\mu + 3X\mu^2 - \mu^3) \\ &= E(X^3) - 3E(X^2)\mu + 3E(X)\mu^2 - \mu^3 \\ E(X-\mu)^3 &= E(X^3) - 3E(X^2)\mu + 2\mu^3 . \end{aligned} \qquad (9\text{-}26)$$

Das 3. zentrale Moment allein ist jedoch noch kein sehr geeignetes Maß für die Unsymmetrie einer Verteilung, da seine Größe auch von der Maßeinheit, in der die Zufallsvariable gemessen wird, und von ihrer Streuung beeinflusst wird. Um diese Einflüsse auszuschalten, teilt man das 3. zentrale Moment durch die 3. Potenz der Standardabweichung.

9.8 Momente

Der Quotient

$$\gamma := \frac{E(X-\mu)^3}{\sigma^3} \qquad (9\text{-}27)$$

wird oft als die **Schiefe** einer Verteilung bezeichnet. Für symmetrische Verteilungen ist $\gamma = 0$.

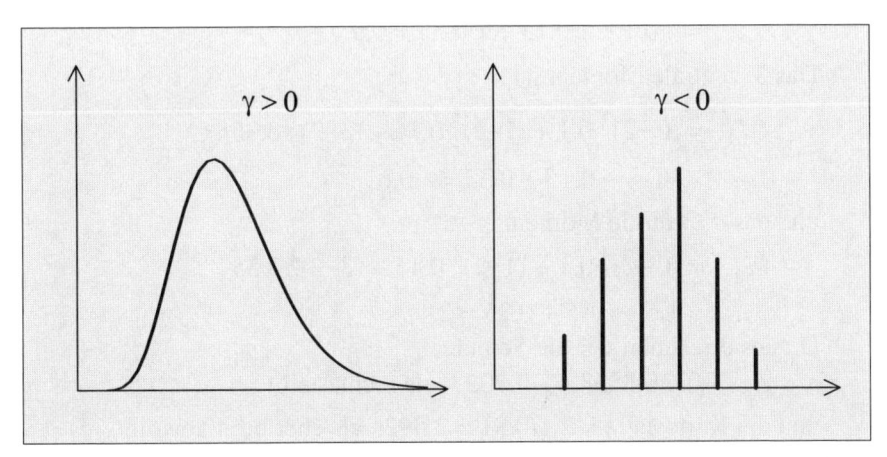

BILD 9.11 Eine linkssteile stetige und eine rechtssteile diskrete Verteilung

Ist $\gamma < 0$, so sagt man, die Verteilung habe eine negative Schiefe oder sei **linksschief** oder **rechtssteil**. Umgekehrt heißen Verteilungen mit $\gamma > 0$ **rechtsschief** oder **linkssteil**.

Das 4. zentrale Moment M_4^Z ist – wenn es existiert – für jede Verteilung positiv. Es gibt Auskunft über den Grad der *Wölbung* oder *Spitzigkeit* einer Verteilung. Um ein maßstabs- und streuungsunabhängiges Maß zu erhalten, teilt man hier durch die 4. Potenz der Standardabweichung und bezeichnet

$$\kappa := \frac{E(X-\mu)^4}{\sigma^4} \qquad (9\text{-}28)$$

als die **Kurtosis** einer Verteilung. Für die *Normalverteilung*, eine besonders wichtige Verteilung der Statistik, die wir in Abschnitt **11.9** ausführlich behandeln werden, ist $\kappa = 3$. Verteilungen mit größeren κ-Werten haben *schlankere* und *spitzigere* Dichtefunktionen, solche mit kleineren κ-Werten *breiter gewölbte* als die Normalverteilung.

Beispiel [21] Die diskrete Verteilung

$x:$	0	1	2	3
$f(x):$	0.1	0.15	0.4	0.35

hat den Erwartungswert 2, die Varianz

$$\begin{aligned}Var(X) &= (0-2)^2 \cdot 0.1 + (1-2)^2 \cdot 0.15 + (3-2)^2 \cdot 0.35 \\ &= 4 \cdot 0.1 + 1 \cdot 0.15 + 1 \cdot 0.35 = 0.9.\end{aligned}$$

Das 3. zentrale Moment ist

$$\begin{aligned}M_3^Z &= (0-2)^3 \cdot 0.1 + (1-2)^3 \cdot 0.15 + (3-2)^3 \cdot 0.35 \\ &= -0.8 - 0.15 + 0.35 = -0.6\end{aligned}$$

und das 4. zentrale Moment

$$\begin{aligned}M_4^Z &= (0-2)^4 \cdot 0.1 + (1-2)^4 \cdot 0.15 + (3-2)^4 \cdot 0.35 \\ &= 1.6 + 0.15 + 0.35 = 2.1 \,.\end{aligned}$$

Daraus errechnen wir die Schiefe

$$\gamma = -0.6/0.8538 = -0.7027 \quad \text{als rechtssteil}$$

und die Kurtosis $\kappa = 2.1/0.81 = 2.5926$ als eher breit gewölbt.

9.9 Momenterzeugende Funktionen

Die momenterzeugenden Funktionen dienen der Berechnung von Momenten von Verteilungen.

Möchte man in der praktischen Anwendung von Verteilungen ihre Momente ausrechnen, bietet sich natürlich zunächst der Weg über die Definitionen (9-24) und (9-25) oder, wenn es nur um den Mittelwert und die Varianz geht, die Formeln (9-9) und (9-16) an. Oft ist dieser Weg aber beschwerlicher, manchmal gar nicht gangbar. Der Weg über die momenterzeugenden Funktionen ist in vielen Fällen der elegantere.

Definition: Die Funktion

$$\boxed{\text{MEF}(t) = E(e^{tX})} \qquad (9\text{-}29)$$

heißt *momenterzeugende Funktion* der Zufallsvariablen X.

Ausgeschrieben gemäß (9-11) lauten dann die momenterzeugenden Funktionen für den diskreten und stetigen Fall

$$\text{MEF}(t) = \sum_{\text{alle } j} e^{tx_j} f(x_j) \quad \text{bzw.} \quad \text{MEF}(t) = \int_{-\infty}^{\infty} e^{tx} f(x) dx \;.$$

Das Symbol t bezieht sich hier natürlich nicht auf die Zeit, sondern t ist die Argumentvariable der Funktion. Sie spielt hier die Rolle einer Hilfsvariablen. Die Variable x verschwindet ja nach der Summation bzw. Integration. Gleichwohl steckt natürlich die Zufallsvariable bzw. ihre Verteilung in der momenterzeugenden Funktion.

Die Funktion MEF(t) erzeugt nun die Momente der Verteilung durch ihre Ableitungen nach t, und zwar stets an der Stelle $t = 0$.[3] Versuchen wir es zunächst mit der 1. Ableitung. Wir erhalten

$$\boxed{\begin{array}{l} \text{MEF}'(t) = \sum x_j e^{tx_j} f(x_j) \\ \text{MEF}'(t) = \int x\, e^{tx} f(x)\, dx \end{array}} \quad \boxed{\begin{array}{l} \text{MEF}'(0) = \sum x_j f(x_j) = M_1 \\ \text{MEF}'(0) = \int x f(x) dx = M_1 \end{array}}$$

das 1. Moment und entsprechend mit der 2. Ableitung

$$\boxed{\begin{array}{l} \text{MEF}''(t) = \sum x_j^2 e^{tx_j} f(x_j) \\ \text{MEF}''(t) = \int x^2 e^{tx} f(x)\, dx \end{array}} \quad \boxed{\begin{array}{l} \text{MEF}''(0) = \sum x_j^2 f(x_j) = M_2 \\ \text{MEF}''(0) = \int x^2 f(x)\, dx = M_2 \end{array}}$$

das 2. unzentrierte Moment. Der Term e^{tx} sorgt also mit jeder weiteren Ableitung nach t für eine höhere Potenz von x und verschwindet dann gewissermaßen nach getaner Arbeit an der Stelle $t = 0$. Was die Differentiationstechnik angeht, ist zu bemerken, dass im diskreten Fall natürlich nach der Summenregel im Summenzeichen abgeleitet werden darf; genauso kann auch im stetigen Fall die Differentiation in das bestimmte Integral hereingezogen werden.

Satz: Die k-te Ableitung der momenterzeugenden Funktion einer Verteilung liefert an der Stelle Null

$$\boxed{\text{MEF}^{(k)}(0) = M_k} \tag{9-30}$$

das k-te Moment.

---

[3] Deswegen muss der Erwartungswert (9-29) nicht unbedingt für alle t existieren, aber doch wenigstens in einer kleinen Umgebung um $t = 0$ herum.

296 KAPITEL 9 Zufallsvariablen

❏ *Beweis:* Die Ableitung der momenterzeugenden Funktion kann im Erwartungsoperator erfolgen. Man erhält so

$$\text{MEF}'(t) = E(X \cdot e^{tX})$$
$$\text{MEF}''(t) = E(X^2 \cdot e^{tX})$$
$$\vdots$$
$$\text{MEF}^{(k)}(t) = E(X^k \cdot e^{tX})$$

und an der Stelle $t = 0$

$$\text{MEF}^{(k)}(0) = E(X^k) = M_k \, . \qquad ❏$$

Beispiel [22] Suchen wir die momenterzeugende Funktion für die diskrete Zufallsvariable aus Beispiel [12] mit der Massenfunktion

$$f(x) = \begin{cases} 1/4 & \text{für } x = 0 \\ 1/2 & \text{für } x = 1 \\ 1/4 & \text{für } x = 2 \\ 0 & \text{sonst} \, , \end{cases}$$

so müssen wir folgendermaßen rechnen: Die momenterzeugende Funktion besteht aus den drei Summanden

$$\text{MEF}(t) := \sum_{x=0}^{2} e^{tx} \cdot f(x)$$
$$= e^{t \cdot 0}(1/4) + e^{t \cdot 1}(1/2) + e^{2 \cdot t}(1/4)$$
$$\text{MEF}(t) = (1/2)(1/2 + e^t + e^{2t}/2) \, .$$

Die erste und zweite Ableitung nach t ist auszurechnen und ergibt

$$\text{MEF}'(t) = (1/2)(e^t + e^{2t}) \quad \text{und} \quad \text{MEF}''(t) = (1/2)(e^t + 2e^{2t}) \, .$$

An der Stelle $t = 0$ nachgeschaut, finden wir die Momente

1. Moment: $\text{MEF}'(0) = (1/2)(1+1) = 1 = E(X)$
2. Moment: $\text{MEF}''(0) = (1/2)(1+2) = \dfrac{3}{2} = E(X^2)$,

woraus sich die Varianz ausrechnen lässt als

$$Var(X) = E(X^2) - \bigl(E(X)\bigr)^2 = \dfrac{3}{2} - 1^2 = 1/2 \, .$$

Es kommt hier dasselbe Ergebnis heraus wie im Beispiel [12]. Dort gestaltete sich die Berechnung, die direkt der Definition der Varianz folgte, allerdings viel einfacher. Das liegt daran, dass unsere Massenfunktion nur ganz wenige numerisch angegebene Werte hat. Oft ist jedoch der „Umweg" über die momenterzeugende Funktion sehr lohnend. Insofern dient Beispiel [22] nur der Veranschaulichung der Technik. Wie man mit Hilfe der momenterzeugenden Funktion recht elegant die Momente vieler Verteilungen ausrechnen kann, sehen wir in Kapitel **11**.

Die Bedeutung der MEF liegt aber nicht nur in gewissen Vorteilen bei der Berechnung der Momente, sondern sie ist auch theoretisch hilfreich. Es gilt der

Satz: Haben zwei Zufallsvariablen X und Y dieselbe momenterzeugende Funktion, dann haben sie auch dieselbe Wahrscheinlichkeitsverteilung.

Durch diesen Satz wird klar, dass die momenterzeugende Funktion vollständige Information über ihre Zufallsvariable enthält. Das mag umso erstaunlicher erscheinen, als in ihr die Zufallsvariable gar nicht mehr explizit erscheint! In theoretischen Analysen kann man sich grundsätzlich ebenso zuverlässig auf sie stützen wie auf die Verteilungsfunktion selbst.

9.10 Median, Quantile und Modus

Es ist deutlich geworden, dass der Erwartungswert ein wichtiges Charakteristikum oder Maß einer Wahrscheinlichkeitsverteilung ist. Wenn er auch vom theoretischen Standpunkt aus gesehen das Wichtigste ist, so ist er doch nicht das einzige Lagemaß. Zwei weitere gebräuchliche Maße zur Kennzeichnung der „zentralen Tendenz" einer Verteilung sind der Median und der Modus.

Der *Median* oder *Zentralwert* x_{Med} einer Zufallsvariablen X ist eine Zahl, die in der Weise in der Mitte der Verteilung liegt, dass die Wahrscheinlichkeit für X, einen größeren oder kleineren Wert anzunehmen, gerade gleich wäre. Durch die Verteilungsfunktion F ausgedrückt bedeutete dies

$$P(X \leq x_{\text{Med}}) = F(x_{\text{Med}}) = 1/2$$

oder

$$x_{\text{Med}} = F^{-1}(0.5).$$

Man schaut also nach, an welcher Stelle x die Verteilungsfunktion den Wert 0.5 hat. In dieser Form ist der Median jedoch nur dann zu bestimmen, wenn die *Umkehrfunktion* F^{-1} der Verteilungsfunktion bei $F = 0.5$ existiert. Das ist bei stetigen Zufallsvariablen auch meist der Fall, nicht aber bei diskreten. Deshalb setzt man als allgemeinere Definition des Medians diejenige Zahl x_{Med}, für die gleichzeitig

und
$$P(X \leq x_{\text{Med}}) \geq 1/2 \brace P(X \geq x_{\text{Med}}) \geq 1/2} \quad (9\text{-}31)$$

gilt. Bei diskreten Zufallsvariablen kann es aber auch vorkommen, dass man ausgehend vom Funktionswert $F = 1/2$ auf einer Treppenstufe der Verteilungsfunktion flach landet; dann ist der Median nicht eindeutig zu bestimmen, der ganze Bereich zwischen den zwei benachbarten Sprungstellen käme als Median in Frage. Man behilft sich, indem man als Median das arithmetische Mittel der Sprungstellen angibt.

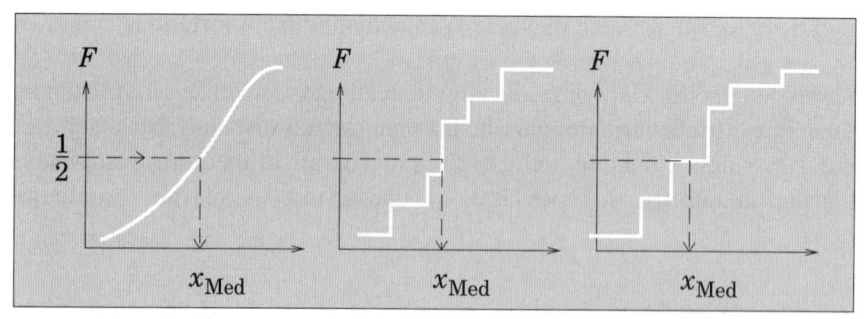

BILD 9.12   Bestimmung des Medians: 3 Situationen

Beispiel [23] Y sei die Anzahl der Köpfe beim Werfen von zwei Münzen. Nach (9-31) ist der Median eindeutig $y_{\text{Med}} = 1$, denn nur für diese Zahl gilt

$P(Y \leq 1) = 3/4 \geq 1/2$ und $P(Y \geq 1) = 3/4 \geq 1/2$.

Beispiel [24] X sei die Augenzahl beim Würfelwurf. Es gilt

$P(X \leq 3) = 3/6 \geq 1/2$ und $P(X \geq 3) = 4/6 \geq 1/2$
$P(X \leq 4) = 4/6 \geq 1/2$ und $P(X \geq 4) = 3/6 \geq 1/2$,

aber auch jede andere Zahl im abgeschlossenen Intervall $3 \leq x_{\text{Med}} \leq 4$ erfüllt die Definition (9-31). Wir wählen als Median den Wert $x_{\text{Med}} = 3.5$ (vgl. dazu BILD 11.2).

Eigentlich ist der Median nur ein Spezialfall der allgemeiner definierten Quantile:

Definition: Eine Zahl $x[q]$ mit $0 < q < 1$ heißt q-**Quantil**, wenn gleichzeitig

und
$$\left. \begin{array}{l} P(X \leq x[q]) \geq q \\ P(X \geq x[q]) \geq 1-q \end{array} \right\} \quad (9\text{-}32)$$

Somit wäre der Median ein 0.5- oder 50%-Quantil.

Da für die q-Quantile bei **stetigen Verteilungsfunktionen** stets gilt, dass

$$F(x[q]) = q,$$

findet man die Quantilswerte auch sehr leicht aus der Verteilungsfunktion, indem man nachschaut, bei welchem Argumentwert sie den Funktionswert q hat, also wenn man die Verteilungsfunktion umkehrt

$$x[q] = F^{-1}(q).$$

Das geht auch bei den **diskreten Verteilungsfunktionen** meistens gut und man findet einen wohldefinierten Wert. Nur wenn man dabei genau auf einer Treppenstufe von F landet, ist die Umkehrfunktion nicht eindeutig bestimmt: Man hätte gewissermaßen alle Werte zwischen den fraglichen benachbarten Sprungstellen x_i und x_{i+1} zur Auswahl. In der Tat ist in Übereinstimmung mit (9-32) in diesem Fall *jeder Wert*

$$x_i \leq x[q] \leq x_{i+1}$$

zwischen den beiden ein q-Quantil. Um einen eindeutigen Wert zu erhalten, wählt man dann in der Regel das arithmetische Mittel aus beiden. Zwar haben diskrete Verteilungsfunktionen im streng mathematischen Sinne keine Umkehrfunktion, aber man kann graphisch vorgehen. BILD 2.3 in Kapitel **2** veranschaulicht dies.

Unter dem *Modus* einer Verteilung versteht man diejenige Zahl x_{Mod}, für die eine diskrete Zufallsvariable die höchste Eintrittswahrscheinlichkeit oder eine stetige ihre größte Wahrscheinlichkeitsdichte aufweist, also für die

$$f(x_{\text{Mod}}) \geq f(x) \quad \text{für alle} \quad x$$

gilt. Viele Verteilungen haben einen (eindeutigen) Modus; man sagt dann auch, sie seien **unimodal**.

Beispiel [25] Die Zufallsvariable aus dem vorangegangenen Beispiel [12] hat den Modus $x_{\text{Mod}} = 1$.

Beispiel [26] Die Zufallsvariable aus dem Beispiel [1] in Kapitel **11** hat keinen Modus, denn es gilt

$$f(x) = 1/6 \quad \text{für } x = 1, 2, \cdots, 6.$$

Kontrollfragen

1 Welche beiden Wege gibt es, eine Zufallsvariable zu definieren?

2 Wie muss der Wertevorrat einer Zufallsvariablen beschaffen sein, damit diese diskret heißt?

3 Welche Eigenschaften muss eine Massenfunktion haben, welche eine Dichtefunktion?

4 Wie hängen Dichtefunktion und Verteilungsfunktion zusammen? Wie gewinnt man die Massenfunktion aus der Verteilungsfunktion?

5 Welche Werte nimmt die Verteilungsfunktion in den Bereichen zwischen den Ausprägungen einer Zufallsvariablen an?

6 Ist der Erwartungswert der für eine Zufallsvariable am ehesten zu erwartende Wert?

7 Was wird durch die Varianz einer Zufallsvariablen gemessen?

8 Erläutern Sie den Unterschied zwischen Beispiel [14] dieses Kapitels und Beispiel [12] aus Kapitel **2**.

9 Was bewirkt das Standardisieren? Was kennzeichnet eine standardisierte Zufallsvariable?

10 Kann man Wahrscheinlichkeitsaussagen über Zufallsvariablen machen, deren Verteilung man nicht kennt?

11 Inwiefern kann man sagen, die TSCHEBYSCHEVsche Ungleichung sei eine „grobe" Abschätzung?

12 Was sind die Momente einer Verteilung? Welche vier Momente einer Verteilung kennen Sie mit Namen?

13 Gibt es einen Zusammenhang zwischen Erwartungswert, Median und Schiefe einer Verteilung? Bei welcher Art von Verteilungen sind Median und Erwartungswert immer identisch?

14 Wozu verwendet man momenterzeugende Funktionen?

PRAXIS

Kann sich eine Markteinführung rentieren?

Ein großes Unternehmen plant, die neue Bi-Box, die jeder in seinem Fernseher gebrauchen könnte, zu einem Preis von $p = 100$ Euro auf den Markt zu bringen. Wegen des hohen Fixkostenanteils für Entwicklung, Werbung und Markteinführung einerseits und der Kostenersparnisse durch Massenproduktion andererseits sind die Stückkosten stark degressiv, und man geht von der Kostenfunktion

$$K(x) = 88 + 96x - 4x^2$$

aus, worin K die Kosten in Millionen Euro und x die Ausbringung in Millionen Stück sind. Der Gewinn

$$G(x) = -88 + 4x + 4x^2$$

wird davon abhängen, wie viele Bi-Boxen verkauft werden können.

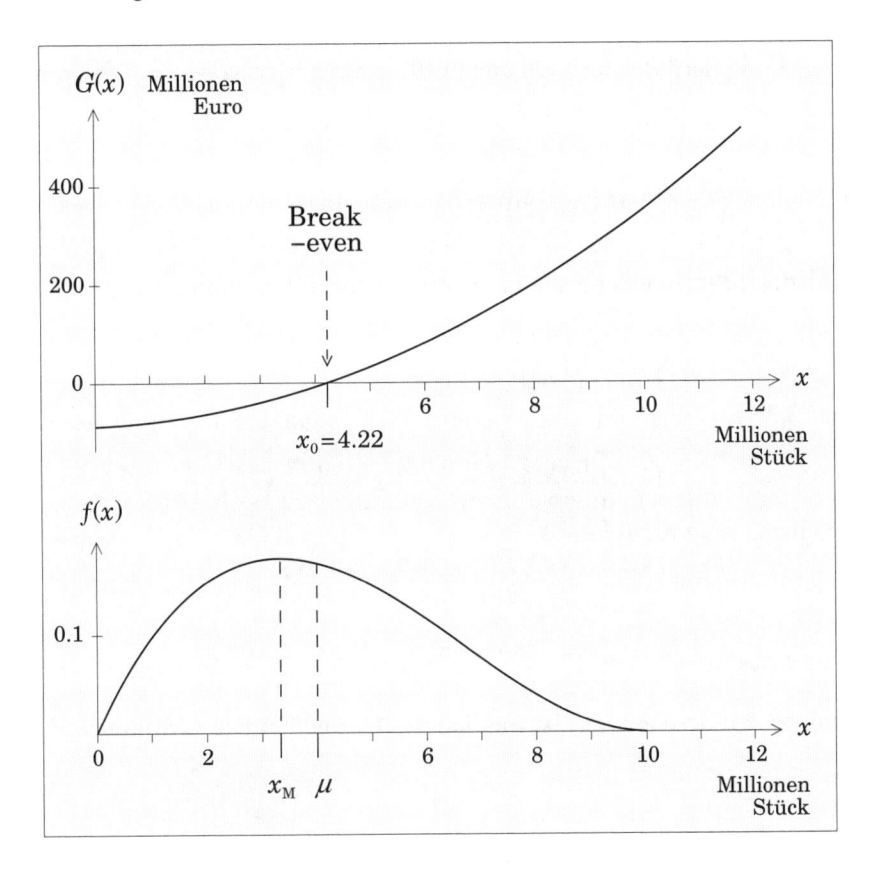

Die Nullstelle der Gewinnfunktion und damit der Break-even point liegt bei $x_0 = 4.22$. Erst bei einem Absatz von über 4.22 Millionen Stück würde die Gewinnzone erreicht.

Eine in Auftrag gegebene Marktstudie kommt zu dem Ergebnis, dass bei dem geplanten Verkaufspreis höchstens zehn Millionen Bi-Boxen Käufer finden werden. Das Marktforschungsinstitut quantifiziert die Absatzchancen durch die Wahrscheinlichkeitsverteilung

$$f(x) = (1.2x^3 - 24x^2 + 120x)/1000$$

für $0 < x < 10$. Man erkennt in der Geschäftsleitung sofort, dass der Modus $x_{Mod} = 3.33$, aber auch der Erwartungswert der Verteilung $E(X) = 4$ deutlich niedriger liegen als der Break-even.

Bedeutet dieser Befund, dass auf jeden Fall darauf verzichtet werden soll, die Markteinführung zu wagen?

Keineswegs, denn ausschlaggebend für die Entscheidung, ob die Bi-Box eingeführt werden soll oder nicht, ist – neben Risikoerwägungen – der Erwartungswert des Gewinns

$$E[G(X)] = \int_0^{10} G(x) f(x) \, dx,$$

dessen Berechnung nach der Rechenregel (9-12) summandenweise erfolgen kann, also

$$E[G(X)] = E[-88 + 4X + 4X^2]$$

$$= -88 + 4E(X) + 4E(X^2) = -88 + 16 + 4E(X^2)$$

$$E[G(X)] = -72 + 4 \cdot \int_0^{10} x^2 f(x) \, dx$$

$$= -72 + 4 \cdot \int_0^{10} (0.0012 x^5 - 0.024 x^4 + 0.12 x^3) \, dx$$

$$= -72 + 4 \cdot \left[\frac{0.0012}{6} x^6 - \frac{0.024}{5} x^5 + \frac{0.12}{4} x^4 \right]_0^{10}$$

$$= -72 + 4 \cdot \left[0.0002 x^6 - 0.0048 x^5 + 0.03 x^4 \right]_0^{10}$$

$$= -72 + 4 \cdot [200 - 480 + 300] = -72 + 4 \cdot 20 = 8.$$

Der Erwartungswert des Gewinns ist folglich positiv und beträgt 8 Millionen Euro.

ERGÄNZENDE LITERATUR

Bohley, Peter: *Statistik*, 7. Aufl., München, Wien: Oldenbourg, 2000, Kapitel XI

Bol, Georg: *Wahrscheinlichkeitstheorie*, 6. Aufl., München, Wien: Oldenbourg, 2007, Kapitel 3

Henze, Norbert: *Stochastik für Einsteiger*, 7. Aufl., Braunschweig, Wiesbaden: Vieweg+Teubner, 2008, Kapitel 3

Precht, M.; Kraft, R.; Bachmaier, M.: *Angewandte Statistik 1*, 7. Aufl., München, Wien: Oldenbourg, 2005

Rasch, Dieter: *Einführung in die mathematische Statistik, Teil 1 Wahrscheinlichkeitsrechnung und Grundlagen der mathematischen Statistik*, 3. Aufl., Berlin: Deutscher Verlag der Wissenschaften, 1989

AUFGABEN

9.1 **Basketball.** Ein Profi wirft beim Training aus einer Entfernung von sieben Metern auf den Korb. Er trifft bei jedem Wurf mit einer Wahrscheinlichkeit von $p = 1/2$. Die Zufallsvariable X ist definiert als die Anzahl der Treffer bei einer Serie von vier Würfen.

a) Geben Sie die Massenfunktion dieser Zufallsvariablen an.

b) Wie groß sind Modus, Median, Erwartungswert und Varianz von X?

c) Berechnen Sie die Schiefe der Verteilung.

d) Zeichnen Sie die Verteilungsfunktion.

9.2 **Die Wahrscheinlichkeitsverteilung** einer diskreten Zufallsvariablen X, die nur die drei Werte 0, 1 und 2 annehmen kann, sei durch die Massenfunktion

$$P(X = x) = \begin{cases} a \cdot 2^{-(1+x)} & \text{für } x = 0, 1, 2 \\ 0 & \text{sonst} \end{cases}$$

definiert. Dabei ist a eine geeignet zu wählende Konstante.

a) Wie groß muss a sein?

b) Fertigen Sie eine Skizze für die Massenfunktion an!

c) Wie groß sind die folgenden Wahrscheinlichkeiten:

   $P(X > 1)$,

   $P(1 < X \leq 4)$?

d) Wie groß ist die bedingte Wahrscheinlichkeit

   $P(X = 2 \mid X \geq 2)$?

e) Berechnen Sie Erwartungswert $E(X)$ und Varianz $Var(X)$.

9.3 Dreiecksverteilung. Die Verteilung einer kontinuierlichen Zufallsvariablen X sei durch folgende Dichtefunktion f definiert:

$$f(x) = \begin{cases} 2ax & \text{für } 0 < x < 1 \\ 3a - ax & \text{für } 1 \leq x < 3 \\ 0 & \text{sonst .} \end{cases}$$

Dabei ist a eine geeignet zu wählende Konstante.

a) Wie groß muss a sein? (Begründung)
b) Fertigen Sie eine Skizze für die Dichtefunktion an.
c) Wie groß sind die folgenden Wahrscheinlichkeiten:
$P(X = 1)$,
$P(0.5 < X < 2)$ und
$P(X < 2)$?
d) Wie groß ist die bedingte Wahrscheinlichkeit
$P(X < 1 \mid X < 0.5)$?
e) Ist der Modus größer als der Erwartungswert?

9.4 Parabolische Verteilung. Eine stetige Zufallsvariable X habe die Dichtefunktion

$$f(x) = \begin{cases} \dfrac{2}{9} x(3-x) & \text{für } 0 \leq x \leq 3 \\ 0 & \text{sonst .} \end{cases}$$

a) Machen Sie eine Skizze der Dichtefunktion.
b) Berechnen Sie die Wahrscheinlichkeit

$$P(X \leq 2) = \int_0^2 f(x)\, dx \; .$$

c) Geben Sie den Erwartungswert an.

9.5 Exponentialverteilung. Betrachten Sie die Funktion

$$f(x) = e^{-x}, \quad \text{für } 0 \leq x < \infty \; .$$

a) Zeigen Sie, dass $f(x)$ eine Dichtefunktion ist.
b) Wie groß ist die Wahrscheinlichkeit, dass die von dieser Dichtefunktion charakterisierte Zufallsvariable X einen größeren Wert als 0.5 annimmt?
c) Berechnen Sie den Modus und den Median.
d) Berechnen und zeichnen Sie zu $f(x)$ die Verteilungsfunktion $F(x)$.

9.6 Median. Finden Sie für die Verteilung von Y in Beispiel [5] den Median, den Modus und den Erwartungswert.

9.7 Erwartungswert einer Funktion. Die stetige Zufallsvariable X sei im Bereich $0 < x < 3$ gleichförmig mit der konstanten Dichte von $1/3$ verteilt.

a) Wie groß ist der Erwartungswert von X?

b) Berechnen Sie den Erwartungswert der reziproken Zufallsvariablen $g(X) = 1/X$. Unterscheidet er sich vom Wert $1/E(X)$ und wenn ja, warum?

c) Berechnen Sie den Erwartungswert der Funktion $g(X) = 4X+2$. Unterscheidet er sich vom Wert $g[E(X)]$ und wenn ja, warum?

9.8 Abschätzung. Wenn eine Zufallsvariable den Mittelwert 10 und die Varianz 2 hat, wie groß sind dann höchstens oder mindestens die Wahrscheinlichkeiten

a) $P(8 < X < 12)$ c) $P(5 < X < 15)$

b) $P(X < 7 \cup 13 < X)$ d) $P(2 > X \cup X > 18)$?

9.9 Beweisen Sie den Satz (9-13). Benutzen Sie dazu die Definitionen (9-11a) und (9-11b).

9.10 St. Petersburger Spiel. Sie dürfen so lange mit einer Münze werfen, bis zum ersten Mal „Kopf" erscheint. Dann ist das Spiel beendet und es erfolgt die Gewinnauszahlung G. Erscheint schon beim ersten Wurf „Kopf", erhalten Sie nur 2 Rubel. Fällt beim zweiten Wurf „Kopf", so bekommen Sie $2^2 = 4$ Rubel. Fällt erst beim 10. Mal „Kopf", beträgt der Gewinn $2^{10} = 1024$ Rubel usw.

a) Welche Werte g kann die Zufallsvariable G annehmen? Welche Wahrscheinlichkeitsmassen kommen den einzelnen Werten zu?

b) Wie groß ist der Erwartungswert des Gewinns bei diesem Spiel?

c) Hat die Verteilung einen Median? Wie groß wäre er?

d) Wieviel wären Sie bereit, für das St. Petersburger Spiel als Einsatz zu zahlen? Seit wann gibt es in St. Petersburg den Rubel?

9.11 Momenterzeugende Funktion. Eine Verteilung habe die momenterzeugende Funktion

$$\text{MEF}(t) = e^{\frac{1}{2}t^2}.$$

Berechnen Sie das 1. Moment, die Varianz, die Schiefe und die Kurtosis. Welche Verteilung ist das?

9.12 Schiefe. Berechnen Sie in Fortsetzung des Beispiels [22] noch die Schiefe dieser Verteilung.

LÖSUNGEN

9.1 a) 0.0625, 0.25, 0.375, 0.25; 0,0625
    b) 2; 2; 2; 1   c) 0

9.2 a) 5/8   c) 1/2; 1/2
    d) 1   e) 11/8; 31/64

9.3 a) 1/3   c) 0; 3/4; 5/6
    d) 1   e) nein

9.4 b) 20/27   c) 1.5

9.5 b) 0.6065   c) 0; 0.6931

9.6 2, 1; 1.9444

9.7 a) 1.5   b) ex. nicht
    c) 8; nein

9.8 a) ≥ 0.5 b) $\leq 2/9$
    c) $\geq 23/25$ d) $\leq 1/32$

9.10 b) ex. nicht   c) 3   d) 1704

9.11 0; 1; 0; 3

9.12 0

KAPITEL 10

Mehrdimensionale Zufallsvariablen

In Kapitel **9** haben wir uns mit Verteilungen nur einer einzelnen Zufallsvariablen X oder Y oder Z beschäftigt. Solche Wahrscheinlichkeitsverteilungen werden als ***univariate Verteilungen*** bezeichnet.

Bei vielen Problemstellungen in der Theorie und in der Praxis sind Analysemethoden, die auf univariaten Wahrscheinlichkeitsmodellen basieren, nicht angemessen, weil sie das Wesentliche nicht erfassen. Entnehmen wir etwa aus der Grundgesamtheit der Haushalte eines Landes Zufallsstichproben und erheben von jedem zufällig ausgewählten Haushalt die Höhe seiner Konsumausgaben x, sein Haushaltseinkommen y und sein Sparguthaben z. Von besonderem Interesse werden in der Analyse nicht nur die Verteilungen der drei Zufallsvariablen für sich genommen sein, sondern vor allem die Beziehungen, Zusammenhänge oder Abhängigkeiten zwischen den Variablen. Die Beziehungen zwischen den Zufallsvariablen werden nicht deterministischer, sondern stochastischer Natur sein, denn es wird Haushalte mit hohen Konsumausgaben und gleichzeitig niedrigem Einkommen und auch solche mit hohem Einkommen, aber geringem Vermögen geben. Es liegt nahe, X, Y und Z hier nicht nur als drei Zufallsvariablen anzusehen, sondern als eine dreidimensionale Zufallsvariable (X, Y, Z) oder einen ***Zufallsvektor*** aufzufassen.

Genau wie die eindimensionalen Zufallsvariablen können auch die mehrdimensionalen auf Zufallsexperimenten basieren oder aber durch die bloße Angabe einer Verteilungsfunktion definiert werden.

Die gemeinsame Wahrscheinlichkeitsverteilung von zwei Zufallsvariablen oder die Verteilung einer zweidimensionalen Zufallsvariablen heißt ***bivariate Verteilung***. Im Zusammenhang mit drei- und mehrdimensionalen Zufallsvariablen sprechen wir von ***multivariater Verteilung***, multivariater Analyse oder multivariaten Methoden. Wir beschränken unsere Betrachtungen in diesem Kapitel auf bivariate Verteilungen. Die gewonnenen Ergebnisse können jedoch leicht auf multivariate Zufallsvariablen übertragen werden.

10.1 Gemeinsame Verteilung und Randverteilungen

Diskrete Zufallsvariablen

Sind X und Y die diskreten Komponenten einer zweidimensionalen Zufallsvariablen, heißt die Funktion

$$f(x,y) := P(X=x \cap Y=y) \qquad (10\text{-}1)$$

die *gemeinsame Wahrscheinlichkeitsmassenfunktion* von X und Y. Sie gibt die Wahrscheinlichkeiten an, mit der die Zufallsvariable X den Wert x und gleichzeitig Y den Wert y annimmt. Jede gemeinsame Massenfunktion f hat die Eigenschaften

(1) $\quad f(x_i, y_j) \geq 0$

(2) $\quad \sum_i \sum_j f(x_i, y_j) = 1$,

woraus, wie bei den eindimensionalen Funktionen, unmittelbar

(3) $\quad f(x_i, y_j) \leq 1 \qquad$ für alle i und j

folgt. Wenn die beiden Komponenten jeweils nur endlich viele verschiedene Werte annehmen können, wird die gemeinsame Verteilung oft in einer Matrix dargestellt:

	y_1	y_2	$\cdots$	y_j	$\cdots$	y_l	
x_1	p_{11}	p_{12}		p_{1j}		p_{1l}	$p_{1\bullet}$
x_2	p_{21}	p_{22}		p_{2j}		p_{2l}	$p_{2\bullet}$
$\vdots$				$\vdots$			$\vdots$
x_i	p_{i1}	p_{i2}		p_{ij}		p_{il}	$p_{i\bullet}$
$\vdots$				$\vdots$			$\vdots$
x_k	p_{k1}	p_{k2}		p_{kj}		p_{kl}	$p_{k\bullet}$
	$p_{\bullet 1}$	$p_{\bullet 2}$	$\cdots$	$p_{\bullet j}$	$\cdots$	$p_{\bullet l}$	1

10.1 Gemeinsame Verteilung und Randverteilungen

In der Kopfzeile stehen hier die *m* Ausprägungen der Komponente *Y* und in der Kopfspalte die *n* Ausprägungen der Komponente *X*. Die Anzahlen *m* und *n* können auch gleich sein. Im Inneren der Matrix stehen die Wahrscheinlichkeitsmassen

$$p_{ij} := f(x_i, y_j).$$

Besondere Aufmerksamkeit verdienen die Ränder der Matrix. Es sind die Zeilensummen und die Spaltensummen

$$p_{i\bullet} = \sum_j p_{ij} \quad \text{und} \quad p_{\bullet j} = \sum_i p_{ij},$$

deren Bedeutung wir im folgenden Abschnitt **10.2** genauer erörtern werden.

Zur Illustration einer zweidimensionalen diskreten Zufallsvariablen betrachten wir das folgende Zufallsexperiment:

Beispiel [1] In einer Urne befinden sich sechs Kugeln. Drei sind mit einer „1" beschriftet, zwei Kugeln mit „2" und eine mit „3". Nacheinander werden zwei Kugeln gezogen. Die Zufallsvariable (*X*, *Y*) sei nun definiert als:

$$X = \begin{cases} 1 \\ 2 \\ 3 \end{cases} \quad \text{entsprechend der Aufschrift auf der 1. Kugel}$$

$$Y = \begin{cases} 1 \\ 2 \\ 3 \end{cases} \quad \text{entsprechend der Aufschrift auf der 2. Kugel}$$

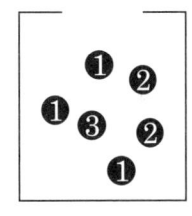

Für die erste Komponente gilt auf jeden Fall

$$P(X=1) = 1/2, \quad P(X=2) = 1/3, \quad P(X=3) = 1/6.$$

Wird **mit Zurücklegen** gezogen, so ist auch

$$P(Y=1) = 1/2, \quad P(Y=2) = 1/3, \quad P(Y=3) = 1/6$$

und wegen der Unabhängigkeit und (8-18)

$$P(X=1 \cap Y=1) = P(X=1) \cdot P(Y=1) = 1/4$$

$$P(X=1 \cap Y=2) = P(X=1) \cdot P(Y=2) = 1/6$$

⋮

Beispiel [2] Für den Fall, dass **ohne Zurücklegen** gezogen wird, ist die Berechnung der gemeinsamen Verteilung etwas schwieriger, weil nun der allgemeine Multiplikationssatz (8-16) anzuwenden ist: Die entsprechenden bedingten Wahrscheinlichkeiten für die Komponente Y, nachdem beim 1. Zug schon eine „1" erschienen war und nicht wieder zurückgelegt wurde, betragen:

$$P(Y=1 \mid X=1) = \frac{2}{5}, \quad P(Y=2 \mid X=1) = \frac{2}{5}, \quad P(Y=3 \mid X=1) = \frac{1}{5}$$

$$P(X=1 \cap Y=1) = P(X=1) \cdot P(Y=1 \mid X=1) = 1/5$$

$$P(X=1 \cap Y=2) = P(X=1) \cdot P(Y=2 \mid X=1) = 1/5$$

$$\vdots$$

Entsprechend weitergerechnet, erhält man die beiden vollständigen Verteilungsmatrizen:

TABELLEN 10.1 Gemeinsame Verteilung

[a] mit Zurücklegen

Y \ X	1	2	3	
1	$\frac{1}{4}$	$\frac{1}{6}$	$\frac{1}{12}$	$\frac{1}{2}$
2	$\frac{1}{6}$	$\frac{1}{9}$	$\frac{1}{18}$	$\frac{1}{3}$
3	$\frac{1}{12}$	$\frac{1}{18}$	$\frac{1}{36}$	$\frac{1}{6}$
	$\frac{1}{2}$	$\frac{1}{3}$	$\frac{1}{6}$	1

[b] ohne Zurücklegen

Y \ X	1	2	3	
1	$\frac{1}{5}$	$\frac{1}{5}$	$\frac{1}{10}$	$\frac{1}{2}$
2	$\frac{1}{5}$	$\frac{1}{15}$	$\frac{1}{15}$	$\frac{1}{3}$
3	$\frac{1}{10}$	$\frac{1}{15}$	0	$\frac{1}{6}$
	$\frac{1}{2}$	$\frac{1}{3}$	$\frac{1}{6}$	1

Beispiel [3] Eine faire Münze werde viermal hintereinander geworfen. Die Zufallsvariable X sei definiert als die „Anzahl der Köpfe" und Y als die „Anzahl der Wechsel". Ein „Wechsel" liegt vor, wenn auf einen Kopf Zahl folgt oder umgekehrt. In ZZZZ ist kein Wechsel, in ZKKK ist einer, und in ZKZK sind drei Wechsel. Die folgende Tabelle gibt die Elementarereignisse des Zufallsexperiments und die zugeordneten Zufallsvariablen an:

10.1 Gemeinsame Verteilung und Randverteilungen

TABELLE 10.2 Gemeinsame Verteilung der Anzahl der Köpfe und der Anzahl der Wechsel bei vier Münzwürfen

Elementar-ereignisse	Anzahl der Köpfe X	Anzahl der Wechsel Y
ZZZZ	0	0
ZZZK	1	1
ZZKZ	1	2
ZKZZ	1	2
KZZZ	1	1
ZZKK	2	1
ZKZK	2	3
ZKKZ	2	2
KZKZ	2	3
KZZK	2	2
KKZZ	2	1
ZKKK	3	1
KZKK	3	2
KKZK	3	2
KKKZ	3	1
KKKK	4	0

Gehen wir davon aus, dass diese 16 Elementarereignisse gleichwahrscheinlich sind. Aus TABELLE 10.2 ersieht man leicht, dass die Wahrscheinlichkeit, in einer Serie von vier Münzwürfen zwei Köpfe und gleichzeitig drei Wechsel zu haben, also $f(2,3) = 2/16$ ist, und dass $f(1,3) = 0$ ist usw. Wir erhalten die gemeinsame Verteilung in der Matrix der TABELLE 10.3. Zu ihrer graphischen Veranschaulichung muss ein dreidimensionales BILD 10.1 gezeichnet werden:

TABELLE 10.3 Gemeinsame Verteilung

		\multicolumn{5}{c}{Anzahl der Köpfe X}	
		0	1	2	3	4	
Zahl der Wech-sel Y	0	$\frac{1}{16}$	0	0	0	$\frac{1}{16}$	$\frac{1}{8}$
	1	0	$\frac{1}{8}$	$\frac{1}{8}$	$\frac{1}{8}$	0	$\frac{3}{8}$
	2	0	$\frac{1}{8}$	$\frac{1}{8}$	$\frac{1}{8}$	0	$\frac{3}{8}$
	3	0	0	$\frac{1}{8}$	0	0	$\frac{1}{8}$
		$\frac{1}{16}$	$\frac{1}{4}$	$\frac{3}{8}$	$\frac{1}{4}$	$\frac{1}{16}$	1

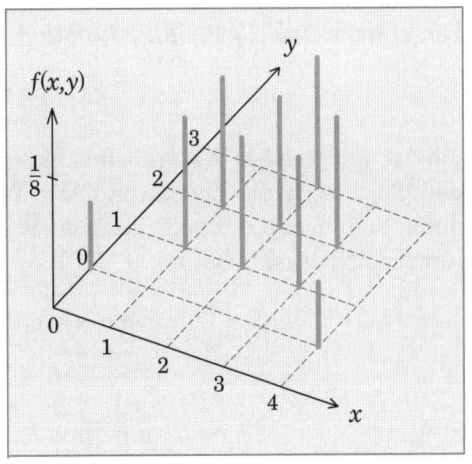

BILD 10.1 Graph einer zweidimensionalen Massenfunktion

Stetige Zufallsvariablen

Entsprechend können wir im stetigen Fall verfahren; jedoch müssen wir hier wieder auf die Intervalle abstellen: Sind X und Y stetige Zufallsvariablen, dann heißt die Funktion $f(x, y)$ mit

$$\int_a^b \int_c^d f(x, y)\, dy\, dx = P(a < X \leq b \cap c < Y \leq d) \tag{10-2}$$

für $a < b$ und $c < d$ die **gemeinsame Wahrscheinlichkeitsdichtefunktion** von X und Y. Die Funktion f hat die Eigenschaften

$$(1) \qquad f(x, y) \geq 0$$

$$(2) \qquad \int_{-\infty}^{\infty} \int_{-\infty}^{\infty} f(x, y)\, dy\, dx = 1.$$

Beispiel [4] Die Dichtefunktion der zweidimensionalen Normalverteilung könnte lauten (beide Komponenten X und Y standardisiert):

$$f(x, y) = \frac{1}{2\pi} e^{-\frac{1}{2}(x^2 + y^2)}.$$

Gemeinsame Verteilungsfunktion

Die *gemeinsame Verteilungsfunktion*

$$F(x, y) = P(X \leq x \cap Y \leq y) \tag{10-3}$$

gibt an, mit welcher Wahrscheinlichkeit die Zufallsvariable X Werte kleiner oder gleich x und gleichzeitig die Zufallsvariable Y Werte kleiner oder gleich y annimmt. F finden wir durch Summation der gemeinsamen Massenfunktion bzw. durch Integration der gemeinsamen Dichtefunktion:

$$F(x, y) = \sum_{x_i \leq x} \sum_{y_j \leq y} f(x_i, y_j) \qquad (X, Y \text{ diskret}) \tag{10-3a}$$

$$F(x, y) = \int_{-\infty}^{x} \int_{-\infty}^{y} f(u, v)\, dv\, du \qquad (X, Y \text{ stetig}) \tag{10-3b}$$

Die Eigenschaften der gemeinsamen Verteilungsfunktion entsprechen, *mutatis mutandis*, denen einer Verteilungsfunktion im eindimensionalen Fall.

Die Randverteilungen

Betrachten wir TABELLE 10.3. Die erste Zeile mit den möglichen Werten der Komponenten X zusammen mit der Summenzeile am unteren Rand der Matrix

x	0	1	2	3	4
$f_X(x)$	0.0625	0.25	0.375	0.25	0.0625

liefert uns die Wahrscheinlichkeitsverteilung von X. Dabei lassen wir die andere Komponente Y völlig unbeachtet. Auf der anderen Seite zeigt uns die erste Spalte zusammen mit der Summenspalte am rechten Rand der Matrix die Verteilung von Y:

y	0	1	2	3
$f_Y(y)$	0.125	0.375	0.375	0.125

Diese beiden Verteilungen heißen die **Randverteilungen** von X und von Y. In allgemeiner Schreibweise sind die Randverteilungen bei diskreten Zufallsvariablen durch die Wahrscheinlichkeitsmassen

$$f_X(x_i) = P(X = x_i) = \sum_j f(x_i, y_j) = p_{i\bullet}$$

$$f_Y(y_j) = P(Y = y_j) = \sum_i f(x_i, y_j) = p_{\bullet j}$$

bestimmt und entsprechend bei stetigen durch die Dichtefunktionen

$$f_X(x) := \int_{-\infty}^{\infty} f(x, y) \, dy$$

$$f_Y(y) := \int_{-\infty}^{\infty} f(x, y) \, dx \, .$$

Aus der gemeinsamen Verteilung $f(x, y)$ lassen sich also stets die Randverteilungen $f_X(x)$ und $f_Y(y)$ gewinnen. Umgekehrt jedoch kann die gemeinsame Verteilung im Allgemeinen nicht aus den Randverteilungen berechnet werden.

Beispiel [5] Betrachten wir die beiden Verteilungen aus den TABELLEN 10.1. Die dort bereits aufgenommenen Zeilensummen und Spaltensummen sind die Randverteilungen. Die beiden Verteilungen [a] und [b] haben nun dieselben Randverteilungen, obwohl die $f(x, y)$ sehr verschieden sind. Bei der Verteilung [a] fällt auf, dass jedes Matrixelement p_{ij} gerade gleich dem Produkt der Ränder ist, etwa

$$p_{11} = \frac{1}{4} = \frac{1}{2}\cdot\frac{1}{2}\,,\qquad p_{23} = \frac{1}{18} = \frac{1}{3}\cdot\frac{1}{6}$$

usw. Bei der Verteilung [b] ist das nicht so.

Erwartungswerte und Varianzen der Komponenten

Für Zufallsvariablen mit einer gemeinsamen Verteilung kann man Erwartungswert und Varianz der einzelnen Komponenten **mittels der Randverteilungen** ausdrücken und berechnen:

$$\mu_X = E(X) = \sum_i x_i f_X(x_i) \tag{10-4a}$$

$$\sigma_X^2 = Var(X) = \sum_i (x_i - \mu_X)^2 f_X(x_i) \tag{10-5a}$$

beziehungsweise:

$$\mu_X = E(X) = \int_{-\infty}^{\infty} x f_X(x)\,dx \tag{10-4b}$$

$$\sigma_X^2 = Var(X) = \int_{-\infty}^{\infty} (x - \mu_X)^2 f_X(x)\,dx\,. \tag{10-5b}$$

Entsprechendes gilt für $E(Y)$ und $Var(Y)$. Dieser Sachverhalt wird ausführlicher in Abschnitt **10.3** untersucht.

10.2 Bedingte Verteilungen und stochastische Unabhängigkeit

Noch eine andere Art von Verteilungen kann aus der gemeinsamen Verteilung von zwei Zufallsvariablen hergeleitet werden. Es sind die sogenannten bedingten Verteilungen. Sie geben Auskunft über die Verteilung der *einen* Variablen unter der Nebenbedingung, dass die *jeweils andere* einen bestimmten Wert annimmt. Das Konzept der **bedingten Verteilung** entspricht dem der bedingten Wahrscheinlichkeiten für Ereignisse. Für diskrete X und Y ist nach (8-15)

$$P(X = x_i | Y = y_j) := \frac{P(X = x_i \cap Y = y_j)}{P(Y = y_j)}$$

für $P(Y = y_j) > 0$ als Wahrscheinlichkeit für $X = x_i$ unter der Bedingung $Y = y_i$ definiert. Damit gilt – in anderer Schreibweise – für die Massenfunktion f_1 der **bedingten Verteilung von X unter der Bedingung** $Y = y_j$

$$f_1(x | y_j) := \frac{f(x, y_j)}{f_Y(y_j)} \qquad \text{für } j = 1, \cdots, m,$$

wobei f für die gemeinsame Verteilung und f_Y für die Randverteilung von Y steht. Man beachte, dass für X mehrere bedingte Verteilungen existieren, nämlich für jede Ausprägung y_j eine. Entsprechend erhalten wir für die bedingten Verteilungen von Y die n Massenfunktionen

$$f_2(y | x_i) = \frac{f(x_i, y)}{f_X(x_i)} \qquad \text{für } i = 1, \cdots, n.$$

Analog dazu definiert man für die stetigen Zufallsvariablen die bedingten Verteilungen durch die Dichtefunktionen

$$f_1(x | y) := \frac{f(x, y)}{f_Y(y)}$$

und

$$f_2(y | x) := \frac{f(x, y)}{f_X(x)}.$$

Beispiel [6] Die gemeinsame Verteilung aus Beispiel [3] hat vier bedingte Verteilungen für X

x	0	1	2	3	4	Σ
$f_1(x\|0)$	0.5	0	0	0	0.5	1
$f_1(x\|1)$	0	0.333	0.333	0.333	0	1
$f_1(x\|2)$	0	0.333	0.333	0.333	0	1
$f_1(x\|3)$	0	0	1	0	0	1

und fünf bedingte Verteilungen für Y

y	0	1	2	3	Σ
$f_2(y\|0)$	1	0	0	0	1
$f_2(y\|1)$	0	0.5	0.5	0	1
$f_2(y\|2)$	0	0.333	0.333	0.333	1
$f_2(y\|3)$	0	0.5	0.5	0	1
$f_2(y\|4)$	1	0	0	0	1

Drei dieser insgesamt neun eindimensionalen Verteilungen sind hier Ein-Punkt-Verteilungen, die übrigen sind diskrete gleichförmige Verteilungen.

Stochastische Unabhängigkeit

Sind die zu einer gemeinsamen Verteilung $f(x, y)$ zweier Zufallsvariablen gehörenden bedingten Verteilungen für verschiedene Bedingungen y_1 und y_2

$$f_1(x|y_1) \neq f_1(x|y_2)$$

verschieden, so bedeutet dies, dass die Verteilung von X davon abhängt, welchen Wert Y annimmt. Man sagt in diesem Fall, X und Y seien stochastisch abhängig. Für die Beurteilung einer gemeinsamen Verteilung ist es besonders wichtig zu wissen, ob X und Y abhängig oder unabhängig sind.

10.2 Bedingte Verteilungen und stochastische Unabhängigkeit

Definition: Die Zufallsvariablen X und Y heißen **stochastisch unabhängig** oder kurz **unabhängig**, wenn die gemeinsame Massen- bzw. Dichtefunktion

$$f(x,y) = f_X(x) \cdot f_Y(y) \tag{10-6}$$

gerade gleich dem Produkt der beiden Randverteilungen ist.

Im Fall der Unabhängigkeit gilt dann natürlich auch für die Verteilungsfunktionen

$$F(x,y) = F_X(x) \cdot F_Y(y),$$

wie man leicht ausrechnen kann. Berechnet man für unabhängige Zufallsvariablen die bedingten Verteilungen, erhält man

$$f_1(x|y) = \frac{f_X(x) \cdot f_Y(y)}{f_Y(y)} = f_X(x) \tag{10-7}$$

$$f_2(y|x) = \frac{f_X(x) \cdot f_Y(y)}{f_X(x)} = f_Y(y) \tag{10-8}$$

das einleuchtende Ergebnis, dass in diesem Spezialfall alle bedingten Verteilungen gleich sind und gleich der entsprechenden Randverteilung.

Beispiel [7] In der gemeinsamen Verteilung [a] aus TABELLEN 10.1 sind die Zufallsvariablen X und Y stochastisch unabhängig. In Beispiel [5] war schon erkannt worden, dass die Formel (10-6) erfüllt ist. Man prüft leicht nach, dass die bedingten Verteilungen [a]

Y	1	2	3	Σ
$f_2(y\|1)$	$\frac{1}{2}$	$\frac{1}{3}$	$\frac{1}{6}$	1
$f_2(y\|2)$	$\frac{1}{2}$	$\frac{1}{3}$	$\frac{1}{6}$	1
$f_2(y\|3)$	$\frac{1}{2}$	$\frac{1}{3}$	$\frac{1}{6}$	1
$f_Y(y)$	$\frac{1}{2}$	$\frac{1}{3}$	$\frac{1}{6}$	1

Y	1	2	3	Σ
$f_2(y\|1)$	$\frac{2}{5}$	$\frac{2}{5}$	$\frac{1}{5}$	1
$f_2(y\|2)$	$\frac{3}{5}$	$\frac{1}{5}$	$\frac{1}{5}$	1
$f_2(y\|3)$	$\frac{3}{5}$	$\frac{2}{5}$	0	1
$f_Y(y)$	$\frac{1}{2}$	$\frac{1}{3}$	$\frac{1}{6}$	1

[a] unabhängig

[b] abhängig

318 KAPITEL 10 *Mehrdimensionale Zufallsvariablen*

gleich sind und gleich der Randverteilung. Der Grund dafür liegt darin, dass aus der Urne in Beispiel [1] *mit Zurücklegen* gezogen wurde.

In der gemeinsamen Verteilung [b], die aus dem in Beispiel [2] geschilderten Urnenmodell *ohne Zurücklegen* gewonnen worden war, sind X und *Y nicht unabhängig*.

Beispiel [8] Gehen wir davon aus, die stetigen Zufallsvariablen X und Y seien unabhängig standardnormalverteilt (vgl. Abschnitt **11.9**) mit den Dichtefunktionen

$$f_X(x) = \frac{1}{\sqrt{2\pi}} e^{-\frac{1}{2}x^2} \quad \text{und} \quad f_Y(y) = \frac{1}{\sqrt{2\pi}} e^{-\frac{1}{2}y^2}.$$

Die gemeinsame Dichtefunktion der so definierten zweidimensionalen Normalverteilung ergibt sich als Produkt dieser Randverteilungen und würde lauten:

$$f(x,y) = f_X(x) \cdot f_Y(y) = \frac{1}{2\pi} e^{-\frac{1}{2}(x^2+y^2)}. \tag{10-9}$$

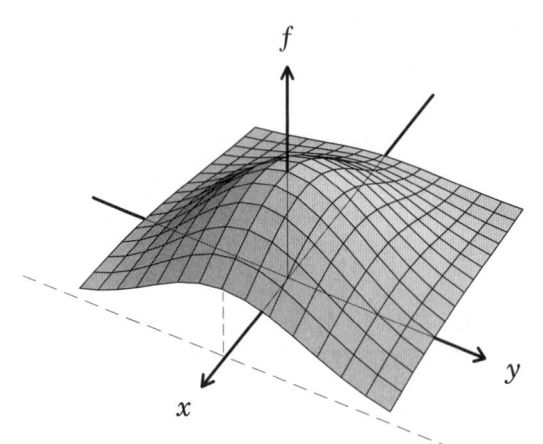

BILD 10.2   Zweidimensionale Normalverteilung, standardisiert und unabhängig

Diese Verteilung wäre standardisiert. Aber auch andere zweidimensionale Normalverteilungen gibt es:

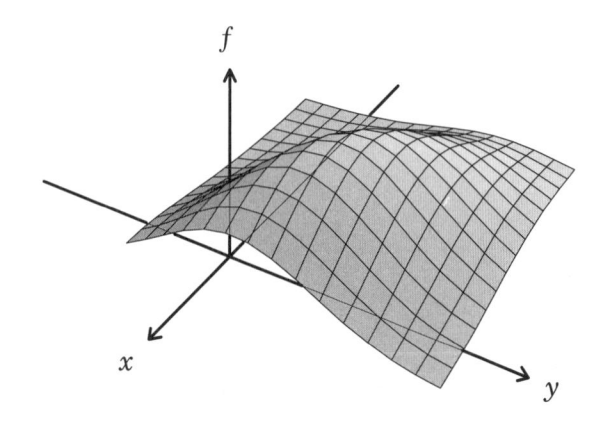

BILD 10.3 Zweidimensionale Normalverteilung, nicht standardisiert und abhängig

10.3 Erwartungswerte, Varianzen, Kovarianz

Zur Berechnung der Erwartungswerte bei zweidimensionalen Verteilungen knüpfen wir an die Definition (9-11) einer Funktion einer Zufallsvariablen an. Da als Erwartungswert auch hier eine eindimensionale oder *skalare Größe* herauskommen soll, benutzen wir eine skalare Funktion

$$g(X, Y)$$

der beiden Komponenten X und Y und bilden davon den Erwartungswert. Man beachte, dass $g(X, Y)$ eine Zufallsvariable ist.

Definition: Seien X und Y zwei Zufallsvariablen mit der gemeinsamen Massen- bzw. Dichtefunktion $f(x,y)$. Der ***Erwartungswert der Funktion*** $g(X,Y)$ ist definiert als

$$E[g(X,Y)] := \sum_{\text{alle } i} \sum_{\text{alle } j} g(x_i, y_j) \cdot f(x_i, y_j), \tag{10-10a}$$

falls X und Y diskret, beziehungsweise

$$E[g(X,Y)] := \int_{-\infty}^{\infty} \int_{-\infty}^{\infty} g(x,y)\, f(x,y)\, \mathrm{d}x\, \mathrm{d}y, \tag{10-10b}$$

falls X und Y stetig sind.

Diese Definition mag zunächst recht abstrakt erscheinen. Doch lässt sich mit ihr – je nachdem was wir für g(X, Y) einsetzen – eine ganze Reihe von praktischen Ergebnissen und hilfreichen Rechenregeln gewinnen. Setzen wir zunächst g(X, Y) = X, so erhalten wir

$$E(X) = \sum_i \sum_j x_i f(x_i, y_j) = \sum_i x_i \sum_j f(x_i, y_j) = \sum_i x_i f_X(x_i) = \mu_X$$

und mit g(X, Y) = Y

$$E(Y) = \sum_i \sum_j y_j f(x_i, y_j) = \sum_j y_j \sum_i f(x_i, y_j) = \sum_j y_j f_Y(y_j) = \mu_Y$$

die bereits in Abschnitt **10.1** genannten Formeln zur Berechnung der einzelnen Erwartungswerte, wonach diese mit den Randverteilungen berechnet werden können. Für die Varianzen der einzelnen Komponenten erhalten wir mit $g(X, Y) = (X - \mu_X)^2$

$$Var(X) = \sum_i \sum_j (x_i - \mu_X)^2 f(x_i, y_j) = \sum_i (x_i - \mu_X)^2 \sum_j f(x_i, y_j)$$
$$= \sum_i (x_i - \mu_X)^2 f_X(x_i) = \sigma_X^2$$

und entsprechend für *Var(Y)*. Für stetige Zufallsvariablen rechnen wir genauso; an die Stelle der Summation tritt eben die Integration.

Kovarianz und Korrelationskoeffizient

Obige Erwartungswerte und Varianzen charakterisieren nur die einzelnen Komponenten einer Verteilung für sich genommen, denn sie rekurrieren nur auf die Randverteilungen. Sie geben keine Information über den stochastischen Zusammenhang zwischen *X* und *Y*, wie er in der gemeinsamen Verteilung *f(x, y)*, aber auch in den bedingten Verteilungen zum Ausdruck kommt. Eine Maßzahl für diesen stochastischen Zusammenhang ist die Kovarianz. Sie ist der Erwartungswert des Produkts der Abweichungen der einzelnen Komponenten von ihrem jeweiligen Mittelwert. In Definition (10-10) wird also $g(X, Y) = (X - \mu_X)(Y - \mu_Y)$ eingesetzt:

Definition: Seien *X* und *Y* zwei Zufallsvariablen mit den Erwartungswerten μ_X und μ_Y. Die Größe

$$\boxed{Cov(X, Y) := E[(X - \mu_X)(Y - \mu_Y)]} \qquad (10\text{-}11)$$

heißt **Kovarianz** zwischen *X* und *Y*.

Zur praktischen Berechnung der Kovarianz benötigt man die gemeinsame Verteilung $f(x, y)$. Die Kovarianz berechnet sich für diskrete Zufallsvariablen als

$$Cov(X,Y) = \sum_i \sum_j (x_i - \mu_X)(y_j - \mu_Y) f(x_i, y_j) \qquad (10\text{-}11a)$$

und als

$$Cov(X,Y) = \int\int (x - \mu_X)(y - \mu_Y) f(x, y)\, dx\, dy \qquad (10\text{-}11b)$$

für stetige.

Wie groß ist die Kovarianz, wenn X und Y unabhängig sind? Da für unabhängige Zufallsvariablen nach der Definition (10-6) $f(x,y) = f_X(x) f_Y(y)$ ist, können wir schreiben

$$\begin{aligned} Cov(X,Y) &= \sum_i \sum_j (x_i - \mu_X)(y_j - \mu_Y) \cdot f_X(x_i) \cdot f_Y(y_j) \\ &= \sum_i (x_i - \mu_X) \cdot f_X(x_i) \cdot \sum_j (y_j - \mu_Y) \cdot f_Y(y_j) = 0, \end{aligned}$$

und finden wegen der Zentraleigenschaft (9-10), die ja für beide Variablen gilt, dass unabhängige Zufallsvariablen keine Kovarianz haben. Für stetige X und Y kann genauso gerechnet werden. Rechnet man die rechte Seite der obigen Definition um,

$$\begin{aligned} Cov(X,Y) &:= E[(X-\mu_X)(Y-\mu_Y)] = E(XY - X\mu_Y - \mu_X Y + \mu_X \mu_Y) \\ &= E(XY) - E(X)\mu_Y - \mu_X E(Y) + \mu_X \mu_Y \\ Cov(X,Y) &= E(XY) - E(X)E(Y), \end{aligned} \qquad (10\text{-}12)$$

so findet man, dass die Kovarianz gerade gleich der Differenz zwischen dem Erwartungswert des Produkts und dem Produkt der Erwartungswerte ist. Dies steht in Analogie zur Formel (3-15a) über die empirische Kovarianz und kann auch zur vereinfachten Berechnung herangezogen werden. Durch Umformen von (10-12) findet man den wichtigen

Multiplikationssatz für Erwartungswerte: Sind X und Y irgendwelche Zufallsvariablen, für die $E(X)$ und $E(Y)$ existieren, dann ist stets

$$E(XY) := E(X)E(Y) + Cov(X,Y). \qquad (10\text{-}13)$$

Sind X und Y **unabhängige** Zufallsvariablen, ist

$$E(XY) := E(X)E(Y) \qquad (10\text{-}14)$$

der Erwartungswert des Produkts gleich dem Produkt der Erwartungswerte.

Um festzustellen, ob zwei Zufallsvariablen unabhängig oder abhängig sind, könnte man also die Kovarianz ausrechnen und nachschauen, ob sie Null ist oder nicht. Wir müssen dabei aber beachten, dass dies keine hinreichende Bedingung für die Unabhängigkeit von X und Y abgibt, sondern lediglich eine notwendige. Aus der Unabhängigkeit folgt das Verschwinden der Kovarianz, aus $Cov(X, Y) = 0$ folgt nicht zwingend die Unabhängigkeit. Ist jedoch $Cov(X, Y) \neq 0$, so folgt daraus sicher die stochastische Abhängigkeit:

$$X \text{ und } Y \text{ sind unabhängig} \Rightarrow Cov(X, Y) = 0$$

$$Cov(X, Y) \neq 0 \Rightarrow X \text{ und } Y \text{ sind abhängig}.$$

Beispiel [9] Wir berechnen die Erwartungswerte, Varianzen und Kovarianz der zweidimensionalen Zufallsvariablen aus dem obigen Beispiel [1] von der Urne mit Zurücklegen. Da in diesem Fall die Ausprägungen von X und Y und ihre Randverteilungen identisch sind, haben X und Y dieselben Erwartungswerte und Varianzen:

$$E(X) = 1 \cdot \frac{1}{2} + 2 \cdot \frac{1}{3} + 3 \cdot \frac{1}{6} = \frac{5}{3} = E(Y)$$

$$E(X^2) = 1 \cdot \frac{1}{2} + 4 \cdot \frac{1}{3} + 9 \cdot \frac{1}{6} = \frac{10}{3} = E(Y^2)$$

$$Var(X) = E(X^2) - [E(X)]^2 = \frac{10}{3} - \frac{25}{9} = \frac{5}{9} = Var(Y).$$

Nachdem wir in Beispiel [7] schon festgestellt haben, dass X und Y stochastisch unabhängig sind, ist natürlich die $Cov(X, Y) = 0$. Dies kann auch berechnet werden:

$$E(XY) = 1 \cdot 1 \cdot \frac{1}{4} + 1 \cdot 2 \cdot \frac{1}{6} + 1 \cdot 3 \cdot \frac{1}{12} + 2 \cdot 1 \cdot \frac{1}{6} + 2 \cdot 2 \cdot \frac{1}{9}$$
$$+ 2 \cdot 3 \cdot \frac{1}{18} + 3 \cdot 1 \cdot \frac{1}{12} + 3 \cdot 2 \cdot \frac{1}{18} + 3 \cdot 3 \cdot \frac{1}{36}$$
$$= \frac{9 + 12 + 9 + 12 + 16 + 12 + 9 + 12 + 9}{36} = \frac{100}{36} = \frac{25}{9}$$

$$Cov(X, Y) = E(XY) - E(X)E(Y) = \frac{25}{9} - \frac{25}{9} = 0.$$

Beispiel [10] Wir berechnen die Erwartungswerte, Varianzen und Kovarianz der Zufallsvariablen aus Beispiel [2] von der Urne ohne Zurücklegen. Die Randverteilungen sind die gleichen, wie wenn mit Zurücklegen gezogen würde. Deshalb gilt auch hier

$$E(X) = 5/3 = E(Y)$$
$$Var(X) = 5/9 = Var(Y).$$

Die Berechnung der Kovarianz

$$E(XY) = \frac{1\cdot 1}{5} + \frac{1\cdot 2}{5} + \frac{1\cdot 3}{10} + \frac{2\cdot 1}{5} + \frac{2\cdot 2}{15} + \frac{2\cdot 3}{15}$$
$$+ \frac{3\cdot 1}{10} + \frac{3\cdot 2}{15} + 3\cdot 3 \cdot 0 = \frac{80}{30} = \frac{8}{3}$$
$$Cov(X,Y) = E(XY) - E(X)E(Y) = \frac{8}{3} - \frac{25}{9} = -\frac{1}{9}$$

aber liefert einen negativen Wert: Große Werte von X gehen stochastisch eher mit kleinen Werten von Y einher. Das leuchtet auch im Rückblick auf das diesen Zufallsvariablen zugrundeliegende Zufallsexperiment ein.

Beispiel [11] Wir berechnen Erwartungswerte, Varianzen und Kovarianz der Zufallsvariablen aus Beispiel [3]. Beide Randverteilungen sind *symmetrisch*, die eine um $x = 2$ und die andere um $y = 1.5$. Daher brauchen wir die Erwartungswerte nicht lange auszurechen. Es ist

$$E(X) = 2 \quad \text{und} \quad E(Y) = 1.5.$$

Danach rechnen wir weiter

$$E(X^2) = 1\cdot \frac{1}{4} + 4\cdot \frac{3}{8} + 9 \cdot \frac{1}{4} + 16\cdot \frac{1}{16} = \frac{80}{16} = 5$$
$$E(Y^2) = 1\cdot \frac{3}{8} + 4\cdot \frac{3}{8} + 9 \cdot \frac{1}{8} = \frac{24}{8} = 3$$

und erhalten

$$Var(X) = E(X^2) - [E(X)]^2 = 5 - 4 = 1$$
$$Var(Y) = E(Y^2) - [E(X)]^2 = 3 - 2.25 = 0.75.$$

Für die Kovarianz rechnen wir zuerst

$$E(XY) = 1\cdot 1\cdot \frac{1}{8} + 2\cdot 1\cdot \frac{1}{8} + 3\cdot 1\cdot \frac{1}{8}$$
$$+ 2\cdot 1\cdot \frac{1}{8} + 2\cdot 2\cdot \frac{1}{8} + 2\cdot 3\cdot \frac{1}{8} + 3\cdot 2\cdot \frac{1}{8}$$
$$= \frac{1+2+3+2+4+6+6}{8} = \frac{24}{8} = 3,$$

aus, wobei wir, ausgehend von TABELLE 10.3, alle Summanden weglassen, bei denen entweder x oder y oder $f(x,y)$ gleich Null ist. Danach erhalten wir

$$Cov(X,Y) = E(XY) - E(X)E(Y) = 3 - 3 = 0 \ .$$

Diese drei Beispiele illustrieren die drei verschiedenen Beziehungen, in denen stochastische Unabhängigkeit und Kovarianz zueinander stehen können.

1. Im Beispiel [1] liegt Unabhängigkeit vor, und deshalb verschwindet die Kovarianz.
2. Im Beispiel [2] ist die Kovarianz negativ, folglich sind die beiden Variablen stochastisch abhängig.
3. Im Beispiel [3] schließlich sind X und Y abhängig, und dennoch ist die Kovarianz zwischen ihnen gleich Null.

Zufallsvariablen mit positiver Kovarianz heißen **positiv korreliert**, solche mit negativer Kovarianz **negativ korreliert**. Verschwindet die Kovarianz, so sind die Zufallsvariablen **unkorreliert**. Unabhängige Zufallsvariablen sind stets unkorreliert, und Korrelation impliziert stets stochastische Abhängigkeit. Korrelation ist somit ein Spezialfall der stochastischen Abhängigkeit, und zwar wird von ihr die lineare Komponente der Abhängigkeit erfasst.

Je größer diese lineare stochastische Abhängigkeit ist, desto größer wird die Kovarianz sein. Allerdings ist die Größe der Kovarianz auch von den Varianzen bzw. Standardabweichungen der beiden Komponenten abhängig. Was man bräuchte, wäre ein *normiertes Maß* der linearen stochastischen Abhängigkeit. Wir erhalten es in der folgenden Definition:

Definition: Der Quotient aus der Kovarianz und den beiden Standardabweichungen von X und Y

$$\rho_{XY} := \frac{Cov(X,Y)}{\sigma_X \cdot \sigma_Y} \tag{10-15}$$

heißt **Korrelationskoeffizient** zwischen X und Y.

Der Korrelationskoeffizient hat dasselbe Vorzeichen wie die Kovarianz, liegt aber stets zwischen -1 und $+1$

$$-1 \leq \rho_{XY} \leq +1$$

und gibt die Strenge des *linearen* stochastischen Zusammenhangs unabhängig von den Größenordnungen und Varianzen der beiden Variablen an.

Beispiel [12] Berechnen wir die Korrelationskoeffizienten der vorausgegangenen Beispiele:

In [1] bzw. [9] ist $\rho_{XY} = 0$,

in [2] bzw. [10] ist $\rho_{XY} = -(1/9)/(\sqrt{5/9} \cdot \sqrt{5/9}) = -1/5$,

in [3] bzw. [11] ist $\rho_{XY} = 0$.

Die Kovarianz wird als ***das gemischte 2. Moment*** bezeichnet.

10.4 Summe von zwei oder mehreren Zufallsvariablen

Addiert man zwei Zufallsvariablen X und Y, erhält man eine neue, eindimensionale Zufallsvariable $X + Y$. Ihre Verteilung f_{X+Y} wird von der gemeinsamen Verteilung $f(x, y)$ abhängen. Uns interessiere zunächst aber nicht die ganze Verteilung, sondern nur der Erwartungswert $E(X+Y)$ und die Varianz $Var(X+Y)$ der Summe. Sie lassen sich auch ohne Kenntnis von $f_{X+Y}(x+y)$ berechnen.

Dazu setzen wir in Gleichung (10-10a) $g(X,Y) = X + Y$ ein und berechnen einfach

$$\begin{aligned} E(X+Y) &= \sum_i \sum_j (x_i + y_j) f(x_i, y_j) \\ &= \sum_i \sum_j x_i f(x_i, y_j) + \sum_i \sum_j y_j f(x_i, y_j) \\ &= E(X) + E(Y) \,. \end{aligned}$$

Aus dieser kurzen Rechnung, die natürlich auch für stetige Verteilungen in der gleichen Weise durchgeführt werden kann, folgt der einfache, aber ganz besonders wichtige

Additionssatz für Erwartungswerte: Sind X und Y irgendwelche Zufallsvariablen, für die $E(X)$ und $E(Y)$ existieren, dann ist

$$\boxed{\begin{aligned} E(X+Y) &= E(X) + E(Y) \\ E(X-Y) &= E(X) - E(Y) \end{aligned}}$$

(10-16)

der Erwartungswert der Summe stets gleich der Summe der Erwartungswerte und der Erwartungswert der Differenz gleich der Differenz der Erwartungswerte.

Dieser Satz gilt für diskrete und stetige, für abhängige und unabhängige Zufallsvariablen gleichermaßen. Er lässt sich durch vollständige Induktion auf mehr als zwei Zufallsvariablen erweitern:

$$E(X_1 \pm X_2 \pm \cdots \pm X_n) = E(X_1) \pm E(X_2) \pm \cdots \pm E(X_n) \qquad (10\text{-}17)$$

Beispiel [13] Bei der Einkommensteuer gilt als das zu versteuernde Einkommen die Summe der Einkünfte aus sieben Einkunftsarten abzüglich der Sonderausgaben. Aus der Steuerstatistik 2003 entnehmen wir die Erwartungswerte der Einkünfte pro Steuerzahler:

aus Land- und Forstwirtschaft	$E(Y_1) = 195$ €
aus Gewerbebetrieb	$E(Y_2) = 1\,785$ €
aus selbständiger Arbeit	$E(Y_3) = 1\,298$ €
aus Kapitalvermögen	$E(Y_4) = 802$ €
aus nichtselbständiger Arbeit	$E(Y_5) = 19\,387$ €
aus Vermietung und Verpachtung	$E(Y_6) = -81$ €
aus sonstigen Einkünften	$E(Y_7) = 472$ €,

und den Erwartungswert der Sonderausgaben $E(SA) = 3\,250$ €.

Daraus berechnet sich, ohne die einzelnen Verteilungen zu kennen, der Erwartungswert des zu versteuernden Einkommens als

$$E(Y_1) + E(Y_2) + E(Y_3) + E(Y_4) + E(Y_5) + E(Y_6) + E(Y_7) - E(SA)$$
$$= E(Y) = 20\,608 \,.$$

Es spielt für diese Rechnung auch keine Rolle, ob die Einkünfte aus verschiedenen Einkunftsarten stochastisch abhängig sind oder nicht.

Berechnen wir nun die Varianz der Summe $X + Y$, indem wir $g(X, Y) = [(X + Y) - (\mu_X + \mu_Y)]^2$ setzen. Wir erhalten

$$Var(X+Y) = E[(X+Y)-(\mu_X+\mu_Y)]^2 = E[(X-\mu_X)+(Y-\mu_Y)]^2$$
$$= E[(X-\mu_X)^2 + (Y-\mu_Y)^2 + 2(X-\mu_X)(Y-\mu_Y)]$$

und unter Anwendung des Additionssatzes (10-17)

$$Var(X+Y) = Var(X) + Var(Y) + 2E[(X-\mu_X)(Y-\mu_Y)]$$

den ebenso wichtigen

10.4 Summe von zwei oder mehreren Zufallsvariablen

Additionssatz für Varianzen: Sind X und Y irgendwelche Zufallsvariablen, für die $Var(X)$ und $Var(Y)$ existieren, gilt:

$$Var(X+Y) = Var(X) + Var(Y) + 2\,Cov(X,Y)$$
$$Var(X-Y) = Var(X) + Var(Y) - 2\,Cov(X,Y)$$

(10-18)

Sind jedoch X und Y unkorreliert, so ist

$$Var(X+Y) = Var(X) + Var(Y)$$
$$Var(X-Y) = Var(X) + Var(Y)$$

(10-19)

die Varianz der Summe, aber auch der Differenz gleich der Summe der Varianzen.

Wenn $X_1, X_2, \cdots, X_n$ paarweise unkorrelierte Zufallsvariablen sind, so gilt

$$Var(X_1 \pm X_2 \pm \cdots \pm X_n) = Var(X_1) + Var(X_2) + \cdots + Var(X_n). \quad (10\text{-}20)$$

Während also in jedem Fall der Erwartungswert einer Summe gleich der Summe der Erwartungswerte ist, gilt dies nicht für die Varianzen. Wir beachten, dass für das Verschwinden des letzten Summanden in (10-18) die gemeinsame Verteilung von X und Y verantwortlich ist. Wir beachten auch, dass die vereinfachte Beziehung (10-19) natürlich insbesondere für *unabhängige* Zufallsvariablen gilt. Der Additionssatz für Varianzen kann mit Hilfe des Korrelationskoeffizienten auch in der Form

$$\sigma^2_{X+Y} = \sigma^2_X + \sigma^2_Y + 2\sigma_X \sigma_Y \rho_{XY} \quad (10\text{-}18a)$$

geschrieben werden. Damit kann man eine **Abschätzung** der Varianz der Summe erhalten, wenn man die Kovarianzen nicht kennt. Der größte mögliche Wert wird erreicht, wenn die Korrelation gleichgerichtet und maximal ist, also wenn $\rho = +1$, der kleinste, wenn $\rho = -1$. Es gilt

für $\rho = +1$: $\sigma^2_{X+Y} = \sigma^2_X + \sigma^2_Y + 2\sigma_X \sigma_Y = (\sigma_X + \sigma_Y)^2$ größte Varianz

für $\rho = -1$: $\sigma^2_{X+Y} = \sigma^2_X + \sigma^2_Y - 2\sigma_X \sigma_Y = (\sigma_X - \sigma_Y)^2$ kleinste Varianz,

und wir erhalten die Abschätzung

$$(\sigma_X - \sigma_Y)^2 \leq \sigma^2_{X+Y} \leq (\sigma_X + \sigma_Y)^2.$$

328 KAPITEL 10 *Mehrdimensionale Zufallsvariablen*

Für die Standardabweichung gilt also die wichtige Abschätzung

$$|\sigma_X - \sigma_Y| \leq \sigma_{X+Y} \leq \sigma_X + \sigma_Y, \tag{10-21}$$

in der die Differenz in Absolutstriche zu setzen ist, wenn man nicht weiß, welche der beiden Standardabweichungen größer ist.

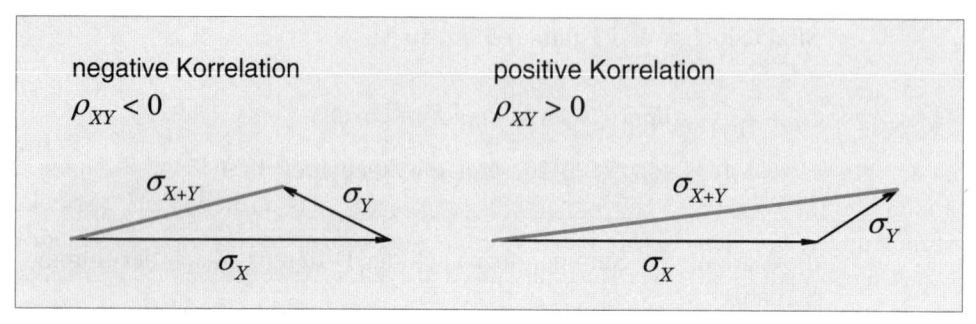

BILD 10.4 Dreiecksungleichung für Standardabweichungen

In den Dreiecken von BILD 10.4 repräsentieren die Längen der Seiten die Standardabweichungen. Die obige Abschätzung ist geometrisch-mathematisch nichts weiter als die berühmte **Dreiecksungleichung**, deren Richtigkeit man anschaulich nachvollziehen kann: *Jede Seite in einem Dreieck ist niemals länger als die Summe der beiden anderen und niemals kürzer als ihre Differenz.*

Arithmetisches Mittel von Zufallsvariablen

Wird eine physikalische Größe, wie das Gewicht, die Länge oder eine Geschwindigkeit, gemessen und strebt man eine hohe Genauigkeit des Resultates an, wird jedermann ganz intuitiv vorschlagen, das arithmetische Mittel aus einer Serie von n Einzelmessungen zu nehmen. Jede Einzelmessung ist eine Zufallsvariable X_i und hat bei geeigneter Messanordnung als Erwartungswert den tatsächlichen Messwert μ. Wenn nun jede Messung unter denselben Bedingungen ausgeführt wird, sind die Zufallsvariablen stochastisch unabhängig und haben die gleiche Varianz. Die Standardabweichung σ wird als Maß für die Genauigkeit der *Einzelmessung* verwendet. Bezeichnen wir mit

$$\overline{X} := \frac{1}{n}(X_1 + X_2 + \cdots + X_n)$$

die Zufallsvariable „arithmetisches Mittel" und berechnen ihren Erwartungswert und ihre Varianz. Wir erhalten ohne Umstände

$$E(\overline{X}) = E[\frac{1}{n}(X_1 + X_2 + \cdots + X_n)] = \frac{1}{n}[E(X_1) + E(X_2) + \cdots + E(X_n)]$$

$$= \frac{1}{n}(\mu + \mu + \cdots + \mu) = \frac{1}{n}(n\mu) = \mu$$

$$Var(\overline{X}) = Var[\frac{1}{n}(X_1 + X_2 + \cdots + X_n)] = \frac{1}{n^2}[Var(X_1) + Var(X_2) + \cdots + Var(X_n)]$$

$$= \frac{1}{n^2}(\sigma^2 + \sigma^2 + \cdots + \sigma^2) = \frac{1}{n^2}(n\sigma^2) = \frac{\sigma^2}{n},$$

wenn wir die Sätze (10-17) und (10-20) und die Rechenregel (9-17) verwenden. Die Rechnung zeigt: Wie jede Einzelmessung zielt auch das arithmetische Mittel der Einzelmessungen auf den tatsächlichen Wert μ, *allerdings mit größerer Genauigkeit*. Will man die Genauigkeit eines Resultats um den Faktor 10 vergrößern, das heißt seine Standardabweichung um den Faktor 10 verkleinern, sind 100-mal so viele Messungen nötig. Allgemein folgen aus den obigen Rechnungen die beiden wichtigen Sätze:

Satz: Haben n Zufallsvariablen X_i den Erwartungswert $E(X_i) = \mu$, dann hat ihr arithmetisches Mittel denselben Erwartungswert:

$$\boxed{E(\overline{X}) = \mu} \qquad (10\text{-}22)$$

Das $\sqrt{n}$ -Gesetz:

Haben n *unabhängige* Zufallsvariablen dieselbe Standardabweichung σ, so ist die Standardabweichung ihres arithmetischen Mittels

$$\boxed{\sigma_{\overline{X}} = \frac{\sigma}{\sqrt{n}}} \qquad (10\text{-}23)$$

um den Faktor $\sqrt{n}$ kleiner.

Man könnte also, wenn der Zahl der Messungen keine Grenzen gesetzt würden, jede gewünschte Genauigkeit erreichen! Das gilt allerdings nur, wenn das Messverfahren ein **geeignetes Verfahren** ist, das keine **systematischen Verzerrungen** des Messergebnisses bringt. Die Messfehler müssten so verteilt sein, dass sich positive und negative Abweichungen vom wahren Wert die Waage halten, oder genauer ausgedrückt, ihr Erwartungswert muss Null sein.

Obwohl das arithmetische Mittel schon seit dem Altertum bekannt war und verwendet wurde, hat man in der Physik und Astronomie doch erst im 16. Jahrhundert damit begonnen, den Mittelwert wiederholte r Messungen anzugeben, erst im 18. Jahrhundert war das Verfahren allgemein verbreitet.

Kontrollfragen

1 Wofür benötigt man das Konzept der mehrdimensionalen Zufallsvariablen?
2 Was gibt die gemeinsame Massenfunktion und was die gemeinsame Dichtefunktion an?
3 „Aus den beiden Randverteilungen einer zweidimensionalen Zufallsvariablen lässt sich die gemeinsame Verteilung berechnen." Unter welchen Voraussetzungen ist dieser Satz richtig?
4 Was ist der Unterschied zwischen einer Randverteilung und einer bedingten Verteilung?
5 Womit berechnet man den Erwartungswert und die Varianz der Komponenten einer mehrdimensionalen Zufallsvariablen? Mit der Randverteilung oder der gemeinsamen Verteilung?
6 Was bedeutet „stochastische Unabhängigkeit"?
7 Weshalb folgt aus $Var(X) + Var(Y) = Var(X+Y)$ nicht die stochastische Unabhängigkeit von X und Y? Sind X und Y unabhängig, wenn ihre Kovarianz Null ist?
8 Wofür ist die Kovarianz eine Maßzahl?
9 Warum verwendet man den Korrelationskoeffizienten und nicht nur die Kovarianz?

PRAXIS

Portfolio Selection

Die Portfoliotheorie nach MARKOWITZ[1] stellt trotz ihres über 50-jährigen Bestehens immer noch das Basiswerkzeug eines jeden Portfoliomanagers dar. Die Theorie geht von der Annahme aus, dass ein rationaler Investor bei zwei alternativen Anlagemöglichkeiten diejenige wählen wird, die bei gleicher Rendite das geringere Risiko trägt. Als Rendite ist dabei die relative Wertänderung

$$\text{Rendite} = \frac{\text{Endwert} - \text{Anfangswert}}{\text{Anfangswert}}$$

über einen festen Anlagehorizont einschließlich Dividenden- oder Zinszahlungen zu verstehen. Da der Endwert in der Zukunft liegt, also ungewiss ist, liegt es nahe, die Renditen als Zufallsvariablen anzusehen. Für die Anlageentscheidung spielt der Erwartungswert der Rendite eine wichtige Rolle, aber auch das Risiko, das durch die Standardabweichung ausgedrückt wird.

	Renditeerwartung	Risiko
Wertpapier 1	$\mu_X = E(X)$	$\sigma_X = \sqrt{Var(X)}$
Wertpapier 2	$\mu_Y = E(Y)$	$\sigma_Y = \sqrt{Var(Y)}$
Portfolio	$\mu_{PFR} = E(PFR)$	$\sigma_{PFR} = \sqrt{Var(PFR)}$

Entsprechende Kennzahlen dafür werden als Mittelwerte und empirische Varianzen der Kursentwicklung in der Vergangenheit gewonnen. Im Portfolio-Selection-Modell betrachtet man als zwei alternative Anlagemöglichkeiten zwei Wertpapiere mit den Renditen X und Y, von denen das eine die höhere Renditeerwartung hat, aber auch ein höheres Risiko birgt, wie in BILD 10.5 dargestellt.

Soll nun ein gewünschtes Budget B zur Anlage kommen und zwischen den beiden Wertpapieren 1 und 2 im Verhältnis b_1 zu b_2 aufgeteilt werden

$$B = b_1 B + b_2 B,$$

wobei $b_2 := 1 - b_1$, so hat dieses Portfolio eine Rendite

$$PFR = b_1 X + b_2 Y,$$

für die gilt

$$E(PFR) = b_1 E(X) + b_2 E(Y)$$

---

[1] HARRY M. MARKOWITZ, geb. 1927, amerikanischer Ökonom, Prof. an der City University of New York. Er erhielt 1990 den Nobelpreis für Wirtschaftswissenschaften.

332 KAPITEL 10 *Mehrdimensionale Zufallsvariablen*

$$Var(PFR) = b_1^2 \sigma_X^2 + b_2^2 \sigma_Y^2 + 2 \cdot Cov(b_1 X, b_2 Y)$$
$$= b_1^2 \sigma_X^2 + b_2^2 \sigma_Y^2 + 2 \cdot b_1 b_2 \sigma_X \sigma_Y \rho_{XY}.$$

Die Rendite *PFR* und die erwartete Rendite des Portfolios berechnen sich einfach als gewichtetes arithmetisches Mittel aus denen der einzelnen Papiere. Das Risiko des Portfolios aber ist außerdem davon abhängig, wie groß die Korrelation zwischen den Einzelrenditen ist.

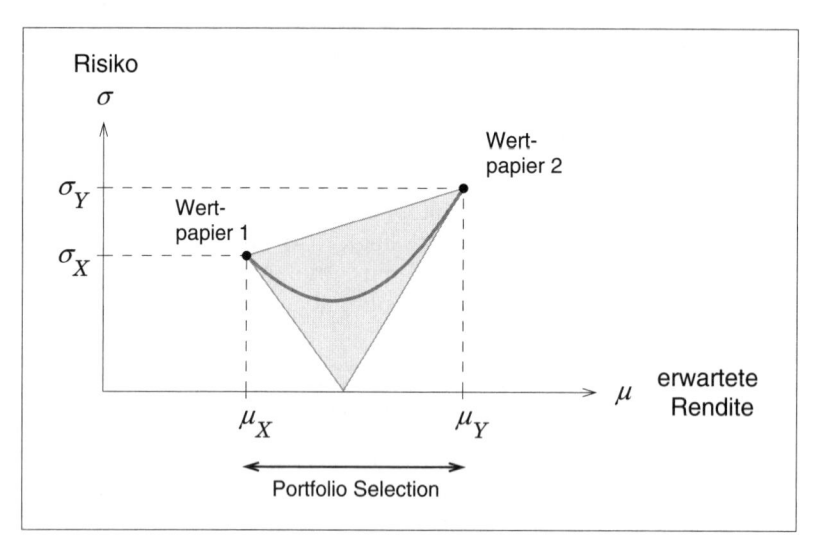

BILD 10.5 Die möglichen Portfolios im μ-σ-Diagramm dargestellt

1. Wählt man als Portfolio eine Mischung aus Wertpapieren, deren Rendite unkorreliert ist, erhält man je nach Wahl von b_1 für das Risiko

$$Var(PFR) = b_1^2 \sigma_X^2 + b_2^2 \sigma_Y^2.$$

Die Rendite-Risiko-Kombinationen dieser Portfolios liegen auf der durchhängenden Kurve in BILD 10.5: Die **Diversifikation** führt also zu kleineren Risiken.

2. Wählt man Wertpapiere, deren Rendite sogar negativ korreliert ist, kann das Portfoliorisiko noch weiter gesenkt werden:

$$Var(PFR) < b_1^2 \sigma_X^2 + b_2^2 \sigma_Y^2$$

Solche Portfolios, bei denen sich die Einzelrisiken zum Teil oder ganz *kompensieren*, werden durch Punkte in dem grauen Dreieck unterhalb der Kurve repräsentiert: Der Diversifikationseffekt ist noch deutlicher.

Ergänzende Literatur

Bol, Georg: *Wahrscheinlichkeitstheorie*, 6. Aufl., München, Wien: Oldenbourg, 2007, Kapitel 9 - 12

Fahrmeir, L; Künstler, R.; Pigeot, I.; Tutz, G.: *Statistik. Der Weg zur Datenanalyse*, 6. Aufl., Berlin: Springer, 2007, Kapitel 8

Fisz, Marek: *Wahrscheinlichkeitsrechnung und mathematische Statistik*, 11. Aufl., Berlin: Deutscher Verlag der Wissenschaften, 1989, S. 60 - 85

Härtter, Erich: *Wahrscheinlichkeitsrechnung, Statistik und mathematische Grundlagen*, Göttingen: Vandenhoeck & Ruprecht, 1997, Kapitel 2

Aufgaben

10.1 Die Massenfunktion einer zweidimensionalen Zufallsvariablen (X, Y) ist in der Tabelle

		Y		
		2	3	4
	10	1/9	1/9	1/9
X	20	1/6	0	1/6
	30	1/18	2/9	1/18

dargestellt. In der Kopfzeile stehen die möglichen Ausprägungen von Y, in der Kopfspalte diejenigen von X, im Innern der Tabelle die Wahrscheinlichkeitsmassen.

a) Berechnen Sie die beiden Randverteilungen.

b) Berechnen Sie die Verteilung für X unter der Bedingung, dass $Y = 4$ ist.

10.2 Betrachten Sie noch einmal die Verteilung aus Aufgabe **10.1**.

a) Berechnen Sie $Var(X)$ und $Var(Y)$.

b) Berechnen Sie die Kovarianz und den Korrelationskoeffizienten.

c) Sind X und Y stochastisch unabhängig?

10.3 **Drei Zufallsvariablen** haben die Erwartungswerte $E(X_1) = E(X_3) = 3$ und $E(X_2) = 2$. Außerdem sei $Cov(X_1, X_2) = 4$. Man bilde daraus eine neue Zufallsvariable

$$Y := \frac{1}{2}X_1 + \frac{1}{4}X_2 - \frac{1}{3}X_3.$$

a) Wie groß ist $E(Y)$?

10.4 Gegeben sei die folgende Wahrscheinlichkeitsverteilung einer zweidimensionalen Zufallsvariablen (X, Y):

	y_1	y_2	y_3
x_1	0.01	0.05	
x_2			0.17
x_3	0.40		0.12
x_4		0.25	

Berechnen Sie

a) $f_X(x_3)$ und $f_Y(y_2)$

b) $f_2(y_3|x_2)$, $f_1(x_3|y_3)$ und $f_2(y_1|x_4)$.

10.5 Vier Zufallsvariablen haben die Varianzen $Var(X_1) = Var(X_3) = 16$, $Var(X_4) = 25$ und $Var(X_2) = 9$. Alle Kovarianzen seien Null. Man bilde daraus eine neue Zufallsvariable

$$U := \frac{1}{2}X_1 + \frac{1}{4}X_2 - \frac{1}{3}X_3 + X_4.$$

Wie groß ist $Var(U)$?

10.6 Portfolio. Eine Aktie der Gesellschaft BASF werfe einen mittleren Jahresgewinn (Dividende + Kursgewinn) von $\mu = 20$ € ab. Die Unsicherheit im tatsächlichen Gewinn soll in seiner Standardabweichung $\sigma = 40$ € zum Ausdruck kommen.

a) Wie groß sind Erwartungswert und Standardabweichung des Gewinns eines Portfolios mit drei Aktien der Gesellschaft BASF?

Angenommen, es gäbe zwei weitere Gesellschaften, SAP und RWE, deren Aktien genau dieselben Erwartungswerte und Standardabweichungen für ihre Gewinne aufweisen wie im Falle der Gesellschaft BASF. Die Höhe der Gewinne der drei Aktientypen soll jedoch vollständig unabhängig sein.

b) Wie groß sind Erwartungswert und Standardabweichung für ein Portfolio, das von jeder der drei Gesellschaften genau eine Aktie enthält?

10.7 Stichprobe. Das Merkmal X einer großen Grundgesamtheit habe die folgende Häufigkeitsfunktion:

$$h(x) = \begin{cases} 1/5 & \text{für } x = 1, 2, 3, 4, 5 \\ 0 & \text{sonst.} \end{cases}$$

Aus dieser Grundgesamtheit wird eine Stichprobe vom Umfang $n = 2$ gezogen.

a) Geben Sie zahlenmäßig Mittelwert und Varianz der Grundgesamtheit an.

b) Geben Sie Erwartungswert und Varianz der beiden Stichprobenelemente, also $E(X_1)$, $E(X_2)$, $Var(X_1)$ und $Var(X_2)$ an.

c) Geben Sie die Verteilung des Stichprobenmittelwertes $\overline{X}$ vollständig an.

d) Berechnen Sie $E(\overline{X})$ und $Var(\overline{X})$ – und zwar unter Verwendung der Verteilung von $\overline{X}$.

e) Berechnen Sie dieselben nun ohne Verwendung dieser Verteilung.

10.8 **Summenverteilung.** Kreuzen Sie in der folgenden Mehrfachwahl-Aufgabe die richtigen Aussagen an. Dabei kann es sein, dass von den vorgeschlagenen Antworten keine, eine, mehrere oder alle richtig sind.

X und Y seien unabhängig. Die Summe $Z = X + Y$ ist

a) binomialverteilt, wenn X und Y binomialverteilt sind mit demselben p ◯

b) normalverteilt, wenn X und Y normalverteilt sind mit denselben Parametern ◯

c) standardnormalverteilt, wenn X und Y standardnormalverteilt sind ◯

d) normalverteilt, wenn X und Y standardnormalverteilt sind ◯

LÖSUNGEN

10.1 a)

x_i	10	20	30
$f_X(x_i)$	1/3	1/3	1/3

y_j	2	3	4
$f_Y(y_j)$	1/3	1/3	1/3

b)

x_i	10	20	30
$f_1(x_i\|4)$	1/3	1/2	1/6

10.2 a) 66.67; 0.6667
b) 0; 0

10.3 1

10.4 a) 0.52; 0.3
b) 1; 0.4138; 0

10.5 31.3403

10.6 a) 60.– €; 120.– €
b) 60.– €; 69.28 €

10.7 a) 3; 2
b) 3; 3; 2; 2
c)

1	1.5	2	2.5	3	3.5	4	4.5	5
0.04	0.08	0.12	0.16	0.20	0.16	0.12	0.08	0.04

d) 3; 1

KAPITEL *11*

Stochastische Modelle und spezielle Verteilungen

In den beiden Kapiteln **9** und **10** haben wir das Konzept der Zufallsvariablen sehr abstrakt behandelt. Zufallsvariablen wurden in stetige und diskrete klassifiziert und es wurde gezeigt, wie sie mit Hilfe ihrer Verteilungsfunktion vollständig zu definieren wären und durch welche Maßzahlen und Momente sie charakterisiert werden können.

Für die praktische Anwendung reicht es aber nicht aus zu wissen, wie man mit Zufallsvariablen umgeht, sondern ihre Stochastik muss explizit gemacht werden. Dazu muss zuerst die Verteilungsfunktion durch einen geeigneten mathematischen Term ausgedrückt und danach die Parameter dieser Funktion numerisch bestimmt werden. Erst derart spezifizierte Verteilungsfunktionen sind als Modelle für Zufallsvorgänge brauchbar.

Die ausgewählten **speziellen Verteilungen** in diesem Kapitel haben in der Statistik und ihrer Anwendung fundamentale Bedeutung.

1. Einige von ihnen können aus bestimmten Annahmen zusammen mit den Prinzipien der Wahrscheinlichkeitsrechnung einfach hergeleitet werden. Sie sind brauchbar als Modelle für Zufallsvorgänge, bei denen diese Annahmen erfüllt sind.

2. Andere können durch mathematisch elementare Funktionstypen ausgedrückt werden und haben angenehme Eigenschaften. Man verwendet sie dann, wenn mit ihnen eine gute Annäherung an zu untersuchende empirische Verteilungen erzielt werden kann.

Jede der im Folgenden behandelten speziellen Verteilungen stellt eine ganze **Familie von Verteilungen** dar. Die einzelnen Mitglieder der Familie erhält man durch die zahlenmäßige Festlegung ihrer **Parameter**. Erst dadurch ist eine Verteilungsfunktion eindeutig festgelegt und das stochastische Modell vollständig bestimmt.

11.1 Gleichförmige Verteilung

Die gleichförmige Verteilung basiert auf dem in Abschnitt **8.3** erwähnten Gleichwahrscheinlichkeitsmodell.

Die Zufallsvariable X habe m (also endlich viele) Ausprägungen, wobei alle Ausprägungen mit der *gleichen Wahrscheinlichkeit* vorkommen:

$$X: x_1, x_2, \cdots, x_m$$

$$P(X = x_1) + P(X = x_2) + \cdots + P(X = x_m) = 1$$

$$\Rightarrow P(X = x_1) = P(X = x_2) = \cdots = P(X = x_m) = \frac{1}{m}.$$

Diese Wahrscheinlichkeit muss natürlich $1/m$ betragen, da die gesamte Wahrscheinlichkeitsmasse stets 1 sein muss. Die Massenfunktion der gleichförmigen Verteilung lautet damit

$$f(x) = \begin{cases} \dfrac{1}{m} & \text{für } x = x_1, x_2, \cdots, x_m \\ 0 & \text{sonst} . \end{cases}$$

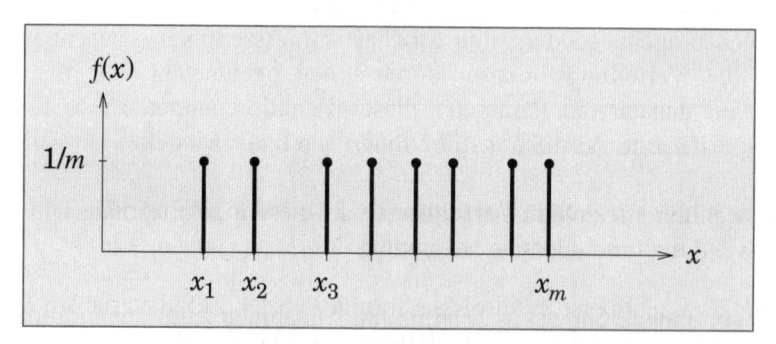

BILD 11.1 Massenfunktion einer gleichförmigen Verteilung

Die Abstände zwischen den einzelnen Ausprägungen brauchen nicht gleich zu sein, oft ist es jedoch so. Sind die Ausprägungen einer gleichförmig verteilten Zufallsvariablen die natürlichen Zahlen von 1 bis m, dann lautet die Massenfunktion

$$f_{Gl}(x; m) = \begin{cases} \dfrac{1}{m} & \text{für } x = 1, 2, \cdots, m \\ 0 & \text{sonst}. \end{cases} \tag{11-1}$$

Das Subskript Gl an dem Funktionszeichen f soll anzeigen, dass f_{Gl} für den Funktionsterm der gleichförmigen Verteilung steht, und dient nur zur Unterscheidung von anderen Massen- oder Dichtefunktionen. Man beachte, dass (11-1) nicht nur eine einzige

Massenfunktion angibt, sondern eine ganze Familie. Deshalb steht in der Klammer neben der Variablen *x* noch der **Parameter** *m*. Für *m* kann jede beliebige natürliche Zahl eingesetzt werden, und man erhält jeweils ein Mitglied der **Familie** der gleichförmigen Verteilungen.

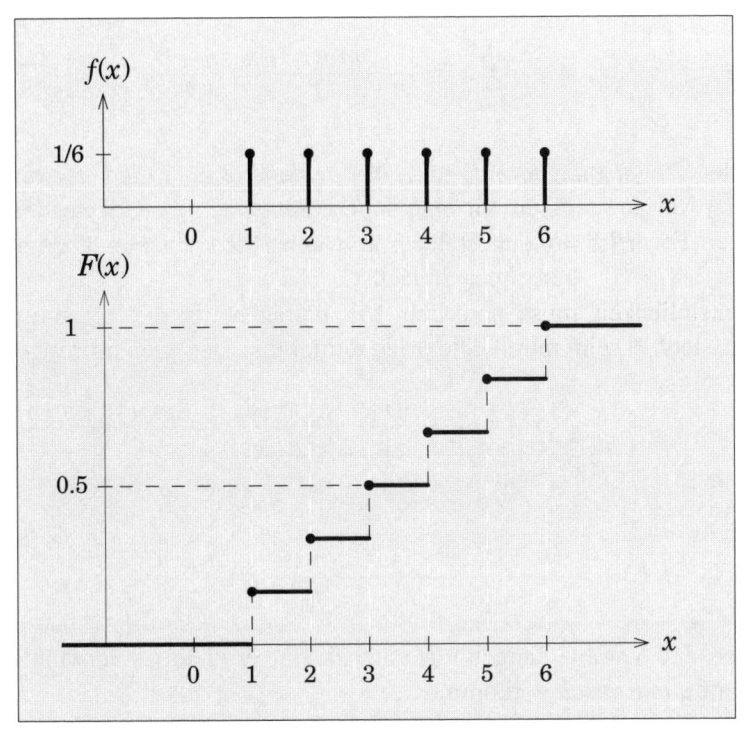

BILD 11.2   Massenfunktion und Verteilungsfunktion der gleichförmigen Verteilung mit *m* = 6

Beispiel [1] Für *m* = 6 ist es die Massenfunktion der Zufallsvariablen „Augenzahl" beim klassischen LAPLACE-Experiment Würfelwurf

$$f_{Gl}(x;6) = \begin{cases} 1/6 & \text{für } x = 1, 2, \cdots, 6 \\ 0 & \text{sonst} \end{cases}$$

mit der Verteilungsfunktion

$$F_{Gl}(x;6) = \begin{cases} 0 & \text{für } x < 1 \\ 1/6 & \text{für } 1 \leq x < 2 \\ 2/6 & \text{für } 2 \leq x < 3 \\ 3/6 & \text{für } 3 \leq x < 4 \\ 4/6 & \text{für } 4 \leq x < 5 \\ 5/6 & \text{für } 5 \leq x < 6 \\ 1 & \text{für } 6 \leq x. \end{cases}$$

340 KAPITEL 11 *Stochastische Modelle und spezielle Verteilungen*

Es ist nicht schwer, den Erwartungswert einer gleichförmig verteilten Zufallsvariablen auszurechnen. Es ist

$$E(X) = \sum_{x=1}^{m} x f_{Gl}(x;m) = \sum_{x=1}^{m} x \cdot \frac{1}{m}$$

$$= \frac{1}{m}\sum_{x=1}^{m} x = \frac{1}{m} \cdot \frac{m(m+1)}{2} = \frac{m+1}{2}. \tag{11-2}$$

Wir haben hier die *Summenformel für eine arithmetische Reihe* verwendet. Bei der Berechnung der Varianz müssen wir eine andere *Summenformel* verwenden, die in jeder mathematischen Formelsammlung steht. Wir wählen den Umweg über die Beziehung $Var(X) = E(X^2) - [E(X)]^2$, berechnen zunächst

$$E(X^2) = \sum x^2 f_G(x;m) = \sum x^2 \cdot \frac{1}{m}$$

$$= \frac{1}{m}\sum_{x=1}^{m} x^2 = \frac{1}{m} \cdot \frac{m(m+1)(2m+1)}{6} = \frac{(m+1)(2m+1)}{6}$$

und danach

$$Var(X) = \frac{(m+1)(2m+1)}{6} - \frac{(m+1)^2}{4} = \frac{m^2-1}{12}. \tag{11-3}$$

Erwartungswert und Varianz hängen nur vom Parameter *m* ab; es verwundert nicht, dass *m* in der Varianz *quadratisch* vorkommt.

Beispiel [2] Für die Augenzahl *X* beim Würfelwurf aus Beispiel [1] berechnen wir
$E(X) = (m + 1)/2 = (6 + 1)/2 = 3.5$
$Var(X) = (m^2 - 1)/12 = 35/12 = 2.9166$
$\sigma = 1.7078$.

11.2 BERNOULLI - Verteilung

Die Zufallsvariable *X* habe nur die beiden Ausprägungen 0 und 1. Es mag ihr ein Zufallsexperiment zugrundeliegen, das ausschließlich die beiden Ausgänge

A und $\overline{A}$

kennt, wobei *A* als **Erfolg** bezeichnet werde und $\overline{A}$ als **Misserfolg**. Das Ereignis *A* trete mit einer bestimmten Wahrscheinlichkeit, der sogenannten **Erfolgswahrscheinlichkeit** *p* ein, das komplementäre Ereignis mit der Gegenwahrscheinlichkeit $q = 1 - p$. Solche

Experimente heißen BERNOULLI-*Experimente*[1]. Es ist in diesem Zusammenhang auch üblich, von *Treffer* und *Niete* und von *Trefferwahrscheinlichkeit* zu sprechen.

Tritt Erfolg ein, wird der zufälligen Variablen X der Wert 1 zugewiesen, tritt Misserfolg ein, erhält sie den Wert 0:

$$P(X=1) = P(A) = p, \qquad 0 \leq p \leq 1$$

$$P(X=0) = P(\overline{A}) = 1-p =: q.$$

Die Massenfunktion der BERNOULLI-Verteilung lautet dann – mit der Variablen x und dem Parameter p –

$$f_{Be}(x;p) = \begin{cases} 1-p & \text{für } x=0 \\ p & \text{für } x=1 \\ 0 & \text{sonst} \end{cases} \qquad (11\text{-}4)$$

und die Verteilungsfunktion

$$F_{Be}(x;p) = \begin{cases} 0 & \text{für } x<0 \\ 1-p & \text{für } 0 \leq x < 1 \\ 1 & \text{für } 1 \leq x. \end{cases}$$

Für Erwartungswert und Varianz der BERNOULLI-Verteilung erhält man

$$E(X) = 0 \cdot (1-p) + 1 \cdot p = p \qquad (11\text{-}5)$$

$$Var(X) = (0-p)^2(1-p) + (1-p)^2 p = p(1-p) = pq. \qquad (11\text{-}6)$$

---

[1] (1) JAKOB BERNOULLI, 1654–1705, Theologe, Astronom, Professor für Mathematik in Basel. Er führte einen Briefwechsel mit Leibniz über die Wahrscheinlichkeitsrechnung, bewies das „Gesetz der großen Zahlen" und wurde durch sein posthum veröffentlichtes Werk *Ars Conjectandi* (Die Kunst des Vorhersagens) zum Begründer der modernen Statistik. Mitglieder seiner Familie trugen entscheidend zur Entwicklung der Wahrscheinlichkeitstheorie bei:

(2) JOHANN BERNOULLI, 1667–1748, Bruder von (1), Arzt, Professor für Mathematik in Groningen, später als Nachfolger seines Bruders in Basel. Lehrer von EULER.

(3) NIKOLAUS BERNOULLI, 1687–1759, Neffe von (1) und (2), Professor für Mathematik in Padua. Er wendete die Wahrscheinlichkeitsrechnung auf Fragen des Rechts an, benutzte als erster die stetige Gleichverteilung (Abschnitt **11.7**).

(4) DANIEL BERNOULLI, 1700–1782, Sohn von (2), Arzt in Venedig, Lehrstuhl für Mechanik in St. Petersburg, später erfolgreicher Professor für Botanik, Anatomie und Physik in Basel. Er verwendete die Wahrscheinlichkeitsrechnung zur Lösung von Problemen der Bevölkerungsstatistik, der Astronomie und der Fehlerrechnung, führte die Differentialrechnung in die Wahrscheinlichkeitstheorie ein und erfand das Maximum-Likelihood-Prinzip (Abschnitt **13.3**).

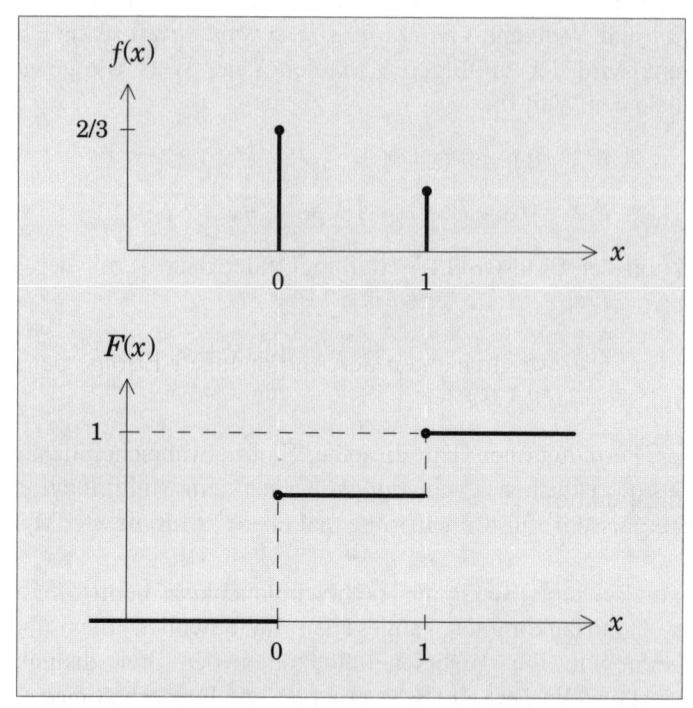

BILD 11.3 Massenfunktion und Verteilungsfunktion der BERNOULLI-Verteilung mit $p = 1/3$

Beispiel [3] Um beim *Mensch-ärgere-dich-nicht* herauskommen zu können, muss man bei drei Würfen mindestens eine Sechs würfeln („Erfolg"). Die Erfolgswahrscheinlichkeit beträgt $p = 91/216 = 0.4213$.

Man hat dafür folglich den Erwartungswert 0.4213, die Varianz $pq = 0.4213 \cdot 0.5787 = 0.2438$ und die Standardabweichung $\sigma = 0.4938$.

11.3 Binomialverteilung

Mehrere BERNOULLI–Experimente mit derselben Erfolgswahrscheinlichkeit p werden (hintereinander oder gleichzeitig) unabhängig voneinander ausgeführt. **Unabhängig** bedeutet in diesem Zusammenhang, dass die Erfolgswahrscheinlichkeit eines Experiments nicht davon abhängt, wie die anderen ausgegangen sind. Die Anzahl der Erfolge bei n unabhängig voneinander durchgeführten BERNOULLI-Experimenten wird als Zufallsvariable X definiert:

$$X = \text{Zahl der Erfolge}$$
$$x = 0, 1, 2, \cdots, n.$$

Die Wahrscheinlichkeit, dabei genau x Erfolge zu erzielen, beträgt

$$P(X=x) = \binom{n}{x} p^x (1-p)^{n-x}.$$

❏ Der *Beweis* dafür ist einfach und wird in zwei Schritten geführt:

1. Es gibt genau

$$\frac{n!}{x!(n-x)!} = \binom{n}{x}$$

Permutationen, also Möglichkeiten der Anordnung, x Erfolge bei n Versuchen zu erzielen (vgl. Abschnitt **7.3**).

2. Jede dieser Permutationen hat dieselbe Eintrittswahrscheinlichkeit. Sie beträgt wegen der stochastischen Unabhängigkeit nach dem Multiplikationssatz für unabhängige Ereignisse p^x für die x Erfolge mal $(1-p)^{n-x}$ für die $n-x$ Misserfolge. ❏

Beispiel [4] Im Beispiel [3] ist die Wahrscheinlichkeit, beim *Mensch-ärgere-dich-nicht* herauszukommen, angegeben. Wir wollen dies überprüfen. Dazu addieren wir die Wahrscheinlichkeiten der drei disjunkten Ereignisse $P(X=1) + P(X=2) + P(X=3)$ mit $p = 1/6$. Denn mindestens eine Sechs zu würfeln bedeutet, entweder eine, zwei oder drei Sechsen zu würfeln. Wir rechnen:

$$\binom{3}{1}\frac{1}{6}\left(\frac{5}{6}\right)^2 + \binom{3}{2}\left(\frac{1}{6}\right)^2 \frac{5}{6} + \binom{3}{3}\left(\frac{1}{6}\right)^3 = (3 \cdot 25 + 3 \cdot 5 + 1)\frac{1}{216} = \frac{91}{216}.$$

Definition: Eine diskrete Zufallsvariable X mit der Massenfunktion

$$f_{\text{Bi}}(x; p, n) = \binom{n}{x} p^x (1-p)^{n-x} \qquad (11\text{-}7)$$

für $x = 0, 1, \cdots, n$, wobei n eine natürliche Zahl und $0 < p < 1$ eine reelle Zahl zwischen Null und Eins ist, heißt **binomialverteilt**.

Der Übersichtlichkeit halber und um eine „zweistöckige" Schreibweise zu vermeiden, sind in (11-7) nur die positiven Wahrscheinlichkeitsmassen angegeben. Natürlich ist auch die Massenfunktion der Binomialverteilung auf der ganzen reellen Achse erklärt; sie hat aber überall sonst den Wert Null. Ihr Name kommt daher, dass die einzelnen Wahrscheinlichkeitsmassen in (11-7) die *Summanden aus der binomischen Formel* $(p+q)^n$ für $q := 1-p$ sind:

$$(p+q)^n = \sum_{x=0}^{n} \binom{n}{x} p^x q^{n-x} = 1.$$

Da $p+q=1$ ist, ist auch – wie es sich nach (9-4) gehört – die Summe der Wahrscheinlichkeitsmassen gleich Eins.

Es gibt somit nicht nur eine einzige, sondern eine Vielzahl von Binomialverteilungen, je nachdem, welche Werte die Parameter p und n haben. Man sagt, die Binomialverteilungen bilden eine **Zwei-Parameter-Familie**. Mit $n = 1$ sind auch die BERNOULLI-Verteilungen Mitglieder dieser Familie. Für $p = 0$ oder $p = 1$ entarten die Binomialverteilungen zu Ein-Punkt-Verteilungen. Symmetrisch sind alle Binomialverteilungen mit $p = 1/2$; Parameterwerte $p < 1/2$ geben *linkssteile* und $p > 1/2$ *rechtssteile* Verteilungen. Die Werte der Massenfunktion f_{Bi} der Binomialverteilungen und ebenso die der Verteilungsfunktion

$$F_{Bi}(x; p, n) = \sum_{k=0}^{x} \binom{n}{k} p^k (1-p)^{n-k}$$

sind für gebräuchliche p und n vertafelt. Tafeln der Binomialverteilungen finden sich im Anhang. Im Prinzip sind die Werte aber auch leicht auszurechnen, wenn man einen Computer zu Hilfe nimmt. Schwierigkeiten machen allenfalls die Binomialkoeffizienten für große n und unter Umständen die Rundungsfehler. Moderne Statistiksoftware lässt jedoch diesbezüglich keine Wünsche offen.

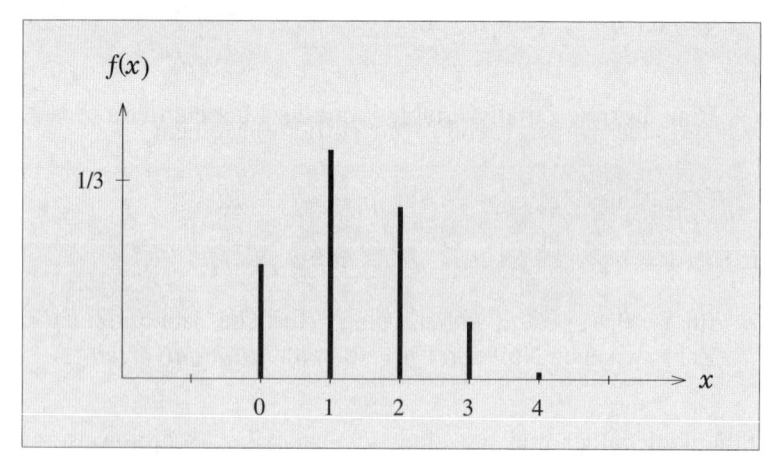

BILD 11.4 Graph der Massenfunktion der Binomialverteilung für $n = 4$ und $p = 1/3$

11.3 Binomialverteilung

Für jede binomialverteilte Zufallsvariable X gilt

$$\boxed{\begin{aligned} E(X) &= np \\ Var(X) &= np(1-p) \end{aligned}} \qquad (11\text{-}8)$$

das heißt ihr Erwartungswert und ihre Varianz hängen nur von den Parametern n und p ab.

❏ *Beweis:* Zur Berechnung des Mittelwertes und der Varianz bedienen wir uns der momenterzeugenden Funktion

$$\begin{aligned} \text{MEF}_{\text{Bi}}(t) &:= \sum_{x=0}^{n} e^{xt} \binom{n}{x} p^x q^{n-x} \\ &= \sum \binom{n}{x} (pe^t)^x q^{n-x} , \end{aligned}$$

die sich unter Berücksichtigung der binomischen Formel sehr viel einfacher schreiben lässt. Wir erhalten

$$\text{MEF}_{\text{Bi}}(t) = (pe^t + q)^n ,$$

einen Ausdruck, in dem x nicht mehr vorkommt, und können leicht nach t ableiten (Kettenregel und Produktregel):

$$\begin{aligned} \text{MEF}'(t) &= n(pe^t + q)^{n-1} \cdot pe^t \\ \text{MEF}''(t) &= n(n-1)(pe^t + q)^{n-2} pe^t pe^t + n(pe^t + q)^{n-1} pe^t . \end{aligned}$$

An der Stelle $t = 0$ finden wir das 1. und 2. (unzentrierte) Moment

$$\begin{aligned} \text{MEF}'(0) &= n(p+q)^{n-1} p = n \cdot 1 \cdot p = np = E(X) \\ \text{MEF}''(0) &= n(n-1)(p+q)^{n-2} p^2 + n(p+q)^{n-1} p \\ &= n(n-1)p^2 + np = n^2 p^2 - np^2 + np = E(X^2) \end{aligned}$$

und berechnen daraus mit der Formel (9-19) die Varianz

$$Var(X) = n^2 p^2 - np^2 + np - (np)^2 = np - np^2 = np(1-p) . \qquad ❏$$

Die Berechnung des 3. Moments und der Schiefe verbleibe dem Leser als Aufgabe **11.5**.

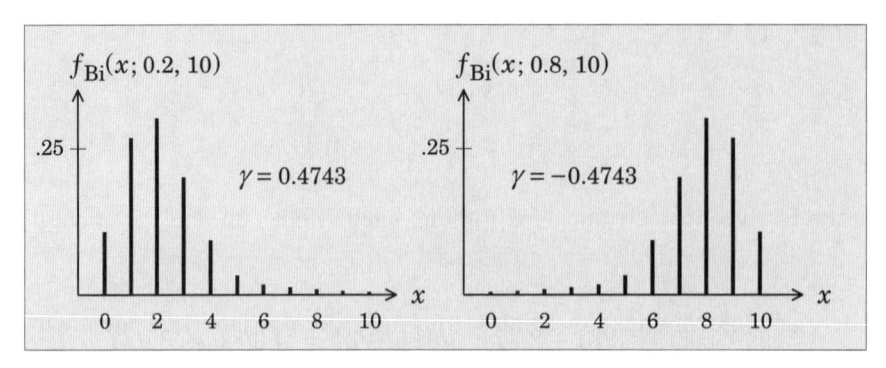

346 KAPITEL 11 *Stochastische Modelle und spezielle Verteilungen*

BILD 11.5 Zwei schiefe Binomialverteilungen

Obige Definition der Binomialverteilung ist recht abstrakt. Einen wesentlich anschaulicheren Zugang zu dieser sehr wichtigen Verteilung gibt uns das Urnenmodell mit Zurücklegen.

Urnenmodell mit Zurücklegen

In einer Urne befinden sich 10 schwarze und 20 weiße Kugeln. Daraus soll eine **Zufallsstichprobe** vom Umfang $n = 4$ gezogen werden, und zwar derart, dass die Kugeln einzeln und nacheinander aus der Urne genommen werden. Nachdem man die Farbe der einzelnen Kugel notiert hat, wird sie sogleich wieder in die dunkle Urne zurückgelegt. Dadurch bleibt für jeden weiteren Zug die Wahrscheinlichkeit, eine schwarze zu ziehen, unverändert und beträgt nach LAPLACE $p = 1/3$, unabhängig davon, ob vorher weiße oder schwarze Kugeln gezogen wurden. Der Ereignisraum dieses Zufallsexperiments enthält nach dem Fundamentalprinzip (7-2) der Kombinatorik $_2T_4 = 2^4 = 16$ Elementarereignisse. Sie sind in der nachfolgenden TABELLE 11.1 übersichtlich dargestellt.

Die 16 Elementarereignisse der Tabelle sind *nicht* gleichwahrscheinlich. Nach dem Multiplikationssatz für unabhängige Ereignisse ist die Wahrscheinlichkeit

$$P(\bigcirc\bigcirc\bigcirc\bigcirc) = 2/3 \cdot 2/3 \cdot 2/3 \cdot 2/3 = 16/81$$

und

$$P(\bullet\bigcirc\bigcirc\bigcirc) = 1/3 \cdot 2/3 \cdot 2/3 \cdot 2/3 = 8/81 \, ,$$

$$P(\bigcirc\bullet\bigcirc\bigcirc) = 2/3 \cdot 1/3 \cdot 2/3 \cdot 2/3 = 8/81$$

usw. Sei nun die Zufallsvariable *X* definiert als die Anzahl der schwarzen Kugeln in der Stichprobe, kann sie die Werte 0, 1, 2, 3 und 4 annehmen. Beispielsweise werden die vier Elementarereignisse

11.3 *Binomialverteilung* **347**

●○○○
○●○○
○○●○   ⟶ 1 = Anzahl der schwarzen Kugeln
○○○●

auf die reelle Zahl $x = 1$ abgebildet. Die Ereignisse sind paarweise disjunkt und haben alle die gleiche Wahrscheinlichkeit 8/81, so dass nach dem Additionssatz für disjunkte Ereignisse (Theorem 3 aus Abschnitt **8.7**) die Wahrscheinlichkeit, mit der die Zufallsvariable den Wert 1 annimmt, gerade

$$P(X = 1) = 8/81 + 8/81 + 8/81 + 8/81 = 4 \cdot 8/81 = 32/81$$

beträgt.

TABELLE 11.1 Weiße und schwarze Kugeln

X	Elementar-ereignisse e_i 4 Kugeln	Anzahl	Wahrscheinlichkeit der Elementar-ereignisse $P(e_i)$	$P(X = x)$
$x = 0$	○○○○	$1 = \binom{4}{0}$	$\left(\frac{1}{3}\right)^0 \cdot \left(\frac{2}{3}\right)^4 = \frac{16}{81}$	$P(X=0) = \frac{16}{81}$
$x = 1$	●○○○ ○●○○ ○○●○ ○○○●	$4 = \binom{4}{1}$	$\left(\frac{1}{3}\right)^1 \cdot \left(\frac{2}{3}\right)^3 = \frac{8}{81}$	$P(X=1) = \frac{32}{81}$
$x = 2$	●●○○ ●○●○ ●○○● ○●●○ ○●○● ○○●●	$6 = \binom{4}{2}$	$\left(\frac{1}{3}\right)^2 \cdot \left(\frac{2}{3}\right)^2 = \frac{4}{81}$	$P(X=2) = \frac{24}{81}$
$x = 3$	●●●○ ●●○● ●○●● ○●●●	$4 = \binom{4}{3}$	$\left(\frac{1}{3}\right)^3 \cdot \left(\frac{2}{3}\right)^1 = \frac{2}{81}$	$P(X=3) = \frac{8}{81}$
$x = 4$	●●●●	$1 = \binom{4}{4}$	$\left(\frac{1}{3}\right)^4 \cdot \left(\frac{2}{3}\right)^0 = \frac{1}{81}$	$P(X=4) = \frac{1}{81}$
		$\Sigma = 16$		$\Sigma = 1 = \frac{81}{81}$

Die TABELLE 11.1 gibt für dieses Urnenmodell mit Zurücklegen alle Elementarereignisse, die entsprechenden X-Werte und dazugehörenden Wahrscheinlichkeiten an.

Beispiel [5] In einer Urne seien $N = 20$ Kugeln, vier davon sind rot. X sei die Anzahl der roten Kugeln, wenn wir daraus drei Kugeln mit Zurücklegen ziehen. Wir rechnen

$$f_{Bi}(0; 0.2, 3) = \binom{3}{0} \cdot (0.2)^0 \cdot (0.8)^3 = 1 \cdot 1 \cdot 0.512 = 0.512$$

$$f_{Bi}(1; 0.2, 3) = \binom{3}{1} \cdot (0.2)^1 \cdot (0.8)^2 = 3 \cdot 0.2 \cdot 0.64 = 0.384$$

$$f_{Bi}(2; 0.2, 3) = \binom{3}{2} \cdot (0.2)^2 \cdot (0.8)^1 = 3 \cdot 0.04 \cdot 0.8 = 0.096$$

$$f_{Bi}(3; 0.2, 3) = \binom{3}{3} \cdot (0.2)^3 \cdot (0.8)^0 = 1 \cdot 0.008 \cdot 1 = 0.008.$$

Die Summe dieser Wahrscheinlichkeiten ist Eins und es ist

$$E(X) = 3 \cdot 0.2 = 0.6$$
$$Var(X) = 3 \cdot 0.2 \cdot 0.8 = 0.48, \quad \sigma = 0.6928.$$

Beispiel [6] Man stelle sich vor, 35% der Wahlberechtigten wollten links wählen. Eine Zufallsstichprobe vom Umfang $n = 12$ soll nach ihrer Wahlabsicht gefragt werden. Wie wird das Stichprobenergebnis ausfallen? Jedenfalls ist $\mu = 4.2$ bei einer Standardabweichung von $\sigma = 1.6523$. Wir berechnen außerdem die Wahrscheinlichkeit $P(X > 6)$, dass die Linkswähler in der Stichprobe die Mehrheit haben, und nehmen dazu die Tafel der Binomialverteilung zu Hilfe:

$$\begin{aligned} P(X > 6) &= 1 - P(X \leq 6) = 1 - F_{Bi}(6; 0.35, 12) \\ &= 1 - 0.9154 = 0.0846. \end{aligned}$$

11.4 Hypergeometrische Verteilung

Bei der Herleitung der Binomialverteilung spielt die *stochastische Unabhängigkeit* der einzelnen BERNOULLI-Experimente eine entscheidende Rolle. Im Urnenmodell wurde die Unabhängigkeit durch das Zurücklegen der gezogenen Elemente realisiert. Durch das Zurücklegen wird die Urne immer wieder in den Ausgangszustand zurückversetzt. Entnimmt man jedoch in der Praxis Zufallsstichproben von einem bestimmten Umfang n, werden die einmal gezogenen Einzelproben üblicherweise nicht gleich wieder zurückgelegt, bevor die nächste Einzelprobe entnommen wird. Ist die Grundgesamtheit, aus der die Stichprobe gezogen wird, sehr groß oder gar unendlich, spielt es natürlich keine Rolle, ob mit oder ohne Zurücklegen gezogen wird.

Urnenmodell ohne Zurücklegen

In einer Urne befinden sich $N = 10$ Kugeln, davon seien $S = 6$ schwarz und $N - S = 4$ weiß. Aus der Urne wird eine Stichprobe ohne Zurücklegen vom Umfang $n = 5$ gezogen. Die Zufallsvariable X sei definiert als die Zahl der schwarzen Kugeln in dieser Stichprobe. Wie groß ist die LAPLACEsche Wahrscheinlichkeit, dass von den fünf gezogenen Kugeln genau $x = 3$ schwarz sind? Wie wir uns leicht vergewissern, beträgt sie

$$P(X=3) = \frac{g}{m} = \frac{\binom{6}{3} \cdot \binom{4}{2}}{\binom{10}{5}} = \frac{20 \cdot 6}{252} = \frac{10}{21}.$$

❑ *Beweis:* Im Nenner steht die Anzahl der möglichen Ausgänge des Zufallsexperiments: Es ist die Anzahl der möglichen Kombinationen 5. Ordnung aus zehn Elementen

$$m = {}_{10}C_5 = \binom{10}{5} = 252$$

(vgl. Abschnitt **7.4**). Alle diese Ereignisse werden als gleich wahrscheinlich angesehen. Günstig sind die Ausgänge, bei denen gerade drei Kugeln schwarz sind: Diese Kugeln müssen aus den sechs schwarzen Kugeln aus der Urne kombiniert werden. Das kann auf

$$ {}_6C_3 = \binom{6}{3} = 20$$

Arten geschehen. Gleichzeitig können die verbleibenden zwei weißen auf

$$ {}_4C_2 = \binom{4}{2} = 6$$

Arten aus den vier weißen Kugeln der Urne kombiniert werden. Nach dem Fundamentalprinzip der Kombinatorik gibt es also insgesamt

$$g = 20 \cdot 6$$

günstige Ausgänge bei diesem Experiment. ❑

Verallgemeinern wir nun dieses Zahlenbeispiel. Die Wahrscheinlichkeit, bei einem Stichprobenumfang von n aus einer Urne mit S schwarzen und $N - S$ weißen Kugeln ohne Zurücklegen x schwarze Kugeln zu ziehen, beträgt

$$P(X=x) = \frac{\binom{S}{x} \cdot \binom{N-S}{n-x}}{\binom{N}{n}}.$$

Definition: Eine diskrete Zufallsvariable X mit der Massenfunktion

$$f_{Hy}(x; N, S, n) = \frac{\binom{S}{x} \cdot \binom{N-S}{n-x}}{\binom{N}{n}} \qquad (11\text{-}9)$$

für $x = 0, 1, \cdots, n$, wobei $S < N$ und $n \leq N$ natürliche Zahlen sind, heißt ***hypergeometrisch verteilt***.

An den anderen Stellen $x \neq 0, 1, 2, \cdots, n$ ist natürlich $f_{Hy}(x; N, S, n) = 0$. Es ist bei der hypergeometrischen Verteilung aber außerdem zu beachten, dass nicht in allen Fällen für alle $x = 0, 1, \cdots, n$ echt positive Wahrscheinlichkeiten herauskommen. Sind zum Beispiel in einer Urne unter den $N = 20$ Kugeln $S = 12$ schwarze und $N - S = 8$ weiße und zieht man daraus $n = 14$ Kugeln ohne Zurücklegen, so können in der Stichprobe keine $x = 13$ oder $x = 14$ schwarze Kugeln sein. In der Tat kann bei dieser Parameterkonstellation die Zufallsvariable X nur die Werte

$$x = 6, 7, \cdots, 12$$

annehmen. Für die anderen ist jeweils einer der Binomialkoeffizienten im Zähler nicht definiert. Allgemein liefert (11-9) nur positive Wahrscheinlichkeiten, solange

$$x \leq S \quad \text{und} \quad n-x \leq N-S.$$

Beispiel [7] In einer Urne seien unter den $N = 10$ Kugeln $S = 4$ schwarze und $N - S = 6$ weiße. Wir ziehen daraus $n = 6$ Kugeln ohne Zurücklegen. Die Massenfunktion lautet

$$f_{Hy}(x; 10, 4, 6) = \frac{\binom{4}{x} \cdot \binom{6}{6-x}}{\binom{10}{6}}.$$

Zur Berechnung ihrer Werte ist eine ganze Reihe von Binomialkoeffizienten auszurechnen. Der Nenner ist für alle x identisch und beträgt

$$\binom{10}{6} = \frac{10 \cdot 9 \cdot 8 \cdot 7}{1 \cdot 2 \cdot 3 \cdot 4} = 210 = m.$$

Für die einzelnen x erhalten wir:

X	Zähler = g	$f_{Hy}(x)$	$F_{Hy}(x)$
$x = 0$	$\binom{4}{0} \cdot \binom{6}{6} = 1 \cdot 1 = 1$	0.0048	0.0048
$x = 1$	$\binom{4}{1} \cdot \binom{6}{5} = 4 \cdot 6 = 24$	0.1143	0.1191
$x = 2$	$\binom{4}{2} \cdot \binom{6}{4} = 6 \cdot 15 = 90$	0.4285	0.5476
$x = 3$	$\binom{4}{3} \cdot \binom{6}{3} = 4 \cdot 20 = 80$	0.3810	0.9286
$x = 4$	$\binom{4}{4} \cdot \binom{6}{2} = 1 \cdot 15 = 15$	0.0714	1.00000
$x = 5$	$\binom{4}{5}$ nicht definiert	0	1.00000
$x = 6$	$\binom{4}{6}$ nicht definiert	0	1.00000

Die Verteilungsfunktion der hypergeometrischen Verteilung lautet

$$F_{Hy}(x; N, S, n) = \sum_{k=0}^{x} \binom{S}{k} \cdot \binom{N-S}{n-k} \Big/ \binom{N}{n}.$$

Die hypergeometrischen Verteilungen bilden eine **Drei-Parameter-Familie**. Verglichen mit der Binomialverteilung kommt als zusätzlicher Parameter der Umfang N der Grundgesamtheit hinzu. Dem Parameter p der Binomialverteilung entspricht hier der Quotient $S/N =: p$, der *anfängliche* Anteil der schwarzen Kugeln in der Urne bzw. die Erfolgswahrscheinlichkeit beim *ersten* Ziehen. Damit könnte man die Massenfunktion der hypergeometrischen Verteilung auch in der Form

$$f_{Hy}(x; N, p, n) = \frac{\binom{pN}{x} \cdot \binom{N-pN}{n-x}}{\binom{N}{n}} \qquad (11\text{-}9a)$$

schreiben. Für jede hypergeometrisch verteilte Zufallsvariable X gilt

$$\boxed{\begin{aligned} E(X) &= np \\ Var(X) &= np(1-p)\frac{N-n}{N-1} \end{aligned}}$$ (11-10)

das heißt ihr Erwartungswert und ihre Varianz hängen nur von den Parametern ab. Wir erkennen, dass sie den gleichen Erwartungswert hat wie die Binomialverteilung: Der Parameter N spielt hier keine Rolle. Die Varianz aber unterscheidet sich von der der Binomialverteilung um den **Korrekturfaktor**

$$Kf := \frac{N-n}{N-1} \leq 1 \;,$$ (11-11)

der für $n > 1$ stets kleiner als Eins ist. Es leuchtet auch intuitiv ein, dass die Varianz kleiner ist, wenn ohne Zurücklegen gezogen wird. Erreicht der Stichprobenumfang n den Urnenumfang N, so gibt es nur noch ein mögliches Stichprobenergebnis, und die Varianz ist natürlich Null. Auf der anderen Seite geht der Korrekturfaktor bei jedem festen n für $N \to \infty$ gegen Eins

$$\lim_{N \to \infty} \frac{N-n}{N-1} = 1,$$

die Varianz der hypergeometrischen Verteilung strebt also gegen die der Binomialverteilung.

Überhaupt strebt die Massenfunktion der hypergeometrischen Verteilung gegen diejenige der Binomialverteilung

$$f_{\text{Hy}}(x\,;N,p,n) \xrightarrow[N \to \infty]{} f_{\text{Bi}}(x\,;p,n) \;,$$

man sagt, die Binomialverteilung sei **Grenzverteilung** der entsprechenden hypergeometrischen Verteilung. Bei großen Urnenumfängen N, also bei Stichproben aus großen Grundgesamtheiten, kann auch ohne Zurücklegen anstelle der hypergeometrischen die Binomialverteilung verwendet werden. Auch von der hypergeometrischen Verteilung existieren Tafeln.

Beispiel [8] Annäherung der hypergeometrischen Verteilung an die Binomialverteilung bei anfänglichem $p = 0.4$ für $n = 6$.

Wahrscheinlichkeitsmassen $f_{\text{Hy}}(x; N, 0.4, 6)$:

x	$N=10$	$N=20$	$N=40$	$f_{\text{Bi}}(x; 0.4, 6)$
0	0.0048	0.0238	0.0350	0.0467
1	0.1143	0.1635	0.1772	0.1866
2	0.4285	0.3576	0.3322	0.3110
3	0.3810	0.3179	0.2953	0.2765
4	0.0714	0.1191	0.1309	0.1382
5		0.0173	0.0273	0.0369
6		0.0007	0.0021	0.0041
Σ	1.0000	1.0000	1.0000	1.0000
Kf	0.667	0.842	0.923	1
σ^2	0.96	1.21	1.33	1.44

11.5 POISSON - Verteilung

Die Zufallsvariable X der POISSON-Verteilung[2] ist definiert als Zahl der Erfolge bei „sehr vielen" ($n \to \infty$) BERNOULLI-Experimenten mit „sehr kleiner" Erfolgswahrscheinlichkeit ($p \to 0$).

Die POISSON-Verteilung ist somit ein Grenzfall der Binomialverteilung. Zur Gewinnung ihrer Massenfunktion gehen wir von derjenigen der Binomialverteilung

$$f_{\text{Bi}}(x; p, n) = \binom{n}{x} p^x (1-p)^{n-x}$$

aus und berechnen ihre Grenzfunktion für $n \to \infty$. Dabei ist der Grenzübergang $n \to \infty$ und gleichzeitig $p \to 0$ so zu vollziehen, dass das Produkt $np = E(X) = \lambda$ – also der Erwartungswert – konstant bleibt.

Mit einem konstanten Produkt $np = \lambda$ gerät p in Abhängigkeit zu n. Um den Grenzübergang durchzuführen, braucht man vorher ein paar passende Umformungen. Mit $p = \lambda/n$ wird daraus zunächst

---

[2] SIMÉON-DENIS POISSON, 1781–1840, französischer Mathematiker, Schüler von LAPLACE und LAGRANGE. Hauptwerke: *Traité de mécanique* (1811), *Recherches sur la probabilité des jugements* (1837).

$$f_{\text{Bi}}(x;p,n) = \binom{n}{x}\left(\frac{\lambda}{n}\right)^x\left(1-\frac{\lambda}{n}\right)^{n-x}$$

$$= \binom{n}{x}\left(\frac{\lambda}{n}\right)^x\left(1-\frac{\lambda}{n}\right)^n\left(1-\frac{\lambda}{n}\right)^{-x}$$

und nach Vertauschen der Nenner des 1. und 2. Faktors

$$= \frac{n(n-1)\cdots(n-x+1)}{n^x}\frac{\lambda^x}{x!}\left(1-\frac{\lambda}{n}\right)^n\left(1-\frac{\lambda}{n}\right)^{-x}.$$

$$\downarrow \qquad\qquad \downarrow \qquad \downarrow$$
$$1 \qquad\qquad e^{-\lambda} \qquad 1$$

Es ist zu sehen, dass für $n \to \infty$ der 1. Faktor gegen Eins geht und ebenso der 4. Faktor. Der 3. Faktor konvergiert gegen $e^{-\lambda}$. Der 2. Faktor schließlich wird vom Grenzübergang nicht berührt. Die Massenfunktion der POISSON-Verteilung lautet daher

$$\boxed{f_{\text{Po}}(x;\lambda) = \frac{\lambda^x}{x!}e^{-\lambda}} \qquad (11\text{-}12)$$

für $x = 0, 1, 2, 3, \cdots$.

Die Größe e ist die EULERsche Zahl e = 2.71828... . Die Gesamtheit der POISSON-Verteilungen bildet somit eine **Ein-Parameter-Familie** von Verteilungen. Mittelwert und Varianz der einzelnen Mitglieder hängen natürlich nur von diesem Parameter Lambda ab. Es sind einfach

$$\boxed{\begin{aligned} E(X) &= \lambda \\ Var(X) &= \lambda \end{aligned}} \qquad (11\text{-}13)$$

❏ Zum *Beweis* braucht man nur vom Erwartungswert np und der Varianz $np(1-p)$ der Binomialverteilungen auszugehen und den Grenzübergang unter der Restriktion $np = \lambda$ durchzuführen. ❏

Das Besondere einer POISSON-verteilten Zufallsvariablen ist, dass ihr Wertevorrat

$$x = 0, 1, 2, 3, \cdots$$

die Null und alle natürlichen Zahlen enthält, also **abzählbar unendlich** ist. Zwar sorgt der Faktor $x!$ im Nenner der Massenfunktion (11-12) dafür, dass die Wahrscheinlichkeitsmassen mit zunehmendem x trotz des λ^x im Zähler recht schnell sehr klein werden; sie bleiben aber doch immer positiv, so groß x auch werden mag.

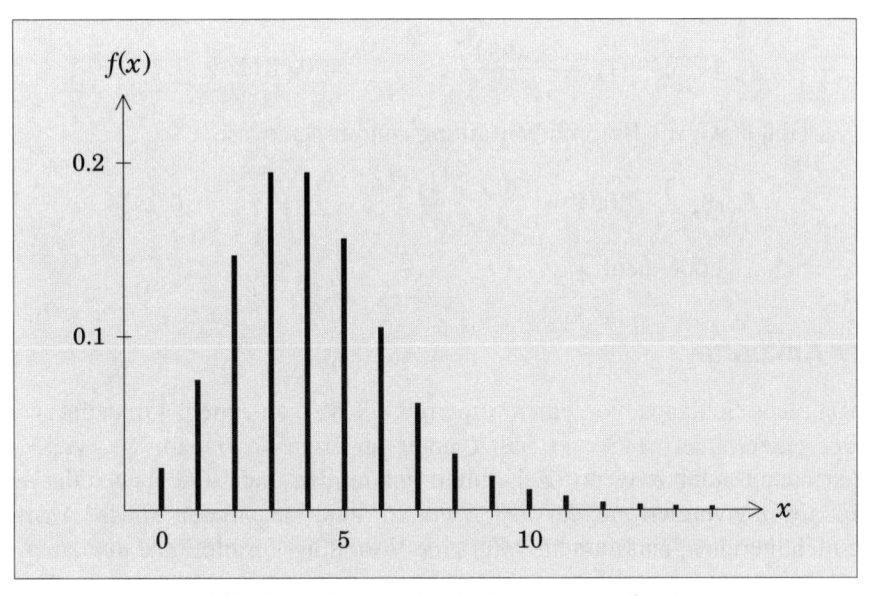

BILD 11.6   POISSON-Verteilung mit $\lambda = 4$

Auch die POISSON-Verteilungen sind vertafelt, jedoch ist ihre Massenfunktion einfach, und die Zahlenwerte können mit jedem Taschenrechner berechnet werden.

POISSON-Verteilung als Approximation für die Binomialverteilung

Oft wird die POISSON-Verteilung in der Praxis als Näherungsverteilung für die für große n recht unhandliche Binomialverteilung benutzt. Eine Faustregel sagt, dass man dies tun kann, wenn

1. $n \geq 100$
2. $p \leq 1/10$.

Dazu fassen wir die beiden Parameter der Binomialverteilung zusammen und berechnen $np = \lambda$.

Beispiel   [9] Roulette. Ein Spieler gehorcht der Eingebung, die Zahl 17 bringe ihm heute Glück. Er setzt beim Roulette unentwegt auf die Zahl 17. Wie groß ist die Wahrscheinlichkeit, dass er dabei genau achtmal gewinnt? Da die Wahrscheinlichkeit, einmal zu gewinnen, $P(\text{Zahl } 17) = 1/37$ ist, hat er bei 200 Spielen einen Erwartungswert von

$$np = 200/37 = 5.4054 = \lambda.$$

Damit finden wir

$$f_{Po}(8; 5.4054) = \frac{5.4054^8}{8!} e^{-5.4054} = 0.0812.$$

Hätten wir die Binomialverteilung genommen, wäre

$$f_{Bi}\left(8; \frac{1}{37}, 200\right) = \binom{200}{8}\left(\frac{1}{37}\right)^8\left(1-\frac{1}{37}\right)^{200-8} = 0.0814$$

herausgekommen.

Zahl der Ankünfte

Die Länge einer Schlange vor einer Supermarktkasse, an einem Grenzübergang nach Polen oder einem Internet–Server hängt unter anderem davon ab, wie viele Kunden, Lastwagen oder Datenpakete pro Zeiteinheit ankommen und bedient werden wollen. In den *Warteschlangenmodellen des Operations Research* werden diese Ankünfte als stochastisch angesehen, und man benötigt eine Verteilung für die **Zahl der Ankünfte** pro Zeiteinheit (Sekunde, Minute oder Stunde). Um ein geeignetes Modell dafür herzuleiten, unterteilt man die Zeiteinheit auf der Zeitachse in viele kleine Zeitintervalle

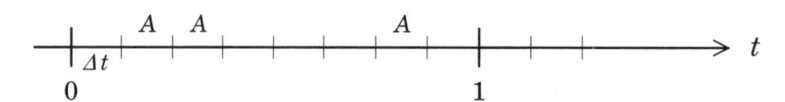

der Länge $\Delta t = 1/n$, wobei n die Anzahl der Zeitintervalle ist. Man unterstellt:

1. Die Wahrscheinlichkeit, dass sich in Δt eine Ankunft A ereignet, sei für jedes Zeitintervall gleich $P(A) = p$ und unabhängig davon, ob sich in anderen Zeitintervallen Ankünfte ereignen oder nicht.
2. Die Wahrscheinlichkeit von zwei oder mehr Ankünften im selben Zeitintervall sei Null.

Es ist klar, dass X, die Zahl der Ankünfte pro Zeiteinheit, unter diesen Annahmen *binomialverteilt* ist mit dem Erwartungswert

$$E(X) = n \cdot p = \mu.$$

Die Zahl μ nennt man die **mittlere Ankunftsrate**. Um dem Umstand Rechnung zu tragen, dass die Zeit t eigentlich keine diskreten Intervalle hat, sondern eine stetige Variable ist, lässt man Δt immer kleiner werden und erhält im *Grenzübergang* mit $n \to \infty$ und $\mu =$ const für die Zahl der Ankünfte eine POISSON-Verteilung

$$f_{Po}(x) = \frac{\mu^x}{x!} e^{-\mu}.$$

Beispiel [10] Die mittlere Ankunftsrate der Bestellungen per E-Mail auf unserem Server beträgt $\mu = 4$ pro Tag. In der Tafel der POISSON-Verteilung finden sich die nebenstehenden Zahlen.

x	$f_{Po}(x)$	$F_{Po}(x)$
0	0183	0183
1	0733	0916
2	1465	2381
3	1954	4335
4	1954	6288
5	1563	7851
6	1042	8893
7	0595	9489
8	0298	9786
9	0132	9919
10	0053	9972
11	0019	9991
12	0006	9997
13	0002	9999
14	0001	1.0

Die Wahrscheinlichkeit, dass nicht mehr als vier Bestellungen hereinkommen, beträgt

$$F_{Po}(4) = 0.6288,$$

die, dass neun oder mehr an einem Tag hereinkommen, nur

$$1 - P(X \le 8) = 1 - 0.9786 = 0.0214.$$

11.6 Geometrische Verteilung

Ein BERNOULLI-Experiment mit der Erfolgswahrscheinlichkeit p werde so oft ausgeführt, bis zum ersten Mal Erfolg eintritt. Es sei nun die Anzahl der vorausgegangenen Misserfolge als Zufallsvariable X definiert:

$$X = \text{Zahl der Misserfolge vor dem ersten Erfolg}$$
$$x = 0, 1, 2, 3, \cdots$$

Die Wahrscheinlichkeit, dabei genau x Misserfolge zu erzielen, beträgt nach dem Multiplikationssatz für unabhängige Ereignisse

$$P(X = x) = q^x p,$$

wobei $q := 1 - p$ die Misserfolgswahrscheinlichkeit ist. Die geometrische Verteilung ist eine diskrete Verteilung, deren Zufallsvariable X als Wertevorrat die nichtnegativen ganzen Zahlen hat. Wie bei der POISSON-Verteilung müssen auch hier naturgemäß die Wahrscheinlichkeiten für große x abnehmen. Bei der geometrischen Verteilung tun sie das jedoch von Anfang an: Die Wahrscheinlichkeitsmassen bilden eine fallende geometrische Folge mit dem *Anfangswert*

$$f(0) = p$$

und dem *konstanten Quotienten* q

$$\frac{f(x+1)}{f(x)} = q, \quad \text{für alle } x, \quad 0 < q < 1.$$

358 KAPITEL 11 *Stochastische Modelle und spezielle Verteilungen*

Definition: Eine diskrete Zufallsvariable X mit der Massenfunktion

$$\boxed{f_{\text{Geo}}(x;p) = (1-p)^x p} \tag{11-14}$$

für $x = 0, 1, 2, \cdots$, wobei $0 < p < 1$ eine reelle Zahl zwischen Null und Eins ist, heißt *geometrisch verteilt*.

Die in dieser Definition angegebenen Wahrscheinlichkeiten sind alle positiv und werden mit dem Quotienten $q = 1-p$ immer kleiner. Es ist ersichtlich und auch einleuchtend, dass der Quotient vom Anfangswert abhängt: Je größer der Anfangswert p ist, umso schneller muss q für das Abklingen der Wahrscheinlichkeitsmassen sorgen, damit ihre Summe gegen Eins konvergieren kann. Das ist leicht nachzurechnen: Gemäß der bekannten *Summenformel für unendliche geometrische Reihen*

$$1 + q + q^2 + q^3 + \cdots = \frac{1}{1-q}$$

ist
$$\sum_{x=0}^{\infty} f_{\text{Geo}}(x) = p \sum (1-p)^x = p \frac{1}{1-(1-p)} = 1 \; .$$

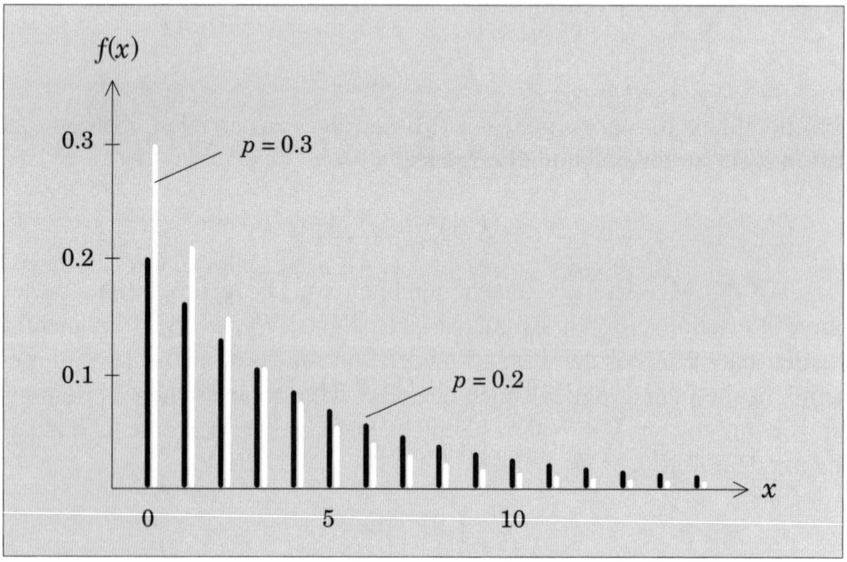

BILD 11.7 Massenfunktionen der geometrischen Verteilung für $p = 0.2$ und $p = 0.3$

11.6 Geometrische Verteilung

Zur Berechnung der Verteilungsfunktion gehen wir der Einfachheit halber über die komplementäre Wahrscheinlichkeit

$$F(x) := P(X \le x) = 1 - P(X > x) = 1 - (pq^{x+1} + pq^{x+2} + \cdots)$$

$$= 1 - (pq^{x+1}(1 + q + q^2 + \cdots)) = 1 - \frac{pq^{x+1}}{1-q}$$

und erhalten

$$F_{Geo}(x; p) = 1 - (1-p)^{x+1}.$$

Die geometrischen Verteilungen bilden eine Ein-Parameter-Familie mit dem Anfangswert p als Parameter. Erwartungswert und Varianz sind

$$\boxed{\begin{aligned} E(X) &= (1-p)/p \\ Var(X) &= (1-p)/p^2 \end{aligned}} \qquad (11\text{-}15)$$

❏ *Beweis:* Als momenterzeugende Funktion der geometrischen Verteilung erhalten wir unter Verwendung obiger Summenformel einen Ausdruck

$$\text{MEF}_{Geo}(t) := \sum_{x=0}^{\infty} e^{xt} p(1-p)^x = p \sum (e^t q)^x = \frac{p}{1 - e^t q},$$

in dem x nicht mehr vorkommt und den wir leicht nach t ableiten können:

$$\text{MEF}'(t) = \frac{-p}{(1 - e^t q)^2} \cdot (-e^t q) = p \frac{e^t q}{(1 - e^t q)^2}$$

$$\text{MEF}''(t) = pq \left\{ \frac{e^t (-2)(-e^t q)}{(1 - e^t q)^3} + \frac{e^t}{(1 - e^t q)^2} \right\}.$$

An der Stelle $t = 0$ finden wir das 1. und das 2. unzentrierte Moment

$$\text{MEF}'(0) = p \frac{q}{(1-q)^2} = \frac{q}{p}$$

$$\text{MEF}''(0) = pq \left\{ \frac{2q}{p^3} + \frac{1}{p^2} \right\} = q \left\{ \frac{2q}{p^2} + \frac{1-q}{p^2} \right\} = \frac{q^2 + q}{p^2}$$

und berechnen daraus die Varianz

$$Var(X) = \frac{q^2+q}{p^2} - (E(X))^2 = \frac{q^2+q}{p^2} - \frac{q^2}{p^2} = \frac{q}{p^2}.$$ ☐

Beispiel [11] In Tunis kann man kein Taxi bestellen. Man muss warten, bis zufällig eines vorbeikommt. Da es viele Taxis gibt, ist das nicht so schlimm. Die Wahrscheinlichkeit, dass innerhalb der nächsten Minute eines kommt, beträgt $p = 0.2$. Wenn X die Anzahl der erfolglos verstrichenen Minuten ist, erhält man als Verteilung die folgende Tabelle:

x	0	1	2	3	4	5	...
$f_{Geo}(x;0.2)$	0.2	0.16	0.128	0.1024	0.0819	0.0655	...
$F_{Geo}(x;0.2)$	0.2	0.36	0.488	0.5904	0.6723	0.7378	...

Danach wäre die Wahrscheinlichkeit, nicht länger als drei Minuten warten zu müssen, gerade

$$F_{Geo}(2) = 0.488.$$

Mindestens fünf Minuten warten muss man mit der Wahrscheinlichkeit

$$P(X > 5) = 1 - F_{Geo}(5) = 0.2622.$$

Die Zufallsvariable hat den Erwartungswert

$$E(X) = q/p = 0.8/0.2 = 4,$$

das heißt, man muss im Durchschnitt vier volle Minuten erfolglos warten. Die Standardabweichung beträgt

$$\sigma = \sqrt{q/p^2} = \sqrt{(0.8)/(0.2)^2} = \sqrt{20} = 4.472.$$

Die geometrische Verteilung wird auch als **_Verteilung ohne Gedächtnis_** bezeichnet. In obigem Beispiel kann man versuchen nachzurechnen, dass die Wahrscheinlichkeit, mindestens fünf weitere Minuten warten zu müssen, nachdem man schon zehn Minuten gewartet hat, immer noch 0.2622 beträgt.

11.7 Rechteckverteilung

Die Rechteckverteilung ist sicherlich die einfachste stetige Verteilung. Ihre Dichtefunktion ist im relevanten Bereich [a, b] *konstant* und kann einfach geschrieben werden als

$$f_R(x) = \begin{cases} \dfrac{1}{b-a} & \text{für } a \leq x \leq b \\ 0 & \text{sonst}. \end{cases} \quad (11\text{-}16)$$

Die Höhe des Rechtecks beträgt $1/(b-a)$ und ist so angepasst, dass seine Fläche die Größe Eins hat. Die Verteilungsfunktion ist im fraglichen Bereich linear ansteigend und lautet

$$F_R(x) = \begin{cases} 0 & \text{für } x < a \\ \dfrac{x-a}{b-a} & \text{für } a \leq x \leq b \\ 1 & \text{für } x > b. \end{cases}$$

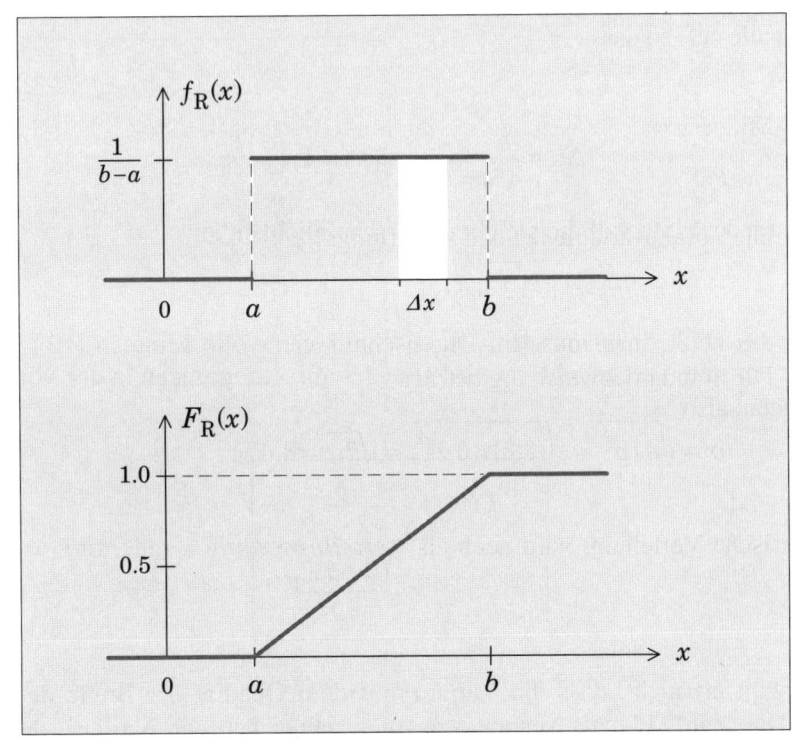

BILD 11.8 Dichte- und Verteilungsfunktion einer Rechteckverteilung

Die Rechteckverteilung wird dann verwendet, wenn eine stetige Zufallsvariable in einem definierten Bereich als **gleichförmig verteilt** angesehen werden kann. Das bedeutet Folgendes:

Für jedes Intervall $\Delta x = x_2 - x_1$, das vollständig im relevanten Bereich $[a, b]$ liegt, gilt

$$P(x_1 \leq X \leq x_2) = \Delta x \cdot \frac{1}{b-a}.$$

Somit ist die Wahrscheinlichkeit, mit der X in ein bestimmtes Teilintervall fällt, *proportional zur Länge dieses Intervalls*, ganz egal, wo das Intervall liegt. Sind zwei Intervalle gleich lang, so sind auch die ihnen zugemessenen Wahrscheinlichkeiten gleich groß.

Wir haben es also mit der *stetigen Version* der diskreten gleichförmigen Verteilung aus Abschnitt **11.1** zu tun. Der Zusammenhang zwischen beiden ist schnell hergestellt: Teilt man den relevanten Bereich mit der Länge $b-a$ in m gleich breite Intervalle auf, so dass

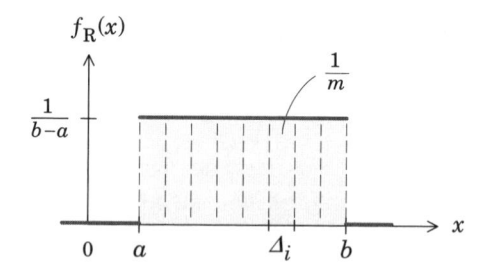

$$\Delta_i = \frac{b-a}{m}, \quad \text{für } i = 1, \cdots, m,$$

dann kommt jedem Intervall die gleiche Wahrscheinlichkeit zu:

$$P(X \in \Delta_i) = \frac{1}{m}.$$

Was den Erwartungswert angeht, so wird er aus Symmetriegründen in der Mitte zwischen a und b liegen, also

$$\boxed{\begin{aligned} E(X) &= \frac{a+b}{2} \\ Var(X) &= \frac{(b-a)^2}{12} \end{aligned}} \tag{11-17}$$

und es verwundert nicht, dass die Varianz mit dem Quadrat der Breite des Rechtecks zunimmt. Die Zahl 12 im Nenner war uns schon bei der Varianz der diskreten Gleichverteilung aufgefallen. Zum Beweis siehe Aufgabe **11.2**.

Beispiel [12] Zwischen Mitternacht und sechs Uhr morgens kommt der Bus gemäß Fahrplan alle halbe Stunde. Wie groß ist die Wahrscheinlichkeit, dass ein Fahrgast länger als 10 Minuten warten muss? Die Zeit T bis zum nächsten Bus ist rechteckverteilt über die Periode $0 \leq t \leq 30$ Minuten. Wir rechnen

$$P(T>10) = 1 - P(T \leq 10) = 1 - F_R(10) = 1 - \frac{10-0}{30-0} = \frac{2}{3}.$$

Außerdem ist $E(T) = 15$, $Var(T) = 75$ und $\sigma_T = 8.6603$.

11.8 Exponentialverteilung

Die Exponentialverteilung ist das stetige Pendant zur geometrischen Verteilung. Die Kurve der fallenden Exponentialfunktion

$$y = e^{-x}$$

schließt im 1. Quadranten des Koordinatensystems mit Abszisse und Ordinate die Fläche Eins ein. Deshalb eignet sie sich als Dichtefunktion.

Definition: Eine stetige Zufallsvariable X mit der Wahrscheinlichkeitsdichtefunktion

$$\boxed{f_{Ex}(x;\lambda) = \lambda e^{-\lambda x}} \qquad (11\text{-}18)$$

für $0 \leq x < \infty$ und $\lambda > 0$ heißt *exponentialverteilt*.

Für negative x hat die Dichtefunktion den Wert Null, springt an der Stelle $x = 0$ auf den Wert λ, um von da an monoton zu fallen und asymptotisch gegen die Abszisse zu konvergieren. Zur Gewinnung der Verteilungsfunktion berechnen wir das Integral unter der Dichtefunktion und erhalten

$$F_{Ex}(x;\lambda) = \int_0^x \lambda e^{-\lambda u} du = \lambda \left(\frac{1}{-\lambda}\right) \left[e^{-\lambda u}\right]_0^x$$

$$= (-1)\left[e^{-\lambda x} - 1\right] = 1 - e^{-\lambda x}.$$

Die Exponentialverteilungen bilden somit eine **Ein-Parameter-Familie**. Ihre Momente sind:

$$\boxed{\begin{aligned} E(X) &= 1/\lambda \\ Var(X) &= 1/\lambda^2 \end{aligned}}$$ (11-19)

❑ *Beweis:* Die Berechnung der Momente ist hier recht einfach, wenn man die momenterzeugende Funktion verwendet, die sich leicht integrieren lässt, nachdem die beiden Exponentialterme zusammengefasst sind:

$$\mathrm{MEF}_{\mathrm{Ex}}(t) = \int_{x=0}^{\infty} e^{xt} \lambda e^{-\lambda x} \, dx = \lambda \int_{x=0}^{\infty} e^{-(\lambda-t)x} \, dx$$

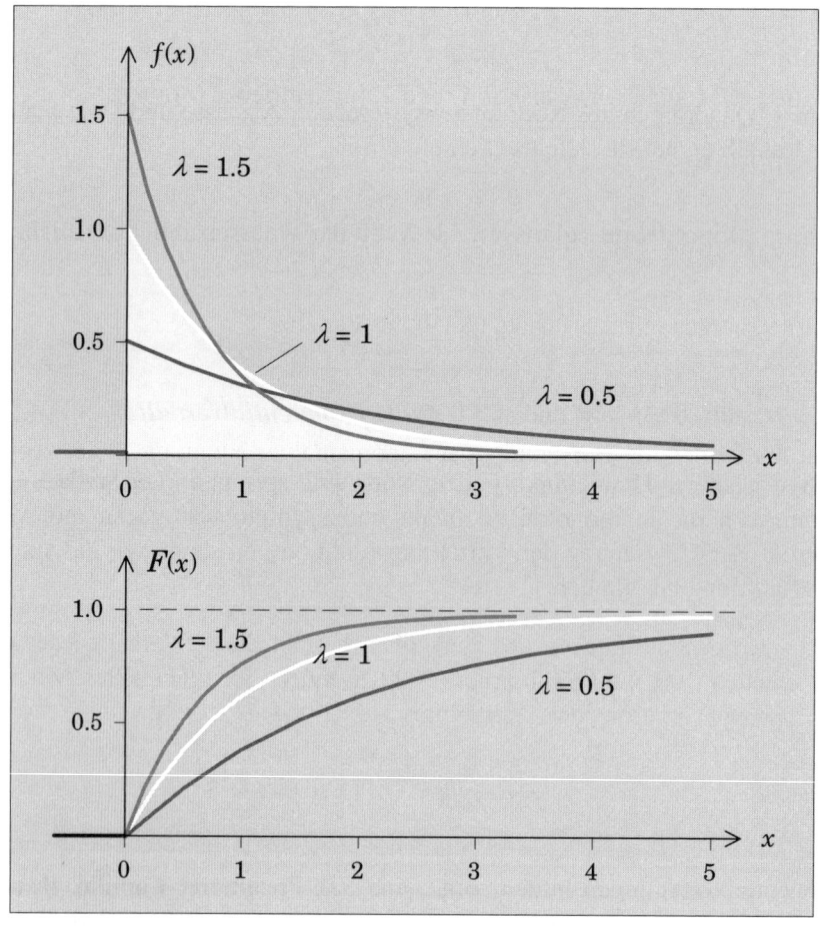

BILD 11.9 Dichtefunktionen und Verteilungsfunktionen der Exponentialverteilung

$$= \lambda\left[-\frac{1}{\lambda-t}e^{-(\lambda-t)x}\right]_0^\infty = -\frac{\lambda}{\lambda-t}\left[e^{-(\lambda-t)x}\right]_0^\infty$$

$$= -\frac{\lambda}{\lambda-t}[0-1] = \frac{\lambda}{\lambda-t}.$$

Zu beachten ist, dass die Stammfunktion an der Obergrenze $x = \infty$ nur dann den Wert Null erhält, wenn auch $t < \lambda$. Diese Einschränkung kommt aber nicht zum Tragen, weil letztendlich die Momente an der Stelle $t = 0$ gefunden werden. Als erste und zweite Ableitung nach t erhalten wir

$$\text{MEF}'(t) = (-1)\frac{\lambda}{(\lambda-t)^2}(-1) = \frac{\lambda}{(\lambda-t)^2}$$

$$\text{MEF}''(t) = (-2)\frac{\lambda}{(\lambda-t)^3}(-1) = 2\frac{\lambda}{(\lambda-t)^3}.$$

An der Stelle $t = 0$ finden wir dann das 1. und 2. (unzentrierte) Moment

$$\text{MEF}'(0) = \frac{\lambda}{\lambda^2} = 1/\lambda = E(X)$$

$$\text{MEF}''(0) = 2\frac{\lambda}{\lambda^3} = 2/\lambda^2 = E(X^2)$$

und berechnen daraus mit der Formel (9-19) die Varianz

$$Var(X) = 2/\lambda^2 - (1/\lambda)^2 = 1/\lambda^2.$$ ❑

Manchmal findet man die Darstellung der Exponentialverteilung unter Verwendung ihres Erwartungswertes $\mu = 1/\lambda$ als Parameter. So umgeschrieben lautet die Dichtefunktion

$$f_{\text{Ex}}(x;\mu) = \frac{1}{\mu}e^{-x/\mu}.$$

Beispiel [13] Nach Angaben des Herstellers beträgt die mittlere Lebensdauer seiner neuen 100-Watt-Glühbirnen 5000 Stunden. Als geeignetes Modell für die Approximation der Verteilung der Lebensdauer X verwenden wir die Exponentialverteilung

$$f_{\text{Ex}}(x) = \frac{1}{5000}e^{-\frac{x}{5000}}.$$

Wie groß ist nun die Wahrscheinlichkeit, dass eine Glühbirne (1) weniger als halb so lange oder (2) mehr als doppelt so lange brennt? Dazu berechnen wir die Flächenstücke F1 und F2 unter der Dichtefunktion:

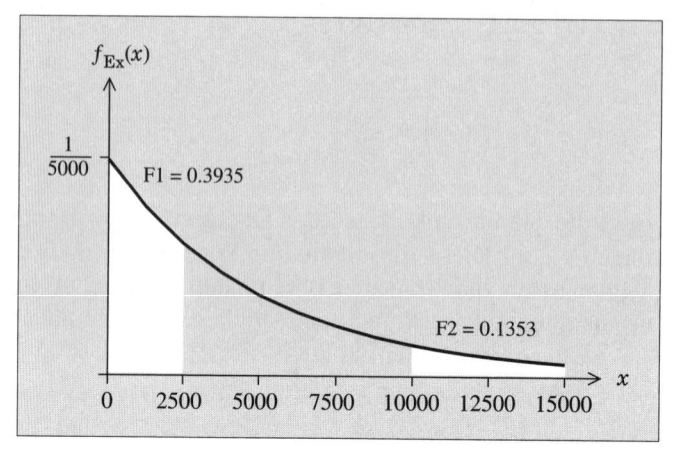

366 KAPITEL 11 *Stochastische Modelle und spezielle Verteilungen*

BILD 11.10 Lebensdauer von Glühbirnen in Stunden

(1) F1: $P(X < 2500) = F_E(2500) = 1 - e^{-\frac{2500}{5000}}$

$$= 1 - e^{-\frac{1}{2}} = 0.3935$$

(2) F2: $P(X > 10000) = 1 - F_E(10000)$

$$= 1 - (1 - e^{-\frac{10000}{5000}}) = e^{-2} = 0.1353 \,.$$

Die Exponentialverteilung spielt in der praktischen Anwendung der Wahrscheinlichkeitstheorie eine große Rolle. Denn man kann mit dem Exponentialmodell eine Vielzahl von Zufallssituationen mit guter Annäherung abbilden, wie die Lebensdauer von Werkzeugen und Konsumgütern. Vor allem bei der Behandlung betriebswirtschaftlicher Probleme ist dieses Modell sehr hilfreich, wenn es darum geht, die benötigte Anzahl von Abfertigungsstellen in Produktion, Verwaltung oder Vertrieb zu bestimmen und die Abfertigungszeiten stochastisch sind. Welches ist dann die ökonomisch optimale Zahl von Telefonleitungen, Kundenbetreuern in einer Bank oder die notwendige Kapazität von Servern?

Modell der Abfertigungszeit

Die Exponentialverteilung lässt sich aber auch aus bestimmten Modellannahmen exakt herleiten. Wir wollen dies am Beispiel der Zufallsvariablen *Abfertigungszeit* in Warteschlangenmodellen einmal tun. Dazu unterteilen wir die Zeiteinheit auf der Zeitachse x in n kleine Zeitintervalle der Länge $\Delta x = 1/n$

und unterstellen, dass die Wahrscheinlichkeit, mit der die Abfertigung in einem Zeitintervall Δx beendet werde, für jedes Zeitintervall gleich groß, nämlich

$$P(\text{Ende}) = p$$

ist, unabhängig davon, wie viele Zeitintervalle schon vergangen sind. Daraus folgt sogleich nach dem Multiplikationssatz und dem Additionssatz und unter Verwendung der *Summenformel für endliche geometrische Reihen*

$$P(X \leq 1) = p + qp + q^2 p + \cdots + q^{n-1} p = \frac{q^n - 1}{q - 1} p = 1 - q^n$$

und

$$P(X \leq x) = 1 - q^{nx} = 1 - (1-p)^{nx} = F_n(x).$$

$F_n(x)$ ist eine *diskrete* Verteilungsfunktion mit Sprungstellen bei den ganzzahligen Vielfachen von Δx. Die Zeit ist jedoch eher eine *stetige Variable*. Zu einer *stetigen* Verteilung kämen wir, wenn n, die Anzahl der Zeitintervalle pro Zeiteinheit, immer größer gemacht würde und schließlich gegen ∞ strebte. Gleichzeitig soll p immer kleiner werden, so dass das Produkt $pn = \lambda$, die sogenannte **mittlere Abfertigungsrate**, konstant bleibt. Auf diese Weise erhalten wir als Grenzverteilung

$$\lim_{n \to \infty} F_n(x) = \lim\left\{1 - (1-p)^{nx}\right\} = \lim\left\{1 - (1 - \frac{\lambda}{n})^{nx}\right\}$$

$$= 1 - \left\{\lim_{n \to \infty}(1 - \frac{\lambda}{n})^n\right\}^x = 1 - e^{-\lambda x} = F_\infty(x) = F_{\text{Ex}}(x),$$

eine Exponentialverteilung.

Verteilung ohne Gedächtnis

Eine besondere Eigenschaft der Exponentialverteilung sei noch erwähnt. Wenn wir ungeduldig darauf warten, dass jemand ein Telefongespräch beendet oder der Kunde vor uns am Schalter endlich abgefertigt worden ist, damit wir an die Reihe kommen, denken wir zuweilen, dass mit zunehmender Wartezeit w die Wahrscheinlichkeit dafür auch zunimmt. Gehorcht die Zeitdauer jedoch einer Exponentialverteilung, ist diese Hoffnung unbegründet. Die Wahrscheinlichkeit, dass die Abfertigung x Minuten

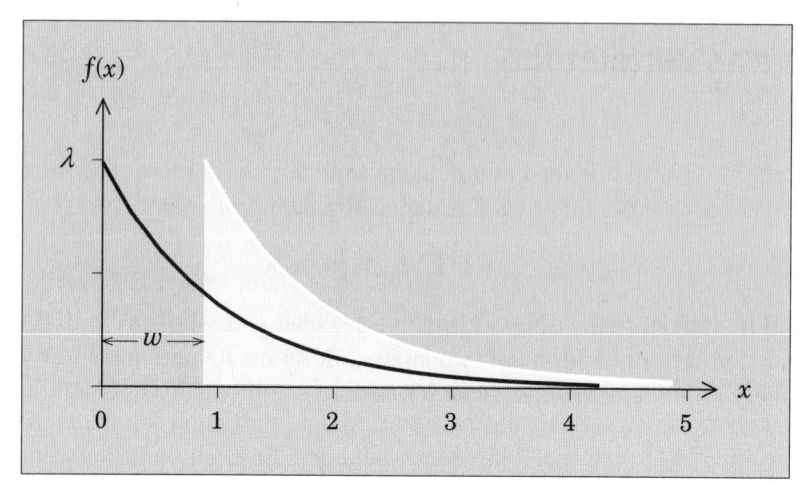

368 KAPITEL 11 *Stochastische Modelle und spezielle Verteilungen*

BILD 11.11 Bedingte Dichtefunktion

länger dauert, nachdem schon w Minuten gewartet wurde, beträgt nach der Definition der bedingten Wahrscheinlichkeit

$$P(X \leq w+x \mid X > w) := \frac{P[(X \leq w+x) \cap (X > w)]}{P(X > w)}$$

$$= \frac{P(w < X \leq w+x)}{1 - P(X \leq w)} = \frac{F_{Ex}(w+x) - F_{Ex}(w)}{1 - F_{Ex}(w)}$$

und mit $\lambda = 1$ (um es einfacher zu schreiben, aber ohne Beschränkung der Allgemeingültigkeit) ausgerechnet

$$= \frac{1 - e^{-(w+x)} - (1 - e^{-w})}{1 - (1 - e^{-w})} = \frac{e^{-w} - e^{-(w+x)}}{e^{-w}} = 1 - e^{-x} = P(X \leq x).$$

Sie ist somit ganz unabhängig davon, wie viel Wartezeit w schon verstrichen ist! Für die Werte der Dichtefunktion kann man entsprechend schreiben:

$$f_{Ex \mid w}(w+x \mid X > w) = f_{Ex}(x)$$

❑ *Beweis:* Dividieren der Dichtefunktion durch die Wahrscheinlichkeit der Bedingung ergibt

$$f(w+x \mid X > w) = \frac{f_{Ex}(w+x)}{1 - F_{Ex}(w)} = \frac{\lambda e^{-\lambda(w+x)}}{e^{-\lambda w}} = \lambda e^{-\lambda x}.$$ ❑

11.9 Normalverteilung

Die Normalverteilung ist ohne Zweifel die wichtigste Verteilung in der Statistik – sowohl was die statistische Theorie als auch die praktische Anwendung betrifft. Im 18. und noch im 19. Jahrhundert glaubte man, ihr würden alle naturgegebenen Schwankungen bei der Beobachtung oder Messung jedweder naturwissenschaftlichen Erscheinung gehorchen. Der Glaube trog allerdings; er war genährt worden durch einen Sachverhalt, den wir heute den *zentralen Grenzwertsatz* nennen. Dennoch hat er ihr den Namen *normal* eingetragen.

Die Normalverteilung oder GAUSS-Verteilung ist verbunden mit dem Namen des deutschen Mathematikers GAUSS[3], und ihre Formel und ihr Graph schmückten zusammen mit seinem Konterfei den alten Zehn-Mark-Schein[4]. Entdeckt und verwendet hat sie jedoch bereits 1733 der Franzose DE MOIVRE[5].

Einige Gründe, warum die Normalverteilung zur wichtigsten Verteilung in der Statistik wurde, seien aufgezählt:

1. Viele empirisch beobachtete Verteilungen, wie die Körpergröße Erwachsener, die Laufleistung von Autoreifen, der Umsatz von Filialen einer Einzelhandelskette und vieles andere, entsprechen wenigstens annähernd der Normalverteilung.

2. Die Verteilung von Messfehlern bei der wiederholten Beobachtung ein und desselben Sachverhaltes wird durch die Normalverteilung recht genau wiedergegeben. In diesem Zusammenhang stelle man sich vor, dass die Größe eines Messfehlers von einer ganzen Menge im Augenblick des Messens wirksamer Faktoren abhängt. Jeder Faktor hat einen kleinen Einfluss auf die Größe und Richtung des Fehlers, aber die Faktoren wirken weitgehend unabhängig und können sich auch gegenseitig ausgleichen. In diesem Sinne spiegeln Messfehler Zufallsschwankungen wider und haben den Erwartungswert Null (sogenannter „Zufallsfehler" im Gegensatz zu den „systematischen Fehlern").

---

[3] CARL FRIEDRICH GAUSS, 1777–1855, Professor und Direktor der Sternwarte in Göttingen, gilt als einer der bedeutendsten Mathematiker der Neuzeit. Er erfand gleichzeitig und unabhängig von anderen die Methode der kleinsten Quadrate.

[4] DEUTSCHE MARK, 1948–2000, ehemalige Währungseinheit der Bundesrepublik Deutschland; war eine der wertbeständigsten Währungen der Welt.

[5] ABRAHAM DE MOIVRE, 1667–1754, großer Mathematiker und Pionier der Wahrscheinlichkeitstheorie. Als französischer Hugenotte unter Ludwig XIV eingesperrt und dann nach England geflohen, gelang es ihm nie, eine feste Anstellung als Professor zu erhalten, und er schlug sich als Hilfslehrer und Consultant für Spieler und Versicherungen durch. Von ihm stammt nicht nur die STIRLING-Formel (vgl. Fußnote im Abschnitt **7.1**), sondern auch das Konzept der stochastischen Unabhängigkeit und die Erkenntnis, dass die Binomialverteilungen gegen die Normalverteilung konvergieren.

3. Wir werden sehen, dass die Normalverteilung eine gute Approximation für bestimmte diskrete Verteilungen, wie die Binomialverteilung und die POISSON-Verteilung, abgibt.

4. Wir werden außerdem sehen, dass die Verteilung von Stichprobenmittelwerten sich der Normalverteilung nähert, je größer die Stichprobe ist. Das erleichtert uns die Arbeit in der schließenden Statistik ganz enorm.

5. Aufgrund ihrer Eigenschaften eignet sich die Normalverteilung sehr gut als Grundlage für theoretische Modelle. Viele Probleme können unter der Annahme der Normalverteilung sehr leicht gelöst werden; manche können nur unter dieser Annahme gelöst werden.

Definition: Eine stetige Zufallsvariable Z mit der Dichtefunktion

$$f_{St}(z) = \frac{1}{\sqrt{2\pi}} e^{-\frac{1}{2}z^2} \tag{11-20}$$

für $-\infty < z < \infty$ heißt ***standardnormalverteilt***.

Wir wollen diese Dichtefunktion einer kleinen **Kurvendiskussion** unterziehen. Ihre Gestalt ist durch die Kurve

$$y = e^{-\frac{1}{2}z^2}$$

bestimmt. Der Faktor $1/\sqrt{2\pi}$ dient lediglich der Normierung, weil die Fläche unter dieser Kurve

$$\int_{-\infty}^{\infty} e^{-\frac{1}{2}z^2} = \sqrt{2\pi} = 2.506628\ldots \tag{11-21}$$

wäre. Durch die Normierung erreicht man, dass die Fläche unter der Dichtefunktion gerade Eins ist:

$$\int_{-\infty}^{\infty} f_{St}(z)\,dz = 1.$$

Bilden wir die 1. und 2. Ableitung,

$$y' = (-z)\,e^{-\frac{1}{2}z^2}, \qquad y'' = (z^2 - 1)\,e^{-\frac{1}{2}z^2},$$

stellen wir fest, dass die Kurve bei $z = 0$ **ein Maximum** hat, denn nur an dieser Stelle verschwindet die erste Ableitung, und die zweite ist negativ. Von diesem Maximum aus fällt die Kurve nach beiden Seiten **symmetrisch** ab. Die Normalverteilung ist also unimodal und hat den Modalwert $z_{Mod} = 0$. An den Stellen

$$z = +1 \quad \text{und} \quad z = -1$$

hat sie **Wendepunkte**, denn dort ist die zweite Ableitung gleich Null. Die Kurve hat aber **keine Nullstellen**, sondern sie ist **überall positiv**

$$f_{St}(z) > 0, \quad \text{für } -\infty < z < \infty$$

und die Abszisse ist unterer **Grenzwert**

$$\lim_{z \to \infty} f_{St}(z) = 0, \quad \lim_{z \to -\infty} f_{St}(z) = 0.$$

Diese Konvergenz gegen Null geht allerdings sehr rasch, wie die TABELLE 11.2 zeigt.

Deshalb erscheint es auch so, als ob die Kurven der beiden Funktionen $f_{St}(z)$ und $F_{St}(z)$ im BILD 11.12 ihre jeweiligen Grenzwerte schon im Endlichen erreichen würden. Das ist natürlich nicht so, lässt sich aber nicht anders zeichnen. Wegen der charakteristischen Gestalt der Dichtefunktion der Normalverteilung wird ihr Graph oft als *Glockenkurve* bezeichnet.

TABELLE 11.2
Dichten der Standardnormalverteilung

z	$f_{St}(z)$
0	0.3989
± 0.5	0.3521
± 1	0.2420
± 1.5	0.1295
± 2	0.05399
± 2.5	0.01753
± 3	0.004432
± 3.5	0.0008727
± 4	0.0001338
± 4.5	0.00001598
± 5	0.000001486

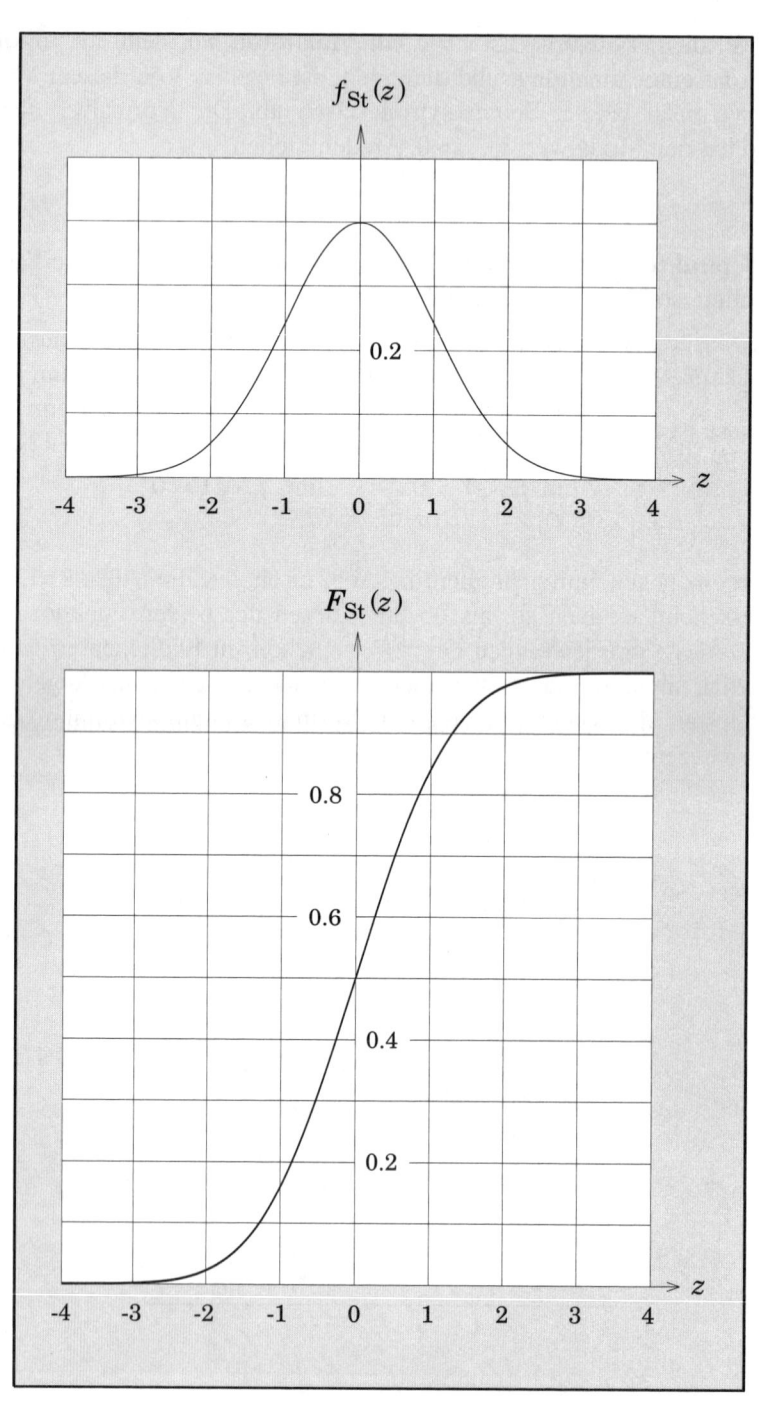

BILD 11.12 Standardnormalverteilung: Dichtefunktion und Verteilungsfunktion

Die Werte der Dichtefunktion der Standardnormalverteilung sind mit jedem Taschenrechner leicht auszurechnen, da es sich um eine recht einfache Funktion handelt. Jedoch ist die Berechnung der Werte der Verteilungsfunktion

$$F_{St}(z) = \frac{1}{\sqrt{2\pi}} \int_{-\infty}^{z} e^{-\frac{1}{2}u^2} du$$

sehr viel schwieriger, weil sich dieses Integral nicht so leicht lösen und ausrechnen lässt. Die numerischen Werte der Verteilungsfunktion braucht man aber, um Wahrscheinlichkeiten für normalverteilte Zufallsvariablen angeben zu können. Denn diese Wahrscheinlichkeiten sind die **Flächen unter der Glockenkurve** (vgl. BILD 11.13)

$$P(Z \leq z) = \int_{-\infty}^{z} f_{St}(u) du = F_{St}(z)$$

$$P(a < Z \leq b) = \int_{a}^{b} f_{St}(z) dz = F_{St}(b) - F_{St}(a)$$

und lassen sich als Differenz von Werten der Verteilungsfunktion ausdrücken.

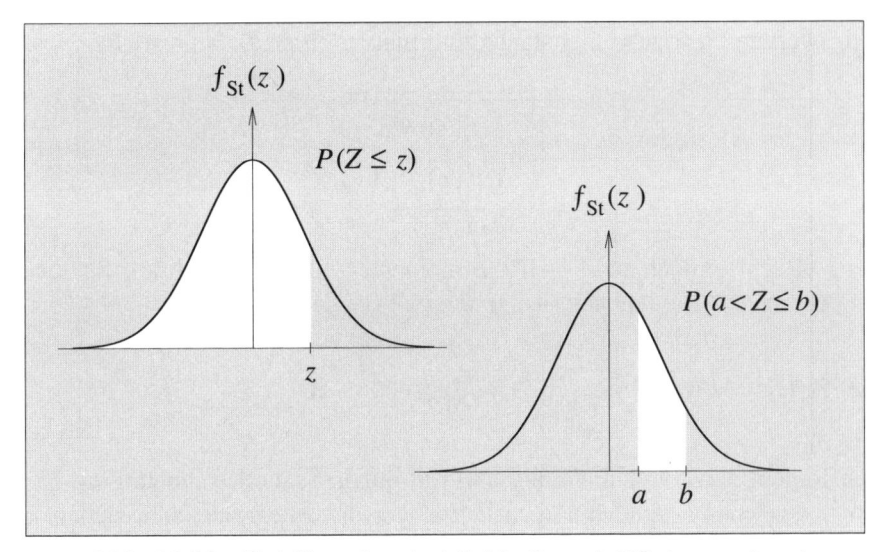

BILD 11.13 Eintrittswahrscheinlichkeiten als Flächen unter der Dichtefunktion

Wegen der großen praktischen Bedeutung der Normalverteilung hat bereits LAPLACE früh den Vorschlag gemacht, Tafeln davon anzufertigen. Eine Tafel der Normalverteilung findet sich im Anhang.

374   KAPITEL 11   *Stochastische Modelle und spezielle Verteilungen*

Recht nützlich sind auch die Wahrscheinlichkeiten, die auf den **symmetrischen Intervallen** $(-z, z)$ liegen, also

$$P(-z < Z \leq z) = \int_{-z}^{+z} f_{St}(z)\,dz =: D(z), \qquad (11\text{-}22)$$

weil diese Wahrscheinlichkeiten beim Berechnen von Intervallschätzungen (Kapitel **14**) und beim statistischen Testen (Kapitel **15**) oft vorkommen. Natürlich lässt sich $D(z)$ aus $F(z)$ leicht berechnen.

Beispiele   [14]
$P(Z \leq 0) = 0.5$
$P(Z \leq 1) = 0.8413$
$P(Z \leq 1.8) = 0.9641 = F(1.8)$
$P(-1 < Z \leq 1) = 0.6826 = D(1)$
$P(-2 < Z \leq 2) = 0.9544 = D(2)$
$P(-1.96 < Z \leq 1.96) = 0.95 = D(1.96)$
$P(-1 < Z \leq 2.5) = 0.9938 - 0.1587 = 0.8351$.

Erwartungswert und Varianz einer standardnormalverteilten Zufallsvariablen Z sind

$$\boxed{\begin{array}{l} E(Z) = 0 \\ Var(Z) = 1 \end{array}} \qquad (11\text{-}23)$$

❏ *Beweis:* Recht einfach lässt sich die momenterzeugende Funktion für die Normalverteilung berechnen. Sie ist nach (9-29) und (9-11b) definiert als

$$\text{MEF}_{St}(t) := E(e^{tZ}) := \int_{-\infty}^{+\infty} e^{tz}(1/\sqrt{2\pi})\,e^{-z^2/2}\,dz.$$

Nach den Regeln der Potenzrechnung und mit quadratischer Ergänzung im Exponenten können wir den von z unabhängigen Faktor vor das Integralzeichen ziehen. Der Wert des verbleibenden Integrals ist aber gerade gleich Eins, also

$$\text{MEF}_{St}(t) = \int (1/\sqrt{2\pi})\,e^{-z^2/2 + tz}\,dz = \int (1/\sqrt{2\pi})\,e^{-(z-t)^2/2 + t^2/2}\,dz$$

$$= e^{t^2/2} \int (1/\sqrt{2\pi}) \, e^{-(z-t)^2/2} \, dz$$

$$= e^{t^2/2} \underbrace{\int (1/\sqrt{2\pi}) \, e^{-u^2/2} \, du}_{=1} = e^{\frac{1}{2}t^2}.$$

Zur Erzeugung des 1. und 2. Moments brauchen wir die 1. und 2. Ableitung der momenterzeugenden Funktion nach t, nämlich

$$\text{MEF}'(t) = t \cdot e^{\frac{1}{2}t^2} \quad \text{und} \quad \text{MEF}''(t) = (t^2+1) \cdot e^{\frac{1}{2}t^2},$$

an der Stelle $t = 0$. Wir erhalten

$$E(Z) = \text{MEF}'(0) = 0 \cdot 1 = 0$$
$$Var(Z) = \text{MEF}''(0) - E(Z)^2 = (0+1) \cdot 1 - 0 = 1.$$ ❏

Allgemeine Normalverteilung

Die Standardnormalverteilung heißt so, weil ihre Zufallsvariable Z im Sinne von Abschnitt **9.6** „standardisiert" ist. Durch Einführung eines *Lageparameters* μ und eines *Streuungsparameters* $\sigma > 0$ erhält man weitere Normalverteilungen.

Definition: Eine stetige Zufallsvariable X mit der Dichtefunktion

$$\boxed{f_N(x) = \frac{1}{\sigma\sqrt{2\pi}} e^{-\frac{1}{2}\left(\frac{x-\mu}{\sigma}\right)^2}} \tag{11-24}$$

für $-\infty < x < \infty$ heißt ***normalverteilt***.

Diese „allgemeine Form" der Normalverteilung unterscheidet sich von der Funktion (11-20) nur dadurch, dass sie um den Summanden μ auf der Abszisse verschoben und die Skala um den Faktor σ gestreckt ist. Es gilt deshalb

$$\boxed{\begin{array}{l} E(X) = \mu \\ Var(X) = \sigma^2 \end{array}}$$

wie aus den Rechenregeln für Erwartungswerte (9-13) und Varianzen (9-17) wegen der *linearen Transformation*

376 KAPITEL 11 *Stochastische Modelle und spezielle Verteilungen*

$$Z = \frac{X-\mu}{\sigma} \qquad \text{bzw.} \qquad X = \sigma \cdot Z + \mu$$

sofort folgt.

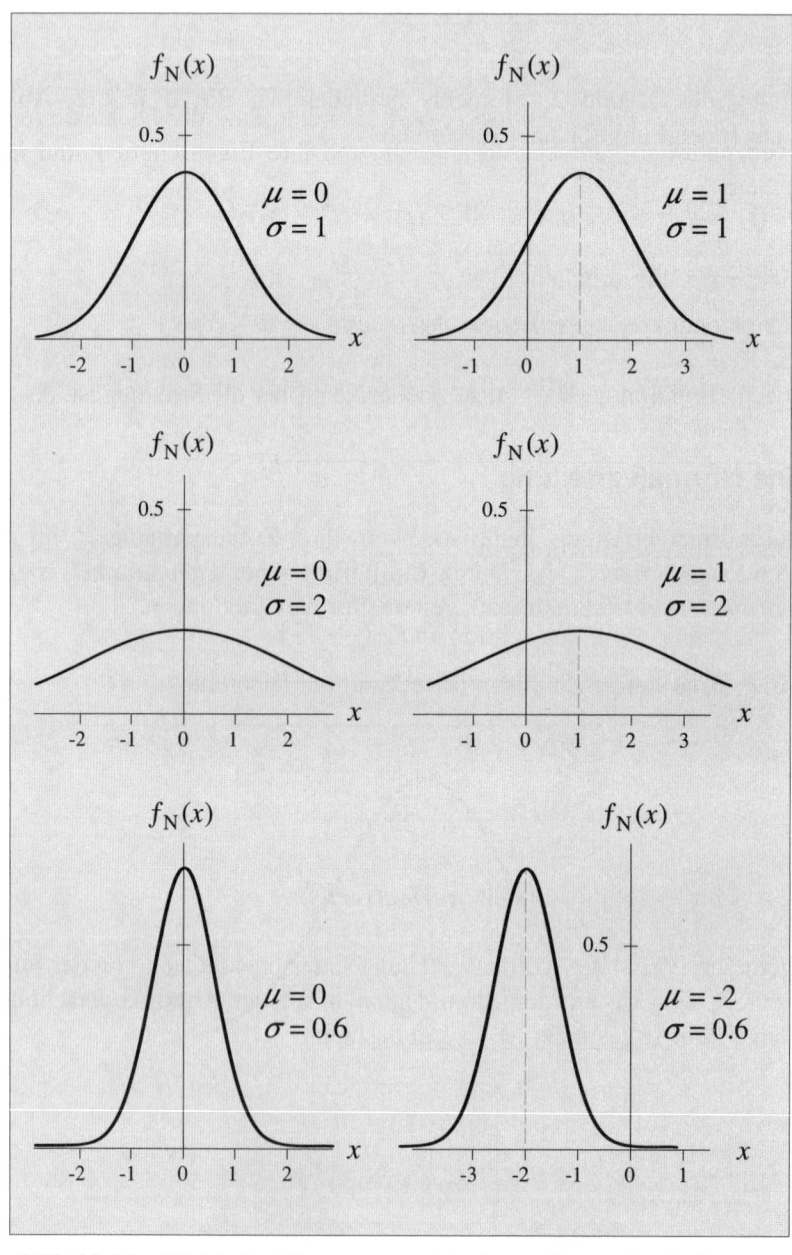

BILD 11.14 Dichtefunktionen verschiedener Normalverteilungen

Die Normalverteilungen bilden eine **Zwei-Parameter-Familie** von Verteilungen. Als Parameter dienen der Erwartungswert und die Standardabweichung, man schreibt

$$f_N(x; \mu, \sigma).$$

Im BILD 11.14 sind sechs Mitglieder der Familie graphisch dargestellt. Glücklicherweise braucht man für die Werte all dieser (unendlich vielen) Verteilungsfunktionen keine eigenen Tafeln anzulegen, die Tafel der Standardnormalverteilung genügt vollständig. Da es sich um eine bloße *lineare Transformation* handelt, sind die Dichtekurven und Verteilungskurven natürlich geometrisch ähnlich, und ihre Eigenschaften sind im Wesentlichen dieselben:

1. Die Dichtefunktion $f_N(x; \mu, \sigma)$ ist symmetrisch um $x = \mu$.

2. Ihre Wendepunkte liegen bei $x = \mu + \sigma$ und $x = \mu - \sigma$.

3. Die Dichtefunktion verläuft umso flacher, je größer die Streuung ist, das heißt

$$f_N(x) = \frac{1}{\sigma} f_{St}\left(\frac{x-\mu}{\sigma}\right). \tag{11-25}$$

4. Für die Verteilungsfunktion gilt

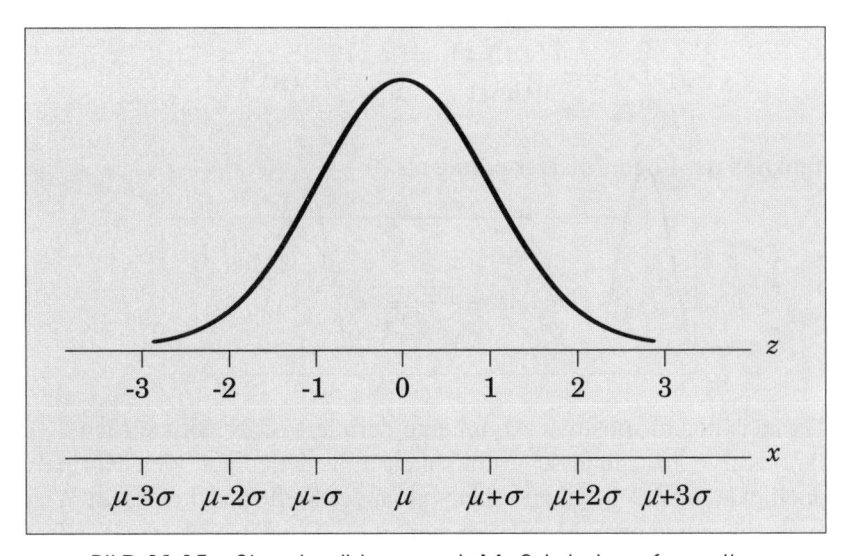

$$\boxed{F_N(x) = F_{St}\left(\frac{x-\mu}{\sigma}\right)} \tag{11-26}$$

BILD 11.15   Standardisierung als Maßstabstransformation

378 KAPITEL 11   *Stochastische Modelle und spezielle Verteilungen*

Die Begründungen für die 3. und die 4. Eigenschaft findet der Leser in Abschnitt **9.6**. Aus der 4. Eigenschaft folgt aber, dass für die Bestimmung von Wahrscheinlichkeiten bei normalverteilten Zufallsvariablen die Tafel der standardisierten Normalverteilung ausreicht: Es bedarf eben vor der Anwendung der Tafel lediglich der Standardisierung.

Beispiel [15] Die Zufallsvariable X sei normalverteilt mit $E(X) = 5$ und $Var(X) = 9$. Gesucht ist die Wahrscheinlichkeit $P(4 < X \leq 7)$. Man kann rechnen:

$$\frac{4-5}{3} < \frac{X-5}{3} \leq \frac{7-5}{3}$$

$$-1/3 < Z \leq 2/3$$

$$P(4 < X \leq 7) = P(-1/3 < Z \leq 2/3) = F_{St}(2/3) - F_{St}(-1/3)$$
$$= 0.7475 - 0.3694 = 0.3781.$$

11.10 Logarithmische Normalverteilung

Man spricht von **Lognormalverteilung** oder logarithmischer Normalverteilung, wenn nicht die Variable selbst, sondern ihr Logarithmus normalverteilt ist, wenn also für ihre Verteilungsfunktion gilt

$$F_{Ln}(x) = F_N(\ln x).$$

Durch Ableiten nach x unter Berücksichtigung der Kettenregel erhält man

$$f_{Ln}(x) = \frac{dF_N(\ln x)}{d(\ln x)} \cdot \frac{d(\ln x)}{dx} = f_N(\ln x) \cdot \frac{1}{x}$$

die Dichtefunktion der Lognormalverteilung als

$$f_{Ln}(x; m, s) = \frac{1}{x \cdot s\sqrt{2\pi}} e^{-\frac{1}{2}\left(\frac{\ln x - m}{s}\right)^2} \qquad (11\text{-}27)$$

für $x > 0$. Da $\ln(x)$ nur für positive Argumente definiert ist, erhält sie für $x \leq 0$ den Wert $f(x) = 0$. Ihre Kurve hat gewisse Ähnlichkeit mit derjenigen der Normalverteilung, beginnt jedoch, wie in BILD 11.16 zu sehen ist, an der Stelle $x = 0$ mit dem Wert $f(0) = 0$, steigt dann an bis zu einem Maximum bei x_{Mod}. Danach fällt sie wieder und geht asymptotisch gegen die x-Achse.

11.10 Logarithmische Normalverteilung

Die Parameter m und s sind nun nicht die Momente dieser Verteilung, sondern sie sind Erwartungswert und Varianz der logarithmierten Variablen, also

$$m = E(\ln x) \quad \text{und} \quad s^2 = V(\ln x),$$

woraus nicht einfach zurückgerechnet werden kann, dass der Erwartungswert e^m sei. Vielmehr ist

$$E(X) = e^{m+s^2/2}$$
$$Var(X) = e^{2m+s^2}(e^{s^2}-1).$$

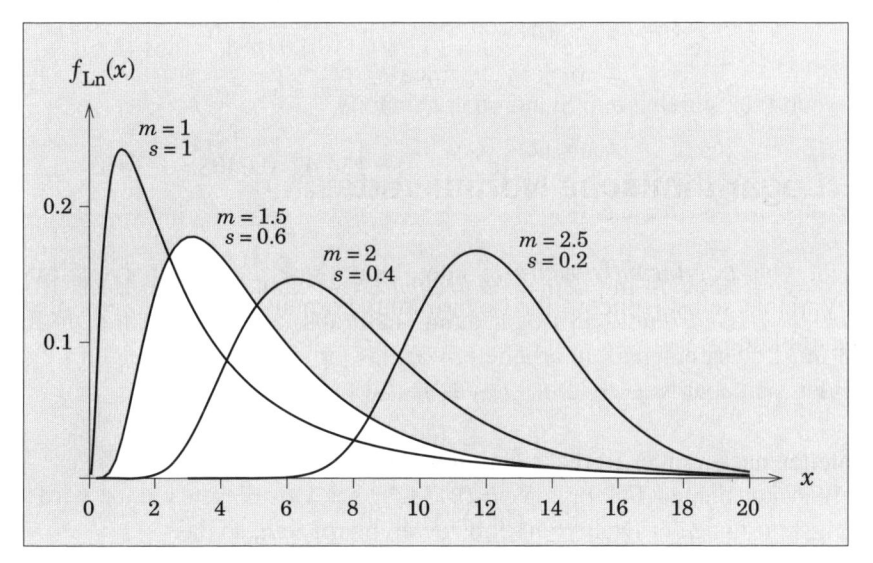

BILD 11.16 Dichte der Lognormalverteilung mit verschiedenen Parametern

Da der Modus

$$x_{\text{Mod}} = e^{m-s^2}$$

hier kleiner ist als der Erwartungswert, ist die Verteilung nicht symmetrisch. Das überrascht nicht, denn das Logarithmieren ist eine recht unsymmetrische Transformation. Es verwundert eher, dass die *Schiefe* γ nur vom Parameter s abhängt. Sie beträgt

$$\gamma = \left(e^{s^2}+2\right) \cdot \sqrt{e^{s^2}-1}$$

und ist positiv, die Lognormalverteilung ist damit *rechtsschief* oder *linkssteil*. Das ist im BILD 11.16 gut zu sehen. Die Schiefen betragen (von links nach rechts) 6.185, 2.260, 1.322 und 0.6143. Die Schiefe ist umso kleiner, je kleiner s ist.

Beispiel [16] Die rechte Dichtefunktion in BILD 11.16 hat die Parameter $m = 2.5$ und $s = 0.2$. Sie hat ihr Maximum bei

$$x_{\text{Mod}} = e^{2.5-0.04} = e^{2.46} = 11.70,$$

der Erwartungswert liegt knapp rechts daneben und beträgt

$$E(X) = e^{2.5+0.02} = e^{2.52} = 12.43.$$

Diese geringe Abweichung zum Modus legt nahe, dass die Schiefe nicht sehr groß sein kann, und auch im Bild gleicht die Funktion stark der symmetrischen unlogarithmierten Normalverteilung. Die Rechnung ergibt

$$\gamma = (e^{0.04} + 2)\sqrt{e^{0.04} - 1} = (3.04081)\sqrt{0.04081} = 0.6143$$

und für Varianz und Standardabweichung

$$Var(X) = e^{5.00+0.04} \cdot (e^{0.04} - 1) = 154.47 \cdot 0.0408 = 6.3040$$
$$\sigma = 2.5108.$$

In der Praxis wird noch oft mit dem *dekadischen Logarithmus* log (zur Basis 10) statt mit dem *natürlichen Logarithmus* ln (logarithmus naturalis, zur Basis e) transformiert. Als man noch mit Logarithmentafeln arbeitete, war das praktischer. Die beiden Logarithmen unterscheiden sich aber wegen

$$\log x = \ln x \cdot \log e$$

nur um einen konstanten Faktor $\log e = 0.43429...$.[6] Um diesen Faktor wird dann die Normierungskonstante der Dichtefunktion zu verändern sein, so dass

$$f_{\text{Log}}(x; m', s') = \frac{\ln e}{x \cdot s'\sqrt{2\pi}} e^{-\frac{1}{2}\left(\frac{\log x - m'}{s'}\right)^2},$$

wobei zu beachten wäre, dass die Parameter *m'* und *s'* nicht mit *m* und *s* aus (11-27) identisch sind.

Die Lognormalverteilung ist in der theoretischen Statistik kaum von Nutzen. Ihre Bedeutung liegt vielmehr in ihrer Anwendung als Modell, auch für empirische Verteilungen. Sie wird besonders dann gerne genommen, wenn keine negativen Merkmalsausprägungen vorkommen können und eine linkssteile Verteilung gebraucht wird, wie etwa bei der Einkommensverteilung.

---

[6] Um das einzusehen, nehme man von beiden Seiten der Identität $x \equiv e^{\ln x}$ den dekadischen Logarithmus.

11.11 Gamma-Verteilungen

Eine weite Klasse oder Oberfamilie von Verteilungen sind die sogenannten Gamma-Verteilungen. Einige Mitglieder dieser Klasse haben wir in vorangegangenen Abschnitten, ohne es zu wissen, schon kennengelernt. Andere Mitglieder sind in der statistischen Theorie, aber auch in Anwendungen beim Schätzen und Testen von großer Bedeutung.

Die Gamma-Verteilungen gründen auf einer auf den ersten Blick kompliziert erscheinenden mathematischen Funktion

$$y(x) = x^{\alpha-1} e^{-\lambda x} \tag{11-28}$$

mit den Parametern $\alpha > 0$ und $\lambda > 0$, in der zwei von x abhängige Faktoren vorkommen. Der erste Faktor wächst mit zunehmenden x jedenfalls für $\alpha > 1$ über alle Grenzen, während der zweite Faktor als abnehmender Exponentialterm in jedem Fall gegen Null strebt. Er tut dies mit Macht, eben exponentiell, so dass er irgendwann die Oberhand gewinnt und auch das Produkt aus beiden Faktoren gegen Null geht.

Zunächst stellt sich die Frage, ob diese mathematische Funktion als Grundlage einer Dichtefunktion brauchbar ist. Dazu hätte sie zwei Erfordernisse zu erfüllen:

1. Die Funktionswerte $y(x)$ dürfen nicht negativ werden. Das ist für alle $x > 0$ sicher der Fall.

2. Das Integral

$$\int_{x=0}^{+\infty} x^{\alpha-1} e^{-\lambda x} \, dx = C$$

muss konvergieren. Das heißt, der Graph der Kurve (11-28) muss im 1. Quadranten mit der Abszisse eine *endliche* Fläche einschließen.

Um zu klären, ob das 2. Erfordernis erfüllt ist, müssen wir das Integral ausrechnen. Dazu substituiert man

$$\lambda x = z, \quad dx = \frac{1}{\lambda} dz$$

und kann dann den Faktor $1/\lambda^\alpha$ herausziehen. So erhält man ein etwas einfacheres Integral

$$\int_{x=0}^{+\infty} x^{\alpha-1} e^{-\lambda x} dx = \int_{z=0}^{+\infty} (\frac{1}{\lambda} z)^{\alpha-1} e^{-z} \frac{1}{\lambda} dz = \frac{1}{\lambda^\alpha} \int_{z=0}^{+\infty} z^{\alpha-1} e^{-z} dz,$$

dessen Wert vom Parameter α abhängt und mit $\Gamma(\alpha)$ bezeichnet wird.

Die Gamma-Funktion

Definition: Die Funktion

$$\Gamma(\alpha) = \int_{z=0}^{+\infty} z^{\alpha-1} e^{-z} \, dz \qquad (11\text{-}29)$$

ist für $0 < \alpha < \infty$ erklärt und heißt **Gamma-Funktion**.[7]

Man beachte, dass die Gamma-Funktion *keine* Verteilungs- oder Dichtefunktion ist. Sie hat für sich genommen mit Statistik gar nichts zu tun. Da sie aber eine sehr interessante Funktion ist, wollen wir sie ein wenig näher untersuchen, ohne gleich eine ganze Kurvendiskussion daraus zu machen.

1. Zunächst rechnen wir leicht aus, dass die Funktion an der Stelle $\alpha = 1$

$$\Gamma(1) = \int_0^\infty e^{-z} \, dz = 1$$

den Wert Eins hat.

2. Als Nächstes können wir fast ebenso leicht zeigen, dass folgende rekursive Beziehung gilt:

$$\Gamma(\alpha+1) = \alpha \cdot \Gamma(\alpha).$$

❑ *Beweis:* Durch partielle Integration mit $v = z^\alpha$, $v' = \alpha z^\alpha$, $u = -e^{-z}$ und $u' = e^{-z}$ erhält man sofort

$$\Gamma(\alpha+1) = \int_0^\infty z^\alpha e^{-z} \, dz$$

$$= \left[-z^\alpha e^{-z} \right]_0^\infty + \alpha \int_0^\infty z^{\alpha-1} e^{-z} \, dz = \alpha \cdot \Gamma(\alpha). \qquad \square$$

---

[7] Genau genommen wird diese Funktion als „vollständige Gamma-Funktion" bezeichnet. „Unvollständige" Gamma-Funktionen erhält man, wenn man nur bis zu einer endlichen Obergrenze integriert.

3. Wegen dieser Rekursivität, die wir schon bei den Fakultäten in Kapitel 7 kennengelernt haben, wird die Gamma-Funktion auch als die **Fakultätenfunktion** bezeichnet. Für ganzzahlige α liefert sie nämlich die Fakultäten

$\Gamma(1) = 1$
$\Gamma(2) = 1 \cdot \Gamma(1) = 1$
$\Gamma(3) = 2 \cdot \Gamma(2) = 2 \cdot 1 = 2 = 2!$
$\Gamma(4) = 3 \cdot \Gamma(3) = 3 \cdot 2 = 6 = 3!$
$\Gamma(5) = 4 \cdot \Gamma(4) = 4 \cdot 6 = 24 = 4!$
$\vdots$
$\Gamma(n+1) = n \cdot \Gamma(n) = n!$

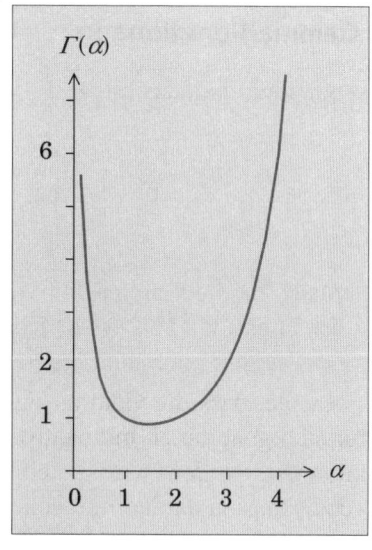

BILD 11.17 Gamma-Funktion

4. Interessant sind aber auch die Zwischenstellen $\alpha = 1/2, 3/2, 5/2, \cdots$. Für den Funktionswert an der Stelle $\alpha = 1/2$ gilt

$$\Gamma(1/2) = \sqrt{\pi} \, .$$

❏ *Beweis:* Integration nach Substitution $z = t^2/2$ und $dz = t\,dt$ ergibt mit (11-21)

$$\Gamma(1/2) = \int_0^\infty z^{-(1/2)} e^{-z} \, dz = \int_0^\infty (\frac{1}{2}t^2)^{-(1/2)} e^{-t^2/2} \, t\,dt$$

$$= \sqrt{2} \int_0^\infty e^{-t^2/2} \, dt = \sqrt{2} \cdot \frac{1}{2} \underbrace{\int_{-\infty}^\infty e^{-t^2/2} \, dt}_{\sqrt{2\pi}} = \sqrt{\pi} \, . \qquad ❏$$

Wegen der Rekursivität folgt daraus sofort

$\Gamma(3/2) = \frac{1}{2} \Gamma(1/2) = \frac{1}{2} \sqrt{\pi} = 0.8862\ldots$

$\Gamma(5/2) = \frac{3}{2} \Gamma(3/2) = \frac{3}{4} \sqrt{\pi} = 1.3293\ldots$

$\Gamma(7/2) = \frac{5}{2} \Gamma(5/2) = \frac{15}{8} \sqrt{\pi} = 3.3234\ldots$

$\Gamma(9/2) = \frac{7}{2} \Gamma(7/2) = \frac{105}{16} \sqrt{\pi} = 11.6317\ldots$ und so weiter.

Die Gamma-Verteilungen

Es ist nun klar, dass das Integral

$$\int_{x=0}^{+\infty} x^{\alpha-1} e^{-\lambda x} \, dx = C = \frac{\Gamma(\alpha)}{\lambda^{\alpha}}$$

konvergiert, da die Gamma-Funktion $\Gamma(\alpha)$ für endliche α endlich bleibt. Der Verwendung der Funktion (11-28) zur Konstruktion einer Dichtefunktion steht nichts im Wege. Man muss sie nur noch mit dem Faktor $1/C$ normieren:

Definition: Eine stetige Zufallsvariable mit der Dichtefunktion

$$f_{\Gamma}(x; \alpha, \lambda) = \frac{\lambda^{\alpha}}{\Gamma(\alpha)} x^{\alpha-1} e^{-\lambda x} \qquad (11\text{-}30)$$

für $0 < x < \infty$, wobei $\alpha > 0$ und $\lambda > 0$, heißt *gamma-verteilt*.

Die Gamma-Verteilungen bilden eine **Zwei-Parameter-Klasse**. Die Parameter sind α und λ. Falls $\alpha \geq 1$, ist die Dichtefunktion auch an der Stelle $x = 0$ erklärt. Erwartungswert und Varianz sind durch die beiden Parameter bestimmt und betragen

$$\begin{aligned} E(X) &= \alpha/\lambda \\ Var(X) &= \alpha/\lambda^2 \end{aligned} \qquad (11\text{-}31)$$

❑ *Beweis:* Für den Erwartungswert berechnet man das Integral

$$E(X) = \int_{x=0}^{\infty} x \, \frac{\lambda^{\alpha}}{\Gamma(\alpha)} x^{\alpha-1} e^{-\lambda x} \, dx = \frac{1}{\Gamma(\alpha)} \int (\lambda x)^{\alpha} e^{-\lambda x} \, dx$$

nach Substitution $\lambda x = z$ und $\lambda \, dx = dz$ als

$$\frac{1}{\Gamma(\alpha)} \int z^{\alpha} e^{-z} \frac{1}{\lambda} dz = \frac{1}{\lambda \Gamma(\alpha)} \underbrace{\int z^{\alpha} e^{-z} dz}_{\substack{\Gamma(\alpha+1) \\ = \alpha \Gamma(\alpha)}} = \frac{\alpha \Gamma(\alpha)}{\lambda \Gamma(\alpha)} = \frac{\alpha}{\lambda}.$$

❑

Beispiel [17] Die Zufallsvariable X sei gamma-verteilt mit den Parametern $\alpha = 3$ und $\lambda = 4$. Ihre Dichtefunktion lautet

$$f_\Gamma(x; 3, 4) = \frac{64}{2!} x^{3-1} e^{-4x} = 32 x^2 e^{-4x}.$$

Sie hat den Erwartungswert
$E(X) = 3/4 = 0.75$

und die Varianz
$Var(X) = 3/16 = 0.1875$.

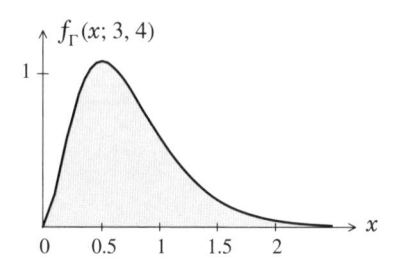

Einige spezielle Gamma-Verteilungen

In der Tat ist diese Zwei-Parameter-Klasse recht vielseitig. Je nachdem, welche Werte man den beiden Parametern α und λ gibt, erhält man ganz verschiedene Verteilungen. Einige kennen wir schon, wie die Exponentialverteilungen, andere werden wir noch kennenlernen.

Setzen wir zum Beispiel $\alpha = 1$, so verschwindet in der Dichtefunktion der Gamma-Verteilung die Potenz von x, und übrig bleibt der Exponentialterm und damit die ganze Ein-Parameter-Familie der Exponentialverteilungen.

Satz: Das Quadrat

$$Z^2 =: X$$

einer standardnormalverteilten Zufallsvariablen ist gamma-verteilt mit den Parametern $\alpha = 1/2$ und $\lambda = 1/2$.

❏ *Beweis:* Die Verteilung von X kann auf die von Z zurückgeführt werden. Dazu stellt man erst den Zusammenhang der Verteilungsfunktion $F(x)$ mit der der Standardnormalverteilung F_{St} her. Für $x > 0$ gilt

$$F(x) := P(X \leq x) = P(Z^2 \leq x) = P(|Z| \leq \sqrt{x}) = P(-\sqrt{x} \leq Z \leq \sqrt{x})$$
$$= F_{St}(\sqrt{x}) - F_{St}(-\sqrt{x}).$$

Differentiation beider Seiten nach x ergibt unter Berücksichtigung der Kettenregel die gesuchte Dichtefunktion

$$f(x) = \frac{1}{2\sqrt{x}} f_{St}(\sqrt{x}) - \frac{(-1)}{2\sqrt{x}} f_{St}(\sqrt{x}) = \frac{1}{\sqrt{x}} f_{St}(\sqrt{x})$$
$$= \frac{1}{\sqrt{x}} \frac{1}{\sqrt{2\pi}} e^{-\frac{1}{2}x},$$

TABELLE 11.3 Spezielle Gamma-Verteilungen

Parameter α, λ	Dichtefunktion	
1, 1:	$f(x) = e^{-x}$ $E(X) = 1$ $Var(X) = 1$	
2, 1:	$f(x) = x e^{-x}$ $E(X) = 2$ $Var(X) = 2$	
1, λ:	$f(x) = \lambda e^{-\lambda x}$ $E(X) = 1/\lambda$ $Var(X) = 1/\lambda^2$	Familie der Exponentialverteilungen
$\frac{1}{2}, \frac{1}{2}$:	$f(x) = \dfrac{1}{\sqrt{x}\sqrt{2\pi}} e^{-\frac{1}{2}x}$ $E(X) = 1$ $Var(X) = 2$	
$\dfrac{n}{2}, \dfrac{1}{2}$:	$f(x) = \dfrac{x^{(n/2)-1}}{2^{n/2}\,\Gamma(n/2)} e^{-\frac{1}{2}x}$ $E(X) = n$ $Var(X) = 2n$	Familie der Chi-Quadrat-Verteilungen

und nach Umschreiben in die Gestalt der Gamma-Verteilung erhält man

$$f(x) = \frac{(1/2)^{\frac{1}{2}}}{\Gamma(1/2)} x^{\frac{1}{2}-1} e^{-\frac{1}{2}x} = f_\Gamma(x; \frac{1}{2}, \frac{1}{2}).$$
❏

Der Vollständigkeit halber sei an dieser Stelle noch angemerkt, dass die Teilklasse der Gamma-Verteilungen mit $\lambda = 1/2$ und $\alpha = n/2$ **Chi-Quadrat-Verteilungen** heißt. Dabei muss n ganzzahlig sein und heißt die **Zahl der Freiheitsgrade**.

Beispiel [18] Die Dichtefunktion der Chi-Quadrat-Verteilung mit acht Freiheitsgraden lautet

$$f(x) = \frac{1}{2^4 \cdot 3!} x^3 e^{-\frac{1}{2}x} = \frac{1}{96} x^3 e^{-\frac{1}{2}x}.$$

Weiteres zu den Chi-Quadrat-Verteilungen erfahren wir in Kapitel **14**.

Kontrollfragen

1 Wie ist die Binomialverteilung definiert? Gehört die BERNOULLI-Verteilung zur Familie der Binomialverteilungen?

2 In welchem Sinne ist die Binomialverteilung eine Grenzverteilung der hypergeometrischen Verteilung?

3 Ist für gleiche p und n die Varianz der Binomialverteilung kleiner als die der hypergeometrischen oder umgekehrt? Was ist der *Korrekturfaktor*?

4 Warum hat die POISSON-Verteilung nur einen Parameter? Wozu benutzt man die POISSON-Verteilung? Für welche Verteilungen ist sie Grenzverteilung?

5 Welche Gemeinsamkeiten haben die geometrische Verteilung und die Exponentialverteilung – und welche Unterschiede gibt es zwischen ihnen?

6 Warum gilt die Nomalverteilung als die wichtigste Verteilung in der Statistik?

7 Warum braucht man beim Rechnen mit Normalverteilungen nur die Werte der Standardnormalverteilung?

8 Was ist eine „Familie" oder „Klasse" von Verteilungen?

9 Was ist eine empirische Verteilung, was eine Wahrscheinlichkeitsverteilung und was eine theoretische Verteilung?

10 Was ist ein stochastisches Modell? Wozu dienen stochastische Modelle?

PRAXIS

Kreditrisikomanagement – Bankeninsolvenz

Obwohl es sich vermutlich um das älteste finanzwirtschaftliche Risiko handelt, werden zur Analyse des Ausfallrisikos bei Krediten erst in jüngster Zeit stochastische Modelle verwendet. Diese Modelle dienen der Kalkulation einer fairen Prämie für das vom Kreditinstitut getragene Ausfallrisiko, aber auch der Minimierung der Gesamtrisiken einer Bank durch Diversifikation.

Für kleine Ausfallwahrscheinlichkeiten der einzelnen Kredite kann die Häufigkeit von Kreditausfällen näherungsweise durch eine POISSON-Verteilung dargestellt werden. Für ein Portfolio von 1000 Krediten mit einer einheitlichen und unabhängigen Ausfallwahrscheinlichkeit von 1% würde die Wahrscheinlichkeit, dass es – etwa innerhalb eines Jahres – zu genau x Ausfällen kommt, dann gerade

$$P(x \text{ Ausfälle}) = \frac{10^x}{x!} e^{-10}$$

betragen, und der Erwartungswert wäre $\lambda = 1000 \cdot 0.01 = 10$.

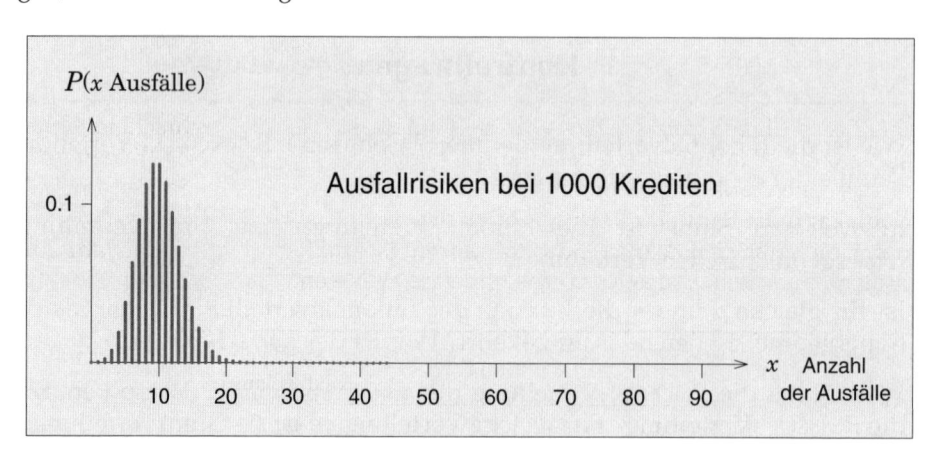

BILD 11.18   POISSON-verteilte Ausfallwahrscheinlichkeiten

Bei einer so großen Zahl von Einzelkrediten beträgt die Wahrscheinlichkeit, dass mehr als 2% der Kredite ausfallen, nur noch 0.0016 und ist im Bild gar nicht mehr zu sehen; die, dass gar über 3% ausfallen, beträgt nur noch 0.000 000 08 und verschwindet damit fast vollständig.

Letztlich kommt es aber nicht auf die Anzahl der Ausfälle an, sondern auf die Höhe der damit verbundenen Verluste, denn der Schaden ist bei jedem ausgefallenen Kreditnehmer verschieden. Es hat sich gezeigt, dass die Wahrscheinlichkeit der aggregierten Verluste durch eine linkssteile Lognormalverteilung gut modelliert werden kann. Der Erwartungswert E entspricht dem statistischen Mittelwert der Ausfallverluste und soll durch eine geeignete *kalkulierte Zinsmarge* gedeckt werden. Er liegt wegen der Schiefe der

KAPITEL 11 *Stochastische Modelle und spezielle Verteilungen* **389**

Verteilung deutlich rechts von Modus und Median. Für den Fall, dass in einem bestimmten Jahr die tatsächlich eintretenden Verluste den Erwartungswert übersteigen, muss zur Abdeckung derartiger „unerwarteter Verluste" außerdem ein ausreichend hohes *Eigenkapital* als Puffer vorgehalten werden.

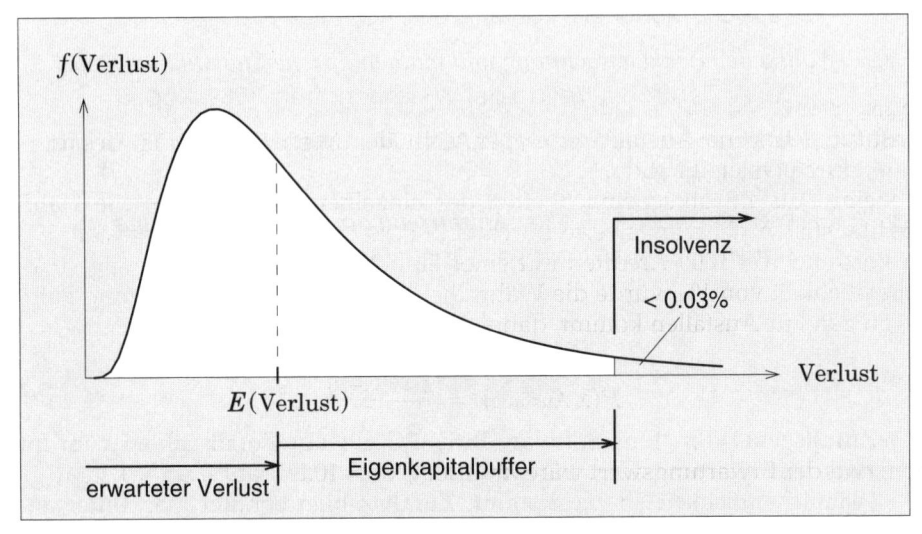

BILD 11.19   Erwartete und unerwartete Verluste

Die Höhe dieses Eigenkapitalpuffers wird so bemessen, dass die Wahrscheinlichkeit für eine Insolvenz der Bank unter ein bestimmtes, gerade noch akzeptables Niveau gedrückt wird. Ist das Eigenkapital groß genug, um die Insolvenzwahrscheinlichkeit unter 0.03% zu drücken, kann die Bank das Rating AA erhalten.

Zum Beispiel gibt die DEUTSCHE BANK in ihrem Geschäftsbericht für das Jahr 2000 für die gesamten Kreditrisiken des Konzerns folgende Werte an:

	Mio €	Anteil am Kreditvolumen
E(Verlust)	895	0.32%
Eigenkapitalpuffer	8 200	2.95%

Der erwartete Verlust ist in der Zinsmarge kalkuliert. Der Insolvenzfall würde erst eintreten, wenn innerhalb eines Jahres Ausfallverluste von mehr als 9.095 Mrd € entstehen würden. Zur Abschätzung der Insolvenzwahrscheinlichkeit muss die in BILD 11.19 skizzierte Verlustverteilung quantifiziert werden. Dazu verwendet man in der Praxis Kreditrisikomodelle wie CreditRisk+ und CreditMetrics. Weitere Einzelheiten dazu finden sich bei

Hans Rau-Bredow: *Kreditrisikomodelle und Diversifikation*, Würzburg 2003
(http://www.wifak.uni-wuerzburg.de/wilan/wifak/bwl4/download/kreditrisikomodelle.doc)
Bernd Rolfes, *Gesamtbanksteuerung*, Schäffer-Poeschel Verlag Stuttgart, 1999

Ergänzende Literatur

Bleymüller, J.; Gehlert, G.; Gülicher, H.: *Statistik für Wirtschaftswissenschaftler*, 15. Aufl., München: Vahlen, 2008, Kap. 9 - 11

Fisz, Marek: *Wahrscheinlichkeitsrechnung und mathematische Statistik*, 11. Aufl., Berlin: Deutscher Verlag der Wissenschaften, 1989, Kap. 5

Leiner, Bernd: *Einführung in die Statistik*, 9. Aufl., München, Wien: Oldenbourg, 2004, Kap. 8

Rohatgi, V. K.; Ehsanes Saleh, A. K. Md.: *An introduction in probability and statistics*, 2. Aufl., New York: John Wiley & Sons, 2000

Aufgaben

11.1 Zufallsgenerator. Eine Software Ihres PC erzeugt Zufallszahlen x im Intervall zwischen Null und Eins. Sie verspricht, dass jede Zahl $0 \leq x < 1$ „mit gleicher Wahrscheinlichkeit" herauskommt. Zufallszahlen benutzt man unter anderem zur Simulation des Verhaltens von stochastischen Systemen.

  a) Fassen Sie X als stetige Zufallsvariable auf. Zeichnen Sie ihre Dichtefunktion und Verteilungsfunktion und berechnen Sie den Mittelwert und die Varianz.

  b) In Wirklichkeit ist Ihr PC aber ein „Digitalrechner", so dass ihm nicht das ganze Kontinuum $0 \leq x < 1$ zur Verfügung steht, vielmehr haben seine Zufallszahlen nur fünf Dezimalstellen hinter dem Komma. Geben Sie die Massenfunktion von X an. Berechnen Sie nun Erwartungswert und Varianz dieser diskreten Zufallsvariablen.

  c) Wie helfen Sie sich, wenn Sie Zufallszahlen Z mit Erwartungswert 0 und Varianz 1 brauchen, Ihr PC aber nur diesen einen Zufallszahlengenerator hat? Geben Sie die Dichtefunktion Ihres Z an.

11.2 Rechteckverteilung. Die im Intervall $[0, b]$ rechteckverteilte Zufallsvariable X hat den Erwartungswert $\mu = b/2$. Berechnen Sie die Varianz mit der Formel

$$Var(X) = \int_0^b x^2 \frac{1}{b} \, dx - \mu^2 .$$

Zeigen Sie nun damit, dass die Formel (11-17) richtig ist, und benutzen Sie dazu die Rechenregel (9-19).

11.3 Herr Kaiser verkauft durchschnittlich bei zwei von zehn Hausbesuchen eine Lebensversicherung. Er ist sehr fleißig und macht jeden Tag genau 16 Hausbesuche.

a) Berechnen Sie Erwartungswert und Varianz der Anzahl der pro Tag verkauften Lebensversicherungen!

b) An wie viel Prozent seiner Arbeitstage verkauft Herr Kaiser mehr als zehn Lebensversicherungen?

11.4 Man gebe mit Hilfe der TSCHEBYSCHEVschen Ungleichung

a) eine Abschätzung dafür an, wie groß höchstens die Wahrscheinlichkeit ist, dass bei zehn Münzwürfen weniger als zwei- oder mehr als achtmal Kopf fällt und

b) vergleiche diese Abschätzung mit dem tatsächlichen Wert der fraglichen Wahrscheinlichkeit.

11.5 Schiefe. Berechnen Sie die Schiefe γ der Binomialverteilung in Abhängigkeit von n und p. Benutzen Sie dazu die momenterzeugende Funktion.

11.6 Die momenterzeugende Funktion der POISSON–Verteilung lautet

$$\text{MEF}_{\text{Po}}(t) = e^{-\lambda} e^{\lambda e^t}.$$

a) Berechnen Sie daraus Erwartungswert und Varianz.

b) Wie groß ist die Schiefe γ der POISSON-Verteilung?

11.7 Druckfehler. Bevor es gedruckt wird, hat man bei jedem Buch sehr sorgfältig die Druckfehler auszumerzen versucht. Die Wahrscheinlichkeit, dass ein einzelner Buchstabe falsch ist, ist sehr, sehr gering. Andererseits sind in so einem Buch sehr, sehr viele Buchstaben. So kommt es, dass der Erwartungswert der Anzahl der Druckfehler in einem Buch $\mu = 8$ ist.

a) Wie groß ist die Wahrscheinlichkeit, dass in einem Buch sechs oder mehr Druckfehler sind?

b) Wie groß ist die Wahrscheinlichkeit, dass in einem Buch genau 13 Druckfehler sind?

11.8 Die Zeitdauer, die Ihr Server bei einer Internetanfrage mit einem Kunden beschäftigt ist, sei annähernd exponentialverteilt und betrage im Durchschnitt 4 Sekunden. Wie groß ist der Anteil der Anfragen, die mehr als 10 Sekunden Serverzeit benötigen?

11.9 Sparkonten. Bei einer Großbank werden 1 230 000 Arbeitnehmer-Sparkonten geführt. Eine im Jahre 2000 durchgeführte Untersuchung zeigte, dass die jährliche Sparleistung je Konto im Mittel 400.– € beträgt bei einer Standardabweichung von 200.– € (Sparleistung = Veränderung des Spargutbabens; negative Werte bedeuten Verminderung) und mit großer Annäherung normalverteilt ist.

Berechnen Sie unter Verwendung dieser Informationen die Anzahl der Arbeitnehmer-Sparkonten mit einer jährlichen Sparleistung von

(1) unter   0.– €
(2) zwischen   0.– €   und   +200.– €
(3) zwischen   +200.– €   und   +300.– €
(4) zwischen   +300.– €   und   +400.– €
(5) zwischen   +400.– €   und   +600.– €
(6) zwischen   +600.– €   und   +800.– €
(7) über   +800.– €.

Erläutern Sie, was diese Aufgabe mit Wahrscheinlichkeitsrechnung zu tun hat.

11.10 Gewichtskontrolle. Bei einer Gewichtskontrolle von 1-kg-Paketen wurde festgestellt, dass das Gewicht normalverteilt ist mit $\mu = 1.01$ und $\sigma = 0.02$.

a) Wie viel Prozent aller Pakete wiegen mindestens 1 kg?

b) Jenseits welchen Betrages befinden sich die 6% schwersten Pakete?

c) Wie viel Prozent aller Pakete wiegen mindestens 1.020 kg?

d) Warum ist der erste Satz dieser Aufgabe mit Sicherheit falsch?

11.11 Eine normalverteilte stochastische Variable X habe den Erwartungswert $\mu = 18$ und die Standardabweichung $\sigma = 4$.

a) Die standardisierte Variable $Z = (X-18)/4$ ist dann standardnormalverteilt. Wie groß ist die Wahrscheinlichkeit, dass die Variable Z zufällig in das Intervall von -1 bis $+1$ fällt? Bestimmen Sie
$$P(-1 < Z \leq +1) = P(-1 < (X-18)/4 \leq +1).$$

b) Geben Sie das entsprechende Intervall an, in welches die Zufallsvariable X mit eben dieser Wahrscheinlichkeit fällt.

c) Wie groß ist die Wahrscheinlichkeit, dass X in ein Intervall von $+10$ bis $+26$ fällt? Bestimmen Sie
$$P(10 < X \leq 26).$$

11.12 Eine normalverteilte stochastische Variable W habe den Erwartungswert $\mu = -5$ und die Standardabweichung $\sigma = 0.5$.

a) Die transformierte Variable $U := (W+5) \cdot 2$ ist somit standardnormalverteilt. In welches um den Nullpunkt symmetrische Intervall fällt U mit einer Wahrscheinlichkeit von 80%, 90%, 95%, 100%?

b) Geben Sie die um -5 symmetrischen Intervalle an, in die die Zufallsvariable W mit diesen Wahrscheinlichkeiten fällt.

11.13 Statistische Qualitätskontrolle. Eine Zulieferung von 100 000 Speicherchips wird mit Hilfe des folgenden statistischen Prüfplans geprüft. Man zieht eine Zufallsstichprobe vom Umfang $n = 400$ und handelt wie folgt:

1. Befinden sich 44 oder weniger schlechte Stücke in der Stichprobe, so wird die Lieferung angenommen.

2. Befinden sich 51 oder mehr schlechte Stücke in der Stichprobe, so wird die Lieferung abgelehnt und zurückgesandt.

3. Liegt die Anzahl der schlechten Stücke in der Stichprobe zwischen 45 einschließlich und 50 einschließlich, so wird die ganze Lieferung überprüft (Totalkontrolle).

Berechnen Sie die Wahrscheinlichkeit für das Eintreten jedes dieser drei Fälle für eine Lieferung, die genau 10% defekte Chips enthält. Approximieren Sie dabei die relevante Verteilung durch die Normalverteilung!

11.14 Ein Produzent von Kakaopulver weiß aus Erfahrung, dass das Füllgewicht seiner 125g–Packung einer Normalverteilung mit $\mu = 125$ g und einer Standardabweichung von $\sigma = 5$ g unterliegt.

a) Wie groß ist die Wahrscheinlichkeit, dass eine Packung genau 125.0 g wiegt?

b) Wie groß ist die Wahrscheinlichkeit, dass eine Packung zwischen 120 g und 130 g wiegt?

c) Wie groß ist die Wahrscheinlichkeit, dass eine Packung weniger als 110 g wiegt?

d) Welches Gewicht unterschreitet eine Packung mit einer Wahrscheinlichkeit von 0.05?

11.15 Ihre Firma erhält regelmäßig jenes technische Gerät aus Aufgabe **8.12** in Sendungen zu 1 000 Exemplaren.

a) Berechnen Sie Erwartungswert und Standardabweichung der Anzahl defekter Stücke in einer Lieferung von 1 000 Exemplaren ($p = 0.0875$).

b) Der Hersteller gibt die Garantie, dass bei einer Lieferung von 1 000 Geräten höchstens 110 Stück defekt sind. Mit welcher Wahrscheinlichkeit trifft die Garantieaussage zu?

11.16 Zwei-Sigma-Intervall. Wie viel Prozent der Wahrscheinlichkeitsmasse liegen innerhalb eines Zwei–Sigma–Intervalls $\mu \pm 2\sigma$ um den Erwartungswert, wenn die Zufallsvariable X

a) normalverteilt ist mit $\mu = 0$ und $\sigma = 1$

b) normalverteilt ist mit $\mu = 13$ und $\sigma = 4$

c) binomialverteilt ist mit $n = 8$ und $p = 0.2$

d) binomialverteilt ist mit $n = 16$ und $p = 0.5$?

11.17 Eine normalverteilte Zufallsvariable habe den Erwartungswert μ und die Standardabweichung σ.

a) Wie groß ist die Wahrscheinlichkeit, dass X in ein beidseitiges Zwei-Sigma-Intervall um μ fällt, also wie groß ist $P(\mu - 2\sigma < X \leq \mu + 2\sigma)$?

b) Wie groß ist $P(X \leq \mu + 2\sigma)$?

c) Wie groß ist $P(\mu - 2\sigma < X < \mu + \sigma)$?

11.18 Prozentrang. Die Verteilung des individuellen Intelligenzquotienten ist annähernd normal und hat einen Mittelwert von 100 und eine Varianz von 225.

In der Erziehungsberatung wird anstelle der Variablen „Intelligenzquotient" *IQ* oft die Variable „Prozentrang" *PR* verwendet. Diese Variable *PR* gibt an, wie viel Prozent der Kinder in der jeweiligen Altersgruppe einen gleichen oder geringeren Intelligenzquotienten als das getestete Kind haben.

a) Fertigen Sie eine Umrechnungstabelle der folgenden Form an:

IQ	80	85	90	95	100	105	110	115	120
PR	...								

b) Fertigen Sie eine Umrechnungstabelle der folgenden Form an:

PR	10	20	30	40	50	60	70	80	90
IQ	...								

LÖSUNGEN

11.1 a) 1/2; 1/12
 b) 0.499995; 0.08333

11.3 a) 3.2; 2.56 b) 0%

11.4 a) 0.15625 b) 0.02148

11.5 für $n = 10$ und $p = 0.2$: 0.4743

11.7 a) 0.8208 b) 0.02962

11.8 0.08209

11.9
 (1) 28 044
 (2) 167 157
 (3) 184 254
 (4) 235 545
 (5) 419 799
 (6) 167 157
 (7) 28 044

11.10 a) 69.15% b) 1.041 kg
 c) 30.85%

11.11 a) 0.6827 b) (14, 22)
 c) 0.9545

11.12 a) (−1.282, 1.282)
 (−1.645, 1.645)
 (−1.960, 1.960)
 b) (−5.641, −4.359)
 (−5.823, −4.178)
 (−5.980, −4.020)

11.13 0.7475; 0.0473; 0.2052

11.14 a) 0 b) 0.6827
 c) 0.0013 d) 116.775 g

11.15 a) 87.5; 8.94 b) 0.9941

11.16 a) 95.45% b) 95.45%
 c) 94.37% d) 95.10%

11.17 a) 0.9545 b) 0.9772
 c) 0.8185

11.18 a) 9.18; 15.87; 25.14;
 37.07; 50; 62,93;
 74.86; 84.13; 90.82
 b) 80.80; 87.40; 92.125;
 96.25; 100; 103.75;
 107.875; 112.60; 119.20

KAPITEL 12

Wichtige Grenzwertsätze

In der Statistik bezeichnen wir als Grenzwertsätze Aussagen über eine Zufallsvariable für den Fall, dass ein Parameter ihrer Verteilung immer größer wird und schließlich gegen unendlich strebt. Mathematisch wird dies stets durch einen **Grenzwert** oder Limes ausgedrückt. Der dabei verwendete Konvergenzbegriff oder die Art der Konvergenz, um die es sich dabei handelt, ist jedoch – wie wir sehen werden – sehr sorgfältig von der Konvergenz zu unterscheiden, wie wir sie etwa aus der mathematischen Theorie der unendlichen Folgen und Reihen kennen.

Wir haben in Kapitel 11 schon solche Grenzwertsätze kennengelernt. Bei den Aussagen, dass die hypergeometrische Verteilung gegen die Binomialverteilung oder die Binomialverteilung gegen die POISSON-Verteilung konvergiere, handelte es sich um Grenzwertsätze. Ganz allgemein haben Grenzwertbetrachtungen und Grenzwertsätze in der theoretischen Statistik und in den statistischen Anwendungen große Bedeutung. Die in diesem Kapitel behandelten Grenzwertsätze sind fundamental.

Denken wir uns eine n-dimensionale Zufallsvariable und unterstellen, dass die einzelnen Komponenten

$$X_1, X_2, \cdots, X_n$$

unabhängig und **identisch** verteilt sind. Wenn sie identisch verteilt sind, haben sie auch alle den gleichen Erwartungswert und die gleiche Varianz

$$E(X_i) = \mu \quad \text{und} \quad Var(X_i) = \sigma^2,$$

deren Zahlenwerte wir mit μ und σ^2 bezeichnen wollen.

Wie entsteht nun eine solche Folge von Zufallsvariablen in der Praxis und welche Bedeutung hat sie? Diese Konstellation kann in drei verschiedenen Fällen auftreten:

1. **Stichprobe mit Zurücklegen.** Eine einfache Möglichkeit, eine Folge von n Zufallsvariablen zu erzeugen, bestünde darin, aus einer Grundgesamtheit eine Zufallsstichprobe vom Umfang n zu ziehen. Das Stichprobenergebnis

$$x_1, x_2, \cdots, x_n$$

wäre als eine Realisation der Folge von Zufallsvariablen anzusehen. Dabei müsste das interessierende Merkmal X in der Grundgesamtheit den arithmetischen Mittelwert μ und die empirische Varianz σ^2 haben, und die Zufallsstichprobe müsste mit Zurücklegen gezogen werden. *Mit Zurücklegen* heißt, dass jedes einzelne Stichprobenelement wieder in die Grundgesamtheit zurückgelegt wird, bevor wir das nächste entnehmen. Auf diese Weise sichern wir die *Unabhängigkeit* der einzelnen Zufallsvariablen X_i in der Folge. Die Wahrscheinlichkeitsverteilung für jedes X_i entspricht nun der Häufigkeitsverteilung des Merkmals X in der Grundgesamtheit. Damit sind sie alle *identisch verteilt*, so dass auch die Erwartungswerte $E(X_i) = \mu$ und Varianzen $Var(X_i) = \sigma^2$ identisch sind.

2. **Versuchsreihe.** Eine andere Möglichkeit wäre, ein bestimmtes Zufallsexperiment, das eine Zufallsvariable X mit dem Erwartungswert μ und der Varianz σ^2 hervorbringt, n-mal unabhängig voneinander durchzuführen. Jede einzelne Durchführung erzeugt eine Zufallsvariable X_i der Folge. Die Wahrscheinlichkeitsverteilung für jedes X_i ist dann identisch, denn sie ist die Verteilung der Zufallsvariablen X.

3. **Hypothetische Grundgesamtheit.** Betrachten wir alle Ergebnisse des Zufallsexperiments, wenn wir es immer wieder und ohne aufzuhören durchführen würden, einmal als eine Grundgesamtheit Ω. Diese Grundgesamtheit kann natürlich nicht als eine reale, sondern nur als eine *fiktive* oder *hypothetische* Grundgesamtheit interpretiert werden, denn sie hat unendlich viele Elemente. Niemals wäre es möglich, die ganze Grundgesamtheit statistisch zu erfassen. Dennoch könnten wir die Verteilung des Merkmals X in dieser Grundgesamtheit durch die Verteilung der Zufallsvariablen X des Zufallsexperiments beschreiben. Die Versuchsreihe mit n einzelnen und unabhängig voneinander durchgeführten Versuchen wäre denn eine Zufallsstichprobe mit dem Stichprobenumfang n.

Wir interessieren uns in allen drei Fällen für die **Summe**

$$S_n := X_1 + X_2 + \cdots + X_n$$

und vor allem für das **arithmetische Mittel** bzw. den Stichprobenmittelwert

$$\overline{X}_n := \frac{1}{n}(X_1 + X_2 + \cdots + X_n) \tag{12-1}$$

dieser n unabhängig und identisch verteilten Zufallsvariablen.

Die Verteilung der Zufallsvariablen $\overline{X}_n$ wird natürlich von der Verteilung des Merkmals in der Grundgesamtheit und vom Stichprobenumfang n abhängen. Im Einzelfall mag es recht schwierig sein, diese Verteilung explizit zu berechnen. Zwei wichtige Eigenschaften von ihr können wir jedoch leicht angeben. Wir formulieren den wichtigen

Satz: Seien $X_1, X_2, \cdots, X_n$ unabhängig und identisch verteilte Zufallsvariablen, deren Erwartungswerte $E(X_i) = \mu$ und Varianzen $Var(X_i) = \sigma^2$ existieren, und sei $\overline{X}_n$ das arithmetische Mittel aus ihnen. Dann gilt

$$E(\overline{X}_n) = \mu \qquad (12\text{-}2)$$

$$Var(\overline{X}_n) = \frac{\sigma^2}{n} \qquad (12\text{-}3)$$

Der Erwartungswert des Stichprobenmittelwertes entspricht also dem Mittelwert der Grundgesamtheit. Die Varianz des Stichprobenmittelwertes ist um den Faktor $1/n$ kleiner als die der Grundgesamtheit. Wir beachten, dass dieser Sachverhalt schon in Abschnitt **10.4** festgestellt und bewiesen wurde.

Über die stochastischen Eigenschaften der Zufallsvariablen S_n und $\overline{X}_n$ für den Fall, dass n immer größer und größer gemacht wird und schließlich gegen unendlich strebt, werden die folgenden Grenzwertsätze etwas aussagen.

12.1 Das Gesetz der großen Zahlen

Dieses „Gesetz" bezieht sich auf einen Sachverhalt, der den Menschen schon vor langer Zeit aufgefallen war. Seine wohl erste wissenschaftliche Formulierung stammt von POISSON. Er veröffentlichte 1837 einen mathematischen Satz, den er „*la loi des grands nombres*" nannte. Er meinte damit eine große Zahl von Versuchen bei einem Experiment.

Ein Zufallsexperiment möge eine Zufallsvariable X hervorbringen. Diese Zufallsvariable habe den Erwartungswert μ und die Varianz σ^2. Machen wir mit dem so beschriebenen Experiment eine Versuchsreihe von n Experimenten, so erhalten wir eine statistische Reihe mit den n Beobachtungen, woraus wir den Mittelwert

$$\overline{x} = \frac{1}{n}(x_1 + x_2 + \cdots + x_n)$$

berechnen und ihn als Realisation der Zufallsvariablen $\overline{X}_n$ ansehen.

Der Kern des Gesetzes der großen Zahlen verbirgt sich nun in der Eigenschaft (12-3): Die Varianz des Stichprobenmittelwertes wird umso kleiner, je größer der Stichprobenumfang n ist. Strebt schließlich n gegen unendlich, konvergiert die Varianz gegen den Grenzwert Null:

$$Var(\overline{X}_n) \to 0 \qquad \text{für} \quad n \to \infty$$

oder in anderer Schreibweise

$$\lim_{n \to \infty} Var(\overline{X}_n) = 0. \qquad (12\text{-}4)$$

Ist der Stichprobenumfang n groß und damit die Varianz der Verteilung von $\overline{X}_n$ klein, so wird das arithmetische Mittel $\overline{x}$ einer aktuell gezogenen Stichprobe natürlich nahe bei μ liegen.

Genauer ausgedrückt: Je größer n wird, umso größer wird die Wahrscheinlichkeit sein, mit der eine Realisation $\overline{x}$ in ein ganz kleines Intervall um μ fällt. Oder mit anderen Worten: Je größer n wird, umso kleiner wird das Intervall um μ sein, in das der Mittelwert $\overline{x}$ einer Stichprobe oder Versuchsreihe mit großer Wahrscheinlichkeit fällt. Man formuliert diesen Sachverhalt in dem folgenden Satz:

Schwaches Gesetz der großen Zahlen

Seien $X_1, X_2, \cdots, X_n$ unabhängig und identisch verteilte Zufallsvariablen, deren Erwartungswerte $E(X_i) = \mu$ und Varianzen existieren, und sei $\overline{X}_n$ das arithmetische Mittel aus ihnen. Dann gilt für jedes noch so kleine $\varepsilon > 0$

$$P(|\overline{X}_n - \mu| \geq \varepsilon) \to 0 \quad \text{für} \quad n \to \infty.$$

❏ *Beweis:* Nach der TSCHEBYSCHEVschen Ungleichung gilt für die Abweichung **jeder** Zufallsvariablen von ihrem Mittelwert – ohne Ansehen ihrer Verteilung – also auch für $\overline{X}$

$$P(|\overline{X}_n - \mu| \geq k\sigma_{\overline{X}}) \leq 1/k^2,$$

wobei nach (12-3) $\sigma_{\overline{X}} = \sigma/\sqrt{n}$ die Standardabweichung von $\overline{X}_n$ ist. Mit der Substitution $k\sigma_{\overline{X}} = \varepsilon$ und damit $k^2 = \varepsilon^2 \cdot n/\sigma^2$ wird daraus

$$P(|\overline{X}_n - \mu| \geq \varepsilon) \leq \frac{\sigma^2}{\varepsilon^2 \cdot n},$$

und der Bruch auf der rechten Seite des $\leq$-Zeichens wird mit zunehmendem n immer kleiner und strebt schließlich gegen Null. ❏

Aus diesem Beweis zusammen mit den Berechnungen im Abschnitt **10.4** sehen wir, dass dieses Gesetz der großen Zahlen auch für wesentlich **schwächere Voraussetzungen** gültig bleibt. Die Verteilungen der X_i brauchen gar nicht identisch zu sein, es genügt, wenn sie den gleichen Mittelwert μ haben. Sogar ihre Varianz braucht nicht dieselbe zu sein. Solange die einzelnen Varianzen

$$Var(X_i) = \sigma_i^2 \leq \sigma_{max}^2$$

nur eine endliche Schranke als Maximum nicht überschreiten, bleibt

$$P(|\overline{X}_n - \mu| \geq \varepsilon) \leq \frac{\sigma_1^2 + \cdots + \sigma_n^2}{\varepsilon^2 \cdot n^2} \leq \frac{\sigma_{\max}^2}{\varepsilon^2 \cdot n^2},$$

und die rechte Seite konvergiert mit wachsendem n unweigerlich gegen Null. Die Voraussetzung der Unabhängigkeit (oder mindestens Unkorreliertheit) der X_i ist jedoch unverzichtbar.

Andere gebräuchliche Schreibweisen für das Gesetz der großen Zahlen sind

$$P(|\overline{X}_n - \mu| < \varepsilon) \to 1 \quad \text{für} \quad n \to \infty \tag{12-5a}$$

$$\lim_{n \to \infty} P(|\overline{X}_n - \mu| \geq \varepsilon) = 0 \tag{12-5b}$$

$$\plim_{n \to \infty} \overline{X}_n = \mu. \tag{12-5c}$$

Alle diese Schreibweisen bedeuten natürlich genau dasselbe. (12-5a) ist die komplementäre Aussage, in (12-5b) wird die übliche Limes-Schreibweise verwendet. Formel (12-5c) lesen wir als: „Der Wahrscheinlichkeitslimes von $\overline{X}_n$ ist gleich μ". Der *Wahrscheinlichkeitslimes* ist sehr sorgfältig vom gewöhnlichen Limes zu unterscheiden. Man beachte, dass im Gesetz der großen Zahlen *gerade nicht* behauptet wird, dass

$$\lim_{n \to \infty} \overline{x}_n = \mu, \tag{12-6}$$

also die Folge der beobachteten arithmetischen Mittelwerte $\overline{x}_n$ gegen μ konvergieren würde! Es lässt sich eben nicht zu jedem kleinen $\varepsilon > 0$ eine Nummer $n(\varepsilon)$ finden, ab welcher eine Abweichung

$$|\overline{x}_n - \mu| \geq \varepsilon$$

gar nicht mehr vorkäme. Vielmehr kann bei jedem noch so großen n eine Abweichung um ε oder mehr wohl vorkommen: Lediglich die Wahrscheinlichkeit dafür wird immer kleiner und geht schließlich gegen Null. Das ist eine wesentlich schwächere Aussage als die in (12-6) formulierte. Wir sprechen deshalb im Zusammenhang mit dem Wahrscheinlichkeitslimes von *stochastischer Konvergenz* und vom *schwachen* Gesetz der großen Zahlen.

Im sogenannten *starken Gesetz der großen Zahlen* wird eine stärkere Konvergenz behauptet, nämlich

$$\boxed{P(\lim \overline{X}_n = \mu) = 1} \tag{12-7}$$

Diese **Konvergenz mit Wahrscheinlichkeit Eins** oder ***fast sichere Konvergenz*** kann unter ähnlichen Voraussetzungen auch bewiesen werden. Sie ist stärker als die stochastische Konvergenz, aber immer noch schwächer als die unbeweisbare in (12-6).

Es ist nichts Mysteriöses am Gesetz der großen Zahlen – dennoch wird es von den meisten Menschen gefühlsmäßig falsch interpretiert. Stellen wir uns vor, wir besuchen das Spielcasino in Monte Carlo. Dort wird ohne Unterlass ein bestimmtes, wohlbekanntes Zufallsexperiment durchgeführt. Die Zufallsvariable X kann die ganzzahligen Werte von 0 bis 36 einschließlich annehmen, und jeder Wert habe die gleiche Wahrscheinlichkeit $p = 1/37$. Der Erwartungswert ist also $\mu = 18$ und die Varianz $\sigma^2 = 114$. Als leidenschaftliche Statistiker beginnen wir sofort, alle Ergebnisse des Roulettes sorgfältig aufzuschreiben. Nach vier Stunden sind 225 Spiele gemacht, und wir stellen fest, dass das arithmetische Mittel dieser 225 Ergebnisse

$$\bar{x}_{225} = 9.236$$

beträgt und dass die Zahlen über 18 bisher so gut wie überhaupt noch nicht vorgekommen sind. Wir beobachten aber nicht nur das Roulette, sondern auch die Spieler und bemerken, dass diese nun beginnen, verstärkt auf Zahlen über 18 zu setzen, weil diese nach ihrer Empfindung im Defizit sind. Viele Spieler glauben, wie einst D'ALEMBERT[1], dass diese Zahlen sich nun sputen müssen, sprich mit höherer Wahrscheinlichkeit eintreten werden, damit der Mittelwert gegen $\mu = 18$ konvergieren könne. Wer so spielt, nimmt implizit an, dass solche einfachen Geräte wie ein Würfel oder ein Roulette ein Gedächtnis haben. Die Roulettekugel müsste also wissen, welche Zahlen einen Nachholbedarf haben, und auf diese Zahlen mit größerer Leichtigkeit springen. „Absurderes kann sicherlich kaum gedacht werden", kommentierte EULER[2] die Ansicht D'ALEMBERTs, „denn dann müsste jeder nach einem Jahr, ja nach einem Jahrhundert stattfindende Zug vom Ergebnis aller Züge abhängen, die seit undenklichen Zeiten an irgendwelchen Orten dieser Erde stattgefunden haben."

Ironischerweise hat in TABELLE 12.1 die Unglückszahl 13 den größten „Nachholbedarf". Aber das Gesetz der großen Zahlen arbeitet nicht nach dem Prinzip der Buchhaltung, sondern nach dem „Prinzip der Überschwemmung": Die nach diesen 225 Roulette-Spielen zu beobachtende große Abweichung zwischen X und μ wird auch so

---

[1] JEAN LE ROND D'ALEMBERT, 1717–1783, französischer Mathematiker und Philosoph, zusammen mit VOLTAIRE einer der führenden Köpfe der französischen Aufklärung.

[2] LEONHARD EULER, 1707–1783, geboren in Basel, wurde im Alter von 25 Jahren Nachfolger von DANIEL BERNOULLI auf dem Lehrstuhl für Mathematik in St. Petersburg. Er gilt als einer der größten Mathematiker aller Zeiten. Er beschäftigte sich mit Musiktheorie, Planetenbewegungen, Artillerie und Schiffsbau. FRIEDRICH DEN GROßEN beriet er bei der Einrichtung von Lotterien, um die Finanznot des preußischen Staates zu mildern. Aus dieser Beschäftigung entstanden seine wahrscheinleichkeitstheoretischen Abhandlungen. Er befasste sich aber auch mit Anwendungen der Stochastik auf die Demographie. Von ihm stammen die Symbole $f(x)$, e, i und das Summenzeichen Σ.

allmählich immer kleiner. Das Defizit der Zahlen über 18 wird, wenn man nach 1000 oder 100 000 Spielen das arithmetische Mittel ausrechnet, kaum noch ins Gewicht fallen.

Beispiel [1] Die historischen Lottozahlen zeigen das Gesetz der großen Zahlen sehr anschaulich. TABELLE 12.1 verzeichnet die Häufigkeiten, mit der die einzelnen Lottokugeln in 25 Jahren aus der Trommel gezogen wurden. Jeden Samstag wurden sieben Kugeln (einschließlich Zusatzzahl) gezogen, es liegt also insgesamt ein sehr hoher Stichprobenumfang von $n = 9114$ vor. Das arithmetische Mittel und die Standardabweichung der gezogenen Lottozahlen betragen

$$\bar{x} = (1 \cdot 187 + 2 \cdot 194 + 3 \cdot 194 + \cdots + 49 \cdot 207)/9114 = 25.2211$$
$$s_X = \sqrt{200.6512} = 14.1651.$$

Die Wahrscheinlichkeitsverteilung, aus der diese Realisationen stammen, ist die gleichförmige Verteilung aus Abschnitt **11.1** mit dem Parameter $m = 49$. Ihr Erwartungswert und ihre Standardabweichung sind nach den Formeln (11-2) und (11-3)

$$\mu = (49+1)/2 = 50/2 = 25$$
$$\sigma_X = \sqrt{(49^2 - 1)/12} = \sqrt{200} = 14.1421.$$

TABELLE 12.1   25 Jahre Lotto in Deutschland: absolute Häufigkeiten nach 1302 Ausspielungen

1	*2*	*3*	*4*	*5*	*6*	*7*
187	194	194	178	176	187	175
8	*9*	*10*	*11*	*12*	*13*	*14*
179	201	173	175	180	157	181
15	*16*	*17*	*18*	*19*	*20*	*21*
172	180	190	183	191	181	200
22	*23*	*24*	*25*	*26*	*27*	*28*
191	186	177	196	200	180	167
29	*30*	*31*	*32*	*33*	*34*	*35*
186	182	199	211	189	175	183
36	*37*	*38*	*39*	*40*	*41*	*42*
199	175	199	199	195	183	182
43	*44*	*45*	*46*	*47*	*48*	*49*
189	181	188	191	175	195	207

Wir beobachten also eine sehr geringe absolute Abweichung von nur

$$|\mu - \bar{x}| = |25 - 25.2211| = 0.2211.$$

Auch die Standardabweichungen zeigen nur einen sehr geringen Unterschied. Wie groß wäre denn die Wahrscheinlichkeit, dass bei einer so großen Zahl von $n = 9114$ Durchführungen eine Abweichung von, sagen wir,

$$|25 - \bar{x}| \geq 1$$

vorkäme? Zur Beantwortung dieser Frage berechnen wir zuerst die Standardabweichung des Stichprobenmittelwertes $\bar{X}$ nach dem $\sqrt{n}$-Gesetz (10-23)

$$\sigma_{\bar{X}} = \frac{14.1421}{\sqrt{9114}} = 14.1421/95.4673 = 0.1481$$

und stellen fest, dass die fragliche Abweichung $k = 6.7521$-mal so groß wäre. Nach der groben Abschätzung durch die TSCHEBYSCHEVsche Ungleichung ist die Wahrscheinlichkeit also allemal nicht größer als $1/k^2 = 0.02193$.

12.2 BERNOULLIS Gesetz

Gehen wir nun davon aus, das fragliche Zufallsexperiment sei ein BERNOULLI-Experiment mit der Erfolgswahrscheinlichkeit p. Die Zufallsvariable ist dann eine BERNOULLI-Variable B mit

$$E(B) = p \quad \text{und} \quad Var(B) = pq,$$

wobei $q := 1 - p$. In einer Versuchsreihe mit n unabhängig voneinander durchgeführten Experimenten gilt für jedes einzelne Experiment i

$$E(B_i) = p \quad \text{und} \quad Var(B_i) = pq,$$

und die Anzahl der Erfolge ist binomialverteilt (vgl. Abschnitt **11.3**) mit den Parametern n und p und der Varianz npq.

Wir richten jedoch unser Augenmerk nicht auf die absolute Anzahl, sondern auf die relative Häufigkeit H_n der Erfolge in der Versuchsreihe. Diese Zufallsvariable

$$H_n := \frac{1}{n}(B_1 + B_2 + \cdots + B_n)$$

liegt zwischen

$$0 \leq H_n \leq 1$$

und wird eine Verteilung haben, die aus der entsprechenden Binomialverteilung recht leicht abzuleiten wäre. Ohne diese Verteilung näher zu untersuchen, lässt sich sofort konstatieren:

Satz: Seien die BERNOULLI-Variablen $B_1, B_2, \cdots, B_n$ unabhängig verteilt mit derselben Erfolgswahrscheinlichkeit p. Dann gilt für die relative Häufigkeit der Erfolge H_n:

$$\boxed{\begin{aligned} E(H_n) &= p \\ Var(H_n) &= pq/n \end{aligned}} \qquad (12\text{-}8)$$

❑ *Beweis:* Die erstgenannte Eigenschaft folgt leicht aus den Rechenregeln, wonach

$$E(H_n) = E[(B_1 + \cdots + B_n)/n] = np/n = p.$$

Die zweite Eigenschaft folgt aus der *Unabhängigkeit* der einzelnen Komponenten B_i, und es ist

$$Var(H_n) = Var[(B_1 + \cdots + B_n)/n] = Var(B_1 + \cdots + B_n)/n^2$$
$$= npq/n^2 = pq/n.$$
❑

Der Erwartungswert der relativen Häufigkeit H_n entspricht der Erfolgswahrscheinlichkeit p des BERNOULLI-Experiments, und die Varianz der relativen Häufigkeit H_n wird umso kleiner, je länger die Versuchsreihe ist. Strebt schließlich n gegen unendlich, so konvergiert die Varianz gegen den Grenzwert Null:

$$\lim Var(H_n) = 0 \qquad (12\text{-}9)$$

Ist n sehr groß, so wird die relative Häufigkeit h_n einer aktuell durchgeführten Versuchsreihe natürlich nahe bei dem Wert p liegen. Je länger eine Versuchsreihe ist, umso größer wird die Wahrscheinlichkeit sein, mit der der Anteilswert h_n der Erfolge in ein ganz kleines Intervall um p fällt. Oder anders ausgedrückt: Je größer n wird, umso kleiner wird das Intervall um p sein, in das der Anteilswert h_n einer Stichprobe oder Versuchsreihe mit großer Wahrscheinlichkeit fällt.

BERNOULLIS Gesetz der großen Zahlen

Ein BERNOULLI-Experiment mit der Erfolgswahrscheinlichkeit p werde n-mal unabhängig voneinander wiederholt, und sei dabei H_n die relative Häufigkeit der Erfolge. Dann gilt für jedes noch so kleine $\varepsilon > 0$

$$P(|H_n - p| \geq \varepsilon) \to 0 \quad \text{für} \quad n \to \infty.$$

❏ *Beweis:* Der Beweis entspricht dem für das Gesetz der großen Zahlen und bräuchte eigentlich nicht gesondert geführt zu werden, da es sich ja nur um einen Spezialfall des schwachen Gesetzes der großen Zahlen handelt. Die Abschätzung der Wahrscheinlichkeit einer Abweichung von H_n von ihrem Erwartungswert p lautet hier

$$P(|H_n - p| \geq \varepsilon) \leq \frac{pq}{\varepsilon^2 n}, \tag{12-10}$$

und der Bruch auf der rechten Seite des ≤-Zeichens wird mit zunehmendem n immer kleiner und strebt für $n \to \infty$ schließlich gegen Null. ❏

Die Schreibweisen

$$P(|H_n - p| < \varepsilon) \to 1 \quad \text{für} \quad n \to \infty \tag{12-11a}$$

$$\lim_{n \to \infty} P(|H_n - p| \geq \varepsilon) = 0 \tag{12-11b}$$

$$\operatorname*{plim}_{n \to \infty} H_n = p \tag{12-11c}$$

des Gesetzes der großen Zahlen sind äquivalent.

JAKOB BERNOULLI[3] hatte, wie er selbst in seiner *Ars Conjectandi* angibt, das Problem 20 Jahre lang mit sich herumgetragen und war sehr stolz auf diesen Satz. „Diese Entdeckung gilt mir mehr, als wenn ich gar die Quadratur des Kreises geliefert hätte", schrieb er in sein Tagebuch. Die Quadratur des Kreises hielt man damals für das schwierigste ungelöste Problem der Mathematik überhaupt.

Die „starke" Version dieses Gesetzes der großen Zahlen lautet

$$\boxed{P(\lim H_n = p) = 1}$$

und wurde erst im Jahre 1917 von CANTELLI[4] bewiesen.

Beispiel [2] Eine Münze werde immer und immer wieder geworfen. Die Münze sei fair, das heißt so ebenmäßig, dass $P(\text{Kopf}) = P(\text{Zahl}) = 0.5$ ist. Nach dem Gesetz der großen Zahlen sollte die relative Häufigkeit h der Köpfe mit zunehmendem n gegen die Wahrscheinlichkeit 0.5 konvergieren. Wir wollen einmal grob abschätzen, wie oft man wohl werfen muss, damit sie mit 98% Sicherheit im Intervall

$$0.4 < h < 0.6$$

---

[3] Vgl. Fußnote in Abschnitt **11.2**.
[4] FRANCESCO PAOLO CANTELLI, 1875–1966, italienischer Mathematiker.

zu liegen kommt? Dazu betrachten wir die Zufallsvariable H_n. Nach Formel (12-10) genügt die Wahrscheinlichkeit der Ungleichung

$$P(|H_n - 0.5| \geq 0.1) \leq \frac{0.5 \cdot 0.5}{0.01 \cdot n} = 0.02 \quad \Rightarrow \quad n = \frac{0.5 \cdot 0.5}{0.01 \cdot 0.02} = 1250.$$

Wenn man also die Münze 1 250mal oder öfter wirft, beträgt die Wahrscheinlichkeit, mit h nicht im Intervall zu liegen, höchstens 0.02.

Man beachte, dass BERNOULLIs Gesetz als ein Spezialfall des allgemeinen Gesetzes der großen Zahlen anzusehen ist. Ohne die Gesetze der großen Zahlen wäre ein guter Teil der analytischen Statistik und der fundamentalen statistischen Methoden undenkbar. Dazu die beiden folgenden Bemerkungen:

1. **Statistische Wahrscheinlichkeit.** Erinnern wir uns an den statistischen Wahrscheinlichkeitsbegriff aus Abschnitt **8.4**. BERNOULLIs Gesetz der großen Zahlen legt in der Tat nahe, Wahrscheinlichkeiten **auf experimentellem Wege** zu bestimmen. Wenn auch niemand sagen kann, ob in einer langen Versuchsreihe mit einem BERNOULLI-Experiment die relative Häufigkeit „tatsächlich" gegen die Wahrscheinlichkeit p konvergiert, so können wir nun doch darauf vertrauen, dass wir ihr „mit Wahrscheinlichkeit" immer näher kommen. Ist n hinreichend groß, so wird h_n einen guten Näherungswert beziehungsweise eine brauchbare Schätzung für p abgeben.

2. **Stichprobenverfahren.** Entsprechend den Überlegungen im vorangegangenen Abschnitt können wir die Versuchsreihe auch als eine Stichprobe vom Umfang n aus der unendlichen Grundgesamtheit aller Ergebnisse, die bei ständigem und unbegrenztem Wiederholen des BERNOULLI-Experiments herauskommen, auffassen. Die Zufallsvariable H_n wäre dann der **Stichprobenanteilswert**.

   Aber auch für Stichproben aus einer realen endlichen Grundgesamtheit bleibt das Gesetz der großen Zahlen anwendbar. Sei etwa p der Anteil der statistischen Einheiten in der Grundgesamtheit, bei denen ein **qualitatives Merkmal** in einer bestimmten Ausprägung vorliegt. Dann ist die Wahrscheinlichkeit, dass ein einzelnes Stichprobenelement dieses Merkmal aufweist, nach LAPLACE gerade gleich p, und der Stichprobenanteilswert wird mit zunehmendem Stichprobenumfang mit Wahrscheinlichkeit immer näher bei dem Wert p zu liegen kommen.

12.3 Hauptsatz der Statistik

Aber nicht nur der Mittelwert einer Stichprobe konvergiert stochastisch gegen den Erwartungswert.

Vielmehr ist es möglich, ganze Wahrscheinlichkeitsverteilungen *experimentell zu bestimmen*. Dazu nimmt man die statistische Reihe der n Stichprobenwerte

$$x_1, x_2, \cdots, x_n$$

beziehungsweise der n unabhängigen Realisationen einer Zufallsvariablen und bestimmt ihre empirische Verteilungsfunktion gemäß (1-9) aus Kapitel **1**. Sie gibt für jedes reelle x den Anteil der Werte in der Stichprobe an, die kleiner oder gleich x sind:

$$H_n(x) = \text{relH}(X \leq x). \tag{1-15}$$

Diese empirische Verteilungsfunktion konvergiert mit zunehmendem Stichprobenumfang gegen die Wahrscheinlichkeitsverteilungsfunktion

$$H_n(x) \longrightarrow F(x), \quad \text{für } n \to \infty.$$

Man beachte, dass diese Funktionen $H_n(x)$ in jedem Falle **Treppenfunktionen** sind, egal ob X eine stetige oder diskrete Zufallsvariable ist.

Hauptsatz der mathematischen Statistik: Die mit Hilfe von Stichproben vom Umfang n gewonnenen empirischen Verteilungsfunktionen konvergieren *mit Wahrscheinlichkeit Eins*

$$\boxed{P\left(\lim_{n \to \infty} H_n(x) = F(x)\right) = 1} \tag{12-12}$$

gegen die Verteilungsfunktion der Zufallsvariablen X, wenn n gegen Unendlich strebt. Die Konvergenz ist *gleichmäßig*, das heißt sie gilt an jeder Stelle x.

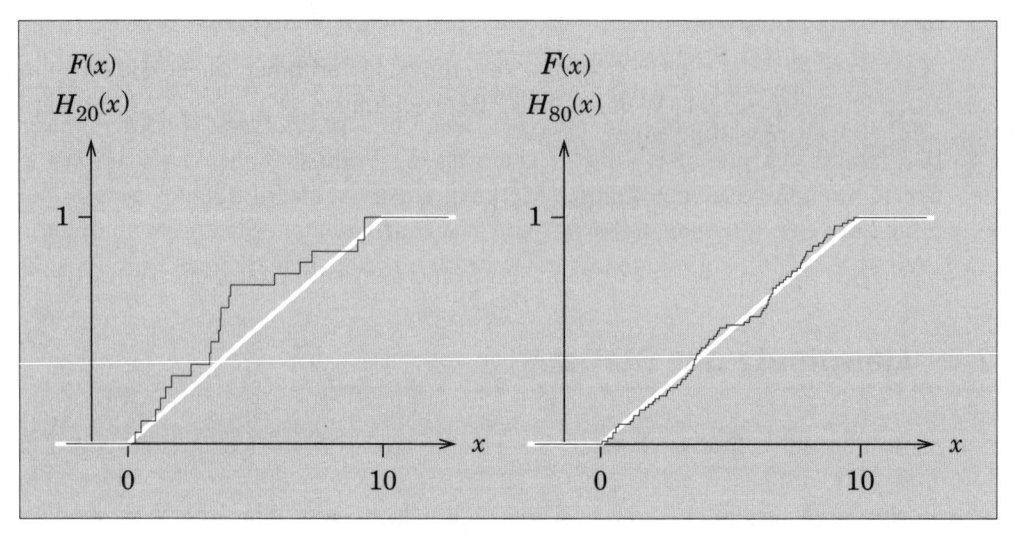

BILD 12.1 Konvergenz gegen die Wahrscheinlichkeitsverteilungsfunktion

Diese starke Version des Satzes wurde von GLIWENKO[5] bewiesen. Der Satz ist fundamental; aus ihm folgen direkt alle vorherigen Sätze dieses Kapitels, weshalb er die stolze Bezeichnung *Hauptsatz* erhalten hat.

Beispiel [3] Auf einem PC wurden im Intervall [0, 10] einmal 20 und einmal 80 gleichverteilte Zufallszahlen gezogen. Sie entstammen einer gleichförmigen oder Rechteckverteilung, wie sie in Abschnitt **11.7** vorgestellt wurde. Mit den Zufallszahlen wurden die *empirischen Verteilungsfunktionen* H_{20} und H_{80} gebildet und gezeichnet (BILD 12.1).

Während man bei einem Stichprobenumfang von $n = 20$ noch sehr deutliche Abweichungen vorfindet, hat sich die empirische Verteilungsfunktion bei $n = 80$ doch schon weitgehend an die *Wahrscheinlichkeitsverteilungsfunktion* $F(x)$ angenähert! Würden wir 1000 solche Zufallszahlen ziehen, so wären die Treppenstufen von H_{1000} kaum mehr sichtbar und die Konvergenz gegen F wäre *wahrscheinlich* noch viel weiter fortgeschritten.

12.4 Der zentrale Grenzwertsatz

In den vorangegangenen Abschnitten dieses Kapitels haben wir gesehen, dass der Erwartungswert und die Varianz der Summe S_n von n unabhängig und identisch verteilten Zufallsvariablen mit zunehmendem n größer und größer werden. Anderseits strebt die Varianz des arithmetischen Mittels S_n/n mit zunehmendem n gegen Null, das heißt

$$E(S_n) = n\mu \to \infty \qquad Var(S_n) = n\sigma^2 \to \infty$$
$$E(\overline{X}_n) = \mu \to \mu \qquad Var(\overline{X}_n) = \sigma^2/n \to 0$$

für $n \to \infty$. Daraus folgte, dass sich die Verteilung des arithmetischen Mittels immer enger um μ zusammenzieht. Wenn wir die Beobachtungen $x_1, x_2, \cdots, x_n$ aus einer Versuchsreihe oder Stichprobe zu

$$\overline{x}_n := \frac{1}{n}(x_1 + x_2 + \cdots + x_n)$$

mitteln, erhalten wir einen umso genaueren Näherungswert oder Schätzwert für das eventuell unbekannte μ, je länger die Versuchreihe oder je größer der Stichprobenumfang wird.

In vielen Anwendungen genügt es aber nicht, nur die beiden Momente E und Var zu kennen, man wüsste gerne mehr über die **Verteilungsfunktionen** $F(s_n)$ und $F(\overline{x}_n)$ der Zufallsvariablen S_n und $\overline{X}_n$.

---

5 WALERI IWANOWITSCH GLIWENKO, 1896–1940, russischer Mathematiker.

Im Prinzip könnten diese Verteilungsfunktionen aus der Ausgangsverteilung der Zufallsvariablen X_i berechnet werden. Diese Berechnung ist allerdings nur in speziellen Fällen halbwegs unkompliziert. So wissen wir ja, dass die Summe von identisch und unabhängig verteilten BERNOULLI-Variablen (definitionsgemäß) binomialverteilt ist. Auch die Summe von binomialverteilten Zufallsvariablen ist wieder binomialverteilt, wenn sie den gleichen Parameter p haben. Diese Reproduktionseigenschaft besitzen auch die POISSON-Verteilung, die Exponentialverteilung und die Normalverteilung. In den meisten anderen Fällen ist jedoch die analytische Berechnung der Verteilungsfunktion extrem schwierig. Ganz und gar unmöglich ist eine Berechnung aber dann, wenn die Ausgangsverteilung unbekannt ist, was in der Praxis fast die Regel ist.

Aus diesem Dilemma hilft uns der zentrale Grenzwertsatz heraus. Durch ihn wird die Beurteilung der Verteilungsfunktion F_n einer Summe oder eines arithmetischen Mittels zu einer relativ einfachen Angelegenheit.

Zentraler Grenzwertsatz

Seien $X_1, X_2, \cdots, X_n$ unabhängig und identisch verteilte Zufallsvariablen mit $E(X_i) = \mu$ und $Var(X_i) = \sigma^2$. Sei S_n die Summe und $\overline{X}_n := S_n / n$ das arithmetische Mittel dieser Zufallsvariablen. Dann strebt die Verteilungsfunktion F_n der standardisierten Größe

$$Z_n := \frac{S_n - n\mu}{\sigma \sqrt{n}} \equiv \frac{\overline{X}_n - \mu}{\sigma / \sqrt{n}}$$

mit wachsendem n gegen die Standardnormalverteilung

$$F_n(z_n) \longrightarrow F_{St}(z_n) \quad \text{für } n \to \infty.$$

Beachten wir, dass die beiden Zufallsvariablen S_n und $\overline{X}_n$ sich nur um den Faktor n unterscheiden und deshalb nach der Standardisierung identisch sind.

Der entscheidende Vorteil des zentralen Grenzwertsatzes ist, dass er keinerlei Anforderung an die **Ausgangsverteilung** stellt: Wie auch immer die – identische und unabhängige – Verteilung der X_i beschaffen sein mag, die Verteilungsfunktion der Summe beziehungsweise des arithmetischen Mittels konvergiert stets gegen die Normalverteilung. **Diesem Umstand verdankt die Normalverteilung ihre universale theoretische und praktische Bedeutung.** Er erklärt auch, weshalb so viele empirische Verteilungen der Normalverteilung nahekommen und durch sie recht gut näherungsweise beschrieben werden können.

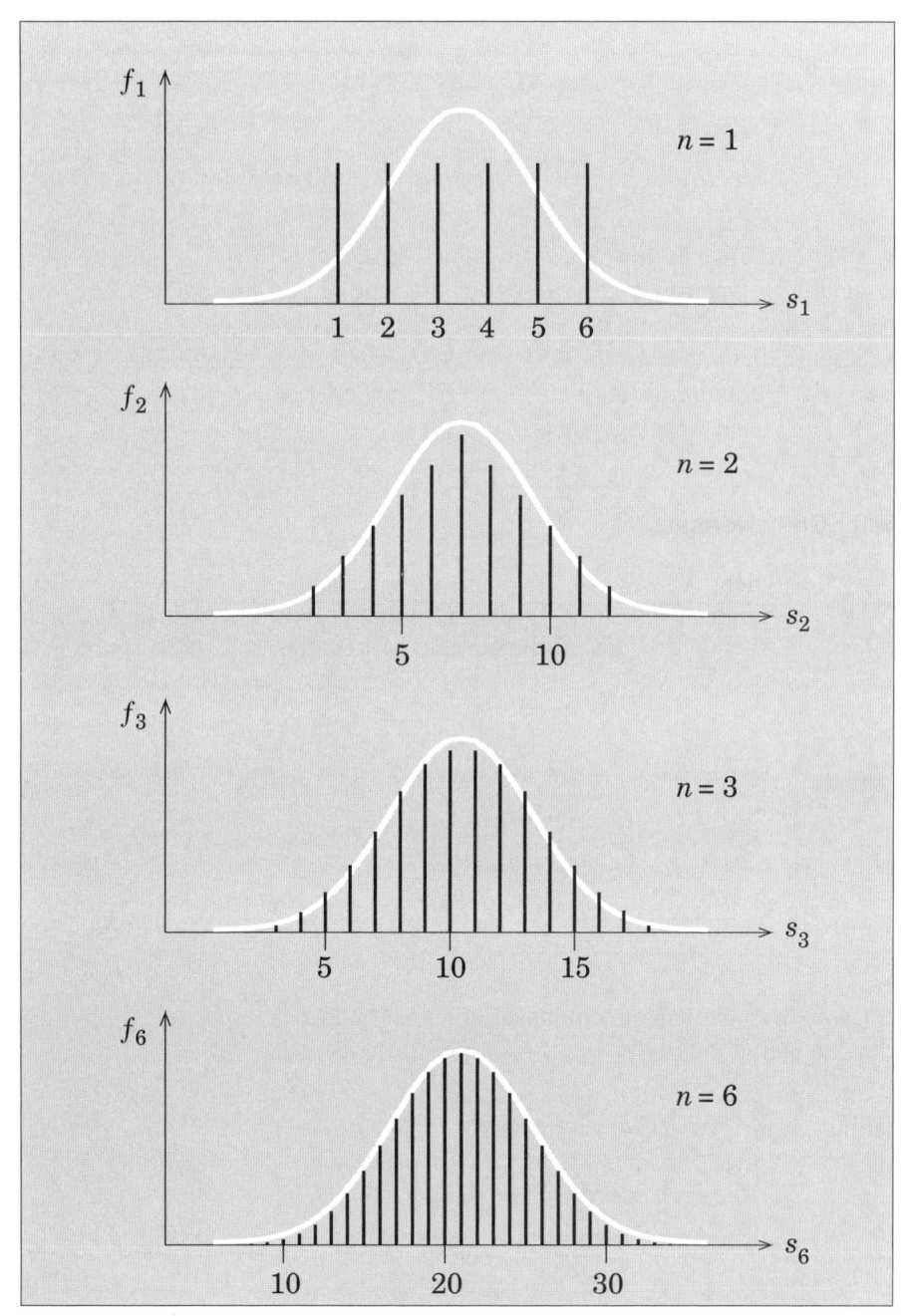

BILD 12.2 Illustration des zentralen Grenzwertsatzes: Massenfunktionen der Summe der Augenzahlen bei 1, 2, 3 und 6 unabhängigen Würfelwürfen

410 KAPITEL 12 *Wichtige Grenzwertsätze*

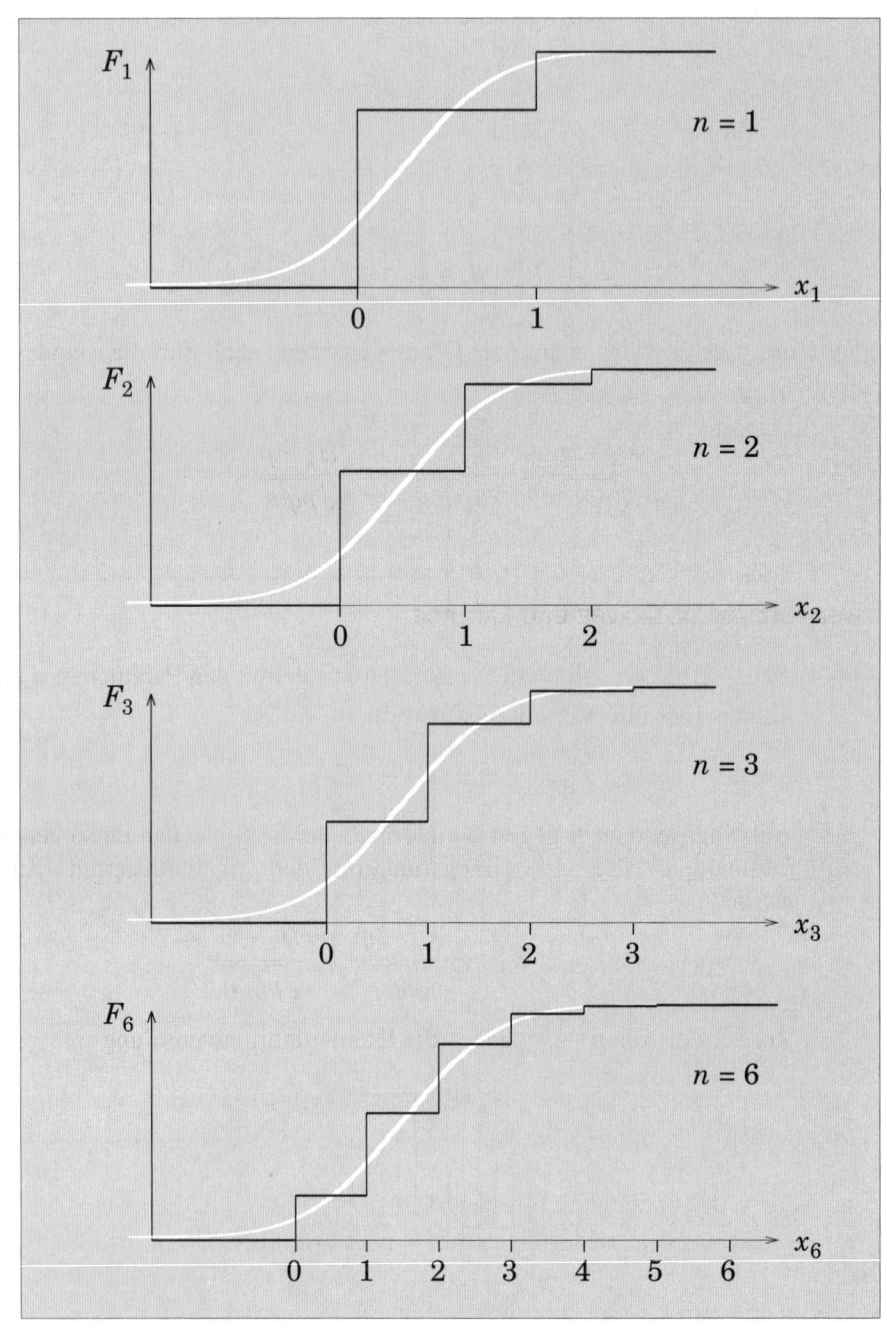

BILD 12.3 Illustration des Grenzwertsatzes von De Moivre und Laplace: Annäherung der Verteilungsfunktionen der Binomialverteilung für $p = 1/4$ und $n = 1, 2, 3$ und 6 gegen die Normalverteilungsfunktion

Wenn der zentrale Grenzwertsatz für jede Ausgangsverteilung gilt, so gilt er natürlich auch für die BERNOULLI-Verteilung. Die Summe

$$X_n := B_1 + B_2 + \cdots + B_n$$

von n unabhängig verteilten BERNOULLI-Variablen B_i ist definitionsgemäß **binomialverteilt**, und ihr arithmetisches Mittel ist eine relative Häufigkeit bzw. ein Anteilswert

$$H_n := \frac{1}{n}(B_1 + B_2 + \cdots + B_n) = \frac{1}{n}X_n.$$

Folglich gilt die Aussage des zentralen Grenzwertsatzes auch für die standardisierte Zufallsvariable

$$\frac{X_n - np}{\sqrt{npq}} \equiv \frac{\frac{X_n}{n} - \frac{np}{n}}{\frac{\sqrt{npq}}{n}} \equiv \frac{H_n - p}{\sqrt{pq/n}}. \qquad (12\text{-}13)$$

Grenzwertsatz von DE MOIVRE und LAPLACE

Sei X_n eine binomialverteilte Zufallsvariable mit den Parametern n und p. Dann strebt ihre Verteilungsfunktion

$$F_{\text{Bi}}(x_n; n, p) \longrightarrow F_N(x_n; np, \sqrt{npq})$$

mit wachsendem n gegen die Normalverteilung mit den entsprechenden Momenten. Die Verteilungsfunktion der standardisierten Zufallsvariablen

$$Z_n := \frac{X_n - np}{\sqrt{npq}} \equiv \frac{H_n - p}{\sqrt{pq/n}}$$

konvergiert für $n \to \infty$ gegen die Standardnormalverteilung

$$F_n(z_n) \longrightarrow F_{\text{St}}(z_n).$$

Auch wenn es der Anschaulichkeit ein wenig schwerfällt, streben selbst unsymmetrische Binomialverteilungen, etwa mit $p = 0.1$, unter Beibehaltung ihrer Unsymmetrie gegen die Normalverteilung. Es dauert nur etwas länger, bis eine bestimmte Annäherung erreicht ist.

Historisch liegt dieser Spezialfall lange vor dem zentralen Grenzwertsatz. DE MOIVRE hat ihn als Erster formuliert und 1717 veröffentlicht. Dabei hat er – 60 Jahre bevor GAUSS geboren wurde – auch die Normalverteilung gefunden. Der lückenlose Beweis des Satzes gelang später LAPLACE.

Der Beweis des zentralen Grenzwertsatzes ist eher schwierig, so dass hier darauf verzichtet werden soll. Wir wollen aber versuchen, die Annäherung an die Normalverteilung an zwei Beispielen zu illustrieren. Nehmen wir zunächst als Ausgangsverteilung die gleichförmige Verteilung der Augenzahl beim Würfelwurf. Es ist eine symmetrische Verteilung mit dem Erwartungswert $E(X_i) = 3.5$ und der Varianz $Var(X_i) = 35/12$. BILD 12.2 zeigt die Massenfunktionen $f_n(s_n)$ für $n = 1, 2, 3$ und 6 und vergleicht ihre Form mit der entsprechenden Dichtefunktion der Normalverteilung. Man achte jedoch darauf, dass dies nur illustrativen Charakter hat: Der zentrale Grenzwertsatz behauptet ja nicht die Konvergenz der Massenfunktionen gegen eine Dichtefunktion. Das ginge auch gar nicht, da die einzelnen Wahrscheinlichkeitsmassen – weil es immer mehr werden – kleiner und kleiner werden müssen. Wahrscheinlichkeitsmassenfunktionen können also niemals gegen eine Dichtefunktion konvergieren, konvergieren können nur die Verteilungsfunktionen.

Betrachten wir als zweites Beispiel als Ausgangsverteilung eine BERNOULLI-Verteilung mit dem Parameter $p = 1/4$. Es ist eine unsymmetrische diskrete Verteilung mit dem Erwartungswert 1/4 und der Varianz 3/16. Die Summe ist nun exakt binomialverteilt mit dem Erwartungswert $n/4$ und der Varianz $3n/12$. BILD 12.3 zeigt die Verteilungsfunktionen F_n dieser Binomialverteilungen für $n = 1, 2, 3$ und 6 von der entsprechenden Normalverteilung. Wir sehen, dass für $n = 6$ der Fehler schon recht klein wird – und dies trotz der starken Asymmetrie der Ausgangsverteilung.

Beispiel [4] Eine Theorie behauptet, die Entwicklung von Aktien- und Wechselkursen auf informationseffizienten Märkten folge einem sogenannten **Random Walk** (vgl. Definition (18-18))

$$k_t = k_{t-1} + \varepsilon_t \,,$$

wobei die Kursänderungen von heute auf morgen

$$\varepsilon_t = k_t - k_{t-1} \,, \qquad E(\varepsilon_t) = 0 \,, \quad Var(\varepsilon_t) = \sigma^2$$

den Erwartungswert Null und die gleiche Varianz hätten. Die monatliche Kursänderung wäre dann eine Summe

$$\varepsilon_t + \varepsilon_{t+1} + \varepsilon_{t+2} + \cdots + \varepsilon_{t+n}$$

von je nach der Anzahl der Handelstage im jeweiligen Monat ungefähr $n = 25$ identisch und unabhängig verteilten Zufallsvariablen. Trifft die Theorie zu, so wäre nach dem zentralen Grenzwertsatz die monatliche Kursänderung asymptotisch normalverteilt mit dem Erwartungswert Null, aber mit der n-fachen Varianz.

Jedenfalls wäre, wenn das Random-Walk-Modell zuträfe, jede begründete Kursprognose, die sich auf die vergangene Kursentwicklung stützt, wie zum Beispiel die *Charttechnik*, unmöglich. Gewagt werden könnte allenfalls die sogenannte *naive Prognose*: Der Kurs bleibt, wie er ist.

12.5 Normalverteilung als Näherungsverteilung

Ist n hinreichend groß, kann die Verteilung einer Summe bzw. eines arithmetischen Mittels durch die Normalverteilung **approximiert** werden. Das heißt, wir machen keinen großen Fehler, wenn wir anstelle der wirklichen Verteilung einfach die Normalverteilung verwenden und für die Summe

$$P(S_n \leq s_n) \approx F_{St}\left(\frac{s_n - n\mu}{\sigma\sqrt{n}}\right)$$

bzw. für das arithmetische Mittel

$$P(\overline{X}_n \leq \overline{x}_n) \approx F_{St}\left(\frac{\overline{x}_n - \mu}{\sigma/\sqrt{n}}\right)$$

schreiben. Auch die Wahrscheinlichkeit, dass die Summe von n unabhängig und identisch verteilten Zufallsvariablen in ein bestimmtes Intervall $a < b$ fällt, kann nun, ohne die Ausgangsverteilung zu berücksichtigen, näherungsweise mit

$$P(a < S_n \leq b) \approx F_{St}\left(\frac{b - n\mu}{\sigma\sqrt{n}}\right) - F_{St}\left(\frac{a - n\mu}{\sigma\sqrt{n}}\right)$$

angegeben werden.

Beispiel [5] Die durchschnittliche Bearbeitungszeit eines BAföG–Antrags durch eine Sachbearbeiterin beim Studentenwerk beträgt $\mu = 35$ Minuten bei einer Standardabweichung von $\sigma = 18$ Minuten. Wie groß ist die Wahrscheinlichkeit

$$P(S_{16} \leq 480),$$

dass die Sachbearbeiterin, wenn sie keinen Kaffee kocht und nicht mit den Kollegen/Kolleginnen plaudert, an einem achtstündigen Arbeitstag mehr als 15 Anträge abschließend bearbeitet?

Nach dem zentralen Grenzwertsatz ist die Zufallsvariable S_{16} annähernd normalverteilt mit dem Erwartungswert $E(S_{16}) = n\mu = 35 \cdot 16 = 560$ und der Standardabweichung $\sigma = 18 \cdot 4 = 72$. Die standardisierte Zufallsvariable

$$Z_{16} = \frac{S_{16} - 560}{72}$$

ist also annähernd standardnormalverteilt. Daraus folgt für die fragliche Wahrscheinlichkeit näherungsweise

$$P(S_{16} \leq 480) \approx F_N(480; 560, 72) = F_{St}\left(\frac{480-560}{72}\right)$$

$$= F_{St}(-1.1111) = 0.1331 \ .$$

Wir werden solche Näherungswerte immer dann nehmen müssen, wenn uns die Berechnung der exakten Verteilungsfunktion zu umständlich oder zu schwierig ist, aber vor allem, wenn wir über die Ausgangsverteilung nichts Genaueres wissen. Wir können aber darauf vertrauen, dass der Fehler bei großem n recht klein ist.

Um einen Eindruck von der Größe des Fehlers zu erhalten, den man in Kauf nimmt, wenn man bei großem n anstelle der tatsächlichen Verteilung die Normalverteilung benutzt, wollen wir einmal als Ausgangsverteilung die BERNOULLI-Verteilung mit $p = 0.4$ wählen und die Zufallsvariable S_{50} betrachten. Sie ist exakt binomialverteilt mit $n = 50$ und $p = 0.4$, hat somit den Erwartungswert 20, die Varianz 12 und damit die Standardabweichung 3.4641. Nach der Tabelle der Binomialverteilung erhalten wir für die Wahrscheinlichkeit, dass S_{50} größer als 20, aber nicht größer als 30 ist,

$$P(20 < S_n \leq 30) = F_{Bi}(30) - F_{Bi}(20) = 0.99836 - 0.56103 = 0.43733 \ .$$

Schauen wir in die Tabelle der Normalverteilung, so finden wir

$$P(20 < S_n \leq 30) \approx F_{St}((30-20)/3.4641) - F_{St}(20-20)/3.4641)$$
$$= F_{St}(2.8868) - F_{St}(0) = 0.9981 - 0.5$$
$$= 0.4981$$

einen Unterschied von immerhin 0.04 oder ca. 10%.

Ein Teil dieses Unterschiedes geht allerdings auf das Konto der Unstetigkeit der Binomialverteilung, das heißt er wird von den Treppensprüngen der Funktion F_{Bi} verursacht. Berechnen wir deswegen lieber die Werte *zwischen* den Sprungstellen

$$P(20.5 < S_n \leq 30.5) = F_{Bi}(30.5) - F_{Bi}(20.5) = 0.99836 - 0.56103 = 0.43733 \ ,$$

was für die Binomialverteilung ja keinen Unterschied macht und vergleichen das Ergebnis mit

$$P(20.5 < S_n \leq 30.5) \approx F_{St}((30.5-20)/3.4641) - F_{St}(20.5-20)/3.4641)$$
$$= F_{St}(3.0311) - F_{St}(0.1443)$$
$$= 0.9988 - 0.5575 = 0.4414 \ ,$$

so beträgt der Unterschied nur noch 0.0041 oder knapp 1%.

Stetigkeitskorrektur

Diese Stetigkeitskorrektur macht sich den Umstand zunutze, dass die stetige Normalverteilung die Treppenstufen von F_{Bi} – wie wir in BILD 12.3 deutlich sehen – ungefähr *in der Mitte* durchschneidet.

Eine solche Stetigkeitskorrektur sollte immer angebracht werden, wenn eine im Prinzip diskrete Variable durch eine stetige approximiert werden soll. Sie beträgt

$$Sk = \frac{\text{Schrittweite}}{2}$$

immer die Hälfte der Schrittweite der diskreten Variablen und muss auch immer vor der Standardisierung addiert werden, also

$$P(S_n \leq s_n) \approx F_{St}\left(\frac{s_n + Sk - n\mu}{\sigma\sqrt{n}}\right) \qquad (12\text{-}14\text{a})$$

respektive

$$P(\overline{X}_n \leq \overline{x}_n) \approx F_{St}\left(\frac{\overline{x}_n + Sk - \mu}{\sigma/\sqrt{n}}\right). \qquad (12\text{-}14\text{b})$$

Aber wie groß muss nun n sein, damit die Näherungsbeziehung als „erfüllt" angesehen werden kann? Darauf gibt es keine Standardantwort. Es wird davon abhängen, welche **Genauigkeitsansprüche** man in der jeweiligen Anwendung stellt. Auch hängt natürlich die Geschwindigkeit der Annäherung ganz wesentlich von der **Ausgangsverteilung** ab. Sind die X_i in der Ausgangsverteilung bereits normalverteilt, so ist sie wegen der Reproduktionseigenschaft der Normalverteilung schon bei allerkleinsten n exakt erfüllt. Ist die Ausgangsverteilung einer Normalverteilung schon sehr ähnlich, genügt ein kleines n. Ist die Ausgangsverteilung sehr eigenwillig, schief oder mehrgipfelig, wird ein größeres n notwendig sein.

Als eine **Faustregel** gilt, dass bei $n > 30$ davon ausgegangen werden darf, dass die Annäherung der Verteilung an die Normalverteilung nach dem zentralen Grenzwertsatz weit genug fortgeschritten ist. Für die Approximation der Binomialverteilung durch die Normalverteilung wird oft gefordert, dass $np(1-p) > 9$ sein sollte. Diese Regel berücksichtigt die **Schiefe** der Verteilung: Für eine symmetrische Binomialverteilung ist $p = 0.5$, und es genügt $n > 36$. Im Falle $p = 0.1$ braucht man schon $n > 100$. Aber auch das ist nur eine Faustregel.

Kontrollfragen

1 Wie kann eine Folge unabhängig und identisch verteilter Zufallsvariablen entstehen?

2 Welche Konvergenzbegriffe haben Sie kennengelernt?

3 Worin unterscheiden sich das schwache und das starke Gesetz der großen Zahlen?

4 Warum setzen manche Leute beim Roulette auf Zahlen, die selten gewonnen haben? Ist das eine gute Strategie?

5 Manche Leute setzen auf Zahlen, die besonders häufig gewonnen haben. Halten Sie das für eine rationale Strategie?

6 Was ist die Besonderheit an BERNOULLIs Gesetz der großen Zahlen?

7 Wie kann man empirisch oder experimentell auf die unbekannte Verteilungsfunktion einer Zufallsvariablen schließen?

8 Warum ist die Normalverteilung so populär?

9 Warum ist die Stetigkeitskorrektur bei der Approximation einer diskreten Verteilung durch eine stetige Verteilung sinnvoll?

PRAXIS

Abschied vom Kopf-oder-Zahl-Spiel

Studenten haben herausgefunden, dass der Euro asymmetrisch geprägt ist

Warschau. Vom Euro dürfen wir einiges erhoffen, doch in einem Punkt sollten wir ihm misstrauen. Wer eine Euro-Münze auf dem Tisch zum Kreiseln bringt, um nach dem Motto "Kopf oder Zahl" eine wichtige (womöglich kostspielige) Entscheidung herbeizuführen, der sollte wissen, dass der Euro kein gerechter Richter ist. Das haben die polnischen Mathematiker Tomasz Gliszczynski und Waclaw Zawadowski herausgefunden. Verwandte aus Belgien hatten ihnen vor Weihnachten die ersten neuen Münzen mitgebracht.

Gliszczynski, der an der Akademia Podlaska im ostpolnischen Siedlce Statistik lehrt, und seine Studenten warfen die Ein-Euro-Münze 250mal. 140mal zeigte sie den massigen Kopf des belgischen Königs Albert, nur 110mal die Zahl. Gliszczynski kommt zu dem Schluss: "Der Euro ist asymmetrisch geprägt. Ich kenne das Phänomen von anderen Münzen, etwa vom Zwei-Zloty-Stück, das wir mehr als 10 000mal geworfen haben."

Bei Versuchsreihen mit verschiedenen Cent-Münzen war das Ungleichgewicht zu Gunsten König Alberts noch deutlicher. Auf dem nächsten Kongress der Mathematiklehrer im pommerschen Badeort Misdroy, zu dem auch Kollegen aus Deutschland erwartet werden, will Gliszczynski Anfang Februar auch die deutschen Euro-Münzen dem „Gerechtigkeitstest" unterziehen. Ob die asymmetrische Prägung auch beim Wurf in die Luft die Seite mit König Albert begünstigt, haben die Mathematiker noch nicht überprüft. Anders als bei der Kreiselmethode vermutet Zawadowski in diesem Fall nur eine „vernachlässigenswerte Abweichung". Doch diese Hypothese ist noch zu verifizieren – auf jeden Fall vor der Fußball-WM, bei welcher der Münzwurf über die Seitenwahl und womöglich über Glück und Unglück ganzer Nationen entscheidet.

Die Ungerechtigkeit der Münze, verbunden mit der anhaltenden Schwäche des Euro gegenüber dem Zloty, dürfte die Skepsis der Polen gegenüber der Währung und ihr traditionell großes Vertrauen in den Dollar weiter verstärken. Nach einer Umfrage sind nur 34 Prozent der Polen für einen Beitritt ihres Landes zur Euro-Zone.

Finanzminister Marek Belka sagte am Dienstag, der Beitritt könne günstigstenfalls im Jahre 2007 erfolgen. Doch schon an der Einführung des Euro hatte Polen seinen Anteil: Ein Teil der aus zwei Legierungen bestehenden Münzen wurde wegen Überlastung der EU-Kapazitäten in der Warschauer Geldprägestelle „zusammengesetzt".

Quelle: Gerhard Gnauck, DIE WELT, 03.01.2002

Betrachten wir nun die obigen Schilderungen im Lichte der Grenzwertsätze. Reichen 250 Versuche schon aus, um die in dem Zeitungsartikel behaupteten Dinge zu glauben?

Gehen wir einmal davon aus, die belgische Euro-Münze sei trotz allem eine faire Münze, und die Wahrscheinlichkeit, dass König Albert oben zu liegen kommt, sei $P(\text{Albert}) = 0.5$. Dann gilt für die Zufallsvariable Stichprobenanteilswert

$$E(H_{250}) = 0.5 \quad \text{und} \quad Var(H_{250}) = \frac{0.5 \cdot 0.5}{250} = 0.001,$$

und die standardisierte Zufallsvariable

$$Z_{250} := \frac{H_{250} - 0.5}{\sqrt{0.001}} = \frac{H_{250} - 0.5}{0.03162}$$

sollte annähernd standardnormalverteilt sein. Die mit den 250 Durchführungen realisierte relative Häufigkeit beträgt

$$h = \frac{140}{250} = 0.56,$$

so dass Z den Wert

$$z = \frac{0.56 - 0.5}{0.03162} = 1.8975$$

annimmt. Kann das geschehen? Ein Blick in die Tafel der Normalverteilung zeigt, dass eine solche Abweichung der relativen Häufigkeit (nach oben oder unten) immerhin noch mit einer Wahrscheinlichkeit von 6% vorkommt.

Gliszczynski und Zawadowski wäre also zu empfehlen, öfter zu kreiseln.

Auch das INSTITUT FÜR STATISTIK DER LUDWIG-MAXIMILIANS-UNIVERSITÄT in München ist daraufhin der Hypothese "Die neuen Münzen sind unfair" im Auftrag von Stern-TV nachgegangen.

Dafür wurden am Institut unter der Leitung von HELMUT KÜCHENHOFF mehrere Versuche durchgeführt. Die deutsche 1-Euro-Münze und die deutsche 2-Euro-Münze wurden von 16 Personen jeweils 50-mal gedreht und 50-mal geworfen. Die verschiedenen Personen benutzten jeweils eine neue Euro-Münze. Insgesamt gab es also vier Versuchsreihen mit je 800 Versuchen. Die Ergebnisse sind in TABELLE 12.2 wiedergegeben.

TABELLE 12.2 Ergebnisse „Zahl oben" – prozentuale Anteile

Person	1-€-Münze werfen	1-€-Münze drehen	2-€-Münze werfen	2-€-Münze drehen
1	46%	50%	48%	54%
2	46%	56%	56%	42%
3	54%	50%	50%	52%
4	50%	60%	54%	64%
5	42%	54%	58%	76%
6	48%	48%	44%	60%
7	54%	52%	58%	56%
8	48%	50%	56%	46%
9	52%	62%	48%	76%
10	52%	50%	50%	72%
11	48%	54%	48%	66%
12	56%	44%	42%	60%
13	64%	50%	46%	74%
14	50%	48%	60%	64%
15	48%	44%	32%	32%
16	50%	50%	58%	96%
insgesamt	50.750%	51.375%	49.375%	61.875%

Besonders bei der letzten Versuchsreihe – dem Drehen der 2-Euro-Münzen – wurde auffällig oft „Zahl oben" beobachtet. Kann man daraus aber schließen, dass die Münze unfair ist? Oder ist das eher eine zufällige Erscheinung? Um das zu beurteilen, wollen wir feststellen, wie groß oder wie klein die Wahrscheinlichkeiten sind, mit der diese Ergebnisse eintreten können, obwohl die Münzen fair sind.

Die Anzahl der Würfe einer Münze X mit „Zahl oben" folgen einer Binomialverteilung mit den Parametern $n = 800$ und $p = 0.5$. Nach dem Grenzwertsatz von DE MOIVRE-LAPLACE ist dann die standardisierte Zufallsvariable

$$\frac{X - 800 \cdot 0.5}{\sqrt{800 \cdot 0.5 \cdot 0.5}} = \frac{H_{800} - 0.5}{\sqrt{0.5 \cdot 0.5 / 800}} = \frac{H_{800} - 0.5}{0.01768} = Z_{800}$$

annähernd standardnormalverteilt.

TABELLE 12.3

Versuchsreihe	h Anteil von „Zahl oben"	z_{800}	Wahrscheinlichkeit obwohl $p = 0.5$
Werfen der 1-€-Münze	0.5075	0.4243	0.6714
Drehen der 1-€-Münze	0.5138	0.7778	0.4368
Werfen der 2-€-Münze	0.4938	−0.3536	0.7338
Drehen der 2-€-Münze	0.6189	6.7175	< 0.001

Die Werte in der rechten Spalte von TABELLE 12.3 sind die Wahrscheinlichkeiten, mit welchen eine entsprechend starke Abweichung des Anteilswertes in einer Versuchsreihe (nach unten oder nach oben) vorkommen kann, obwohl die Münze fair ist. Derartige Abweichungen können also nicht als ungewöhnlich angesehen werden. Lediglich die letzte Versuchsreihe legt den Verdacht sehr nahe, dass die 2-Euro-Münze beim Drehen nicht fair ist.

Am 23.1.2002 haben bei Stern-TV live acht Personen unter Aufsicht von HELMUT KÜCHENHOFF zwei verschiedene 2-Euro-Münzen jeweils 50-mal gedreht. Insgesamt wurden damit also 800 Drehungen vorgenommen. Die Ergebnisse dieses Versuchs bestätigten, was bereits beim Versuch im Münchner Institut herauskam. So wurde bei Stern-TV 501-mal „Zahl oben" und 299mal „Kopf oben" gedreht, was signifikant dafür spricht, dass Kopf und Zahl beim Drehen nicht gleich oft fallen.

ERGÄNZENDE LITERATUR

Fahrmeir, L.; Künstler, R.; Pigeot, I.; Tutz, G.: *Statistik. Der Weg zur Datenanalyse*, 6. Aufl., Berlin: Springer, 2007, Kapitel 7

Fisz, Marek: *Wahrscheinlichkeitsrechnung und mathematische Statistik*, 11. Aufl., Berlin: Deutscher Verlag der Wissenschaften, 1989, Kapitel 6

Krengel, Ulrich: *Einführung in die Wahrscheinlichkeitstheorie und Statistik*, 8. Aufl., Braunschweig, Wiesbaden: Vieweg-Teubner, 2005, Kapitel 5

Pfanzagl, Johann: *Elementare Wahrscheinlichkeitsrechnung*, 2. Aufl., Berlin, New York: de Gruyter, 1991, Kapitel 7 und 8

Hesse, Christian: *Angewandte Wahrscheinlichkeitstheorie*, Braunschweig, Wiesbaden: Vieweg, 2003, Kapitel 7

AUFGABEN

12.1 Hauptsatz. Fertigen Sie eine Wertetabelle der empirischen Verteilungsfunktion $H_{9114}(x)$ aus den Zahlen von TABELLE 12.1 der Ziehungen aus der Lottotrommel an. Vergleichen Sie diese mit der Wahrscheinlichkeitsverteilungsfunktion $F(x)$.

a) Wie groß ist die größte Abweichung zwischen H und F, und an welcher Stelle ist sie zu finden?

12.2 Stichprobenmittelwert. Die Verteilung eines metrischen Merkmals X in einer sehr großen Grundgesamtheit sei unbekannt. Jedoch wisse man, dass der Mittelwert 1700 sei und die Standardabweichung etwa 144 betrage. Nun ziehe man eine Stichprobe vom Umfang 200.

a) Wie groß ist der Erwartungswert des Stichprobenmittelwertes?

b) Wie groß ist die Standardabweichung des Stichprobenmittelwertes?

420 KAPITEL 12 *Wichtige Grenzwertsätze*

12.3 CSU. Der Anteil der potentiellen CSU-Wähler unter den Studenten in Bayern betrage ca. 48%. In einer Zufallsstichprobe vom Umfang 30 werden sie nach ihrer Wahlabsicht befragt.

a) Welcher Anteil der Befragten wird erwartungsgemäß angeben, CSU wählen zu wollen?

a) Wie groß wäre die Varianz dieses Stichprobenanteilswertes?

12.4 Damen und Herren. Ein großes Unternehmen erhält 120 Bewerbungen auf für Hochschulabsolventen ausgeschriebene Positionen. Betrachten Sie die Bewerber als eine Zufallsstichprobe aus allen entsprechenden Absolventen eines Jahrgangs mit einem Anteil von 40% Frauen.

a) Wie groß ist die Wahrscheinlichkeit, dass zwischen 35% und 45% der Bewerber Frauen sind?

b) Welcher Wert für die gesuchte Wahrscheinlichkeit ergibt sich, wenn Sie die Stetigkeitskorrektur berücksichtigen?

12.5 Haushaltseinkommen. Das mittlere Jahreseinkommen aller Haushalte in einer Großstadt beträgt 32 600 € bei einer Standardabweichung von 6 200 €. Eine Zufallsstichprobe mit 400 Haushalten wird entnommen.

a) Wie hoch ist die Wahrscheinlichkeit, in der Stichprobe ein mittleres Jahreseinkommen von über 32 000 € vorzufinden?

b) Mit welcher Wahrscheinlichkeit liegt der Stichprobenmittelwert zwischen 32 100 € und 33 100 €?

c) Mit welcher Wahrscheinlichkeit liegt der Stichprobenmittelwert zwischen 32 350 € und 32 950 €?

d) Geben Sie, ohne zu rechnen oder statistische Tafeln zu benutzen, an, in welchem der folgenden drei Intervalle

    (1) 32 100 € – 32 300 €   **(2)** 32 300 € – 32 500 €   **(3)** 32 500 € – 32 700 €

der Stichprobenmittelwert mit größerer Wahrscheinlichkeit liegen wird.

e) Nun weist man Sie darauf hin, dass das Haushaltseinkommen sicher nicht normalverteilt ist, vielmehr eine deutliche Schiefe aufweist, und stellt Ihre Ergebnisse zu **a)** bis **d)** in Frage. Wie begegnen Sie diesem Argument?

12.6 Handy. Die Dauer von Telefongesprächen bei E-plus ist mit guter Annäherung POISSON-verteilt mit einem Mittelwert von 250 Sekunden. Entnehmen Sie eine Zufallsstichprobe vom Umfang 60 aus den Aufzeichnungen der Telefongesellschaft.

a) Wie groß ist der Erwartungswert des Stichprobenmittelwertes?

b) Wie groß ist die Varianz des Stichprobenmittelwertes?

c) Mit welcher Wahrscheinlichkeit überschreitet der Mittelwert der Stichprobe den Mittelwert der Grundgesamtheit?

12.7 **Lotto.** Betrachten Sie noch einmal die historischen Lottozahlen in TABELLE 12.1 und nehmen Sie die Fragestellung in Beispiel [1] wieder auf. Berücksichtigen Sie nun aber den zentralen Grenzwertsatz und gehen Sie davon aus, dass angesichts des riesigen Stichprobenumfangs von $n = 9114$ der Stichprobenmittelwert normalverteilt ist.

a) Welches sind die Parameter dieser Normalverteilung?
b) Wie groß ist die Wahrscheinlichkeit einer Abweichung von $|25 - \bar{x}| \geq 1$?
c) Wie groß wäre $P(|25 - \bar{x}| \leq 0.5)$?

12.8 **DAX.** Die Dividendenerträge (Dividende/Kurs) der 30 Aktiengesellschaften im DAX folgten im vergangenen Jahr recht gut einer Normalverteilung mit einer Standardabweichung von 25%. Wir gehen davon aus, dies sei repräsentativ für die Gesamtheit der börsennotierten Standardwerte. Eine Zufallsstichprobe von 16 börsennotierten Gesellschaften wurde entnommen, um den Mittelwert der Dividendenerträge zu schätzen.

a) Wie groß ist die Wahrscheinlichkeit, dass der Stichprobenmittelwert den mittleren Dividendenertrag im DAX um mehr als 10% übersteigt?
b) Mit welcher Wahrscheinlichkeit unterscheidet sich der Stichprobenmittelwert vom Mittelwert im DAX um mehr als 15%?
c) Unabhängig von der ersten Stichprobe werde nun eine zweite Stichprobe vom Umfang 40 entnommen. Entscheiden Sie ohne erneute Berechnungen, ob die Wahrscheinlichkeiten von **a)** und **b)** kleiner oder größer sind als bei der ersten Stichprobe.

LÖSUNGEN

12.1 $F(16) - H(16) = 0.0095458$

12.2 a) 1700 b) 10.18

12.3 a) 0.48 b) 0.00832

12.4 a) $F(1.118) - F(-1.304) = 0.772$
b) $F(1.211) - F(-1.211) = 0.774$

12.5 a) $1 - F(-1.935) = 0.9735$
b) $F(1.613) - F(-1.613) = 0.893$
c) $F(1.129) - F(-0.806) = 0.662$
d) im Intervall (3)

12.6 a) 250 b) 4.167
c) 0.5

12.7 a) 25, 0.1481
b) $z = 1/0.1481 = 6.752$
$P = 1 - 1.0000 = 0.0000$
c) $z = 0.5/0.1481 = 3.376$
$P = 1.0000$

12.8 a) $1 - F(10\%/6.25\%) = 1 - F(1.6)$
$= 1 - 0.9452 = 0.0548$
b) $(1 - F(15\%/6.25\%)) \cdot 2$
$= (1 - F(2.4)) \cdot 2 = 0.0164$
c) kleiner

Teil III
Schließende Statistik

Kapitel 13 **Punktschätzung von Parametern einer Grundgesamtheit** 425

Kapitel 14 **Intervallschätzung** 447

Kapitel 15 **Statistisches Testen** 475

Kapitel 16 **Spezielle Testverfahren** 511

Kapitel 17 **Regressionsanalyse** 537

Kapitel 18 **Stochastische Prozesse und Zeitreihenmodelle** 569

KAPITEL 13

Punktschätzung von Parametern einer Grundgesamtheit

Vollständige Information über die Verteilung eines Merkmals X in einer Grundgesamtheit kann nur durch eine Totalerhebung gewonnen werden. Wenn eine Totalerhebung unmöglich oder zu teuer ist oder wenn auf vollständige Information verzichtet werden kann, versucht man mit Hilfe von Teilerhebungen, Anhaltspunkte über die unbekannte Verteilung zu gewinnen. Solche durch Teilerhebungen gewonnenen Teilgesamtheiten heißen **Stichproben**, wenn bei der Auswahl der statistischen Einheiten der Zufall eine wesentliche Rolle spielt. Die Stichprobentheorie hat eine Reihe von Auswahlmethoden für die Gewinnung von Stichproben entwickelt.

- Bei der *repräsentativen Stichprobe* wird die Auswahl der Stichprobenelemente nur zum Teil dem Zufall überlassen: Man stellt sicher, dass die Stichprobe bezüglich eines oder mehrerer *anderer* Merkmale eine gleiche oder wenigstens ähnliche Struktur aufweist wie die Grundgesamtheit (vgl. Abschnitt **1.3**).

- Bei der *reinen Zufallsauswahl* dagegen hat jedes Element der Grundgesamtheit grundsätzlich die gleiche Chance, in die Zufallsstichprobe zu gelangen.

Die reine Zufallsauswahl ist also ein Zufallsexperiment, das durch ein **Urnenmodell** vollständig beschrieben werden kann. Die Urne enthält N Kugeln, gerade so viele, wie die Grundgesamtheit statistische Einheiten hat. Jede Kugel ist nummeriert und genau einer statistischen Einheit zugeordnet. Für eine reine Zufallsstichprobe vom Umfang n zieht man aus der gut durchgemischten Urne nacheinander n Kugeln, notiert ihre Nummern und hat damit die Auswahl der entsprechenden statistischen Einheiten vorgenommen. Hierbei ist zu unterscheiden:

- **Ziehen ohne Zurücklegen**: Die gezogene Kugel wird nicht wieder in die Urne zurückgelegt.

- **Ziehen mit Zurücklegen**: Die gezogene Kugel wird jeweils, nachdem ihre Nummer notiert worden ist, in die Urne zurückgelegt, und es wird neu durchgemischt.

Somit ist der Merkmalswert X_i jedes einzelnen Stichprobenelements eine Zufallsvariable. Die **Wahrscheinlichkeitsverteilung dieser Zufallsvariablen** X_i aber ist durch die **Häufigkeitsverteilung des Merkmals** X in der Grundgesamtheit bestimmt.

Mit den in der Stichprobe beobachteten Merkmalswerten x_i wird nun versucht, diese Verteilung oder doch wenigstens ihren Mittelwert und ihre Varianz zu **schätzen**.

13.1 Punktschätzung, Momentenmethode

Punktschätzung für den Mittelwert

Der Mittelwert μ des metrischen Merkmals X einer Grundgesamtheit sei unbekannt und soll mit Hilfe einer Zufallsstichprobe vom Umfang n geschätzt werden. Aus den beobachteten Merkmalswerten x_i jedes einzelnen Stichprobenelements berechnet man das arithmetische Mittel

$$\{x_1, x_2, \cdots, x_n\} \implies \bar{x} = \frac{1}{n}\sum x_j$$

und erhält damit für den unbekannten Mittelwert μ einen Schätzwert $\hat{\mu}$ mit der Schätzformel

$$\boxed{\hat{\mu} = \bar{x}} \tag{13-1}$$

Beispiel [1] Aus der Grundgesamtheit der Studenten in einer Vorlesung wurde eine Stichprobe vom Umfang $n = 10$ gezogen. Die Körpergröße X in cm wurde festgestellt und in folgender Tabelle erfasst:

i	1	2	3	4	5	6	7	8	9	10
x_i	176	180	181	168	177	186	184	173	182	177

Diese empirische statistische Reihe hat den Mittelwert 178.4 cm.

Die Schätzung für die Körpergröße der Studenten im Hörsaal lautet einfach

$$\hat{\mu} = \bar{x} = 178.4 \text{ cm}.$$

Eine solche Schätzung heißt **Punktschätzung**, weil ein punktueller Wert als Schätzwert genannt wird und nicht etwa ein Intervall; auch wird nicht angegeben, mit welcher Wahrscheinlichkeit die Schätzung richtig sein könnte oder falsch oder wie nah der Schätzwert dem wahren Wert kommt.

Intuitiv wird jedermann dazu neigen, diese Schätzformel zu akzeptieren, auch wenn er nicht über eine statistische Ausbildung verfügt. Wir wollen aber wissen, ob es sich um eine **gute Schätzformel** handelt oder nicht. Um dies zu entscheiden, untersuchen wir die **stochastischen Eigenschaften** des Schätzwertes.

Dazu müssen wir uns zunächst klarmachen, dass der Schätzwert $\hat{\mu}$ eine **Realisation** einer Zufallsvariablen darstellt. Denn der beobachtete Merkmalswert x_i jedes einzelnen Stichprobenelements ist ja eine Realisation einer Zufallsvariablen X_i. Ihre Wahrscheinlichkeitsverteilung ist durch die Häufigkeitsverteilung der Grundgesamtheit gegeben, so dass ihr Erwartungswert und ihre Varianz

$$E(X_i) = \mu \quad \text{und} \quad Var(X_i) = \sigma^2$$

mit dem Mittelwert und der Varianz der Grundgesamtheit übereinstimmen. Die beobachteten Stichprobenwerte und ihr Mittelwert müssen nun als Realisation einer n-dimensionalen Zufallsvariablen

$$\{X_1, X_2, \cdots, X_n\} \quad \Rightarrow \quad \overline{X}_n = \frac{1}{n}\sum X_j$$

angesehen werden. Hierin sind dann, wenn die Zufallsstichprobe mit Zurücklegen durchgeführt wird, alle X_i identisch und unabhängig verteilt. Die Punktschätzung $\hat{\mu} = \overline{x}$ ist also eine Realisation der Zufallsvariablen $\overline{X}_n$.

Der von der Schätzformel genannte Wert ist von dem tatsächlichen oder wahren Mittelwert μ der Grundgesamtheit sorgfältig zu unterscheiden. Bei der praktischen Durchführung einer Punktschätzung und der Anwendung der Formel (13-1) wird man auf alle Fälle damit rechnen müssen, dass der Schätzwert vom wahren Wert mehr oder weniger abweicht, ja sogar

$$\text{meistens} \quad \hat{\mu} \neq \mu$$
$$\text{und selten} \quad \hat{\mu} = \mu$$

sein wird. Das mögliche oder wahrscheinliche Auftreten eines *Schätzfehlers*

$$e := \mu - \hat{\mu}$$

ist Wesensmerkmal einer Schätzung. Die entscheidende Frage ist aber, ob die Punktschätzung auf den wahren Wert zielt und „im Mittel" trifft. Zur Beantwortung dieser Frage berechnen wir ihren Erwartungswert. Es gilt – vgl. (12-2) –

$$E(\hat{\mu}) = E(\overline{X}_n) = \frac{1}{n}E(\sum X_j) = \frac{1}{n}\sum E(X_j) = \frac{1}{n}n\mu$$

und damit

$$\boxed{E(\hat{\mu}) = \mu} \tag{13-2}$$

Wir sagen, $\hat{\mu}$ sei eine **erwartungstreue Schätzung** für μ. Die Erwartungstreue ist eine stets gern gesehene stochastische Eigenschaft einer Schätzmethode, stellt sie doch sicher, dass der Schätzfehler *im Mittel* verschwindet und nicht etwa eine systematische Über- oder Unterschätzung vorliegt. Eine nicht erwartungstreue Schätzmethode heißt **verzerrt**, der Erwartungswert des Schätzfehlers

$$\text{bias} := E(e)$$

heißt **Verzerrung**, wofür sich auch der englische Ausdruck **Bias** eingebürgert hat.

Die Erwartungstreue ist aber nicht die einzige Eigenschaft eines Schätzverfahrens, auf die man Wert legt. Berechnen wir, den Rechenregeln für Varianzen folgend und unter der Annahme der Unabhängigkeit der Einzelstichproben, so erhalten wir – vgl. (12-3) –

$$Var(\hat{\mu}) = Var(\overline{X}_n) = Var(\frac{1}{n}\sum X_j) = \frac{1}{n^2}\sum Var(X_j) = \frac{1}{n^2}n\sigma^2 = \sigma^2/n$$

als Varianz des Schätzwertes. Diese Varianz wird mit zunehmendem Stichprobenumfang n immer kleiner

$$\lim_{n \to \infty} Var(\hat{\mu}) = 0,$$

und nach dem Gesetz der großen Zahlen gilt

$$\boxed{\operatorname{plim} \hat{\mu} = \mu} \tag{13-3}$$

Die Punktschätzung hat also neben der Erwartungstreue die wichtige Eigenschaft der **Konsistenz**: Je größer der Umfang der Zufallsstichprobe ist, umso größer ist die **Genauigkeit** der Schätzung.

Zwar gelten die obige Berechnung der Varianz und das Gesetz der großen Zahlen nur unter der einschränkenden Voraussetzung der **Unabhängigkeit,** die bei **Stichproben mit Zurücklegen** in jedem Fall gegeben ist. Aber auch bei **Stichproben ohne Zurücklegen** gilt sie näherungsweise, wenn die Grundgesamtheit im Verhältnis zum Stichprobenumfang sehr groß ist. Die Eigenschaft der Konsistenz bleibt aber in jedem Falle erhalten. Die stochastische Konvergenz ist sogar noch rascher, denn bei Stichproben ohne Zurücklegen ist die Varianz kleiner.

Punktschätzung für den Anteilswert

Auch zur Schätzung eines unbekannten Anteilswertes p in einer Grundgesamtheit ist die Punktschätzung durch den **Stichprobenanteilswert** nach der Schätzformel

$$\boxed{\hat{p} = h} \qquad (13\text{-}4)$$

sehr gut geeignet. Der in der Zufallsstichprobe gefundene Anteilswert h ist ja eine Realisation der Zufallsvariablen H_n, die als arithmetisches Mittel von n BERNOULLI-Variablen

$$\{B_1, B_2, \cdots, B_n\} \quad \Rightarrow \quad H_n = \frac{1}{n}\sum B_j$$

definiert ist, wobei alle B_i identisch und unabhängig verteilt sind mit

$$E(B_i) = p \qquad \text{und} \qquad Var(B_i) = p(1-p) = pq.$$

Auch hier wird man bei der praktischen Durchführung einer Punktschätzung nach der Schätzformel (13-4) damit rechnen müssen, dass der Schätzwert vom wahren Wert mehr oder weniger abweicht, und eine Übereinstimmung eher selten vorkommen wird. Doch für den Erwartungswert der Punktschätzung gilt – vgl. (12-8) –

$$E(\hat{p}) = E(H_n) = \frac{1}{n}E(\sum B_j) = \frac{1}{n}\sum E(B_j) = \frac{1}{n}np,$$

so dass

$$\boxed{E(\hat{p}) = p} \qquad (13\text{-}5)$$

und damit $\hat{p}$ eine **erwartungstreue** Schätzung für p ist.

Außerdem ist die Punktschätzung **konsistent**. Rechnen wir, den Rechenregeln für Varianzen folgend und unter der Annahme der Unabhängigkeit der Einzelstichproben, erhalten wir

$$Var(\hat{p}) = Var(H_n) = Var(\frac{1}{n}\sum B_j) = \frac{1}{n^2}\sum Var(B_j) = \frac{1}{n^2}npq = pq/n$$

als Varianz des Schätzwertes. Diese Varianz wird mit zunehmendem Stichprobenumfang n immer kleiner, und nach dem Gesetz der großen Zahlen gilt

$$\boxed{\text{plim } \hat{p} = p} \qquad (13\text{-}6)$$

Punktschätzung für die Varianz

Die Schätzmethoden (13-1) und (13-4) nennt man Momentenmethoden (vgl. Abschnitt **13.3**), weil sie die unbekannten 1. Momente der Grundgesamtheit mit den entsprechenden 1. Momenten der Stichprobe schätzen. Verallgemeinern wir nun diese Methode auch auf höhere Momente, so wäre – auf den ersten Blick – eine gute Formel für die Punktschätzung der unbekannten Varianz σ^2 eines metrischen Merkmals X in der Grundgesamtheit

$$\hat{\sigma}^2 = s^2, \tag{13-7}$$

wobei

$$s^2 := \frac{1}{n}\sum(x_j - \bar{x})^2$$

die empirische Varianz der beobachteten Werte x_i in der Stichprobe ist. Diese Punktschätzung (13-7) ist allerdings nicht erwartungstreu, sondern wegen

$$E(S^2) = \frac{n-1}{n}\sigma^2 \tag{13-8}$$

um den Faktor $(n-1)/n$ **verzerrt**. In Formel (13-8) bezeichnet groß S^2 die Zufallsvariable, von welcher eben klein s^2 eine Realisation darstellt.

❏ *Beweis:* Wir formen die Varianz s^2 nach dem STEINERschen Verschiebungssatz (2-20) mit $d = \mu$ um und berechnen dann summandenweise den Erwartungswert. Wir erhalten sofort

$$s^2 = \frac{1}{n}\sum(x_j - \bar{x})^2 = \frac{1}{n}\sum(x_j - \mu)^2 - (\bar{x} - \mu)^2$$

$$E(S^2) = E\left[\frac{1}{n}\sum(X_j - \mu)^2\right] - E(\bar{X}_n - \mu)^2$$

$$= \frac{1}{n}\sum E(X_j - \mu)^2 - E(\bar{X}_n - \mu)^2$$

$$= \frac{1}{n}\sum \mathrm{Var}(X_j) - \mathrm{Var}(\bar{X}_n)$$

$$= \sigma^2 - \sigma^2/n = \frac{n-1}{n}\sigma^2. \qquad ❏$$

Das bedeutet, dass mit (13-7) die Größe σ^2 **systematisch unterschätzt** würde. Die Verzerrung ist negativ und beträgt gerade

$$\text{bias} = -\sigma^2/n \tag{13-9}$$

und rührt daher, dass für die Berechnung von s^2 die Abweichungen von dem aus derselben Stichprobe berechneten Mittelwert verwendet werden. Eine erwartungstreue Punktschätzung für σ^2 könnte man aber erhalten – dies zeigt der obige Beweis –, wenn man für die Stichprobenvarianz

$$\frac{1}{n}\sum(x_j - \mu)^2 \quad \text{anstelle von} \quad \frac{1}{n}\sum(x_j - \overline{x})^2$$

berechnen, das heißt dazu die Abweichungen vom *wahren* Mittelwert μ der Grundgesamtheit verwenden würde. Dieser ist jedoch in der Regel unbekannt. Deshalb muss man einen anderen Weg wählen, um eine erwartungstreue Schätzung für σ^2 zu erhalten: Wenn man die Verzerrung einer Schätzung kennt, kann man sie leicht korrigieren. Da hier die Verzerrung durch den Faktor $(n-1)/n$ ausgedrückt wird, korrigiert man mit dem reziproken Wert dieses Faktors. Eine erwartungstreue Schätzung liefert folglich die verbesserte Schätzformel

$$\boxed{\hat{\sigma}^2 = \frac{n}{n-1}s^2} \tag{13-10}$$

oder

$$\hat{\sigma}^2 = \frac{1}{n-1}\sum_{j=1}^{n}(x_j - \overline{x})^2 .$$

Die Summe der quadrierten Abweichungen wird also nicht durch die Anzahl der Beobachtungen n, sondern durch $n-1$ dividiert. $n-1$ heißt hier die **Zahl der Freiheitsgrade**. Betrachtet man nämlich die n Abweichungen der Stichprobenwerte von ihrem Mittelwert, so sieht man, dass ihre Summe

$$(x_1 - \overline{x}) + (x_2 - \overline{x}) + \cdots + (x_n - \overline{x}) = 0$$

stets Null ergibt. Wegen dieser Beschränkung, der sogenannten **Zentraleigenschaft des arithmetischen Mittels** (2-4) sind also nur $n-1$ Abweichungen wirklich „frei", denn jede der Abweichungen könnte aus den $n-1$ anderen berechnet werden. Die n Abweichungen der Stichprobenwerte vom Mittelwert μ der Grundgesamtheit

$$(x_1 - \mu) + (x_2 - \mu) + \cdots + (x_n - \mu) \lesseqgtr 0$$

wären natürlich alle „frei". Deshalb würde man mit ihnen ja auch die Varianz erwartungstreu schätzen können, wenn μ bekannt wäre. Das wäre die korrekte Anwendung der Momentenmethode! Man sagt auch, für die Berechnung von $\overline{x}$ sei „ein Freiheitsgrad verbraucht" worden.

Beispiel [2] Mit den Beobachtungswerten aus Beispiel [1] kann auch eine Schätzung für die Varianz der Grundgesamtheit angefertigt werden. Dazu berechnen wir zuerst die Varianz der Stichprobenwerte

$$s_X^2 = \frac{1}{10}(176^2 + 180^2 + \cdots + 177^2) - 178.4^2 = 31852.4 - 31826.56 = 25.84$$

und damit die erwartungstreue Punktschätzung

$$\hat{\sigma}^2 = \frac{10}{9} \cdot 25.84 = 28.7111 \quad \text{bzw.} \quad \hat{\sigma} = 5.3583.$$

In diesem Zusammenhang sei noch darauf hingewiesen, dass in manchen Darstellungen die „Varianz einer Stichprobe" von vornherein als

$$s_{\text{Alt}}^2 = \frac{1}{n-1} \sum_{j=1}^{n}(x_j - \overline{x})^2$$

definiert wird. Mit dieser **alternativen Definition** hätte man natürlich bereits mit (13-7) eine erwartungstreue Schätzformel. Da wir bei der „empirischen Varianz" einer statistischen Beobachtungsreihe keine verschiedenen Definitionen machen wollen, je nachdem, ob es sich um eine Grundgesamtheit oder eine Stichprobe mit oder ohne Schätzabsicht handelt, müssen wir hier mit (13-10) um die Anzahl der Freiheitsgrade bereinigen.

Korrekturfaktor

Bei den obigen Überlegungen zur Punktschätzung der Varianz wurde davon ausgegangen, dass die Zufallsstichprobe „mit Zurücklegen" erhoben wurde. Nur unter dieser Voraussetzung können die Zufallsvariablen X_i als unabhängig angesehen werden. Zieht man die Stichprobe dagegen **ohne Zurücklegen**, stellt sich der Sachverhalt etwas anders dar: Nachdem ein Element einer endlichen Grundgesamtheit in die Stichprobe gezogen wurde, haben die übrigen grundsätzlich eine veränderte Chance, anschließend gezogen zu werden usw. Die Zufallsvariablen X_i können nicht mehr als **unabhängig** verteilt angesehen werden, sie sind negativ korreliert.

Die Folge davon ist, dass der in (13-9) angegebene Bias nun doch nicht ganz so groß ist. *Dieser Bias entsprach ja gerade der Varianz des Stichprobenmittelwertes.* Zieht man ohne Zurücklegen, so ist diese Varianz kleiner und beträgt

$$Var(\overline{X}) = \frac{N-n}{N-1} \sigma^2 / n.$$

Die Verkleinerung der Varianz des Stichprobenmittelwertes ist ja der einzige Grund, warum man – auch ganz intuitiv – lieber ohne Zurücklegen zieht. Denn sie bedeutet eine Erhöhung der Schätzgenauigkeit. Der Korrekturfaktor

$$Kf := \frac{N-n}{N-1} < 1 \qquad (11\text{-}11)$$

enthält den Umfang der Grundgesamtheit N und den Stichprobenumfang n. Kf strebt gegen 1, wenn N größer wird, denn je größer die Grundgesamtheit im Vergleich zum Stichprobenumfang ist, desto weniger spielt es eine Rolle, ob mit oder ohne Zurücklegen gezogen wird. Andererseits muss Kf kleiner werden, wenn der Stichprobenumfang zunimmt, und schließlich zu Null werden, wenn die Stichprobe die ganze Grundgesamtheit ausschöpft und zur *Totalerhebung* wird. Der Mittelwert einer Totalerhebung hat keine Varianz mehr. Wir beachten, dass dieser Korrekturfaktor Kf genau jener Faktor ist, um den sich die Varianz der hypergeometrischen Verteilung von derjenigen der Binomialverteilung unterscheidet (vgl. Abschnitt **11.3**).

Unter Berücksichtigung dieses Sachverhalts ergibt sich für den Erwartungswert der Varianz einer Stichprobe ohne Zurücklegen

$$E(S^2) = \frac{1}{n}\sum Var(X_j) - Var(\overline{X}_n)$$
$$= \sigma^2 - \frac{N-n}{N-1}\cdot \sigma^2/n = \frac{N}{N-1}\frac{n-1}{n}\sigma^2.$$

Deshalb liefert beim **Ziehen ohne Zurücklegen** die Schätzformel

$$\hat{\sigma}^2 = \frac{N-1}{N}\frac{n}{n-1}s^2 \qquad (13\text{-}11)$$

erwartungstreue Schätzungen.

Beispiel [3] Wenn nun die Stichprobe aus Beispiel [1] *ohne Zurücklegen* gezogen wurde, wovon auszugehen ist, sollte die Punktschätzung der Varianz korrigiert werden. Dies ist wichtig, weil in der Vorlesung nur $N = 20$ Studenten waren, der Umfang der Grundgesamtheit also im Verhältnis zum Stichprobenumfang klein ist. Wir rechnen

$$\hat{\sigma}^2 = \frac{19}{20}\frac{10}{9}25.84 = 27.2756 \quad \text{bzw.} \quad \hat{\sigma} = 5.2260$$

und finden einen etwas kleineren Wert als den in Beispiel [2].

Bei unendlichen oder sehr großen Grundgesamtheiten ist somit die dargestellte Unterscheidung hinsichtlich der Art des Ziehens einer Stichprobe nicht erforderlich. Die Zufallsvariablen X_i werden als unabhängig verteilt angesehen. In der Praxis wird üblicherweise der Korrekturfaktor vernachlässigt und die Stichprobe als reine

Zufallsauswahl angesehen, wenn der sogenannte *Auswahlsatz* n/N < 0.05 ist, das heißt wenn die Stichprobe nicht mehr als fünf Prozent der Elemente der Grundgesamtheit enthält. Kennt man die Größe N, gibt es allerdings keinen einleuchtenden Grund dafür, den Korrekturfaktor wegzulassen.

Es sei noch darauf hingewiesen, dass alle genannten Schätzformeln (13-7), (13-10) und (13-11) konsistent sind.

13.2 Eigenschaften von Punktschätzungen

Es ist klar geworden, dass ein Schätzwert einer Punktschätzung eines Parameters – sei es nun ein Mittelwert μ, eine Varianz σ^2 oder ein Anteilswert p – eine **Zufallsvariable** ist und viele mögliche Werte annehmen kann. Der fragliche Parameter selbst ist zwar unbekannt, aber natürlich eine **konstante Größe**. Um im Folgenden eine allgemeine Schreibweise zu verwenden, bezeichnen wir mit dem griechischen Buchstaben Theta

$$\theta \quad \text{und mit} \quad \hat{\theta}$$

den wahren Wert respektive den Schätzwert eines unbekannten Parameters. Der Schätzwert ist von einer Schätzformel hervorgebracht und gründet sich auf einer Stichprobe. Wie wir gesehen haben, schätzt man gerne einen Parameter der Grundgesamtheit mit dem entsprechenden Parameter aus der Stichprobe. Nur bei der Schätzung der Varianz haben wir eine leichte Änderung in der Schätzformel vorgenommen, weil uns das angemessen schien. Eine Schätzformel oder ein *Schätzer* oder eine *Schätzfunktion*

$$\hat{\theta} = \hat{\theta}(X_1, \cdots, X_n)$$

hat eine Wahrscheinlichkeitsverteilung, und aus ihr folgen gewisse *stochastische Eigenschaften* des Schätzers. Zur Beurteilung der Güte eines Schätzers verwendet man einen Katalog von wünschenswerten Eigenschaften.

Erwartungstreue

Ein Schätzer $\hat{\theta}$ ist erwartungstreu oder unverzerrt, wenn sein Erwartungswert seinem zu schätzenden wahren Wert entspricht, also

$$E(\hat{\theta}) = \theta \ .$$

Es erscheint unmittelbar vernünftig zu fragen, ob eine Schätzformel im Mittel, das heißt im Durchschnitt ihrer Anwendungen auf lange Sicht, den gesuchten Wert trifft. Eine systematische Überschätzung etwa ist sicher nicht wünschenswert.

Asymptotische Erwartungstreue

Wenn ein Schätzer schon nicht erwartungstreu ist, so würde man es doch begrüßen, wenn die Verzerrung mit zunehmendem Stichprobenumfang wenigstens geringer würde und für $n \to \infty$ verschwände. Der Schätzer ist asymptotisch erwartungstreu, wenn

$$\lim_{n \to \infty} E(\hat{\theta}) = \theta \ .$$

Die asymptotische Erwartungstreue ist also eine etwas schwächere Eigenschaft als die Erwartungstreue. Im praktischen Einzelfall ist es sicher von Interesse, *wie schnell* die Konvergenz ist.

Beispiel [4] Der Schätzer (13-1) $\hat{\mu} = \bar{x}$ ist erwartungstreu.
Der Schätzer (13-7) $\hat{\sigma}^2 = s^2$ ist verzerrt, aber asymptotisch erwartungstreu.

Konsistenz

Wenn schon ein Schätzwert gewöhnlich nicht mit dem wahren Wert eines Parameters übereinstimmt, sollte er doch nahe dabei liegen oder wenigstens gute Chancen haben, ihm nahezukommen. Der Schätzfehler $|\hat{\theta} - \theta|$ sollte also möglichst klein sein und – vor allem – umso kleiner, je größer der zur Verfügung stehende Stichprobenumfang n ist. Man wünscht sich die Eigenschaft der Konsistenz, was bedeutet, dass die Wahrscheinlichkeit, mit der ein noch so kleiner Schätzfehler $\varepsilon > 0$ auftritt, mit zunehmendem n gegen Null strebt, also

$$P(|\hat{\theta} - \theta| > \varepsilon) \to 0 \quad \text{für} \ n \to \infty$$

oder

$$\plim_{n \to \infty} \hat{\theta} = \theta \ .$$

Ein Schätzer ist konsistent, wenn er erwartungstreu oder mindestens asymptotisch erwartungstreu ist und wenn außerdem seine Varianz bei zunehmendem Stichprobenumfang gegen Null geht.

Effizienz

Man sagt, ein unverzerrter Schätzer sei effizienter als ein anderer unverzerrter Schätzer, wenn er eine kleinere Varianz hat. Der *effizienteste* oder *beste unverzerrte Schätzer* θ^* wäre derjenige, der verglichen mit allen anderen unverzerrten Schätzern die kleinste Varianz hätte, also:

$$Var(\theta^*) < Var(\hat{\theta}) \ .$$

Man kann zeigen, dass der Stichprobenmittelwert $\bar{X}$ der effizienteste lineare Schätzer für den Mittelwert μ einer Grundgesamtheit bzw. den Erwartungswert einer Verteilung ist, solange deren Varianz existiert. Ebenso ist der Stichprobenanteilswert H einer Stichprobe der effizienteste Schätzer für den Anteilswert p bei dichotomen Merkmalen.

Beispiel [5] Nehmen wir an, zur Schätzung des Mittelwertes einer Grundgesamtheit mit einer Stichprobe vom Umfang $n > 2$ stünden die beiden Schätzer

(a) $\hat{\mu}_a = (x_1 + x_2 + x_n)/3$

(b) $\hat{\mu}_b = \dfrac{1}{n-2} \sum_{j=1}^{n} x_j$

zur Auswahl. Welche Schätzformel wäre vorzuziehen? Die folgende Tabelle zeigt die stochastischen Eigenschaften:

Schätzer	erwartungstreu	asympt. erwartungstreu	konsistent	effizient
$\hat{\mu}_a$	ja	ja	nein	nein
$\hat{\mu}_b$	nein	ja	ja	ja

Schätzer (a) ist zwar erwartungstreu, aber seine Varianz nimmt mit zunehmendem Stichprobenumfang *nicht* ab. Schätzer (b) wäre zwar *verzerrt*, aber die Verzerrung wird bei größeren Stichproben immer kleiner und strebt gegen Null. Auch seine Varianz wird immer kleiner. Natürlich wäre die in (13-1) vorgeschlagene Schätzformel in allen Punkten besser.

Mittlerer quadratischer Fehler

Sicherlich ist ein erwartungstreuer Schätzer einem nicht erwartungstreuen *ceteris paribus* vorzuziehen. Aber es gibt Schätzprobleme, für die auch der effizienteste Schätzer nicht sehr befriedigend ist. Denn zuweilen wird die Erwartungstreue mit einer allzu großen Varianz erkauft. Was nützt die schönste Erwartungstreue, wenn die Varianzen des Schätzers einfach zu groß sind! Man würde eventuell eine kleine Verzerrung gerne in Kauf nehmen, wenn man dafür die Varianz deutlich verringern könnte. Letztendlich kommt es auf die erwartete Nähe des Schätzwertes zu seinem wahren Wert an. Der *mittlere quadratische Fehler* (Mean Squared Error MSE) eines Schätzers ist definiert als der Erwartungswert der quadrierten Differenz zwischen beiden, also

$$\text{MSE}(\hat{\theta}) := E[(\hat{\theta} - \theta)^2]. \tag{13-12}$$

Bei den erwartungstreuen Schätzern ist das gerade die Varianz, bei den verzerrten erhält man nach dem Verschiebungssatz (9-20) mit $d = \theta$

$$Var(\hat{\theta}) = E[(\hat{\theta}^2 - \theta)^2] - [E(\hat{\theta}) - \theta]^2$$

die Formel

$$\mathrm{MSE}(\hat{\theta}) = Var(\hat{\theta}) + \mathrm{bias}^2. \tag{13-13}$$

In dieser Darstellung sieht man, dass der mittlere quadratische Fehler beides berücksichtigt, die Varianz und den Bias. Die Formel lässt auch erkennen, dass es vorteilhaft sein kann, einem leicht verzerrten Schätzer den Vorzug zu geben, vorausgesetzt dass dadurch eine deutliche Verkleinerung der Varianz erreicht wird, was oft der Fall ist.

Beispiel [5] BILD 13.1 zeigt eine solche Situation. Betrachtet werde die Verteilung zweier alternativer Schätzer für einen Parameter θ. Der eine ist erwartungstreu, der andere hat eine kleine Verzerrung, aber eine viel geringere Varianz.

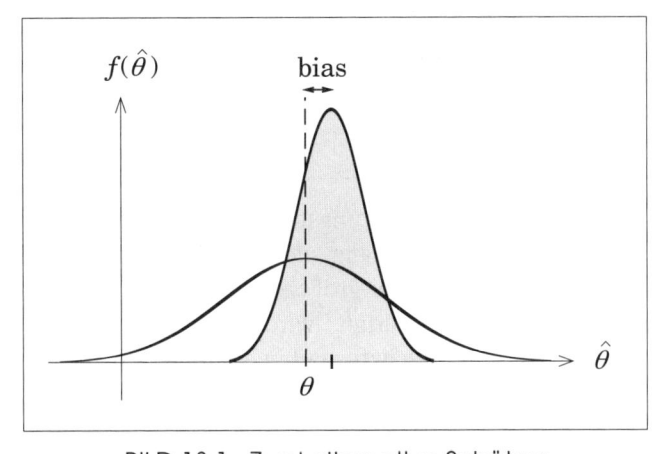

BILD 13.1 Zwei alternative Schätzer

Welchen Schätzer sollte man wählen? Schon der Augenschein legt nahe, in diesem speziellen Fall den verzerrten Schätzer vorzuziehen.

Man könnte nun versucht sein, dies zum allgemeinen Schätzprinzip zu erheben und damit den *optimalen Punktschätzer* mit dem kleinsten MSE zu konstruieren. Dies ist aber leider nicht praktikabel, denn der MSE eines Schätzers hängt vom unbekannten Parameter θ ab. In vielen Einzelfällen ist es jedoch möglich, damit zwei alternative Schätzverfahren zu vergleichen.

13.3 Schätzprinzipien

In diesem Abschnitt sollen die wichtigsten allgemeinen Ansätze, mit denen man in der Statistik Schätzmethoden gewinnt und Schätzformeln konstruiert, kurz vorgestellt und gleichzeitig ihre Anwendung auf die einfachen Schätzaufgaben dieses Kapitels gezeigt werden.

Momentenmethode

Einfach ausgedrückt, benutzt dieses Schätzprinzip die folgende Regel: Man schätze die Momente der Verteilung der Grundgesamtheit mit den entsprechenden Momenten der Stichprobe,

Grundgesamtheit	Stichprobe
$E(X) = \mu$	$\frac{1}{n}\sum x_j$
$E(X^2) = \mu^2 + \sigma^2$	$\frac{1}{n}\sum x_j^2$
$\vdots$	$\vdots$
$E(X^m)$	$\frac{1}{n}\sum x_j^m$

woraus sich die Schätzformeln

$$\hat{\mu} = \bar{x}$$

$$\hat{\mu}^2 + \hat{\sigma}^2 = \frac{1}{n}\sum x_j^2, \quad \text{das heißt} \quad \hat{\sigma}^2 = \frac{1}{n}\sum x_j^2 - \bar{x}^2 = s^2$$

für den Mittelwert und die Varianz der Grundgesamtheit herleiten lassen. In Abschnitt **13.1** haben wir gezeigt, dass die so gewonnene Schätzung für die Varianz nur asymptotisch erwartungstreu ist. Wäre jedoch μ bekannt, dann würde die Varianz nach dieser Methode mit der Formel

$$\hat{\sigma}^2 = \frac{1}{n}\sum x_j^2 - \mu^2$$

erwartungstreu geschätzt.

Schätzprinzip der kleinsten Quadrate

Ein sehr prominenter Ansatz zur Gewinnung von Schätzfunktionen ist das Prinzip der kleinsten Quadrate (KQ). Es ist uns schon aus der beschreibenden Statistik (vgl. Abschnitt **2.6** und Abschnitt **4.1**) bekannt. In der Tat kann man mit ihm in sehr vielen Situationen brauchbare Schätzfunktionen gewinnen.

Auf den unbekannten Mittelwert μ angewandt, schlägt das Prinzip vor, diejenige Größe $\hat{\mu}_{KQ}$ als Schätzwert zu wählen, von der die Summe der quadrierten Abstände zu den Stichprobenwerten x_i minimal ist, also

$$\sum_{j=1}^{n}(x_j - \hat{\mu}_{KQ})^2 \xrightarrow[\hat{\mu}_{KQ}]{} \text{Minimum}. \qquad (13\text{-}14)$$

Die Lösung dieser Minimierungsaufgabe ist einfach. Ableiten nach der gesuchten Größe und Nullsetzen ergibt

$$\sum_{j=1}^{n} 2(x_j - \hat{\mu}_{KQ})(-1) = (-2)\sum(x_j - \hat{\mu}_{KQ}) = 0$$

$$\sum x_j - \sum \hat{\mu}_{KQ} = \sum x_j - n\hat{\mu}_{KQ} = 0$$

$$\hat{\mu}_{KQ} = \frac{1}{n}\sum x_j = \bar{x}$$

die gleiche Schätzformel wie (13-1).

Das Prinzip der kleinsten Quadrate basiert auf der Idee der Minimierung der Fehlervarianz. Die Bewertung der Fehler erfolgt also nicht proportional zu ihrer Größe, sondern quadratisch, das heißt doppelt so große Fehler bringen vierfachen Verlust in der Bewertung. Man spricht deshalb in diesem Zusammenhang von einer *quadratischen Verlustfunktion*.

Maximum-Likelihood-Prinzip

Auf Deutsch wird es zuweilen auch das *Prinzip der größten Mutmaßlichkeit* genannt. Es fordert:

Wähle den Wert $\hat{\theta}_{ML}$ als Schätzwert für einen unbekannten Parameter θ, welcher angesichts des Stichprobenergebnisses die größte Likelihood oder Mutmaßlichkeit hat! Gemeint ist damit derjenige Wert, welcher, wenn er der wahre Parameter der Verteilung wäre, verglichen mit allen anderen Werten das Stichprobenergebnis mit der größten Wahrscheinlichkeit hervorgebracht hätte.

So könnte man aus einer Urne mit 100 Kugeln, von denen nur zehn weiß sind, eine Stichprobe vom Umfang 5, in welcher sämtliche Kugeln weiß sind, zwar gezogen haben, aber dies nur mit sehr kleiner Wahrscheinlichkeit, nämlich mit

$$P(5 \text{ weiß}; p = 0.1) = 0.1^5 = 0.00001.$$

Stammte die Stichprobe aber aus einer Urne, von deren 100 Kugeln 50 weiß sind, wäre die Stichprobe mit der Wahrscheinlichkeit

$$P(5 \text{ weiß}; p = 0.5) = 0.5^5 = 0.03125$$

hervorgetreten: Der Anteilswert $p = 0.5$ hat also eine größere Likelihood.

Um in einem konkreten Anwendungsfall einen Maximum-Likelihood-Schätzer zu gewinnen, braucht man eine sogenannte **Likelihood-Funktion** L. Sie ist nichts anderes als die Massenfunktion oder Dichtefunktion der gemeinsamen Verteilung der X_i, wobei aber der Parameter θ nun als Variable angesehen wird und für die x_i die beobachteten Stichprobenwerte als feste Werte eingesetzt werden:

$$L(\theta; x_1, x_2, \cdots, x_n) := f(x_1, x_2, \cdots, x_n; \theta) \ .$$

Mit anderen Worten, L ist eine Funktion von θ. Um die Schätzfunktion zu erhalten, löst man einfach die Maximierungsaufgabe

$$L(\hat{\theta}_{ML}; x_1, x_2, \cdots, x_n) \xrightarrow[\hat{\theta}_{ML}]{} \text{Maximum},$$

was natürlich nur geht, wenn ein Verteilungstyp der X_i *a priori* vorgegeben wird. Die folgenden Beispiele verdeutlichen den Sachverhalt.

Beispiel [6] Wir suchen die Maximum-Likelihood-Schätzer für den Erwartungswert μ und die Standardabweichung σ einer Normalverteilung. Die gemeinsame Dichtefunktion der *unabhängig* und *identisch* verteilten Zufallsvariablen ist nach (10-6) und (10-9)

$$\begin{aligned} f(x_1, \cdots, x_n; \mu, \sigma) &= f_N(x_1; \mu, \sigma) \cdot \ldots \cdot f_N(x_n; \mu, \sigma) \\ &= \frac{1}{\sigma^n \sqrt{2\pi}^n} \exp\left[\frac{-1}{2\sigma^2} \sum_{j=1}^{n} (x_j - \mu)^2\right] = L(\mu, \sigma; x_1, \cdots, x_n) \end{aligned}$$

und diese ist gleich der Likelihood-Funktion. In der letzteren sind die x_i die beobachteten Stichprobenwerte. Statt der Likelihood-Funktion selbst kann man genauso gut ihren Logarithmus

$$\ln L = -n \ln \hat{\sigma} - n \ln \sqrt{2\pi} - \frac{1}{2\hat{\sigma}^2} \sum_{j=1}^{n} (x_j - \hat{\mu})^2 \xrightarrow[\hat{\mu}, \hat{\sigma}]{} \text{Maximum}$$

maximieren, denn der Logarithmus ist eine streng monoton steigende Funktion. Das ist in diesem Falle einfacher, weil dann die e-Funktion verschwindet und man summandenweise ableiten kann.

1. ML-Schätzfunktion für μ: Partielles Ableiten von $\ln L$ nach $\hat{\mu}$ und Nullsetzen

$$\frac{\partial}{\partial \hat{\mu}} \ln L = -\frac{1}{2\hat{\sigma}^2} \sum 2(x_j - \hat{\mu})(-1) = 0$$

$$\sum (x_j - \hat{\mu}) = 0$$

$$\hat{\mu}_{ML} = \bar{x}$$

zeigt, dass der Stichprobenmittelwert auch ein ML-Schätzer ist.

2. ML-Schätzfunktion für σ^2: Die ML-Schätzung für μ einsetzen, nach σ ableiten und Nullsetzen

$$\frac{\partial}{\partial \hat{\sigma}} \ln L = -n\frac{1}{\hat{\sigma}} - \frac{1}{2\hat{\sigma}^3}(-2)\sum(x_j - \bar{x})^2 = 0$$

$$\hat{\sigma}^2_{ML} = \frac{1}{n}\sum(x_j - \bar{x})^2.$$

Diese ML-Schätzung für σ^2 ist asymptotisch erwartungstreu.

Beispiel [7] Gesucht werde nun der ML-Schätzer für den unbekannten Anteilswert p einer Grundgesamtheit. Dazu liege uns eine Zufallsstichprobe vom Umfang n vor, in welcher x Elemente das fragliche dichotome Merkmal aufweisen. Die Likelihood-Funktion lautet

$$f(x;p) = p^x(1-p)^{n-x} =: L(p; X=x).$$

Welches p maximiert nun die Likelihood? Mit Kettenregel und Produktregel nach p abgeleitet und die Ableitung gleich Null gesetzt, liefert zunächst

$$xp^{x-1}(1-p)^{n-x} + p^x(n-x)(1-p)^{n-x-1}(-1)$$
$$= xp^{x-1}(1-p)^{n-x-1}\left[(1-p) - \frac{n-x}{x}p\right] = 0.$$

Der erste Faktor ist Null für $p=0$ und $p=1$. Diese beiden Lösungen minimieren aber die Likelihood-Funktion. Setzen wir die eckige Klammer gleich Null, erhalten wir als Bestimmungsgleichung für den ML-Schätzer

$$1 - \hat{p}_{ML} - \frac{n-x}{x}\hat{p}_{ML} = 1 - \frac{n}{x}\hat{p}_{ML} = 0$$

und als Lösung

$$\hat{p}_{ML} = \frac{x}{n} = h,$$

die bereits in (13-4) vorgeschlagene Formel.

In den gezeigten Beispielen führen die Schätzprinzipien zu den gleichen Schätzformeln. Um Missverständnissen vorzubeugen, muss an dieser Stelle betont werden, dass die genannten Schätzprinzipien keineswegs äquivalent sind. Auf konkrete Fragestellungen angewandt, können sie durchaus zu verschiedenen Schätzfunktionen mit anderen Schätzeigenschaften führen.

Kontrollfragen

1. Was ist eine repräsentative Stichprobe? Wodurch unterscheidet sich eine repräsentative Stichprobe von einer reinen Zufallsauswahl?
2. Was versteht man unter dem Schätzfehler? Ist der Schätzfehler eine stochastische Größe?
3. Was ist der Unterschied zwischen dem Schätzfehler und der Verzerrung einer Schätzung?
4. Was ist der Korrekturfaktor? Welche Bedeutung spielt er in der hypergeometrischen Verteilung?
5. Warum ist es vorteilhafter, eine Stichprobe „ohne Zurücklegen" zu ziehen?
6. Was ist der Grund für die Verzerrung, wenn man die Varianz einer Grundgesamtheit mit der empirischen Varianz der Stichprobe schätzt?
7. Was versteht man unter der Zahl der Freiheitsgrade?
8. Was bedeutet Konsistenz?
9. Sind Schätzungen aus Stichproben ohne Zurücklegen konsistent?

PRAXIS

Schätzung der Risikokennzahl Value at Risk (VaR)

Der Value at Risk ist eine Risikokennzahl, die jeder Finanzmanager kennen sollte.

Es gibt keine sicheren Vermögensanlagen; jede Vermögensposition bedeutet für den, der sie hält, das Risiko eines Verlustes. Die mit dem Halten einer Vermögensposition eingegangen Verlustrisiken sollten aus Vorsichtsgründen nicht zu groß sein und vor allem das Eigenkapital nicht überschreiten. Das gilt insbesondere für Banken und Finanzinstitutionen.

Als den „Wert im Risiko" versteht man aber nicht den möglichen Totalverlust, sondern nur den Verlust, der

1. mit einer bestimmten Sicherheitswahrscheinlichkeit (z. B. 95% oder 99%)
2. innerhalb eines bestimmten Zeithorizontes (z. B. ein Handelstag oder ein Monat)

nicht überschritten wird. Betrachten wir einen Anlagebetrag von 100 Mio €, der so in Aktien angelegt sei, dass die Wertentwicklung dieses Depots genau parallel zur Entwicklung des Deutschen Aktienindex DAX verläuft. Wie groß ist der maximale Verlust, der mit einer vorgegebenen Sicherheitswahrscheinlichkeit von 95% innerhalb eines Handelstages nicht überschritten wird?

KAPITEL 13 *Punktschätzungen* **443**

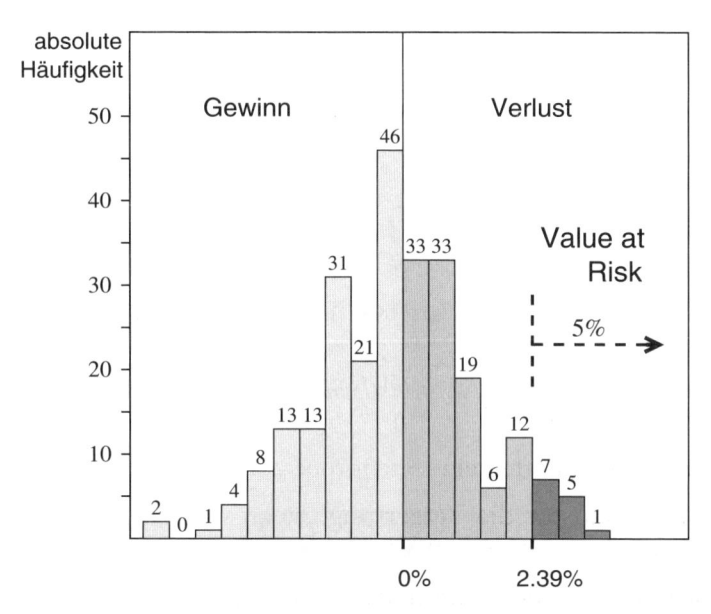

BILD 13.2 Häufigkeitsverteilung der täglichen DAX-Renditen
27.08.1999 bis 25.08.2000

Zur Schätzung dieses Verlustpotentials können die Schwankungen des DAX in der Vergangenheit herangezogen werden. BILD 13.2 zeigt die empirische Häufigkeitsverteilung der täglichen DAX-Renditen für den Zeitraum von einem Jahr. Deutlich wird insbesondere, dass sich bei insgesamt 255 Beobachtungen 13-mal – das sind 5% des Stichprobenumfanges – ein Verlust von mehr als 2.39% ergab. Hieraus folgert man nun, dass der DAX mit 95-prozentiger Wahrscheinlichkeit innerhalb eines Tages um nicht mehr als 2,39% fällt.

Der VaR ist somit eine Punktschätzung des 5%-Quantils der Wahrscheinlichkeitsverteilung der täglichen Renditen. Der VaR des ganzen Portfolios mit einem Volumen von 100 Mio € beträgt also 2.39 Mio €.

In der Praxis wird der VaR von den Banken jeweils börsentäglich neu berechnet und dem für die Risikoüberwachung zuständigen Chief Risk Officer gemeldet. Der maximale Umfang der Risiken, die auf den verschiedenen Ebenen eingegangen werden dürfen, wird durch bestimmte VaR-Limite begrenzt, die sowohl für die Gesamtbankebene als auch davon abgeleitet für die einzelnen Handelsbereiche formuliert werden.

Der VaR-Ansatz wurde Anfang der neunziger Jahre von amerikanischen Investmentbanken entwickelt. Durch den VaR kann auch das Risiko eines Portfolios durch eine einzige anschauliche Kennzahl beschrieben werden. Für die Berechnung des Risikos komplexer Portfolios sind verschiedene Verfahren entwickelt worden.

Quelle: Hans Rau-Bredow, *Überwachung von Marktpreisrisiken durch Value at Risk*, Würzburg 2003
(www.wifak.uni-wuerzburg.de/wilan/wifak/bwl4/download/marktpreisrisiken.pdf)

Ergänzende Literatur

Cochran, William G.: *Sampling Techniques*, 3. Aufl., John Wiley & Sons, 1977

Bohley, Peter: *Statistik*, 7. Aufl., München, Wien: Oldenbourg, 2000, Kapitel XVI + XVII

Fahrmeir, L; Künstler, R.; Pigeot, I.; Tutz, G.: *Statistik. Der Weg zur Datenanalyse*, 6. Aufl., Berlin, Heidelberg, New York: Springer, 2007, Kapitel 9

Lehmann, E. L.; Casella, G.: *Theory of point estimation*, 2. Aufl., Berlin, Heidelberg, New York: Springer, 1999

Neubauer, W.; Bellgardt, E.; Behr, A.: *Statistische Methoden*, München: Vahlen, 2002, Kapitel 11

Aufgaben

13.1 Gewinnstatistik. Eine Branche bestehe aus $N = 12\,100$ Einzelfirmen. In Ermangelung einer amtlichen Gewinnstatistik wurde in einer Zufallsstichprobe vom Umfang $n = 225$ Einzelfirmen der Jahresgewinn G festgestellt. Die Stichprobe ergab im Jahre 2006

$$\bar{g} = 600\,000.-\,€ \quad \text{und} \quad s_G = 90\,000.-\,€.$$

a) Geben Sie eine Punktschätzung für die Parameter μ und σ der Verteilung des jährlichen Firmengewinns in der Grundgesamtheit.

b) Wie groß ist die Standardabweichung der Schätzung des Mittelwertes?

13.2 Wir haben eine Zufallsstichprobe aus einer normalverteilten Grundgesamtheit gezogen. Die Standardabweichung der Grundgesamtheit ist uns bekannt, sie beträgt $\sigma = 10$. Der Mittelwert der Grundgesamtheit ist uns unbekannt. Als Stichprobenmittelwert finden wir $\bar{x} = 38$.

a) Der Stichprobenumfang habe $n = 25$ betragen. Wie groß ist die Varianz des Stichprobenmittelwertes?

b) Wie groß wäre seine Varianz, wenn der Stichprobenumfang $n = 100$ betragen würde?

13.3 Der Mittelwert μ einer Normalverteilung mit der Varianz $\sigma^2 = 9$ soll geschätzt werden. Eine Stichprobe vom Umfang $n = 100$ bringt den Mittelwert 5.397. Wie groß ist die Standardabweichung der Zufallsvariablen Stichprobenmittelwert?

13.4 Spannende Statistik. Ein Verlag führt eine Leseranalyse unter den $N = 40\,000$ Beziehern seiner Zeitschrift „Spannende Statistik" durch. Eine einfache Zufallsstichprobe vom Umfang $n = 400$ ergab unter anderem

(1) ein Durchschnittseinkommen von 120 000.– € jährlich mit einer Standardabweichung von 34 000.– € und
(2) einen Anteil der Leser, die mit der Zeitschrift zufrieden sind, von 80%.

Schätzen Sie

a) das Durchschnittseinkommen aller 40 000 Bezieher,

b) den Anteil der zufriedenen Leser unter den Beziehern.

13.5 Kugellager. Ein Automat produziert Kugellager. Wir ziehen eine Zufallsstichprobe von $n = 225$ Kugellagern aus der Wochenproduktion dieses Automaten. In der Stichprobe finden wir als durchschnittliches Kugellagergewicht

$$\bar{g} = 0.824 \text{ kg} \quad \text{und} \quad s_G = 0.005 \text{ kg}.$$

a) Welche Standardabweichung hat der Stichprobenmittelwert? Ist dies eine Schätzung oder ein wahrer Wert?

b) Geben Sie eine zahlenmäßige Punktschätzung für den wahren Mittelwert.

13.6 Schätzfunktionen. n Zufallsvariablen seien voneinander unabhängig und identisch verteilt. Stellen Sie sich nun vor, Ihnen sei zwar der Erwartungswert μ bekannt, jedoch nicht die Varianz. Drei Schätzfunktionen werden Ihnen angeboten:

$$\hat{\sigma}_A^2 = \frac{1}{n}\sum_{j=1}^{n}(X_j - \mu)^2$$

$$\hat{\sigma}_B^2 = \frac{1}{n-1}\sum_{j=1}^{n}(X_j - \mu)^2$$

$$\hat{\sigma}_C^2 = \frac{1}{3}(X_1^2 + X_2^2 + X_n^2) - \mu^2$$

a) Welche Schätzer sind erwartungstreu?

b) Welcher Schätzer ist nicht konsistent?

c) Wie groß sind die Verzerrungen der drei Schätzer (bei $n = 9$)?

d) Würden Sie den dritten Schätzer dem zweiten vorziehen (bei $n = 9$)?

13.7 Grundgesamtheit und Stichprobe. Eine endliche Grundgesamtheit bestehe aus nur fünf Elementen, nämlich

$$2, \ 3, \ 4, \ 5, \ 6.$$

a) Berechnen Sie Mittelwert μ und Standardabweichung σ dieser Grundgesamtheit.

Aus dieser Grundgesamtheit werde eine zufällige Stichprobe ohne Zurücklegen vom Umfang $n = 3$ Elemente gezogen. Die Stichprobe könnte zufällig $St_1 = \{2, 3, 4\}$ sein; sie hätte dann den Stichprobenmittelwert $\bar{x}_1 = 3$ und die Standardabweichung $\sigma_1 = \sqrt{2/3}$.

446 KAPITEL 13 *Punktschätzungen*

b) Geben Sie alle möglichen Stichproben zu drei Elementen, die man aus dieser Grundgesamtheit ziehen könnte, explizit in einer Tabelle an.

c) Geben Sie in dieser Tabelle auch die zugehörigen Stichprobenmittelwerte $\bar{x}_1$ bis $\bar{x}_{10}$ und die Standardabweichungen s_1 bis s_{10} an.

Der Stichprobenmittelwert, den man aus dieser Grundgesamtheit erhält, liegt also zwischen den Werten 3 und 5 und ist vom Zufall abhängig.

d) Zeichnen Sie die Massenfunktion des Stichprobenmittelwertes $\bar{X}$.

e) Berechnen Sie die Standardabweichung des Stichprobenmittelwertes. Vergleichen Sie ihn mit der Standardabweichung der Grundgesamtheit.

LÖSUNGEN

13.1 a) 600 000.– €, 90 200.67 €
b) 6 013.38 €

13.2 a) 4   b) 1

13.3 0.3

13.4 a) 120 000 €   b) 80 %

13.5 a) 0.0003341 kg als Schätzung
b) 0.824 kg

13.7 a) $\mu = 4$, $\sigma = 1.4143$

b) + c)

i	St_i	$\bar{x}_i$	s_i^2	i	St_i	$\bar{x}_i$	s_i^2
1	{ 2, 3, 4 }	3	0.6667	6	{ 3, 4, 5 }	4	0.6667
2	{ 2, 3, 5 }	3.3333	1.5556	7	{ 3, 4, 6 }	4.3333	1.5556
3	{ 2, 3, 6 }	3.6667	2.8889	8	{ 2, 5, 6 }	4.3333	2.8889
4	{ 2, 4, 5 }	3.6667	1.5556	9	{ 3, 5, 6 }	4.6667	1.5556
5	{ 2, 4, 6 }	4	2.6667	10	{ 4, 5, 6 }	5	0.6667

e) 0.57735

KAPITEL 14

Intervallschätzungen

Keine Stichprobe kann völlig exakte Auskunft über die tatsächliche Verteilung oder auch nur die Maßzahlen der Verteilung von Merkmalen in einer Grundgesamtheit geben. Überträgt man die Werte aus Stichproben auf die Grundgesamtheit, so kann dies nur eine Schätzung darstellen. Die Punktschätzungen des vorangegangenen Kapitels sind Beispiele dafür. Trotz der guten Eigenschaften der dort vorgestellten Punktschätzungen wissen wir aber nicht, welches Vertrauen wir in sie legen können. Anders ist das bei den Bereichs- oder Intervallschätzungen Unter bestimmten Bedingungen sind die Statistiker jedoch in der Lage, die Wahrscheinlichkeitsverteilung der Stichproben- und damit der Schätzwerte wenigstens annähernd anzugeben. Mit Hilfe dieser *Stichprobenverteilungen* kann man dann das Vertrauen quantifizieren, also Wahrscheinlichkeiten angeben, mit denen man eine Schätzung für richtig hält.

14.1 Stichprobenverteilungen

Die Kenngrößen von Stichproben, wie Mittelwert, Anteilswert, Varianz und andere, sind Realisationen von Zufallsvariabeln. Ihre Wahrscheinlichkeitsverteilungen nennt man *Stichprobenverteilungen*.

Verteilung des Stichprobenmittelwertes

Das metrische Merkmal X in einer Grundgesamtheit habe den Mittelwert μ und die Varianz σ^2. Bei **großem Stichprobenumfang** n gilt für die Verteilung des Stichprobenmittelwertes $\overline{X}$:

(1) $\quad E(\overline{X}) = \mu$

(2) $\quad \sigma_{\overline{X}} = \dfrac{\sigma}{\sqrt{n}}$

(3) $\quad \overline{X}$ ist **annähernd normalverteilt** (14-1)

Diese Aussage über die Stichprobenverteilung ist nichts anderes als eine praktische Anwendung des zentralen Grenzwertsatzes. Sie bedeutet, dass die Zufallsvariable, für die der beobachtete Stichprobenmittelwert

$$\bar{x} = \frac{1}{n}(x_1 + x_2 + \cdots + x_n)$$

eine Realisation darstellt, asymptotisch normalverteilt ist mit den Parametern μ und $\sigma/\sqrt{n}$.

Dies gilt **bei beliebiger Verteilung** des Merkmals X in der Grundgesamtheit, solange die einzelnen Stichprobenelemente **unabhängig** gezogen worden sind. Wir brauchen diese Verteilung auch gar nicht genau zu kennen, um die Stichprobenverteilung näherungsweise anzugeben; dazu genügt die Kenntnis der beiden Werte μ und σ der Grundgesamtheit.

Aber was ist nun eine „große" Stichprobe? Ist $n = 100$ ein großer Stichprobenumfang oder erst $n = 200$? Der zentrale Grenzwertsatz sagt zwar, dass die Stichprobenverteilung asymptotisch gegen die Normalverteilung strebt, das heißt dass die Annäherung in einem konkreten Fall umso besser ist, je größer der Stichprobenumfang wird. Ob aber die Annäherung schon gut genug ist, um die Normalverteilung anstelle der tatsächlichen Stichprobenverteilung zu verwenden, sagt er nicht. Die Güte der Annäherung an die Normalverteilung hängt nicht nur vom Stichprobenumfang ab, sondern auch ganz entscheidend von der Verteilung des Merkmals in der Grundgesamtheit, aus der die Stichprobe gezogen wird. Ist diese Ausgangsverteilung der Normalverteilung schon recht ähnlich, so wird die Stichprobenverteilung rascher konvergieren, ist sie sehr schief oder mehrgipflig, wird es länger dauern.

In den meisten Fällen kann man davon ausgehen, dass bei einem Stichprobenumfang von $n > 30$ die Ausgangsverteilung kaum noch eine Rolle spielt.

Durch Standardisieren der Zufallsvariablen $\bar{X}$ erhalten wir aus (14-1):

(4) $\dfrac{\bar{X} - \mu}{\sigma/\sqrt{n}}$ ist **annähernd standardnormalverteilt.** (14-1a)

Hieraus folgt sofort die Wahrscheinlichkeitsaussage[1]

$$P\left(-z < \frac{\bar{X} - \mu}{\sigma_{\bar{X}}} \leq +z\right) \approx F_{St}(z) - F_{St}(-z) =: D(z) \qquad (14\text{-}1b)$$

und durch leichte Umformung der Ungleichung im Inneren der Wahrscheinlichkeitsfunktion

---

[1] Hierbei bedeutet D die über dem symmetrischen Intervall $[-z, +z]$ liegende Wahrscheinlichkeit. Vgl. dazu Definition (11-22).

$$P(-z \cdot \sigma_{\overline{X}} < \overline{X} - \mu \leq +z \cdot \sigma_{\overline{X}}) \approx D(z)$$

schließlich die Formel für den **direkten Schluss**

$$P(\mu - z \cdot \sigma_{\overline{X}} < \overline{X} \leq \mu + z \cdot \sigma_{\overline{X}}) \approx D(z). \tag{14-2}$$

Als direkten Schluss bezeichnet man den *Schluss von der Grundgesamtheit auf die Stichprobe*. Man kann damit berechnen, mit welcher Wahrscheinlichkeit ein Stichprobenmittelwert in ein vorher bestimmtes Intervall fällt oder umgekehrt.

Beispiel [1] Zur Anfängervorlesung in Statistik sind zu Beginn des Wintersemesters $N = 800$ Studenten ins Audimax der Universität gekommen. Ihre durchschnittliche Körpergröße beträgt $\mu = 183$ cm, bei einer Standardabweichung von $\sigma = 10$ cm. Ziehen wir daraus eine Zufallsstichprobe vom Umfang $n = 25$ **mit Zurücklegen**.

(1) **Vorgegebenes Intervall:** Mit welcher Wahrscheinlichkeit wird der Stichprobenmittelwert im Intervall

$$182 \text{ cm} < \overline{X} \leq 184 \text{ cm}$$

eintreffen? Um diese Frage zu beantworten, brauchen wir die Stichprobenverteilung. Die Stichprobe mit $n = 25$ kann hier ohne weiteres als „große Stichprobe" angesehen werden, weil die Körpergröße schon ein weitgehend normalverteiltes Merkmal ist. Die Stichprobenverteilung wird also der Normalverteilung noch näher kommen. Für ihren Erwartungswert gilt

$$E(\overline{X}) = 183 \text{ cm}$$

und ihre Standardabweichung beträgt nach dem $\sqrt{n}$ - Gesetz (10-23) gerade noch

$$\sigma_{\overline{X}} = \frac{\sigma}{\sqrt{n}} = \frac{10 \text{ cm}}{\sqrt{25}} = 2 \text{ cm}.$$

Das obige Intervall hat also eine Länge von ± einer halben Standardabweichung und somit die Wahrscheinlichkeit

$$P(183 \text{ cm} - \frac{1}{2} \cdot 2 \text{ cm} < \overline{X} \leq 183 \text{ cm} + \frac{1}{2} \cdot 2 \text{ cm}) \approx D(\frac{1}{2}) = 0.3830.$$

(2) **Vorgegebene Wahrscheinlichkeit:** Wie groß ist das Intervall, in welches der Stichprobenmittelwert mit einer hohen Wahrscheinlichkeit von 0.9 fällt?

Dazu müssen wir den z-Wert feststellen, für den $D(z) = 0.9$ ist. In der Tafel der Standardnormalverteilung finden wir $z = 1.645$, so dass

$$P(183\,\text{cm} - 1.645 \cdot 2\,\text{cm} < \overline{X} \leq 183\,\text{cm} + 1.645 \cdot 2\,\text{cm})$$
$$= P(183\,\text{cm} - 3.29\,\text{cm} < \overline{X} \leq 183\,\text{cm} + 3.29\,\text{cm})$$
$$= P(179.71\,\text{cm} < \overline{X} \leq 186.29\,\text{cm}) \approx D(1.645) = 0.9.$$

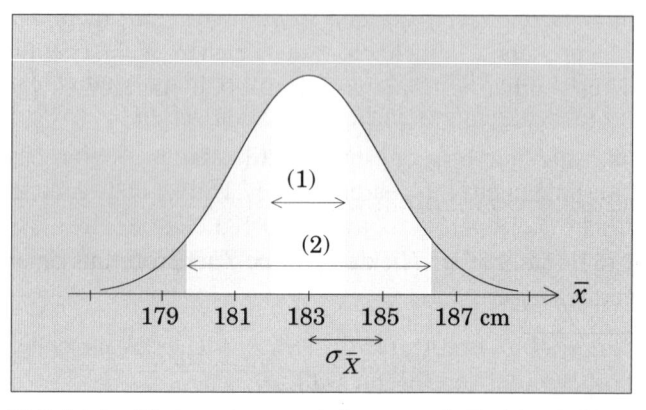

BILD 14.1 Stichprobenverteilung und direkter Schluss

Es fällt auf, dass obige Intervalle für den direkten Schluss als *halboffene Intervalle*, das heißt links offen (<) und rechts geschlossen (≤), geschrieben sind. Das mag ein wenig pedantisch erscheinen, rührt aber daher, dass die Verteilungsfunktion eben so definiert ist, dass im strengen Sinne stets

$$F(b) - F(a) = P(a < X \leq b)$$

geschrieben werden müsste. Nun ist aber einerseits für stetige Verteilungen der Unterschied nicht messbar, so dass

$$P(a < X < b) = P(a < X \leq b) = P(a \leq X \leq b),$$

und andererseits gilt die Normalverteilung hier sowieso nur annäherungsweise. In der Tat kann man mit der gleichen Berechtigung beidseitig abgeschlossene Intervalle schreiben.

Genau genommen kann man den zentralen Grenzwertsatz nur anwenden, wenn die Voraussetzung der Unabhängigkeit vorliegt. Die einzelnen Stichproben müssen unabhängig voneinander gezogen sein. Unabhängigkeit können wir in jedem Fall unterstellen, wenn die Stichprobe mit Zurücklegen gezogen würde, aber auch annäherungsweise, wenn die Grundgesamtheit im Vergleich zum Stichprobenumfang sehr groß ist.

Beispiel [2] Würde man die Stichprobe aus Beispiel **[1]** **ohne Zurücklegen** ziehen, so käme für die Berechnung der Varianz des Stichprobenmittelwertes noch der Korrekturfaktor (11-11) für endliche Grundgesamtheiten

$$Kf := \frac{N-n}{N-1} = \frac{800-25}{799} = 0.96996 < 1$$

ins Spiel und wir erhielten

$$\sigma_{\bar{X}} = 2\,\text{cm} \cdot \sqrt{0.96996} = 2\,\text{cm} \cdot 0.98487 = 1.97\,\text{cm}$$

eine um 0.3 mm kleinere Standardabweichung, wodurch sich die Ergebnisse **(1)** und **(2)** wirklich nur geringfügig veränderten.

Verteilung des Stichprobenanteilswertes

Entsprechend gilt für Anteilswerte H einer großen Stichprobe aus einer Grundgesamtheit mit dem Anteilswert p

(1) $\quad E(H) = p$

(2) $\quad \sigma_H = \sqrt{\dfrac{p(1-p)}{n}}$

(3) $\quad H$ ist **annähernd normalverteilt** (14-3)

beziehungsweise, mit $q := 1 - p$,

(4) $\quad \dfrac{H-p}{\sqrt{pq/n}} \quad$ ist **annähernd standardnormalverteilt.** (14-3a)

Beispiel [3] In einer Grundgesamtheit von $N = 2500$ Chips sind 2000 Chips o.k., die anderen schadhaft. Es soll eine einfache Zufallsstichprobe vom Umfang $n = 50$ gezogen werden. Mit welcher Wahrscheinlichkeit enthält die Stichprobe (1) weniger als 70%, (2) mehr als 80% gute Chips?

Es ist klar, dass hier eigentlich die hypergeometrische Verteilung genommen werden müsste. In Anbetracht der zu befürchtenden Unhandlichkeit der Binomialkoeffizienten nehmen wir lieber eine Näherungslösung mit Hilfe der Normalverteilung. Zunächst stellen wir fest, dass

$$E(H) = p = 0.8; \qquad Kf = \frac{2500-50}{2500-1} = 0.9804;$$

$$Var(H) = \frac{0.8 \cdot 0.2}{50} \cdot 0.9804 = 0.00314; \qquad \sigma_H = 0.056.$$

Dann brauchen wir noch eine Stetigkeitskorrektur *Sk* (vgl. 12-14) um eine halbe Schrittweite der Variablen *H*. Bei $n = 50$ beträgt die Schrittweite $1/50 = 0.02$, so dass $Sk = 1/100 = 0.01$. Wir approximieren also

(1) $P(H<0.7) = P(H \leq 0.68) \approx F_{St}\left(\dfrac{0.68+0.01-0.8}{0.056}\right)$
$= F_{St}(-1.964) = 0.0247$

(2) $P(H>0.8) = 1-P(H \leq 0.8) \approx 1-F_{St}\left(\dfrac{0.8+0.01-0.8}{0.056}\right)$
$= 1-F_{St}(0.179) = 1-0.571 = 0.429$.

Schließlich gibt die Formel für den **direkten Schluss**

$$P\left(p-z\cdot\sqrt{pq/n} \leq H \leq p+z\cdot\sqrt{pq/n}\right) \approx D(z) \qquad (14\text{-}4)$$

die Wahrscheinlichkeit an, mit der der Stichprobenanteilswert *H* in ein bestimmtes Intervall um *p* fällt, und zwar umso genauer, je größer der Stichprobenumfang *n* ist.

Beispiel [4] Die Grünen/Bündnis90 gehen davon aus, dass sie von 8% der Wahlberechtigten gewählt werden. Ein Wahlforschungsinstitut soll schnell $n = 1200$ Wahlberechtigte befragen. In welchem Intervall ist der Anteil der Grünen-Wähler in einer einfachen Zufallsstichprobe mit einer Wahrscheinlichkeit von 0.95 zu erwarten? Da die Grundgesamtheit mit ca. $N = 50\,000\,000$ wirklich sehr groß ist, wäre die Binomialverteilung zu nehmen. Um Rechenaufwand zu vermeiden, wählen wir als Näherungsverteilung die Normalverteilung. Für den Stichprobenanteilswert *H* gilt

$E(H) = p = 0.08;$

$Var(H) = \dfrac{0.08\cdot 0.92}{1200} = 0.0000613;\quad \sigma_H = 0.0078.$

Auf Korrekturfaktor und Stetigkeitskorrektur kann verzichtet werden. Zu einem $D(z) = 0.95$ gehört laut Tabelle der Standardnormalverteilung $z = 1.96$. Damit ist

$P(0.05-1.96\cdot 0.0078 \leq H \leq 0.05+1.96\cdot 0.0078)$
$= P(0.08-0.0159 \leq H \leq 0.08+0.0159)$
$= P(0.0641 \leq H \leq 0.0959) \approx D(1.96) = 0.95$

und es werden mit einer Wahrscheinlichkeit von 0.95 in der Stichprobe zwischen 6.41% und 9.59% Grünen-Wähler sein. Die <-Zeichen und ≤-Zeichen brauchen hier nicht zu pedantisch unterschieden zu werden.

Es sei hier noch darauf hingewiesen, dass ein Rechenergebnis für (14-4) besonders bei kleinen p oder q und n unter Umständen über das Intervall

$$0 \leq H \leq 1$$

hinausreichen kann. Jedoch wird ein h außerhalb dieser Schranken als Stichprobenergebnis natürlich nicht vorkommen.

14.2 Intervallschätzung mit großen Stichproben

Eine Stichprobe gilt dann als große Stichprobe, wenn die Abweichung der tatsächlichen Stichprobenverteilung von der Normalverteilung vernachlässigt werden kann.

Konfidenzintervalle für Mittelwerte

Die Intervallschätzung gründet, genauso wie der direkte Schluss, auf der Wahrscheinlichkeitsaussage (14-1b). Im Argument der Wahrscheinlichkeitsfunktion P wird nun in der Weise umgestellt, dass man ein Intervall um μ erhält. Die Intervallschätzung ist gleichsam die Umkehrung des direkten Schlusses und heißt deshalb auch **Umkehrschluss** oder **Rückschluss**. Für große Stichproben gilt:

$$P(\overline{X} - z \cdot \sigma_{\overline{X}} \leq \mu \leq \overline{X} + z \cdot \sigma_{\overline{X}}) \approx D(z) = 1 - \alpha. \tag{14-5}$$

Es ist der statistische *Schluss von der Stichprobe auf die unbekannte Grundgesamtheit*. Ersetzt man nun die Zufallsvariable $\overline{X}$ durch den aktuell gezogenen Stichprobenmittelwert $\bar{x}$, erhält man das sogenannte **Konfidenzintervall** KI für μ und schreibt

$$\boxed{\mathrm{KI}(\mu, 1-\alpha) = \left[\bar{x} - z\sigma_{\overline{X}},\ \bar{x} + z\sigma_{\overline{X}}\right].} \tag{14-6}$$

- $1-\alpha$ heißt die **Konfidenzwahrscheinlichkeit** und gibt an, wie sehr man darauf vertraut, dass der feste aber unbekannte Wert μ im Konfidenzintervall liegt. Sie ist eigentlich keine richtige Wahrscheinlichkeit, denn *erst nachdem die Stichprobe gezogen ist* und $\bar{x}$ vorliegt, kann das Konfidenzintervall gebildet werden, und dann ist ja nichts Zufälliges mehr im Spiel;
- α heißt die **Irrtumswahrscheinlichkeit**. Sie gibt an, wie oft man sich im Mittel irrt, wenn man Konfidenzintervalle der Art (14-6) aufstellt.

454 KAPITEL 14 *Intervallschätzungen*

Die Konfidenzwahrscheinlichkeit bzw. Irrtumswahrscheinlichkeit wird beim statistischen Schätzen meist vorgegeben, ihre Größe richtet sich nach den Ansprüchen, die man an die Verlässlichkeit oder Genauigkeit der Intervallschätzung stellt.

In den meisten Fällen, in denen man eine Intervallschätzung für den unbekannten Mittelwert μ anfertigen will, ist leider auch die Varianz, die das Merkmal in der Grundgesamtheit aufweist, unbekannt, so dass das Konfidenzintervall in der Form (14-6) gar nicht gebildet werden kann. Man muss sich mit einer Schätzung von σ behelfen. Man wird dazu die Punktschätzung (13-10) beziehungsweise (13-11) nehmen und damit

$$\hat{\sigma}_{\bar{X}} = \hat{\sigma}/\sqrt{n}$$

ausrechnen. Das Konfidenzintervall lautet dann entsprechend

$$\boxed{\text{KI}(\mu, 1-\alpha) = \left[\bar{x} - z\hat{\sigma}_{\bar{X}},\ \bar{x} + z\hat{\sigma}_{\bar{X}}\right].} \tag{14-7}$$

Leider entsteht dadurch, dass σ noch geschätzt werden muss und sogar noch aus derselben Stichprobe, eine zusätzliche Ungenauigkeit. Man wird eben noch größere Stichprobenumfänge voraussetzen, um so zu verfahren.

Beispiel [5] Für die Berechnung der Daten für den örtlichen Mietspiegel befragt die Gemeindeverwaltung 50 Haushalte, die 80 bis 100 qm große Wohnungen gemietet haben, nach der Kaltmiete pro Quadratmeter. Sie findet einen Stichprobenmittelwert von $\bar{x} = 8.30$ € bei einer Standardabweichung von $s = 2.07$ €. Erörtern wir dazu zwei verschiedene Fragestellungen:

(a) Verteilung in der Grundgesamtheit: In welchem Intervall liegen vermutlich zwei Drittel der bezahlten Quadratmetermieten? Da wir die Gestalt der Verteilung in der Grundgesamtheit nicht kennen, unterstellen wir einmal Normalverteilung. Diese ist als Modell oft recht brauchbar. Nimmt man den Stichprobenmittelwert als Punktschätzung $\hat{\mu} = 8.30$ € der tatsächlichen Durchschnittsmiete und

$$\hat{\sigma} = \sqrt{\frac{50}{49}} \cdot 2.07\,€ \approx 2.10\,€$$

als Punktschätzung für die Standardabweichung, so wäre die standardisierte Variable $Z = \dfrac{X - 8.3}{2.1}$ standardnormalverteilt. Aus der Tabelle der Standardnormalverteilung geht hervor, dass 66,7% aller Beobachtungen der standardisierten Variablen Z in das Intervall $-0.97 \leq Z \leq 0.97$ fallen. Wir machen die Standardisierung rückgängig und erhalten das Intervall

14.2 Intervallschätzung mit großen Stichproben

$$8.30€ - 0.97 \cdot 2.10€ \leq X \leq 8.30€ + 0.97 \cdot 2.10€$$

$$6.26€ \leq X \leq 10.34€.$$

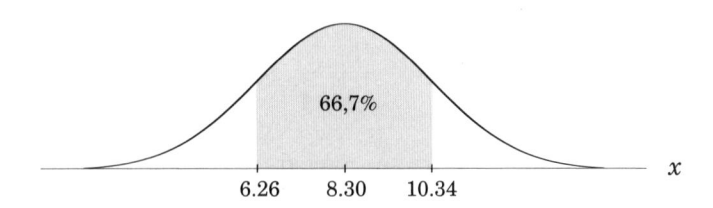

(b) Intervallschätzung: Wie groß ist das Konfidenzintervall zur Konfidenzwahrscheinlichkeit 0.9 für die durchschnittliche Kaltmiete μ? Für den großen Stichprobenumfang ist das Konfidenzintervall durch die Formel

$$KI(\mu, 1-\alpha) = \left[\bar{x} - z\hat{\sigma}_{\bar{X}},\ \bar{x} + z\hat{\sigma}_{\bar{X}}\right]$$

bestimmt. Die geschätzte Standardabweichung des Stichprobenmittelwertes beträgt

$$\hat{\sigma}_{\bar{X}} = \frac{\hat{\sigma}}{\sqrt{n}} = \frac{2.10€}{\sqrt{50}} \approx 0.29€.$$

Nun muss der z-Wert festgestellt werden, für den $D(z) = 0.9$ ist. In der Tafel der Standardnormalverteilung finden wir $z[1-\alpha/2] = z[0.95] = 1.645$. Das Konfidenzintervall lautet dann

$$KI(\mu, 0.90) = \left[8.30€ - 1.645 \cdot 0.29€,\ 830€ + 1.645 \cdot 0.29€\right]$$

$$KI(\mu, 0.90) = \left[7.82€,\ 8.78€\right].$$

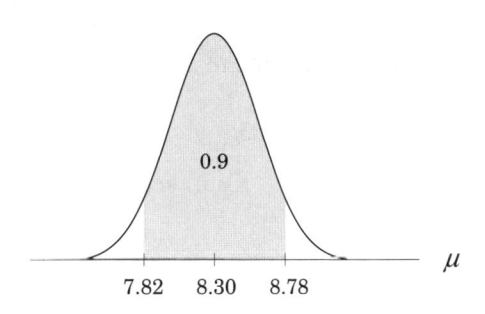

Konfidenzeintervalle für Anteilswerte

Die Intervallschätzung für Anteilswerte unter Verwendung von großen Stichproben erfolgt ganz analog. Mit der Normalverteilung als Näherungsverteilung erhält man ausgehend von der Formel

$$P\left(-z \leq \frac{H-p}{\sqrt{pq/n}} \leq z\right) \approx D(z)$$

durch passende Umformungen im Argument der Wahrscheinlichkeitsfunktion P die Formel für den *Rückschluss*

$$P(H - z \cdot \sqrt{pq/n} \leq p \leq H + z \cdot \sqrt{pq/n}) \approx D(z) = 1-\alpha \,,$$

die aber in dieser Form noch nicht recht brauchbar ist, da in den Termen für die Intervallgrenzen noch das zu schätzende p vorkommt. Man ersetzt es daher durch den Stichprobenanteilswert h. Damit lautet dann das *Konfidenzintervall* für Anteilswerte

$$\boxed{\text{KI}(p, 1-\alpha) = \left[h - z \cdot \sqrt{\frac{h(1-h)}{n}},\ h + z \cdot \sqrt{\frac{h(1-h)}{n}}\right].} \qquad (14\text{-}8)$$

Beispiel [6] Eine Partei plant eine Unterschriftenaktion. Diese Aktion würde nur dann zu einem politischen Erfolg, wenn mindestens 60% der Bevölkerung unterschreiben würden. Die Partei beginnt schon mal vorab in einem Unterbezirk, Unterschriften zu sammeln.

Nach zwei Tagen sind 160 Personen angesprochen worden, wovon 100 unterschrieben haben. Die Punktschätzung $\hat{p} = 0.625$ legt nahe, die Aktion durchzuführen. Für eine Intervallschätzung berechnen wir zunächst

$$\hat{\sigma}_H^2 = \frac{0.625 \cdot 0.375}{160} = 0.00146$$

$$\hat{\sigma}_H = 0.0383$$

und dann ein Konfidenzintervall mit vorgegebenem $\alpha = 20\%$, das heißt $z = 1.282$:

$$\text{KI}(p, 0.80) = [0.625 - 1.282 \cdot 0.0383,\ 0.625 + 1.282 \cdot 0.0383]$$

$$\text{KI}(p, 0.80) = [0.576,\ 0.674].$$

Sollte die Partei aus Ängstlichkeit aber nur eine Irrtumswahrscheinlichkeit von $\alpha = 5\%$ in Kauf nehmen wollen, lautet das Konfidenzintervall

$$\text{KI}(p, 0.95) = [0.625 - 1.96 \cdot 0.0383, \ 0.625 + 1.96 \cdot 0.0383]$$
$$\text{KI}(p, 0.95) = [0.550, 0.700]$$

oder $[55\%, 70\%]$.

Frage: Was wäre an der Art dieser Stichprobe zu kritisieren?

14.3 Chi-Quadrat-Verteilung

Seien die Zufallsvariablen

$$Z_1, Z_2, \cdots, Z_n$$

standardnormalverteilt und unabhängig. Quadriert man diese Zufallsvariablen und bildet dann die Summe, erhält man eine neue Zufallsvariable und bezeichnet diese mit dem griechischen Buchstaben χ^2, wobei das Quadrat darauf hindeuten soll, dass es sich um eine Quadratsumme handelt. Ihre Verteilung wird als Chi-Quadrat-Verteilung bezeichnet.

Definition: Die Zufallsvariable

$$\chi_n^2 := Z_1^2 + Z_2^2 + \cdots + Z_n^2 \tag{14-9}$$

heißt *chi-Quadrat-verteilt mit n Freiheitsgraden*.

Die Zahl der Freiheitsgrade gibt die Anzahl der darin enthaltenen unabhängigen Zufallsvariablen an. Ihr Erwartungswert und ihre Varianz sind

$$\begin{aligned} E(\chi_n^2) &= n \\ Var(\chi_n^2) &= 2n \ . \end{aligned} \tag{14-10}$$

Die Chi-Quadrat-Verteilungen bilden also eine ganze Familie von Verteilungen. Es sind stetige Verteilungen, sie haben positive Wahrscheinlichkeitsdichten im Intervall

$$0 < \chi^2 < \infty$$

und ihre Dichtefunktion strebt für $\chi^2 \to \infty$ gegen Null.

Auf die Angabe der Formel ihrer Dichtefunktionen sei hier verzichtet.[2] Da die Chi-Quadrat-Verteilung eine sehr wichtige Verteilung ist, gibt es dafür Tafeln, und jede Statistiksoftware kann die Werte der Verteilungsfunktion angeben. Die Summe von zwei oder mehr chi-Quadrat-verteilten unabhängigen Zufallsvariablen ist wiederum chi-Quadrat-verteilt

$$\chi_n^2 + \chi_m^2 = \chi_{n+m}^2,$$

wie aus der Definition unmittelbar folgt.

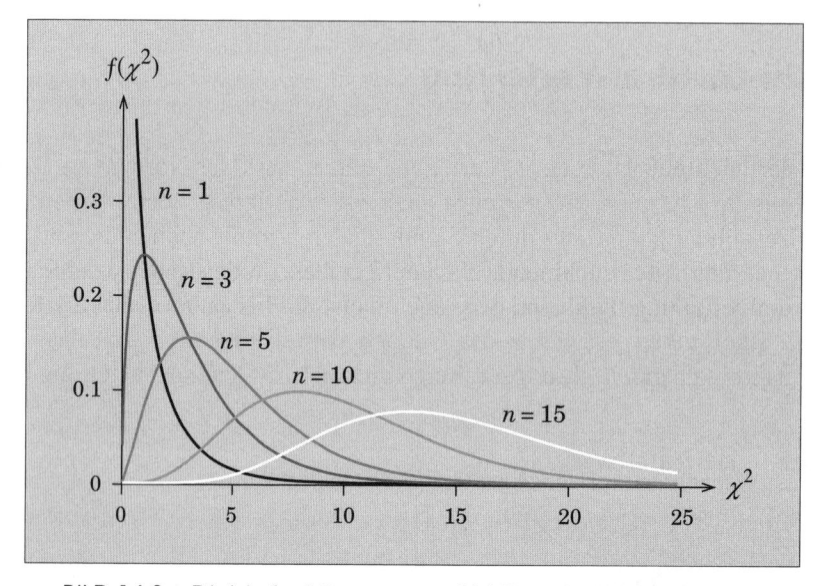

BILD 14.2   Dichtefunktionen von Chi-Quadrat-Verteilungen

Die Chi-Quadrat-Verteilungen eignen sich als „Testverteilungen" für viele typische Testsituationen und haben damit vielfache Anwendungen in der Praxis (vgl. Kapitel **16**). In der Tat sind die Chi-Quadrat-Verteilungen spezielle Gamma-Verteilungen, über die sich der Leser in Abschnitt **11.11** genauer informieren kann.

14.4 Student-t-Verteilung

Seien die beiden Zufallsvariablen χ_n^2 und Z chi-Quadrat-verteilt bzw. standardnormalverteilt und stochastisch voneinander unabhängig.

---

[2]   Die Dichtefunktion für 8 Freiheitsgrade ist in Beispiel [18] in Kapitel **11** angegeben. Vgl. auch TABELLE 11.3.

14.4 Student-t-Verteilung

Definition: Die Zufallsvariable

$$T_n := \frac{Z}{\sqrt{\frac{1}{n} \cdot \chi_n^2}} \tag{14-11}$$

heißt *t-verteilt mit n Freiheitsgraden*.

Die Variable der STUDENT[3]-Verteilung oder t-Verteilung ist stetig und kann alle Werte zwischen $-\infty$ und $+\infty$ annehmen. Es gilt

$$E(T_n) = 0,$$
$$Var(T_n) = \frac{n}{n-2} > 1. \tag{14-12}$$

Die Gestalt der Dichtefunktion der t-Verteilung ähnelt stark der Normalverteilung; sie ist ebenfalls symmetrisch, aber etwas breiter angelegt, was ihre größere Varianz vermuten lässt. Die t-Verteilung kann *nicht* durch Standardisieren in die Standardnormalverteilung transformiert werden. Für zunehmende Zahl der Freiheitsgrade strebt sie jedoch gegen die Standardnormalverteilung. Deshalb ist sie auch meist nur bis ca. $n = 100$ vertafelt.

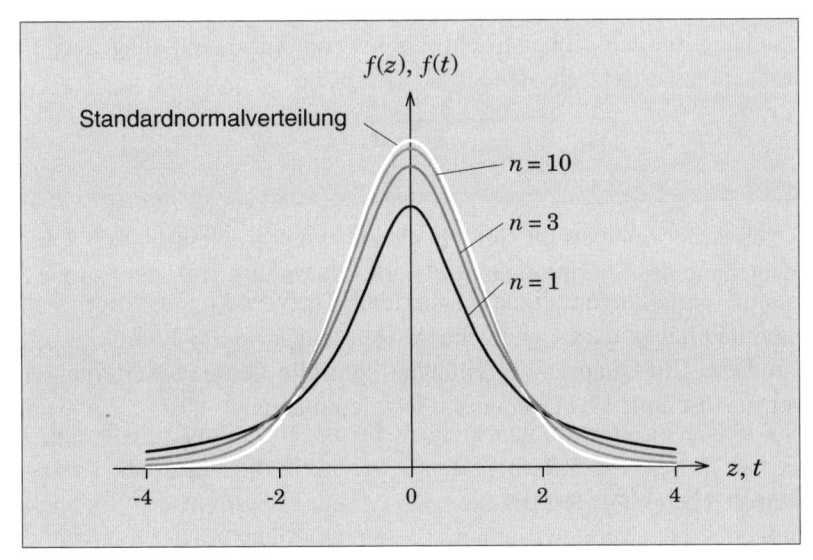

BILD 14.3   Dichtefunktionen von t-Verteilungen mit 1, 3 und 10 Freiheitsgraden im Vergleich zur Normalverteilung

---

[3] Tabelliert und in die statistische Praxis eingeführt wurde die t-Verteilung von dem britischen Chemiker und Statistiker WILLIAM GOSSET, 1876–1937, der gern unter dem Pseudonym „STUDENT" publizierte.

14.5 Intervallschätzung mit kleinen Stichproben

Wir haben gesehen, dass man aus großen Stichproben sehr leicht Konfidenzintervalle konstruieren kann. Denn nach dem zentralen Grenzwertsatz haben wir in der Normalverteilung eine recht gute Näherung für die wahre Stichprobenverteilung.

Sind die Stichproben zu klein, so bleibt es uns nicht erspart, die tatsächliche Stichprobenverteilung zu verwenden. Diese hängt von der jeweiligen Verteilung des Merkmals in der Grundgesamtheit ab und ist deshalb von Fall zu Fall verschieden. Sie ist auch nicht so leicht zu finden. Man kann versuchen, sie analytisch zu berechnen, was nicht immer möglich ist. Auch könnte man versuchen, mit Hilfe von Simulationen eine brauchbare Annäherung sozusagen „quasi-experimentell" zu berechnen. Auf jeden Fall benötigt man hinreichende Anhaltspunkte über die Verteilung in der Grundgesamtheit.

Nur in der speziellen Situation, wenn das Merkmal in der Grundgesamtheit bereits normalverteilt ist oder doch recht gut der Normalverteilung folgt, wird die Konstruktion von Konfidenzintervallen wieder einfach. Denn wegen der sogenannten **Reproduktionseigenschaft der Normalverteilung** ist dann der Stichprobenmittelwert auch wieder normalverteilt, selbst bei ganz kleinen Stichproben.

Konfidenzintervalle für Mittelwerte

Im Zusammenhang mit den großen Stichproben waren wir davon ausgegangen, dass nach dem zentralen Grenzwertsatz die standardisierte Größe

$$\frac{\overline{X} - \mu}{\sigma_{\overline{X}}}$$

annähernd standardnormalverteilt sei. Ersetzen wir im Nenner des Quotienten die Standardabweichung des Stichprobenmittelwertes durch ihre erwartungstreue Schätzung

$$\frac{\overline{X} - \mu}{\hat{\sigma}_{\overline{X}}},$$

so handelt es sich genau genommen nicht mehr um eine Standardisierung, *sondern um einen Quotienten aus zwei Zufallsvariablen*. Zwar strebt die Verteilung dieses Quotienten für $n \to \infty$ nach wie vor gegen die Normalverteilung. Stammt die Stichprobe aber aus einer normalverteilten Grundgesamtheit, ist der Quotient *auch für kleine Stichproben* exakt STUDENT-t-verteilt mit $n-1$ Freiheitsgraden

$$\frac{\overline{X} - \mu}{\hat{\sigma}_{\overline{X}}} = \frac{\overline{X} - \mu}{\sqrt{\frac{1}{n-1}S^2}} = \frac{\frac{\overline{X}-\mu}{\sigma/\sqrt{n}}}{\sqrt{\frac{1}{n-1} \cdot \frac{nS^2}{\sigma^2}}} = \frac{Z}{\sqrt{\frac{1}{n-1} \cdot \chi^2}} =: T_{n-1},$$

wie man nach Dividieren von Zähler und Nenner durch $\sigma_{\bar{X}} = \sigma/\sqrt{n}$ und Verwendung von (14-11) schnell erkennt. Hieraus folgt sofort die Wahrscheinlichkeitsaussage

$$P\left(-t < \frac{\bar{X}-\mu}{\hat{\sigma}_{\bar{X}}} \leq +t\right) = F_T(t) - F_T(-t),$$

und das Konfidenzintervall für μ lautet dann entsprechend

$$\text{KI}(\mu, 1-\alpha) = \left[\bar{x} - t_{n-1}\sigma_{\bar{X}},\ \bar{x} + t_{n-1}\sigma_{\bar{X}}\right] \qquad (14\text{-}13)$$

wobei der *t*-Wert aus der Tafel der t-Verteilung mit $n-1$ Freiheitsgraden zu entnehmen ist. Will man ein um $\bar{x}$ symmetrisches Intervall, nimmt man – genau wie bei der Normalverteilung – die Stelle, an der die Verteilungsfunktion der t-Verteilung den Wert $1-\alpha/2$ hat, also das $(1-\alpha/2)$-Quantil:

$$t_{n-1}[1-\alpha/2] = -t_{n-1}[\alpha/2]$$

Es sei noch einmal betont, dass die Verwendung der t–Verteilung voraussetzt, dass das Merkmal in der Grundgesamtheit normalverteilt ist.

Beispiel [7] Wieviel verdienen die Absolventen unserer Fakultät fünf Jahre nach dem Studienabschluss? Eine Befragung von zufällig ausgewählten 25 Absolventen erbringt ein durchschnittliches Bruttoeinkommen in Höhe von 42 720 € bei einer Standardabweichung von 6 256 €. Das Einkommen kann in guter Näherung als normalverteilt angesehen werden. Wir fertigen zuerst eine Punktschätzung der Standardabweichung der Grundgesamtheit

$$\hat{\sigma} = \sqrt{\frac{25}{24}}\, 6256\,\text{€} = 6385\,\text{€}$$

an. Die geschätzte Standardabweichung des Stichprobenmittelwertes beträgt damit

$$\hat{\sigma}_{\bar{X}} = \frac{\hat{\sigma}}{\sqrt{n}} = \frac{6385\,\text{€}}{\sqrt{25}} = 1277\,\text{€}.$$

Danach bestimmen wir zu einer Irrtumswahrscheinlichkeit von 5% den *t*-Wert bei 24 Freiheitsgraden

$$t_{24}[1-0.025] = 2.064$$

Das Konfidenzintervall lautet dann

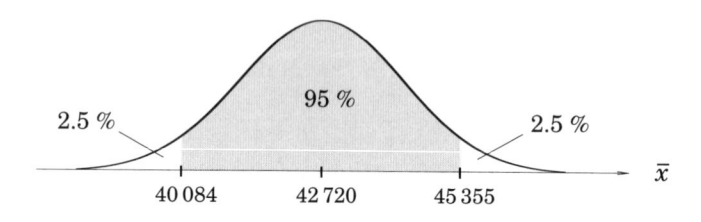

$$KI(\mu, 0.95) = [42\,720\,€ - 2.064 \cdot 1277\,€,\ 42\,720\,€ + 2.064 \cdot 1277\,€]$$
$$= [40\,084.27\,€,\ 45\,355.73\,€].$$

Die skizzierte Dichtefunktion hat die Form einer t-Verteilung. Die zugelassene Irrtumswahrscheinlichkeit liegt zu gleichen Teilen auf beiden Seiten.

Konfidenzintervalle für Varianzen

Die empirische Varianz S^2 einer Zufallsstichprobe aus einer Grundgesamtheit ist eine Zufallsvariable. Ihre Verteilung lässt sich nun leicht berechnen für den Fall, dass das Merkmal in der Grundgesamtheit annähernd normalverteilt ist mit dem Mittelwert μ und der Standardabweichung σ und die Einzelstichproben unabhängig (also mit Zurücklegen) gezogen werden.

Umformen der Varianz nach dem STEINERschen Verschiebungssatz ergibt zwei Teile

$$s^2 = \frac{1}{n}\sum(x_j - \bar{x})^2 = \frac{1}{n}\sum(x_j - \mu)^2 - (\bar{x} - \mu)^2$$
$$S^2 = \frac{1}{n}\sum(X_j - \mu)^2 - (\bar{X} - \mu)^2,$$

und nach Division aller Summenden durch die Konstante σ^2

$$\frac{S^2}{\sigma^2} = \frac{1}{n}\sum\frac{(X_j - \mu)^2}{\sigma^2} - \frac{(\bar{X} - \mu)^2}{\sigma^2}$$

und Multiplikation mit n erhält man

$$n\frac{S^2}{\sigma^2} = \sum\left(\frac{X_j - \mu}{\sigma}\right)^2 - \left(\frac{\bar{X} - \mu}{\sigma/\sqrt{n}}\right)^2$$

oder

$$n\frac{S^2}{\sigma^2} + \left(\frac{\bar{X} - \mu}{\sigma/\sqrt{n}}\right)^2 = \sum\left(\frac{X_j - \mu}{\sigma}\right)^2.$$

Nun ist die rechte Seite eine Summe aus n unabhängigen quadrierten standardnormalverteilten Zufallsvariablen und somit chi-Quadrat-verteilt mit n Freiheitsgraden, der zweite Summand auf der linken Seite ist eine chi-Quadrat-verteilte Größe mit einem Freiheitsgrad. Es folgt also wegen

$$\chi^2_{n-1} + \chi^2_1 = \chi^2_n,$$

dass der Quotient

$$n\frac{S^2}{\sigma^2} = \chi^2_{n-1} \tag{14-14}$$

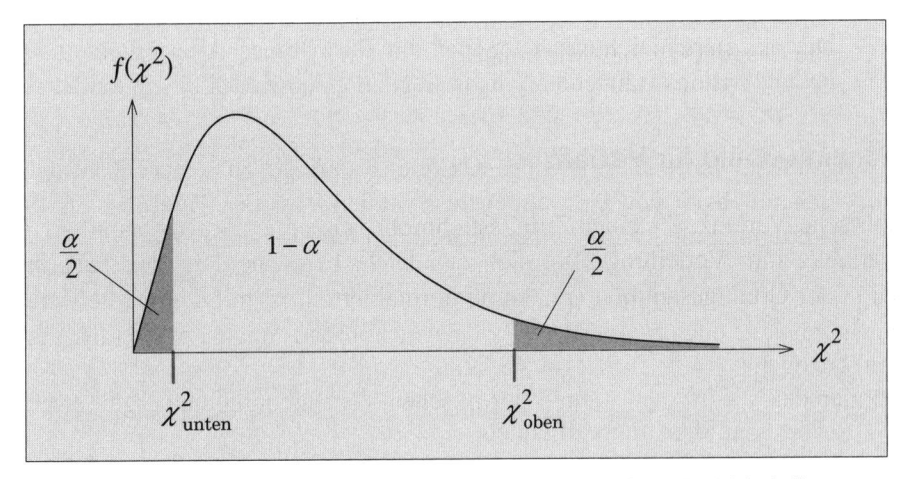

BILD 14.4 Untere und obere Stelle bei der Chi-Quadrat-Verteilung

chi-Quadrat-verteilt ist mit $n-1$ Freiheitsgraden. Daraus lässt sich sogleich die Wahrscheinlichkeitsaussage

$$P(\chi^2_{n-1}[\alpha/2] < \frac{n \cdot S^2}{\sigma^2} \leq \chi^2_{n-1}[1-\alpha/2]) = 1-\alpha$$

gewinnen und ein Konfidenzintervall für σ^2 aufstellen:

$$KI(\sigma^2, 1-\alpha) = \left[\frac{n \cdot s^2}{\chi^2_{n-1}[1-\alpha/2)]}, \frac{n \cdot s^2}{\chi^2_{n-1}[a/2]}\right]. \tag{14-15}$$

Man beachte hier, dass die Chi-Quadrat-Verteilung keine symmetrische Verteilung ist. Beide Stellen, die untere

$$F(\chi^2_{\text{unten}}) = \alpha/2$$

und die obere Stelle

$$F(\chi^2_{\text{oben}}) = 1-\alpha/2,$$

sind positiv und müssen in der Tafel der Verteilungsfunktion für den entsprechenden Freiheitsgrad nachgeschlagen werden. Sie sind so gewählt, dass die vorgegebene Irrtumswahrscheinlichkeit α auf beide Seiten gleichmäßig aufgeteilt wird.

Beispiel [8] Aus einer Stichprobe vom Umfang $n=30$ aus einer normalverteilten Grundgesamtheit gewinnt man die Varianz $s^2 = 225$. Als Punktschätzung für die Grundgesamtheit wird man

$$\hat\sigma^2 = 30 \cdot 225/29 = 232.76 \quad \text{bzw.} \quad \hat\sigma = 15.26$$

wählen. Es soll nun das Konfidenzintervall zu einer Konfidenzwahrscheinlichkeit von 0.95 angegeben werden. Aus der Tafel der Chi-Quadrat-Verteilung mit 29 Freiheitsgraden finden wir die beiden Werte

$$\chi^2_{\text{unten}} = \chi^2_{29}[0.025] = 16.0471$$

$$\chi^2_{\text{oben}} = \chi^2_{29}[0.975] = 45.7220 .$$

Das Konfidenzintervall lautet

$$\begin{aligned} \text{KI}(\sigma^2, 0.95) &= \left[\frac{30 \cdot 225}{45.722}, \frac{30 \cdot 225}{16.0471} \right] \\ &= [0.656 \cdot 225, 1.869 \cdot 225] \\ &= [147.6, 420.6] \end{aligned}$$

für die Varianz – und für die Standardabweichung

$$\text{KI}(\sigma, 0.95) = [12.15, 20.51].$$

Nach dieser Methode wird man Konfidenzintervalle für Varianzen auf Grund von kleinen Stichproben aus normalverteilten Grundgesamtheiten aufstellen. Wird die Stichprobe beziehungsweise die Anzahl der Freiheitsgrade größer und größer, so konvergiert die Chi-Quadrat-Verteilung gegen die Normalverteilung, denn es handelt sich ja um eine Summe aus unabhängig und identisch verteilten Zufallsvariablen. Da Erwartungswert und Varianz der chi-Quadrat-verteilten Größe mit $n-1$ Freiheitsgraden

$$E(nS^2/\sigma^2) = n-1 \quad \text{und} \quad Var(nS^2/\sigma^2) = 2(n-1)$$

sind, wäre die standardisierte Größe

$$\frac{nS^2/\sigma^2 - (n-1)}{\sqrt{2(n-1)}}$$

annähernd standardnormalverteilt. Man erhält damit die näherungsweise Wahrscheinlichkeitsaussage

$$P\left(-z \leq \frac{nS^2/\sigma^2 - (n-1)}{\sqrt{2(n-1)}} \leq z\right) = 1-\alpha$$

mit der Stelle z, an der $F_{St}(z) = 1-\alpha/2$ ist, und umgeformt

$$P\left((n-1) - z\sqrt{2(n-1)} \leq nS^2/\sigma^2 \leq (n-1) + z\sqrt{2(n-1)}\right) = 1-\alpha$$

$$P\left(\frac{n \cdot S^2}{(n-1) - z\sqrt{2(n-1)}} \geq \sigma^2 \geq \frac{n \cdot S^2}{(n-1) + z\sqrt{2(n-1)}}\right) = 1-\alpha$$

und daraus schließlich das Konfidenzintervall

$$KI(\sigma^2, 1-\alpha) = \left[\frac{n \cdot s^2}{(n-1) + z\sqrt{2(n-1)}}, \frac{n \cdot s^2}{(n-1) - z\sqrt{2(n-1)}}\right].$$

Beispiel [9] Würden wir diese Formel wählen, erhielten wir für Beispiel [8] das Konfidenzintervall

$$KI(\sigma^2, 0.95) = \left[\frac{30 \cdot 225}{29 + 1.96\sqrt{58}}, \frac{30 \cdot 225}{29 - 1.96\sqrt{58}}\right]$$

$$KI(\sigma^2, 0.95) = [153.65, 479.74]$$

$$KI(\sigma, 0.95) = [12.4, 21.9],$$

was vom dortigen Ergebnis gar nicht sehr abweicht.

14.6 Übersicht: Varianzen

Nützlich ist die folgende Übersicht über die verschiedenen „Varianzen", wie sie beim Schätzen und statistischen Testen vorkommen.

Varianz in der Stichprobe	$s^2 = \dfrac{1}{n}\sum_{j=1}^{n}(x_j - \bar{x})^2$ n ist der Stichprobenumfang und $\bar{x} = \dfrac{1}{n}\sum_{j=1}^{n}x_j$ der Stichprobenmittelwert	Nachdem eine Stichprobe gezogen ist, werden die Größen $\bar{x}$ und s^2 immer *ausgerechnet*.
Varianz in der Grundgesamtheit	$\sigma^2 = \dfrac{1}{N}\sum_{j=1}^{N}(x_j - \mu)^2$ N ist der Umfang der Grundgesamtheit, μ ihr arithmetisches Mittel $\mu = \dfrac{1}{N}\sum_{j=1}^{N}x_j$	Beim Schätzen und Testen in der Regel *unbekannt*: Nur nach einer Totalerhebung des Merkmals X könnte man μ und σ^2 so ausrechnen.
Geschätzte Varianz in der Grundgesamtheit	$\hat{\sigma}^2 = \dfrac{n}{n-1}s^2$ $n-1$ ist hier die Anzahl der Freiheitsgrade	Die *Schätzformel* liefert einen erwartungstreuen Schätzwert für σ^2 (bei Unabhängigkeit).
Varianz des Stichprobenmittelwertes	$Var(\bar{X}) = \sigma^2_{\bar{X}} = \dfrac{\sigma^2}{n}$	*Rechenformel* für den Fall, dass die Varianz in der Grundgesamtheit bekannt ist.
Geschätzte Varianz des Stichprobenmittelwertes	$\hat{Var}(\bar{X}) = \hat{\sigma}^2_{\bar{X}} = \dfrac{\hat{\sigma}^2}{n}$	*Rechenformel*, wenn die Varianz in der Grundgesamtheit geschätzt wurde.

Kontrollfragen

1 Über welche Zufallsvariable gibt die Stichprobenverteilung Auskunft?

2 Welche Anforderungen sind an Stichproben zu stellen, um verlässliche Aussagen über die Grundgesamtheit zu gewinnen?

3 Worüber macht man bei dem „direkten statistischen Schluss" Wahrscheinlichkeitsaussagen?

4 Welche Rolle spielt der zentrale Grenzwertsatz beim Schätzen, und welche Rolle spielt der Grenzwertsatz von DE MOIVRE und LAPLACE?

5 Wann gilt eine Stichprobe als „groß"?

6 Worüber gibt ein Konfidenzintervall Auskunft?

7 Wie hängen die Chi-Quadrat-Verteilung und die Normalverteilung zusammen?

8 Warum ist die t-Verteilung meist nur bis $n = 100$ vertafelt?

9 Wenn der Stichprobenumfang zu klein ist, muss man die t-Verteilung benutzen. Ist diese Aussage uneingeschränkt richtig?

10 Wann verwendet man die t-Verteilung zur Bestimmung eines Konfidenzintervalls? Welche Größe ist in diesen Fällen t-verteilt?

PRAXIS

Einsparpotential durch den Abbau von Fehlbelegung im Krankenhaus

Seit Jahren werden immer wieder Reformvorschläge zur Kostensenkung im Gesundheitswesen gemacht.

Die Pflegesätze im Krankenhaus stellen einen erheblichen Kostenfaktor dar. Zur besseren Auslastung ihrer vorhandenen Kapazitäten könnten Krankenhäuser geneigt sein, Patienten stationär aufzunehmen, die genauso gut ambulant zu versorgen wären, oder Patienten zu lange im Krankenhaus zu behalten. Eine solche *Fehlbelegung* ginge zu Lasten der Krankenkassen und letztlich der Beitragszahler.

Der MEDIZINISCHE DIENST DER KRANKENVERSICHERUNG (MDK) wurde 1989 gegründet. Eine seiner vielfältigen, ihm vom deutschen Gesetzgeber (Sozialgesetzbuch Teil V) übertragenen Aufgaben ist die Überprüfung und Sicherung der Wirtschaftlichkeit im Gesundheitswesen.

Der MDK kontrolliert auch die Fehlbelegung von Krankenhausbetten. Dazu hat er ein detailliertes Prüfverfahren entwickelt. Es werden Stichproben erhoben, aus denen die primäre und sekundäre Fehlbelegung in der Grundgesamtheit der stationären Aufenthalte *während eines Jahres* in einem Krankenhaus geschätzt werden. Der MDK verlangt dafür Konfidenzwahrscheinlichkeiten von 0.95.

1. **Die primäre Fehlbelegung** ist der Anteil der Fehlaufnahmen

$$p := \frac{\text{Anzahl Fehlaufnahmen}}{\text{Gesamtzahl der Aufnahmen}},$$

also der Patienten, die nach den wohlbestimmten medizinischen Kriterien nicht aufzunehmen wären. Vermutet man in einem großen Klinikum eine primäre Fehlbelegung von $p = 0.1$ und soll die relative Breite des Konfidenzintervalls nicht über 20% liegen, so schlägt die MDK-Richtline zunächst einen Stichprobenumfang von

$$n_0 = \frac{15.37 \cdot (1-p)}{(\text{relative Breite des KI})^2 \cdot p} = \frac{15.37 \cdot (0.9)}{(0.2)^2 \cdot 0.1} = 3\,459$$

vor. Kleinere Krankenhäuser haben aber nur ca. $N = 2\,000$ Neuaufnahmen im Jahr. Da man *ohne Zurücklegen* zieht, benötigt man bei Berücksichtigung des Korrekturfaktors *Kf* doch wesentlich kleinere Stichproben. Die MDK-Richtlinie berechnet den benötigten Stichprobenumfang deshalb mit der Formel

$$n_1 = n_0 \frac{N}{N + n_0} = 3\,459 \cdot \frac{2\,000}{5\,459} = 1\,227.$$

Das ist zwar ein hoher Auswahlsatz; wegen der beträchtlichen Kosten der sorgfältigen medizinischen Überprüfung eines Einzelfalls erzielt man durch das Stichprobenverfahren dennoch eine erhebliche Minderung der Prüfkosten.

2. **Die sekundäre Fehlbelegung** ist der Mittelwert μ der Quotienten

$$x_i = \frac{\text{fehlbelegte Tage}}{\text{Belegungstage}} \qquad \text{für } i = 1, \cdots, N$$

aller N aufgenommenen Patienten eines Jahres. Haben sie die Standardabweichung σ, so schreibt der MDK den Stichprobenumfang

$$n_2 = \frac{1}{\left(\dfrac{\text{absolute Breite des KI}}{3.92 \cdot \sigma}\right)^2 + \dfrac{1}{N}}$$

vor.

Der größere der beiden oben berechneten Stichprobenumfänge wird gewählt und damit nun p und μ des untersuchten Krankenhauses geschätzt. Zwei Konfidenzintervalle werden angegeben:

KI für die primäre Fehlbelegung: $\quad \hat{p} = h \pm 1.96 \cdot \sqrt{\dfrac{h(1-h)}{n}} \cdot \sqrt{1 - \dfrac{n}{N}}$

KI für die sekundäre Fehlbelegung: $\hat{\mu} = \bar{x} \pm t_{n-1}[0.975] \cdot \frac{s}{\sqrt{n}} \cdot \sqrt{1 - \frac{n}{N}}$.

Eine detaillierte Darstellung und Begründung der hier angegebenen Formeln ist beim Fachbereich „Evidenz-basierte Medizin" des MDS verfügbar. Die Einführung des Verfahrens hat bei den Ärzten zu heftigen Diskussionen geführt, da ökonomische Aspekte zu sehr in den Vordergrund getreten seien.

Quelle: AOK-Bundesverband Köln: *Fehlbelegungsprüfung*, Richtlinie nach §282 SGB V, Stand 05.07.2000
www.vdak.de/Krankenhaus/Fehlbelegung20000811.pdf
O. Sangha et al.: *Fehlbelegung im Krankenhaus*, in: Der Chirurg, Nr. 8, 1999

ERGÄNZENDE LITERATUR

Bosch, Karl: *Elementare Einführung in die angewandte Statistik*, Braunschweig, Wiesbaden: Vieweg+Teubner, 2000, Kapitel 3

Härtter, Erich: *Wahrscheinlichkeitsrechnung, Statistik und mathematische Grundlagen*, Göttingen: Vandenhoeck & Ruprecht, 1997, Kapitel 4

Fahrmeir, L; Künstler, R.; Pigeot, I.; Tutz, G.: *Statistik. Der Weg zur Datenanalyse*, 6. Aufl., Berlin, Heidelberg, New York: Springer, 2007, Kapitel 9

Neubauer, W.; Bellgardt, E.; Behr, A.: *Statistische Methoden*, München: Vahlen, 2002, Kapitel 11 Abschnitt 4

Pokropp, Fritz: *Stichproben: Theorie und Verfahren*, 2. Aufl., München ,Wien: Oldenbourg, 1996

Stenger, Horst: *Stichproben*, Heidelberg: Physica, 1998

Vogel, Friedrich: *Beschreibende und schließende Statistik*, 9. Aufl., München, Wien: Oldenbourg, 2001, Kapitel 15 Abschnitt 2

AUFGABEN

14.1 Grundgesamtheit und Stichprobe. Eine endliche Grundgesamtheit bestehe aus nur fünf Elementen, nämlich

2, 3, 4, 5, 6 .

Berechnen Sie in Fortsetzung der Aufgabe **13.7** des vorigen Kapitels Folgendes:

f) Geben Sie unter Berücksichtigung seiner Massenfunktion die Wahrscheinlichkeit an, mit welcher der Stichprobenmittelwert im Intervall $[\mu - 0.5, \mu + 0.5]$ liegt.

g) Geben Sie die Wahrscheinlichkeit $P(\mu - 0.7 < \overline{X} \leq \mu + 0.7)$ an.

14.2 Eine Stichprobenverteilung. Das Merkmal X einer großen Grundgesamtheit habe die Häufigkeitsfunktion

$$h(x) = \begin{cases} 1/5 & \text{für } x = 0, 1, 2, 3, 4 \\ 0 & \text{sonst .} \end{cases}$$

Aus dieser Grundgesamtheit wird eine Zufallsstichprobe gezogen.

a) Geben Sie zahlenmäßig Mittelwert und Varianz der Grundgesamtheit an.

b) Geben Sie die Verteilung des Stichprobenmittelwertes $\overline{X}_2$ für einen Stichprobenumfang $n = 2$ vollständig an.

c) Berechnen Sie $E(\overline{X}_2)$ und $Var(\overline{X}_2)$ unter Verwendung dieser Verteilung.

d) Berechnen Sie dieselbe Varianz ohne explizite Verwendung dieser Verteilung.

e) Berechnen Sie $P(2.5 < \overline{X}_2 \leq 3.5)$ für einen Stichprobenumfang von $n = 2$.

f) Berechnen Sie $P(2.5 < \overline{X}_{50} \leq 3.5)$ für einen Stichprobenumfang von $n = 50$ (Näherung).

14.3 Eine Branche bestehe aus $N = 12\,100$ Einzelfirmen. In Ermangelung einer amtlichen Gewinnstatistik wurde in einer Zufallsstichprobe vom Umfang $n = 225$ Einzelfirmen der Jahresgewinn G festgestellt. Die Stichprobe ergab in 2006

$$\overline{g} = 600\,000.- € \quad \text{und} \quad s_G = 90\,000.- € \,.$$

Geben Sie in Fortsetzung der Aufgabe **13.1** des vorigen Kapitels

c) eine Intervallschätzung für μ bei einer Irrtumswahrscheinlichkeit von $\alpha = 4.55\%$ und

d) zu eben dieser Irrtumswahrscheinlichkeit eine Intervallschätzung des Gesamtgewinns der Branche (Hochrechnung).

14.4 Stichprobenumfang. Wie groß müsste der Stichprobenumfang in Aufgabe **13.2** gewählt werden, damit ein 95%-Konfidenzintervall der Länge 0.4 angegeben werden kann?

Hängt die Intervallänge oder der notwendige Stichprobenumfang von dem in der Stichprobe gefundenen Mittelwert ab?

14.5 Kugellager. Ein Automat produziert Kugellager. Wir ziehen eine Zufallsstichprobe von $n = 225$ Kugellagern aus der Wochenproduktion dieses Automaten. In der Stichprobe finden wir als durchschnittliches Kugellagergewicht

$$\overline{g} = 0.824 \text{ kg} \quad \text{und} \quad s_G = 0.005 \text{ kg} \,.$$

a) Welche Standardabweichung hat der Stichprobenmittelwert? Ist dies eine Schätzung oder ein wahrer Wert?

b) Geben Sie eine zahlenmäßige Punktschätzung für den wahren Mittelwert und

c) ein 95%-Konfidenzintervall für den wahren Mittelwert μ des Kugellagergewichts in der Grundgesamtheit an.

14.6 Stichprobenumfang. Der Mittelwert μ einer Normalverteilung mit der Varianz $\sigma^2 = 9$ soll geschätzt werden. Eine Stichprobe vom Umfang $n = 100$ bringt den Mittelwert 53.97.

a) Geben Sie ein 95%-Konfidenzintervall für μ an.

b) Wie groß müsste der Stichprobenmittelwert sein, damit das Intervall kürzer wird?

c) Wie groß müsste der Stichprobenumfang genommen werden, damit man ein 95%-Konfidenzintervall der Länge 0.4 erhält?

d) Wie groß müsste der Stichprobenumfang sein, damit man ein 99%-Konfidenzintervall der Länge 0.4 erhält?

14.7 Stichprobenumfang. In einer Anleitung zur Bestimmung des benötigten Stichprobenumfangs für ein Konfidenzintervall steht die Formel zu lesen:

$$n_0 = \frac{15.37 \cdot (1-p)}{(\text{relative Breite des KI})^2 \cdot p}$$

a) Was bedeutet wohl die „relative Breite des KI"?

b) Welche Konfidenzwahrscheinlichkeit kann man mit diesem Stichprobenumfang erzielen?

c) Prüfen Sie nach, ob die in obigem Praxis-Beispiel angegebenen Formeln für die Konfidenzintervalle für die primäre und sekundäre Fehlbelegung richtig sind.

14.8 Spannende Statistik. Setzen Sie Aufgabe **13.4** aus dem vorigen Kapitel fort. Schätzen Sie mit einer Sicherheitswahrscheinlichkeit von 99% nun Intervalle für

a) das Durchschnittseinkommen aller Bezieher,

b) den Anteil der zufriedenen Leser unter den Beziehern.

14.9 Intelligenzquotient. Die Verteilung des individuellen Intelligenzquotienten IQ ist annähernd normal und hat einen Mittelwert von 100 und eine Varianz von 225.

a) Mit welcher Wahrscheinlichkeit hat ein Ihnen zufällig begegnender Mensch einen Intelligenzquotienten von mehr als 130.0?

b) Sie wählen 100 Versuchspersonen zufällig aus und bestimmen den durchschnittlichen Intelligenzquotienten dieser Gruppe, nämlich $\overline{iq}$.

Geben Sie zahlenmäßig die Werte $E(\overline{IQ})$ und $Var(\overline{IQ})$ an. Mit welcher Wahrscheinlichkeit liegt der Mittelwert im Intervall zwischen 98 und 103?

14.10 Bestimmen Sie ein 99%-Konfidenzintervall für den Mittelwert der Grundgesamtheit, die aus der Tagesproduktion an Luftpostbriefumschlägen einer Firma besteht.
Benutzen Sie dafür die unten stehende Tabelle als Stichprobe (Gewicht in Milligramm). Gehen Sie dabei davon aus, dass das Merkmal normalverteilt ist. Stellen Sie die Stichprobe in einem Histogramm graphisch dar!

Gewicht		Anzahl	Gewicht		Anzahl
unter	1805	1	von 1905 bis unter	1915	6
von 1805 bis unter	1815	0	1915	1925	8
1815	1825	1	1925	1935	8
1825	1835	1	1935	1945	9
1835	1845	1	1945	1955	4
1845	1855	1	1955	1965	1
1855	1865	1	1965	1975	3
1865	1875	2	1975	1985	4
1875	1885	3	1985	1995	3
1885	1895	5	1995	2005	7
1895	1905	7	2005	und mehr	2

14.11 **Ein Wohnungsmakler** vermittelte im Monat Mai insgesamt 26 Wohnungen. Der Makler macht sich statistische Aufzeichnungen über die Größe X jeder Wohnung in qm und die Kaltmiete Y in Euro. Aus den Aufzeichnungen berechnet er:

$$\overline{x} = 78 \qquad \overline{y} = 1160$$
$$\overline{x^2} = 6800 \qquad \overline{y^2} = 1080000 \qquad \overline{xy} = 83200$$

Betrachten Sie diese 26 Wohnungen als Zufallsstichprobe aus der Grundgesamtheit der Wohnungen einer Stadt, wobei das Merkmal Wohnungsgröße als annähernd normalverteilt angesehen werden kann. Geben Sie eine Intervallschätzung zu einer Konfidenzwahrscheinlichkeit von $1-\alpha = 95\%$

a) für die durchschnittliche Wohnungsgröße in der Stadt,

b) für die Varianz der Wohnungsgröße in der Stadt.

Kann die Annahme, die Aufzeichnungen des Maklers seien als eine Zufallsstichprobe aus den im Mai abgeschlossenen Mietverträgen der Stadt anzusehen, vertreten werden?

14.12 Eine kleine Stichprobe aus einer normalverteilten Grundgesamtheit lieferte den folgenden Beobachtungsbefund:

12.7 13.3 13.0 12.9 13.1 .

a) Geben Sie ein Konfidenzintervall an, das den Mittelwert der Grundgesamtheit mit einer Wahrscheinlichkeit von 0.95 überdeckt.

b) Angenommen, man verfügt über die richtige Information, dass die Varianz der Grundgesamtheit 0.036 ist, welches sind dann die Intervallgrenzen?

14.13 Wahlumfrage. Der voraussichtliche Stimmenanteil einer großen Volkspartei bei der nächsten Wahl möge bei etwa 40% liegen. Das der Partei nahestehende Meinungsforschungsinstitut soll eine Meinungsumfrage machen, um den zu erwartenden Stimmenanteil zu schätzen. Dabei soll der Stimmenanteil der Partei mit 95-prozentiger Sicherheit auf ±0.5 Prozentpunkte genau vorhergesagt werden.

Welchen Stichprobenumfang muss das Institut mindestens ansetzen, wenn die Stichprobe als reine Zufallsauswahl durchgeführt wird?

14.14 Wahlprognose. Zum Zwecke der Wahlprognose werden Umfragen unter dem Wahlvolk geplant. Geschätzt werden soll der wahre Anteil der FDP-Wähler. Bei der Planung der Umfrage kann davon ausgegangen werden, dass er ungefähr bei 9% liegt.

a) Wieviel Prozentpunkte umfasst das Konfidenzintervall (α=5%), wenn es auf einer Befragung von 400 Wahlberechtigten gründet, wobei die Auswahl als Zufallsstichprobe anzusehen ist?

b) Wie viele Wahlberechtigte müssen zufällig ausgewählt und befragt werden, damit die Schätzung die gewünschte Genauigkeit von ±0.1 Prozentpunkte bei einer Irrtumswahrscheinlichkeit von 5% hat?

c) Wie groß müsste der Stichprobenumfang sein, damit die Schätzung mit einer extremen Genauigkeit von ±0.05 Prozentpunkten und einer Irrtumswahrscheinlichkeit von nur 2% gemacht werden kann?

LÖSUNGEN

14.1 f) 6/10 g) 8/10

14.2 a) $\mu = 2$; $\sigma^2 = 2$

b)
$\bar{x}_2$	0	0.5	1	1.5	2	2.5	3	3.5	4
$f(\bar{x}_2)$	1/25	2/25	3/25	4/25	5/25	4/25	3/25	2/25	1/25

c) 2; 1   d) 1
e) 3/25   f) 0.4772

14.3 c) [587 973, 612 026]
d) [7 115 Mio €, 7 405 Mio €]

14.4 9 604

14.5 a) 0.000334 kg als Schätzung
b) 0.824 kg
c) $KI(\mu, 0.95) = [0.8234, 0.8247]$

14.6 a) [53.38, 54.56]
c) 865   d) 1492

14.8 a) [249871, 250129]
b) [0.7485, 0.8515]

14.9 a) 0.0228
b) 100, 2.25, 0.8859

14.10 [1915.14, 941.92]

14.11 a) [66.98, 89.02];
b) [458.96, 1418.9]

14.12 a) $KI(\mu, 0.95) = [12.72, 13.28]$
b) $KI(\mu, 0.95) = [12.83, 13.17]$

14.13 36 880

14.14 a) 5.6   b) 314 627
c) 1 778 508

KAPITEL 15

Statistisches Testen

Schätzverfahren und Testverfahren sind Anwendungen der Stichprobentheorie. Bei den Testverfahren wird die mit der Stichprobe gewonnene Information dazu verwendet, eine Entscheidung über eine **Hypothese** zu treffen. Hypothesen sind Annahmen – hier über die Verteilung oder einzelne Parameter der Verteilung eines Merkmals in einer Grundgesamtheit. Die Hypothesen können aus früheren statistischen Beobachtungen, von theoretischen Überlegungen resultieren oder einfach nur aus dem Prinzip des unzureichenden Grundes entstanden sein oder aus begründeten Mutmaßungen stammen.

So wie bei den Schätzverfahren keine exakten Schätzungen angegeben werden, kann auch hierbei mit Hilfe von Stichproben nicht definitiv festgestellt werden, ob die Hypothese *richtig* oder *falsch* ist, das heißt ob sie zutrifft oder nicht. Deshalb wird man als Ergebnis eines statistischen Tests die gefasste Hypothese nur **beibehalten** oder **verwerfen**. Dabei kommt es jedoch darauf an, dass die Wahrscheinlichkeiten, eine richtige Hypothese zu verwerfen und eine falsche Hypothese beizubehalten, nicht allzu groß sind.

15.1 Nullhypothese, Gegenhypothese und Entscheidung

Angenommen, man hänge aus irgendwelchen Gründen einer Hypothese über den Zahlenwert θ_0 eines bestimmten Parameters θ einer Verteilung an. In den meisten Fällen wird es sich dabei um die Verteilung eines Merkmals in einer endlichen konkreten Grundgesamtheit handeln. Es kann sich aber auch um die Wahrscheinlichkeitsverteilung einer Zufallsvariablen handeln. Der fragliche Parameter könnte der Mittelwert μ, Anteilswert p, die Standardabweichung σ, ein höheres Moment oder eine andere Maßzahl sein. Um aber die Ausführungen zunächst ganz allgemein zu halten, bezeichnen wir den Parameter mit dem kleinen griechischen Buchstaben Theta:

$$H_0: \quad \theta = \theta_0. \qquad (15\text{-}1)$$

Diese sogenannte **Nullhypothese** H_0 oder **Ausgangshypothese** kann falsch oder richtig sein. Es kann sich dabei um eine allgemein vertretene Ansicht, eine konservative

Meinung oder einfach um eine wissenschaftliche Arbeitshypothese handeln. Jedenfalls soll sie geglaubt werden, bis *genügend Beweise* für das Gegenteil erbracht sind. Die **Gegenhypothese** oder **Alternativhypothese** H_1 dazu wäre vielleicht das logische Komplement

$$\overline{H}_0 =: H_1: \quad \theta \neq \theta_0. \tag{15-2}$$

Wichtig ist, dass H_0 und H_1 sich gegenseitig ausschließen. Eine Hypothese, sei es eine Nullhypothese oder Alternativhypothese, kann einen singulären Parameterwert θ_0 spezifizieren. Man spricht dann von einer **einfachen** oder **Punkthypothese.** Zum Beispiel könnte ein Politologe seine empirischen Untersuchungen mit der Nullhypothese beginnen, die Zustimmung der Wähler für einen Kanzlerkandidaten sei bei Männern und Frauen gleich, die Differenz der Anteile in den beiden Grundgesamtheiten habe also den Wert Null. Eine Hypothese kann aber auch *zusammengesetzt* sein und ein ganzes Intervall für den Wert des unbekannten Parameters benennen. Hypothesen der Form (15-1) sind einfach, solche der Form (15-2) zusammengesetzt.

Oft interessiert nur die *einseitige Fragestellung*, und man formuliert

$$H_0: \theta \leq \theta_0 \quad \text{gegen} \quad H_1: \theta > \theta_0$$

bzw.

$$H_0: \theta \geq \theta_0 \quad \text{gegen} \quad H_1: \theta < \theta_0.$$

Die vier Möglichkeiten des Zusammentreffens von Realität und Testentscheidung zeigt die Übersicht:

		Realität	
		H_0 ist richtig	H_0 ist falsch
Test-entscheidung	H_0 beibehalten	o.k.	Fehler 2. Art β-Fehler
	H_0 verwerfen	Fehler 1. Art α-Fehler	o.k.

Bei jedem statistischen Test steht man grundsätzlich *zwei verschiedenen Risiken* gegenüber und kann zwei Arten von Fehlern begehen. Diese beiden Fehlerarten sind sorgfältig zu unterscheiden:

Fehler 1. Art: Man verwirft die Nullhypothese, obwohl sie richtig ist.

Fehler 2. Art: Man verwirft die Nullhypothese nicht, obwohl H$_1$ richtig ist.

Dabei liegt das Hauptaugenmerk auf dem Fehler 1. Art: Seine Wahrscheinlichkeit

$$P(H_0 \text{ verwerfen} \mid H_0 \text{ richtig}) = \alpha$$

sollte möglichst klein sein, aber dabei die Wahrscheinlichkeit des Fehlers 2. Art

$$P(H_0 \text{ beibehalten} \mid H_0 \text{ falsch}) = \beta$$

nicht zu groß werden lassen. Hierin liegt eine *unsymmetrische Behandlung* der beiden Risiken: Das Risiko des Fehlers 1. Art wird stärker gescheut, am liebsten würde man es ganz eliminieren. Natürlich wäre es ganz leicht, $\alpha = 0$ zu realisieren: Man bräuchte es nur zur Entscheidungsregel zu machen, die Nullhypothese nie zu verwerfen. Dann wäre allerdings $\beta = 1$; ein solcher Test wäre aber gar nicht trennscharf und deshalb völlig unbrauchbar. Ein bisschen Fehler 1. Art muss schon sein!

Es ist üblich, beim statistischen Testen den Fehler 1. Art vorzugeben, und zwar meistens als $\alpha = 5\%$ oder $\alpha = 1\%$. Somit müsste der Fehler 2. Art erst berechnet werden, was im Einzelfall recht schwierig sein kann und nur unter bestimmten Voraussetzungen gelingt. Auf jeden Fall ist β nicht die Komplementwahrscheinlichkeit zu α.

15.2 Testen von Hypothesen über Mittelwerte

Angenommen, der Parameter θ sei der Mittelwert des metrischen Merkmals X in der Grundgesamtheit. Dann wäre die Nullhypothese zu formulieren als

$$H_0: \quad \mu = \mu_0$$

mit μ_0 als hypothetischem Zahlenwert.

Aufgrund einer Stichprobe soll entschieden werden, ob H$_0$ zu verwerfen ist. Der Grundgedanke des Tests ist nun sehr einfach: Meistens wird man in der Stichprobe einen Mittelwert $\bar{x}$ finden, der von dem hypothetischen Wert mehr oder weniger abweicht, also

$$|\bar{x} - \mu_0| > 0.$$

Jedoch wird man deswegen die Nullhypothese nicht gleich verwerfen. Die Abweichung könnte ja durch ungünstige Auswahl der Stichprobenelemente, also „rein zufällig", vorkommen, obwohl H$_0$ richtig ist. Erst wenn sie einen bestimmten kritischen Wert überschreitet, sagt man, die Abweichung sei *signifikant* von Null verschieden, und verwirft H$_0$ zu Gunsten von H$_1$. Um zu entscheiden, ob die Abweichung nun signifikant oder nur zufällig ist, wird die Verteilung von $\overline{X}$ herangezogen: Die Nullhypothese wird beibehalten, solange eine mit eben dieser Stichprobe durchgeführte Intervallschätzung um $\bar{x}$ den hypothetischen Wert μ_0 enthält (Äquivalenz von Schätz- und Testproblem).

Annahme- und Verwerfungsbereich

Mit der Verteilung des Stichprobenmittelwertes $\overline{X}$ bei Gültigkeit von H$_0$ kann für $\bar{x}$ ein *Annahmebereich* und ein *Verwerfungsbereich* oder Ablehnungsbereich so bestimmt werden, dass die Wahrscheinlichkeit, mit der $\overline{X}$ in den Verwerfungsbereich fällt, obwohl die Nullhypothese richtig ist, eben höchstens α beträgt:

$$P(\overline{X} \in \text{Verwerfungsbereich} \mid \text{H}_0 \text{ richtig}) = \alpha.$$

BILD 15.1 a illustriert den Sachverhalt. Dargestellt ist die Verteilung eines Stichprobenmittelwertes wie in Abschnitt **14.1**. Stammt der Stichprobenmittelwert aus einer großen Stichprobe, ist er annähernd normalverteilt. In der *standardisierten* Form gilt

$$P\left(\frac{|\overline{X} - \mu_0|}{\sigma_{\overline{X}}} > z[1-\alpha/2] \;\Big|\; \text{H}_0 \text{ richtig}\right) = \alpha$$

$$P\left(\frac{|\overline{X} - \mu_0|}{\sigma_{\overline{X}}} \leq z[1-\alpha/2] \;\Big|\; \text{H}_0 \text{ richtig}\right) = 1-\alpha = D(z).$$

Die Wahrscheinlichkeit des Fehlers 1. Art α heißt auch *Signifikanzniveau* des Tests. Oft ist beim Testen die Standardabweichung im Nenner des Quotienten aus früheren Untersuchungen, aus denen man eventuell auch die Nullhypothesen gewonnen hat, hinlänglich bekannt. Kennt man sie jedoch nicht, wird sie geschätzt werden müssen. Der Test ändert sich dadurch im Prinzip nicht. Die Testvariable lautet dann aber

$$\frac{|\overline{X} - \mu_0|}{\hat{\sigma}_{\overline{X}}},$$

wobei die Schätzung nach den Regeln des vorausgegangenen Abschnitts vorzunehmen ist. Die Testvariable kann auch als annähernd normalverteilt angesehen werden, ein größerer Stichprobenumfang wäre aber wünschenswert.

Zweiseitige Fragestellung

Dies führt im vorliegenden Fall eines Tests auf den Mittelwert zu folgendem Vorgehen: Man vergleicht die absolute Abweichung zwischen dem in der Stichprobe gefundenen Mittelwert und dem hypothetischen Wert mit seiner Standardabweichung. Der Quotient

$$\frac{|\bar{x} - \mu_0|}{\sigma_{\bar{X}}}$$

heißt **Prüfgröße**. Die Nullhypothese H_0 ist zu verwerfen, falls die Prüfgröße den **kritischen Wert** z überschreitet, andernfalls wird die Nullhypothese beibehalten. Der kritische Wert ist von dem gewünschten oder tolerierten Risiko für den Fehler 1. Art abhängig; er entspricht der Stelle z, an der die Verteilungsfunktion

$$F_{St}(z) = 1 - \alpha/2$$

den Wert $1-\alpha/2$ hat. Er ist also das $(1-\alpha/2)$-Quantil. Die Entscheidungsregel lautet nun:

$$\boxed{\frac{|\bar{x} - \mu_0|}{\sigma_{\bar{X}}} > z[1-\alpha/2] \quad \Rightarrow \quad H_0 \text{ verwerfen!}} \tag{15-3}$$

Beispiel [1] In der Duisburger Studentenkneipe Finkenkrug sollen geeichte Biergläser im Ausschank 0.4 l Bier enthalten. Bei einer Stichprobe vom Umfang $n = 50$ ergibt sich eine durchschnittliche Füllmenge von $\bar{x} = 0.38\, l$ bei einer Varianz von $s^2 = 0.0064\, l^2$. Kann man auf einem Signifikanzniveau von 5% die Nullhypothese aufrechterhalten, dass durchschnittlich 0.4 l Bier im Glas sind? Wir gehen in fünf Schritten vor:

(1) Aufstellen der Hypothesen (zweiseitig): $\quad H_0: \mu = 0.4\, l$
$\quad H_1: \mu \neq 0.4\, l$

(2) Schätzen der Varianz: $\quad \hat{\sigma}_{\bar{X}}^2 = \frac{50}{49} \cdot \frac{0.0064}{50}\, l^2 = 0.0001306\, l^2$
$\quad \hat{\sigma}_{\bar{X}} = \sqrt{0.0001306}\, l = 0.01143\, l$

(3) Berechnen der Prüfgröße: $\quad \frac{|\bar{x} - \mu_0|}{\hat{\sigma}_{\bar{X}}} = \frac{|0.38 - 0.4|}{0.01143} = 1.75$

480 KAPITEL 15 *Statistisches Testen*

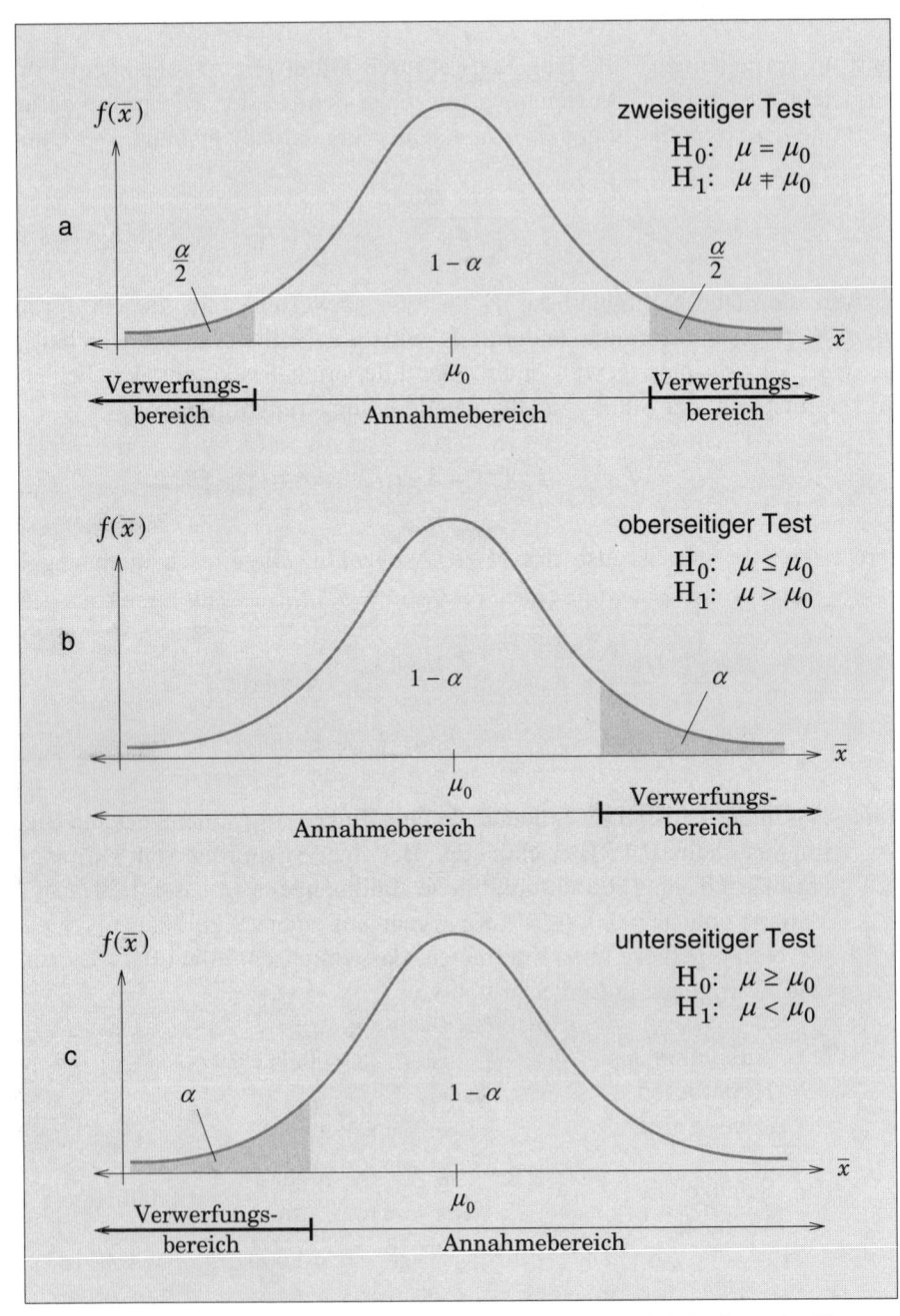

BILDER 15.1 a – c Annahme- und Verwerfungsbereich bei zweiseitiger und bei einseitiger Fragestellung

(4) kritischer Wert
zu $\alpha = 0.05$: $z[1-0.025] = z[0.975] = 1.96$

(5) Testentscheidung $1.75 \leq 1.96 \Rightarrow H_0$ beibehalten!

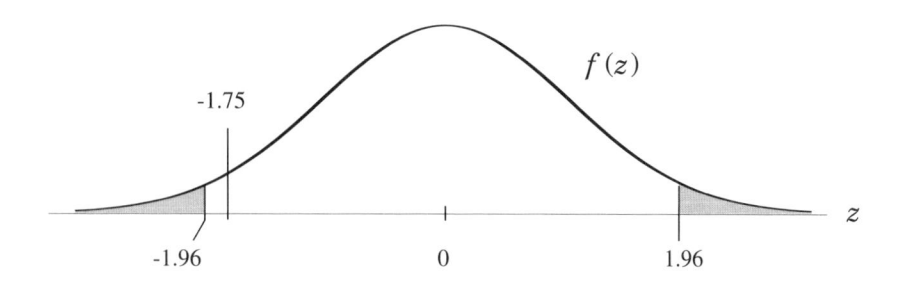

Beim zweiseitigen Test ist der Verwerfungsbereich zweiseitig, und zwar symmetrisch unterhalb und oberhalb des Annahmebereichs, angeordnet. Die Irrtumswahrscheinlichkeit α wird geteilt und je zur Hälfte dem unteren und dem oberen Verwerfungsbereich zugeordnet. Das ist sinnvoll, da ja die Nullhypothese verworfen werden soll, wenn der Stichprobenmittelwert nach unten oder nach oben zu stark abweicht.

Einseitige Fragestellung

Beim einseitigen Test ist der Verwerfungsbereich nicht symmetrisch zu beiden Seiten des Annahmebereichs angeordnet. Denn oft bezieht sich die Nullhypothese nicht auf einen diskreten Wert, sondern man formuliert

$$H_0: \mu \leq \mu_0 \;; \quad H_1: \mu > \mu_0 \;,$$

wenn nur eine *Überschreitung* des in der Hypothese genannten Mittelwertes von Interesse ist (etwa H_0: Der durchschnittliche Wartungsaufwand für eine Anlage beträgt höchstens eine Stunde pro Tag). In diesem Fall wird es wenig sinnvoll sein, H_0 zu verwerfen, wenn der Stichprobenmittelwert *kleiner* ausfällt, sondern die Entscheidungsregel wird lauten:

$$\boxed{\frac{\bar{x} - \mu_0}{\sigma_{\bar{X}}} > z[1-\alpha] \quad \Rightarrow \quad H_0 \text{ verwerfen!}} \qquad (15\text{-}4)$$

Dabei wird die ganze Irrtumswahrscheinlichkeit α auf die *rechte Seite* gelegt (vgl. BILD 15.1 b). Im umgekehrten Fall

$$H_0: \mu \geq \mu_0 \;; \quad H_1: \mu < \mu_0$$

aber, wenn nur eine Abweichung nach *unten* getestet werden soll, wird die Entscheidungsregel lauten:

482 KAPITEL 15 *Statistisches Testen*

$$\boxed{\frac{\bar{x} - \mu_0}{\sigma_{\bar{X}}} < z[\alpha] \quad \Rightarrow \quad H_0 \text{ verwerfen!}} \tag{15-5}$$

Dabei wird die ganze Irrtumswahrscheinlichkeit auf die *linke Seite* gelegt (vgl. BILD 15.1 c).

Beispiel [2] Im obigen Beispiel [1] wäre ein *einseitiger Test* eher angebracht. Denn niemand wird sich darüber beschweren, wenn zu viel Bier im Glas ist. Die Nullhypothese wäre also zu modifizieren:

(1) Aufstellen der Hypothesen: (einseitig)

$H_0: \mu \geq 0.4 \, l$
$H_1: \mu < 0.4 \, l$

(2) Schätzen der Varianz:

$$\hat{\sigma}_{\bar{X}}^2 = \frac{50}{49} \cdot \frac{0.0064}{50} l^2 = 0.0001306 \, l^2$$
$$\hat{\sigma}_{\bar{X}} = \sqrt{0.0001306} \, l = 0.01143 \, l$$

(3) Berechnen der Prüfgröße:

$$\frac{\bar{x} - \mu_0}{\hat{\sigma}_{\bar{X}}} = \frac{0.38 - 0.4}{0.01143} = -1.750$$

(4) kritischer Wert zu $\alpha = 0.05$: $\quad z[0.05] = -1.645$

(5) Testentscheidung: $\quad -1.75 < -1.645 \quad \Rightarrow \quad H_0$ verwerfen!

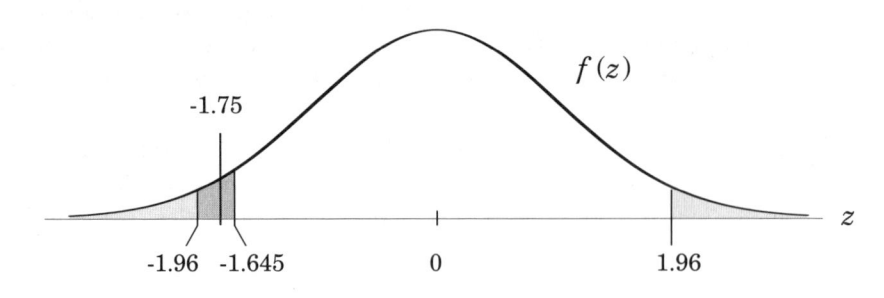

Man kommt hier somit zu einer anderen Testentscheidung als in Beispiel [1]! Die Prüfgröße liegt im einen Fall im Annahmebereich, im anderen Fall dagegen nicht. Die Skizze zeigt den Unterschied.

Beispiel [3] Wer oft auf deutschen Autobahnen unterwegs ist, stellt fest, dass sich kaum ein LKW an das Tempolimit von 80 km/h hält. Sicher beruht dies nicht auf einer Wirtschaftlichkeitsabschätzung der Spedition. Nehmen wir dennoch einmal an, eine große Spedition bezahle die Strafmandate seiner 5 360 Fahrer und setzt dafür ein Budget von 2 000 € pro Fahrer und Jahr an. Eine Stichprobe unter 50 Fahrern ergibt, dass im letzten Jahr durchschnittliche Kosten pro Fahrer in Höhe von 2 040 € zu bezahlen waren. Aus langjährigen Erfahrungen weiß man, dass die Standardabweichung recht konstant bei 120 € lag. Sollte die Speditionsfirma auf der Basis dieser Stichprobe bei einem Signifikanzniveau von 5% zu dem Ergebnis kommen, dass das Budget zu knapp bemessen ist? Wir führen hier einen einseitigen Test durch:

(1) Aufstellen der Hypothesen:

$H_0: \mu \leq \mu_0 = 2\,000\,€$

$H_1: \mu > 2\,000\,€$

(2) Berechnen der Standardabweichung:

$\sigma_{\bar{X}} = \sqrt{\frac{1}{50}} \cdot 120\,€ = \frac{120\,€}{7.071} = 16.97\,€$

(3) Berechnen der Prüfgröße:

$\frac{\bar{x} - \mu_0}{\sigma_{\bar{X}}} = \frac{2\,040\,€ - 2\,000\,€}{16.97\,€} = 2.3571$

(4) kritischer z-Wert zu $\alpha = 0.05$:

$z[1 - 0.05] = z[0.95] = 1.645$

(5) Testentscheidung:

$2.3571 > 1.645 \Rightarrow H_0$ verwerfen!

Wie bereits oben erwähnt, verwendet man zum Testen stets eine **bedingte Verteilung**. Das ist hier die Verteilung von $\bar{X}$ unter der Bedingung, dass H_0 richtig ist. Die obige Konstruktion der einseitigen Tests ist insofern nicht ganz korrekt, als sie die Verteilung unter der Bedingung der Punkthypothese $\mu = \mu_0$ verwendet, während die Nullhypothese ja $\mu \leq \mu_0$ oder $\mu \geq \mu_0$ lautet, was nicht dasselbe ist, aber schwierig zu berücksichtigen wäre.

Jedenfalls liegt bei einem einseitigen Test mit einer Intervallhypothese *keine größere* Wahrscheinlichkeit über dem Verwerfungsbereich. Somit stellt das gewählte Signifikanzniveau nicht den exakten Wert, sondern den *Höchstwert* der Irrtumswahrscheinlichkeit dar.

Kleine Stichproben aus normalverteilten Grundgesamtheiten

Wie bei der Konstruktion von Konfidenzintervallen, so kann auch beim Testen unter bestimmten Bedingungen die t-Verteilung verwendet werden. Man tut dies, wenn die Varianz *geschätzt werden muss*. Voraussetzung dafür ist aber, dass man davon ausgehen kann, in der Grundgesamtheit ein annähernd normalverteiltes Merkmal zu haben. Man ist allerdings nur bei **kleinen Stichproben** auf diese Annahme und die t-Verteilung angewiesen, denn bei den großen Stichproben sorgt ja schon der zentrale Grenzwertsatz für normalverteilte Stichprobenmittelwerte. Die Testentscheidung lautet dann einfach

$$\frac{|\bar{x}-\mu_0|}{\hat{\sigma}_{\bar{X}}} > t_{n-1}[1-\alpha/2] \quad \Rightarrow \quad H_0 \text{ verwerfen!} \tag{15-6}$$

Die Prüfgröße ist nun t-verteilt mit $n-1$ Freiheitsgraden. Bei Vorliegen der einseitigen Fragestellung wird *mutatis mutandis* entsprechend vorgegangen; auch zu den folgenden Testsituationen wird immer nur die zweiseitige Fragestellung behandelt werden.

Beispiel [4] Die Geschäftsleitung einer kleinen Einzelhandelskette weiß aus Erfahrung, dass der Umsatz im Durchschnitt ihrer 48 Filialen jeweils im Dezember um 25% höher liegt als im Vormonat November. Am Silvesterabend wird in aller Eile für das soeben abgelaufene Jahr 2005 eine Zufallsstichprobe vom Umfang $n=8$ Filialen gezogen. Sie erbringt die folgenden Umsatzsteigerungen in Prozent:

26.5   22.5   25.9   25.2   25.4   24.0   28.2   29.2.

Wir berechnen daraus zuerst $\bar{x} = 25.8625$ und $s_X = \sqrt{4.0548} = 2.0137$.

Unter der Annahme der Normalverteilung testen wir damit die Nullhypothese, dass der durchschnittliche Umsatzzuwachs 25% betrug, gegen die zweiseitige Alternative. In fünf Schritten:

(1) Aufstellen der Hypothesen:
$H_0: \mu = \mu_0 = 25\%$
$H_1: \mu \neq 25\%$

(2) Schätzen der Standardabweichung des Stichprobenmittelwertes:
$\hat{\sigma}_{\bar{X}} = \sqrt{\frac{1}{8} \cdot \frac{8}{7}} \cdot 2.0137\% = 0.7611\%$

(3) Berechnen der Prüfgröße:
$\frac{|\bar{x}-\mu_0|}{\hat{\sigma}_{\bar{X}}} = \frac{|25.8625\% - 25\%|}{0.7611\%} = 1.1332$

(4) kritischer *t*-Wert zu $\alpha = 0.05$ und 7 Freiheitsgraden:
$t_7[1-0.025] = t_7[0.975] = 2.365$

(5) Testentscheidung:
$1.1332 < 2.365 \Rightarrow H_0$ beibehalten!

Würde man in den Beispielen [1] und [2] davon ausgehen, dass die Füllmengen im Finkenkrug normalverteilt sind, könnte man dort auch die t-Verteilung verwenden. Die Annahmebereiche würden dadurch zwar etwas breiter, an der Testentscheidung änderte sich jedoch nichts.

15.3 Testen von Hypothesen über Anteilswerte

Es kommt in der Statistik sehr häufig vor, dass Anteilswerte untersucht werden. Die Nullhypothese über den unbekannten Anteilswert in einer Grundgesamtheit laute

$$H_0: p = p_0 ,$$

der gefundene Anteilswert in einer großen Stichprobe vom Umfang n betrage h. Nach dem zentralen Grenzwertsatz ist bei Gültigkeit von H_0 die Zufallsvariable

$$\frac{H - p_0}{\sigma_H} =: Z$$

annähernd standardnormalverteilt. Die Nullhypothese wird also verworfen werden, falls

$$\boxed{\frac{|h - p_0|}{\sigma_H} > z[1 - \alpha/2]} \qquad (15\text{-}7)$$

wobei die Standardabweichung

$$\sigma_H = \sqrt{\frac{p_0(1-p_0)}{n}}$$

nicht mit dem h aus der Stichprobe geschätzt werden darf, sondern der hypothetische Anteilswert zu seiner Berechnung zu verwenden ist. Denn es soll ja die Standardabweichung des Stichprobenmittelwertes „bei Gültigkeit der Nullhypothese" sein.

Beispiel [5] Kurz vor der Wahl in einem Stadtstaat macht ein bekanntes Meinungsforschungsinstitut für die Partei „Graue Panther" eine Umfrage. Nach Befragung einer reinen Zufallsauswahl von $n = 2000$ Wählern stellt sich heraus, dass 5,6% der Befragten diese Partei wählen wollen.

a) Test. Brauchen die Grauen Panther nun nach diesem guten Umfrageergebnis die 5-Prozent-Hürde nicht mehr zu fürchten? Eine Irrtumswahrscheinlichkeit von 3% sei zugelassen.

(1) Aufstellen der Hypothesen: $H_0: p \leq 0.05$
$H_1: p > 0.05$

(2) Berechnen der Standardabweichung: $\sigma_H = \sqrt{\dfrac{0.05 \cdot (1 - 0.05)}{2000}} = 0.00487$

(3) Berechnung der Prüfgröße: $\dfrac{h - p_0}{\sigma_H} = \dfrac{0.056 - 0.05}{0.00487} = 1.2320$

(4) kritischer z-Wert zu $\alpha = 0.03$: $\qquad z[1-0.03] = z[0.97] = 1.882$

(5) Testentscheidung: $\qquad 1.2320 < 1.882 \;\Rightarrow\; H_0$ beibehalten!

b) Schwellenwert. Ab welchem Umfrageergebnis $\dddot{h}$ könnten die Grauen Panther bei $\alpha = 0.03$ beruhigt sein? Gesucht ist der Wert $\dddot{h}$, welcher standardisiert den kritischen Wert überschreitet, also

$$\frac{\dddot{h} - 0.05}{0.00487} > 1.882$$

$$\dddot{h} > 0.05 + 1.882 \cdot 0.00487 = 0.05 + 0.00916$$

$$\dddot{h} > 0.059 .$$

Erst wenn in dieser Umfrage mindestens 5.9% für die Panther sind, kann die Nullhypothese mit einer Irrtumswahrscheinlichkeit von 0.03 verworfen werden.

Der Binomialtest

Die Verwendung der Normalverteilung als Testverteilung in der oben beschriebenen Weise ist natürlich nur dann zulässig, wenn der Stichprobenumfang n groß ist, jedenfalls groß genug, um auf die Annäherung der Binomialverteilung gegen die Normalverteilung gemäß dem Grenzwertsatz von DE MOIVRE und LAPLACE vertrauen zu können, und der Fehler vernachlässigt werden kann.

Prinzipiell – und um ganz exakt zu sein – könnte man natürlich die Binomialverteilung benutzen. Denn die absolute Häufigkeit

$$X := n \cdot H ,$$

wobei H die relative Häufigkeit in der Stichprobe ist, ist binomialverteilt mit dem Erwartungswert np und der Varianz $np(1-p)$.

Die Binomialverteilung ist zwar umständlicher, aber angesichts der heute auf jedem Schreibtisch verfügbaren Rechenleistung wäre das kein Hindernis. Für kleine Stichproben sollte man auf jeden Fall den Binomialtest verwenden.

Die kritischen Werte zwischen Annahme- und Verwerfungsbereich gewinnt man aus der **Binomialverteilung**:

1. Beim einseitigen Test der Nullhypothese

$$H_0:\; p \geq p_0 \qquad \text{gegen} \qquad H_1:\; p < p_0$$

wird man diese erst verwerfen, wenn ein kritischer Wert x_{unten} *unterschritten* wird. Den kritischen Wert wählt man so, dass bei Gültigkeit der Nullhypothese die Wahrscheinlichkeit, diese zu verwerfen,

$$P(X < x_{\text{unten}}) \leq \alpha,$$

höchstens α beträgt, aber doch so nahe wie möglich an α herankommt. Die Wahrscheinlichkeit α genau einzuhalten, wird nicht immer möglich sein, weil die zuständige Verteilungsfunktion *diskret* ist und Sprünge macht. Dadurch wird die zugelassene Irrtumswahrscheinlichkeit nicht immer ganz ausgeschöpft.

2. Beim oberseitigen Test

$$H_0: p \leq p_0 \quad \text{gegen} \quad H_1: p > p_0$$

wird man die Nullhypothese verwerfen, wenn ein kritischer Wert x_{oben} *überschritten* wird. Man wählt ihn so, dass

$$P(X > x_{\text{oben}}) \leq \alpha$$

wiederum höchstens α beträgt.

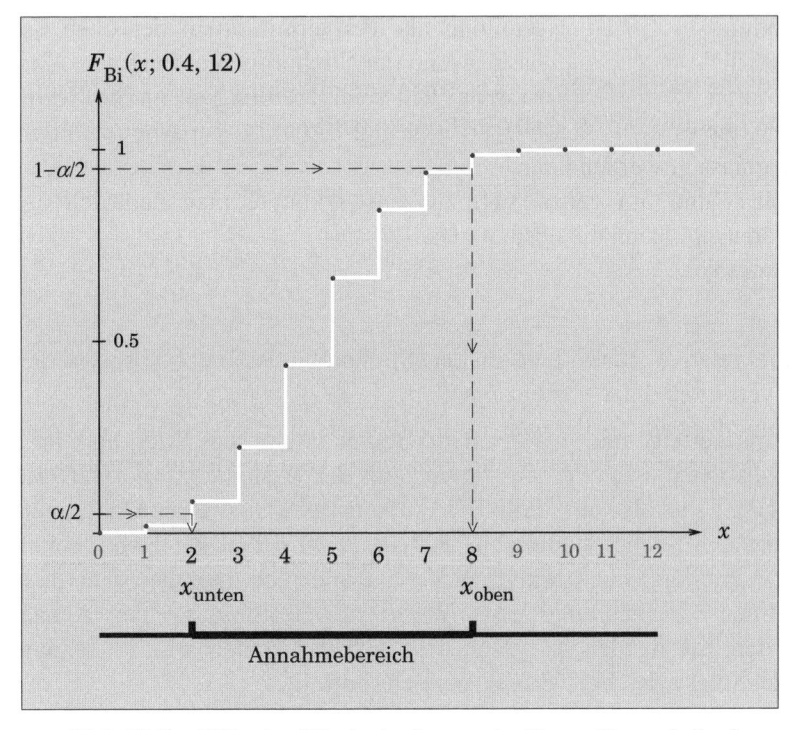

BILD 15.2 Kritische Werte beim zweiseitigen Binomialtest

3. Beim zweiseitigen Test

$$H_0: p = p_0 \quad \text{gegen} \quad H_1: p \neq p_0$$

schließlich teilt man wie üblich die Irrtumswahrscheinlichkeit auf. Man braucht also *zwei* kritische Werte, einen unteren und einen oberen, die man so auswählt, dass bei Gültigkeit der Nullhypothese die Wahrscheinlichkeit, diese zu verwerfen,

$$P(X < x_{unten}) \leq \frac{\alpha}{2} \quad \text{und} \quad P(X > x_{oben}) \leq \frac{\alpha}{2},$$

dem Wert $\alpha/2$ möglichst nahe kommt.

Die kritischen Werte dafür entnimmt man der Verteilungsfunktion. Es sind die Werte der entsprechenden **Quantile** (vgl. Abschnitt **9.10**). Beim einseitigen Test ist es das α-Quantil beziehungsweise das $(1-\alpha)$-Quantil. Beim zweiseitigen Test sind es das $\alpha/2$-Quantil und das $(1-\alpha/2)$-Quantil. BILD 15.2 veranschaulicht dies am Beispiel eines zweiseitigen Binomialtests der Nullhypothese $p = 0.4$ bei einem Stichprobenumfang von $n = 12$.

15.4 Test für Varianzen

Zu prüfen ist die Nullhypothese, dass die Varianz einer Grundgesamtheit von einem vorgegebenen hypothetischen Werte nicht abweicht:

$$H_0: \quad \sigma^2 = \sigma_0^2.$$

Die Zufallsvariable

$$\frac{n \cdot S^2}{\sigma_0^2} = \chi_{n-1}^2 \qquad (14\text{-}14)$$

ist chi-Quadrat-verteilt mit $n-1$ Freiheitsgraden, wenn das Merkmal in der Grundgesamtheit, aus der die Stichprobe stammt, mit der Varianz σ_0^2 normalverteilt ist (vgl. Abschnitt **14.3**). Es ist also eine Prüfgröße zu konstruieren, die den Quotienten aus beiden Varianzen und den Stichprobenumfang enthält. μ wird hier gar nicht gebraucht. Da die Chi-Quadrat-Verteilung nur positive Werte hat und nicht symmetrisch ist, müssen (bei der zweiseitigen Fragestellung) *zwei* Werte zur Bestimmung des Annahmebereichs genannt werden. Sie werden so gelegt, dass sich das Fehlerrisiko α zu gleichen Teilen auf die beiden Stücke des Verwerfungsbereichs aufteilt.

15.4 *Test für Varianzen* **489**

$$\frac{n \cdot s^2}{\sigma_0^2} \begin{cases} < \chi_{n-1}^2[\alpha/2] \text{ oder} \\ > \chi_{n-1}^2[1-\alpha/2] \end{cases} \Rightarrow H_0 \text{ verwerfen!} \qquad (15\text{-}8)$$

H_0 wird verworfen, falls die Prüfgröße das untere Quantil unterschreitet oder das obere überschreitet:

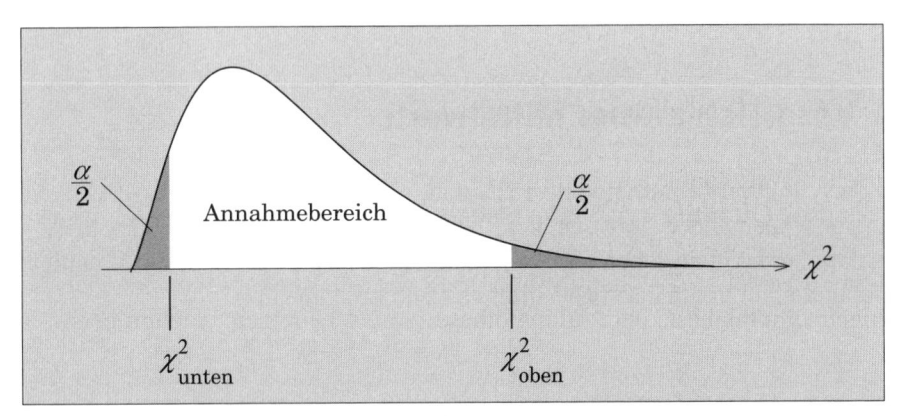

BILD 15.3 Annahme- und Verwerfungsbereich

Beispiel [6] Es ist unvermeidlich, dass sich PKWs vom gleichen Typ und Baujahr dennoch im Benzinverbrauch unterscheiden. Es wird aber gefordert, dass die Standardabweichung des Benzinverbrauchs in der Gesamtheit nicht größer sei als 0.3 Liter/100 km. Eine Automobilzeitschrift hat 30 Fahrzeuge eines neuen Modells von DaimlerChrysler ausprobiert und als Benzinverbrauch

8.0 8.3 8.2 7.4 7.9   8.3 7.0 7.5 7.8 7.3   8.2 8.7 7.5 7.7 7.9
7.8 8.2 8.1 7.9 8.0   7.9 8.3 8.1 8.1 7.8   7.7 8.1 8.0 8.3 7.9

ermittelt und behauptet nun, die Varianz im Verbrauch sei zu groß. Unterstellen wir Normalverteilung und testen zu einer Irrtumswahrscheinlichkeit von 10%:

(1) Aufstellen der Hypothesen: $H_0: \sigma^2 \leq 0.09$
    $H_1: \sigma^2 > 0.09$

(2) Berechnen der Varianz der Stichprobe: $s^2 = \sum (x_j - \bar{x})^2 / 30 = 0.1188$

(3) Berechnung der Prüfgröße: $\dfrac{n \cdot s^2}{\sigma_0^2} = \dfrac{30 \cdot 0.1188}{0.09} = 39.6$

(4) kritischer Wert zu 29 Freiheitsgraden: $\chi^2_{29}[1-0.10] = \chi^2_{29}[0.90] = 39.09$

(5) Testentscheidung: $39.6 > 39.09 \Rightarrow H_0$ verwerfen!

15.5 Vergleich zweier Mittelwerte

Die beiden Stichprobenmittelwerte $\bar{x}_1$ und $\bar{x}_2$ stammen aus zwei verschiedenen, unabhängig voneinander gewonnenen Stichproben. Es soll die Hypothese getestet werden, dass beide Stichproben aus derselben Grundgesamtheit oder doch wenigstens aus Grundgesamtheiten mit demselben Mittelwert entnommen sind:

$$H_0: \mu_1 = \mu_2$$

Unter dieser Bedingung ist die Differenz

$$\Delta = \bar{X}_1 - \bar{X}_2$$

asymptotisch normalverteilt, wenn die Stichprobenumfänge n_1 und n_2 groß (zentraler Grenzwertsatz) oder die Grundgesamtheiten normalverteilt (Reproduktionseigenschaft der Normalverteilung) sind. $E(\Delta)$ ist Null, und für die Varianz gilt

$$Var(\Delta) = Var(\bar{X}_1) + Var(\bar{X}_2) \,,$$

wenn die Stichproben unabhängig sind, so dass

$$\sigma_\Delta = \sqrt{\sigma_1^2/n_1 + \sigma_2^2/n_2} \,.$$

Die Nullhypothese ist also zu verwerfen, falls bei zweiseitiger Fragestellung

$$\boxed{\dfrac{|\bar{x}_1 - \bar{x}_2|}{\sigma_\Delta} > z[1-\alpha/2]} \tag{15-9}$$

Muss die Varianz bzw. müssen die Varianzen der Grundgesamtheiten geschätzt werden, verwendet man für den Test bei großen Stichproben entsprechend

$$\hat{\sigma}_\Delta = \sqrt{\hat{\sigma}_1^2/n_1 + \hat{\sigma}_2^2/n_2} \; .$$

Bei *kleinen Stichproben aus normalverteilten Grundgesamtheiten* muss die zusätzliche Bedingung

$$\sigma_1 = \sigma_2 = \sigma$$

erfüllt sein, damit

$$\frac{|\bar{X}_1 - \bar{X}_2|}{\hat{\sigma}_\Delta} = T_{n_1+n_2-2}$$

t-verteilt ist mit n_1+n_2-2 Freiheitsgraden, wobei

$$\hat{\sigma}^2 = \frac{n_1 s_1^2 + n_2 s_2^2}{n_1 + n_2 - 2}$$

aus den Beobachtungen beider Stichproben zu schätzen ist: Je ein Freiheitsgrad geht durch die Berechnung von $\bar{x}_1$ und $\bar{x}_2$ verloren. Als geschätzte Standardabweichung der Differenz wäre dann

$$\hat{\sigma}_\Delta = \sqrt{\hat{\sigma}^2/n_1 + \hat{\sigma}^2/n_2} = \hat{\sigma}\sqrt{\frac{n_1 + n_2}{n_1 \cdot n_2}}$$

zu nehmen, und die Nullhypothese wird verworfen, falls

$$\boxed{\frac{|\bar{x}_1 - \bar{x}_2|}{\hat{\sigma}_\Delta} > t_{n_1+n_2-2}[1-\alpha/2]} \qquad (15\text{-}10)$$

Beispiel [7] Die **Stiftung Warentest** lobt den neuen Autoreifen »Super ZZ«. Er habe eine um mehr als 10% höhere Laufleistung als sein Vorgänger »Z«. Die Stiftung hatte von jedem Reifentyp vier Sätze „getestet" und folgendes Ergebnis erhalten:

Laufleistung in km	
»Super ZZ«	»Z«
50 000	43 000
41 000	44 000
40 000	36 000
49 000	37 000

Wir testen die Nullhypothese, dass der neue Reifentyp in Wirklichkeit keine höhere Laufleistung hat, auf einem Signifikanzniveau von $\alpha = 5\%$. Wir gehen dabei davon aus, dass die Laufleistung der Reifen in diesem Bereich gut normalverteilt ist und für beide Typen die gleiche Varianz hat. Die Varianz der Laufleistung (in Tausend km) der vier Super-ZZ-Reifensätze beträgt

$$s_1^2 = [(50-45)^2 + (41-45)^2 + (40-45)^2 + (49-45)^2]/4$$
$$= [5^2 + 4^2 + 5^2 + 4^2]/4 = 82/4 = 20.5,$$

die der Z-Reifen

$$s_2^2 = [(43-40)^2 + (44-40)^2 + (36-40)^2 + (37-40)^2]/4$$
$$= [3^2 + 4^2 + 4^2 + 3^2]/4 = 50/4 = 12.5.$$

(1) Aufstellen der Hypothesen: $H_0: \mu_1 \leq \mu_2$
$H_1: \mu_1 > \mu_2$

(2) Schätzen der Varianz der GG und der Standardabweichung der Differenz:

$$\hat{\sigma}^2 = \frac{4s_1^2 + 4s_2^2}{4+4-2} = \frac{82+50}{6} = 22$$

$$\hat{\sigma}_\Delta = \hat{\sigma}\sqrt{\frac{n_1+n_2}{n_1 \cdot n_2}} = 4.6904\sqrt{\frac{8}{16}} = 3.3166$$

(3) Berechnung der Prüfgröße:

$$\frac{\bar{x}_1 - \bar{x}_2}{\hat{\sigma}_\Delta} = \frac{5}{3.3166} = 1.5076$$

(4) kritischer Wert zu $\alpha = 0.05$ und 6 Freiheitsgraden:

$$t_6[1-0.05] = t_6[0.95] = 1.943$$

(5) Testentscheidung: $1.5076 < 1.943 \Rightarrow H_0$ beibehalten!

Der in diesem Abschnitt dargestellte Test auf die Differenz von Mittelwerten kann auch als Spezialfall der einfachen Varianzanalyse für $m=2$ Stichproben (vgl. Abschnitt **16.6**) aufgefasst werden.

15.6 Vergleich zweier Anteilswerte

In zwei großen Stichproben vom Umfang n_1 und n_2 werden die relativen Häufigkeiten h_1 und h_2 festgestellt. Auch wenn beide Zufallsstichproben aus Grundgesamtheiten mit demselben Anteilswert stammen, wird häufig $h_1 \neq h_2$ sein. Die Hypothese

$$H_0: \; p_1 = p_2 \;\; (= p)$$

kann leicht getestet werden, da die Differenz

$$R := H_1 - H_2$$

asymptotisch normalverteilt ist mit

$$E(R) = 0 \quad \text{und} \quad Var(R) = p(1-p)/n_1 + p(1-p)/n_2 \; .$$

Zur Schätzung von $Var(R)$ nimmt man den Anteilswert, der sich aus beiden Stichproben zusammengenommen ergibt,

$$h = (n_1 h_1 + n_2 h_2)/(n_1 + n_2) \, ,$$

und erhält als Schätzung der Standardabweichung

$$\hat{\sigma}_R = \sqrt{\left(\frac{1}{n_1} + \frac{1}{n_2}\right) h(1-h)} \; .$$

Schließlich muss die Nullhypothese verworfen werden, falls

$$\boxed{\frac{|h_1 - h_2|}{\hat{\sigma}_R} > z[1 - \alpha/2]} \qquad (15\text{-}11)$$

Beispiel [8] Auch Studenten, die auf etwas sich halten, sind heutzutage schon im Internet. Man stellte in einer Zufallsstichprobe im Umfang von 900 Wiwis fest, dass 9.1% von ihnen ihre eigene Homepage haben. Von 600 befragten Technikstudenten konnten nur 7.6% eine eigene Homepage vorweisen. Sind Wiwis fortschrittlicher, oder ist die Abweichung eher zufällig? Das soll auf einem Signifikanzniveau von $\alpha = 0.02$ getestet werden.

(1) Aufstellen der Hypothesen:

$H_0 : p_1 = p_2$
$H_1 : p_1 \neq p_2$

(2) Schätzen der Standardabweichung:

$h = (900 \cdot 0.091 + 600 \cdot 0.076)/1500 = 0.085$

$\hat{\sigma}_R = \sqrt{\dfrac{1500 \cdot 0.085 \cdot (1 - 0.085)}{900 \cdot 600}} = 0.0147$

(3) Berechnen der Prüfgröße:

$\dfrac{|h_1 - h_2|}{\hat{\sigma}_R} = \dfrac{0.015}{0.0147} = 1.0204$

(4) kritischer z-Wert zu $\alpha = 0.02$:

$z[1 - 0.02/2] = z[0.99] = 2.327$

(5) Testentscheidung:

$1.0204 < 2.327 \Rightarrow H_0$ beibehalten!

15.7 F-Verteilung

Im vorangegangen Kapitel wurden die Chi-Quadrat-Verteilung und die t-Verteilung definiert. Beide können als Abkömmlinge der Standardnormalverteilung angesehen werden. Obwohl es spezielle eindimensionale Verteilungen sind, waren sie in Kapitel 9 noch nicht definiert worden. Das liegt daran, dass die beiden Verteilungen sich kaum für stochastische Modelle eignen, sie sind aber beim Schätzen und Testen sehr nützlich. Genauso verhält es sich mit der F-Verteilung, die nur als **Testverteilung** Verwendung findet. Seien zwei Zufallsvariablen

$$\chi_m^2 \quad \text{und} \quad \chi_n^2$$

chi-Quadrat-verteilt und unabhängig. Bildet man daraus den Quotienten, so erhält man eine neue Zufallsvariable.

Definition: Die Zufallsvariable

$$\mathrm{F}_n^m := \dfrac{\dfrac{1}{m} \chi_m^2}{\dfrac{1}{n} \chi_n^2} \tag{15-12}$$

heißt *F-verteilt mit m und n Freiheitsgraden*.

Obwohl für Variablen üblich, schreiben wir das Symbol F hier *nicht kursiv*, sondern aufrecht, damit wir es nicht so leicht mit dem Funktionszeichen *F* für Verteilungsfunktionen verwechseln.

Die F-Verteilungen oder FISHER-Verteilungen[1] bilden also eine **Zwei-Parameter-Familie**, die Freiheitsgrade dienen als Parameter. Die F-Verteilungen sind stetig, haben positive Wahrscheinlichkeitsdichten im Intervall

$$0 < F < \infty,$$

und ihre Dichtefunktion strebt für $F \to \infty$ gegen Null. Sie sind linkssteil, und ihre Graphen sehen auf den ersten Blick den Chi-Quadrat-Verteilungen recht ähnlich.

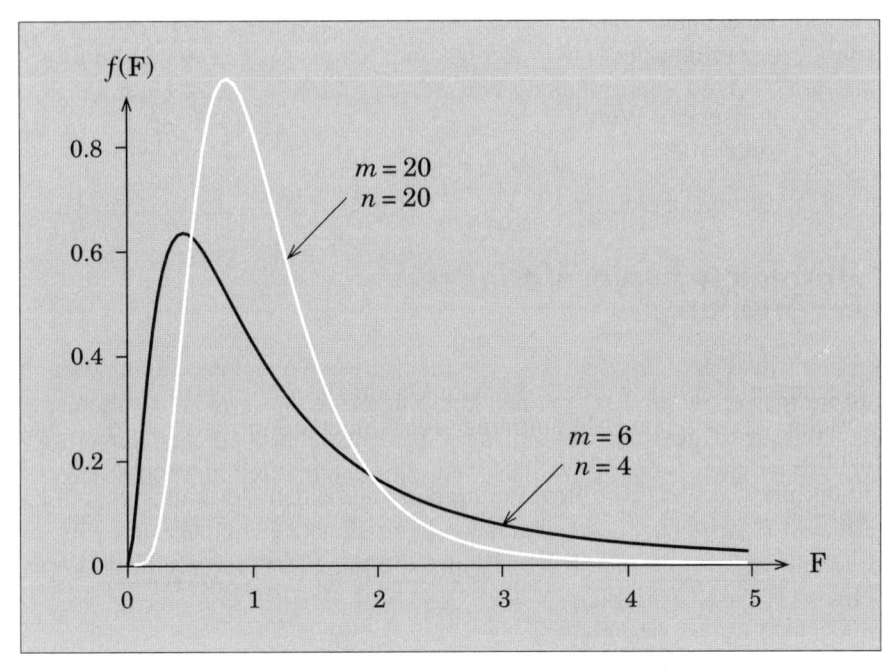

BILD 15.4 Dichtefunktionen von F-verteilten Zufallsvariablen

Jedoch nehmen Erwartungswert und Varianz mit zunehmenden Freiheitsgraden nicht zu. Ganz im Gegenteil: Die Erwartungswerte

$$E(F_n^m) = \frac{n}{n-2} \quad \text{für} \quad n > 2$$

sind überraschenderweise nur vom Freiheitsgrad des Nenners abhängig und konvergieren rasch gegen Eins. Die Varianzen

$$Var(F_n^m) = \frac{2n^2(m+n-2)}{m(n-2)^2(n-4)} \quad \text{für} \quad n > 4$$

---

[1] Benannt nach dem britischen Biologen und Statistiker SIR RONALD A. FISHER, 1890–1962.

werden mit zunehmendem *n* und *m* immer kleiner! Denn für große Freiheitsgrade spielen die Subtrahenden 2 und 4 eine immer geringere Rolle; lässt man sie weg, erhält man

$$Var(F_n^m) \approx \frac{2n^2(m+n)}{m \cdot n^2 \cdot n} = 2 \cdot \frac{(m+n)}{m \cdot n} \xrightarrow[n \to \infty]{m \to \infty} 0.$$

Auf die Angabe der Formel ihrer Verteilungsfunktion sei hier verzichtet; es gibt dafür Tafeln, und jede Statistiksoftware kann die Werte der Verteilungsfunktion und ihrer Quantile angeben. Bei der Benutzung der Tafeln ist es hilfreich, zu beachten, dass bei Vertauschung der Freiheitsgrade von Zähler und Nenner wegen der Definition (15-12) natürlich stets $F_n^m = 1/F_m^n$ gilt und damit entsprechend für alle ihre α-Quantile

$$F_n^m[\alpha] = \frac{1}{F_m^n[1-\alpha]}.$$

15.8 Vergleich zweier Varianzen

Aus zwei verschiedenen, *unabhängig* voneinander gewonnenen Stichproben mit den Stichprobenumfängen n_1 und n_2 wurden die Varianzen s_1^2 und s_2^2 berechnet. Es soll damit die Hypothese getestet werden, dass beide Stichproben aus derselben Grundgesamtheit oder doch wenigstens aus Grundgesamtheiten mit derselben Varianz entnommen sind:

$$H_0: \quad \sigma_1^2 = \sigma_2^2 = \sigma^2$$

Da nun die beiden Zufallsvariablen

$$\frac{n_1 \cdot S_1^2}{\sigma^2} = \chi_{n_1-1}^2 \quad \text{und} \quad \frac{n_2 \cdot S_2^2}{\sigma^2} = \chi_{n_2-1}^2$$

nach (14-14) chi-Quadrat-verteilt sind, ist ihr Quotient

$$\frac{\dfrac{n_1}{n_1-1} S_1^2}{\dfrac{n_2}{n_2-1} S_2^2} = F_{n_2-1}^{n_1-1} \tag{15-13}$$

nach Definition (15-12) gerade F-verteilt mit den Freiheitsgraden n_1-1 und n_2-1, aber natürlich nur wenn das Merkmal in der Grundgesamtheit, aus der die Stichproben stammen, mit der Varianz σ^2 normalverteilt ist.

Da die F-Verteilung nur positive Werte hat und nicht symmetrisch ist, müssen bei der zweiseitigen Fragestellung zwei Werte zur Bestimmung des Annahmebereichs genannt werden. Sie werden so gelegt, dass sich das Fehlerrisiko α zu gleichen Teilen auf die beiden Stücke des Verwerfungsbereichs aufteilt.

H_0 wird verworfen, falls die Prüfgröße das untere $\alpha/2$-Quantil unterschreitet oder das obere $(1-\alpha/2)$-Quantil überschreitet. Die Entscheidungsregel lautet

$$\boxed{\frac{\frac{n_1}{n_1-1} \cdot s_1^2}{\frac{n_2}{n_2-1} \cdot s_2^2} \begin{cases} < F[\alpha/2] \text{ oder} \\ > F[1-\alpha/2] \end{cases} \Rightarrow H_0 \text{ verwerfen!}} \quad (15\text{-}14)$$

wobei die F-Verteilung zu n_1-1 und n_2-1 Freiheitsgraden zu nehmen ist. Wir beachten, dass es sich bei dieser Prüfgröße gerade um den Quotienten aus den beiden *erwartungstreuen Schätzwerten der Varianz* nach Formel (13-10) handelt.

Beispiel [9] In einer Zufallsstichprobe von 21 neu emittierten Unternehmensanleihen mit einem Rating von AAA wies die Laufzeit eine Varianz von 58.35 (Jahren im Quadrat) auf. In einer Zufallsstichprobe von 13 neu emittierten Unternehmensanleihen mit einem Rating von CCC betrug die Varianz der Laufzeit dagegen nur 4.69. Ist dieser Unterschied signifikant?

Wir rechnen unter der Annahme der Normalverteilung in der Grundgesamtheit auf einem Signifikanzniveau von 5%:

(1) Aufstellen der Hypothesen: H_0: $\sigma_1^2 = \sigma_2^2$
   H_1: $\sigma_1^2 \neq \sigma_2^2$

(2) Berechnen der Prüfgröße: $\dfrac{\frac{21}{20} 58.35}{\frac{13}{12} 4.69} = \dfrac{61.27}{5.08} = 12.06$

(3) kritische F-Werte zu $\alpha = 0.05$: $F_{12}^{20}[0.025] = 1/F_{20}^{12}[0.975] = 1/2.676 = 0.374$
   $F_{12}^{20}[0.975] = 3.0728$

(4) Testentscheidung: $12.06 > 3.078 \Rightarrow H_0$ verwerfen!

Weil es sich um einen zweiseitigen Test handelt, ist das 97.5%–Quantil anzuwenden. Die Prüfgröße ist hier sehr viel größer als das Quantil, so dass die Nullhypothese sehr leicht verworfen werden kann. Wir werten dies als strengen Hinweis darauf, dass die Laufzeitvarianz in den beiden Segmenten verschieden bzw. bei den AAA-Anleihen deutlich höher ist.

15.9 Signifikanzniveau und Überschreitungswahrscheinlichkeit

Die bisher dargestellte Vorgehensweise beim statistischen Test geht von einem vorher festgelegten Signifikanzniveau α aus und trifft danach aufgrund eines Stichprobenbefundes die Entscheidung, ob die Nullhypothese beibehalten werden kann oder verworfen werden muss. Dabei spielt es für die Testentscheidung überhaupt keine Rolle, ob das Stichprobenergebnis weit im Annahmebereich oder nur ganz knapp an der kritischen Grenze liegt.

Eine andere Möglichkeit wäre, die Abweichung zwischen hypothetischem Wert des Parameters und dem Stichprobenergebnis zu berücksichtigen und die Wahrscheinlichkeit anzugeben, mit welcher das Stichprobenergebnis bei Gültigkeit der Nullhypothese den vorgefundenen Wert über- oder unterschreiten würde.

Dieses Vorgehen hätte in der Tat Vorteile. Man würde die oft als willkürlich empfundene Festlegung eines Signifikanzniveaus vermeiden. Außerdem würde die mit der Stichprobe gewonnene Information besser ausgenutzt.

Die *Überschreitungswahrscheinlichkeit* oder der *P-Wert* (*Probability Value*) entspricht gerade einem Signifikanzniveau, bei dem die Prüfgröße auf den kritischen Wert, also die Grenze zwischen Annahme- und Verwerfungsbereich, fiele. Die Überschreitungswahrscheinlichkeit wird deshalb auch als *empirisches Signifikanzniveau* bezeichnet. Je kleiner dieses ist, desto eher wird man den Gedanken an eine rein zufällige Abweichung verwerfen.

Bei einem oberseitigen Test beispielsweise für einen Mittelwert mit einem Stichprobenbefund von $\bar{x}$ wäre der P-Wert die Wahrscheinlichkeit

$$\text{P-Wert} := P(\bar{X} \geq \bar{x} \mid \mu = \mu_0),$$

ebendieses $\bar{x}$ oder ein noch größeres in der Stichprobe zu finden. Dazu errechnet man die Prüfgröße

$$z = \frac{\bar{x} - \mu_0}{\sigma_{\bar{X}}}$$

und daraus eine Überschreitungswahrscheinlichkeit von

$$\text{P-Wert} = 1 - F_{\text{St}}(z), \tag{15-15}$$

falls die Stichprobenverteilung normal- oder annähernd normalverteilt ist. Im Einzelfall ist bei der Bestimmung des P-Wertes aber genau darauf zu achten, ob es sich um einen zweiseitigen, unterseitigen oder oberseitigen Test handelt. Um das zu verdeutlichen, sollen im Folgenden die empirischen Signifikanzniveaus der Rechenbeispiele dieses Kapitels angegeben werden:

Beispiel	Test ist	Prüfgröße	„empirisches" Signifikanzniveau:	P-Wert
[1]	zweiseitig	$z = 1.7498$	$F_{St}(1.7498) = 0.9599$ P-Wert/2 = 0.0401	0.0802
[2]	unterseitig	$z = -1.7498$	$F_{St}(-1.7498) = 0.0401$	0.0401
[3]	oberseitig	$z = 2.3571$	$F_{St}(2.3571) = 0.9908$	0.0092
[4]	zweiseitig	$t_7 = 1.1332$	$F_t(1.1332) = 0.8528$ P-Wert/2 = 0.1472	0.2944
[5]	oberseitig	$z = 1.2320$	$F_{St}(1.2320) = 0.8910$	0.1099
[6]	zweiseitig	$\chi^2_{29} = 39.6$	$F_{chi}(39.60) = 0.9093$ P-Wert/2 = 0.0907	0.1814
[8]	zweiseitig	$z = 1.0204$	$F_{St}(1.0204) = 0.8462$ P-Wert/2 = 0.1538	0.3076

15.10 Macht und Trennschärfe eines Tests

In allen in diesem Kapitel vorgestellten statistischen Tests lag das Hauptaugenmerk auf dem Signifikanzniveau. Es wurden Entscheidungsregeln entwickelt, wobei für die Wahrscheinlichkeit des Fehlers 1. Art ein möglichst kleiner Wert vorgegeben wurde. Den Fehler 2. Art haben wir nicht ins Kalkül gezogen. In diesem Abschnitt wollen wir uns nun um den Fehler 2. Art kümmern. In der Tat ist das wichtig, um die Trennschärfe eines statistischen Tests zu beurteilen.

Idealer Test

Ein Test ist umso trennschärfer, je zuverlässiger man mit ihm erkennen kann, ob eine Hypothese richtig ist oder nicht. Ein **idealer Test** wäre es, wenn die *beiden* Fehlerwahrscheinlichkeiten sehr klein oder sogar

$$\alpha = 0 = \beta$$

Null wären. BILD 15.5 zeigt am Beispiel eines einseitigen Tests auf einen Parameter θ

$$H_0: \theta = \theta_0 \quad \text{gegen} \quad H_1: \theta > \theta_0$$

einen solchen idealen Test: Auf der Abszisse sind die unbekannten Werte des zu testenden Parameters abgetragen, die Ordinate zeigt die Wahrscheinlichkeit P, mit welcher der Test die Nullhypothese verwirft. Natürlich muss diese vom wahren Wert θ abhängen. Der ideale Test ist nun so beschaffen, dass die Nullhypothese nicht verworfen wird, solange der wahre Wert nicht größer ist als der hypothetische. Ist θ aber größer, wird H_0 sicher – oder jedenfalls mit Wahrscheinlichkeit Eins – verworfen.

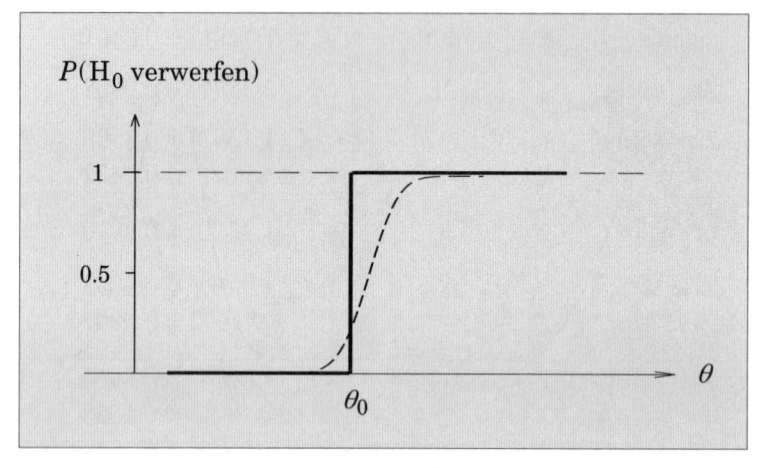

BILD 15.5 Idealer Test

Kein statistischer Test wird eine solche ideale Charakteristik haben! Auch nichtstatistische Tests, wie Schwangerschaftstest oder HIV-Test, haben stets von Null verschiedene Fehlerrisiken 1. und 2. Art! Die gestrichelte Kurve in BILD 15.5 charakterisiert einen nichtidealen Test. Seine Fehlerwahrscheinlichkeit α ist an der Stelle abzulesen, wo die Kurve die senkrechte Linie der Sprungstelle durchschneidet. Ist für den Test ein kleines Signifikanzniveau α gewählt, stehen seine Chancen immer schlecht, H_0 zu verwerfen, wenn θ nur wenig größer als θ_0 ist. Wie schnell bei einem konkreten statistischen Testverfahren die Ablehnungswahrscheinlichkeit zunimmt, ist für seine Brauchbarkeit ganz entscheidend, und man nennt diese Eigenschaft deshalb die Macht oder Güte eines Tests.

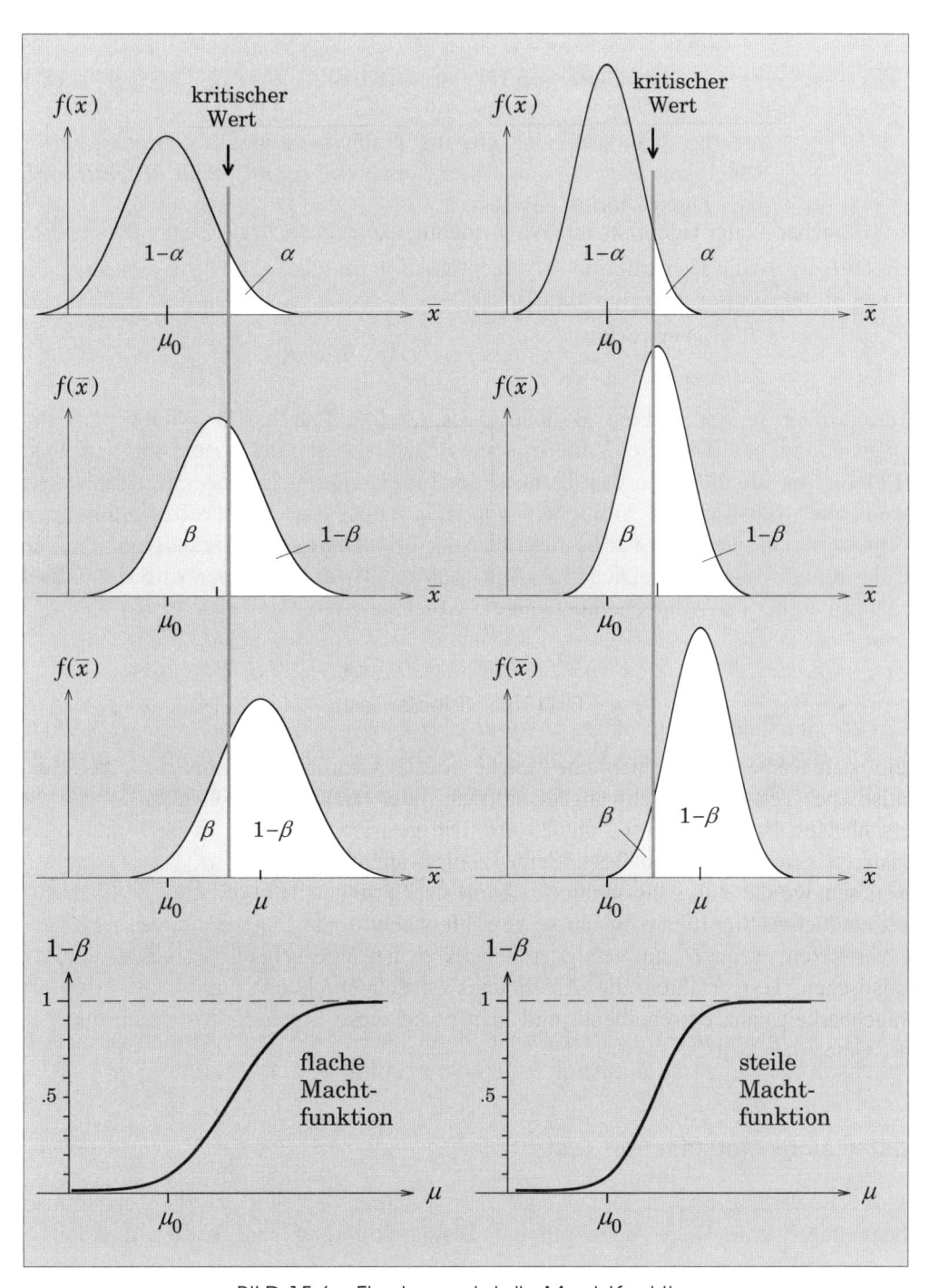

BILD 15.6   Flache und steile Machtfunktion

Definition: Die Funktion

$$G(\theta) := P(H_0 \text{ verwerfen} \mid \theta), \tag{15-16}$$

die die Wahrscheinlichkeit, die Nullhypothese zu verwerfen, in Abhängigkeit vom wahren Parameterwert θ angibt, heißt ***Machtfunktion*** oder ***Gütefunktion*** des Tests.

In BILD 15.6 wird die Konstruktion der Machtfunktion für zwei alternative einseitige Tests auf den Mittelwert mit dem Hypothesenpaar

$$H_0: \mu = \mu_0 \quad \text{gegen} \quad H_1: \mu > \mu_0$$

skizziert. Der in der rechten Bildhälfte dargestellte Test hat den doppelten Stichprobenumfang, so dass die Varianz seines Stichprobenmittelwertes um den Faktor $\sqrt{2}$ kleiner ist als diejenige des Tests in der linken Hälfte. Die oberste Graphik zeigt jeweils die Situation bei Gültigkeit von H_0, wobei als Stichprobenverteilung die Normalverteilung gewählt wurde. Je größer der Mittelwert μ der Grundgesamtheit aber ist, desto mehr rutscht die Dichtefunktion nach rechts, umso kleiner wird der β-Fehler und umso größer die Wahrscheinlichkeit der Ablehnung von H_0:

$$1-\beta = P(H_0 \text{ verwerfen} \mid \mu) =: G(\mu; \mu_0, \sigma, n, \alpha)$$

Es ist klar, dass die Machtfunktion G von μ, aber auch von den Parametern μ_0, σ, n und vom Signifikanzniveau α abhängt. In BILD 15.6 sind μ_0 und σ fest, der Test mit dem doppelten Stichprobenumfang in der rechten Hälfte zeigt schlankere Dichtefunktionen und hat somit eine steilere Machtfunktion.

Das Komplement zur Gütefunktion, also die Wahrscheinlichkeit, eine Nullhypothese nicht zu verwerfen,

$$\beta = P(H_0 \text{ beibehalten} \mid \theta) = 1 - G(\theta) =: OC(\theta),$$

wird oft als ***Operationscharakteristik*** OC bezeichnet[2]. Selbstverständlich ist auch OC noch durch die weiteren Parameter θ_0, σ, n bestimmt.

Kosten eines statistischen Tests

Für die Bewertung und die Wahl eines Testverfahrens spielen natürlich ökonomische Überlegungen eine Rolle, denn mit der Testdurchführung sind Kosten und mit den

---

[2] Vgl. Aufgabe 8.10 in Kapitel **8**.

Testfehlern Konsequenzen, also auch Kosten, verbunden. Abstrakt formuliert, würde man dasjenige Testverfahren wählen, das die geringsten Gesamtkosten erwarten lässt, also

$$E(\text{Kosten}) = \text{Testkosten} + E(alpha\text{-Kosten}) + E(beta\text{-Kosten}).$$

Im Allgemeinen ist es bei der Konstruktion eines statistischen Tests nicht schwer, das Fehlerrisiko α zu verkleinern, wenn man dabei ein höheres Fehlerrisiko β in Kauf nimmt – und umgekehrt. Will man *beide* Fehlerrisiken gleichzeitig verkleinern, etwa weil die *alpha*-Kosten und die *beta*-Kosten hoch sind, muss man den Stichprobenumfang erhöhen, wodurch aber die Testkosten steigen.

Kontrollfragen

1 Kann man mit einem statistischen Test eine Hypothese falsifizieren?

2 Welche zwei Fehler können bei einem Hypothesentest auftreten, und wie sind sie zu interpretieren?

3 Warum addieren sich die beiden Fehlerrisiken nicht zu Eins?

4 Worüber macht man üblicherweise Hypothesen beim statistischen Testen?

5 Welche Zufallsvariable steht beim Testen im Mittelpunkt?

6 Warum kann man Aussagen über die Testverteilung machen, auch wenn man die Merkmalsverteilung in der Grundgesamtheit nicht kennt?

7 Was ist ein „einseitiger" und was ein „zweiseitiger Test"?

8 Warum teilt man zur Ermittlung des kritischen Wertes beim zweiseitigen Test den α-Fehler durch zwei?

9 In welchen Fällen benutzt man die t-Verteilung?

10 Warum gibt es bei Tests für Anteilswerte niemals eine geschätzte Standardabweichung im Nenner der Prüfgröße? Oder doch?

11 Wann sollte man den Binomialtest verwenden?

12 Was möchte man mit dem Test auf die Differenz von Mittelwerten herausfinden?

13 Wann wendet man die Chi-Quadrat- und wann die F-Verteilungen an?

14 Was hat die „Operationscharakteristik" aus Aufgabe 8.10 mit der Machtfunktion zu tun?

PRAXIS

Sind die Meinungsforscher politisch neutral?

Vier Wochen vor der Bundestagswahl 2002 veröffentlichten führende Meinungsforschungsinstitute die folgenden Wahlprognosen:

	CDU/CSU	SPD	FDP	Bündnis 90 / Die Grünen	PDS
EMNID	40	34	9	6	6
FORSA	40	36	8	7	5
FORSCHUNGSGRUPPE WAHLEN	39	38	9	7	4
DIMAP	40	34	10	7	5
ALLENSBACH	39.7	31.9	12.8	6.7	5.6

Die Prognosen gründen auf Stichproben aus der Grundgesamtheit der Wahlberechtigten, denen die sogenannte Sonntagsfrage „Welche Partei würden Sie wählen, wenn am nächsten Sonntag Wahlen wären?" vorgelegt wurde. Oft wird den Instituten unterstellt, sie seien nicht neutral und würden der Partei, der sie näher stehen, bessere Ergebnisse prognostizieren, in der Absicht, damit dieser Partei zu nützen. Dazu lesen wir im in Konstanz erscheinenden SÜDKURIER am 24.08.2002:

Allensbach. Der Einfluss der Demoskopen auf Wahlentscheidungen wird nach Einschätzung von RENATE KÖCHER „gravierend überschätzt". Die Geschäftsführerin des INSTITUTS FÜR DEMOSKOPIE ALLENSBACH glaubt nicht, dass die Umfragedaten unentschlossene Wähler in eine Richtung bewegen können. Die Wahlentscheidung werde nach wie vor durch langfristige Bindungen bestimmt. Andere Faktoren sind wirtschaftliche Daten, die aktuellen öffentlichen Themen und die ganz persönliche Kosten-Nutzen-Bilanz, die der einzelne mit einer Partei verbindet. Die „Inflation der Umfragedaten" führe dazu, dass die Wähler keinen Überblick über die Daten hätten und deshalb auch nicht gezielt beeinflusst werden könnten.

Dennoch fällt auf, dass das eher konservativ ausgerichtete Allensbacher Institut einer bürgerlichen Koalition aus CDU/CSU und FDP eine Mehrheit von 52.5% voraussagt, während diese nach den Prognosen von EMNID nur auf 49% kommen soll.
Es stellt sich die Frage, ob diese Differenz von 3,5 Prozentpunkten nur eine zufällige Abweichung darstellt, obwohl die Stichproben von Allensbach und EMNID *aus der selben Grundgesamtheit* stammen. Um diese Hypothese zu testen, muss die Varianz bzw.

Standardabweichung der Differenz geschätzt werden. Sie beträgt in vereinfachter Berechnung

$$\hat{\sigma}_R = \sqrt{(\frac{1}{2000} + \frac{1}{2000}) \cdot 0.5 \cdot 0.5} = \sqrt{\frac{1}{1000} \cdot 0.25} = 0.01581$$

wenn man hilfsweise davon ausgeht, dass es sich um eine reine Zufallsauswahl handelte und ein Stichprobenumfang von jeweils 2000 vorliegt. Die Prüfgröße beträgt dann

$$\frac{|h_1 - h_2|}{\hat{\sigma}_R} = \frac{0.035}{0.01581} = 2.2138,$$

und zu ihr gehört eine Überschreitungswahrscheinlichkeit von 0.0268. Das bedeutet, dass man die Hypothese getrost verwerfen kann.

In der Praxis der Wahlforschung arbeitet man allerdings nicht mit reinen Zufallsstichproben. Vielmehr werden mit großer Sorgfalt erstellte *repräsentative Stichproben* verwendet. Außerdem werden die in der Stichprobe gefundenen relativen Häufigkeiten keineswegs unverändert als Prognosewerte ausgegeben, sondern die Rohdaten werden mit allerlei zusätzlichen empirischen und theoretischen Informationen aufbereitet und verbessert. Dadurch erzielt man eine höhere Verlässlichkeit, die Varianz der Prognose wird dadurch deutlich verkleinert und erreicht Werte, die man bei reiner Zufallsauswahl nur mit etwa zwei- bis dreifachem Stichprobenumfang erzielen würde. So gerechnet ergäbe sich mit

$$\hat{\sigma}_R = \sqrt{(\frac{1}{4000} + \frac{1}{4000}) \cdot 0.5 \cdot 0.5} = 0.01118 \quad \text{und} \quad \frac{|h_1 - h_2|}{\hat{\sigma}_R} = \frac{0.035}{0.01118} = 3.1306$$

eine Überschreitungswahrscheinlichkeit von 0.00175. Ist das die Wahrscheinlichkeit, dass die Wahlforscher politisch neutral sind? Das offizielle Endergebnis der Bundestagswahl vom 22.09.2002 lautete aber:

	CDU/CSU	SPD	FDP	Bündnis 90 / Die Grünen	PDS
Wahlergebnis 22.09.2002	38.5	38.5	7.4	8.6	4.0

506 KAPITEL 15 *Statistisches Testen*

Ergänzende Literatur

Abelson, Robert P.: *Statistics as Principled Argument*, Hillsdale N.J., Lawrence Erlbaum Associates, 1995

Bleymüller, J.; Gehlert, G.; Gülicher, H.: *Statistik für Wirtschaftswissenschaftler*, 15. Aufl., München: Vahlen, 2008, Kapitel 10

Bosch, Karl: *Elementare Einführung in die angewandte Statistik*, 8. Auflage Braunschweig, Wiesbaden: Vieweg+Teubner, 2008, Kapitel 4

Bosch, Karl: *Statistik für Nichtstatistiker*, 5. Aufl., München: Vahlen, 2007, Kapitel 17

Polasek, Wolfgang: *Schließende Statistik*, Berlin: Springer, 1999, Kapitel 5

Neubauer, W.; Bellgardt, E.; Behr, A.: *Statistische Methoden*, München: Vahlen, 2002, Kapitel 12

Vogel, Friedrich: *Beschreibende und schließende Statistik*, 9. Aufl., München, Wien: Oldenbourg, 2001, Kapitel 16 Abschnitt 2

Aufgaben

15.1 **Der ADAC** veröffentlichte in seinem Jahresbericht, dass nach der Erfassung aller im Jahre 2001 in Deutschland verkauften Neuwagen 50% innerhalb des ersten Jahres Mängel aufwiesen.

Unter den im ersten Halbjahr 2002 verkauften Autos wurde eine Zufallsstichprobe vom Umfang $n = 400$ durchgeführt, und es zeigte sich, dass hiervon nur noch 45.8% Mängel innerhalb des ersten Jahres aufwiesen. Der ADAC behauptet, dass diese deutliche Verbesserung der Qualität auf seine publizistische Tätigkeit zurückzuführen sei.

Kann mit einer Irrtumswahrscheinlichkeit von 5% die Nullhypothese, die Qualität habe sich nicht verändert, verworfen werden?

15.2 **Ein Versicherungsunternehmen** hat für ein bestimmtes Risiko die Prämie unter der Annahme von 550 € Kosten pro Schadensfall kalkuliert. Nach Ablauf mehrerer Monate waren $n = 226$ Schadensfälle angefallen und reguliert worden. Eine Auswertung dieser Fälle zeigte einen durchschnittlichen Betrag von 562 € pro Schadensfall, wobei die Standardabweichung 160 € betrug.

    a) Kann mit einer Irrtumswahrscheinlichkeit von $\alpha = 4.55\%$ immer noch angenommen werden, dass der Durchschnittsschaden bei 550 € liegt (Nullhypothese)?

    b) Welcher Stichprobenmittelwert einer Stichprobe vom Umfang $n = 226$ würde die Beibehaltung der Nullhypothese gerade noch zulassen?

15.3 **Bei einer Großbank** werden 1 000 000 Arbeitnehmer-Sparkonten geführt. Eine im Jahre 2001 durchgeführte Untersuchung zeigte, dass die jährliche Sparleistung je Konto im Mittel 800 € beträgt bei einer Standardabweichung von 400 € und mit großer Annäherung normalverteilt ist.

Mit einer Zufallsstichprobe vom Umfang $n = 1600$ soll im Jahre 2002 die Nullhypothese getestet werden, dass sich die mittlere Sparleistung nicht verringert hat. Diese Stichprobe bringt eine mittlere Sparleistung von 840 € und eine Standardabweichung von 400 €.

Bestimmen Sie für diesen Test den Annahmebereich zu einer Irrtumswahrscheinlichkeit von 1%.

15.4 Ein anderes Versicherungsunternehmen hat für ein bestimmtes Risiko die Prämie unter der Annahme kalkuliert, dass der Erwartungswert der Kosten K pro Schadensfall $E(K) = 750$ € beträgt und dass K normalverteilt ist.

Nach Ablauf von zwei Monaten ergaben $n = 16$ angefallene Schadensfälle einen durchschnittlichen Betrag von $\bar{k} = 810$ € pro Schadensfall, wobei die empirische Varianz in dieser Stichprobe $s^2 = 600$ €^{2} betrug.

a) Geben Sie eine zahlenmäßige Schätzung der Varianz $Var(K)$.

b) Geben Sie einen Schätzwert für die Varianz des Stichprobenmittelwertes.

c) Kann mit einer Irrtumswahrscheinlichkeit von $\alpha = 5\%$ immer noch angenommen werden, dass der Durchschnittsschaden bei 750 € liegt (Nullhypothese)?

d) Warum erhöht die Versicherungsgesellschaft nicht einfach die Prämie für dieses Risiko um 10% statt lange herumzutesten?

15.5 Bei der **Kontrolle der laufenden Produktion** eines Automaten werden stündlich kleine Stichproben vom Umfang $n = 5$ gezogen, es wird die Dicke des Werkstücks gemessen und daraus das arithmetische Mittel berechnet.

Aus langfristiger Erfahrung weiß man, dass die Varianz der Dicke unverändert $\sigma^2 = 0.45$ mm^2 beträgt und die Dicke sehr gut normalverteilt ist. Der Mittelwert der Dicke der Werkstücke schwankt jedoch gelegentlich, und der Automat muss dann neu eingestellt werden.

Wann eine Neueinstellung nötig ist, soll aus der kleinen Stichprobe geschlossen werden.

a) Wie groß ist die Standardabweichung des Stichprobenmittelwertes?

b) Ist Ihre Angabe zu a) eine Schätzung?

c) Ab welcher Abweichung des Stichprobenmittelwertes vom Sollwert μ_0 würden Sie den Automaten anhalten, wobei Sie sichergehen wollen, dass der Automat nur mit einer Wahrscheinlichkeit von $\alpha = 0.03$ irrtümlich angehalten wird (Fehler 1. Art)?

15.6 Eine Stichprobe aus einer normalverteilten Grundgesamtheit lieferte den folgenden Beobachtungsbefund:

12.7   13.3   13.0   12.9   13.1.

a) Lässt sich aufgrund dieser Stichprobe die Nullhypothese, der wahre Mittelwert der Grundgesamtheit betrage 12.83, auf einem Signifikanzniveau von 0.05 verwerfen?

b) Angenommen, man verfüge über die richtige Information, die Varianz der Grundgesamtheit sei 0.0036. Lässt sich nun die Nullhypothese verwerfen?

15.7 **Ein Branchenverband** behauptet, der durchschnittliche jährliche Gewinn pro Einzelfirma liege auch im Jahre 2003 nicht über 600 000 €. Er unternimmt in der Eile eine kleine Zufallsstichprobe bei nur $n = 36$ Firmen und findet aber

$$\bar{g} = 636\,000\,€ \quad \text{und} \quad s_G = 90\,000\,€.$$

Mit dieser Stichprobe soll die Nullhypothese des Branchenverbandes getestet werden, wobei aber nur eine Irrtumswahrscheinlichkeit von $\alpha = 1\%$ in Kauf genommen werden soll.

a) Wie lautet das Ergebnis, wenn davon ausgegangen werden kann, dass der wahre Wert der Standardabweichung auch im Jahre 2003 $\sigma_G = 90\,000\,€$ beträgt?

b) Wie lautet das Ergebnis, wenn angenommen werden muss, dass sich die Varianz verändert haben kann?

Hinweis: Gehen Sie in **a)** und **b)** von normalverteiltem Firmengewinn in der Grundgesamtheit aus.

15.8 Der Wohnungsmakler aus Aufgabe **14.11** betätigt sich als Statistiker und stellt unter Berücksichtigung der von ihm im Monat Mai vermittelten Wohnungen die Hypothese auf, dass die Varianz der Wohnungsgröße in der Stadt 520 m^4 beträgt.
Lässt sich diese Auffassung bestätigen, wenn eine Irrtumswahrscheinlichkeit von 2% zugrunde gelegt wird?

15.9 Nachdem der Kugellagerautomat aus Aufgabe **13.5** am Wochenende gewartet und neu justiert worden ist, entnehmen wir in der folgenden Woche eine neue Stichprobe vom Umfang $n = 25$ und finden $g = 821.3$ Gramm und $s_G = 5$ Gramm. Auf der Grundlage dieser Stichprobe soll die Nullhypothese

$$H_0 : \mu_0 = 824 \text{ Gramm}$$

getestet werden, wobei wir aber nur eine Irrtumswahrscheinlichkeit von $\alpha = 1\%$ in Kauf nehmen wollen.

a) Ist die Nullhypothese zu verwerfen oder anzunehmen, wenn davon ausgegangen werden kann, dass der wahre Wert der Standardabweichung auch nach der Neujustierung $\sigma_G = 5$ Gramm beträgt?

b) Ist die Nullhypothese zu verwerfen, wenn angenommen werden muß, dass durch Wartung und neue Justierung sich auch die Varianz des Prozesses verändert haben kann?

Hinweis: Gehen Sie von normalverteiltem Kugellagergewicht in der Grundgesamtheit aus.

15.10 Statistische Qualitätskontrolle. Eine Firma erhält als Zulieferung regelmäßig ein sehr hochwertiges Produkt in Sendungen zu je zwölf Stück. Die Annahmekontrolle geschieht nach dem folgenden Inspektionsplan:

Man entnimmt der Sendung zufällig ein Stück und prüft es. Ist es schadhaft, wird die Kontrolle abgebrochen und die ganze Sendung zurückgeschickt, ist es in Ordnung, entnimmt man ein weiteres und verfährt ebenso. Sind jedoch die ersten drei geprüften Stücke in Ordnung, wird die ganze Sendung angenommen (Ereignis A). Die Wahrscheinlichkeit, dass eine Sendung angenommen wird, obwohl $0, 1, 2, \cdots, 11$ oder 12 Stücke schadhaft sind, werde mit $P(A|0)$, $P(A|1), \cdots, P(A|12)$ bezeichnet.

a) Berechnen Sie $P(A|0)$, $P(A|5)$, $P(A|10)$.

b) Wie groß sind die entsprechenden β-Fehler?

c) Die Prüfung eines Stückes verursache Kosten in Höhe von 100 €. Wie groß ist der Erwartungswert der Inspektionskosten K, wenn 0 bzw. 5 Stücke in der Sendung schadhaft sind, also $E(K|0)$ und $E(K|5)$?

LÖSUNGEN

15.1 H_0 beibehalten

15.2 a) H_0 beibehalten
b) 528.62 € $\leq \bar{x} \leq$ 571.38 €

15.3 $H_0 : \mu \geq 800$ €
H_0 beibehalten,
H_0 verwerfen, wenn $\bar{x} <$ 776.73 €

15.4 a) 640 €^{2} b) 40 €^{2}
c) nein

15.5 a) 0.3 mm   c) 0.6542 mm

15.6 a) H_0 beibehalten
b) H_0 verwerfen

15.7 a) H_0 verwerfen
b) H_0 beibehalten

15.8 H_0 beibehalten

15.9 a) H_0 verwerfen
b) H_0 beibehalten

15.10 a) 1; 7/44; 0
c) 300 €; 142.42 €

KAPITEL 16

Spezielle Testverfahren

Die Statistiker haben im Laufe der Zeit eine große Zahl von Testverfahren für die verschiedensten Fragestellungen aus der Biologie, Medizin, Soziologie und natürlich auch aus den Wirtschaftswissenschaften bereitgestellt. Neben den gängigen Testverteilungen wie Normalverteilung, t-Verteilung, Chi-Quadrat- und F-Verteilung sind noch viele weitere Testverteilungen entwickelt und vertafelt worden. In diesem Kapitel sollen nun noch einige Testsituationen behandelt werden, die zum Standardrepertoire der Statistik in allen Substanzwissenschaften gehören.

Testverfahren werden oft nach der verwendeten Testverteilung (Binomialtest, t-Test, Chi-Quadrat-Test) benannt, aber auch nach dem Analyseziel oder der zu prüfenden Hypothese (Anpassungstest, Unabhängigkeitstest), oder ihr Name erinnert an die Konstruktion der Prüfgröße (Vorzeichentest). Um Verwirrungen zu vermeiden, wollen wir auch in diesem Kapitel die Testverfahren nach dem **Analyseziel** ordnen.

16.1 Tests für Median und Quantile

Wenn die Nullhypothese über den Median oder Zentralwert

$$H_0 : x_{\text{Med}} = x_0 \qquad (16\text{-}1)$$

richtig ist, sollte in einer unabhängigen Zufallsstichprobe die Hälfte der Werte größer als x_0 sein und die andere Hälfte kleiner.

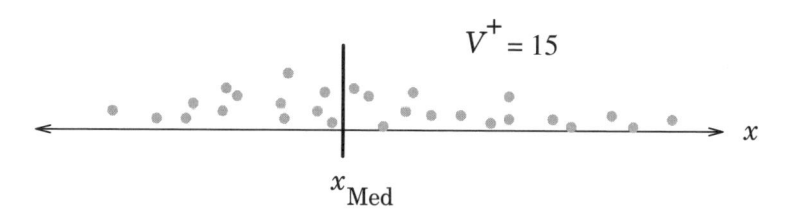

Findet man in der Stichprobe aber deutlich mehr größere oder deutlich mehr kleinere Werte, wird man dazu neigen, H_0 zu verwerfen.

Einfacher Vorzeichentest

Als Prüfstatistik dient beim Vorzeichentest die Anzahl der Stichprobenwerte, die größer sind als der Hypothesenwert

$$V^+ = \text{Anzahl der Werte } X_i > x_0 ,$$

deren Differenz $X_i - x_0$ also ein positives Vorzeichen aufweist. Ist die Differenz einmal Null, lässt man diese Beobachtung weg, wodurch der Stichprobenumfang n sich um Eins verkleinert.

Wenn x_0 tatsächlich der Median ist, so ist die Wahrscheinlichkeit, in der Stichprobe ein größeres Element zu finden, nach (9-31) gerade $p = 0.5$. Die Größe V^+ ist dann eine binomialverteilte Zufallsvariable mit den Parametern n und $p = 1/2$. Deswegen testet man einfach die der obigen Nullhypothese (16-1) äquivalente Hypothese

$$H_0: p = \frac{1}{2}$$

und nimmt die kritischen Werte zwischen Annahme- und Verwerfungsbereich aus der **Binomialverteilung**. Dabei geht man exakt so vor wie beim **Binomialtest** in Abschnitt **15.3**:

1. Beim einseitigen Test der Nullhypothese

   $$H_0: p \geq 0.5 \quad \text{gegen} \quad H_1: p < 0.5$$

   wird man H_0 verwerfen, wenn ein kritischer Wert b *unterschritten* wird. Den kritischen Wert wählt man so, dass

   $$P(V^+ < b) \leq \alpha$$

   höchstens α beträgt, aber doch so nahe wie möglich an α herankommt.

2. Beim oberseitigen Test

   $$H_0: p \leq 0.5 \quad \text{gegen} \quad H_1: p > 0.5$$

   wird man die Nullhypothese verwerfen, wenn ein kritischer Wert b *überschritten* wird. Man wählt ihn so, dass

   $$P(V^+ > b) \leq \alpha$$

   wiederum höchstens α beträgt.

3. Für den zweiseitigen Test

$$H_0: p = 0.5 \quad \text{gegen} \quad H_1: p \neq 0.5$$

braucht man *zwei* kritische Werte, einen unteren und einen oberen, die man so auswählt, dass

$$P(V^+ < b_{\text{unten}}) \leq \frac{\alpha}{2} \quad \text{und} \quad P(V^+ > b_{\text{oben}}) \leq \frac{\alpha}{2}$$

dem Wert $\alpha/2$ möglichst nahekommt.

Dieser Test ist – wie der Binomialtest – verteilungsfrei, das heißt er kann auch bei kleinen Stichproben ohne Kenntnis der Verteilung in der Grundgesamtheit und ohne eine Annahme darüber zu treffen durchgeführt werden. Für große Stichprobenumfänge $n > 25$ kann man beim Vorzeichentest auch die Normalverteilung verwenden. Die Teststatistik dafür lautet dann unter Berücksichtigung der *Stetigkeitskorrektur* (12-14a)

$$\frac{(V^+ + 0.5) - n/2}{\sqrt{n}/2} \approx Z$$

und ist annähernd standardnormalverteilt.

Der Vorzeichentest ist nicht nur für kardinal messbare Daten verwendbar. Er hat genau wie der Median und die Quantile den Vorteil, dass lediglich ordinale Messbarkeit der Beobachtungswerte x_i vorausgesetzt werden muss.

Test für Quantile

Der Median ist das 50%-Quantil. Aber auch für jedes andere Quantil kann ein Vorzeichentest ganz analog durchgeführt werden. Denn wenn die Hypothese

$$H_0: x_{[q]} = x_0 \tag{16-2}$$

das q-Quantil habe einen bestimmten Wert x_0, richtig ist, sollten in einer Zufallsstichprobe ungefähr $100 \cdot q$ % der Werte kleiner und $100 \cdot (1-q)$ % größer sein als dieser hypothetische Wert x_0. Also gilt es, die Nullhypothese

$$H_0: p = (1-q)$$

zu testen. Will man den Binomialtest benutzen, nimmt man die kritischen Werte für die Testgröße V^+ aus der Binomialverteilung mit den Parametern n und $1-q$. Für große n ist

$$\frac{(V^+ + 0.5) - n(1-q)}{\sqrt{nq(1-q)}} \approx Z$$

wieder annähernd standardnormalverteilt.

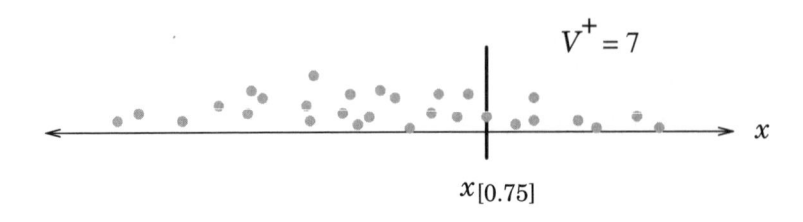

$V^+ = 7$

$x_{[0.75]}$

Beispiel [1] Es soll geprüft werden, ob die Preise, zu denen die *Propyläen Kunstgeschichte in 22 Bänden* im Zentralverzeichnis antiquarischer Bücher (ZVAB) angeboten wird, im Mittel der 1268 aktuellen Angebote 1000 € überschreiten. Das Hypothesenpaar wäre also

H_0: $x_{Med} \leq 1000$ €   gegen H_1: $x_{Med} > 1000$ €

und soll auf einem Signifikanzniveau von 0.05 oberseitig getestet werden. Eine Stichprobe vom Umfang 15 erbrachte zehn teurere Angebote. Beginnen wir also damit, die Binomialverteilung mit den Parametern 15 und 0.5 von oben her zu berechnen bzw. in der Tafel nachzuschlagen:

$P(V^+ \leq 15) = F_{Bi}(15; 15, 0.5) = 1.0000$ $F_{Bi}(12) = 0.9963$

$F_{Bi}(14) = 1.0000$ $F_{Bi}(11) = 0.9824$

$F_{Bi}(13) = 0.9995$ $F_{Bi}(10) = 0.9408$,

woraus der Ablehnungsbereich $V^+ > 10$ herzuleiten wäre. Damit würde aber nur ein Signifikanzniveau von ca. 0.18 ausgeschöpft. Schlügen wir aber die 10 noch mit zum Ablehnungsbereich, hätten wir eine etwas zu große Irrtumswahrscheinlichkeit von knapp 0.06.

Versuchen wir nun, obwohl der Stichprobenumfang von 15 nicht wirklich groß ist, einmal die Normalverteilung auszuprobieren. Die Prüfgröße lautete dann

$$\frac{(10 + 0.5) - 7.5}{\sqrt{15/4}} = \frac{6}{\sqrt{15}} = 1.5492,$$

was einen P-Wert von 0.0607 bedeutete. Nach beiden Verfahren würde die Nullhypothese nicht verworfen werden können.

16.2 Anpassungstests

Mit einem Anpassungstest will man prüfen, ob ein bestimmtes theoretisches Modell geeignet ist, beobachtete Daten oder experimentelle Resultate angemessen zu erklären. Es geht also darum, eine empirisch gewonnene Verteilung oder eine Stichprobe mit einer vorgegebenen theoretischen Verteilung F_0 zu vergleichen, um dann die Entscheidung zu treffen, ob die empirische Verteilung so sehr von der theoretischen abweicht, dass die Nullhypothese

$$H_0: \quad F = F_0 \tag{16-3}$$

verworfen werden muss. Dabei bezeichnet F die unbekannte Wahrscheinlichkeitsverteilung, aus der die Realisationen der Zufallsstichprobe stammen, also die Verteilung in der Grundgesamtheit. Ist F_0 die Normalverteilung, so sprechen wir von *Normalitätstest*. Häufig sind aber auch Tests auf Binomialverteilung, POISSON-Verteilung, Exponentialverteilung. Der einfachste Anpassungstest ist ein Test auf die Gleichverteilung einer zweiwertigen Variablen.

Beispiel [2] Getestet werden soll die Nullhypothese, dass die belgische 1-Euro-Münze fair ist. Eine Versuchsreihe mit $n = 250$ Würfen zeigte 140-mal den massigen Kopf des belgischen Königs Albert, nur 110-mal die Zahl. Dieses Ergebnis vergleichen wir mit den Anzahlen, die zu erwarten wären, wenn die Nullhypothese richtig ist:

	Kopf	Zahl
beobachtete Anzahlen	$n_1 = 140$	$n_2 = 110$
Wahrscheinlichkeiten (unter H_0)	$p_1 = 0.5$	$p_2 = 0.5$
erwartete Anzahlen (unter H_0)	$np_1 = 125$	$np_2 = 125$

Je größer die Abweichungen zwischen den beobachteten und erwarteten Anzahlen sind, umso mehr misstrauen wir der Nullhypothese. Wir berechnen die Prüfgröße

$$\sum_{j=1}^{2} \frac{(n_j - np_j)^2}{np_j} = \frac{(140-125)^2}{125} + \frac{(110-125)^2}{125} = \frac{225}{125} + \frac{225}{125} = 3.6 \, .$$

Eine solche Teststatistik, in der die quadrierten absoluten Abweichungen zu den hypothetischen Häufigkeiten ins Verhältnis gesetzt und aufaddiert werden, ist für große n annähernd chi-Quadrat-verteilt, hier mit einem Freiheitsgrad. Zu einem Signifikanzniveau von 5% ist die Prüfgröße kleiner als der kritische Wert

$$3.6 < \chi_1^2[1-0.05] = 3.84,$$

so dass die Nullhypothese mit diesem Test nicht verworfen werden kann.

Dass die Prüfstatistik im Beispiel [2] tatsächlich asymptotisch chi-Quadrat-verteilt ist, zeigt der folgende

❏ *Beweis:* Dividiert man Zähler und Nenner in beiden Summanden durch n^2, wird die Prüfgröße in *relativen* Häufigkeiten ausgedrückt. Mit $h = n_1/n$ und $p = p_1$ erhält man

$$\sum_{j=1}^{2}\frac{(h_j-p_j)^2}{p_j/n} = \frac{(h-p)^2}{p/n} + \frac{[(1-h)-(1-p)]^2}{(1-p)/n} = \frac{(h-p)^2}{p/n} + \frac{(p-h)^2}{(1-p)/n}$$

$$= \frac{(1-p)(h-p)^2 + p(h-p)^2}{p(1-p)/n} = \frac{(h-p)^2}{p(1-p)/n} = \left(\frac{h-p}{\sqrt{p(1-p)/n}}\right)^2 = (z_n)^2.$$

Die Größe z_n ist – wie man in dieser Rechnung sieht – die Realisation einer *standardisierten binomialverteilten* Zufallsvariablen Z_n. Diese ist gemäß Grenzwertsatz asymptotisch standardnormalverteilt. Nach der Definition (14-9) ist ihr Quadrat asymptotisch chi-Quadrat-verteilt mit einem Freiheitsgrad. ❏

Dieser Sachverhalt kann verallgemeinert werden. Nehmen wir an, die n Beobachtungen einer Stichprobe können in $m \geq 2$ Kategorien oder Klassen fallen. Es ergibt sich folgende Situation:

Klasse/Kategorie	1	2	3	...	m	Summe
beobachtete Anzahlen	n_1	n_2	n_3	...	n_m	n
Wahrscheinlichkeiten unter H_0	p_1	p_2	p_3	...	p_m	1
unter H_0 erwartete Anzahlen	$E_1=np_1$	$E_2=np_2$	$E_3=np_3$	...	$E_m=np_m$	n

Dabei ist zu beachten, dass die erwarteten Anzahlen E_i nicht unbedingt ganzzahlig sein müssen. Wir konstruieren die Teststatistik in der gleichen Weise wie in Beispiel [1]. Sie hat jetzt m Summanden und ist – bei Gültigkeit der Nullhypothese – annähernd chi-Quadrat-verteilt mit $m-1$ Freiheitsgraden. Die Nullhypothese wird verworfen, falls die Prüfgröße das $(1-\alpha)$-Quantil der Testverteilung überschreitet. Die Entscheidungsregel lautet also

$$\boxed{\sum_{j=1}^{m}\frac{(n_j-E_j)^2}{E_j} > \chi_{m-1}^2[1-\alpha] \Rightarrow H_0 \text{ verwerfen!}} \quad (16\text{-}4)$$

16.2 *Anpassungstests* **517**

Die hypothetische Verteilung F_0 wird hierbei nur zur Berechnung der erwarteten Anzahlen E_i verwendet und geht somit natürlich in die Prüfgröße ein. Die verwendete Teststatistik ist jedoch von der hypothetischen Verteilung unabhängig. Deshalb wird der Chi-Quadrat-Anpassungstest als *verteilungsfreier Test* bezeichnet.

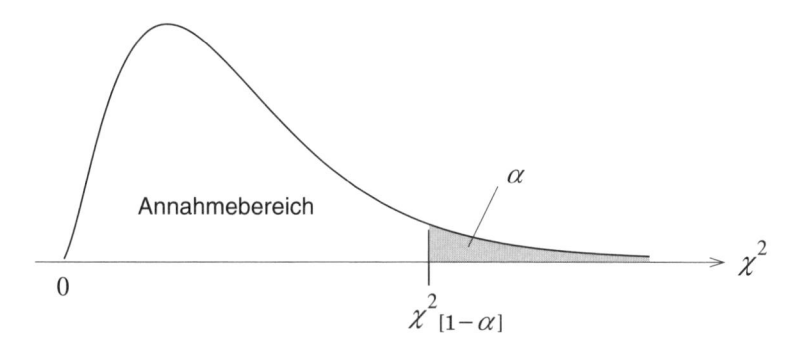

BILD 16.1 Chi-Qudrat-Verteilung beim Anpassungstest

In der Praxis wird die Annäherung an die Chi–Quadrat–Verteilung als ausreichend angesehen, wenn $n \geq 30$ ist und außerdem in jeder Klasse $n_i \geq 5$ und auch $E_i \geq 5$ sind. Ist Letzteres nicht der Fall, fasst man zu kleine mit benachbarten Klassen zusammen. Allerdings erhöht dies das Fehlerrisiko 2. Art.

Beispiel [3] Sind Arbeitsunfälle an jedem Wochentag gleich wahrscheinlich? In einem größeren Betrieb der Aluminiumindustrie ereigneten sich im Jahre 2001 insgesamt 147 Arbeitsunfälle, die medizinische Bemühungen erforderten. Diese Unfälle waren folgendermaßen auf die Wochentage verteilt:

Wochentag	Montag	Dienstag	Mittwoch	Donnerstag	Freitag
Unfälle	32	43	18	23	31

Unter der Gleichverteilungshypothese wären für jeden dieser Wochentage $E_i = 147/5 = 29.4$ Arbeitsunfälle zu erwarten gewesen. Die Prüfgröße beträgt 12.422. Wählen wir als Signifikanzniveau nun $\alpha = 0.01$, so wird der kritische Wert der Chi-Quadrat-Verteilung mit 5−1 Freiheitsgraden nicht überschritten

$$12.422 < 13.277 = \chi_4^2[0.99],$$

so dass die Nullhypothese nicht verworfen werden kann.

Im Falle einer diskreten Verteilung F_0 mit wenigen möglichen Ausprägungen versucht man, den Test so einzurichten, dass in jede Klasse genau eine Ausprägung fällt, sofern $E_i \geq 5$ nicht verletzt wird. Bei geometrischen Verteilungen oder POISSON-Verteilungen, die ja unendlich viele Ausprägungen haben, muss man auf jeden Fall die letzte Klasse oben offen lassen.

Stetige Verteilungsfunktionen

Ist F_0 stetig, muss man zur Durchführung des Tests die Merkmalsachse in $m \geq 2$ aneinander angrenzende Intervalle K_i unterteilen,

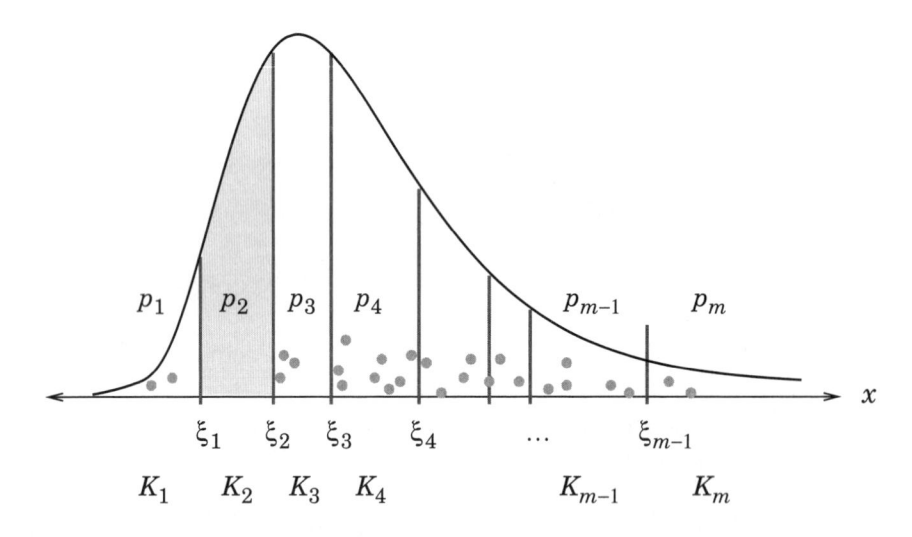

BILD 16.2 Dichtefunktion $f_0(x)$ der Nullhypothese

und zwar so, dass die jeweilige Obergrenze zum Intervall gehört. Die auf K_2 entfallende Wahrscheinlichkeit ist einfach

$$p_2 = F_0(\xi_2) - F_0(\xi_1)$$

und entspricht dem grau hervorgehobenen Flächenstück in BILD 16.2. Man sollte so viele Intervalle nehmen wie möglich, das verkleinert den β-Fehler, allerdings muss man darauf achten, dass die Besetzungszahlen n_i nicht zu klein werden. Da die Intervalle durchaus nicht alle die gleiche Breite haben müssen, dürfen solche mit starker Besetzung weiter aufgeteilt werden. Das erste und letzte Intervall kann nach unten bzw. oben unbegrenzt sein.

Um die Hypothese zu prüfen, vergleicht man die zu jedem Intervall beobachteten absoluten Häufigkeiten n_i in der Stichprobe mit den Häufigkeiten, die man erwarten sollte, wenn die Nullhypothese gilt. Man berechnet damit die Prüfgröße (16-4) und trifft die Testentscheidung ganz analog zum diskreten Fall.

Anpassungstest bei unbekannten Parametern

Bisher haben wir Hypothesen darüber geprüft, dass die Stichprobendaten

$$x_1, x_2, \cdots, x_n$$

von einer wohlspezifizierten Verteilungsfunktion $F_0(x)$ generiert seien. In der Praxis kommt es aber häufig vor, dass nur der **Typ der Verteilung**, beispielsweise die POISSON-Verteilung oder die Normalverteilung, Gegenstand der Nullhypothese ist und die Parameter unbestimmt bleiben, also

$$H_0 : X \text{ ist normalverteilt}$$
$$H_1 : X \text{ ist nicht normalverteilt.}$$

Es ist naheliegend, in diesem Fall die Stichprobendaten zunächst dazu heranzuziehen, für die benötigten Parameter Punktschätzungen gemäß Kapitel **13** anzufertigen und damit dann die Hypothese genauer zu spezifizieren. Danach kann der Anpassungstest wie vorher beschrieben durchgeführt werden: Lediglich die Zahl der Freiheitsgrade der Chi-Quadrat-Verteilung reduziert sich um Eins für jeden zu schätzenden Parameter.

Beispiel [4] Eine Großtankstelle in Essen mit 24 Selbstbedienungs-Zapfsäulen hat 24 Stunden pro Tag und sieben Tage pro Woche geöffnet. Immer wieder kommt es vor, dass Kunden ohne zu bezahlen davonfahren. Zur Prognose des künftigen Schadens möchte die Geschäftsleitung der Mineralölfirma mit einer Stichprobe vom Umfang $n = 262$ testen, ob die Anzahl dieser Vorkommnisse POISSON-verteilt ist. Die Stichprobe zeigt einen Mittelwert von 0.65 und folgende Verteilung:

Vorkommnisse pro Tag	0	1	2	3	≥4
Anzahl der Tage	155	65	29	12	1

In Abschnitt **11.5** sind die Wahrscheinlichkeiten der POISSON–Verteilung mit

$$P(X=x) = \frac{\lambda^x}{x!} e^{-\lambda}, \quad \text{für } x = 0, 1, 2, 3, \cdots$$

angegeben. Der Parameter λ ist ihr Erwartungswert und wird hier mit dem Mittelwert der Stichprobe von 0.65 geschätzt. Nun berechnen wir die Wahrscheinlichkeiten

$$P(X=0) = e^{-\lambda} = e^{-0.65} = 0.5220$$
$$P(X=1) = 0.65 \cdot 0.5220 = 0.3393$$

$$P(X=2) = \frac{(0.65)^2}{2!} \cdot 0.5220 = 0.1103$$

$$P(X=3) = \frac{(0.65)^3}{3!} \cdot 0.5220 = 0.0239$$

$$P(X \geq 4) = 1 - 0.5220 - 0.3393 - 0.1103 - 0.0239 = 0.0045$$

und daraus die unter dieser POISSON-Verteilung erwarteten Häufigkeiten $E_i = nP(X=x_i)$.

i	1	2	3	4	5	
Vorkommnisse pro Tag x_i	0	1	2	3	≥ 4	Summe
Häufigkeiten n_i	155	65	29	12	1	262
$P(X=x_i)$	0.5220	0.3393	0.1103	0.0239	0.0045	1
erwartete Häufigkeiten E_i	136.776	88.904	28.894	6.260	1.166	262
$n_i - E_i$	18.224	−23.904	0.106	5.740	−0.166	0
$\frac{(n_i - E_i)^2}{E_i}$	2.428	6.427	0.0004	5.263	0.024	14.142

Die Prüfgröße beträgt hier also 14.142. Weil *ein* Parameter aus der Stichprobe zu schätzen war, ist die Zahl der Freiheitsgrade um Eins zu verringern und beträgt hier

$$m - 1 - 1 = 5 - 2 = 3.$$

In der Tafel der Chi-Quadrat-Verteilung finden wir

$$\chi^2_3[0.995] = 12.84 < 14.142.$$

Sogar auf einem extremen Signifikanzniveau von 0.5 % muss H_0 hier verworfen werden!

Es sei darauf hingewiesen, dass der Chi–Quadrat–Anpassungstest wenig trennscharf ist und mitunter sehr große β-Fehler besitzt. Ein Anpassungstest kann deshalb kein geeignetes Verfahren sein, den Typ einer Verteilung zu bestimmen oder auszuwählen. Denn in vielen Fällen werden unterschiedliche Nullhypothesen, wie etwa *X* ist normalverteilt, *X* ist lognormalverteilt oder *X* ist exponentialverteilt allesamt nicht verworfen werden können. Auch die Beachtung des empirischen Signifikanzniveaus (vgl. Abschnitt **15.9**) wird keine Entscheidungshilfe liefern, um zwischen verschiedenen Hypothesen zu diskriminieren.

16.3 Unabhängigkeitstest

In Abschnitt **3.5** wurde eine Maßzahl für den statistischen Zusammenhang von zweidimensionalen Beobachtungswerten entwickelt. Ausgehend von einer mit den absoluten Häufigkeiten besetzten **Kontingenztabelle**:

	$\{y_1\}$	$\{y_2\}$	$\cdots$	$\{y_l\}$	insgesamt
$\{x_1\}$	n_{11}	n_{12}	$\cdots$	n_{1l}	$n_{1\bullet}$
$\{x_2\}$	n_{21}	n_{22}		n_{2l}	$n_{2\bullet}$
$\vdots$	$\vdots$			$\vdots$	$\vdots$
$\{x_k\}$	n_{k1}	n_{k2}		n_{kl}	$n_{k\bullet}$
insgesamt	$n_{\bullet 1}$	$n_{\bullet 2}$	$\cdots$	$n_{\bullet l}$	n

$$n_{ij} = \text{absH}(X \in \{x_i\} \cap Y \in \{y_j\})$$

wurde die quadratische Kontingenz

$$QK := \sum_{i=1}^{k} \sum_{j=1}^{l} \frac{(n_{ij} - E_{ij})^2}{E_{ij}} \tag{3-20}$$

berechnet. Wir beachten, dass im Unterschied zur Kontingenztabelle in Abschnitt **3.1** hier in der Kopfspalte und Kopfzeile nicht einzelne Ausprägungen der Variablen angegeben sind, sondern **Kategorien**

$$\{x_1\}, \{x_2\}, \cdots, \{x_k\} \quad \text{und} \quad \{y_1\}, \{y_2\}, \cdots, \{y_l\}.$$

Diese Kategorien können *Größenklassen* sein, wenn es sich um ein stetiges oder diskretes metrisches Merkmal handelt. Aber auch bei ordinalen oder nominalen Merkmalen können *mehrere verschiedene Ausprägungen* in einer Kategorie zusammengefasst werden.

Ausgangspunkt für die Überlegungen war der Begriff der *statistischen Unabhängigkeit*. In der Definition (3-10) werden X und Y als statistisch unabhängig bezeichnet, wenn ihre gemeinsame Verteilung gerade gleich dem Produkt der beiden Randverteilungen ist. In *absoluten* Häufigkeiten ausgedrückt würde das Unabhängigkeitskriterium

$$E_{ij} = n \, h_{i\bullet} \cdot h_{\bullet j} = \frac{n_{i\bullet} \cdot n_{\bullet j}}{n}$$

lauten, wobei die die Zahlen E_{ij} hypothetische Werte sind, die im Falle der statistischen Unabhängigkeit in den Feldern der Kontingenztabelle zu erwarten wären. Je stärker die beobachteten Häufigkeiten von den zu erwartenden abweichen, umso größer wird der *statistische* Zusammenhang sein. Der Kontingenzkoeffizient ist aber in jedem Fall als ein **rein deskriptives Maß** zu interpretieren.

Mit einem Unabhängigkeitstest jedoch möchte man die Hypothese testen, dass eine gemeinsame Wahrscheinlichkeitsverteilung von zwei Zufallsvariablen X und Y beziehungsweise die Verteilung in der Grundgesamtheit unabhängig sei:

H_0: X und Y sind unabhängig.
H_1: X und Y sind nicht unabhängig.

Der Test soll unter Berücksichtigung der Verteilung einer Stichprobe erfolgen. Fast immer sind empirisch gewonnene Verteilungen nicht vollständig unabhängig, sondern es gibt – auch bei Unabhängigkeit in der Grundgesamtheit oder der generierenden Wahrscheinlichkeitsverteilung – mehr oder weniger große Abweichungen. Je stärker die tatsächlichen Häufigkeiten von den zu erwartenden abweichen, umso eher wird man die Nullhypothese zurückweisen wollen.

Der **Unabhängigkeitstest** oder **Kontingenztest** verwendet die quadratische Kontingenz als Prüfstatistik. Diese ist unter H_0 annähernd chi-Quadrat-verteilt mit $(k-1)\cdot(l-1)$ Freiheitsgraden. Die Testregel lautet also

$$\sum_{i=1}^{k}\sum_{j=1}^{l} \frac{(n_{ij} - E_{ij})^2}{E_{ij}} > \chi^2_{(k-1)(l-1)}[1-\alpha] \;\Rightarrow\; H_0 \text{ verwerfen!} \tag{16-5}$$

Beispiel [5] Streben männliche und weibliche Jugendliche in Deutschland in die gleichen Berufe? Im Beispiel [6] aus Abschnitt **3.5** wurde aus der folgenden Kontingenztabelle für das Jahr 2005

TABELLE 3.1a Azubis in Deutschland

Ausbildungsbereich	männlich	weiblich	gesamt
Industrie und Handel	513.2	335.0	848.2
Handwerk	368.0	109.2	477.2
öffentlicher Dienst	15.9	27.5	43.4
	897.1	471.7	1 368.8

Quelle: Deutschland in Zahlen 2007, Institut der deutschen Wirtschaft

eine quadratische Kontingenz in Höhe von 53.89 berechnet. Weil diese Prüfgröße selbst bei nur 0.1% Irrtumswahrscheinlichkeit den kritischen Wert

$$\chi_2^2[0.999] = 13.82 < 53.89$$

bei $(3-1)(2-1) = 2$ Freiheitsgraden weit überschreitet, muss die Nullhypothese, Berufswahl und Geschlecht seien unabhängig, klar verworfen werden.

Der Chi-Quadrat-Unabhängigkeitstest kann für *nominale*, *ordinale* und *metrische Merkmale* gleichermaßen durchgeführt werden. Jedoch ist zu beachten, dass bei der Berechnung der Prüfgröße nur das Nominalskalenniveau beachtet wird. Größen und Abstände der Merkmalswerte werden nicht berücksichtigt, sie kommen in den Formeln gar nicht vor. Auch beliebige Umstellungen von Spalten oder Zeilen in der Kontingenztabelle verändern nichts an der Prüfgröße und damit am Ausgang des Tests. Auch die Bildung von Größenklassen ist ohne weiteres zulässig.

Man kann den Unabhängigkeitstest auch als Anpassungstest verstehen. In diesem Sinne wird die *Anpassung an eine unabhängige Verteilung* getestet. Was die Zahl der Freiheitsgrade angeht, müsste man so rechnen: Die Prüfgröße hat so viele Summanden, wie die Kontingenztabelle Zellen hat, das wären zunächst $k \cdot l - 1$ Freiheitsgrade. Wegen der unbekannten Parameter (vgl. Abschnitt **16.2**), die ja aus derselben Stichprobe gewonnen werden müssen, sind $k-1$ Freiheitsgrade für die Randverteilung der X und $l-1$ für die der Y abzuziehen, also

$$kl - 1 - (k-1) - (l-1) = kl - k - l + 1 = (k-1)(l-1).$$

Für den Fall, dass die Randverteilungen bekannt sind oder selbst Gegenstand der Nullhypothese, wäre dann wieder mit $k \cdot l - 1$ Freiheitsgraden zu rechnen.

16.4 Homogenitätstest

Mit dem Homogenitätstest werden Hypothesen der Form

$$\begin{aligned} H_0: & \ F_1 = F_2 = \cdots = F_m \\ H_1: & \ F_i \neq F_j \ \text{ für mindestens ein Paar } (i,j) \end{aligned} \quad (16\text{-}6)$$

getestet. Man versucht, die Frage zu beantworten, ob zwei oder mehr unabhängig gewonnene empirische Verteilungen eines Merkmals als Stichproben **aus derselben Grundgesamtheit** aufgefasst werden können bzw. aus Grundgesamtheiten, die dieselbe Verteilung haben. Man geht dazu genau so vor wie beim Chi–Quadrat–Unabhängigkeitstest und notiert die empirischen Verteilungen in einer Matrix der Gestalt

	$\{x_1\}$	$\{x_2\}$	$\cdots$	$\{x_k\}$	
Verteilung 1	n_{11}	n_{12}	$\cdots$	n_{1k}	$n_{1\bullet}$
Verteilung 2	n_{21}	n_{22}		n_{2k}	$n_{2\bullet}$
$\vdots$	$\vdots$	$\vdots$		$\vdots$	$\vdots$
Verteilung m	n_{m1}	n_{m2}		n_{mk}	$n_{m\bullet}$
insgesamt	$n_{\bullet 1}$	$n_{\bullet 2}$	$\cdots$	$n_{\bullet k}$	n

(16-7)

Diese Matrix kann als eine Art Kontingenztabelle angesehen werden, wobei n_{ij} angibt, wie oft in der *i*-ten Verteilung ein Wert aus der Kategorie $\{x_j\}$ vorkommt. Folglich sind die $n_{i\bullet}$ die Anzahlen der Beobachtungswerte in der Verteilung i und $n_{\bullet j}$ die Häufigkeiten insgesamt.

Beim Homogenitätstest geht man genauso vor wie beim Unabhängigkeitstest. Es werden auch hier für jedes Feld der Matrix erwartete Häufigkeiten

$$E_{ij} = \frac{n_{i\bullet} \cdot n_{\bullet j}}{n}$$

gebildet, und zwar unter Verwendung der Stichprobeninformation und der Nullhypothese. Je mehr die n_{ij} von den E_{ij} abweichen, umso eher ist zu vermuten, dass H$_0$ nicht zutrifft. Als Teststatistik verwendet man die quadrierten Abweichungen gemessen an den erwarteten Werten aufsummiert über alle Felder der Matrix (16-7). Diese Summe ist chi-Quadrat-verteilt mit $(m-1)\cdot(k-1)$ Freiheitsgraden. Die Entscheidungsregel lautet also

$$\sum_{i=1}^{m}\sum_{j=1}^{k}\frac{(n_{ij}-E_{ij})^2}{E_{ij}} > \chi^2_{(m-1)(k-1)}[1-\alpha] \;\Rightarrow\; H_0 \text{ verwerfen!} \quad (16\text{-}8)$$

In der Tat sind Homogenitätstest und Chi-Quadrat-Unabhängigkeitstest sehr nahe verwandt. Denn die Hypothese der Unabhängigkeit sagt ja, dass die *bedingten Verteilungen* alle gleich wären (vgl. Formel 10-7). Den bedingten Verteilungen entsprechen beim Homogenitätstest aber die einzelnen Verteilungen $F_1, F_2, \cdots, F_m$ in der Hypothese (16-6).

Beispiel [6] In der Praxis-Anwendung am Ende dieses Kapitels kann die Nullhypothese über die Homogenität

$$H_0: F_1 = F_2,$$

also die Behauptung, die Verteilung des Merkmals Fremdkapital sei in der Grundgesamtheit der jungen und in der Grundgesamtheit der alten Firmen gleich, auch als Hypothese

$$H_0: X \text{ und } Y \text{ sind unabhängig}$$

über die Unabhängigkeit von zwei Merkmalen, nämlich der Merkmale *Fremdkapital* und *Firmenalter*, formuliert werden.

16.5 Test auf Korrelation

Der empirische Korrelationskoeffizient

$$r := \frac{c_{XY}}{s_X \cdot s_Y} \tag{3-16}$$

war in Abschnitt **3.4** als eine Maßzahl für den linearen statistischen Zusammenhang von metrischen Daten eingeführt worden. Es stellt sich hier nun die Frage, ob von einem Korrelationskoeffizienten in einer Stichprobe auf eine Korrelation ρ in der Grundgesamtheit beziehungsweise in der der Stichprobe zugrundeliegenden Wahrscheinlichkeitsverteilung geschlossen werden kann. Zu testen wäre also die Nullhypothese

$$H_0: \rho = 0.$$

Der Korrelationskoeffizient r in einer Stichprobe ist eine Realisation einer Zufallsvariablen R. Man kann zeigen, dass die Größe

$$R \cdot \sqrt{\frac{n-2}{1-R^2}} =: T_{n-2}$$

unter H_0 gerade t-verteilt ist mit $n-2$ Freiheitsgraden, wenn X und Y gemeinsam normalverteilt sind. Finden wir also in einer Zufallsstichprobe vom Umfang $n > 2$ den Korrelationskoeffizienten r, so lautet die Entscheidungsregel bei einem *zweiseitigen Test*:

$$\boxed{\left| r \cdot \sqrt{\frac{n-2}{1-r^2}} \right| > t_{n-2}[1-\alpha/2] \Rightarrow H_0 \text{ verwerfen!}} \tag{16-9}$$

526 KAPITEL 16 *Spezielle Testverfahren*

Wie groß muss die Korrelation in der Stichprobe sein, damit wir auf Korrelation in der Grundgesamtheit schließen können? Das hängt vom gewählten Signifikanzniveau und vom Stichprobenumfang ab.

Beispiel [7] Ab welcher Größe ist ein Korrelationskoeffizient signifikant? Bei einem Signifikanzniveau von 5% und einem Stichprobenumfang von 25 beträgt der kritische Wert für einen zweiseitigen Test laut Tafel der t-Verteilung

$$t_{25-2}[1-0.05/2] = t_{23}[0.975] = 2.069.$$

Erst wenn die Prüfgröße diesen Wert überschreitet, ist H_0 zu verwerfen. Wie groß muss also der Korrelationskoeffizient in der Stichprobe mindestens sein? Wir rechnen:

$$r^2 \frac{23}{1-r^2} > 2.069^2 = 4.2808$$

$$r^2 > (1-r^2) \cdot 4.2808/23 = (1-r^2) \cdot 0.1861$$

$$r^2 > 0.1861/(1+0.1861) = 0.1569$$

$$|r| > 0.3961.$$

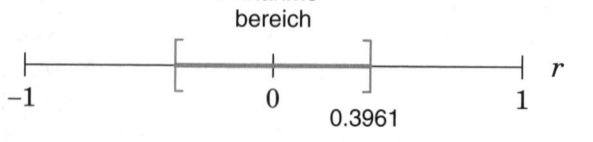

Erst bei einem Korrelationskoeffizienten, der entweder kleiner als −0.4 oder größer als +0.4 ist, verwerfen wir H_0.

Beispiel [8] In dem Rechenbeispiel [4] in Kapitel **3** errechneten wir einen Korrelationskoeffizienten von $r = 0.2366$. Der Stichprobenumfang betrug 200. Wir wollen einen *zweiseitigen* Test mit der Irrtumswahrscheinlichkeit $\alpha = 0.01$ machen und unterstellen dazu Normalverteilung des Merkmals in der Grundgesamtheit.

(1) Aufstellen der Hypothesen (zweiseitig): H_0: $\rho = 0$
H_1: $\rho \neq 0$

(2) Berechnen der Prüfgröße: $0.2366\sqrt{\dfrac{200-2}{1-0.2366^2}} = 0.2366\sqrt{\dfrac{198}{0.944}} = 3.4266$

(3) kritischer Wert zu $\alpha = 0.01$: $t_{198} \approx z[1-0.01/2] = z[0.995] = 2.576$

(4) Testentscheidung: $\quad$ 3.4266 > 2.576 $\quad \Rightarrow \quad H_0$ verwerfen!

Zwar ist die Prüfstatistik t-verteilt, aber bei 198 Freiheitsgraden unterscheidet sie sich kaum noch von der Normalverteilung. Der Korrelationskoeffizient ist also signifikant von Null verschieden.

Rangkorrelation

Ein wenig anders verfährt man, wenn nur *ordinal skalierte Daten* vorliegen und der SPEARMANsche Rangkorrelationskoeffizient (vgl. Abschnitt **3.4**) einer Stichprobe berechnet wurde. Unter der Nullhypothese

$$H_0: \quad \rho^{Sp} = 0$$

ist für $n > 30$ die Zufallsvariable R^{Sp} hinlänglich normalverteilt mit dem Erwartungswert Null und der Varianz $Var(R^{Sp}) = 1/(n-1)$, woraus man für einen *zweiseitigen Test* die Testentscheidung

$$\boxed{\left| r^{Sp} \sqrt{n-1} \right| > z[1-\alpha/2] \quad \Rightarrow \quad H_0 \text{ verwerfen!}} \quad (16\text{-}10)$$

gewinnen kann.

Beispiel [9] Nehmen wir an, wir hätten in Anlehnung an Beispiel [5] aus Abschnitt **3.4** die Rangkorrelation zwischen den Ergebnissen der Abiturprüfungen von 30 Schülern in den Fächern Deutsch (Merkmal *D*) und Mathematik (Merkmal *M*) berechnet und dabei einen Wert von

$$r_{MD}^{Sp} = 0.465$$

gefunden. Das Ergebnis könnte aber rein zufällig sein, während in Wirklichkeit gar keine Korrelation zwischen den Leistungen in beiden Fächern besteht. Testen wir auf einem Signifikanzniveau von $\alpha = 0.05$, ob diese Korrelation signifikant ist.

(1) Aufstellen der Hypothesen (zweiseitig): $\quad H_0: \rho^{Sp} = 0$
$\quad H_1: \rho^{Sp} \neq 0$

(2) Berechnen der Prüfgröße: $\quad 0.465 \cdot \sqrt{30-1} = 0.465 \cdot 5.3852 = 2.5041$

(3) kritischer Wert zu $\alpha = 0.05$: $\quad z[1-0.05/2] = z[0.975] = 1.96$

(4) Testentscheidung: $\quad 2.5041 > 1.96 \quad \Rightarrow \quad H_0$ verwerfen!

16.6 Varianzanalyse

Anhand von $m > 2$ unabhängigen Zufallsstichproben soll geprüft werden, ob die Verteilungen, aus denen sie entnommen sind, **alle den gleichen Mittelwert** haben oder nicht, also

$$H_0: \mu_1 = \mu_2 = \cdots = \mu_m$$
$$H_1: \text{mindestens zwei der } \mu_i \text{ sind verschieden.}$$
(16-11)

Dabei wird Normalverteilung mit gleicher Varianz vorausgesetzt.
Die m unabhängigen Zufallsstichproben

		Umfänge	Mittelwerte	Varianzen
Stichprobe 1	$x_{11}, x_{12}, \cdots, x_{1n_1}$	n_1	$\bar{x}_1$	s_1^2
Stichprobe 2	$x_{21}, x_{22}, \cdots, x_{2n_2}$	n_2	$\bar{x}_2$	s_2^2
$\vdots$	$\vdots$	$\vdots$	$\vdots$	$\vdots$
Stichprobe m	$x_{m1}, x_{m2}, \cdots, x_{mn_m}$	n_m	$\bar{x}_m$	s_m^2
insgesamt		n	$\bar{x}_{ges}$	s_{ges}^2

mit den verschiedenen Umfängen, Mittelwerten und Varianzen können auch zu einer **Gesamtstichprobe** vom Umfang und Gesamtmittelwert

$$n = \sum n_i \quad \text{und} \quad \bar{x}_{ges} = \frac{1}{n}\sum n_i \bar{x}_i$$

zusammengefügt werden. Deren Varianz kann aus den m einzelnen Varianzen und den Mittelwerten nach der Formel (2-21) aus Kapitel **2**

Gesamtvarianz
$$s_{ges}^2 = \frac{1}{n}\sum_{i=1}^{m} n_i s_i^2 + \frac{1}{n}\sum_{i=1}^{m} n_i (\bar{x}_i - \bar{x}_{ges})^2$$

interne Varianz
$$s_{int}^2 = \frac{1}{n}\sum_{i=1}^{m}\sum_{j=1}^{n_i}(x_{ij} - \bar{x}_i)^2$$

externe Varianz
$$s_{ext}^2 = \frac{1}{n}\sum_{i=1}^{m} n_i (\bar{x}_i - \bar{x}_{ges})^2$$

als Summe von externer und interner Varianz berechnet werden.

1. Die **interne Varianz** ist das gewichtete Mittel aus den Varianzen *innerhalb* der m Gruppen bzw. Stichproben.

2. Die **externe Varianz** ist die Varianz der Mittelwerte $\bar{x}_i$, also die Varianz *zwischen* den Gruppen bzw. Stichproben.

Allein aus dem Verhältnis von externer zu interner Varianz wird nun entschieden, ob H_0 beibehalten werden soll oder nicht. Denn es ist naheliegend, dass *ceteris paribus* eine kleine externe Varianz eher für die Nullhypothese spricht und eine große eher dagegen. Daher hat die **Varianzanalyse** ihren Namen. Die Entscheidungsregel ist recht einfach: H_0 wird verworfen, wenn die Prüfgröße

$$\boxed{\frac{\frac{1}{m-1}s_{ext}^2}{\frac{1}{n-m}s_{int}^2} > F_{n-m}^{m-1}[1-\alpha]} \qquad (16\text{-}12)$$

das $(1-\alpha)$-Quantil der F-Verteilung mit den angegebenen Freiheitsgraden überschreitet. Denn die Teststatistik ist unter der Voraussetzung der Normalverteilung bei gleicher Varianz und der Nullhypothese gleicher Mittelwerte F-verteilt.

❏ *Beweis:* Zur Bestimmung der Verteilung der Teststatistik schreiben wir die Stichproben, ihre Mittelwerte und Varianzen als Zufallsvariablen (große Buchstaben):

$$S_{int}^2 = \frac{1}{n}\sum_{i=1}^{m}\sum_{j=1}^{n_i}(X_{ij}-\bar{X}_i)^2 \qquad \text{und} \qquad S_{ext}^2 = \frac{1}{n}\sum_{i=1}^{m}n_i(\bar{X}_i-\bar{X}_{ges})^2.$$

Multiplizieren wir beide Varianzen mit n und teilen durch σ^2,

$$n\frac{S_{int}^2}{\sigma^2} = \sum_{i=1}^{m}\sum_{j=1}^{n_i}\left(\frac{X_{ij}-\bar{X}_i}{\sigma}\right)^2 = \chi_{n-m}^2 \qquad \text{und} \qquad n\frac{S_{ext}^2}{\sigma^2} = \sum_{i=1}^{m}\left(\frac{\bar{X}_i-\bar{X}_{ges}}{\sigma/\sqrt{n_i}}\right)^2 = \chi_{m-1}^2,$$

so finden wir – unter der Voraussetzung der Unabhängigkeit und Normalverteilung – dass interne und externe Varianz bis auf den konstanten Faktor n/σ^2 gerade chi-Quadrat-verteilt sind (vgl. Formel 14-14). Die interne Varianz hat n Quadratsummen und m Restriktionen, also $n-m$ Freiheitsgrade, die externe Varianz hat nur m Summanden und eine Restriktion. Der Quotient

$$\frac{\frac{1}{m-1}S_{ext}^2}{\frac{1}{n-m}S_{int}^2} = \frac{\frac{1}{m-1}\chi_{m-1}^2}{\frac{1}{n-m}\chi_{n-m}^2} = F_{n-m}^{m-1}$$

ist gemäß Definition (15-12) also F-verteilt. ❏

530 KAPITEL 16 Spezielle Testverfahren

Beispiel [10] Eine Tiefkühlkostfirma untersucht, wieviel die Haushalte verschiedener Einkommenskategorien für ihre Produkte ausgeben. Konsumieren Haushalte mit höherem Einkommen durchschnittlich mehr oder weniger tiefgekühlte Fertiggerichte? Die Marketingabteilung der Firma erhebt die folgende Stichprobe:

jährl. Haushalts-einkommen	monatliche Ausgaben für tiefgekühlte Fertiggerichte in €						n	$\bar{x}$	s^2
unter 20 000 €	45.2	60.1	52.8	31.7	33.6	39.4	6	43.80	103.075
20 000 – 50 000 €	48.3	51.6	63.7	46.8	49.2		5	51.92	37.118
über 50 000 €	50.8	71.6	61.3	49.2			4	58.225	81.232
gesamt							15	50.353	109.785

In der Tabelle sind die Mittelwerte und Varianzen der drei Gruppen und der Gesamtmittelwert und die Gesamtvarianz angegeben. Auf den ersten Blick hat man den Eindruck, dass die drei Mittelwerte deutlich voneinander abweichen. Die *externe* Varianz kann man aus den drei quadrierten Abweichungen der Gruppenmitten vom Gesamtmittel berechnen. Sie beträgt

$$s^2_{ext} = \frac{1}{15}[6 \cdot (43.80-50.35)^2 + 5 \cdot (51.92-50.35)^2 + 4 \cdot (58.23-50.35)^2]$$

$$= \frac{1}{15}[6 \cdot 42.90 + 5 \cdot 2.465 + 4 \cdot 62.094]$$

$$= \frac{1}{15}[257.4 + 12.325 + 248.376] = 518.101/15 = 34.54,$$

so dass die *interne* Varianz nun

$$s^2_{int} = s^2_{ges} - s^2_{ext} = 109.785 - 34.54 = 75.25$$

beträgt. Daraus berechnet sich die Prüfgröße

$$\frac{(15-3) \cdot s^2_{ext}}{(3-1) \cdot s^2_{int}} = \frac{(15-3) \cdot 34.54}{(3-1) \cdot 75.25} = 2.75 < 3.89 = F^2_{12}[0.95],$$

die den kritischen Wert nicht überschreitet. Die Nullhypothese, dass die Haushalte der verschiedenen Einkommenskategorien die gleichen Konsumgewohnheiten haben, was tiefgefrorene Fertiggerichte angeht, kann auf dem Signifikanzniveau von 0.05 nicht verworfen werden, obwohl die drei Mittelwerte doch deutlich voneinander abweichen. *Fazit:* Die Untersuchung müsste mit größerem Stichprobenumfang durchgeführt werden.

Hätte man zum Beispiel mit dem doppelten Stichprobenumfang gearbeitet und dieselben Varianzverhältnisse gefunden, so hätte mit der Prüfgröße

$$\frac{(30-3) \cdot 34.54}{(3-1) \cdot 75.25} = 6.17 > 5.49 = F_{27}^{2}[0.99]$$

H_0 sogar auf einem Signifikanzniveau von 0.01 klar verworfen werden müssen.

F-Test und t-Test

Testet man im Fall $m = 2$ mit der Varianzanalyse die Hypothese $\mu_1 = \mu_2$ unter den genannten Voraussetzungen, erhält man stets genau dasselbe Ergebnis wie beim zweiseitigen t-Test auf die Differenz von Mittelwerten in Abschnitt **15.5**.

Kontrollfragen

1 Welche Vorteile hat der einfache Vorzeichentest?

2 Warum ist der Vorzeichentest nicht nur bei kardinal messbaren Daten anwendbar?

3 Was sind erwartete Häufigkeiten? Sind sie ganzzahlig?

4 Wie wird allgemein bei einem Anpassungstest vorgegangen? Wann wird dabei die Nullhypothese verworfen?

5 Warum verringert sich beim Anpassungstest die Zahl der Freiheitsgrade, wenn Parameter unbekannt sind?

6 Was verstehen Sie unter einem Unabhängigkeitstest?

7 Unter welchen Voraussetzungen kann man in der Praxis von einer Annäherung an die Chi-Quadrat-Verteilung ausgehen?

8 Wozu braucht man einen Test auf Korrelation?

9 Unter welchen Voraussetzungen kann der Korrelationskoeffizient einer Zufallsstichprobe als t-verteilt angesehen werden?

10 Welche Voraussetzungen über die Grundgesamtheit verlangt die Varianzanalyse?

11 Was wird bei einer Varianzanalyse geprüft?

12 Was ist die interne und was die externe Varianz?

PRAXIS

Eigenkapitalisierung von Small Enterprises

Es soll eine Studie über den Eigenkapitalisierungsgrad von kleinen Unternehmungen mit weniger als 20 Mitarbeitern in Bayern angefertigt werden. Dazu wurde aus der Grundgesamtheit der sogenannten „älteren Firmen", die schon länger als acht Jahre im Markt sind, eine Stichprobe vom Umfang $n_1 = 54$ entnommen und der Anteil des Fremdkapitals in der Bilanz erhoben. Außerdem wurde eine entsprechende Stichprobe von $n_2 = 96$ aus der Grundgesamtheit der „jüngeren Firmen", die vor weniger als acht Jahren gegründet wurden, entnommen. Folgende Häufigkeiten wurden festgestellt:

Stichprobenhäufigkeiten n_{ij}

Anteil des Fremdkapitals	0–20%	20–40%	40–60%	60–80%	80–100%	
ältere Firmen	14	15	12	9	4	54
jüngere Firmen	10	10	23	28	25	96
	24	25	35	37	29	150

Unterscheidet sich der Eigenkapitalisierungsgrad von jüngeren und älteren Firmen? Bei genauerem Hinsehen erkennt man, dass die älteren Firmen eine höhere Eigenkapitalisierung haben. Das könnte daran liegen, dass diese in der längeren Zeit ihres Bestehens mehr Gelegenheit zur Eigenkapitalbildung hatten. Es kann aber auch ein rein zufälliges Stichprobenergebnis sein. Wir prüfen deshalb die Nullhypothese

$$H_0: F_1 = F_2.$$

Dazu vergleichen wir die Stichprobenergebnisse mit den nach ihren Randverteilungen und unter H_0 zu erwartenden Häufigkeiten:

Erwartete Häufigkeiten E_{ij}

Anteil des Fremdkapitals	0–20%	20–40%	40–60%	60–80%	80–100%	
ältere Firmen	8.64	9.00	12.60	13.32	10.44	54
jüngere Firmen	15.36	16.00	22.40	23.68	18.56	96
	24	25	35	37	29	150

Die Zahl der Freiheitsgrade beträgt (2–1)(5–1) = 4. Die Prüfgröße

$$\sum_{i=1}^{2}\sum_{j=1}^{5}\frac{(n_{ij}-E_{ij})^2}{E_{ij}} = 19.89 > 18.47 = \chi^2_4[0.999]$$

übersteigt das 0.999-Quantil der Chi-Quadrat-Verteilung mit vier Freiheitsgraden. Der P-Wert des Tests ist also kleiner als 0.001, und H_0 kann auf einem Signifikanzniveau von 0.1% verworfen werden.

ERGÄNZENDE LITERATUR

Bosch, Karl: *Elementare Einführung in die angewandte Statistik*, 8. Aufl., Braunschweig, Wiesbaden: Vieweg, 2005, Kapitel 6

Büning, H.; Trenkler, G.: *Nichtparametrische statistische Methoden*, 2. Aufl., Berlin, New York: de Gruyter, 1998, Kapitel 4

Fisz, Marek: *Wahrscheinlichkeitsrechnung und mathematische Statistik*, 11. Aufl., Berlin: Deutscher Verlag der Wissenschaften, 1989, Kapitel 12

Mann, Prem S.: *Statistics for Business and Economics*, New York: John Wiley & Sons, 1995, Kapitel 11

Moore, David S.: *Statistics: Concepts and Controversies*, 5. Aufl., New York :W H Freeman & Co, 2006

Sachs, Lothar: *Angewandte Statistik. Anwendung statistischer Methoden*, 9. Aufl., Berlin, Heidelberg, New York: Springer 2002, Kapitel 4

AUFGABEN

16.1 **Mediantest.** Es soll statistisch getestet werden, ob der Median einer Grundgesamtheit den Wert 230 überschreitet. In einer Stichprobe vom Umfang $n = 100$ finden sich 63 Werte, die größer als 230 sind. Das Signifikanzniveau sei 0.05.

16.2 **Warteschlange.** An der Supermarktkasse bildet sich eine Warteschlange. Ihre Länge hängt davon ab, wie schnell kassiert wird und wie viele Kunden pro Zeiteinheit ankommen. Die Anzahl der pro Minute ankommenden Kunden wurde über einen Zeitraum von 200 Minuten aufgezeichnet und ergab folgende Tabelle:

Kunden pro Minute	0	1	2	3	4	≥5
Häufigkeiten	17	50	51	43	29	10

Die durchschnittliche Ankunft pro Minute war dabei 2.3. Testen Sie die Nullhypothese, dass die Stichprobe einer POISSON-Verteilung entstammt.

16.3 **Vier-Felder-Tafel.** Besonders häufig arbeiten Statistiker mit 2 x 2–Kontingenztabellen. In einer solchen Vier-Felder-Tafel seien die beobachteten absoluten Häufigkeiten mit a, b, c und d angegeben:

			Summe
	a	b	$a+b$
	c	d	$c+d$
Summe	$a+c$	$b+d$	n

Zeigen Sie, dass die Prüfgröße für den Chi-Quadrat-Test

$$\frac{(ad-bc)^2 n}{(a+b)(a+c)(b+d)(c+d)}$$

ist.

16.4 **Chancengleichheit und soziale Mobilität.** Sind die Berufe von Eltern und Kindern unabhängig? Bestimmt die soziale Stellung der Eltern diejenige der Kinder? Oder können auch Arbeitersöhne Beamte werden und umgekehrt? In der folgenden Kontingenztabelle sind von 1461 männlichen Befragten die beiden Merkmale „Beruf" und „Beruf des Vaters" gegenübergestellt.

| | \multicolumn{6}{c}{Beruf des Befragten} |
Beruf des Vaters	Arbeiter	Angest.	Beamter	Selbst.	Landwirt	gesamt
Arbeiter	484	165	65	38	3	755
Angestellter	44	137	36	14	0	231
Beamter	17	61	60	15	0	153
Selbständiger	39	66	16	64	2	187
Landwirt	62	22	7	6	38	135
gesamt	646	451	184	137	43	1461

Quelle: Zentralarchiv für empirische Sozialforschung, Universität zu Köln

a) Berechnen Sie dazu die quadratische Kontingenz und den Kontingenzkoeffizienten.

b) Testen Sie mit den Daten die Nullhypothese vollständiger sozialer Mobilität auf einem Niveau von 0.05 und 0.005.

16.5 **Korrelationskoeffizient.** Mit den Daten einer Stichprobe vom Umfang $n = 100$ wurde ein Korrelationskoeffizient von 0.324 berechnet. Ist der Korrelationskoeffizient signifikant von Null verschieden? Auf welchem Niveau?

16.6 Ist der Würfel verfälscht? Mit einem Anpassungstest soll geprüft werden, ob ein bestimmter Würfel so ebenmäßig gefertigt ist, dass er als „fair" gelten kann, so dass alle Augenzahlen mit der gleichen Wahrscheinlichkeit auftreten. Dazu wird eine Versuchsreihe mit 100 Würfen durchgeführt, mit folgendem Ergebnis:

Augenzahlen	1	2	3	4	5	6
Häufigkeiten	14	20	23	13	20	10

a) Wie groß ist die Prüfgröße und die Anzahl der Freiheitsgrade?

b) Testen Sie die Nullhypothese eines fairen Würfels.

16.7 Rangkorrelation. Aus den ordinal skalierten Daten einer Stichprobe vom Umfang $n = 101$ wurde ein SPEARMANscher Rangkorrelationskoeffizient von 0.184 berechnet. Auf welchem Signifikanzniveau wäre er von Null verschieden? Wie groß müsste er mindestens sein, damit er mit einer Irrtumswahrscheinlichkeit von

a) $\alpha = 0.05$

b) $\alpha = 0.02$

c) $\alpha = 0.01$

in der Grundgesamtheit als von Null verschieden angesehen werden kann?

16.8 Gute und schlechte Tutoren? Parallel zur Statistikvorlesung werden vier Tutorien angeboten. Zu Beginn des Semesters werden 23 Studenten zufällig ausgewählt und den vier Tutoren Marius, Sandra, Vicente und Rafael fest zugeteilt. Nach der Prüfungsklausur werden ihre Ergebnisse verglichen.

| Erreichte Punktzahlen der Studenten bei den Tutoren ||||
Marius	Sandra	Vicente	Rafael
72	78	80	79
69	93	68	70
84	79	59	61
76	97	75	74
64	88	82	85
	81	68	63

a) Berechnen Sie die interne und die externe Varianz.

b) Wie groß ist die Gesamtvarianz?

c) Prüfen Sie, ob die Mittelwerte der erreichten Punktzahlen der Studenten bei den vier Tutoren nur zufällig voneinander abweichen. Verwenden Sie ein Signifikanzniveau von $\alpha = 0.05$.

LÖSUNGEN

16.1 H_0 verwerfen

16.2 Prüfgröße = 5.075
H_0 selbst bei $\alpha = 5\%$ beibehalten

16.4 a) $QK = 828.30$; $KK = 0.6015$
b) H_0 verwerfen

16.5 Prüfgröße = 3.3903,
H_0 verwerfen, auch bei $\alpha = 0.01$

16.6 a) 7.6402; 5
b) H_0 beibehalten, sogar bei $\alpha = 0.1$

16.7 P-Wert = 0.0658
a) 0.1960   b) 0.2326   c) 0.2575

16.8 a) 36.37; 58.35
b) 94.72
c) nicht nur zufällig

KAPITEL 17

Regressionsanalyse

In Kapitel **4** wurde die **Regressionsrechnung** ausführlich behandelt. Sie ist von der **Regressionsanalyse** sorgfältig zu unterscheiden. Die Regressionsrechnung wurde als ein Instrument der deskriptiven Statistik dargestellt. Ein mittlerer oder durchschnittlicher statistischer Zusammenhang sollte in Form einer Geradengleichung

$$y = a + bx \qquad (4\text{-}1)$$

beschrieben werden. Deshalb wurde die dort vorgestellte Regressionsgerade als Ausgleichsgerade oder mittlere Gerade verstanden. Strenggenommen sollte diese Geradengleichung auch rein statistisch beschreibend interpretiert werden und sich ganz und gar auf die aktuell vorliegenden Beobachtungswerte (x_i, y_i) beziehen.

Eine Aussage über einen konkreten fachwissenschaftlich begründeten Zusammenhang zwischen zwei Variablen X und Y oder die Existenz einer Gesetzmäßigkeit, die diese Beobachtungswerte und ihren statistischen Zusammenhang hervorbringt, sollte damit zunächst nicht verbunden werden. Natürlich wird es im Einzelfall schwer sein, in einer bivariaten deskriptiven Analyse jeden Verdacht und jeden Gedanken an eine kausale Beziehung oder eine Beziehung, die sich nicht nur auf die gerade vorliegenden Beobachtungswerte bezieht, zu vermeiden.

Jedenfalls war es aber nicht die Aufgabe der Regressionsrechnung, einen eventuellen fachwissenschaftlichen Zusammenhang aufzuspüren, zu quantifizieren (also zu schätzen) oder zu verwerfen (also zu testen). Dies bleibt der Regressionsanalyse vorbehalten. Die Regressionsanalyse ist somit natürlich ein Instrument der **schließenden Statistik** und folgerichtig in diesem Teil des Lehrbuchs abzuhandeln. Sie betrachtet die Beobachtungswerte (x_i, y_i) als eine **Stichprobe** aus einer realen oder hypothetischen Grundgesamtheit.

Mit der Regressionsanalyse und um die Regressionsanalyse herum ist eine ganze wirtschaftswissenschaftlich-statistische Teildisziplin, **die Ökonometrie**, entstanden. Die Ökonometrie (wörtlich „ökonomisches Messen") entwickelt statistische Verfahren zur empirischen Wirtschaftsforschung. Sie versucht, wirtschaftswissenschaftliche Hypothesen zu „beweisen", empirisch zu „belegen" oder zu „untermauern". Genauer ausgedrückt, überprüft sie theoretische ökonomische Hypothesen vor dem Hintergrund empirisch gewonnener Daten. Darüber hinaus werden ökonomische Hypothesen quantitativ ausgefüllt, das heißt die Zahlenwerte der in der Hypothese enthaltenen Parameter werden statistisch geschätzt. Erst wenn eine geschätzte numerische Struktur einer Hypothese oder eines Modells vorliegt, sind praktische Anwendungen wie Prognosen oder Simulationen möglich.

Ursprünglich war der Gegenstand des Interesses der Ökonometrie vorwiegend die Makroökonomik. Heute sind ökonometrische Methoden in allen volkswirtschaftlichen und betriebswirtschaftlichen Disziplinen unentbehrlich. Die Regressionsanalyse ist nur eines der in der Ökonometrie entwickelten Verfahren, aber bei weitem das am häufigsten benutzte.

17.1 Das einfache lineare Modell

Die Verbindungen und kausalen Abhängigkeiten zwischen beobachteten Größen zu entdecken und zu begründen gehört zum ersten Erkenntnisziel jeder Wissenschaft, auch der ökonomischen. Die nachgefragte Menge eines Gutes auf einem Markt wird als eine Funktion des Preises angesehen, die Herstellungskosten in einem Betrieb für ein Produkt als eine Funktion der produzierten Menge usw. Sicherlich ist es in vielen Fällen realistischer, mehr als zwei Variablen einzubeziehen. So ist die nachgefragte Menge nicht nur vom Preis des Gutes, sondern vermutlich auch vom Preis anderer Güter und vom verfügbaren Einkommen abhängig. Auch wird es nützlichere Analysen ermöglichen, wenn man mehrere Beziehungen gleichzeitig betrachtet. So erlaubt eine Nachfragefunktion erst zusammen mit der Angebotsfunktion für dasselbe Gut, Aussagen über Marktpreise zu machen.

Der erste Schritt bei der Messung ökonomischer Zusammenhänge besteht aus der Benennung oder Spezifikation der Variablen, die miteinander in ursächlicher Beziehung stehen. Betrachten wir dabei zuerst den einfachsten Fall einer einzigen Beziehung zwischen nur zwei Variablen, nämlich

$$Y = f(X),$$

was nichts anderes aussagt, als dass eine Variable X eine andere Variable Y beeinflusst.

Linearer Modellansatz

Der zweite Schritt bestünde darin, die Funktionsform festzulegen. In manchen Fällen gibt die Theorie schon die genaue Form der Funktion vor, meistens aber werden nur gewisse Vorgaben über das Vorzeichen der Steigung und den Achsenabschnitt oder auch die Krümmung gemacht, die aber von einer Vielzahl von Funktionstypen erfüllt werden können. Die einfachste Beziehung zwischen zwei Variablen ist die lineare, ausgedrückt durch eine Geradengleichung:

$$Y(X) = \alpha + \beta X . \tag{17-1}$$

In dieser funktionalen Abhängigkeit drückt sich die ökonomische Hypothese aus. Beispiele für solche ökonomischen Hypothesen sind leicht zu finden.

Beispiel [1] Der gesamtwirtschaftliche Konsum C sei eine Funktion des verfügbaren Einkommens Y^{verf}:

$$C = \alpha + \beta Y^{\text{verf}}, \qquad 0 < \beta < 1 .$$

In dieser wohlbekannten Konsumhypothese von KEYNES ist die „marginale Konsumneigung" $dC/dY^{\text{verf}} = \beta$ zwischen Null und Eins. Der Parameter $\alpha > 0$ wird oft als „autonomer Konsum" bezeichnet und als der Teil des Konsums interpretiert, der einkommensunabhängig ist. (Wir beachten hier, dass Y^{verf} als Funktionsargument fungiert und nicht mit dem Y aus (17-1) verwechselt werden darf.)

Beispiel [2] Die Investitionsnachfrage I sei eine fallende Funktion des Zinssatzes R. Die lineare Version dieser Hypothese lautet

$$I(R) = \alpha + \beta R , \qquad \alpha > 0, \beta < 0 .$$

Beispiel [3] Die Produktionskosten K eines bestimmten Gutes seien eine lineare Funktion der Ausbringungsmenge X:

$$K(X) = \alpha + \beta X , \qquad \beta > 0 .$$

Dabei ist der Parameter $\alpha > 0$ als sogenannte *fixe Kosten* zu interpretieren. Der Parameter $\beta > 0$ gibt die *variablen Kosten* pro Ausbringungseinheit bzw. die Grenzkosten an.

Die in diesen Beispielen genannten Bestimmungsgründe für die Höhe des Konsums, der Investition und der Kosten sind aber sicherlich nicht die einzigen; die entsprechende ökonomische Hypothese behauptet nur, dass sie die jeweils wichtigsten seien. Dem würden wir im Fall der Konsumfunktion und der Kostenfunktion schnell zustimmen, bei der Investitionsfunktion aber Bedenken anmelden. Hängt die Investitionsnachfrage nicht vielleicht doch auch wesentlich von Inflation und Inflationserwartung oder von der konjunkturellen Situation ab?

Um dem Einwand, dass auch noch andere Einflüsse auf die Variable Y nicht zu leugnen sind, generell Rechnung zu tragen, modifiziert der ökonometrische Modellansatz den ökonomischen und fügt eine sogenannte Störvariable U hinzu,

$$Y = \alpha + \beta X + U , \tag{17-2}$$

wobei diese Variable U alle übrigen mehr oder weniger wichtigen Einflüsse aufnehmen soll. Dadurch wird das *ökonomische* Modell zum *ökonometrischen* Modell.

Die in dieser Art für X und Y aufgestellte oder **spezifizierte Hypothese** gilt dann natürlich auch für die Stichprobe, das heißt für die Beobachtungswerte. Wir schreiben deshalb

(R1) $$y_i = \alpha + \beta x_i + u_i \qquad (17\text{-}3)$$

für $i = 1, \cdots, n$. Wir bezeichnen die Anzahl der Beobachtungen mit n, und zur Nummerierung der einzelnen Beobachtung verwenden wir das kleine i. In diesem Modellansatz **(R1)** heißen die

y_i **endogene Variablen**, die

x_i **exogene Variablen** oder **Regressoren** und die

u_i **latente Variablen** oder **Störvariablen**.

Die Werte der endogenen Variablen sind „von innen erzeugt", will sagen vom Modell bestimmt, und zwar nach Vorgabe der „von außen erzeugten" exogenen Variablen und den Werten der latenten[1] Variablen. Weiter heißen die griechischen

α und β **Modellparameter** oder **Koeffizienten**.

Die α und β sind feste Zahlenwerte. Man nennt sie die „wahren Werte" der Parameter. Diese wahren Werte aber – und das ist das Entscheidende – sind und bleiben unbekannt. Ihre Zahlenwerte können nur geschätzt werden. Das ist die Hauptaufgabe der Regressionsanalyse. Um die wahren Werte der Parameter stets zuverlässig von ihren Schätzungen zu unterscheiden, versehen wir sie mit einem Dächlein und nennen

$\hat{\alpha}$ und $\hat{\beta}$ **Schätzer** oder **Schätzparameter**.

Somit wird nun auch der fundamentale Unterschied zu der in Kapitel **4** behandelten Regressionsrechnung ganz deutlich: Eine Ausgleichsgerade ist immer nur eine mittlere Gerade und als solche ein richtig berechnetes (verallgemeinertes) arithmetisches Mittel. Die Schätzung von Modellparametern dagegen kann Fehler aufweisen oder gar ganz misslingen!

---

[1] latens, -entis (lateinisch) = verborgen, unsichtbar.

Latente Variablen

Die exogenen Variablen x_i und die endogenen Variablen y_i in (17-3) sind beobachtete Werte. Die latenten Variablen u_i sind unbeobachtet – ja sogar unbeobachtbar – und werden als Zufallsvariablen bzw. als deren Realisation aufgefasst. Dadurch erhält das Modell seine wesentliche **stochastische Komponente**: Die strenge funktionale Abhängigkeit der y-Werte von den x-Werten wird überlagert durch eine stochastische Störung.

Im allgemeinen werden als Begründung für das Einfügen einer latenten Variablen in den ökonometrischen Modellansatz genannt:

1. weitere, in der Spezifikation fehlende exogene Variablen
2. Messfehler in den Beobachtungswerten
3. unvorhersagbare Zufälligkeiten im ökonomischen Verhalten.

Die Wahrscheinlichkeitsverteilungen der latenten Variablen u_i sind natürlich unbekannt. Wir unterstellen aber, dass sie unabhängig seien von den Beobachtungswerten $(x_1, \cdots, x_n)$ und den Modellparametern α und β und dass für ihre Momente gilt:

(R2) $\quad E(u_i) = 0, \quad$ für alle $i = 1, \cdots, n$

(R3) $\quad Var(u_i) = \sigma^2 = \text{const}, \quad$ für alle i

(R4) $\quad Cov(u_i, u_j) = 0, \quad$ für $i \neq j$

Der Annahme **(R2)** liegt die Vorstellung zugrunde, dass noch andere Bestimmungsgründe neben der exogenen Variablen zwar existieren mögen, aber *keinen systematischen Einfluss* auf die endogenen Variablen haben, sondern sich im Durchschnitt aufheben oder allenfalls im Absolutglied ihren Niederschlag finden. Annahme **(R3)** unterstellt, dass die Varianz für alle n latenten Variablen dieselbe sei. Haben die latenten Variablen diese Eigenschaft, so nennt man sie **homoskedastisch**, was nichts anderes als „gleich streuend" heißen soll. Haben sie allerdings verschiedene Varianzen, nennt man sie **heteroskedastisch**. Schließlich verbietet die Annahme **(R4)** die Korrelation zwischen verschiedenen latenten Variablen u_i und u_j. Haben die latenten Variablen (genauer: hat die gemeinsame Verteilung der latenten Variablen) einmal diese Eigenschaft nicht, so spricht man von **Autokorrelation**. Liegt Heteroskedastizität oder Autokorrelation vor, so erfordert dies bei der Parameterschätzung besondere Maßnahmen. Oft wird die weitergehende Annahme

(R5) $\quad u_i \sim N(0, \sigma^2) \quad$ und unabhängig

gemacht, die besagt, dass die Störvariablen normalverteilt und paarweise unabhängig sind.

17.2 Schätzmethode der kleinsten Quadrate

Das Problem der Schätzung besteht nun darin, eine Schätzgerade

$$\hat{\alpha} + \hat{\beta} x$$

zu finden, die der wahren – aber unbekannten – Modellgeraden

$$\alpha + \beta x$$

möglichst nahe kommt. Somit sind zu jedem $i = 1, \cdots, n$ drei verschiedene y-Werte stets sorgfältig zu unterscheiden:

Beobachtungswerte	$y_i := \alpha + \beta x_i + u_i$	
theoretische Werte	$\tilde{y}_i := \alpha + \beta x_i$	(17-3)
Schätzwerte	$\hat{y}_i := \hat{\alpha} + \hat{\beta} x_i$	(17-4)

1. Die *theoretischen Werte* sind diejenigen Werte, die die im Modellansatz spezifizierte ökonomische Theorie vorschlüge, wenn keine Störvariablen wirksam würden. Sie liegen an der jeweiligen Stelle x_i auf der unbekannten Modellgeraden und sind und bleiben deshalb ebenfalls für immer unbekannt. Die Beobachtungswerte unterscheiden sich von den theoretischen Werten definitionsgemäß gerade um die Störvariablen

$$u_i = y_i - \tilde{y}_i.$$

2. Die *Schätzwerte* dagegen liegen auf der geschätzten Geraden; ihre Abweichungen von den Beobachtungswerten

$$e_i := y_i - \hat{y}_i \qquad (17\text{-}5)$$

heißen **Residuen** oder Restgrößen. In BILD 17.1 erscheinen die Residuen als *senkrechte* Abstände der Beobachtungspunkte von der zu schätzenden Geraden. Jedes einzelne Residuum kann natürlich erst berechnet werden, nachdem eine Schätzung der Regressionsgeraden vorliegt.

Aber wie soll die Modellgerade geschätzt werden? Sicher wird man eine Schätzung anstreben, die möglichst kleine Residuen übriglässt. Das Schätzprinzip der kleinsten Quadrate (vgl. Abschnitt **13.3**) schlägt vor, die Schätzgerade so zu bestimmen, dass die **Summe der quadrierten Residuen**

17.2 Schätzmethode der kleinsten Quadrate

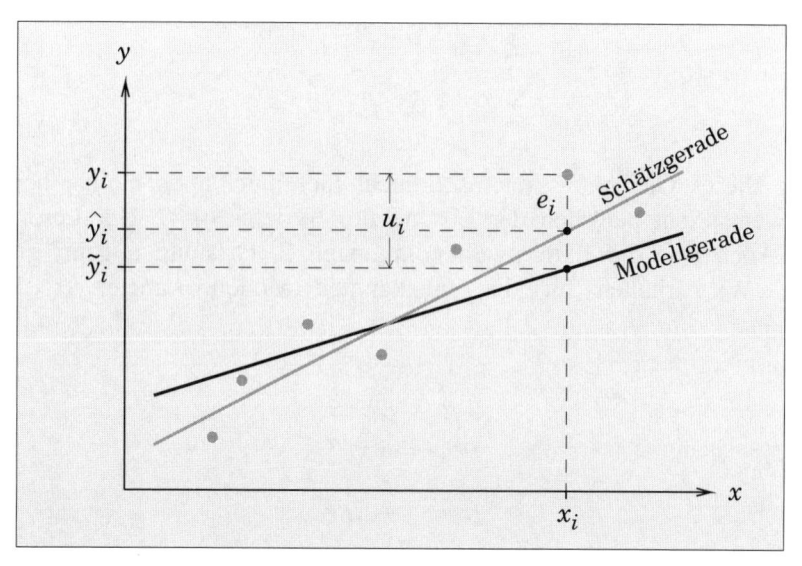

BILD 17.1 Modellgerade und Schätzgerade, latente Variablen und Residuen

$$\text{SQR} = \sum_{t=1}^{T} e_i^2 = \sum (y_i - \hat{y}_i)^2 = \sum (y_i - \hat{\alpha} - \hat{\beta} x_i)^2$$

möglichst klein wird. Durch Lösen dieser Minimierungsaufgabe erhält man eindeutige Schätzformeln.

Die Quadratsumme SQR ist bei vorliegenden Beobachtungswerten x_i und y_i nur noch von der Lage der Schätzgeraden abhängig:

$$\sum_{i=1}^{n} (y_i - \hat{\alpha} - \hat{\beta} x_i)^2 = \text{SQR}(\hat{\alpha}, \hat{\beta} \mid x_1, \cdots, x_n, y_1, \cdots, y_n).$$

Wir bilden die beiden partiellen Ableitungen von SQR, setzen sie gleich Null

$$\begin{cases} \dfrac{\partial}{\partial \hat{\alpha}} \text{SQR}(\hat{\alpha}, \hat{\beta}) = \sum 2(y_i - \hat{\alpha} - \hat{\beta} x_i)(-1) = 0 \\ \dfrac{\partial}{\partial \hat{\beta}} \text{SQR}(\hat{\alpha}, \hat{\beta}) = \sum 2(y_i - \hat{\alpha} - \hat{\beta} x_i)(-x_i) = 0 \end{cases}$$

und erhalten ein Gleichungssystem zur Bestimmung der beiden Schätzparameter. Diese beiden Gleichungen heißen **Normalgleichungen**. Wir schreiben sie, nach Division durch −2, etwas übersichtlicher:

$$\begin{cases} \sum (y_i - \hat{\alpha} - \hat{\beta} x_i) = 0 \\ \sum (y_i - \hat{\alpha} - \hat{\beta} x_i) x_i = 0 \end{cases} \quad (17\text{-}6)$$

Die Lösung dieses Gleichungssystems braucht hier nicht noch einmal hergeleitet zu werden; sie entspricht natürlich der Lösung des Systems (4-4). Der Leser sei darauf verwiesen. Auch was die Extremwertbedingungen 2. Ordnung angeht, gilt das dort ausgeführte. Wir erhalten für die unbekannten Modellparameter α und β die Schätzformeln:

$$\boxed{\begin{aligned} \hat{\beta} &= \frac{c_{XY}}{s_X^2} \\ \hat{\alpha} &= \bar{y} - \hat{\beta}\bar{x} \end{aligned}} \quad (17\text{-}7)$$

Dieses Schätzverfahren heißt die *gewöhnliche Methode der kleinsten Quadrate*. Da die Varianz der exogenen Variablen im Nenner steht, muss natürlich

(R6) $\qquad s_X^2 > 0$

erfüllt sein: Würden die Beobachtungswerte x_i nicht streuen, könnte mit ihnen ein etwaiger Einfluss von X auf Y nicht begründet werden. Mit anderen Worten: Wir brauchen mindestens zwei verschiedene x-Werte, um eine Gerade ziehen zu können.

Schätzung der Störvarianz

Um die Schätzung des Modells zu vervollständigen, bedarf es noch der Schätzung der Varianz der latenten Variablen. Würden die Realisationen u_i vorliegen, so wäre die Schätzung ihrer Varianz recht einfach. Nach der Momentenmethode (vgl. Abschnitt **13.3**) wäre die Schätzformel

$$\hat{\sigma}^2 = \frac{1}{n} \sum u_i^2$$

sogar erwartungstreu und konsistent. Da die u_i aber unbekannt bleiben, muss man sich notgedrungen mit den Residuen behelfen. Die Residuen können jedoch erst nach der Schätzung von α und β, wofür zwei Freiheitsgrade „verbraucht" worden sind, berechnet werden. Die erwartungstreue Schätzformel lautet somit

$$\hat{\sigma}^2 = \frac{1}{n-2} \sum_{i=1}^{n} e_i^2 \,. \tag{17-8}$$

Wir beachten, dass durch die Berechnung der beiden Schätzwerte $\hat{\alpha}$ und $\hat{\beta}$ zwei Freiheitsgrade „verlorengehen". Algebraisch gesehen rührt der Verlust der beiden Freiheitsgrade von den linearen Restriktionen (17-9) und (17-10) über die Residuen e_i her, die ja direkt aus den zur Bestimmung von $\hat{\alpha}$ und $\hat{\beta}$ verwendeten Normalgleichungen folgen.

Algebraische Eigenschaften der KQ–Schätzung

Da die nach der Methode der kleinsten Quadrate gewonnene Schätzgerade rechnerisch gesehen nichts anderes ist als die Regressionsgerade aus Kapitel **4**, hat sie auch die dort geschilderten Eigenschaften: Sie ist eine mittlere Gerade durch die Punktewolke der Beobachtungswerte (x_i, y_i), minimiert die Residualvarianz und zeigt die Steigungsregression. Erschöpfender sollen die algebraischen Eigenschaften weiter unten im Zusammenhang mit der multiplen Regressionsanalyse behandelt werden. Weil es aber sehr einfach geht und die Anschaulichkeit fördert, wollen wir einige algebraische Eigenschaften der KQ-Schätzung herleiten. Wir gehen dazu von den beiden Normalgleichungen (17-6) aus und ersetzen darin die Klammer $(y_i - \hat{\alpha} - \hat{\beta} x_i) = e_i$ wieder durch die Residuen. Wir erhalten aus der ersten der beiden Normalgleichungen sofort die

(1) Zentraleigenschaft $\quad \sum e_i = 0 \tag{17-9}$

der Regressionsgeraden. Sie liegt so, dass die Summe der Residuen verschwindet. Das ist recht sinnvoll. Aus der zweiten Normalgleichung folgt die

(2) Orthogonalität $\quad \sum e_i x_i = 0 \,, \tag{17-10}$

was „Rechtwinkligkeit" bedeutet. Das ist eine geometrische Eigenschaft. Gemeint ist damit, dass der Vektor der Residuen

$$\mathbf{e} = (e_1, e_2, \cdots, e_n), \quad \text{und} \quad \mathbf{x} = (x_1, x_2, \cdots, x_n),$$

der Vektor der exogenen Variablen, senkrecht aufeinander stehen. Das ist immer der Fall, wenn das *Skalarprodukt* (17-10) aus zwei Vektoren Null ist.

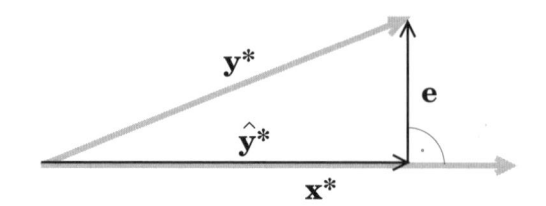

BILD 17.2 KQ-Schätzung als senkrechte Projektion

BILD 17.2 veranschaulicht das. Die Vektoren der Beobachtungswerte sind grau, die der Schätzungen schwarz gezeichnet. Um es besser zeichnen zu können, wurden die Vektoren als Abweichungen von ihrem eigenen Mittelwert gerechnet und gezeichnet, also

$$x_i^* := x_i - \bar{x}, \quad y_i^* := y_i - \bar{y}, \quad \hat{y}_i^* := \hat{y} - \bar{\hat{y}}, \quad \text{so dass} \quad y_i^* = \hat{\beta} x_i^* + e_i$$

und das Absolutglied α entfällt. Neben dieser geometrischen Interpretation hat die Orthogonalität auch noch eine statistische: Sie besagt nämlich, dass die Residuen und die exogenen Variablen keine Kovarianz miteinander haben, also

$$c_{EX} = \frac{1}{n}\sum e_i(x_i - \bar{x}) = \frac{1}{n}\sum e_i x_i = 0$$

unkorreliert sind. Natürlich sind die Residuen auch mit den Schätzwerten orthogonal bzw. unkorreliert

$$\sum e_i \hat{y}_i = 0 \, , \qquad (17\text{-}11)$$

weil die Schätzwerte ja nur eine lineare Funktion der exogenen Variablen sind. Bilden wir – ausgehend von der Definition (17-5) – die Summen

$$y_i = \hat{y}_i + e_i \qquad (17\text{-}12)$$

$$\sum y_i = \sum \hat{y}_i + \sum e_i$$

$$\sum y_i = \sum \hat{y}_i,$$

so sehen wir, dass Beobachtungswerte und Schätzwerte der endogenen Variablen dasselbe arithmetische Mittel haben. Das heißt, die Regressionsgerade geht durch den

(3) Schwerpunkt $\qquad \bar{y} = \bar{\hat{y}} \qquad (17\text{-}13)$

Quadrieren und summieren wir (17-12) auf beiden Seiten

$$y_i^2 = (\hat{y}_i + e_i)^2$$
$$y_i^2 = \hat{y}_i^2 + e_i^2 + 2e_i\hat{y}_i$$
$$\sum y_i^2 = \sum \hat{y}_i^2 + \sum e_i^2 + 2\sum e_i\hat{y}_i$$

und beachten, dass der letzte Summand wegen Orthogonalität verschwindet, dann erhalten wir

$$\sum y_i^2 = \sum \hat{y}_i^2 + \sum e_i^2$$

und nach Division beider Seiten durch n und Subtraktion von $\overline{y}$ die sogenannte

(4) Varianzzerlegung $\quad s_Y^2 = s_{\hat{Y}}^2 + s_E^2 \quad$ (17-14)

Je kleiner die durch eine Regressionsschätzung übriggelassenen Residuen sind, umso mehr Vertrauen werden wir in die Schätzung der Modellparameter und in die „Richtigkeit" des Modellansatzes insgesamt haben. Jedoch ist die Varianz der Residuen noch kein sehr brauchbares Maß für die Güte der Anpassung der Daten an das Modell; wir hätten lieber ein standardisiertes Maß, das auch frei von den jeweiligen Maßeinheiten und absoluten Größenordnungen der Variablen ist und außerdem leicht und schnell interpretiert werden kann. Im folgenden Abschnitt werden wir ein solches Maß kennenlernen.

17.3 Multiple lineare Regressionsanalyse

So brauchbar der einfache lineare Ansatz mit zwei Variablen für die ökonomische Modellierung auch ist, erscheint er doch für viele ökonomische Fragestellungen zu eingeschränkt. Die Nachfrage ist eben nicht nur vom Preis des Gutes abhängig, sondern sicher auch von den Preisen naher Substitutionsgüter und vom Einkommen der Nachfrager. Deshalb spezifiziert man häufig Modelle mit zwei oder mehr exogenen Variablen, das heißt

$$Y = f(X_1, X_2, \cdots, X_n) + U$$

und in linearer Form

$$Y = \beta_0 + \beta_1 X_1 + \beta_2 X_2 + \cdots + \beta_n X_n + U.$$

Beispiel [4] Manche Ökonomen bestehen darauf, der gesamtwirtschaftliche Konsum C sei nicht nur eine Funktion des verfügbaren Einkommens Y^{verf}, sondern auch der Einfluss des Vermögens W spiele eine wesentlich Rolle und spezifizieren deshalb

$$C = \beta_0 + \beta_1 Y^{\text{verf}} + \beta_2 W + U, \qquad 0 < \beta_1 < 1, \ \beta_2 > 0.$$

Mit einem solchen Modell kann man argumentieren, dass die Entwicklung der Aktienkurse einen Einfluss auf die private Konsumnachfrage ausübe.

Beispiel [5] Die Akzeleratorhypothese bestreitet nicht, dass die Investitionsnachfrage I eine fallende Funktion des Zinssatzes R sei. Jedoch hält sie dafür, dass die konjunkturellen Erwartungen der Investoren, die diese an der aktuellen Wachstumsrate des Volkseinkommens Y ablesen, einen viel wichtigeren Einfluss ausüben. Eine lineare Spezifikation könnte lauten:

$$I = \beta_0 + \beta_1 R + \beta_2 \Delta Y + U, \qquad \beta_1 < 0, \ \beta_2 > 0.$$

Beispiel [6] In der makroökonomischen Theorie wird die gesamtwirtschaftliche Geldnachfrage M, das ist die Geldmenge, die die privaten Nichtbanken unter den gegebenen wirtschaftlichen Bedingungen zu halten wünschen, als Funktion des Sozialprodukts Y (Transaktionsmotiv) und des Zinssatzes R (Spekulationsmotiv) angesehen. Man formuliert

$$M = \beta_0 + \beta_1 Y + \beta_2 R + U, \qquad \beta_1 > 0, \ \beta_2 < 0.$$

Es sei darauf hingewiesen, dass zur Schätzung solcher Modelle *Zeitreihendaten* verwendet werden. Auch beachten wir, dass in den obigen Beispielen die Variable Y in „ökonomischer Notation" eine Einkommensvariable ist und damit nicht die endogene Variable gemeint ist.

Matrixschreibweise

Zur formalen Darstellung der multiplen Regression verwenden wir im Folgenden die Matrixschreibweise. Diese Schreibweise spart Platz und ist übersichtlicher. Man kann auch viel besser damit rechnen, wobei aber hier nur elementare Kenntnisse der Matrizenrechnung benötigt werden.

Matrizen werden hier mit fetten Buchstaben dargestellt. Dabei bezeichnen die großen fetten Buchstaben „richtige" Matrizen, die kleinen fetten sind einspaltige Matrizen, also Spaltenvektoren. Mit den folgenden Matrizen

17.3 Multiple lineare Regressionsanalyse

$$\mathbf{y} = \begin{pmatrix} y_1 \\ y_2 \\ y_3 \\ \vdots \\ y_n \end{pmatrix}; \quad \mathbf{X} = \begin{pmatrix} 1 & x_{11} & x_{21} & \cdots & x_{k1} \\ 1 & x_{12} & x_{22} & \cdots & x_{k2} \\ 1 & x_{13} & x_{23} & \cdots & x_{k3} \\ \vdots & & & & \\ 1 & x_{1n} & x_{2n} & \cdots & x_{kn} \end{pmatrix}; \quad \boldsymbol{\beta} = \begin{pmatrix} \beta_0 \\ \beta_1 \\ \beta_2 \\ \vdots \\ \beta_k \end{pmatrix}; \quad \mathbf{u} = \begin{pmatrix} u_1 \\ u_2 \\ u_3 \\ \vdots \\ u_n \end{pmatrix}$$

schreiben wir das multiple lineare Regressionsmodell einfach

$$\begin{pmatrix} y_1 \\ y_2 \\ y_3 \\ \vdots \\ y_n \end{pmatrix} = \begin{pmatrix} 1 & x_{11} & x_{21} & \cdots & x_{k1} \\ 1 & x_{12} & x_{22} & \cdots & x_{k2} \\ 1 & x_{13} & x_{23} & \cdots & x_{k3} \\ \vdots & & & & \\ 1 & x_{1n} & x_{2n} & \cdots & x_{kn} \end{pmatrix} \cdot \begin{pmatrix} \beta_0 \\ \beta_1 \\ \beta_2 \\ \vdots \\ \beta_k \end{pmatrix} + \begin{pmatrix} u_1 \\ u_2 \\ u_3 \\ \vdots \\ u_n \end{pmatrix}$$

oder noch einfacher und kürzer

(M1) $$\boxed{\mathbf{y} = \mathbf{X}\boldsymbol{\beta} + \mathbf{u}}$$ (17-15)

Die Matrix **X** besteht aus $k+1$ Spalten, für jede exogene Variable ist eine Spalte zuständig. Die erste Spalte enthält lauter Einsen; sie ist für das Absolutglied vorgesehen und heißt deshalb die **Scheinvariable**. Sie kann dann entfallen, wenn die ökonomische Hypothese kein Absolutglied vorsieht. Wir unterstellen, dass die Wahrscheinlichkeitsverteilung der latenten Variablen **u** unabhängig von den Beobachtungswerten **X** und den Modellparametern sei und dass für ihre Momente gilt:

(M2) $E(\mathbf{u}) = \mathbf{0}$

(M3+4) $E(\mathbf{u}\mathbf{u}') = \sigma^2 \mathbf{I} = \begin{pmatrix} \sigma^2 & 0 & \cdots & 0 \\ 0 & \sigma^2 & & 0 \\ \vdots & & \ddots & \\ 0 & 0 & \cdots & \sigma^2 \end{pmatrix}$

Hierbei ist die fette Null in **(M2)** als Spaltenvektor mit n Nullen zu lesen. Die Matrix **I** ist die $(n \times n)$-Einheitsmatix. **(M3+4)** unterstellt *Homoskedastizität* der latenten Variablen und *Abwesenheit von Autokorrelation*: Die Varianzen, das sind die Elemente auf der Hauptdiagonalen, sind gleich und die Kovarianzen sind alle Null (vgl. **(R3)** und **(R4)**).

Für mache Zwecke ist es sinnvoll, die weitergehende Annahme

> **(M5)** Die Störvariablen sind unabhängig und normalverteilt.

zu treffen. In der Tat ist diese Annahme in sehr vielen Fällen mit guter Annäherung erfüllt. Um eine Schätzung der einzelnen Parameter des Vektors β zu ermöglichen, müssen die exogenen Beobachtungswerte in der Matrix **X** so beschaffen sein, dass

> **(M6)** $\mathbf{X'X}$ regulär.

Eine quadratische Matrix **A** heißt *regulär*, wenn ihre Inverse $\mathbf{A}^{-1}$ existiert. In diesem Fall bedeutet dies, dass die inverse Matrix $(\mathbf{X'X})^{-1}$ berechnet werden kann, so dass das Produkt

$$(\mathbf{X'X})^{-1}\mathbf{X'X} = \mathbf{I}$$

die Einheitsmatrix **I** ergibt. Die Voraussetzung **(M6)** ist erfüllt, wenn

1. die Anzahl der Beobachtungstupel größer ist als die Anzahl der zu schätzenden Parameter, also $n > k$, und
2. die Spaltenvektoren der Matrix **X** linear unabhängig sind.

Auf den Fall der einfachen linearen Regression mit $k=1$ übertragen, wird **(M6)** zur Bedingung **(R6)**.

Da sie im Folgenden häufiger genannt wird, schauen wir uns die Matrix $\mathbf{X'X}$ genauer an. Sie ist quadratisch und hat $k+1$ Zeilen und Spalten. Sie enthält alle Quadratsummen und Produktsummen, die man aus den exogenen Größen bilden kann, also deren Varianzen und Kovarianzen. Für den einfachen Fall mit $k=1$ wäre dies

$$\mathbf{X'X} = \begin{pmatrix} 1 & 1 & 1 & \cdots & 1 \\ x_1 & x_2 & x_3 & \cdots & x_n \end{pmatrix} \begin{pmatrix} 1 & x_1 \\ 1 & x_2 \\ 1 & x_3 \\ \vdots & \vdots \\ 1 & x_n \end{pmatrix} = \begin{pmatrix} n & \sum x_i \\ \sum x_i & \sum x_i^2 \end{pmatrix} \quad \text{und} \quad \frac{1}{n}\mathbf{X'X} = \begin{pmatrix} 1 & \bar{x} \\ \bar{x} & \overline{x^2} \end{pmatrix}.$$

Schätzen der Modellparameter

In Matrizenform schreiben wir die endogenen Werte **y** einerseits als Summe der *theoretischen Werte* und der *latenten Variablen*

$$\begin{aligned} \mathbf{X}\boldsymbol{\beta} + \mathbf{u} &= \mathbf{y} = \mathbf{X}\hat{\boldsymbol{\beta}} + \mathbf{e} \\ \tilde{\mathbf{y}} + \mathbf{u} &= \mathbf{y} = \hat{\mathbf{y}} + \mathbf{e} \end{aligned} \qquad (17\text{-}16)$$

und andererseits als Summe der *Schätzwerte* und der *Residuen*.

17.3 Multiple lineare Regressionsanalyse

Das Schätzprinzip der kleinsten Quadrate schlägt vor, den Vektor $\hat{\boldsymbol{\beta}}$ so zu wählen, dass die Summe der quadrierten Residuen am kleinsten ist. Zu minimieren ist der bei gegebenen Beobachtungswerten **X** und **y** nur noch von $\hat{\boldsymbol{\beta}}$ abhängende Ausdruck

$$\begin{aligned}\text{SQR} = \sum e_t^2 = \mathbf{e'e} &= (\mathbf{y}-\mathbf{X}\hat{\boldsymbol{\beta}})'(\mathbf{y}-\mathbf{X}\hat{\boldsymbol{\beta}}) = (\mathbf{y'}-\hat{\boldsymbol{\beta}}'\mathbf{X'})(\mathbf{y}-\mathbf{X}\hat{\boldsymbol{\beta}})\\ &= \mathbf{y'y} - \hat{\boldsymbol{\beta}}'\mathbf{X'y} - \mathbf{y'X}\hat{\boldsymbol{\beta}} + \hat{\boldsymbol{\beta}}'\mathbf{X'X}\hat{\boldsymbol{\beta}}\\ &= \mathbf{y'y} - 2\hat{\boldsymbol{\beta}}'\mathbf{X'y} + \hat{\boldsymbol{\beta}}'\mathbf{X'X}\hat{\boldsymbol{\beta}}.\end{aligned}$$

Wir beachten, dass alle Summanden in SQR zwar Matrixprodukte, aber doch *skalare Größen* sind, so dass $\hat{\boldsymbol{\beta}}'\mathbf{X'y}$ und $\mathbf{y'X}\hat{\boldsymbol{\beta}}$ identisch sind. Nullsetzen der 1. Ableitung nach $\hat{\boldsymbol{\beta}}$ liefert die Normalgleichungen

$$\frac{\partial \text{SQR}}{\partial \hat{\boldsymbol{\beta}}} = -2\mathbf{X'y} + 2\mathbf{X'X}\hat{\boldsymbol{\beta}} = 0 \quad \Rightarrow \quad (\mathbf{X'X})\hat{\boldsymbol{\beta}} = \mathbf{X'y},$$

woraus – wenn man beide Seiten von links mit der Inversen von $\mathbf{X'X}$ multipliziert –

$$\underbrace{(\mathbf{X'X})^{-1}(\mathbf{X'X})}_{\mathbf{I}}\hat{\boldsymbol{\beta}} = (\mathbf{X'X})^{-1}\mathbf{X'y},$$

die Schätzformel

$$\boxed{\hat{\boldsymbol{\beta}} = (\mathbf{X'X})^{-1}\mathbf{X'y}} \tag{17-17}$$

hervorgeht. Mit diesen Parameterschätzungen gewinnt man die Schätzwerte der endogenen Größen $\hat{\mathbf{y}} = \mathbf{X}\hat{\boldsymbol{\beta}}$ und die Residuen $\mathbf{e} = \mathbf{y} - \mathbf{X}\hat{\boldsymbol{\beta}}$.

Schätzen der Störvarianz

Zum Schätzen der Varianz der latenten Variablen wird man die Varianz der Residuen **e**, wie sie sich nach Schätzung des Parametervektors darstellen, heranziehen. Man kann zeigen, dass

$$\boxed{\hat{\sigma}^2 = \frac{1}{n-k-1}\mathbf{e'e}} \tag{17-18}$$

unter Berücksichtigung der Freiheitsgrade eine erwartungstreue Schätzformel für die Störvarianz ist.

Algebraische Eigenschaften

Die algebraischen Implikationen der Methode der kleinsten Quadrate sind rein *rechnerischer*, also technischer oder mechanischer Art. Sie liegen eben vor, wenn man nach der Methode der kleinsten Quadrate rechnet. Sie sind jedenfalls nicht *stochastischer* Art, denn sie haben nichts mit der Wahrscheinlichkeitsverteilung der latenten Variablen zu tun. Sie folgen direkt aus den Normalgleichungen in denen ja nur Beobachtungswerte vorkommen. In diese setzen wir zunächst die in (17-16) angegebenen Identitäten ein und erhalten

$$\mathbf{X'X}\hat{\boldsymbol{\beta}} = \mathbf{X'y}$$
$$\mathbf{X'}\hat{\mathbf{y}} = \mathbf{X'}(\hat{\mathbf{y}}+\mathbf{e})$$
$$\mathbf{X'}\hat{\mathbf{y}} = \mathbf{X'}\hat{\mathbf{y}}+\mathbf{X'e}.$$

Daraus folgt, dass der letzte Summand Null ist

$$\mathbf{X'e} = \mathbf{0}, \qquad (17\text{-}19)$$

und – nach Multiplikation von links mit dem Vektor der Schätzparameter – auch

$$\hat{\boldsymbol{\beta}}'\mathbf{X'e} = \mathbf{0}$$
$$\hat{\mathbf{y}}'\mathbf{e} = \mathbf{0}.$$

Diese **Orthogonalität** bedeutet:

1. Der Vektor **e** der Residuen steht senkrecht auf allen $k+1$ Vektoren in **X**, denn alle Skalarprodukte mit jedem Vektor in der Matrix **X** verschwinden. Der Vektor **e** ragt geometrisch interpretiert gewissermaßen aus dem von den Vektoren in **X** aufgespannten Raum heraus. Statistisch interpretiert heißt das, dass die Residuen *keine Kovarianz* mit den exogenen Variablen haben. Algebraisch interpretiert bedeuten die Gleichungen in (17-19) $k+1$ *lineare Restriktionen*, die den Residuen durch die Schätzung auferlegt werden. Damit verringert sich ihre *Zahl der Freiheitsgrade* auf $n-k-1$. Das wird zu berücksichtigen sein, wenn die Störvarianz mit der Residualvarianz geschätzt werden soll.

2. Die Residuen stehen damit auch auf dem Vektor der Scheinvariablen, der aus n Einsen besteht, senkrecht, so dass

$$\sum 1 \cdot e_i = 0$$

die Summe der Residuen verschwindet und die *Zentraleigenschaft* gewährleistet ist. Eine Konsequenz davon ist

$$\sum y_i = \sum (\hat{y}_i + e_i) = \sum \hat{y}_i \quad \Rightarrow \quad \bar{y} = \bar{\hat{y}}.$$

17.3 Multiple lineare Regressionsanalyse

3. Der Residuenvektor **e** steht auch senkrecht auf dem Vektor der Schätzwerte

$$(\hat{y}_1, \hat{y}_2, \hat{y}_3, \cdots, \hat{y}_n) = \hat{\mathbf{y}}' = \hat{\boldsymbol{\beta}}'\mathbf{X}'.$$

Das verblüfft nicht, denn die Schätzwerte sind eine *Linearkombination* aus den exogenen Vektoren in **X**.

4. Die drei Vektoren in der Gleichung $\mathbf{y} = \hat{\mathbf{y}} + \mathbf{e}$ bilden ein rechtwinkliges Dreieck, wie in BILD 17.2 dargestellt. Quadrieren von **y** ergibt

$$\mathbf{y}'\mathbf{y} = (\hat{\mathbf{y}}+\mathbf{e})'(\hat{\mathbf{y}}+\mathbf{e}) = (\hat{\mathbf{y}}'+\mathbf{e}')(\hat{\mathbf{y}}+\mathbf{e}) = \hat{\mathbf{y}}'\hat{\mathbf{y}} + \underbrace{\hat{\mathbf{y}}'\mathbf{e}}_{=0} + \underbrace{\mathbf{e}'\hat{\mathbf{y}}}_{=0} + \mathbf{e}'\mathbf{e}$$

$$\mathbf{y}'\mathbf{y} = \hat{\mathbf{y}}'\hat{\mathbf{y}} + \mathbf{e}'\mathbf{e}$$

eine Zerlegung der Quadratsumme der endogenen Größen in genau zwei Teile, nämlich die Quadratsumme der Schätzwerte und die Quadratsumme der Residuen. In der geometrischen Interpretation verbirgt sich dahinter nichts anderes als der Satz des Pythagoras. Statistisch gesehen bedeutet es eine **Varianzzerlegung**. Denn teilt man erst durch n und zieht dann das Quadrat des Mittelwertes der endogenen Variablen ab, erhält man

$$\frac{1}{n}\mathbf{y}'\mathbf{y} - \bar{y}^2 = \frac{1}{n}\hat{\mathbf{y}}'\hat{\mathbf{y}} - \bar{y}^2 + \frac{1}{n}\mathbf{e}'\mathbf{e}$$

$$\boxed{s_Y^2 = s_{\hat{Y}}^2 + s_E^2} \tag{17-20}$$

Die Gesamtvarianz der endogenen Variablen wird zerlegt in die geschätzte Varianz und die Residualvarianz.

Beispiel [7] Wie hoch sind in Deutschland die Mietausgaben der Haushalte und wovon hängen sie ab? Wir rechnen mit den Daten aus einer Stichprobe im Umfang von 327 deutschen Haushalten. Der Modellansatz erklärt die *Kaltmiete pro Jahr* in Abhängigkeit vom Bruttoeinkommen des Haushalts und von der Anzahl der im Haushalt lebenden Personen:

Miete = $\beta_0 + \beta_1 \cdot$ Einkommen + $\beta_2 \cdot$ Personen + U.

Die Kleinste-Quadrate-Schätzung erbringt

$\widehat{\text{Miete}}$ = 1 983 + 0.093 · Einkommen + 928 · Personen,

wonach für einen Dreipersonenhaushalt mit einem Bruttoeinkommen von 60 000 Euro eine jährliche Kaltmiete in Höhe von

1 983 + 0.093 · 60 000 + 928 · 3 = 10 347 Euro

zu erwarten wäre.

Beispiel [8] Gute Schätzergebnisse für die deutsche Geldnachfragefunktion aus Beispiel [6] erhält man mit einer in den Logarithmen linearen Spezifikation. Zur Schätzung mit Quartalswerten werden noch drei Saisondummies (vgl. Abschnitt **5.7**) eingefügt:

$$\log M = \beta_0 + \beta_1 \text{Dummy}_1 + \beta_2 \text{Dummy}_2 + \beta_3 \text{Dummy}_3 + \beta_4 \log Y + \beta_5 \log R + U$$

Über der Referenzperiode 1960:1 bis 1989:4 erhalten wir für die Geldmenge M1 mit dem realen BIP als Einkommens- bzw. Transaktionsvariable und dem Zinssatz für Dreimonatsgeld:

Dependent Variable: Log(M1)
Method: Least Squares
Sample: 1960:1–1989:4
Included observations: 120

Variable	Coefficient	Std. Error	t-Statistic	P-value
Const	−10.08308	0.223945	−45.02471	0.0000
Saisondummy 1	0.168774	0.026887	6.277134	0.0000
Saisondummy 2	0.069257	0.026659	2.597888	0.0106
Saisondummy 3	0.010432	0.026530	0.393208	0.6949
Log(BIP)	2.541870	0.038432	66.13999	0.0000
Log(R)	−0.171423	0.025977	−6.599104	0.0000
R-squared	0.975936	Mean dependent var		4.99993
Adjusted R-squared	0.974880	S.D. dependent var		0.64606
S.E. of regression	0.102395	Akaike info criterion		−1.6713
Sum squared resid	1.195260	Schwarz criterion		−1.5319
Log likelihood	106.2751	F-statistic		924.658
Durbin-Watson stat	0.333105	Prob(F-statistic)		0.00000

Printout der ökonometrischen Software EViews

Beispiel [9] Eine gesamtwirtschaftliche Produktionsfunktion Deutschlands vom COBB-DOUGLAS-Typ

$$Y = A \cdot t^\lambda \cdot L^\alpha \cdot K^\beta \cdot U \tag{17-21}$$

soll geschätzt werden. Dabei bedeutet Y das reale Bruttoinlandsprodukt, K den gesamtwirtschaftliche Kapitalstock und L den Einsatz an Arbeit, der durch die Anzahl der Erwerbstätigen repräsentiert wird. Neben dem konstanten Proportionalitätsfaktor A enthält die Produktionsfunktion noch einen Term, der den technologischen, die Produktion erhöhenden Fortschritt als ansteigende Funktion der Zeit t ($\lambda > 0$) darstellt. Die Störvariable ist multiplikativ angesetzt, so dass man die Funktion durch Logarithmieren

$$\log Y = \log A + \lambda \log t + \alpha \log L + \beta \log K + \log U \tag{17-21a}$$

leicht in die übliche lineare Form mit drei exogenen Variablen transformieren kann. Die Schätzung mit Jahreswerten über dem Stützzeitraum 1975–2005 ergibt

Dependent Variable: Log(BIP)
Method: Least Squares
Sample: 1975-2005
Included observations: 31

Variable	Coefficient	Std. Error	t-Statistic	P-value
Const	−10.74467	3.682342	−2.917890	0.0072
Log(time)	0.029439	0.012321	2.389335	0.0244
Log(Labour)	0.791641	0.313325	2.526581	0.0179
Log(Kapital)	0.331030	0.069238	4.781045	0.0001
Dummy	−0.272531	0.062635	−4.351098	0.0002
R-squared	0.988921	Mean dependent var		3.35212
Adjusted R-squared	0.986437	S.D. dependent var		0.36245
S.E. of regression	0.019874	F-statistic		1434.88
Durbin-Watson stat	0.873327	Prob(F-statistic)		0.0000

Printout der ökonometrischen Software EViews

Als vierte Variable wurde noch eine Dummy-Variable eingesetzt, um die Effekte der Wiedervereinigung auf die Produktivität abzufangen. Die Dummy-Variable wird vor der Vereinigung auf den Wert Null, danach auf den Wert Eins gesetzt. Erwartungsgemäß ist die Schätzung des dazugehörigen Parameters negativ, da die durchschnittliche Produktivität Gesamtdeutschlands unter der der alten Bundesrepublik lag. Der aufmerksame Ökonom bemerkt, dass in diesem Ergebnis die COBB-DOUGLAS-Restriktion bezüglich der **Produktionselastizitäten** verletzt ist: Vgl. Beispiel [13]!

Güte der Anpassung

Der *multiple Korrelationskoeffizient* ist definiert als die positive Wurzel aus

$$R^2 := \frac{s_{\hat{Y}}^2}{s_Y^2} = 1 - \frac{s_E^2}{s_Y^2} = 1 - \frac{\mathbf{e}'\mathbf{e}}{\mathbf{y}'\mathbf{y} - n\bar{y}^2}. \tag{17-22}$$

Dieses *Bestimmtheitsmaß* ist der Anteil der durch die exogenen Variablen **X** *erklärten Varianz* der endogenen Variablen *Y* an ihrer *Gesamtvarianz* und es liegt zwischen Null und Eins. Je näher es bei Eins liegt, umso besser erklärt das Modell die beobachteten Daten. Jedoch kann man die Tauglichkeit einer Modellspezifikation nicht allein nach der Größe ihres Bestimmtheitsmaßes beurteilen, denn es vergrößert sich in aller Regel durch Hinzufügen einer beliebigen weiteren exogenen Variablen.

556 KAPITEL 17 *Regressionsanalyse*

Die um die Zahl der Freiheitsgrade bereinigte Maßzahl

$$\overline{R}^2 := 1 - \frac{\mathbf{e}'\mathbf{e}/(n-k-1)}{(\mathbf{y}'\mathbf{y}-n\overline{y}^2)/(n-1)} \tag{17-23}$$

trägt diesem Umstand Rechnung, indem sie die Anzahl der Regressoren explizit berücksichtigt: Im Zähler und Nenner stehen nun *erwartungstreue Schätzungen* der Störvarianz und der Varianz der endogenen Variablen. Durch eine zusätzlich in die Spezifikation eingefügte exogene Variable kann sie auch abnehmen, wenn deren Erklärungskraft zu gering ist, um den Verlust des Freiheitsgrades zu kompensieren. Insoweit ist diese bereinigte Maßzahl nützlich zum Vergleich von Spezifikationen, die sich durch Hinzufügen oder Weglassen von erklärenden Variablen unterscheiden.

Beispiel [10] Ein Rechenbeispiel[2] soll die Anwendung der Formeln und Matrixoperationen verdeutlichen. Die Zahlen sind mit Bedacht sehr einfach gewählt, um die Operationen leichter nachvollziehbar zu machen. Die beobachteten Werte sind

$$\mathbf{y} = \begin{bmatrix} 3 \\ 1 \\ 8 \\ 3 \\ 5 \end{bmatrix} \quad \text{und} \quad \mathbf{X} = \begin{bmatrix} 1 & 3 & 5 \\ 1 & 1 & 4 \\ 1 & 5 & 6 \\ 1 & 2 & 4 \\ 1 & 4 & 6 \end{bmatrix}$$

Es sind $k = 2$ exogene Variablen, eine Scheinvariable für das Absolutglied β_0 und $n = 5$ Beobachtungstripel (y_i, x_{1i}, x_{2i}). Durch einfache Matrixmultiplikation (Kombination von Zeilen mit Spalten) erhalten wir

$$\mathbf{X}'\mathbf{X} = \begin{bmatrix} 1 & 1 & 1 & 1 & 1 \\ 3 & 1 & 5 & 2 & 4 \\ 5 & 4 & 6 & 4 & 6 \end{bmatrix} \cdot \begin{bmatrix} 1 & 3 & 5 \\ 1 & 1 & 4 \\ 1 & 5 & 6 \\ 1 & 2 & 4 \\ 1 & 4 & 6 \end{bmatrix} = \begin{bmatrix} 5 & 15 & 25 \\ 15 & 55 & 81 \\ 25 & 81 & 129 \end{bmatrix} \quad \text{und} \quad \mathbf{X}'\mathbf{y} = \begin{bmatrix} 20 \\ 76 \\ 109 \end{bmatrix}$$

und daraus das Normalgleichungssystem und die Lösung

$$\begin{bmatrix} 5 & 15 & 25 \\ 15 & 55 & 81 \\ 25 & 81 & 129 \end{bmatrix} \cdot \begin{bmatrix} \hat{\beta}_0 \\ \hat{\beta}_1 \\ \hat{\beta}_2 \end{bmatrix} = \begin{bmatrix} 20 \\ 76 \\ 109 \end{bmatrix} \quad \text{und} \quad \hat{\boldsymbol{\beta}} = \begin{bmatrix} \hat{\beta}_0 \\ \hat{\beta}_1 \\ \hat{\beta}_2 \end{bmatrix} = \begin{bmatrix} 4 \\ 2.5 \\ -1.5 \end{bmatrix}.$$

Zur Lösung des Gleichungssystems kann man das GAUSSsche Eliminationsverfahren direkt anwenden – oder man berechnet zuerst die Inverse. Sie lautet

---

[2] aus Johnston/DiNardo: *Econometric Methods*.

$$(\mathbf{X'X})^{-1} = \begin{bmatrix} 26.7 & 4.5 & -8 \\ 4.5 & 1 & -1.5 \\ -8 & -1.5 & 2.5 \end{bmatrix}$$

und ist symmetrisch. Die Regressionsgleichung lautet

$$\hat{Y} = 4 + 2.5X_1 - 1.5X_2$$

und die Schätzwerte und Residuen

$$\hat{\mathbf{y}} = \mathbf{X}\hat{\boldsymbol{\beta}} = \begin{bmatrix} 1 & 3 & 5 \\ 1 & 1 & 4 \\ 1 & 5 & 6 \\ 1 & 2 & 4 \\ 1 & 4 & 6 \end{bmatrix} \cdot \begin{bmatrix} 4 \\ 2.5 \\ -1.5 \end{bmatrix} = \begin{bmatrix} 4 \\ 0.5 \\ 7.5 \\ 3 \\ 5 \end{bmatrix} \quad \text{und} \quad \begin{bmatrix} 3 \\ 1 \\ 8 \\ 3 \\ 5 \end{bmatrix} - \begin{bmatrix} 4 \\ 0.5 \\ 7.5 \\ 3 \\ 5 \end{bmatrix} = \begin{bmatrix} -1 \\ 0.5 \\ 0.5 \\ 0 \\ 0 \end{bmatrix} = \mathbf{e}.$$

Für die Varianzzerlegung rechnen wir

$$\mathbf{y'y} = \begin{bmatrix} 3 & 1 & 8 & 3 & 5 \end{bmatrix} \cdot \begin{bmatrix} 3 \\ 1 \\ 8 \\ 3 \\ 5 \end{bmatrix} = 108, \quad \hat{\mathbf{y}}'\hat{\mathbf{y}} = 106.5, \quad \mathbf{e'e} = 1.5$$

beziehungsweise

$$\sigma_Y^2 = 108/5 - 4^2 = 5.6, \quad \sigma_{\hat{Y}}^2 = 106.5/5 - 4^2 = 5.3, \quad \sigma_E^2 = 1.5/5 = 0.3$$

und erhalten für das multiple Bestimmtheitsmaß:

$$R^2 = 1 - 0.3/5.6 = 1 - 0.05357 = 0.94643 \quad \text{und} \quad \overline{R}^2 = 0.8929.$$

Die geschätzte Störvarianz beträgt

$$\hat{\sigma}^2 = \frac{1}{5-2-1} \mathbf{e'e} = \frac{1}{2} \cdot 1.5 = 0.75.$$

17.4 Stochastische Eigenschaften

In der Schätzformel nach der Methode der kleinsten Quadrate ist $\hat{\boldsymbol{\beta}}$ eine Funktion der Daten $\mathbf{X}$ und $\mathbf{y}$. Mit $\mathbf{y} = \mathbf{X}\boldsymbol{\beta} + \mathbf{u}$ kann sie als Funktion der wahren Parameter $\boldsymbol{\beta}$ und der latenten Variablen $\mathbf{u}$ geschrieben werden. In dieser Schreibweise

$$\hat{\boldsymbol{\beta}} = (\mathbf{X'X})^{-1}\mathbf{X'y} = (\mathbf{X'X})^{-1}\mathbf{X'}(\mathbf{X}\boldsymbol{\beta} + \mathbf{u})$$
$$= (\mathbf{X'X})^{-1}\mathbf{X'X}\boldsymbol{\beta} + (\mathbf{X'X})^{-1}\mathbf{X'u}$$
$$\hat{\boldsymbol{\beta}} = \boldsymbol{\beta} + (\mathbf{X'X})^{-1}\mathbf{X'u} \tag{17-24}$$

ist zu erkennen, dass $\hat{\boldsymbol{\beta}}$ ein Zufallsvektor ist, und es stellt sich die Frage, welche stochastischen Eigenschaften er hat. Besonders interessiert man sich natürlich für die Erwartungswerte, Varianzen und Kovarianzen der Parameterschätzungen:

1. Die Methode der kleinsten Quadrate liefert **unverzerrte Schätzungen**:

$$E(\hat{\boldsymbol{\beta}}) = \boldsymbol{\beta}$$

Beweis: Bildet man von (17-23) den Erwartungswert
$$E(\hat{\boldsymbol{\beta}}) = \boldsymbol{\beta} + (\mathbf{X}'\mathbf{X})^{-1}\mathbf{X}'\,E(\mathbf{u}) = \boldsymbol{\beta},$$
so wird der zweite Summand wegen **(M2)** zu Null.

2. Die Varianzen und Kovarianzen stellt man übersichtlich in der sogenannten **Varianz-Kovarianz-Matrix**

$$\mathbf{S} := \begin{pmatrix} Var(\hat{\beta}_0) & Cov(\hat{\beta}_0,\hat{\beta}_1) & \cdots & Cov(\hat{\beta}_0,\hat{\beta}_k) \\ Cov(\hat{\beta}_1,\hat{\beta}_0) & Var(\hat{\beta}_1) & \cdots & Cov(\hat{\beta}_1,\hat{\beta}_k) \\ \vdots & \vdots & \ddots & \vdots \\ Cov(\hat{\beta}_k,\hat{\beta}_0) & Cov(\hat{\beta}_k,\hat{\beta}_1) & \cdots & Var(\hat{\beta}_k) \end{pmatrix}$$

dar. Es ist eine *symmetrische Matrix*, auf deren Hauptdiagonalen die Varianzen der Parameterschätzungen und auf den anderen Plätzen ihre Kovarianzen stehen. Um sie zu berechnen, gehen wir einfach von der Definition der 2. Momente bei Erwartungstreue

$$\mathbf{S} := E[(\hat{\boldsymbol{\beta}} - \boldsymbol{\beta})(\hat{\boldsymbol{\beta}} - \boldsymbol{\beta})']$$

aus und erhalten mit (17-23) und **(M3+4)** und einigen Umstellungen

$$\mathbf{S} = E[(\mathbf{X}'\mathbf{X})^{-1}\mathbf{X}'\mathbf{u} \cdot \mathbf{u}'\mathbf{X}(\mathbf{X}'\mathbf{X})^{-1}]$$
$$= (\mathbf{X}'\mathbf{X})^{-1}\mathbf{X}'\underbrace{E[\mathbf{u}\mathbf{u}']}_{=\sigma^2\mathbf{I}}\mathbf{X}(\mathbf{X}'\mathbf{X})^{-1} = \underbrace{(\mathbf{X}'\mathbf{X})^{-1}\mathbf{X}'\mathbf{X}}_{=\mathbf{I}}(\mathbf{X}'\mathbf{X})^{-1}\sigma^2$$

das Ergebnis

$$\mathbf{S} = (\mathbf{X}'\mathbf{X})^{-1} \cdot \sigma^2.$$

Die Parameterschätzungen sind also um so genauer, je weniger die Störvariable streut. Allerdings wird man sich in der Anwendung mit der geschätzten Varianz-Kovarianz-Matrix

$$\hat{S} = (X'X)^{-1} \cdot \hat{\sigma}^2$$

begnügen müssen. Um ihre Elemente zu berechnen, braucht man einen Schätzwert für die Varianz der latenten Variablen und verwendet dafür Formel (17-18).

3. Die Parameterschätzungen sind *konsistent*

$$\text{plim}\,\hat{\beta} = \beta.$$

Diese stochastische Konvergenz ist gewährleistet, wenn die Varianzen in **S** mit zunehmendem n gegen Null gehen. Da mit zunehmendem n die Elemente von $X'X$ immer größer werden, weil immer mehr Summanden dazukommen, werden die Elemente von $(X'X)^{-1}$ immer kleiner und streben gegen Null.

4. Hervorzuheben ist noch die sogenannte *BLUE-Eigenschaft* (Best Linear Unbiased Estimator) der Schätzformel (17-17). Es gibt keinen anderen linearen unverzerrten Schätzer $\breve{\beta}$, der besser wäre, in dem Sinne, dass er auch nur für eines seiner $\breve{\beta}_j$ eine kleinere Varianz hätte als der Kleinst-Quadrate-Schätzer. Es gilt

$$Var(\hat{\beta}) \leq Var(\breve{\beta}).$$

Auf den Beweis dieses berühmten GAUSS-MARKOV[3]-Theorems sei hier verzichtet. Ein *linearer Schätzer* ist ein solcher, der die Beobachtungen **X** und **y** und folglich auch **u** *linear kombiniert*.

5. Welche Wahrscheinlichkeitsverteilung haben die Parameterschätzungen? Wie in der Formel (17-24) erkennbar ist, hängt sie, bei gegebenen **X**, ausschließlich von der Verteilung der Störvariablen im Vektor **u** ab. Sind die Störvariablen identisch und unabhängig *normalverteilt*, so werden auch die $\hat{\beta}_j$ normalverteilt sein – wenn auch nicht unabhängig, denn zu ihrer Berechnung werden dieselben u_i mit verschiedenen Gewichten verknüpft.

Konfidenzintervalle und Signifikanztests

Im Allgemeinen wird man sich in der Regressionsanalyse nicht mit Punktschätzungen der Parameter zufriedengeben. Unter der Voraussetzung normalverteilter Störvariablen sind die Quotienten

$$\frac{\hat{\beta}_j - \beta_j}{\sqrt{\hat{V}ar(\hat{\beta}_j)}} = T$$

---

[3] ANDREY ANDREYEWICH MARKOV, 1856–1922, russischer Mathematiker, Professor in St. Petersburg. Er entwickelte als erster eine Theorie der stochastischen Prozesse, nach ihm benannt sind die „MARKOV-Ketten".

auch für kleine Stichproben exakt STUDENT-t-verteilt mit $n-k-1$ Freiheitsgraden. Hieraus folgt sofort die Wahrscheinlichkeitsaussage

$$P(-t < \frac{\hat{\beta}_j - \beta_j}{\hat{\sigma}_j} \leq +t) = F_T(t) - F_T(-t)$$

– worin $\hat{\sigma}_j = \sqrt{\hat{Var}(\hat{\beta}_j)}$ bedeutet –, und die Konfidenzintervalle für β_j lauten dann entsprechend

$$KI(\beta_j, 1-\alpha) = \left[\hat{\beta}_j - t\hat{\sigma}_j, \hat{\beta}_j + t\hat{\sigma}_j\right], \qquad (14\text{-}13a)$$

wobei t aus der Tafel der t-Verteilung mit $n-k-1$ Freiheitsgraden zu entnehmen ist. Will man ein um $\hat{\beta}_j$ symmetrisches Intervall, nimmt man die Stelle, an der die Verteilungsfunktion der t-Verteilung den Wert $1-\alpha/2$ hat, also das $(1-\alpha/2)$-Quantil:

$$t[1-\alpha/2] = -t[\alpha/2]$$

Es sei betont, dass die Verwendung der t-Verteilung voraussetzt, dass die latenten Variablen normalverteilt sind. Diese Voraussetzung ist aber in den meisten Fällen mit guter Annäherung erfüllt, gerade dann wenn man annimmt, dass sich in der latenten Variablen eine Vielzahl kleiner und unabhängiger Einflüsse verbirgt. Für große Stichprobenumfänge n allerdings kann in jedem Fall die Normalverteilung verwendet werden.

Die im Zusammenhang mit der Regressionsanalyse bei weitem am häufigsten zu testende Nullhypothese ist die, dass eine exogene Variable X_j keinen Einfluss auf Y hat, also

$$H_0: \beta_j = 0, \qquad j = 1, 2, \cdots, k.$$

Dazu bildet man als Prüfgröße den Quotienten aus der Parameterschätzung und seiner geschätzten Standardabweichung. Man verwendet häufig die **Faustregel**

$$\boxed{\frac{|\hat{\beta}_j|}{\hat{\sigma}_j} > 2 \quad \Rightarrow \quad H_0 \text{ verwerfen!}} \qquad (17\text{-}25)$$

Dies entspräche einem *zweiseitigen Test* auf einem Signifikanzniveau von ungefähr $\alpha = 0.05$. Bei der Ergebnisausgabe eines jeden Statistikprogramms werden stets neben den Parameterschätzungen ihre Standardabweichungen, die t-Statistiken, also die Quotienten aus diesen beiden, und die dazugehörenden Überschreitungswahrscheinlichkeiten (P-Werte, vgl. Abschnitt **15.9**) angegeben.

Beispiel [11] Setzen wir die Überlegungen zu Beispiel [7] fort. Sind das Bruttoeinkommen und die Personenzahl der Haushalte signifikant? Dazu betrachten wir als Prüfgröße die t-Statistiken, das sind die Quotienten aus der Parameterschätzung und seiner geschätzten Standardabweichung.

Dependent Variable: Miete
Method: Least Squares
Included observations: 193

Variable	Coefficient	Std. Error	t-Statistic	P-value
Const	3765.965	502.0775	7.500764	0.0000
Einkommen	0.036233	0.005027	7.207302	0.0000
Personen	855.2635	181.9568	4.700367	0.0000

R-squared	0.414035	Mean dependent var		8948.53
Adjusted R-squared	0.407867	S.D. dependent var		3897.12
S.E. of regression	2998.840	Akaike info criterion		18.8653
Sum squared resid	1.71E+09	Schwarz criterion		18.9160
Log likelihood	-1817.498	F-statistic		67.1256
Durbin-Watson stat	1.888546	Prob(F-statistic)		0.00000

Printout der ökonometrischen Software EViews

Wir sehen auf den ersten Blick, dass beide Parameter hochsignifikant sind, ihre P-Werte (Abschnitt **15.9**) in den ersten vier Nachkommastellen Null. Dennoch ist das Bestimmtheitsmaß R^2 recht klein: Nur 40% der Varianz der Miete wird durch die beiden Variablen erklärt. Das bedeutet, dass noch wesentliche Einflussfaktoren fehlen oder andere, nichtökonomische Ursachen oder der Zufall beim Abschluss von Mietverträgen eine gewichtige Rolle spielen.

Beispiel [12] Die entscheidenden Variablen in der Geldnachfragefunktion aus Beispiel [8] sind die Einkommens- und die Zinsvariable. Ihre Schätzparameter zeigen das von der Theorie vorgeschlagene Vorzeichen. Die Prüfgrößen lauten

$$\frac{\hat{\beta}_4}{\hat{\sigma}_4} = \frac{2.54187}{0.03843} = 66.13999 \quad \text{und} \quad \frac{\hat{\beta}_5}{\hat{\sigma}_5} = \frac{-0.17142}{0.02598} = -6.59910,$$

so dass beide Variablen einen hochsignifikanten Einfluss auf die Geldmenge haben. Die Saisonvarianz ist ebenfalls signifikant. Wir beachten auch das hohe R^2 von 0.9759.

Beispiel [13] Nach der Faustregel (17-25) sind alle Parameterschätzungen der Produktionsfunktion in Beispiel [9] signifikant von Null verschieden. Ihre t-Werte sind absolut größer als 2.

Die Summe der beiden **Schätzungen der Produktionselastizitäten** der Faktoren beträgt

$$\hat{\alpha} + \hat{\beta} = 0.7916 + 0.3310 = 1.1226 > 1$$

und ist somit etwas größer als Eins, scheint also die COBB-DOUGLAS-**Restriktion der linearen Homogenität** zu verletzen. Wir wollen prüfen, ob die Nullhypothese

$$H_0: \quad \alpha + \beta = 1$$

verworfen werden kann. Für die Berechnung der Standardabweichung der Summe wäre der Additionssatz (10-18) zuständig. Aber auch ohne Kenntnis oder Benutzung der Kovarianz ist gemäß (10-21)

$$\hat{\sigma}_{\hat{\alpha}+\hat{\beta}} \geq |\hat{\sigma}_{\hat{\alpha}} - \hat{\sigma}_{\hat{\beta}}| = 0.3133 - 0.0692 = 0.2441$$

mindestens 0.2441, so dass die Prüfgröße

$$\frac{|\hat{\alpha}+\hat{\beta}-1|}{\hat{\sigma}_{\hat{\alpha}+\hat{\beta}}} \leq \frac{|1.1226-1|}{0.2441} = \frac{0.1226}{0.2441} = 0.5002 < 2$$

den kritischen Wert nicht überschreiten kann. Die COBB-DOUGLAS-Hypothese ist beizubehalten.

Professioneller wäre es gewesen, die Restriktion gleich im Schätzverfahren zu berücksichtigen! Der SACHVERSTÄNDIGENRAT schätzt so in seinem Jahresgutachten 2007/2008 mit dem Ansatz (17-21a) aus Beispiel [9] auf dem Stützzeitraum 1970 – 2007 die Produktivitätselastizität des Faktors Arbeit auf 0.78 und die des Faktors Kapital auf 0.22.

Häufig wird auch die **Signifikanz der Modellspezifikation als Ganzes** getestet. Die Nullhypothese lautet dann

$$H_0: \quad \beta_1 = \beta_2 = \cdots = \beta_k = 0 \, .$$

Ausgehend von der Varianzzerlegung

$$s_Y^2 = s_{\hat{Y}}^2 + s_E^2 \tag{17-20}$$

kann man zeigen, dass unter der Normalverteilungsannahme (**M5**) und bei Gültigkeit der Nullhypothese die Größen

$$n\frac{s_{\hat{Y}}^2}{\sigma^2} = \chi_k^2 \quad \text{und} \quad n\frac{s_E^2}{\sigma^2} = \chi_{n-k-1}^2$$

chi-Quadrat-verteilt sind. Ihr Quotient wäre damit F-verteilt, so dass die Nullhypothese auf dem Signifikanzniveau α zu verwerfen wäre, wenn

$$\frac{s_{\hat{Y}}^2/k}{s_E^2/(n-k-1)} > F_{n-k-1}^k[1-\alpha] .$$

Wir vergleichen dazu die letzten beiden Zahlen, die in den EViews-Printouts der Beispiele [8], [9] und [11] angegeben sind.

Kontrollfragen

1. Wodurch unterscheidet sich die Regressionsanalyse von der Regressionsrechnung des Kapitels 4?

2. Was sind „Normalgleichungen"?

3. In welcher Weise wurden zur Bestimmung des Minimums der Quadratsumme SQR die Bedingungen 2. Ordnung benutzt?

4. Was ist der Unterschied zwischen den latenten Variablen und den Residuen?

5. Wodurch wird die stochastische Eigenschaft der Konsistenz der Parameterschätzungen gewährleistet? Was ist die BLUE-Eigenschaft und unter welchen Voraussetzungen ist sie gewährleistet?

6. Wodurch unterscheidet sich das bereinigte R^2 vom unbereinigten und was ist sein Vorteil?

7. Welcher Zusammenhang besteht zwischen der Steigung der Regressionsgeraden und dem multiplen Korrelationskoeffizienten?

8. Welche Größen stehen in der Varianz-Kovarianz-Matrix?

9. In welche Teile wird durch die Kleinst-Quadrate-Schätzung die Gesamtvarianz der endogenen Variablen zerlegt?

10. Was versteht man unter der Zahl der Freiheitsgrade?

11. Mit welcher Faustregel testet man, ob der Einfluss einer exogenen Variablen signifikant von Null verschieden ist?

PRAXIS

Müssen die Lohnnebenkosten gesenkt werden?

In der politischen Diskussion über die hohe Arbeitslosigkeit und das zu geringe Wirtschaftswachstum wird in den letzten Jahren immer wieder das Argument der zu hohen Lohnnebenkosten vorgetragen. Darunter versteht man die Sozialabgaben für Kranken-, Renten- und Arbeitslosenversicherung, die, so lautet die These, gleichgültig ob als Arbeitnehmer- oder Arbeitgeberanteil zwangsweise entrichtet, den Produktionsfaktor Arbeit übermäßig verteuern, so dass zu wenig davon nachgefragt wird.

Während die Arbeitgeberverbände eher geneigt sind, dieser These zu folgen, wird sie von den Gewerkschaften abgelehnt. Dennoch versucht nun auch eine sozialdemokratisch geführte Regierung in Deutschland, die Lohnnebenkosten fühlbar zu senken, um eine höhere Beschäftigung zu erreichen.

Um das Problem statistisch zu untersuchen, wird es nicht genügen, die Lohnnebenkosten als einzige Ursache für die Beschäftigung zu modellieren. Deshalb muss man zunächst die oder wenigstens einige wichtige Einflussfaktoren

$$\text{Beschäftigung} = f(?, ?, ?, ?) + U$$

auf die Beschäftigung bestimmen. Als erklärende Variablen für *BESCH*, die Anzahl der Beschäftigten, wählen wir *ad hoc*

1. *BEVÖ* = Bevölkerung
2. *KONJ* = reales BIP/Erwerbspersonen, die konjunkturelle Auslastung, ausgedrückt durch das reale Bruttoinlandsprodukt pro Erwerbsperson
3. *TAX* = Steuereinnahmen/BIP, die Steuerquote, ausgedrückt durch den Quotienten aus dem Steueraufkommen und dem nominalen Bruttoinlandsprodukt
4. *SOZ* = Sozialbeiträge/BIP, die Summe aus Arbeitgeber- und Arbeitnehmerbeiträgen zur Sozialversicherung im Verhältnis zum nominalen Bruttoinlandsprodukt

und schreiben

$$BESCH = f(\overset{+}{BEVÖ}, \overset{+}{KONJ}, \overset{?}{TAX}, \overset{?}{SOZ}).$$

Es ist klar, dass eine solche einfache Spezifikation einer einzigen Gleichung keine erschöpfende ökonomische Theorie darstellt. Jedoch steht zu erwarten, dass die Bevölkerungszahl einen starken und positiven Einfluss (+) auf die Beschäftigung haben sollte, ebenso die gesamtwirtschaftliche konjunkturelle Situation. Deshalb werden diese beiden Variablen auf jeden Fall in das Modell aufgenommen. Mit einem logarithmischen Ansatz über der Referenzperiode 1960:1 bis 1994:1 erhalten wir das folgende Ergebnis:

Dependent Variable: Log(BESCH)
Method: Least Squares
Sample: 1960:1–1994:1
Included observations: 137

Variable	Coefficient	Std. Error	t-Statistic	P-value
Const	4.047094	1.455922	2.779746	0.0062
Log(BEVÖ)	0.610223	0.125339	4.868591	0.0000
Log(KONJ)	0.239388	0.028183	8.494073	0.0000
Log(TAX)	–0.052824	0.044047	–1.199266	0.2326
Log(SOZ)	–0.093535	0.027777	–3.367292	0.0010
R-squared	0.900045	Mean dependent var		10.0386
Adjusted R-squared	0.897016	S.D. dependent var		0.06972
Log likelihood	328.7265	F-statistic		297.149
Durbin-Watson stat	0.281582	Prob(F-statistic)		0.00000

Printout der ökonometrischen Software EViews

Nach dieser Schätzung zeigt sich der negative Einfluss der Lohnnebenkosten auf die Beschäftigung als statistisch sehr signifikant. Allerdings ist das Ausmaß eher gering: Der Parameter β_4 bei der vierten erklärenden Variablen log(SOZ) ist als **Elastizität** zu interpretieren,

$$\hat{\beta}_4 = \frac{\partial\, BESCH}{\partial\, SOZ} \cdot \frac{SOZ}{BESCH} = -0.0935,$$

das heißt eine Senkung der Lohnnebenkosten um 10% würde eine Erhöhung der Anzahl der Beschäftigten um ca. 1%, das sind ungefähr 280 000 Personen, erwarten lassen.

ERGÄNZENDE LITERATUR

Auer, Ludwig von: *Ökonometrie*, 4. Aufl., Berlin: Springer, 2007

Eckey, Hans-F.; Kosfeld, R.; Dreger, Ch.: *Ökonometrie. Grundlagen - Methoden - Beispiele*, 3. Aufl., Wiesbaden: Gabler, 2004

Greene, William H.: *Econometric Analysis*, 6. Aufl., London: Prentice Hall 2008

Johnston, Jack; DiNardo, John: *Econometric Methods*, 4. Aufl., New York: McGraw-Hill, 1997

Mills, T. C.; Patterson, K. (Ed.): *Palgrave Handbook of Econometrics Volume 1: Econometric Theory*, London, New York: Palgrave Macmillan, 2007

Schneeweiß, Hans: *Ökonometrie*, 4. Aufl., Heidelberg: Physica, 1990

Studenmund, A. H.: *Using Econometrics. A Practical Guide*, 5. Aufl., Boston: Addison-Wesley, Longman, 2005

AUFGABEN

17.1 **Inverse Matrix.** Gehen Sie von der in Abschnitt **17.3** angegebenen Matrix **X'X** für den Fall $k = 1$ aus.

a) Invertieren Sie die Matrix **X'X** in allgemeiner Rechnung.

b) Zeigen Sie, dass die Determinante von $(\mathbf{X'X})/n$ gerade gleich der Varianz der exogenen Beobachtungswerte ist.

17.2 Berechnen Sie die neun Elemente der Matrix **X'X** für $k = 2$.

17.3 **Normalgleichungen.** Führen Sie die Lösung der Normalgleichungen aus Beispiel [10] mit dem GAUSSschen Eliminationsverfahren durch. Prüfen Sie nach, ob die Matrix richtig invertiert worden ist, indem Sie dazu die Probe $(\mathbf{X'X})^{-1} \mathbf{X'X} = \mathbf{I}$ machen.

17.4 **Orthogonalität.** Prüfen Sie nach, ob im Beispiel [10] die Orthogonalitäten **X'e** = **0** und **y'e** = 0 gewährleistet sind.

17.5 Aus den 20 Beobachtungen zum Modell
$$Y = \alpha + \beta X + U,$$
in dem die Störvariablen unabhängig und mit Nullerwartung und gleicher Varianz normalverteilt sind, wurden folgende Werte berechnet:

$$\sum y_i = 21.9; \quad \sum (x_i - \bar{x})^2 = 215.4; \quad \sum x_i = 186.2$$
$$\sum (y_i - \bar{y})^2 = 86.9; \quad \sum (x_i - \bar{x})(y_i - \bar{y}) = 106.4$$

a) Berechnen Sie die Kleinst-Quadrate-Schätzungen für α und β.

b) Wie lauten die Matrizen **X'X** und **X'y**?

Es sei nun **e'e** = 34.3255.

c) Wie groß ist die Residualvarianz? Geben Sie eine erwartungstreue Schätzung für die Varianz der latenten Variablen.

d) Welche Standardabweichungen haben die Parameterschätzungen?

e) Berechnen Sie einen Schätzwert für Y bei $X = 10$. Wie hoch schätzen Sie seine Standardabweichung? Benutzen Sie dazu Formel (10-18).

17.6 Zur Schätzung des Regressionsmodells
$$Y = \beta_0 + \beta_1 X_1 + \beta_2 X_2 + U$$
liegen drei Zeitreihen mit jeweils zehn Beobachtungen vor. Folgende Zwischenergebnisse sind schon ausgerechnet worden:

$$\sum y_t = 20 \quad \sum x_{1t} = 30 \quad \sum x_{2t} = 40$$
$$\sum y_t^2 = 88.2 \quad \sum x_{1t}^2 = 92 \quad \sum x_{2t}^2 = 163$$
$$\sum x_{1t} y_t = 59 \quad \sum x_{2t} y_t = 88 \quad \sum x_{1t} x_{2t} = 119$$

a) Stellen Sie die Matrizen **X'X** und **X'y** zusammen. Wie lauten die Normalgleichungen dazu in Matrixschreibweise?

b) Invertieren Sie die Matrix **X'X**.

c) Schätzen Sie die Parameter!

Damit und mit den hier nicht angegebenen Beobachtungswerten erhalten Sie die Skalarprodukte **y'y** = 88.2 und **ŷ'ŷ** = 63.

d) Berechnen Sie **e'e**. Berechnen Sie R^2 und auch das bereinigte Bestimmtheitsmaß.

e) Fertigen Sie eine erwartungstreue Schätzung der Störvarianz an und notieren Sie die geschätzte Varianz-Kovarianz-Matrix.

f) Testen Sie mit der Faustregel die Hypothese $\beta_2 = 0$.

17.7 **Konstante Elastizitäten.** Eine Nachfragefunktion nach einem Gut gibt die nachgefragte Menge Q eines Gutes in Abhängigkeit vom Preis P des Gutes und vom Einkommen Y der Nachfrager an. Oft verwendet man dazu die Form

$$Q = \beta_0 \cdot P^{\beta_1} \cdot Y^{\beta_2} \cdot U$$

a) Linearisieren Sie diese Funktion so, dass sie mit der Methode der kleinsten Quadrate geschätzt werden kann.

b) Berechnen Sie von dieser Funktion die Preiselastizität und die Einkommenselastizität

$$\eta_P := \frac{\partial Q}{\partial P} \cdot \frac{P}{Q} \quad \text{und} \quad \eta_Y := \frac{\partial Q}{\partial Y} \cdot \frac{Y}{Q}$$

der Nachfrage. Welche Vorzeichen für die Parameterschätzungen sind im Normalfall zu erwarten?

LÖSUNGEN

17.1 a) $\begin{bmatrix} \sum x_i^2 & -\sum x_i \\ -\sum x_i & n \end{bmatrix} \cdot \dfrac{1}{n^2 s_X^2}$

b) $\overline{x^2} - \bar{x}^2 = s_X^2$

17.3 $\begin{bmatrix} 26.7 & 4.5 & -8 \\ 4.5 & 1 & -1.5 \\ -8 & -1.5 & 2.5 \end{bmatrix} \begin{bmatrix} 5 & 15 & 25 \\ 15 & 55 & 81 \\ 25 & 81 & 129 \end{bmatrix}$

17.5 a) −3.5038; 0.4940

b) $\begin{bmatrix} 20 & 186.2 \\ 186.2 & 1948.9 \end{bmatrix}$; $\begin{bmatrix} 21.9 \\ 310.3 \end{bmatrix}$

c) 1.7163; 1.9070

d) 0.9290; 0.09411

e) 1.4358; 0.3156

17.6 a) $\begin{bmatrix} 10 & 30 & 40 \\ 30 & 92 & 119 \\ 40 & 119 & 163 \end{bmatrix} \begin{bmatrix} \hat{\beta}_0 \\ \hat{\beta}_1 \\ \hat{\beta}_2 \end{bmatrix} = \begin{bmatrix} 20 \\ 59 \\ 88 \end{bmatrix}$

b) $\begin{bmatrix} 16.7 & -2.6 & -2.2 \\ -2.6 & 0.6 & 0.2 \\ -2.2 & 0.2 & 0.4 \end{bmatrix}$

c) $\begin{bmatrix} -13 \\ 1 \\ 3 \end{bmatrix}$;

d) 25.2; 0.4772; 0.3278

e) 3.6; $\begin{bmatrix} 60.12 & -9.36 & -7.92 \\ -9.36 & 2.16 & 0.72 \\ -7.92 & 0.72 & 1.44 \end{bmatrix}$

f) t-Statistik = 2.5; H_0 verwerfen!

KAPITEL 18

Stochastische Prozesse und Zeitreihenmodelle

Seit einigen Jahren spielt die Zeitreihenanalyse in der wirtschaftswissenschaftlichen Forschung, aber auch in der finanzwirtschaftlichen Praxis eine große Rolle. Mit ihr wird versucht, von den Regelmäßigkeiten in der Entwicklung einer Zeitreihe, die man in der Vergangenheit beobachtet hat, auf ihre zukünftige Entwicklung zu schließen. Die Zeitreihenanalyse wird also zu Prognosezwecken eingesetzt. Soweit man für die Prognose einer Größe nur die Beobachtungswerte derselben statistschen Variablen verwendet, spricht man von *univariater Zeitreihenanalyse*.

Man wird in diesem Zusammenhang zuerst an die in Kapitel **5** erläuterten Konzepte denken und versuchen, Bewegungskomponenten wie Trend, Zyklus und periodische Komponente zu identifizieren und zu quantifizieren. Die moderne Zeitreihenanalyse geht darüber aber weit hinaus.

Das grundlegende Konzept der Zeitreihenanalyse ist der stochastische Prozess.

Definition: Eine zeitlich geordnete Folge von Zufallsvariablen

$$\{Y_t\} = Y_1, Y_2, Y_3, \cdots, Y_t, \cdots \tag{18-1}$$

heißt *stochastischer Prozess*.

Manchmal ist es praktischer, die Nummerierung mit Null oder mit einer anderen Zahl zu beginnen. Die Sequenz kann endlich viele oder unendlich viele Zufallsvariablen enthalten. Sind es endlich viele, könnte der stochastische Prozess durch die gemeinsame Verteilungsfunktion vollständig angegeben werden. Eine beobachtete Zeitreihe

$$y_1, y_2, y_3, \cdots, y_T$$

(vgl. Kapitel **5**) wird nun als *eine* Realisation der Länge T des stochastischen Prozesses aufgefasst. Jeder Beobachtungswert y_t ist von einer anderen Zufallsvariablen generiert. Dieser Umstand macht den statistischen Rückschluss von der beobachteten Zeitreihe auf den stochastischen Prozess so schwierig. Es wird auch nur unter sehr einschränkenden Annahmen überhaupt möglich sein, ihn zu schätzen.

Beispiel [1] Die Ziehung der Superzahl im Lotto ist ein stochastischer Prozess. Die Superzahl ist eine Zahl zwischen 0 und 9, und sie wird zweimal wöchentlich ermittelt. Nur wenn man zusätzlich zu den anderen sechs Zahlen auch die Superzahl richtig getippt hat, gewinnt man in der höchsten Gewinnklasse. Technisch wird zur Ermittlung der Superzahl aus einem Ziehungsgerät (Urne) mit zehn entsprechend beschrifteten Kugeln automatisch eine Kugel gezogen. Dabei sollte man davon ausgehen, dass das Ziehungsgerät fair in dem Sinne ist, dass keine Kugel „bevorzugt" wird. Nach dem Prinzip des unzureichenden Grundes lässt sich für die Zufallsvariable

$Y_t :=$ Aufschrift der zum Zeitpunkt t gezogenen Kugel

dann die Wahrscheinlichkeitsmassenfunktion

$$f(y_t) = \frac{1}{10} \quad \text{für} \quad y_t = 0, 1, \cdots, 9$$

angeben. Dabei gilt diese Massenfunktion für alle Ziehungen seit der ersten Ziehung der Superzahl am 7.12.1991 ($t = 1$) und wird wohl für alle weiteren Ziehungen gelten. Sicher werden es nur endlich viele sein.

Diese Woche für Woche, mittwochs und samstags, über T Ziehungen unabhängig voneinander durchgeführten Zufallsexperimente bilden einen Prozess, der durch die Angabe der gemeinsamen Verteilung

$$f(y_1, y_2, y_3, \cdots, y_T) = \left(\frac{1}{10}\right)^T, \quad \begin{array}{l} \text{für } y_t = 0, 1, \cdots, 9 \\ \text{und } t = 1, \cdots, T \end{array}$$

vollständig beschrieben ist.

Die empirische Zeitreihe der Ziehungsergebnisse – etwa vom 08.06.2008 bis zum 13.08.2008 –

7 2 4 7 2 9 5 0 7 8 2 6 9 3 5 1 4 3 4 1

kann dann als eine Realisation der Länge 20 dieses stochastischen Prozesses aufgefasst werden.

Sicherlich ist dies in Beispiel [1] ein sehr einfacher stochastischer Prozess. Solche einfachen Prozesse werden in den Wirtschaftswissenschaften kaum je für Prognosen verwendet werden können.

Wenn der stochastische Prozess, der die beobachtete Zeitreihe hervorgebracht hat, nicht bekannt ist, muss **ein passendes Modell** für ihn gefunden werden. Dessen Eigenschaften sollten mit denen der beobachteten Zeitreihe insoweit übereinstimmen, dass man davon ausgehen kann, die Zeitreihenwerte seien vom Prozess hervorgebracht worden. Natürlich kann man nie sicher sein, ob die beobachtete Reihe tatsächlich durch den gewählten Prozess erzeugt wurde. Trotzdem geht man davon aus, dass sich die

Weiterentwicklung der Zeitreihe auch nach Beendigung der Beobachtungen durch den Prozess weiterhin beschreiben lässt. Nur so werden Aussagen über die zukünftige Entwicklung der Zeitreihe möglich.

18.1 Kennzahlen stochastischer Prozesse

Ein stochastischer Prozess wäre durch die Verteilungsfunktionen seiner Zufallsvariablen bzw. durch die gemeinsame Verteilungsfunktion vollständig beschrieben. Besonders bei langen Prozessen wäre dies aber sehr umständlich und auch wenig informativ. Für praktische Zwecke genügt in der Regel die Angabe der *ersten und zweiten Momente* seiner Zufallsvariablen, der Prozess ist dadurch hinreichend charakterisiert.

Definition:
1. $\mu(t) := E(Y_t)$ heißt **Mittelwertfunktion**
2. $\sigma^2(t) := Var(Y_t)$ heißt **Varianzfunktion**
3. $\gamma_j(t) := Cov(Y_t, Y_{t-j})$ heißt **Autokovarianzfunktion**
4. $\rho_j(t) := \dfrac{\gamma_j(t)}{\sigma(t) \cdot \sigma(t-j)}$ heißt **Autokorrelationsfunktion**

des stochastischen Prozesses $\{Y_t\}$. (18-2)

Die Kovarianzfunktion weist jedem Paar t und j die Kovarianz zwischen der Zufallsvariablen Y_t und der um j Perioden zurückliegenden Zufallsvariablen Y_{t-j} zu. Erwartungswerte, Varianzen und Kovarianzen als **Funktion** von t und j zu sehen ist sinnvoll, wenn man bedenkt, dass die Zufallsvariablen Y_t für jeden Wert des Zeitindex t durchaus verschiedene Verteilungen haben können. Weil t und j nur ganzzahlige Werte annehmen, erhält man Folgen von Mittelwerten, Varianzen und Kovarianzen:

Y_1	Y_2	Y_3	Y_4	Y_5	Y_6	$\cdots$	Y_t	$\cdots$
$\mu(1)$	$\mu(2)$	$\mu(3)$	$\mu(4)$	$\mu(5)$	$\mu(6)$	$\cdots$	$\mu(t)$	$\cdots$
$\sigma^2(1)$	$\sigma^2(2)$	$\sigma^2(3)$	$\sigma^2(4)$	$\sigma^2(5)$	$\sigma^2(6)$		$\sigma^2(t)$	
	$\gamma_1(2)$	$\gamma_1(3)$	$\gamma_1(4)$	$\gamma_1(5)$	$\gamma_1(6)$		$\gamma_1(t)$	
		$\gamma_2(3)$	$\gamma_2(4)$	$\gamma_2(5)$	$\gamma_2(6)$		$\gamma_2(t)$	
			$\gamma_3(4)$	$\gamma_3(5)$	$\gamma_3(6)$		$\gamma_3(t)$	
				$\gamma_4(5)$	$\gamma_4(6)$		$\gamma_4(t)$	
					$\vdots$		$\vdots$	

Obwohl der Ausdruck *Kovarianz* hier richtiger wäre, denn Y_t und Y_{t-j} sind ja zwei verschiedene Variablen, spricht man doch in diesem Zusammenhang meistens von **Autokovarianz** und **Autokorrelation**. Das soll darauf hinweisen, dass es sich um *ein und denselben stochastischen Prozess* handelt. Natürlich kann man die Varianzfunktion

$$\sigma^2(t) =: \gamma_0(t)$$

auch als Autokovarianzfunktion mit $j = 0$ schreiben.

Beispiel [2] Zur Berechnung der Kennzahlen des Prozesses aus Beispiel [1] verwenden wir die für jedes t identische Randverteilung

$$f(y_t) = \frac{1}{10} \quad \text{für} \quad y_t = 0, \cdots, 9$$

und erhalten

$$\mu(t) = \sum_{y_t=0}^{9} y_t \cdot \frac{1}{10} = (0+1+2+\cdots+9)\frac{1}{10} = 4.5$$

$$\sigma^2(t) = \sum_{y_t=0}^{9} (y_t - 4.5)^2 \cdot \frac{1}{10} = 8.25.$$

Erwartungswert und Varianz des Prozesses sind in diesem Beispiel für alle Zeitpunkte gleich. Da die einzelnen Zufallsvariablen stochastisch unabhängig sind, ist der Wert der Kovarianzfunktion für alle Lags gleich Null:

$$\gamma_j(t) := Cov(Y_t, Y_{t-j}) = 0 \quad \text{für} \quad j \neq 0.$$

Beispiel [3] Ein Roulettespiel. Ein Spieler setze beim Roulette einen Euro auf Rot. Falls er gewinnt, lässt er den durch den Gewinn mit Wahrscheinlichkeit $p = 18/37$ verdoppelten Betrag auf Rot stehen und spielt die nächste Runde. Verliert er, so hört er auf zu spielen. Verzichten wir auf den Einwand, dass kein vernünftiger Mensch so spielen würde, und definieren eine Zufallsvariable

$Y_t :=$ Betrag, den der Spieler nach Runde t auf Rot setzt.

Die Wahrscheinlichkeiten, dass der Betrag eine bestimmte Höhe annimmt, sind in der folgenden Tabelle wiedergegeben:

18.1 Kennzahlen stochastischer Prozesse

Runde	Euro	$P(Y_t=2^t)$	$P(Y_t=0)$
1	2	p	$1-p$
2	4	p^2	$1-p^2$
3	8	p^3	$1-p^3$
4	16	p^4	$1-p^4$
$\vdots$			
t	2^t	p^t	$1-p^t$
$\vdots$			

Die Massenfunktion für jede Zufallsvariable Y_t wäre nun

$$f(y_t) = \begin{cases} p^t & \text{für } y_t = 2^t \\ 1-p^t & \text{für } y_t = 0 \end{cases} \qquad t = 1, 2, 3, \cdots.$$

Daraus berechnen wir die Mittelwert- und Varianzfunktion

$$\mu(t) = 2^t \cdot p^t + 0 \cdot (1-p^t) = (2p)^t$$

$$\sigma^2(t) = (2^t)^2 \cdot p^t + 0^2 \cdot (1-p^t) - \mu^2(t) = (2^t)^2 \cdot p^t - \mu^2(t)$$

$$= \frac{1}{p^t} \mu^2(t) - \mu^2(t) = \frac{1-p^t}{p^t} \mu^2(t).$$

Man sieht, dass die Erwartungswerte für $p = 18/37 < 0.5$ mit wachsendem t abnehmen. Die Folge der Erwartungswerte beginnt mit den Zahlen

0.973, 0.947, 0.921, 0.896, 0.872, 0.848, 0.825, 0.803, 0.781, $\cdots$

Die Spielbank gewinnt eben mit jeder Runde! Nur wenn die Rouletteschüssel keine grüne Null hätte, also $p = 0.5$ wäre, ergäbe sich ein über die Zeit konstanter Erwartungswert des Spieleinsatzes. Die Varianzfunktion hingegen nimmt stets für wachsende t zu. Das ist einleuchtend. Der Leser berechne die ersten drei Werte der Varianzfunktion als Übung (Aufgabe **18.1**).

Werfen wir einen Blick auf die stochastische Beziehung zweier Zufallsvariablen im Abstand $j > 0$, also Y_t und Y_{t-j}. Sie haben eine gemeinsame Massenfunktion

	$Y_{t-j} = 0$	$Y_{t-j} = 2^{t-j}$	Σ
$Y_t = 0$	$1-p^{t-j}$	$p^{t-j} \cdot (1-p^j)$	$1-p^t$
$Y_t = 2^t$	0	$p^{t-j} \cdot p^j$	p^t
Σ	$1-p^{t-j}$	p^{t-j}	1

woraus wir die Kovarianzfunktion berechnen:

$$\gamma_j(t) = E(Y_t Y_{t-j}) - \mu(t)\mu(t-j) = 2^t \cdot 2^{t-j} \cdot p^t - \mu(t)\mu(t-j)$$

$$= \frac{1-p^{t-j}}{p^{t-j}} \mu(t)\mu(t-j).$$

Wir finden: Obwohl die Zufallsexperimente des Roulettes unabhängig sind, sind doch die Beträge Y_t positiv korreliert! Man erkennt, dass mit wachsendem Abstand j die Kovarianz abnimmt, wohingegen sie mit wachsendem t immer größer wird, weil die Beträge größer werden (vgl. Aufgabe 18.2).

18.2 Stationäre stochastische Prozesse

Es wurde schon erwähnt, dass im Sinne der Zeitreihenanalyse eine zu untersuchende empirische Zeitreihe als eine Realisation eines stochastischen Prozesses aufgefasst wird. Wenn das so ist, kann man versuchen, den zugrundeliegenden Prozess aufzuspüren. Da es aber eine enorme Vielfalt davon gibt, wird das auf Anhieb kaum gelingen, denn jede in der Praxis vorkommende empirische Zeitreihe enthält vergleichsweise wenige Zahlenwerte. Lange Zeitreihen helfen da auch nicht weiter, denn umso mehr Zufallsvariablen hätte dann auch der stochastische Prozess. Um überhaupt von einer Zeitreihe auf einen bestimmten Prozess schließen zu können, muss man *a priori* eine Klasse von möglichen Prozessen vorgeben. Dabei wählt man üblicherweise Prozesse, bei denen nicht jede Zufallsvariable Y_t eine ganz andere Verteilung hat. Hätte zum Beispiel jedes Y_t denselben Erwartungswert, ließe sich dieser recht brauchbar etwa aus dem arithmetischen Mittel der Zeitreihenwerte schätzen. Eine gewisse *zeitliche Stabilität* sollte der stochastische Prozess schon haben.

Ein stochastischer Prozess, dessen erste und zweite Momente unabhängig vom Zeitindex sind, wird stationär genannt.

Definition: Ein stochastischer Prozess $\{Y_t\}$ heißt **schwach stationär**, wenn für alle t und j gilt:

1. $\mu(t) = \mu$
2. $\sigma^2(t) = \sigma^2$ (18-3)
3. $\gamma_j(t) = \gamma_j$.

Die 3. Vorschrift bedeutet, dass die Kovarianzen lediglich von der Entfernung j abhängen, aber nicht vom Zeitindex t. Strenggenommen könnte man in der Definition die 2. Vorschrift weglassen, weil sie in der 3. für $j=0$ enthalten ist. Wenn bei einem stochastischen Prozess nicht alle Bedingungen erfüllt sind oder wenn man einzelne Eigenschaften hervorheben will, sagt man, der Prozess sei *mittelwertstationär*, *varianzstationär* oder *kovarianzstationär*.

Der in Beispiel [1] und [2] vorgestellte Prozess ist also ein schwach stationärer Prozess. Hingegen ist der in Beispiel [3] diskutierte Prozess nicht stationär, da sowohl die Mittelwertfunktion als auch die Kovarianzfunktion von t abhängen.

Bei stationären Prozessen gilt für jedes j:

$$\rho_j = \frac{\gamma_j}{\gamma_0} \tag{18-4}$$

$$-1 \leq \rho_j \leq +1 \quad \Leftrightarrow \quad -\gamma_0 \leq \gamma_j \leq \gamma_0.$$

In der Tat sind die stationären Prozesse die Favoriten der Zeitreihenanalyse. Denn nur wenn die Erwartungswerte und die zweiten Momente *im Zeitablauf konstant* bleiben, können sie aus einer Zeitreihe, deren Beobachtungswerte ja als Realisationen verschiedener Zufallsvariablen angesehen werden, geschätzt werden. Bei einem nicht stationären Prozess müssten für jede einzelne Zufallsvariable Y_t eigene Momente geschätzt werden. Wenn aber für jedes t höchstens eine Beobachtung vorliegt, geht das nicht.

Schließlich soll vollständigkeitshalber noch der Begriff der strengen Stationarität definiert werden.

Definition: Ein Prozess, bei dem die gemeinsame Verteilungsfunktion jedes endlichen zusammenhängenden Teiles von Zufallsvariablen $Y_1, Y_2, \cdots, Y_m$ gleich der Verteilungsfunktion des um k Zeitpunkte verschobenen Teiles $Y_{1+k}, Y_{2+k}, \cdots, Y_{m+k}$

$$F(y_1, y_2, \cdots, y_m) = F(y_{1+k}, y_{2+k}, \cdots, y_{m+k}),$$

ist, heißt *streng stationärer stochastischer Prozess*.

Bei einem streng stationären Prozess sind alle Y_t identisch verteilt, aber nicht notwendigerweise unabhängig. Jedoch ist die Art der Abhängigkeit immer dieselbe und nur vom Grad der Nachbarschaft, also der zeitlichen Nähe, abhängig.

Strenge Stationarität ist eine stärkere Eigenschaft. Jeder streng stationäre stochastische Prozess ist natürlich von selbst schwach stationär.

Längsschnittdaten und Querschnittdaten

Die Eigenschaft der Stationarität ist aber nicht hinreichend, um aus den Zeitreihenwerten *konsistente* Schätzungen für μ und die γ_j zu gewinnen. Denn in der Statistik werden zum Schätzen im Allgemeinen *unabhängige Stichproben* vorausgesetzt. Man geht von unabhängig und identisch verteilten Zufallsvariablen aus und hat dann konsistente Schätzformeln für deren Erwartungswerte, Varianzen und Kovarianzen.

Die hier vorliegende Situation unterscheidet sich von diesem Standardfall aber grundlegend. Eine empirische Zeitreihe enthält Längsschnittdaten, denn sie ist eine Folge von Beobachtungen zu *verschiedenen* Zeitpunkten, welche als Realisationen *verschiedener* Zufallsvariablen aufgefasst werden müssen. Wenn diese Zufallsvariablen auch die gleichen 1. und 2. Momente haben mögen, so sind sie *doch typischerweise in vielen Fällen abhängig*! Diese Abhängigkeitsstrukturen aufzudecken ist gerade das Ziel der Zeitreihenanalyse.

Deshalb stellt sich die Frage, ob fehlende Querschnittdaten durch die Längsschnittdaten ersetzt werden können. Ein Prozess wird **ergodisch** genannt, wenn die aus Längsschnittdaten gewonnenen Momente (Mittelwerte, Varianzen, Kovarianzen) gegen die entsprechenden Prozessmomente konvergieren:

Definition: Ein stationärer stochastischer Prozess $\{Y_t\}$ mit der Mittelwertfunktion μ und den Kovarianzfunktionen γ_j heißt

1. *mittelwertergodisch*, wenn

$$\lim_{T \to \infty} E\Big(\frac{1}{T}\sum_{t=1}^{T} Y_t\Big) = \mu, \quad \text{und}$$

2. *kovarianzergodisch*, wenn für alle j

$$\lim_{T \to \infty} E\Big[\frac{1}{T}\sum_{t=1}^{T}(Y_t - \mu)(Y_{t-j} - \mu)\Big] = \gamma_j.$$

Aber unter welchen Bedingungen ist nun ein stationärer Prozess ergodisch? Es wird wohl an seinen Kovarianzen liegen. Wie wir in Kapitel 13 gesehen haben, ist eine Schätzung mit der Momentenmethode jedenfalls dann konsistent, wenn Unabhängigkeit oder wenigstens Unkorreliertheit vorliegt. Es zeigt sich, dass gar so strenge Einschränkungen nicht gemacht werden müssen, um die Konsistenz zu sichern. Es genügt, wenn die Autokovarianzen nicht zu groß sind beziehungsweise mit zunehmender Entfernung j schnell genug kleiner werden. Genauer gesagt, ist ein stationärer Prozess *genau dann mittelwertergodisch*, wenn die γ_j *absolut summierbar* sind, wenn also

$$\sum_{j=0}^{\infty} |\gamma_j| < \infty.$$

Bei den allermeisten stationären Prozessen ist dies der Fall.

Schätzen der Kennzahlen

Erwartungswert und Kovarianzfunktion eines stationären und ergodischen Prozesses können aus den entsprechenden empirischen Momenten der Zeitreihe konsistent geschätzt werden. Man benutzt die Schätzformeln

Erwartungswert
$$\hat{\mu} = \bar{y} \tag{18-5}$$

Autokovarianzen
$$\hat{\gamma}_j = \frac{1}{T-j-1} \sum_{t=j+1}^{T} (y_t - \bar{y})(y_{t-j} - \bar{y}) \tag{18-6}$$

Autokorrelationen
$$\hat{\rho}_j = r_j := \frac{\sum_{t=j+1}^{T} (y_t - \bar{y})(y_{t-j} - \bar{y})}{\sum_{t=1}^{T} (y_t - \bar{y})^2} \tag{18-7}$$

für $j = 0, 1, 2, \cdots$. In der Praxis geht man zur Schätzung der Autokorrelationsfunktion meist nicht über die Quotienten aus Kovarianzen und Varianz, sondern verwendet direkt die *empirische Autokorrelationsfunktion* r_j. Das hat gewisse Vorteile. Jedenfalls ist die Konsistenz

$$\text{plim } \bar{y} = \mu, \quad \text{plim } \hat{\gamma}_j = \gamma_j, \quad \text{plim } \hat{\rho}_j = \rho_j$$

gewährleistet und für lange Zeitreihen wäre der Unterschied ohnehin zu vernachlässigen.

Die graphische Darstellung der empirischen Autokorrelationsfunktion ACF einer Zeitreihe heißt **Korrelogramm**.

Signifikanztest

Sind die Autokorrelationskoeffizienten signifikant von Null verschieden? Zu testen wäre die Hypothese

$$H_0: \rho_j = 0 \, .$$

Die Koeffizienten r_j einer Zeitreihe sind als Realisationen von Zufallsvariablen R_j anzusehen. Man kann zeigen, dass diese unter H_0 *annähernd normalverteilt* sind mit der Varianz $1/T$. Man verwendet grundsätzlich die Faustregel

$$\left| r_j \right| > \frac{2}{\sqrt{T}} \quad \Rightarrow \quad H_0 \text{ verwerfen !}$$

Dies entspricht einem *zweiseitigen Test* auf einem Signifikanzniveau von ungefähr $\alpha = 0.05$.

Beispiel [4] Die Zeitreihe des DAX ist stark autokorreliert, jedoch nehmen die Werte der ACF mit steigendem Lag ab. Aus einer Zeitreihe mit von $T = 300$ aufeinanderfolgenden Tagesschlusskursen erhalten wir nebenstehendes Korrelogramm. Im Bild ist auch die Zwei-Sigma-Schwelle eingezeichnet. Sie wird von allen 16 berechneten Koeffizienten deutlich überschritten.

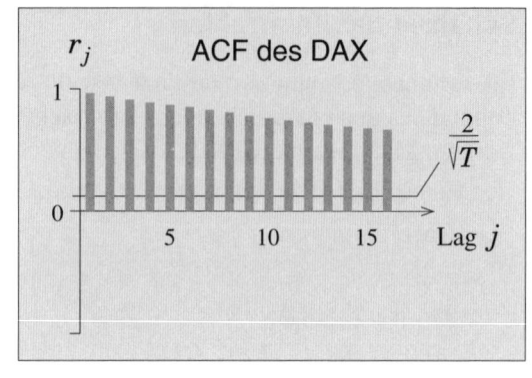

White-Noise- und Normalprozess

Ein sehr einfacher stochastischer Prozess hat in der Zeitreihenanalyse eine sehr wichtige Bedeutung. Er dient als „Grundbaustein" für die in der Praxis der Zeitreihenanalyse gebräuchlichsten Prozesse:

Definition: Ein stochastischer Prozess

$$\{\varepsilon_t\} = \varepsilon_1, \varepsilon_2, \cdots, \varepsilon_t, \cdots$$

heißt *weißes Rauschen*, *White-Noise-Prozess* oder *reiner Zufallsprozess*, wenn

$$E(\varepsilon_t) = 0$$
$$Var(\varepsilon_t) = \sigma_\varepsilon^2 = \text{const} \quad \text{für jedes } t \quad (18\text{-}8)$$
$$Cov(\varepsilon_t, \varepsilon_{t-j}) = 0 \quad \text{für } j > 0.$$

White-Noise-Prozesse sind *stationär*: Sie haben konstante Varianzfunktionen, Mittelwerte und Autokovarianzen sind Null.

Beispiel [5] Die Ziehungen der Superzahl im Lotto in Beispiel [1] lassen sich mit Hilfe eines White-Noise-Prozesses darstellen als

$$Y_t = 4.5 + \varepsilon_t \quad \text{mit} \quad \sigma_\varepsilon^2 = 8.25.$$

Jedes ε_t ist diskret und gleichförmig verteilt und kann nur die Werte

$$\pm 0.5, \pm 1.5, \pm 2.5, \pm 3.5, \pm 4.5$$

annehmen.

Gelegentlich wird das weiße Rauschen enger definiert und gefordert, dass die ε_t *identisch* und *unabhängig verteilt* sind. Sind die einzelnen ε_t eines weißen Rauschens *normalverteilt*, so spricht man auch von einem **Normalprozess**.

18.3 Moving-Average-Prozesse

Die weiteste Verbreitung in der Anwendung stochastischer Prozesse bei der praktischen Analyse von Zeitreihen und der Prognose ihrer Weiterentwicklung haben die sogenannten Autoregressiven Moving-Average-Modelle gefunden. Jedenfalls hat sich bei der Anwendung von ARMA-Modellen herausgestellt, dass mit ihrer Hilfe erstellte Kurzfristprognosen oftmals von sehr guter Qualität sind.

ARMA-Prozesse sind aus zwei Teilprozessen, nämlich einem AR-Prozess und einem MA-Prozess, zusammengesetzt.

MA(1)-Prozesse

Bildet man gleitende Durchschnitte über einen White-Noise-Prozess, erhält man einen neuen stochastischen Prozess, bei dem die Unabhängigkeit der aufeinanderfolgenden Zufallsvariablen nicht mehr vorliegt.

Definition: Ein stochastischer Prozess $\{Y_t\}$ mit

$$Y_t := \alpha_0 + \varepsilon_t + \alpha_1 \varepsilon_{t-1}, \qquad (18\text{-}9)$$

wobei α_0 und α_1 Parameter sind und die ε_t einen White-Noise-Prozess mit $Var(\varepsilon_t) = \sigma_\varepsilon^2$ bilden, heißt **Moving-Average-Prozess erster Ordnung** oder **MA(1)-Prozess**.

Welche Eigenschaften hat ein MA(1)-Prozess? Seine Mittelwertfunktion ist

$$\mu(t) = E(\alpha_0 + \varepsilon_t + \alpha_1 \varepsilon_{t-1}) = \alpha_0$$

unabhängig vom Zeitindex t. Auch seine Varianz

$$\gamma_0(t) = Var(\alpha_0 + \varepsilon_t + \alpha_1 \varepsilon_{t-1}) = Var(\varepsilon_t) + Var(\alpha_1 \varepsilon_{t-1}) = (1+\alpha_1^2)\sigma_\varepsilon^2$$

ist zeitunabhängig, ebenso die Autokovarianzfunktion

$$\begin{aligned}\gamma_1(t) &= E[(Y_t - \alpha_0)(Y_{t-1} - \alpha_0)] \\ &= E[(\varepsilon_t + \alpha_1 \varepsilon_{t-1})(\varepsilon_{t-1} + \alpha_1 \varepsilon_{t-2})] \\ &= E(\varepsilon_t \varepsilon_{t-1}) + \alpha_1 E(\varepsilon_{t-1} \varepsilon_{t-1}) + \alpha_1 E(\varepsilon_t \varepsilon_{t-2}) + \alpha_1^2 E(\varepsilon_{t-1} \varepsilon_{t-2})\end{aligned}$$

$$= 0 + \alpha_1 E(\varepsilon_{t-1}\varepsilon_{t-1}) + 0 + 0 = \alpha_1 \sigma_\varepsilon^2.$$

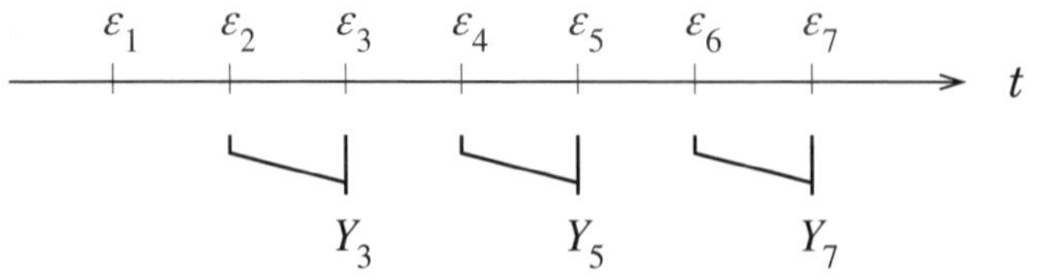

BILD 18.1   Autokorrelation beim MA(1)-Prozess

Beim MA(1)-Prozess gibt es nur eine Abhängigkeit der Zufallsvariablen von ihrer jeweils unmittelbaren Vorgängerin; bereits zur Vorvorgängerin besteht Unabhängigkeit. BILD 18.1 verdeutlicht dies: Zufallsvariable Y_7 und Y_5 sind unabhängig, da sie kein gemeinsames ε haben. Deshalb verschwinden sämtliche Autokovarianzen höherer Ordnung, und wir erhalten die Kovarianzfunktion:

$$\gamma_j = \begin{cases} (1+\alpha_1^2)\sigma_\varepsilon^2 & \text{für } j = 0 \\ \alpha_1 \sigma_\varepsilon^2 & \text{für } j = 1 \\ 0 & \text{für } j > 1. \end{cases} \quad (18\text{-}10)$$

Da die Kovarianzfunktion eines MA(1)-Prozesses unabhängig von t ist, ist ein solcher Prozess immer *stationär*, welche Prozessparameter er auch haben mag. Außerdem ist die Kovarianzfunktion immer absolut summierbar,

$$\sum_{j=0}^{\infty} |\gamma_j| = \left|(1+\alpha_1^2)\sigma_\varepsilon^2\right| + \left|\alpha_1 \sigma_\varepsilon^2\right| < \infty,$$

und somit ist jeder MA(1)-Prozess auch *mittelwertergodisch*. Ist schließlich $\{\varepsilon_t\}$ ein Normalprozess, so ist der Prozess *kovarianzergodisch*, und auch die Kovarianzen können konsistent aus den entsprechenden empirischen Momenten der Zeitreihe geschätzt werden.

Die Korrelationsfunktion eines MA(1)-Prozesses ist aus (18-10) und der Eigenschaft (18-4) stationärer Prozesse ganz einfach zu bestimmen:

$$\rho_j = \frac{\gamma_j}{\gamma_0} = \begin{cases} 1 & \text{für } j = 0 \\ \dfrac{\alpha_1}{1+\alpha_1^2} & \text{für } j = 1 \\ 0 & \text{für } j > 1 \end{cases}$$

Sie hat für Lags größer als Eins den Wert Null. MA(1)-Prozesse legen uns keine große Schätzlast auf; zu schätzen wären nur drei Werte: ein Erwartungswert, eine Varianz und eine Kovarianz.

Beispiel [6] BILD 18.2 zeigt zwei verschiedene MA(1)-Prozesse. Bei dem links dargestellten Prozess ist

$$\alpha_1 = 0.9 \quad \text{und folglich} \quad \rho_1 = 0.9/(1+0.9^2) = 0.9/1.81 = 0.4972,$$

bei dem rechts ist

$$\alpha_1 = -0.5 \quad \text{und folglich} \quad \rho_1 = -0.5/(1+(-0.5)^2) = -0.5/1.25 = -0.4.$$

Die Autokorrelation ρ ist absolut gesehen umso größer, je größer der Parameter α_1 ist, und hat das gleiche Vorzeichen wie dieser.

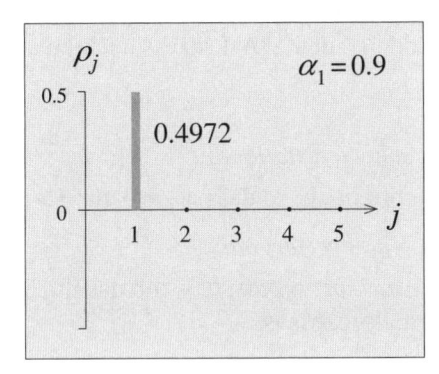

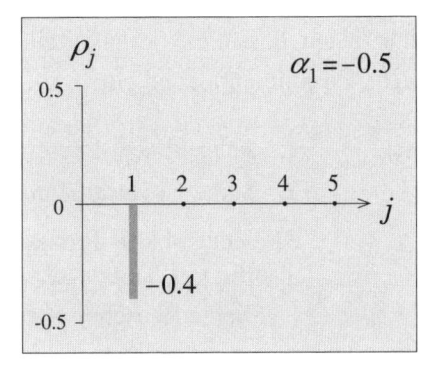

BILD 18.2 Autokorrelationsfunktionen von zwei MA(1)-Prozessen

MA(q)-Prozesse

Werden für die gleitenden Durchschnitte mehr als zwei White-Noise-Variablen verwendet, erhält man Moving-Average-Prozesse höherer Ordnung. Die Verallgemeinerung von (18-9) führt zur

Definition: Ein stochastischer Prozess $\{Y_t\}$ mit

$$Y_t = \alpha_0 + \varepsilon_t + \alpha_1 \varepsilon_{t-1} + \cdots + \alpha_q \varepsilon_{t-q} \tag{18-11}$$

wobei die α_i konstante Parameter sind und $\{\varepsilon_t\}$ ein White-Noise-Prozess mit $Var(\varepsilon_t) = \sigma_\varepsilon^2$ ist, heißt ***Moving-Average-Prozess der Ordnung q*** oder kurz ***MA(q)-Prozess***.

Wir sehen auch hier sofort, dass der Erwartungswert konstant und gleich dem Absolutglied α_0 ist. Eine etwas umständlichere, aber ganz analoge Rechnung wie im Falle von $q = 1$ führt zur Kovarianzfunktion der MA(q)-Prozesse. Sie lautet

KAPITEL 18 *Stochastische Prozesse und Zeitreihenmodelle*

$$\gamma_j = \begin{cases} (1+\alpha_1^2+\alpha_2^2+\cdots+\alpha_q^2)\sigma_\varepsilon^2 & \text{für } j=0 \\ (\alpha_j+\alpha_{j+1}\alpha_1+\cdots+\alpha_q\alpha_{q-j})\sigma_\varepsilon^2 & \text{für } 1\leq j\leq q \\ 0 & \text{für } j>q. \end{cases} \qquad (18\text{-}12)$$

Erwartungswert und Kovarianzen hängen *nicht* vom Zeitindex ab, und somit sind MA(q)-Prozesse *schwach stationär*. **Die Folge der Autokovarianzen bricht ab**, für Lags $j > q$ sind sie alle Null. Drittens sind die Absolutbeträge der Kovarianzen summierbar, denn es sind ja nur endlich viele, und folglich sind die MA(q)-Prozesse mittelwertergodisch. Man kann zeigen, dass die Normalverteilung der ε_t den MA-Prozess auch kovarianzergodisch macht. Zusammenfassend gilt:

Satz:
1. Jeder MA(q)-Prozess ist *schwach stationär*.
2. Seine Kovarianzfunktion bricht ab, so dass $\gamma_j = 0$ für $j > q$.
3. Jeder MA(q)-Prozess ist *mittelwertergodisch*.
4. Ein MA(q)-Prozess ist *kovarianzergodisch*, wenn das ihn erzeugende weiße Rauschen ein Normalprozess ist.

Schließlich ergibt sich aus (18-12) und (18-4) folgende Autokorrelationsfunktion:

$$\rho_j = \frac{\alpha_j+\alpha_{j+1}\alpha_1+\cdots+\alpha_q\alpha_{q-j}}{1+\alpha_1^2+\alpha_2^2+\cdots+\alpha_q^2} \qquad \text{für } 1\leq j\leq q.$$

Beispiel [7] In seinen Prozessparametern ausgedrückt, hat die Autokorrelationsfunktion eines MA(2)-Prozesses folgende Werte:

$$\rho_1 = \frac{\alpha_1+\alpha_2\alpha_1}{1+\alpha_1^2+\alpha_2^2}\;;\quad \rho_2 = \frac{\alpha_2}{1+\alpha_1^2+\alpha_2^2}\;;\quad \rho_3 = 0.$$

Beispiel [8] Der MA(3)-Prozess

$$Y_t = 2.5 + \varepsilon_t + 0.2\,\varepsilon_{t-1} - 2\,\varepsilon_{t-2} + 0.5\,\varepsilon_{t-3}$$

hat den konstanten Erwartungswert $\mu = 2.5$, die konstante Varianz

$$\gamma_0 = (1+0.04+4+0.25)\sigma_\varepsilon^2 = 5.29\,\sigma_\varepsilon^2$$

und die Autokovarianzen

$$\gamma_1 = ((0.2 + (-2)(0.2) + (0.5)(-2))\sigma_\varepsilon^2 = -1.2\sigma_\varepsilon^2$$
$$\gamma_2 = ((-2) + (0.5)(0.2))\sigma_\varepsilon^2 = -1.9\sigma_\varepsilon^2$$
$$\gamma_3 = 0.5\sigma_\varepsilon^2.$$

Die konstante, das heißt von t unabhängige Autokorrelationsfunktion lautet

$$\rho_1 = -1.2/5.29 = -0.2268$$
$$\rho_2 = -1.9/5.29 = -0.3592$$
$$\rho_3 = 0.5/5.29 = 0.0945$$
$$\rho_4 = 0.$$

Beispiel [9] Die folgenden Graphiken zeigen die Korrelationsfunktionen verschiedener MA-Prozesse:

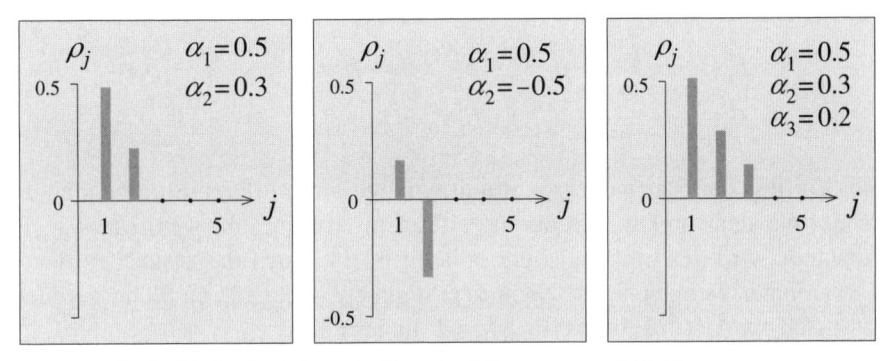

BILD 18.3 Autokorrelationsfunktionen von MA-Prozessen

18.4 Autoregressive Prozesse

In diesem und im folgenden Abschnitt wollen wir eine für Prognosezwecke sehr nützliche Klasse von Modellen behandeln. Autoregressive Prozesse werden als gewichtete Summe aus verzögerten Werten und einem White-Noise-Prozess konstruiert.

AR(1)-Prozesse

Der einfachste autoregressive Prozess ist der AR(1)-Prozess.

Definition: Ein stochastischer Prozess $\{Y_t\}$ mit der Prozessgleichung

$$Y_t = \beta_0 + \beta_1 Y_{t-1} + \varepsilon_t, \qquad (18\text{-}13)$$

wobei β_0 und β_1 feste Parameter sind und $\{\varepsilon_t\}$ ein White-Noise-Prozess ist, heißt *autoregressiver Prozess erster Ordnung* oder *AR(1)-Prozess*.

Auf den ersten Blick sieht es so aus, als ob jede Zufallsvariable im Prozess nur von ihrer unmittelbaren Vorgängerin stochastisch abhängig sei. Dieser Eindruck trügt. Denn da die Vorgängerin Y_{t-1} ihrerseits wieder von Y_{t-2} abhängt, liegt in Wahrheit eine **Abhängigkeit von allen Vorgängerinnen** vor. Durch rekursives Einsetzen erhält man folgenden Ausdruck für einen AR(1)-Prozess, der vor t Perioden, mit dem Startwert y_0, begonnen hat:

$$Y_t = \beta_0 + \beta_1 Y_{t-1} + \varepsilon_t$$

$$Y_t = \beta_0 + \beta_1(\beta_0 + \beta_1 Y_{t-2} + \varepsilon_{t-1}) + \varepsilon_t = \beta_0(1+\beta_1) + \beta_1^2 Y_{t-2} + (\varepsilon_t + \beta_1 \varepsilon_{t-1})$$

$$Y_t = \beta_0(1+\beta_1) + \beta_1^2(\beta_0 + \beta_1 Y_{t-3} + \varepsilon_{t-2}) + (\varepsilon_t + \beta_1 \varepsilon_{t-1})$$
$$= \beta_0(1+\beta_1+\beta_1^2) + \beta_1^3 Y_{t-3} + (\varepsilon_t + \beta_1 \varepsilon_{t-1} + \beta_1^2 \varepsilon_{t-2})$$
$$\vdots$$
$$Y_t = \beta_0(1+\beta_1+\cdots+\beta_1^{t-2}) + \beta_1^{t-1}(\beta_0+\beta_1 y_0+\varepsilon_1) + (\varepsilon_t+\beta_1\varepsilon_{t-1}+\cdots+\beta_1^{t-2}\varepsilon_2)$$
$$= \beta_0(1+\beta_1+\cdots+\beta_1^{t-1}) + \beta_1^t y_0 + (\varepsilon_t+\beta_1\varepsilon_{t-1}+\cdots+\beta_1^{t-1}\varepsilon_1).$$

Der Einfluss des Startwertes y_0 nimmt, wie wir am mittleren Summanden des Ergebnisses sehen, nur dann mit wachsendem zeitlichem Abstand ab, wenn $|\beta_1|<1$. Für sehr große Abstände wird der Einfluss sogar beliebig klein. Auch das Rauschen der Vergangenheit wirkt immer weniger nach. Nach der Summenformel für endliche geometrische Reihen lässt sich ein AR(1)-Prozess für $|\beta_1|<1$ in der Form

$$Y_t = \beta_0 \frac{1-\beta_1^t}{1-\beta_1} + \beta_1^t y_0 + \sum_{i=0}^{t-1} \beta_1^i \varepsilon_{t-i}$$

schreiben. Mit wachsendem t strebt β_1^t gegen Null. Stellt man sich aber den AR(1)-Prozess als „ewigen" Prozess vor, der vor sehr langer Zeit begonnen hat, so ist im Grenzfall

$$Y_t = \frac{\beta_0}{1-\beta_1} + \sum_{i=0}^{\infty} \beta_1^i \varepsilon_{t-i}. \qquad (18\text{-}14)$$

Vergleichen wir (18-14) mit (18-11), zeigt sich, dass sich der AR(1)-Prozess gerade in einen MA(∞) umformen lässt, und zwar in einen speziellen MA(∞)-Prozess, dessen Parameter eine geometrisch fallende Folge bilden. Man spricht in diesem Zusammenhang von der **MA-Darstellung** des AR(1)-Prozesses und nennt den AR-Prozess *invertierbar*.

Beide Darstellungen sind äquivalent. Daraus folgt sofort der wichtige

Satz: Jeder AR(1)-Prozess, dessen Parameter

$$|\beta_1| < 1, \tag{18-15}$$

ist *mittelwertstationär, mittelwertergodisch, kovarianzstationär*. Ist sein weißes Rauschen ein Normalprozess, dann ist er auch *kovarianzergodisch*.

Sein konstanter Mittelwert kann aus seiner MA-Darstellung direkt berechnet werden. Der Erwartungswert aller ε in (18-14) ist Null und somit ist

$$\mu = \frac{\beta_0}{1-\beta_1}.$$

Die Berechnung seiner Kovarianzfunktion

$$\gamma_j(t) = E[(Y_t - \mu)(Y_{t-j} - \mu)]$$

ist unter Verwendung der MA-Darstellung (18-14) auch recht einfach. Wir erhalten mit der *Summenformel für unendliche geometrische Reihen* (vgl. Abschnitt **11.6**)

$$\gamma_j(t) = E\left[\sum_{i=0}^{\infty} \beta_1^i \varepsilon_{t-i} \cdot \sum_{k=0}^{\infty} \beta_1^k \varepsilon_{t-j-k}\right]$$

$$= \sum_{k=j}^{\infty} \beta_1^{k+j} \beta_1^k E(\varepsilon_{k-j}^2) = \beta_1^j \sum_{k=j}^{\infty} \beta_1^{2k} E(\varepsilon_{k-j}^2)$$

$$= \frac{\beta_1^j}{1-\beta_1^2} \sigma_\varepsilon^2 = \gamma_j, \qquad \text{für alle } t. \tag{18-16}$$

Denn wegen der Unabhängigkeit der ε_t sind beim Ausmultiplizieren der beiden Summen die Erwartungswerte aller Produkte Null, bei denen verschiedene ε_t zusammentreffen. Für die übrigen, bei denen gleiche ε_t zusammentreffen, bei denen also Index i aus der ersten Summe gleich dem Index $k+j$ aus der zweiten Summe wäre, ist der Erwartungswert gerade die Varianz σ_ε^2 des weißen Rauschens.

Schließlich lässt sich die Korrelationsfunktion eines AR(1)-Prozesses aus (18-16) ganz einfach berechnen. Die Autokorrelationskoeffizienten

$$\rho_j = \frac{\gamma_j}{\gamma_0} = \beta_1^j, \qquad \text{für } j \geq 0 \tag{18-17}$$

sind gerade die immer kleiner werdenden Potenzen seines Parameters oder die Parameter seiner MA-Darstellung.

Beispiel [10] Autokorrelogramme veranschaulichen die Autokorrelationsfunktion verschiedener AR(1)-Prozesse:

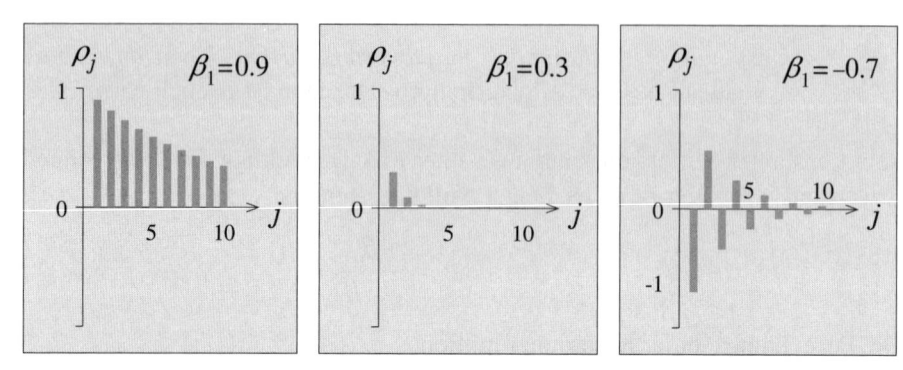

Bild 18.4 Autokorrelationsfunktionen von AR(1)-Prozessen

Autokovarianzen und Autokorrelationskoeffizienten stationärer AR(1)-Prozesse brechen deshalb nicht ab, sondern konvergieren mit wachsendem Lag j gegen Null.

Random Walk

Der AR(1)-Prozess mit $\beta_1 = 1$ ist ein sehr wichtiger, in vielen Anwendungen auftretender stochastischer Prozess. Aus diesem Grunde sollen seine Eigenschaften an dieser Stelle kurz herausgestellt werden.

Definiton: Ein AR(1) Prozess mit $\beta_1 = 1$, also

$$Y_t = \beta + Y_{t-1} + \varepsilon_t ,\qquad(18\text{-}18)$$

heißt **Random Walk**. Ist $\beta \neq 0$, spricht man von einem Random Walk mit Drift.

Hat der Random Walk vor t Perioden mit dem Wert y_0 begonnen, so liefert rekursives Einsetzen

$$Y_t = t\beta + y_0 + (\varepsilon_1 + \varepsilon_2 + \varepsilon_3 + \cdots + \varepsilon_t)$$

$$\mu(t) = t\beta + y_0 .$$

Der Erwartungswert wächst (sinkt) also für positives (negatives) β ohne jede Grenze, ein Random Walk mit Drift ist deshalb *nicht stationär*.

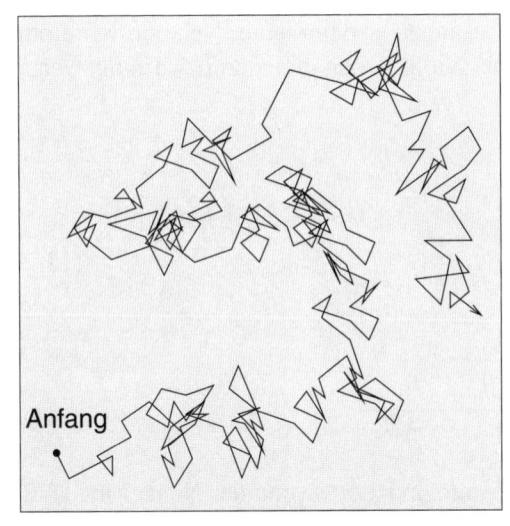

BILD 18.5 BROWNsche Bewegung eines Kohleteilchens in verdünnter Tuschelösung (Mikroskop)

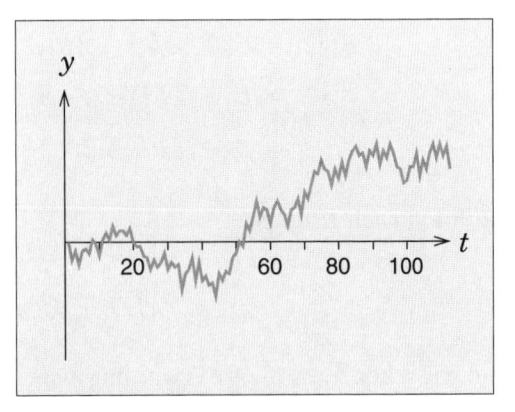

BILD 18.6 Zeitreihe, die einen Random Walk vollführt

Ein Random Walk ohne Drift heißt auch **BROWNsche**[1] **Bewegung**. Sie ist zwar *mittelwertstationär*, aber die Varianz

$$Var(y_0 + \varepsilon_1 + \varepsilon_2 + \cdots + \varepsilon_t) = t\sigma_\varepsilon^2$$

nimmt mit wachsendem Abstand vom Prozessbeginn linear zu. Ein Random Walk ohne Drift ist somit auch nicht stationär, da er *nicht varianzstationär ist*.

AR(p)-Prozesse

Verallgemeinert man das Konstruktionsprinzip eines AR(1)-Prozesses, kommt man zum autoregressiven Prozess der Ordnung p.

Definition: Ein stochastischer Prozess $\{Y_t\}$ mit

$$Y_t = \beta_0 + \beta_1 Y_{t-1} + \beta_2 Y_{t-2} + \cdots + \beta_p Y_{t-p} + \varepsilon_t, \qquad (18\text{-}19)$$

wobei die β_i konstante Parameter sind und $\{\varepsilon_t\}$ ein White-Noise-Prozess ist, heißt *autoregressiver Prozess der Ordnung p* oder *AR(p)-Prozess*.

---

[1] ROBERT BROWN, 1773–1858, schottischer Botaniker. Er beobachtete bei starker Vergrößerung unter dem Mikroskop, dass in verdünnter chinesischer Tusche die Kohleteilchen eine heftige, vollkommen ungeordnete Zickzackbewegung vollführen.

Es stellt sich die Frage, unter welchen Bedingungen ein solcher Prozess stationär wäre und welchen Erwartungswert und welche Kovarianzen er dann hätte. Nehmen wir einmal an, ein AR(p)-Prozess wäre stationär. Dann haben alle Y_t den gleichen Erwartungswert μ, und es wäre

$$E(Y_t) = E(\beta_0 + \beta_1 Y_{t-1} + \beta_2 Y_{t-2} + \cdots + \beta_p Y_{t-p} + \varepsilon_t)$$
$$= \beta_0 + \beta_1 E(Y_{t-1}) + \beta_2 E(Y_{t-2}) + \cdots + \beta_p E(Y_{t-p}) + E(\varepsilon_t)$$
$$\mu = \beta_0 + \beta_1 \mu + \beta_2 \mu + \cdots + \beta_p \mu + 0. \tag{18-20}$$

Auflösen nach μ liefert

$$\mu = \frac{\beta_0}{1 - \beta_1 - \beta_2 - \cdots - \beta_p}, \tag{18-21}$$

und wir sehen, dass dieser Erwartungswert nur dann existiert, wenn der Nenner in (18-21) nicht Null wird, also $(\beta_1 + \beta_2 + \ldots + \beta_p) \neq 1$ ist: Ist die Summe seiner Parameter gleich Eins, kann ein AR(p)-Prozess nicht stationär sein.

Während der Erwartungswert gemäß (18-21) allein durch die Prozessparameter bestimmt wird, hängen die Varianz und die Kovarianzen eines stationären AR(p)-Prozesses auch von der Varianz des beteiligten White-Noise ab. Zur Berechnung formulieren wir die Prozessgleichung (18-19) um, indem wir links die linke Seite und rechts die rechte Seite von (18-20) abziehen. Wir erhalten auf diese Weise eine Prozessgleichung für die Abweichungen vom Mittelwert

$$Y_t - \mu = \beta_1(Y_{t-1} - \mu) + \beta_2(Y_{t-2} - \mu) + \cdots + \beta_p(Y_{t-p} - \mu) + \varepsilon_t$$

und multiplizieren dann beide Seiten mit $Y_{t-j} - \mu$. Die Kovarianzen sind die Erwartungswerte von diesem Produkt:

$$\gamma_j := E[(Y_t - \mu)(Y_{t-j} - \mu)]$$
$$= \beta_1 E[(Y_{t-1} - \mu)(Y_{t-j} - \mu)]$$
$$+ \beta_2 E[(Y_{t-2} - \mu)(Y_{t-j} - \mu)] + \ldots + \beta_p E[(Y_{t-p} - \mu)(Y_{t-j} - \mu)] + E[\varepsilon_t(Y_{t-j} - \mu)].$$

Als Ergebnis erhalten wir für die AR(p)-Prozesse

a) mit $j = 0$ für die Varianz $\quad \gamma_0 = \beta_1 \gamma_1 + \beta_2 \gamma_2 + \ldots + \beta_p \gamma_p + \sigma_\varepsilon^2$

b) mit $j > 0$ für die
Autokovarianzen $\quad \gamma_j = \beta_1 \gamma_{j-1} + \beta_2 \gamma_{j-2} + \ldots + \beta_p \gamma_{j-p}. \tag{18-22}$

YULE-WALKER-Gleichungen

Nach Division von (18-22) durch die Varianz γ_0 erhalten wir eine entsprechende Beziehung für die Autokorrelationskoeffizienten $\rho_j := \gamma_j/\gamma_0$

$$\rho_j = \beta_1 \rho_{j-1} + \beta_2 \rho_{j-2} + \ldots + \beta_p \rho_{j-p}, \quad \text{für} \quad j = 1, 2, 3, \cdots. \quad (18\text{-}22a)$$

Bei stationären AR(p)-Prozessen gehorchen also die Autokorrelationen *genau derselben Differenzengleichung* wie die Zufallsvariablen selbst! Unter Berücksichtigung, dass stets $\rho_j = \rho_{-j}$ und $\rho_0 = 1$, kann man schreiben:

$$\begin{aligned}
\rho_1 &= \beta_1 + \beta_2 \rho_1 + \ldots + \beta_p \rho_{p-1} \\
\rho_2 &= \beta_1 \rho_1 + \beta_2 + \ldots + \beta_p \rho_{p-2} \\
\rho_3 &= \beta_1 \rho_2 + \beta_2 \rho_1 + \ldots + \beta_p \rho_{p-3} \\
\rho_4 &= \beta_1 \rho_3 + \beta_2 \rho_2 + \ldots + \beta_p \rho_{p-4} \\
&\vdots
\end{aligned} \quad (18\text{-}22b)$$

Diese Gleichungen, die die lineare Beziehung zwischen den Prozessparametern und den Autokorrelationen wiedergeben, werden als YULE-WALKER-Gleichungen bezeichnet. Mit ihnen kann man

1. aus den Prozessparametern β_i eines stationären AR(p)-Prozesses alle Autokorrelationskoeffizienten ρ_j nacheinander ausrechnen – und umgekehrt,

2. aus den Schätzungen der Autokorrelationskoeffizienten Schätzwerte für die Prozessparameter ermitteln.

Beispiel [11] Ein stationärer AR(1)-Prozess $\{Y_t\}$ mit $Y_t = \beta_0 + \beta_1 Y_{t-1} + \varepsilon_t$ hat die YULE-WALKER-Gleichungen $\rho_j = \beta_1 \rho_{j-1}$. Startend mit $\rho_0 = 1$ erhält man sukzessive
$$\begin{aligned}
\rho_1 &= \beta_1 \rho_0 = \beta_1 \\
\rho_2 &= \beta_1 \rho_1 = \beta_1^2 \\
\rho_3 &= \beta_1 \rho_2 = \beta_1^3 \\
&\vdots
\end{aligned}$$
eine absolut fallende unendliche Folge von Autokorrelationen, wie bereits in (18-17) ausgerechnet und in BILD 18.4 veranschaulicht.

Beispiel [12] Berechnen wir die Folge der Autokorrelationskoeffizienten für den AR(2)-Prozess $Y_t = \beta_0 + 0.5 Y_{t-1} - 0.8 Y_{t-2} + \varepsilon_t$. Er hat die YULE-WALKER-Gleichungen $\rho_j = 0.5 \rho_{j-1} - 0.8 \rho_{j-2}$. Schrittweise erhalten wir daraus unter Berücksichtigung von $\rho_{-1} = \rho_1$

590 KAPITEL 18 *Stochastische Prozesse und Zeitreihenmodelle*

$$\rho_1 = 0.5\rho_0 - 0.8\rho_{-1} = 0.5 - 0.8\rho_1 = 0.2778$$
$$\rho_2 = 0.5\rho_1 - 0.8\rho_0 = 0.5 \cdot 0.2778 - 0.8 = -0.6611$$
$$\rho_3 = 0.5\rho_2 - 0.8\rho_1 = 0.5 \cdot (-0.6611) - 0.8 \cdot 0.2778 = -0.5528$$
$$\rho_4 = 0.5\rho_3 - 0.8\rho_2 = 0.5 \cdot (-0.5528) - 0.8 \cdot (-0.6611) = 0.2525.$$
$$\vdots$$

Wegen des negativen β_2 wechseln die ρ_j das Vorzeichen. Aber sie konvergieren gegen Null wie in BILD 18.7 gut erkennbar.

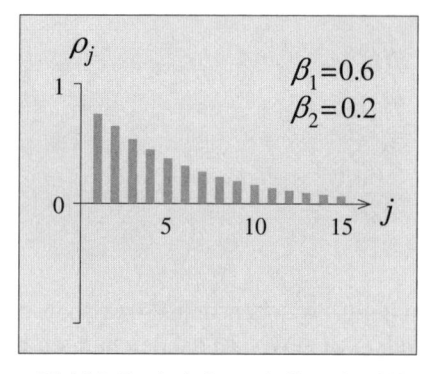

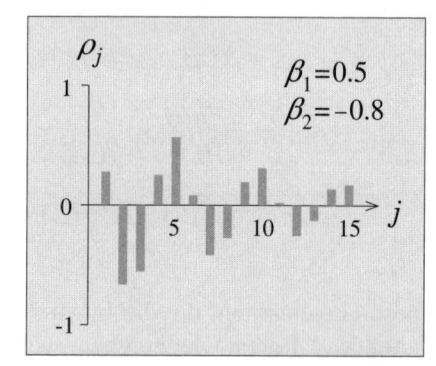

Bild 18.7 Autokorrelationsfunktionen verschiedener AR(2)-Prozesse

Um – umgekehrt – aus gegebenen oder geschätzten Autokorrelationskoeffizienten die Prozessparameter zu berechnen, genügen die ersten p YULE-WALKER-Gleichungen und die ersten p Autokorrelationskoeffizienten. Man löst das lineare Gleichungssystem

$$\begin{pmatrix} \rho_1 \\ \rho_2 \\ \vdots \\ \rho_p \end{pmatrix} = \begin{pmatrix} 1 & \rho_1 & \cdots & \rho_{p-1} \\ \rho_1 & 1 & \cdots & \rho_{p-2} \\ \vdots & \vdots & & \vdots \\ \rho_{p-1} & \rho_{p-2} & \cdots & 1 \end{pmatrix} \cdot \begin{pmatrix} \beta_1 \\ \beta_2 \\ \vdots \\ \beta_p \end{pmatrix} \qquad (18\text{-}22c)$$

nach dem Vektor der β_i auf.

Beispiel [13] Für einen stationären AR(2)-Prozess habe man aus einer beobachteten Zeitreihe mit dem empirischen Autokorrelationskoeffizienten

$$\hat\rho_1 = r_1 = 0.4 \quad \text{und} \quad \hat\rho_2 = r_2 = -0.6$$

und den Mittelwert 4.2 geschätzt. Schätzwerte für die Prozessparameter liefert nun die Lösung des linearen Gleichungssystems aus den ersten beiden YULE-WALKER-Gleichungen

$$\begin{pmatrix} 1 & 0.4 \\ 0.4 & 1 \end{pmatrix} \cdot \begin{pmatrix} \hat{\beta}_1 \\ \hat{\beta}_2 \end{pmatrix} = \begin{pmatrix} 0.4 \\ -0.65 \end{pmatrix}, \quad \text{mit} \quad \begin{vmatrix} 1 & 0.4 \\ 0.4 & 1 \end{vmatrix} = 1 - 0.16 = 0.84$$

als Nennerdeterminante. Mit der CRAMER-Regel findet man als Lösung

$$\hat{\beta}_1 = \frac{\begin{vmatrix} 0.4 & 0.4 \\ -0.65 & 1 \end{vmatrix}}{0.84} = 0.7857 \quad \text{und} \quad \hat{\beta}_2 = \frac{\begin{vmatrix} 1 & 0.4 \\ 0.4 & -0.65 \end{vmatrix}}{0.84} = -0.9643$$

und für das Absolutglied

$$\hat{\beta}_0 = \hat{\mu}(1 - \hat{\beta}_1 - \hat{\beta}_2) = 4.2(1 - 0.7857 + 0.9643) = 4.2 \cdot 1.1786 = 4.9501 \,.$$

Stationaritätsbedingungen für AR-Prozesse

Nicht alle autoregressiven Prozesse sind stationär. Wie wir gesehen haben, ist zum Beispiel der Random Walk (18-18) nicht stationär, AR(1)-Prozesse sind es nur, wenn $|\beta_1| < 1$. Es wird an den Parametern und ihren Beziehungen zueinander liegen, ob der Prozess stationär ist. Um die Frage zu klären, verwendet man eine Gleichung

$$\lambda^0 = \beta_1 \lambda^1 + \beta_2 \lambda^2 + \cdots + \beta_p \lambda^p ,$$

die der Prozessgleichung (18-19) nachgebildet ist. Sie enthält anstelle der verzögerten Zufallsvariablen eine unbekannte Größe λ in der entsprechenden Potenz. Der für die Frage der Stationarität unwichtige Parameter β_0 ist weggelassen.

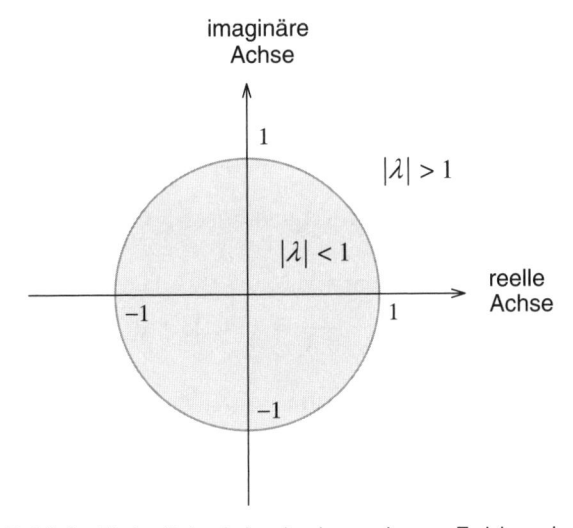

BILD 18.8 Einheitskreis in der komplexen Zahlenebene

Es handelt sich um ein Polynom p-ter Ordnung in λ, das sogenannte *charakteristische Polynom*. Ein solches Polynom hat p Nullstellen, auch *Lösungen* oder *Wurzeln* genannt. Es lässt sich zeigen, dass ein AR(p)-Prozess genau dann stationär ist, wenn *alle* Nullstellen

$$|\lambda| > 1$$

seines charakteristischen Polynoms außerhalb des Einheitskreises liegen. Gemeint ist der Einheitskreis in der komplexen Zahlenebene BILD 18.8, denn nicht alle „Wurzeln" des Polynoms müssen reell sein; auch komplexe Lösungen können vorkommen.

Beispiel [14] Mit Hilfe dieser Stationaritätsbedingung soll der AR(1)-Prozess nun noch einmal auf Stationarität geprüft werden. Seine Prozessgleichung

$$Y_t = \beta + \beta_1 Y_{t-1} + \varepsilon_t$$

hat das charakteristische Polynom

$$\lambda^0 - \beta_1 \lambda^1 = 0,$$

dessen einzige Lösung

$$\lambda = 1/\beta_1$$

ist. Aus der Bedingung $|\lambda| > 1$ erhält man, wie zu erwarten, die schon bekannte Stationaritätsbedingung (18-15):

$$|\beta_1| < 1.$$

Beispiel [15] Ist der AR(2)-Prozess

$$Y_t = 4 - 1.3 Y_{t-1} + 0.8 Y_{t-2} + \varepsilon_t$$

stationär? Dazu lösen wir sein charakteristisches Polynom

$$\lambda^0 = -1.3\lambda^1 + 0.8\lambda^2 \quad \text{oder umgeformt} \quad \lambda^2 - \frac{1.3}{0.8}\lambda - \frac{1}{0.8} = 0.$$

Nach der Lösungsformel für quadratische Gleichungen hat es die beiden „Wurzeln"

$$\lambda_{1/2} = \frac{1.3}{1.6} \pm \sqrt{\left(\frac{1.3}{1.6}\right)^2 + \frac{1}{0.8}} = 0.8125 \pm \sqrt{1.9102} = 0.8125 \pm 1.3821$$

$$\Rightarrow \quad \lambda_1 = 2.1946 \quad \text{und} \quad \lambda_2 = -0.5696,$$

von denen die zweite nicht außerhalb des Einheitskreises liegt. Der Prozess ist nicht stationär.

Die in der Anwendung häufigsten autoregressiven Prozesse sind die AR(2)-Prozesse. Prüfen wir deshalb nun noch allgemein, welchen Restriktionen ihre Parameter genügen müssen, damit sie stationär sind. Zur Prozessgleichung

$$Y_t = \beta_0 + \beta_1 Y_{t-1} + \beta_2 Y_{t-2} + \varepsilon_t$$

gehört das charakteristische Polynom

$$\lambda^0 = \beta_1 \lambda^1 + \beta_2 \lambda^2.$$

Dieses Polynom 2. Grades in λ hat nach den Lösungsformeln für quadratische Gleichungen die beiden Lösungen

$$\lambda_{1/2} = \frac{\beta_1 \pm \sqrt{\beta_1^2 + 4\beta_2}}{2}.$$

Ein AR(2)-Prozess ist demzufolge stabil, wenn die beiden Bedingungen

$$\frac{|\beta_1 + \sqrt{\beta_1^2 + 4\beta_2}|}{2} > 1 \quad \text{und} \quad \frac{|\beta_1 - \sqrt{\beta_1^2 + 4\beta_2}|}{2} > 1$$

gleichzeitig erfüllt sind. Dies ist der Fall, wenn

$$|\beta_2| < 1 \quad \text{und} \quad \beta_2 + \beta_1 < 1 \quad \text{und} \quad \beta_2 - \beta_1 < 1.$$

Geometrisch interpretiert, grenzen diese Stationaritätsbedingungen in einem β_1-β_2-Diagramm den Bereich für die Parameterkombinationen ab. Sie befinden sich im Inneren des Dreiecks von BILD 18.9. Parameterkombinationen auf dem Rand und außerhalb ergeben nichtstationäre AR(2)-Prozesse.

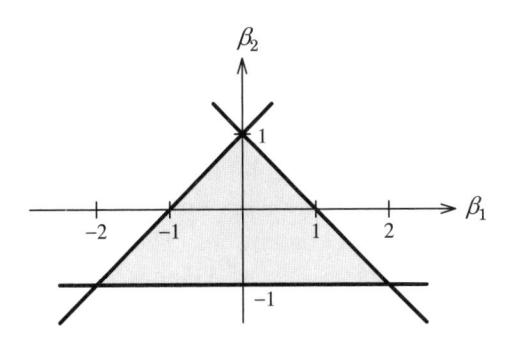

BILD 18.9 Stationäres Dreieck für AR(2)-Prozesse

Es wurde schon darauf hingewiesen, dass die Lösungen des charakteristischen Polynoms stationärer AR-Prozesse auch *komplex* sein können. Dies ist beim stationären AR(2) der Fall, wenn der Ausdruck unter der Wurzel negativ ist. Bei komplexen Lösungen streben die Autokorrelationen wie in BILD 18.7 *alternierend* gegen Null, während sie im Falle *reeller* Lösungen *monoton* konvergieren.

Bleibt noch anzumerken, dass – analog zu den AR(1)-Prozessen – alle stationären AR(p)-Prozesse ihre MA(∞)-Darstellung haben. Daraus folgt der

Satz: Jeder stationäre AR(p)-Prozess ist *invertierbar* und *mittelwertergodisch*. Ist sein weißes Rauschen normalverteilt, dann ist er auch *kovarianzergodisch*.

18.5 Prognosen mit AR-Modellen

Es ist das Ziel der Zeitreihenanalyse, ausgehend von einer Zeitreihe von Beobachtungswerten der Vergangenheit, die zukünftige Entwicklung der Zeitreihe vorherzusagen. Dieser weitverbreitete Prognoseansatz

Beobachtungen	Prognosen
$y_1, y_2, y_3, \ldots, y_T$ →	$\hat{y}_{T+1}, \hat{y}_{T+2}, \ldots$

ist von besonderer Art. Er verzichtet auf jegliche sachlogische Überlegung oder substanzwissenschaftliche Theorie. Alle ökonomischen Zusammenhänge zu anderen Variablen, Vorgängen oder Ereignissen werden völlig außer Acht gelassen. Der Anwender solcher **univariater Prognoseverfahren** muss darauf vertrauen, dass die wesentlichen Mechanismen, die die Variable Y erzeugen, sich in den Beobachtungswerten der Vergangenheit schon niedergeschlagen haben und dass diese Mechanismen zumindest auch für den Prognosezeitraum unverändert bleiben. Alles in allem ist das natürlich sehr mutig und gibt Anlass zu berechtigter Kritik.

Jedoch ist nicht zu übersehen, dass die Zeitreihen sehr vieler ökonomischer Beobachtungen sicher keinem White-Noise-Prozess entspringen, sondern – man denke etwa an eine Zeitreihe von Zinssätzen oder Wechselkursen – ganz offensichtlich mehr oder weniger stark autokorreliert sind. Auch sind ökonomische Theorien selten völlig unumstritten. So kann es auch als Vorteil dieses Prognoseansatzes gewertet werden, dass er eben ohne explizit formulierte ökonomische Theorie auskommt. Das macht die Prognosen schnell verfügbar, denn es bedarf keiner Abstimmung über ökonomische Lehrmeinungen. Gerade im privatwirtschaftlichen Bereich und **vor allem in der Finanzbranche** werden wegen der zunehmenden Kurzfristorientierung der Finanzmärkte Zeitreihenverfahren den Fundamentalanalysen meist vorgezogen. Ihre Prognosen waren in manchen Bereichen von bemerkenswerter Treffsicherheit, was ein gewisses Vertrauen in die Methode erzeugt hat.

Die einzige „theoretische Spezifikation", die eine univariate Prognose braucht, ist die Vorgabe eines passenden stochastischen Prozesses, der die Zeitreihe erzeugt haben könnte.

Modelle, die auf autoregressiven Prozessen basieren, haben in der praktischen Anwendung weite Verbreitung gefunden und sich für Prognosezwecke mehr oder weniger gut bewährt. In der Tat ist der Gedanke, eine beobachtete Zeitreihe als Realisation von Zufallsvariablen zu betrachten, recht naheliegend, und für praktische Zwecke wird man gerne geneigt sein anzunehmen, dass die Zufallsvariablen gleiche Erwartungswerte und gleiche Varianzen haben. Es wird aber nicht sinnvoll erscheinen, sie als voneinander unabhängig oder unkorreliert anzusehen.

Beispiel [16] Schauen wir uns die Zeitreihe der Jahresumsätze einer Firma an, so werden wir gleich den Verdacht haben, dass die Höhe des Umsatzes in der laufenden Periode zu dem der vorhergehenden in Beziehung steht. Wir werden vermuten, in der Zeitreihe ein Autokorrelationsmuster zu finden.

Grundsätzlich wären dafür viele Autokorrelationsmuster denkbar, aber manche sind schon a priori wesentlich wahrscheinlicher als andere. Plausibel ist der Fall einer starken Korrelation zwischen benachbarten Beobachtungen, einer weniger starken zwischen Beobachtungen, die zwei Perioden zurückliegen, einer noch schwächeren, wenn sie um drei Perioden getrennt sind, und so weiter.

Dafür eignete sich als Modell sicher recht gut ein stationärer AR(p)-Prozess mit absolut fallender Autokorrelationsfunktion. Aber welche Ordnung p soll man wählen?

Einschrittprognose

Prognostiziert man auf der Grundlage von beobachteten Werten einer Zeitreihe genau einen, und zwar den nächstfolgenden künftigen Wert

$$(y_1, y_2, y_3, \cdots, y_T) \;\Rightarrow\; \hat{y}_{T+1}, \tag{18-23}$$

so nennt man dies eine **Einschrittprognose**. Der Prognosewert ist Realisation einer Zufallsvariablen $\hat{Y}_t$, die sehr wohl von Y_t unterschieden werden muss! In aller Regel wird man für solche Einschrittprognosen nicht alle vergangenen Werte heranziehen, sondern

$$(y_{T-k+1}, \cdots, y_{T-2}, y_{T-1}, y_T) \;\Rightarrow\; \hat{y}_{T+1}$$

nur eine bestimmte, nicht allzu große Anzahl k. Liegt dann später der neue Beobachtungswert y_{T+1} vor, wird man diesen in der Prognose verwenden und den nächsten Schritt wagen, das heißt

$$(y_{T-k+2}, \cdots, y_{T-1}, y_T, y_{T+1}) \;\Rightarrow\; \hat{y}_{T+2}$$

und so fort.

Wie weit soll man nun sinnvollerweise in die Vergangenheit zurückblicken? Es wird davon abhängen, um welchen stochastischen Prozess es sich handelt. Bei einem weißen Rauschen wird es überhaupt keinen Sinn machen, auf die Vergangenheit zu schauen, auch wenn leidenschaftliche Roulettespieler viel auf die aufgezeichneten Permanenzen eines Roulettetisches geben. Bei einem AR(1)-Prozess dürfte es genügen, die Prognose alleine auf den jeweiligen Vorgängerwert zu gründen. Unterstellte man ein autoregressiven Prozess der Ordnung p, so wäre $k=p$ höchst angebracht – und man wäre fein raus, wenn man seine Parameter kennen würde. Ganz intuitiv würde man dann als Prognoseformel schreiben:

$$\hat{y}_{T+1} = \beta_0 + \beta_1 y_T + \beta_2 y_{T-1} + \cdots + \beta_k y_{T-k+1}.$$

Es stellt sich die Frage, wie man die Ordnung p wählt und die Parameter schätzt.

Definition: Ist $\{Y_t\}$ ein *stationärer* stochastischer Prozess, heißt die lineare Funktion von k Zufallsvariablen

$$\hat{Y}_t = b_0 + b_1 Y_{t-1} + b_2 Y_{t-2} + \cdots + b_k Y_{t-k} \qquad (18\text{-}24)$$

optimale lineare Einschrittprognose über k Lags, wenn die Gewichte b_i so gewählt werden, dass die erwartete quadratische Abweichung $E[(Y_t - \hat{Y}_t)^2]$ minimal ist.

Im Falle eines AR(k)-Prozesses wären die b_i gerade gleich den β_i, und es wäre $Y_t - \hat{Y}_t = \varepsilon_t$ das weiße Rauschen des Prozesses und $E[(Y_t - \hat{Y}_t)^2] = \sigma_\varepsilon^2$ die Varianz des Rauschens.

Nehmen wir nun an, uns läge eine Zeitreihe von T Beobachtungen

$$y_1, y_2, y_3, \cdots, y_T$$

vor. Auf jeden Fall werden wir die Zeitreihe dazu verwenden, die unbekannten Parameter für die Einschrittprognose auf der Grundlage eines autoregressiven Modells zu schätzen. Dies kann mit Hilfe der **Methode der kleinsten Quadrate** geschehen. Als Parameterschätzungen werden wir diejenigen Werte nehmen, für die die Summe der quadrierten Abweichungen

$$\text{SQA} = \sum_{t=k+1}^{T}(y_t - b_0 - b_1 y_{t-1} - b_2 y_{t-2} - \cdots - b_k y_{t-k})^2$$

minimal ist. Wenn die Länge der Zeitreihe bzw. die Zahl der Freiheitsgrade groß genug ist, kann die Schätzung von jedem multiplen Regressionsprogramm nach den im vorangegangenen Kapitel vorgestellten Techniken schnell durchgeführt werden. Benutzt man das autoregressive Modell zur Prognose künftiger Werte der Zeitreihe, muss der

Wert k, also die Ordnung des AR-Prozesses, vorher festgelegt werden. Dabei sind zwei Ziele gegeneinander abzuwägen. Zunächst möchte man k groß wählen, um auch alle in der Zeitreihe enthaltenen Autokorrelationen zu berücksichtigen. Zu große Werte für k führen aber zu einem Modell mit vielen wenig relevanten Parametern und damit zu schlechteren Schätzungen derjenigen Parameter, auf die es bei der Prognose vielleicht ankommt.

Eine Möglichkeit wäre, k mehr oder weniger willkürlich oder intuitiv zu wählen; vielleicht auf der Grundlage von früheren Erfahrungen mit ähnlichen Datensätzen. Damit fährt man in vielen Fällen in der Praxis recht gut. Sehr häufig wird $k = 1$, $k = 2$ oder $k = 3$ gewählt. Bei saisonbehafteten Quartalswerten sollte $k \geq 4$ und bei Monatswerten $k \geq 12$ sein, um die Korrelationsstruktur über die ganze Periode hinweg einzufangen. Die andere Möglichkeit wäre, die Regressionsschätzung schrittweise für alle k durchzuführen und immer auf den letzten Koeffizienten zu schauen. Man wählt dann dasjenige k als maximalen Lag, dessen Koeffizientenschätzung gerade noch signifikant erscheint.

Partielle Autokorrelationsfunktion

Im Allgemeinen ist es schwierig, zwischen AR-Prozessen verschiedener Ordnung zu unterscheiden. Denn ihre Autokorrelationsfunktion klingt ja stets erst für $j \to \infty$ allmählich ab.

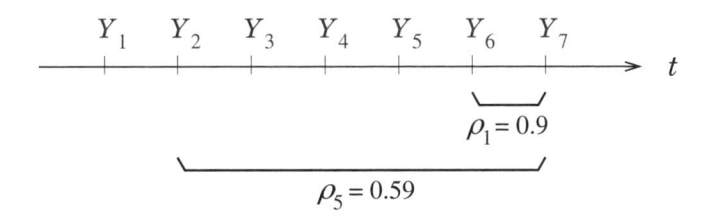

BILD 18.10 Autokorrelationen

Schon beim AR(1)-Prozess wird die Autokorrelation über größere Abstände rekursiv über die dazwischenliegenden Werte vermittelt (BILD 18.10). Wie groß wäre die „Netto"-Korrelation zwischen Y_t und Y_{t-2} ohne diesen Vermittlungseffekt? Darüber gibt die partielle Korrelation Auskunft. Bei AR(2)-Prozessen wird sie durch den Parameter β_2 angegeben, beim AR(3)-Prozess durch β_3. Sie kann aber für jeden anderen stationären Prozess definiert werden:

Definition: Das *jeweils letzte* Gewicht b_j einer optimalen linearen Einschrittprognose über j Lags heißt partieller Autokorrelationskoeffizient, die Funktion

$$\rho_j^P := b_j$$

heißt ***partielle Autokorrelationsfunktion*** eines stationären stochastischen Prozesses.

Zum Lag $j = 1$ sind Autokorrelationskoeffizient und partieller Autokorrelationskoeffizient stets gleich, denn es gibt keine dazwischenliegenden Zufallsvariablen. Bei AR(p)-Prozessen bricht die Autokorrelationsfunktion nach dem p-ten Lag ab:

$$\rho_j^P = 0 \quad \text{für} \quad j > p.$$

Zur Schätzung der partiellen Autokorrelationsfunktion berechnet man schrittweise eine Folge von linearen Autoregressionen und nimmt den *jeweils letzten* Parameter

$$\hat{\rho}_j^P = \hat{b}_j.$$

Bricht die partielle Autokorrelationsfunktion (PACF) nach einem oder zwei Lags ab oder sinken die Werte unter die Signifikanzschwelle, liegt es nahe, einen AR(1)- oder AR(2)-Prozess zu vermuten.

Beispiel [17] Für die Zeitreihe mit 125 Monatswerten der *Umlaufrendite festverzinslicher Wertpapiere mit einer Restlaufzeit von 8 Jahren* erstellen wir mit der Software *EViews* die folgenden Korrelogramme:

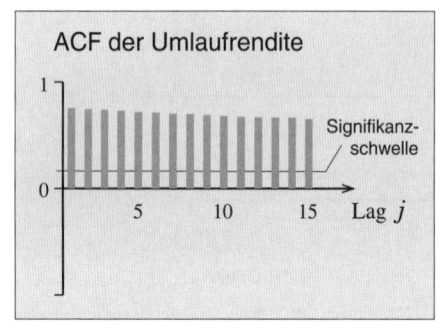

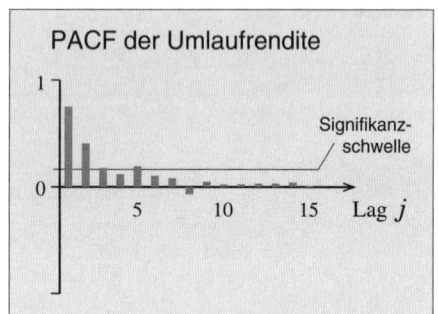

Während die ACF mit 0.753 beginnt und nur ganz allmählich sinkt, fällt die PACF schon mit dem 3. Wert unter die Signifikanzschwelle. Ein AR(2)-Modell scheint wohl angemessen.

Beispiel [18] Eine Zeitreihe von 300 Tageswerten des DAX zeigt ähnliche Korrelogramme. Ihre ACF beginnt mit $r_1 = 0.966$, sinkt etwas schneller und recht gleichmäßig ab. Die PACF fällt schon für den Lag 2 unter die 2-σ-Signifikanzschwelle. Eine Abhängigkeit von anderen Werten als den unmittelbar vorangegangenen ist nicht erkennbar. Deshalb wäre hier ein AR(1)-Modell vorzuschlagen. Allerdings stellt sich beim DAX die Frage, ob ein stationärer Prozess vorliegen kann.

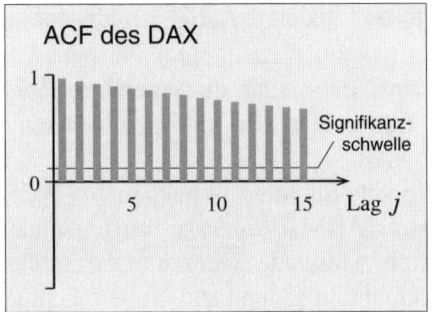

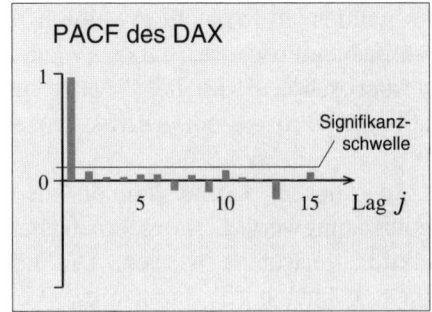

18.6 ARMA- und ARIMA-Modelle

AR- und MA-Prozesse können kombiniert werden.

Definition: Ein stochastischer Prozess $\{Y_t\}$

$$Y_t = \beta_0 + \beta_1 Y_{t-1} + \beta_2 Y_{t-2} + \cdots + \beta_p Y_{t-p} \\ + \varepsilon_t + \alpha_1 \varepsilon_{t-1} + \alpha_2 \varepsilon_{t-2} + \cdots + \alpha_q \varepsilon_{t-q}, \tag{18-25}$$

wobei die α_i und β_i Parameter sind und $\{\varepsilon_t\}$ ein White-Noise-Prozess ist, heißt *autoregressiver Moving-Average-Prozess der Ordnung p, q* oder *ARMA(p,q)-Prozess*.

ARMA-Prozesse sind eben nichts weiter als autoregressive Prozesse, deren Störterm nicht unkorreliert ist.

Ein ARMA(p,q)-Prozess ist genau dann stationär, wenn sein AR-Teil stationär ist, sein MA-Teil ist es sowieso. Dies ist, wie weiter oben gesagt wurde, genau dann der Fall, wenn alle p Wurzeln des charakteristischen Polynoms

$$\lambda^0 = \beta_1 \lambda^1 + \beta_2 \lambda^2 + \cdots + \beta_p \lambda^p$$

dem Betrage nach größer als Eins sind. Auch der Erwartungswert eines stationären ARMA-Prozesses ist ausschließlich von den AR-Parametern abhängig und beträgt

$$\mu = \frac{\beta_0}{1 - \beta_1 - \beta_2 - \cdots - \beta_p} . \tag{18-21}$$

Wozu dienen die ARMA-Prozesse? ARMA-Modelle haben weite Verbreitung in der Anwendung stochastischer Prozesse zur praktischen Analyse von Zeitreihen gefunden.

Sie wurden in den 70-er Jahren populär, als BOX[2] und JENKINS[3] daraus einen praktikablen Prognoseansatz entwickelten.

Aber schon 1938 hat WOLD[4] gezeigt, dass sich zu jedem beliebigen schwach stationären Prozess ein ARMA-Prozess finden lässt, der die gleiche Kovarianzfunktion hat.

Aus diesem Grund können als Modell für den unbekannten Prozess, der die Beobachtungwerte hervorgebracht hat, stets ARMA-Prozesse mit passender Kovarianzfunktion verwendet werden. Die höheren Momente werden dabei außer Beachtung gelassen; man hofft, durch diese Vereinfachung keinen zu großen Fehler zu machen. Jedenfalls hat sich bei der Anwendung von ARMA-Modellen herausgestellt, dass mit ihrer Hilfe erstellte Kurzfristprognosen manchmal von sehr guter Qualität sind.

Nichtstationäre Zeitreihen

In der Praxis trifft man aber häufig Zeitreihen an, die nicht stationär sind, das sind solche Zeitreihen, die nicht als von stationären Prozessen erzeugt angesehen werden können. Das ist regelmäßig bei Zeitreihen der Fall, die einen **Trend** oder eine **saisonale Schwankung** aufweisen. Um zu entscheiden, ob eine beobachtete Zeitreihe in diesem Sinne nichtstationär ist, verwendet man statistische Tests. Diese sogenannten *Unit-Root-Tests* oder Einheitswurzeltests testen die Nullhypothese

H_0 : Der erzeugende stochastische Prozess ist nicht mittelwertstationär.

Die gebräuchlichsten Tests sind der DICKEY-FULLER-Test (DF-Test), der Augmented DICKEY-FULLER-Test (ADF-Test) und der PHILLIPS-PERRON-Test. Allerdings gibt es eine einfache Methode, nichtstationäre Zeitreihen oder Prozesse in stationäre zu überführen. Dies wird durch Filter erreicht. Für trendbehaftete Zeitreihen wendet man *Differenzenfilter* Δ an, das heißt man bildet aus der ursprünglichen Zeitreihe eine Zeitreihe ihrer 1. Differenzen. Ist die Zeitreihe der 1. Differenzen immer noch nicht stationär, können Differenzenfilter höherer Ordnung versucht werden.

Differenz 1. Ordnung: $\quad \Delta y_2, \Delta y_2, \Delta y_3, \cdots, \Delta y_T$, $\quad$ mit $\Delta y_i := y_i - y_{i-1}$

Differenz 2. Ordnung: $\quad \Delta^2 y_3, \Delta^2 y_3, \cdots, \Delta^2 y_T$, $\quad$ mit $\Delta^2 y := \Delta y_i - \Delta y_{i-1}$

Differenz 3. Ordnung: $\quad \Delta^3 y_3, \cdots, \Delta^3 y_T$, $\quad$ mit $\Delta^3 y_i := \Delta^2 y_i - \Delta^2 y_{i-1}$

$\vdots$

---

[2] GEORGE BOX, geb. 1919, engl. Chemiker und Mathematiker.

[3] GWILYM M. JENKINS, 1932–1982.

[4] HERMAN WOLD, 1908–1992, bedeutender schwedischer Ökonometriker. Hauptwerke: *A Study in the Analysis of Stationary Time Series*, 1938, *Pure Demand Analysis*, 1943.

Ist der Anfangswert bekannt, kann aus einer Differenzenreihe die ursprüngliche Reihe durch Summation leicht wiedergewonnen werden. Diese Rückrechnung bezeichnet man als ***Integration***.

$$\begin{aligned}
\text{Anfangswert:} \quad & y_1 \\
\text{Integration:} \quad & y_2 = y_1 + \Delta y_2 \\
& y_3 = y_1 + \Delta y_2 + \Delta y_3 \\
& y_4 = y_1 + \Delta y_2 + \Delta y_3 + \Delta y_4 \\
& \vdots
\end{aligned}$$

Bei den meisten nichtstationären Zeitreihen erreicht man spätestens in den 3. Differenzen eine Stationarität, die das Verwerfen der oben formulierten Nullhypothese erlaubt.

Die durch ein- oder mehrmalige Differenzenbildung gewonnene Zeitreihe ist nur ein Zwischenergebnis. Ihr wird nun ein stationärer ARMA-Prozess angepasst. Wenn eine nichtstationäre Zeitreihe y durch d-malige Differenzenbildung in eine stationäre Zeitreihe $\Delta^d y$ transformiert werden kann und diese durch einen ARMA(p, q)-Prozess erzeugt wird, so folgt die Ausgangsreihe y einem Prozess, der durch d-malige „Integration" aus dem ARMA(p, q)-Prozess hervorgeht.

Definition: Ein stochastischer Prozess, der durch d-malige Integration aus einem stationären ARMA(p, q)-Prozess hervorgeht, heißt ***autoregressiver integrierter Moving-Average-Prozess*** oder ***ARIMA(p, d, q)-Prozess.***

ARIMA($p, 1, q$)-Modelle sind also ARMA(p, q)-Modelle für die ersten Differenzen von Zeitreihen.

Kontrollfragen

1 Welches Ziel hat die Zeitreihenanalyse?

2 Was ist der Unterschied zwischen einem stochastischen Prozess und einer Zeitreihe?

3 Was ist der Unterschied zwischen Kovarianz und Autokovarianz? Was sind Autokovarianzfunktionen?

4 Was versteht man unter einem „stationären" Prozess? Welche Formen der Stationarität kennen Sie und welche Bedingungen müssen jeweils erfüllt sein?

5 Erläutern Sie den Begriff „ergodisch". Wofür ist Ergodizität eines stochastischen Prozesses wichtig?

6 Welche Eigenschaften hat der White-Noise-Prozess, und was ist ein Random Walk?

7 Aus welchen Bestandteilen setzt sich ein AR-Prozess zusammen?

8 Was verstehen Sie unter Invertierbarkeit eines AR-Prozesses?

9 Was macht man mit den YULE-WALKER-Gleichungen?

10 Was ist das charakteristische Polynom und wofür wird es benutzt?

11 Handelt es sich bei den Einschrittprognosen um ein gutes Prognoseverfahren? In welchem Sinne können Einschrittprognosen optimal sein?

12 Wozu dient der MA-Teil eines ARMA-Modells?

PRAXIS

Folgt die Inflationsrate einem stochastischen Prozess?

Für das Phänomen der Inflation findet man in der ökonomischen Wissenschaft viele Erklärungsversuche. Prominent sind die Quantitätstheorie, die Keynesianische Theorie, die Kostendruck-Theorie und die Strukturtheorie. Um all dies kümmert sich die univariate Zeitreihenanalyse nicht.

Im Folgenden soll die Zeitreihe der monatlichen Inflationsraten $Infl$ im früheren Bundesgebiet untersucht werden. Sie wird als

$$Infl_t := \ln(P_t / P_{t-1})$$

berechnet, wobei P der von der Deutschen Bundesbank nach dem Census-X-11-Verfahren saisonbereinigte monatliche Preisindex der Lebenshaltung aller privaten Haushalte im früheren Bundesgebiet (1991=100) ist. Betrachtet man im Beobachtungszeitraum 1:1962 bis 12:1994 die empirischen Autokorrelationen

$$r_1 = 0.293, \ r_2 = 0.280, \ r_3 = 0.263, \ r_4 = 0.236 \text{ und } r_{12} = 0.228,$$

ergeben sich deutliche positive Abhängigkeiten der Inflationsrate von ihrer vergangenen Entwicklung, die durch ein ARMA(1,1)-Modell

$$Infl_t = \beta_0 + \beta_1 Infl_{t-1} + \varepsilon_t + \alpha_1 \varepsilon_{t-1}$$

erfasst werden können. In empirischen Analysen gilt es, bei der Wahl der Lag-Faktoren nicht nur die Güte der Prozessanpassung an die historische Zeitreihe, sondern auch das Prinzip sparsamer Parametrisierung zu beachten. Eine nichtlineare Kleinst-Quadrate-Schätzung der Modellgleichung liefert folgende numerische Struktur (geschätzte Standardabweichungen der Parameterschätzungen sind in Klammern angegeben):

$$Infl_t = \underset{(0.0007)}{0.0028} + \underset{(0.0155)}{0.9763} \, Infl_{t-1} + \varepsilon_t - \underset{(0.0355)}{0.8656} \, \varepsilon_{t-1}$$

Dieses Resultat steht in Einklang mit den Ergebnissen von Inflationsuntersuchungen in anderen Ländern, aber auch mit der Entwicklung der monatlichen Regenmengen in Großbritannien und in Neuseeland. Eine gehaltvolle ökonomische Interpretation lässt sich kaum finden, und zur Prognose der Inflationsrate wird das Modell nicht verwendbar sein. Näheres dazu bei:

Elke Eberts und Raimond Maurer: *Vergleich von Zeitreihen- und Zinsratenmodellen zur Prognose der deutschen Inflationsrate*, Mannheimer Manuskripte zu Risikotheorie, Portfolio Management und Versicherungswirtschaft, 1999

ERGÄNZENDE LITERATUR

Box, G.; Jenkins, G. M.; Reinsel, G. C.: *Time Series Analysis: Forecasting and Control*, 4. Aufl., Englewood Cliffs: Prentice-Hall, 2008

Enders, Walter: *Applied Econometric Time Series*, New York: John Wiley & Sons, 1995

Hamilton, James D.: *Time Series Analysis*, Princeton, New York: Princeton University Press, 1994

Johnston, J.; DiNardo, J.: *Econometric Methods*, 4. Aufl., New York: McGraw-Hill, 1997, Kapitel 6

Mills, T. C.: *The Econometric Modelling of Financial Time Series*, 3. Aufl., Cambridge: Cambridge University Press, 2008

Mills, T. C.: *Modelling Trends and Cycles in Economic Time Series*, London: Palgrave Macmillan, 2003

Schlittgen, R.; Streitberg, B. H. J.: *Zeitreihenanalyse*, 9. Aufl., München, Wien: Oldenbourg, 2001

AUFGABEN

18.1 **Varianzfunktion.** Berechnen Sie zu dem stochastischen Prozess im Beispiel [3] die ersten drei Werte der Varianzfunktion.

18.2 Im Beispiel [3] wird angemerkt, dass kein vernünftiger Mensch die dort beschriebene Spielstrategie anwenden würde.

a) Akzeptieren Sie diesen Einwand?

b) Würden Sie diesen Einwand immer noch akzeptieren, wenn die Strategie dahingehend abgeändert würde, dass der Spieler nach spätestens 15 Runden abbricht und mit dem Geld nach Hause geht?

Begründen Sie Ihre Meinung.

18.3 Als geeigneten stochastischen Prozesstyp für eine bestimmte Zeitreihe haben Sie einen MA(1) gewählt. Mit den Beobachtungswerten der Zeitreihe schätzen Sie die Varianz mit 4.3 und die Autokovarianz mit 1.9.

    a) Geben Sie einen Schätzwert für die Autokorrelationskoeffizienten ρ_1 und ρ_2.

    b) Schätzen Sie auch die Prozessparameter α_0 und α_1.

18.4 Zeigen Sie, dass bei MA(1)-Prozessen die Autokorrelationskoeffizienten

$$\rho_1 \leq 0.5$$

niemals größer als 0.5 sind.

18.5 MA-Simulation. Ein White-Noise-Prozess $\{\varepsilon_t\}$ generiere eine Zeitreihe mit den folgenden 25 Werten:

    –0.23, 0.50, 0.29, –0.40, 0.06, 0.72, –0.32, 0.29, 0.09, –0.66,
    –0.51, 0.33, –0.71, 0.49, –0.20, 0.82, –0.31, 0.15, –0.77, –0.12,
    0.44, 0.11, –0.88, 0.71, –0.18

    a) Simulieren Sie mit diesen Zufallszahlen eine Zeitreihe y_t, die der MA(3)-Prozess

$$Y_t = 12 + \varepsilon_t + 1.9\varepsilon_{t-1} + 0.7\varepsilon_{t-2} + 0.5\varepsilon_{t-3}$$

erzeugt hätte. Wie viele Werte hat die Zeitreihe? Machen Sie eine Skizze von der Zeitreihe.

    b) Schätzen Sie mit Hilfe der in **a)** berechneten Zeitreihe den Prozessmittelwert.

    c) Versuchen Sie damit auch eine Schätzung der Autokovarianz γ_1 und des Autokorrelationskoeffizienten ρ_1 zum Lag 1.

18.6 AR-Simulation. Simulieren Sie mit den Zufallszahlen aus Aufgabe 18.5 eine Zeitreihe, die der AR(2)-Prozess

$$Y_t = 4 + 1.2 Y_{t-1} - 0.5 Y_{t-2} + \varepsilon_t$$

damit erzeugt haben würde. Starten Sie mit den Werten $y_1 = 3.5$ und $y_2 = 4.1$.

    a) Schätzen Sie mit Hilfe der so simulierten Zeitreihe den Prozessmittelwert. Wie groß ist der wahre Prozessmittelwert? Wie groß ist der Schätzfehler?

    b) Schätzen Sie auch die Prozessvarianz.

18.7 Stationarität. Welche der folgenden stochastischen Prozesse sind stationär?

    a) $Y_t = 12 + \varepsilon_t + 1.9\varepsilon_{t-1} + 0.7\varepsilon_{t-2} + 0.5\varepsilon_{t-3}$

    b) $Y_t = 12 + \varepsilon_t + 19\varepsilon_{t-1} + 7.5\varepsilon_{t-2} + 15\varepsilon_{t-3} + \varepsilon_{t-4}$

    c) $Y_t = 5 + 1.8 Y_{t-1} + \varepsilon_t$ **d)** $Y_t = 5 - 1.1 Y_{t-1} + \varepsilon_t$

e) $Y_t = 5 + 0.99 Y_{t-1} + \varepsilon_t$ **f)** $Y_t = 4 + 1.2 Y_{t-1} - 0.5 Y_{t-2} + \varepsilon_t$

g) $Y_t = 4 + 1.2 Y_{t-1} - 0.5 Y_{t-2} + 1.7 \varepsilon_t + 1.5 \varepsilon_{t-1} + 0.5 \varepsilon_{t-2} + \varepsilon_{t-3}$

h) $Y_t = 1.2 Y_{t-1} + 0.5 Y_{t-2} + \varepsilon_t$

18.8 **Latente Variablen.** Die latenten Variablen in einem konkreten Regressionsmodell seien nicht unkorreliert sondern autokorreliert, und gehorchen einem autoregressiven Prozess 1. Ordnung mit dem Autoregressionskoeffizienten −0.6 und der Prozessgleichung

$$u_t = -0.6 \cdot u_{t-1} + \varepsilon_t, \quad \text{wobei} \quad E(\varepsilon_t) = 0, \ Var(\varepsilon_t) = 2.8 .$$

a) Berechnen Sie $Var(u_t)$, $Cov(u_t, u_{t-1})$, $Cov(u_t, u_{t-2})$ und $Cov(u_t, u_{t-3})$.

b) Stellen Sie die Varianz-Kovarianz-Matrix $E(\mathbf{uu}')$ der latenten Variablen auf.

LÖSUNGEN

18.1 0.9993; 2.8925; 6.5190

18.3 a) 0.4419; 0
      b) 4.3; 0.602 oder 1.661

18.5 a) 12.39, 11.75, 12.70, 12.89, 12.22, ..., 11.58, 11.34, 12.61; 22 Werte
      b) 11.91   c) 0.2413; 0.3628

18.6 3.50, 4.10, 7.46, 10.50, 12.93, 14.99, 15.20, 15.04, 14.53, 13.26, 12.14, 12.26, 11.94, 12.68, 13.05, 14.14, 14.13, 14.04, 13.01, 12.47, 12.90, 13.36, 12.70, 13.27, 13.39
      a) 12.28; 13.33; 1.05
      b) 8.99

18.7 a) b) e) f) g)

18.8 a) 4.375, −2.625, 1.575, −0.945
      b) $E(u_i \cdot u_j) = \dfrac{(-0.6)^{|i-j|}}{0.64} \cdot 2.8$
         für $i, j = 1, 2, \cdots, T$

ANHANG

Statistische Tafeln

Standardnormalverteilung 608

STUDENT-t-Verteilung 609

Binomialverteilung 610

POISSON-Verteilung 612

Chi-Quadrat-Verteilung 613

F-Verteilung 614

Standardnormalverteilung
Werte der Verteilungsfunktion

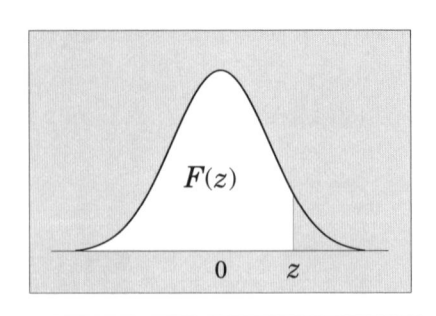

z	.00	.01	.02	.03	.04	.05	.06	.07	.08	.09
0.0	.5000	.5040	.5080	.5120	.5160	.5199	.5239	.5279	.5319	.5359
0.1	.5398	.5438	.5478	.5517	.5557	.5596	.5636	.5675	.5714	.5753
0.2	.5793	.5832	.5871	.5910	.5948	.5987	.6026	.6064	.6103	.6141
0.3	.6179	.6217	.6255	.6293	.6331	.6368	.6406	.6443	.6480	.6517
0.4	.6554	.6591	.6628	.6664	.6700	.6736	.6772	.6808	.6844	.6879
0.5	.6915	.6950	.6985	.7019	.7054	.7088	.7123	.7157	.7190	.7224
0.6	.7257	.7291	.7324	.7357	.7389	.7422	.7454	.7486	.7517	.7549
0.7	.7580	.7611	.7642	.7673	.7704	.7734	.7764	.7794	.7823	.7852
0.8	.7881	.7910	.7939	.7967	.7995	.8023	.8051	.8079	.8106	.8133
0.9	.8158	.8186	.8212	.8238	.8264	.8289	.8315	.8340	.8365	.8398
1.0	.8413	.8438	.8461	.8485	.8508	.8531	.8554	.8577	.8599	.8621
1.1	.8643	.8665	.8686	.8708	.8729	.8749	.8770	.8790	.8810	.8830
1.2	.8849	.8869	.8888	.8907	.8925	.8944	.8962	.8980	.8997	.9015
1.3	.9032	.9049	.9066	.9082	.9099	.9115	.9131	.9147	.9162	.9177
1.4	.9192	.9207	.9222	.9236	.9251	.9265	.9279	.9292	.9306	.9319
1.5	.9332	.9345	.9357	.9370	.9382	.9394	.9406	.9418	.9429	.9441
1.6	.9452	.9463	.9474	.9484	.9495	.9505	.9515	.9525	.9535	.9545
1.7	.9554	.9564	.9573	.9582	.9591	.9599	.9608	.9616	.9625	.9633
1.8	.9641	.9649	.9656	.9664	.9671	.9678	.9686	.9693	.9699	.9706
1.9	.9713	.9719	.9726	.9732	.9738	.9744	.9750	.9756	.9761	.9767
2.0	.9772	.9778	.9783	.9788	.9793	.9798	.9803	.9808	.9812	.9817
2.1	.9821	.9826	.9830	.9834	.9838	.9842	.9846	.9850	.9854	.9857
2.2	.9861	.9864	.9868	.9871	.9875	.9878	.9881	.9884	.9887	.9890
2.3	.9893	.9896	.9898	.9901	.9904	.9906	.9909	.9911	.9913	.9916
2.4	.9918	.9920	.9922	.9925	.9927	.9929	.9931	.9932	.9934	.9936
2.5	.9938	.9940	.9941	.9943	.9945	.9946	.9948	.9949	.9951	.9952
2.6	.9953	.9955	.9956	.9957	.9959	.9960	.9961	.9962	.9963	.9964
2.7	.9965	.9966	.9967	.9968	.9969	.9970	.9971	.9972	.9973	.9974
2.8	.9974	.9975	.9976	.9977	.9977	.9978	.9979	.9979	.9980	.9981
2.9	.9981	.9982	.9982	.9983	.9984	.9984	.9985	.9985	.9986	.9986
3.0	.9987	.9987	.9987	.9988	.9988	.9989	.9989	.9989	.9990	.9990

Beispiele: $F(1.25) = 0.8944$
$F(-2.00) = 1 - 0.9772 = 0.0228$

Interpolation: $F(1.645) = 0.9500$
$F(2.575) = 0.9950$

STUDENT-t-Verteilung

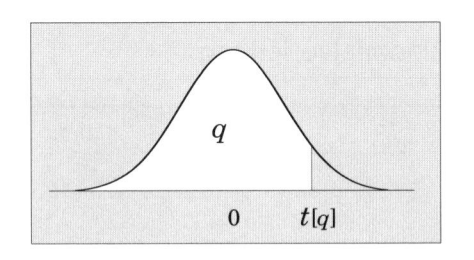

Anzahl der Freiheitsgrade	Quantile						
	t[0.995]	t[0.99]	t[0.975]	t[0.95]	t[0.9]	t[0.85]	t[0.8]
1	63.657	31.821	12.706	6.314	3.078	1.964	1.377
2	9.925	6.965	4.303	2.920	1.886	1.386	1.061
3	5.841	4.541	3.182	2.353	1.638	1.250	0.978
4	4.604	3.747	2.776	2.132	1.533	1.190	0.941
5	4.032	3.365	2.571	2.015	1.476	1.156	0.920
6	3.707	3.143	2.447	1.943	1.440	1.134	0.906
7	3.500	2.998	2.365	1.895	1.415	1.119	0.896
8	3.355	2.896	2.306	1.860	1.397	1.108	0.889
9	3.250	2.821	2.262	1.833	1.383	1.100	0.883
10	3.169	2.764	2.228	1.813	1.372	1.093	0.879
11	3.106	2.718	2.201	1.796	1.363	1.088	0.876
12	3.055	2.681	2.179	1.782	1.356	1.083	0.873
13	3.012	2.650	2.160	1.771	1.350	1.079	0.870
14	2.977	2.625	2.145	1.761	1.345	1.076	0.868
15	2.947	2.602	2.131	1.753	1.341	1.074	0.866
16	2.921	2.584	2.120	1.746	1.337	1.071	0.865
17	2.898	2.567	2.110	1.740	1.333	1.069	0.863
18	2.878	2.552	2.101	1.734	1.330	1.067	0.862
19	2.861	2.540	2.093	1.729	1.328	1.066	0.861
20	2.845	2.528	2.086	1.725	1.325	1.064	0.860
21	2.831	2.518	2.080	1.721	1.323	1.063	0.859
22	2.819	2.508	2.074	1.717	1.321	1.061	0.858
23	2.807	2.500	2.069	1.714	1.319	1.060	0.858
24	2.797	2.492	2.064	1.711	1.318	1.059	0.857
25	2.787	2.485	2.060	1.708	1.316	1.058	0.856
26	2.779	2.479	2.056	1.706	1.315	1.058	0.856
27	2.771	2.473	2.052	1.703	1.314	1.057	0.855
28	2.763	2.467	2.048	1.701	1.313	1.056	0.855
29	2.756	2.462	2.045	1.699	1.311	1.055	0.854
30	2.750	2.457	2.042	1.697	1.310	1.055	0.854
40	2.705	2.423	2.021	1.684	1.303	1.050	0.851
60	2.660	2.390	1.997	1.671	1.296	1.046	0.848
120	2.617	2.358	1.980	1.658	1.289	1.041	0.845
∞	2.576	2.326	1.960	1.645	1.282	1.039	0.843

Beispiel: zweiseitiger Test mit 22 Freiheitsgraden und $\alpha = 0.05$: $t_{22}[1-0.025] = 2.074$

Binomialverteilung

Beispiel: $f(6; 10, 0.4) = 0.9452$

p		0.1		0.2		0.3		0.4		0.5	
n	x	f(x)	F(x)	f(x)	F(x)	f(x)	F(x)	f(x)	F(x)	f(x)	F(x)
3	0	.7290	.7290	.5120	.5120	.3430	.3430	.2160	.2160	.1250	.1250
	1	.2430	.9720	.3840	.8960	.4410	.7840	.4320	.6480	.3750	.5000
	2	.0270	.9990	.0960	.9920	.1890	.9730	.2880	.9360	.3750	.8750
	3	.0010	1	.0080	1	.0270	1	.0640	1	.1250	1
4	0	.6561	.6561	.4096	.4096	.2401	.2401	.1296	.1296	.0625	.0625
	1	.2916	.9477	.4096	.8192	.4116	.6517	.3456	.4752	.2500	.3125
	2	.0486	.9963	.1536	.9728	.2646	.9163	.3456	.8208	.3750	.6875
	3	.0036	.9999	.0256	.9984	.0756	.9919	.1536	.9744	.2500	.9375
	4	.0001	1	.0016	1	.0081	1	.0256	1	.0625	1
5	0	.5905	.5905	.3277	.3277	.1681	.1681	.0778	.0778	.0313	.0313
	1	.3281	.9185	.4096	.7373	.3602	.5282	.2592	.3370	.1563	.1875
	2	.0729	.9914	.2048	.9421	.3087	.8369	.3456	.6826	.3125	.5000
	3	.0081	.9995	.0512	.9933	.1323	.9692	.2304	.9130	.3125	.8125
	4	.0005	1	.0064	.9997	.0284	.9976	.0768	.9898	.1563	.9688
	5	.0000	1	.0003	1	.0024	1	.0102	1	.0313	1
6	0	.5314	.5314	.2621	.2621	.1176	.1176	.0467	.0467	.0156	.0156
	1	.3543	.8857	.3932	.6554	.3025	.4202	.1866	.2333	.0938	.1094
	2	.0984	.9842	.2458	.9011	.3241	.7443	.3110	.5443	.2344	.3438
	3	.0146	.9987	.0819	.9830	.1852	.9295	.2765	.8208	.3125	.6563
	4	.0012	.9999	.0154	.9984	.0595	.9891	.1382	.9590	.2344	.8906
	5	.0001	1	.0015	.9999	.0102	.9993	.0369	.9959	.0938	.9844
	6	.0000	1	.0001	1	.0007	1	.0041	1	.0156	1
8	0	.4305	.4305	.1678	.1678	.0576	.0576	.0168	.0168	.0039	.0039
	1	.3826	.8131	.3355	.5033	.1977	.2553	.0896	.1064	.0313	.0352
	2	.1488	.9619	.2936	.7969	.2965	.5518	.2090	.3154	.1094	.1445
	3	.0331	.9950	.1468	.9437	.2541	.8059	.2787	.5941	.2188	.3633
	4	.0046	.9996	.0459	.9896	.1361	.9420	.2322	.8263	.2734	.6367
	5	.0004	1	.0092	.9988	.0467	.9887	.1239	.9502	.2188	.8555
	6	.0000	1	.0011	.9999	.0100	.9987	.0413	.9915	.1094	.9648
	7	.0000	1	.0001	1	.0012	.9999	.0079	.9993	.0313	.9961
	8	.0000	1	.0000	1	.0001	1	.0007	1	.0039	1
10	0	.3487	.3487	.1074	.1074	.0282	.0282	.0060	.0060	.0010	.0010
	1	.3874	.7361	.2684	.3758	.1211	.1493	.0403	.0464	.0098	.0107
	2	.1937	.9298	.3020	.6778	.2335	.3828	.1209	.1673	.0439	.0547
	3	.0574	.9872	.2013	.8791	.2668	.6496	.2150	.3823	.1172	.1719
	4	.0112	.9984	.0881	.9672	.2001	.8497	.2508	.6331	.2051	.3770
	5	.0015	.9999	.0264	.9936	.1029	.9527	.2007	.8338	.2461	.6230
	6	.0001	1	.0055	.9991	.0368	.9894	.1115	.9452	.2051	.8281
	7	.0000	1	.0008	.9999	.0090	.9984	.0425	.9877	.1172	.9453
	8	.0000	1	.0001	1	.0014	.9999	.0106	.9983	.0439	.9893
	9	.0000	1	.0000	1	.0001	1	.0016	.9999	.0098	.9990
	10	.0000	1	.0000	1	.0000	1	.0001	1	.0010	1

p		0.1		0.2		0.3		0.4		0.5	
n	x	f(x)	F(x)	f(x)	F(x)	f(x)	F(x)	f(x)	F(x)	f(x)	F(x)
9	0	.3874	.3874	.1342	.1342	.0404	.0404	.0101	.0101	.0020	.0020
	1	.3874	.7748	.3020	.4362	.1556	.1960	.0605	.0705	.0176	.0195
	2	.1722	.9470	.3020	.7382	.2668	.4628	.1612	.2318	.0703	.0898
	3	.0446	.9917	.1762	.9144	.2668	.7297	.2508	.4826	.1641	.2539
	4	.0074	.9991	.0661	.9804	.1715	.9012	.2508	.7334	.2461	.5000
	5	.0008	.9999	.0165	.9969	.0735	.9747	.1672	.9006	.2461	.7461
	6	.0001	1	.0028	.9997	.0210	.9957	.0743	.9750	.1641	.9102
	7	.0000	1	.0003	1	.0039	.9996	.0212	.9962	.0703	.9805
	8	.0000	1	.0000	1	.0004	1	.0035	.9997	.0176	.9980
	9	.0000	1	.0000	1	.0000	1	.0003	1	.0020	1
10	0	.3487	.3487	.1074	.1074	.0282	.0282	.0060	.0060	.0010	.0010
	1	.3874	.7361	.2684	.3758	.1211	.1493	.0403	.0464	.0098	.0107
	2	.1937	.9298	.3020	.6778	.2335	.3828	.1209	.1673	.0439	.0547
	3	.0574	.9872	.2013	.8791	.2668	.6496	.2150	.3823	.1172	.1719
	4	.0112	.9984	.0881	.9672	.2001	.8497	.2508	.6331	.2051	.3770
	5	.0015	.9999	.0264	.9936	.1029	.9527	.2007	.8338	.2461	.6230
	6	.0001	1	.0055	.9991	.0368	.9894	.1115	.9452	.2051	.8281
	7	.0000	1	.0008	.9999	.0090	.9984	.0425	.9877	.1172	.9453
	8	.0000	1	.0001	1	.0014	.9999	.0106	.9983	.0439	.9893
	9	.0000	1	.0000	1	.0001	1	.0016	.9999	.0098	.9990
	10	.0000	1	.0000	1	.0000	1	.0001	1	.0010	1
11	0	.3138	.3138	.0859	.0859	.0198	.0198	.0036	.0036	.0005	.0005
	1	.3835	.6974	.2362	.3221	.0932	.1130	.0266	.0302	.0054	.0059
	2	.2131	.9104	.2953	.6174	.1998	.3127	.0887	.1189	.0269	.0327
	3	.0710	.9815	.2215	.8389	.2568	.5696	.1774	.2963	.0806	.1133
	4	.0158	.9972	.1107	.9496	.2201	.7897	.2365	.5328	.1611	.2744
	5	.0025	.9997	.0388	.9883	.1321	.9218	.2207	.7535	.2256	.5000
	6	.0003	1	.0097	.9980	.0566	.9784	.1471	.9006	.2256	.7256
	7	.0000	1	.0017	.9998	.0173	.9957	.0701	.9707	.1611	.8867
	8	.0000	1	.0002	1	.0037	.9994	.0234	.9941	.0806	.9673
	9	.0000	1	.0000	1	.0005	1	.0052	.9993	.0269	.9941
	10	.0000	1	.0000	1	.0000	1	.0007	1	.0054	.9995
	11	.0000	1	.0000	1	.0000	1	.0000	1	.0005	1
12	0	.2824	.2824	.0687	.0687	.0138	.0138	.0022	.0022	.0002	.0002
	1	.3766	.6590	.2062	.2749	.0712	.0850	.0174	.0196	.0029	.0032
	2	.2301	.8891	.2835	.5583	.1678	.2528	.0639	.0834	.0161	.0193
	3	.0852	.9744	.2362	.7946	.2397	.4925	.1419	.2253	.0537	.0730
	4	.0213	.9957	.1329	.9274	.2311	.7237	.2128	.4382	.1208	.1938
	5	.0038	.9995	.0532	.9806	.1585	.8822	.2270	.6652	.1934	.3872
	6	.0005	.9999	.0155	.9961	.0792	.9614	.1766	.8418	.2256	.6128
	7	.0000	1	.0033	.9994	.0291	.9905	.1009	.9427	.1934	.8062
	8	.0000	1	.0005	.9999	.0078	.9983	.0420	.9847	.1208	.9270
	9	.0000	1	.0001	1	.0015	.9998	.0125	.9972	.0537	.9807
	10	.0000	1	.0000	1	.0002	1	.0025	.9997	.0161	.9968
	11	.0000	1	.0000	1	.0000	1	.0003	1	.0029	.9998
	12	.0000	1	.0000	1	.0000	1	.0000	1	.0002	1

Die Werte der Verteilungen für $p > 0.5$ findet man nach der Formel $f(x; n, p) = f(n-x, n, 1-p)$

POISSON - Verteilung

x	$\lambda=0.1$ f(x)	F(x)	$\lambda=0.2$ f(x)	F(x)	$\lambda=0.3$ f(x)	F(x)	$\lambda=0.4$ f(x)	F(x)	$\lambda=0.5$ f(x)	F(x)
0	.9048	.9048	.8187	.8187	.7408	.7408	.6703	.6703	.6065	.6065
1	.0905	.9953	.1637	.9825	.2222	.9631	.2681	.9384	.3033	.9098
2	.0045	.9998	.0164	.9989	.0333	.9964	.0536	.9921	.0758	.9856
3	.0002	1	.0011	.9999	.0033	.9997	.0072	.9992	.0126	.9982
4	.0000	1	.0001	1	.0003	1	.0007	.9999	.0016	.9998
5							.0001	1	.0002	1

x	$\lambda=0.6$ f(x)	F(x)	$\lambda=0.7$ f(x)	F(x)	$\lambda=0.8$ f(x)	F(x)	$\lambda=0.9$ f(x)	F(x)	$\lambda=1$ f(x)	F(x)
0	.5488	.5488	.4966	.4966	.4493	.4493	.4066	.4066	.3679	.3679
1	.3293	.8781	.3476	.8442	.3595	.8088	.3659	.7725	.3679	.7358
2	.0988	.9769	.1217	.9659	.1438	.9526	.1647	.9371	.1839	.9197
3	.0198	.9966	.0284	.9942	.0383	.9909	.0494	.9865	.0613	.9810
4	.0030	.9996	.0050	.9992	.0077	.9986	.0111	.9977	.0153	.9963
5	.0004	1	.0007	.9999	.0012	.9998	.0020	.9997	.0031	.9994
6			.0001	1	.0002	1	.0003	1	.0005	.9999
7									.0001	1

x	$\lambda=1.5$ f(x)	F(x)	$\lambda=2$ f(x)	F(x)	$\lambda=3$ f(x)	F(x)	$\lambda=4$ f(x)	F(x)	$\lambda=5$ f(x)	F(x)
0	.2231	.2231	.1353	.1353	.0498	.0498	.0183	.0183	.0067	.0067
1	.3347	.5578	.2707	.4060	.1494	.1991	.0733	.0916	.0337	.0404
2	.2510	.8088	.2707	.6767	.2240	.4232	.1465	.2381	.0842	.1247
3	.1255	.9344	.1804	.8571	.2240	.6472	.1954	.4335	.1404	.2650
4	.0471	.9814	.0902	.9473	.1680	.8153	.1954	.6288	.1755	.4405
5	.0141	.9955	.0361	.9834	.1008	.9161	.1563	.7851	.1755	.6160
6	.0035	.9991	.0120	.9955	.0504	.9665	.1042	.8893	.1462	.7622
7	.0008	.9998	.0034	.9989	.0216	.9881	.0595	.9489	.1044	.8666
8	.0001	1	.0009	.9998	.0081	.9962	.0298	.9786	.0653	.9319
9			.0002	1	.0027	.9989	.0132	.9919	.0363	.9682
10					.0008	.9997	.0053	.9972	.0181	.9863
11					.0002	.9999	.0019	.9991	.0082	.9945
12					.0001	1	.0006	.9997	.0034	.9980
13							.0002	.9999	.0013	.9993
14							.0001	1	.0005	.9998
15									.0002	.9999
16									.0000	1

Beispiele: $f(3; 0.8) = 0.0383$; $F(6; 4) = 0.8893$

Chi - Quadrat - Verteilung

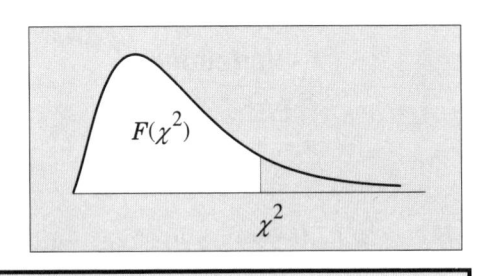

Beispiele: $\chi^2_{14}[0.025] = 5.629$; $\chi^2_{30}[1-0.05] = 43.77$

Frei-heits-grade	0.005	0.01	0.025	0.05	0.1	0.9	0.95	0.975	0.99	0.995
1	0.000	0.000	0.001	0.004	0.016	2.706	3.841	5.024	6.635	7.879
2	0.010	0.020	0.051	0.103	0.211	4.605	5.991	7.378	9.210	10.60
3	0.072	0.115	0.216	0.352	0.584	6.251	7.815	9.348	11.35	12.84
4	0.207	0.297	0.484	0.711	1.064	7.779	9.488	11.14	13.28	14.86
5	0.412	0.554	0.831	1.145	1.610	9.236	11.07	12.83	15.09	16.75
6	0.676	0.872	1.237	1.635	2.204	10.65	12.59	14.45	16.81	18.55
7	0.989	1.239	1.690	2.167	2.833	12.02	14.07	16.01	18.48	20.28
8	1.344	1.646	2.180	2.733	3.490	13.36	15.51	17.54	20.09	21.96
9	1.735	2.088	2.700	3.325	4.168	14.68	16.92	19.02	21.67	23.59
10	2.156	2.558	3.247	3.940	4.865	15.99	18.31	20.48	23.21	25.19
11	2.603	3.053	3.816	4.575	5.578	17.28	19.68	21.92	24.73	26.76
12	3.074	3.571	4.404	5.226	6.304	18.55	21.03	23.34	26.22	28.30
13	3.565	4.107	5.009	5.892	7.042	19.81	22.36	24.74	27.69	29.82
14	4.075	4.660	5.629	6.571	7.790	21.06	23.69	26.12	29.14	31.32
15	4.601	5.229	6.262	7.261	8.547	22.31	25.00	27.49	30.58	32.80
16	5.142	5.812	6.908	7.962	9.312	23.54	26.30	28.85	32.00	34.27
17	5.697	6.408	7.564	8.672	10.09	24.77	27.59	30.19	33.41	35.72
18	6.265	7.015	8.231	9.390	10.87	25.99	28.87	31.53	34.81	37.16
19	6.844	7.633	8.907	10.12	11.65	27.20	30.14	32.85	36.19	38.58
20	7.434	8.260	9.591	10.85	12.44	28.41	31.41	34.17	37.57	40.00
21	8.034	8.897	10.28	11.59	13.24	29.62	32.67	35.48	38.93	41.40
22	8.643	9.542	10.98	12.34	14.04	30.81	33.92	36.78	40.29	42.80
23	9.260	10.20	11.69	13.09	14.85	32.01	35.17	38.08	41.64	44.18
24	9.886	10.86	12.40	13.85	15.66	33.20	36.41	39.36	42.98	45.56
25	10.52	11.52	13.12	14.61	16.47	34.38	37.65	40.65	44.31	46.93
26	11.16	12.20	13.84	15.38	17.29	35.56	38.89	41.92	45.64	48.29
27	11.81	12.88	14.57	16.15	18.11	36.74	40.11	43.20	46.96	49.65
28	12.46	13.57	15.31	16.93	18.94	37.92	41.34	44.46	48.28	50.99
29	13.12	14.26	16.05	17.71	19.77	39.09	42.56	45.72	49.59	52.34
30	13.79	14.95	16.79	18.49	20.60	40.26	43.77	46.98	50.89	53.67
40	20.71	22.16	24.43	26.51	29.05	51.81	55.76	59.34	63.69	66.77
50	27.99	29.71	32.36	34.76	37.69	63.17	67.51	71.42	76.15	79.49
60	35.53	37.49	40.48	43.19	46.46	74.40	79.08	83.30	88.38	91.95
70	43.28	45.44	48.76	51.74	55.33	85.53	90.53	95.02	100.4	104.2
80	51.17	53.54	57.15	60.39	64.28	96.58	101.9	106.6	112.3	116.3
90	59.20	61.75	65.65	69.13	73.29	107.6	113.2	118.1	124.1	128.3
100	67.33	70.07	74.22	77.93	82.36	118.5	124.3	129.6	135.8	140.2

F - Verteilung

95%-Quantile

$\alpha = 0.05$

Beispiele: $F_{12}^{4}[1-0.05] = 3.26$; $F_{20}^{12}[1-0.05] = 2.28$

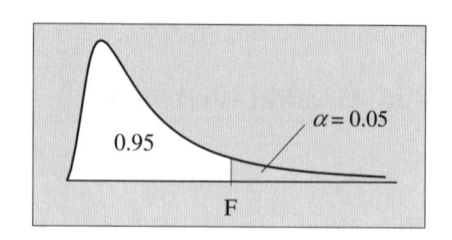

Nenner-freiheits-grade n	\multicolumn{12}{c}{Zahl der Zählerfreiheitsgrade m}
	1	2	3	4	5	6	7	8	9	10	11	12	14
1	161.4	199.5	215.7	224.6	230.2	234.0	236.8	238.9	240.5	241.9	243.0	243.9	245.4
2	18.5	19.0	19.2	19.3	19.3	19.3	19.4	19.4	19.4	19.4	19.4	19.4	19.4
3	10.1	9.55	9.28	9.12	9.01	8.94	8.89	8.85	8.81	8.79	8.76	8.74	8.71
4	7.71	6.94	6.59	6.39	6.26	6.16	6.09	6.04	6.00	5.96	5.94	5.91	5.87
5	6.61	5.79	5.41	5.19	5.05	4.95	4.88	4.82	4.77	4.74	4.70	4.68	4.64
6	5.99	5.14	4.76	4.53	4.39	4.28	4.21	4.15	4.10	4.06	4.03	4.00	3.96
7	5.59	4.74	4.35	4.12	3.97	3.87	3.79	3.73	3.68	3.64	3.60	3.57	3.53
8	5.32	4.46	4.07	3.84	3.69	3.58	3.50	3.44	3.39	3.35	3.31	3.28	3.24
9	5.12	4.26	3.86	3.63	3.48	3.37	3.29	3.23	3.18	3.14	3.10	3.07	3.03
10	4.96	4.10	3.71	3.48	3.33	3.22	3.14	3.07	3.02	2.98	2.94	2.91	2.86
11	4.84	3.98	3.59	3.36	3.20	3.09	3.01	2.95	2.90	2.85	2.82	2.79	2.74
12	4.75	3.89	3.49	3.26	3.11	3.00	2.91	2.85	2.80	2.75	2.72	2.69	2.64
13	4.67	3.81	3.41	3.18	3.03	2.92	2.83	2.77	2.71	2.67	2.63	2.60	2.55
14	4.60	3.74	3.34	3.11	2.96	2.85	2.76	2.70	2.65	2.60	2.57	2.53	2.48
15	4.54	3.68	3.29	3.06	2.90	2.79	2.71	2.64	2.59	2.54	2.51	2.48	2.42
16	4.49	3.63	3.24	3.01	2.85	2.74	2.66	2.59	2.54	2.49	2.46	2.42	2.37
17	4.45	3.59	3.20	2.96	2.81	2.70	2.61	2.55	2.49	2.45	2.41	2.38	2.33
18	4.41	3.55	3.16	2.93	2.77	2.66	2.58	2.51	2.46	2.41	2.37	2.34	2.29
19	4.38	3.52	3.13	2.90	2.74	2.63	2.54	2.48	2.42	2.38	2.34	2.31	2.26
20	4.35	3.49	3.10	2.87	2.71	2.60	2.51	2.45	2.39	2.35	2.31	2.28	2.22
21	4.32	3.47	3.07	2.84	2.68	2.57	2.49	2.42	2.37	2.32	2.28	2.25	2.20
22	4.30	3.44	3.05	2.82	2.66	2.55	2.46	2.40	2.34	2.30	2.26	2.23	2.17
24	4.26	3.40	3.01	2.78	2.62	2.51	2.42	2.36	2.30	2.25	2.22	2.18	2.13
26	4.23	3.37	2.98	2.74	2.59	2.47	2.39	2.32	2.27	2.22	2.18	2.15	2.09
28	4.20	3.34	2.95	2.71	2.56	2.45	2.36	2.29	2.24	2.19	2.15	2.12	2.06
30	4.17	3.32	2.92	2.69	2.53	2.42	2.33	2.27	2.21	2.16	2.13	2.09	2.04
32	4.15	3.29	2.90	2.67	2.51	2.40	2.31	2.24	2.19	2.14	2.10	2.07	2.01
34	4.13	3.28	2.88	2.65	2.49	2.38	2.29	2.23	2.17	2.12	2.08	2.05	1.99
36	4.11	3.26	2.87	2.63	2.48	2.36	2.28	2.21	2.15	2.11	2.07	2.03	1.98
38	4.10	3.24	2.85	2.62	2.46	2.35	2.26	2.19	2.14	2.09	2.05	2.02	1.96
40	4.08	3.23	2.84	2.61	2.45	2.34	2.25	2.18	2.12	2.08	2.04	2.00	1.95
50	4.03	3.18	2.79	2.56	2.40	2.29	2.20	2.13	2.07	2.03	1.99	1.95	1.89
60	4.00	3.15	2.76	2.53	2.37	2.25	2.17	2.10	2.04	1.99	1.95	1.92	1.86
70	3.98	3.13	2.74	2.50	2.35	2.23	2.14	2.07	2.02	1.97	1.93	1.89	1.84
80	3.96	3.11	2.72	2.49	2.33	2.21	2.13	2.06	2.00	1.95	1.91	1.88	1.82
100	3.94	3.09	2.70	2.46	2.31	2.19	2.10	2.03	1.97	1.93	1.89	1.85	1.79
∞	3.84	3.00	2.60	2.37	2.21	2.10	2.01	1.94	1.88	1.83	1.79	1.75	1.69

95%-Quantile der F-Verteilung (Fortsetzung)
$\alpha = 0.05$

Nenner-freiheits-grade n	\multicolumn{13}{c}{Zahl der Zählerfreiheitsgrade m}
	16	18	20	22	24	26	30	40	50	60	80	100	∞
1	246.5	247.3	248.0	248.6	249.1	249.5	250.1	251.1	251.8	252.2	252.7	253.0	254.3
2	19.4	19.4	19.4	19.5	19.5	19.5	19.5	19.5	19.5	19.5	19.5	19.5	19.5
3	8.69	8.67	8.66	8.65	8.64	8.63	8.62	8.59	8.58	8.57	8.56	8.55	8.53
4	5.84	5.82	5.80	5.79	5.77	5.76	5.75	5.72	5.70	5.69	5.67	5.66	5.63
5	4.60	4.58	4.56	4.54	4.53	4.52	4.50	4.46	4.44	4.43	4.42	4.41	4.37
6	3.92	3.90	3.87	3.86	3.84	3.83	3.81	3.77	3.75	3.74	3.72	3.71	3.67
7	3.49	3.47	3.44	3.43	3.41	3.40	3.38	3.34	3.32	3.30	3.29	3.28	3.23
8	3.20	3.17	3.15	3.13	3.12	3.10	3.08	3.04	3.02	3.01	2.97	2.98	2.93
9	2.99	2.96	2.94	2.92	2.90	2.89	2.86	2.83	2.80	2.79	2.77	2.76	2.71
10	2.83	2.80	2.77	2.75	2.74	2.72	2.70	2.66	2.64	2.62	2.60	2.59	2.54
11	2.70	2.67	2.65	2.63	2.61	2.59	2.57	2.53	2.51	2.49	2.47	2.46	2.40
12	2.60	2.57	2.54	2.52	2.51	2.49	2.47	2.43	2.40	2.38	2.36	2.35	2.30
13	2.51	2.48	2.46	2.44	2.42	2.41	2.38	2.34	2.31	2.30	2.28	2.26	2.21
14	2.44	2.41	2.39	2.37	2.35	2.33	2.31	2.27	2.24	2.22	2.20	2.19	2.13
15	2.38	2.35	2.33	2.31	2.29	2.27	2.25	2.20	2.18	2.16	2.14	2.12	2.07
16	2.33	2.30	2.28	2.25	2.24	2.22	2.19	2.15	2.12	2.11	2.06	2.07	2.01
17	2.29	2.26	2.23	2.21	2.19	2.17	2.15	2.10	2.08	2.06	2.04	2.02	1.96
18	2.25	2.22	2.19	2.17	2.15	2.13	2.11	2.06	2.04	2.02	1.99	1.98	1.92
19	2.21	2.18	2.16	2.13	2.11	2.10	2.07	2.03	2.00	1.98	1.96	1.94	1.88
20	2.18	2.15	2.12	2.10	2.08	2.07	2.04	1.99	1.97	1.95	1.92	1.91	1.84
21	2.16	2.12	2.10	2.07	2.05	2.04	2.01	1.96	1.94	1.92	1.89	1.88	1.81
22	2.13	2.10	2.07	2.05	2.03	2.01	1.98	1.94	1.91	1.89	1.86	1.85	1.78
24	2.09	2.05	2.03	2.00	1.98	1.97	1.94	1.89	1.86	1.84	1.82	1.80	1.73
26	2.05	2.02	1.99	1.97	1.95	1.93	1.90	1.85	1.82	1.80	1.78	1.76	1.69
28	2.02	1.99	1.96	1.93	1.91	1.90	1.87	1.82	1.79	1.77	1.74	1.73	1.65
30	1.99	1.96	1.93	1.91	1.89	1.87	1.84	1.79	1.76	1.74	1.71	1.70	1.62
32	1.97	1.94	1.91	1.88	1.86	1.85	1.82	1.77	1.74	1.71	1.69	1.67	1.59
34	1.95	1.92	1.89	1.86	1.84	1.82	1.80	1.75	1.71	1.69	1.66	1.65	1.57
36	1.93	1.90	1.87	1.85	1.82	1.81	1.78	1.73	1.69	1.67	1.64	1.63	1.55
38	1.92	1.88	1.85	1.83	1.81	1.79	1.76	1.71	1.68	1.65	1.62	1.61	1.53
40	1.90	1.87	1.84	1.81	1.79	1.77	1.74	1.69	1.66	1.64	1.61	1.59	1.51
50	1.85	1.81	1.78	1.76	1.74	1.72	1.69	1.63	1.60	1.58	1.55	1.53	1.44
60	1.82	1.78	1.75	1.72	1.70	1.68	1.65	1.59	1.56	1.53	1.50	1.48	1.39
70	1.79	1.75	1.72	1.70	1.67	1.65	1.62	1.57	1.53	1.51	1.47	1.45	1.35
80	1.77	1.73	1.70	1.68	1.65	1.63	1.60	1.54	1.51	1.48	1.45	1.43	1.33
90	1.76	1.72	1.69	1.66	1.64	1.62	1.59	1.53	1.49	1.47	1.43	1.41	1.30
100	1.75	1.71	1.68	1.65	1.63	1.61	1.57	1.52	1.48	1.45	1.42	1.39	1.28
200	1.69	1.66	1.62	1.60	1.57	1.55	1.52	1.46	1.42	1.39	1.35	1.32	1.19
∞	1.64	1.60	1.57	1.54	1.52	1.50	1.46	1.39	1.35	1.32	1.27	1.24	1

Zwischenwerte durch Interpolation: $F^{55}_{45}[1-0.05] = 1.62$, $F^{35}_{95}[1-0.05] = 1.545$

untere Quantile: $F^{20}_{30}[0.05] = 1/F^{30}_{20}[0.95] = 1/2.04 = 0.49$

F - Verteilung

97.5%-Quantile

$\alpha = 0.025$

Beispiele: $F_{18}^{6}[1-0.025] = 3.22$; $F_{60}^{12}[1-0.025] = 2.17$

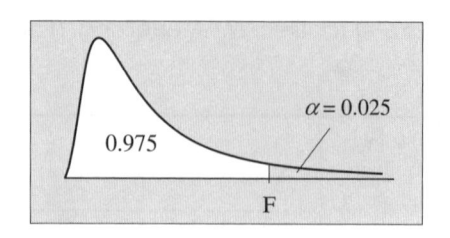

Nenner-freiheits-grade n	\multicolumn{12}{c}{Zahl der Zählerfreiheitsgrade m}
	1	2	3	4	5	6	7	8	9	10	11	12	14
1	647.8	799.5	864.2	899.6	921.8	937.1	948.2	956.6	963.3	968.6	973.0	976.7	982.6
2	38.5	39.0	39.2	39.3	39.3	39.3	39.4	39.4	39.4	39.4	39.4	39.4	39.4
3	17.4	16.0	15.4	15.1	14.9	14.7	14.6	14.5	14.5	14.4	14.4	14.3	14.3
4	12.2	10.65	9.98	9.60	9.36	9.20	9.07	8.98	8.90	8.84	8.79	8.75	8.68
5	10.0	8.4	7.76	7.39	7.15	6.98	6.85	6.76	6.68	6.62	6.57	6.52	6.46
6	8.81	7.26	6.60	6.23	5.99	5.82	5.70	5.60	5.52	5.46	5.41	5.37	5.30
7	8.07	6.54	5.89	5.52	5.29	5.12	4.99	4.90	4.82	4.76	4.71	4.67	4.60
8	7.57	6.06	5.42	5.05	4.82	4.65	4.53	4.43	4.36	4.30	4.24	4.20	4.13
9	7.21	5.71	5.08	4.72	4.48	4.32	4.20	4.10	4.03	3.96	3.91	3.87	3.80
10	6.94	5.46	4.83	4.47	4.24	4.07	3.95	3.85	3.78	3.72	3.66	3.62	3.55
11	6.72	5.26	4.63	4.28	4.04	3.88	3.76	3.66	3.59	3.53	3.47	3.43	3.36
12	6.55	5.10	4.47	4.12	3.89	3.73	3.61	3.51	3.44	3.37	3.32	3.28	3.21
13	6.41	4.97	4.35	4.00	3.77	3.60	3.48	3.39	3.31	3.25	3.20	3.15	3.08
14	6.30	4.86	4.24	3.89	3.66	3.50	3.38	3.29	3.21	3.15	3.09	3.05	2.98
15	6.20	4.77	4.15	3.80	3.58	3.41	3.29	3.20	3.12	3.06	3.01	2.96	2.89
16	6.12	4.69	4.08	3.73	3.50	3.34	3.22	3.12	3.05	2.99	2.93	2.89	2.82
17	6.04	4.62	4.01	3.66	3.44	3.28	3.16	3.06	2.98	2.92	2.87	2.82	2.75
18	5.98	4.56	3.95	3.61	3.38	3.22	3.10	3.01	2.93	2.87	2.81	2.77	2.70
19	5.92	4.51	3.90	3.56	3.33	3.17	3.05	2.96	2.88	2.82	2.76	2.72	2.65
20	5.87	4.46	3.86	3.51	3.29	3.13	3.01	2.91	2.84	2.77	2.72	2.68	2.60
21	5.83	4.42	3.82	3.48	3.25	3.09	2.97	2.87	2.80	2.73	2.68	2.64	2.56
22	5.79	4.38	3.78	3.44	3.22	3.05	2.93	2.84	2.76	2.70	2.65	2.60	2.53
24	5.72	4.32	3.72	3.38	3.15	2.99	2.87	2.78	2.70	2.64	2.59	2.54	2.47
26	5.66	4.27	3.67	3.33	3.10	2.94	2.82	2.73	2.65	2.59	2.54	2.49	2.42
28	5.61	4.22	3.63	3.29	3.06	2.90	2.78	2.69	2.61	2.55	2.49	2.45	2.37
30	5.57	4.18	3.59	3.25	3.03	2.87	2.75	2.65	2.57	2.51	2.46	2.41	2.34
32	5.53	4.15	3.56	3.22	3.00	2.84	2.71	2.62	2.54	2.48	2.43	2.38	2.31
34	5.50	4.12	3.53	3.19	2.97	2.81	2.69	2.59	2.52	2.45	2.40	2.35	2.28
36	5.47	4.09	3.50	3.17	2.94	2.78	2.66	2.57	2.49	2.43	2.37	2.33	2.25
38	5.45	4.07	3.48	3.15	2.92	2.76	2.64	2.55	2.47	2.41	2.35	2.31	2.23
40	5.42	4.05	3.46	3.13	2.90	2.74	2.62	2.53	2.45	2.39	2.33	2.29	2.21
50	5.34	3.97	3.39	3.05	2.83	2.67	2.55	2.46	2.38	2.32	2.26	2.22	2.14
60	5.29	3.93	3.34	3.01	2.79	2.63	2.51	2.41	2.33	2.27	2.22	2.17	2.09
70	5.25	3.89	3.31	2.97	2.75	2.59	2.47	2.38	2.30	2.24	2.18	2.14	2.06
80	5.22	3.86	3.28	2.95	2.73	2.57	2.45	2.35	2.28	2.21	2.16	2.11	2.03
100	5.18	3.83	3.25	2.92	2.70	2.54	2.42	2.32	2.24	2.18	2.12	2.08	2.00
∞	5.02	3.69	3.12	2.79	2.57	2.41	2.29	2.19	2.11	2.05	1.99	1.94	1.87

97.5%-Quantile der F-Verteilung (Fortsetzung)
$\alpha = 0.025$

Nenner-freiheits-grade n	\multicolumn{13}{c}{Zahl der Zählerfreiheitsgrade m}
	16	18	20	22	24	26	30	40	50	60	80	100	∞
1	987	990	993.1	995.4	997.2	998.8	1001	1006	1008	1010	1012	1013	1018
2	39.4	39.4	39.4	39.5	39.5	39.5	39.5	39.5	39.5	39.5	39.5	39.5	39.5
3	14.2	14.2	14.2	14.1	14.1	14.1	14.1	14.0	14.0	14.0	14.0	14.0	13.9
4	8.63	8.59	8.56	8.53	8.51	8.49	8.46	8.41	8.38	8.36	8.34	8.32	8.26
5	6.40	6.36	6.33	6.30	6.28	6.26	6.23	6.18	6.14	6.12	6.10	6.08	6.02
6	5.24	5.20	5.17	5.14	5.12	5.10	5.07	5.01	4.98	4.96	4.93	4.92	4.85
7	4.54	4.50	4.47	4.44	4.41	4.39	4.36	4.31	4.28	4.26	4.23	4.21	4.14
8	4.08	4.03	4.00	3.97	3.95	3.93	3.89	3.84	3.81	3.78	3.76	3.74	3.67
9	3.74	3.70	3.67	3.64	3.61	3.59	3.56	3.51	3.47	3.45	3.42	3.40	3.33
10	3.50	3.45	3.42	3.39	3.37	3.34	3.31	3.26	3.22	3.20	3.17	3.15	3.08
11	3.30	3.26	3.23	3.20	3.17	3.15	3.12	3.06	3.03	3.00	2.97	2.96	2.88
12	3.15	3.11	3.07	3.04	3.02	3.00	2.96	2.91	2.87	2.85	2.82	2.80	2.72
13	3.03	2.98	2.95	2.92	2.89	2.87	2.84	2.78	2.74	2.72	2.69	2.67	2.60
14	2.92	2.88	2.84	2.81	2.79	2.77	2.73	2.67	2.64	2.61	2.58	2.56	2.49
15	2.84	2.79	2.76	2.73	2.70	2.68	2.64	2.59	2.55	2.52	2.49	2.47	2.40
16	2.76	2.72	2.68	2.65	2.63	2.60	2.57	2.51	2.47	2.45	2.42	2.40	2.32
17	2.70	2.65	2.62	2.59	2.56	2.54	2.50	2.44	2.41	2.38	2.35	2.33	2.25
18	2.64	2.60	2.56	2.53	2.50	2.48	2.44	2.38	2.35	2.32	2.29	2.27	2.19
19	2.59	2.55	2.51	2.48	2.45	2.43	2.39	2.33	2.30	2.27	2.24	2.22	2.13
20	2.55	2.50	2.46	2.43	2.41	2.39	2.35	2.29	2.25	2.22	2.19	2.17	2.09
21	2.51	2.46	2.42	2.39	2.37	2.34	2.31	2.25	2.21	2.18	2.15	2.13	2.04
22	2.47	2.43	2.39	2.36	2.33	2.31	2.27	2.21	2.17	2.15	2.11	2.09	2.00
24	2.41	2.36	2.33	2.30	2.27	2.25	2.21	2.15	2.11	2.08	2.05	2.02	1.94
26	2.36	2.31	2.28	2.24	2.22	2.19	2.16	2.09	2.05	2.03	1.99	1.97	1.88
28	2.32	2.27	2.23	2.20	2.17	2.15	2.11	2.05	2.01	1.98	1.94	1.92	1.83
30	2.28	2.23	2.20	2.16	2.14	2.11	2.07	2.01	1.97	1.94	1.90	1.88	1.79
32	2.25	2.20	2.16	2.13	2.10	2.08	2.04	1.98	1.93	1.91	1.87	1.85	1.75
34	2.22	2.17	2.13	2.10	2.07	2.05	2.01	1.95	1.90	1.88	1.84	1.82	1.72
36	2.20	2.15	2.11	2.08	2.05	2.03	1.99	1.92	1.88	1.85	1.81	1.79	1.69
38	2.17	2.13	2.09	2.05	2.03	2.00	1.96	1.90	1.85	1.82	1.79	1.76	1.66
40	2.15	2.11	2.07	2.03	2.01	1.98	1.94	1.88	1.83	1.80	1.76	1.74	1.64
50	2.08	2.03	1.99	1.96	1.93	1.91	1.87	1.80	1.75	1.72	1.68	1.66	1.55
60	2.03	1.98	1.94	1.91	1.88	1.86	1.82	1.74	1.70	1.67	1.63	1.60	1.48
70	2.00	1.95	1.91	1.88	1.85	1.82	1.78	1.71	1.66	1.63	1.59	1.56	1.44
80	1.97	1.92	1.88	1.85	1.82	1.79	1.75	1.68	1.63	1.60	1.56	1.53	1.40
90	1.95	1.91	1.86	1.83	1.80	1.77	1.73	1.66	1.61	1.58	1.53	1.50	1.37
100	1.94	1.89	1.85	1.81	1.78	1.76	1.71	1.64	1.59	1.56	1.51	1.48	1.35
200	1.87	1.82	1.78	1.74	1.71	1.68	1.64	1.56	1.51	1.47	1.43	1.39	1.23
∞	1.80	1.75	1.71	1.67	1.64	1.61	1.57	1.48	1.43	1.39	1.33	1.30	1

Zwischenwerte durch Interpolation: $F_{18}^{70}[1-0.025] = 2.305$, $F_{65}^{45}[1-0.025] = 1.705$

F - Verteilung
99%-Quantile

$\alpha = 0.01$

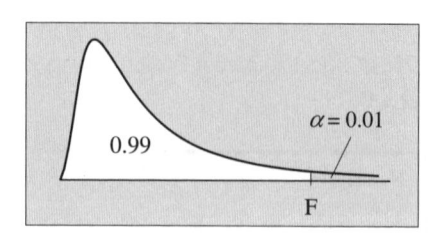

Beispiele: $F^{4}_{16}[1-0.01] = 4.77$, $F^{10}_{20}[1-0.01] = 3.37$

Nennerfreiheitsgrade n	\multicolumn{12}{c	}{Zahl der Zählerfreiheitsgrade m}
	1	2	3	4	5	6	7	8	9	10	11	12	14
1	4052	4999	5403	5624	5764	5859	5928	5981	6022	6056	6083	6107	6143
2	98.5	99.0	99.2	99.3	99.3	99.3	99.4	99.4	99.4	99.4	99.4	99.4	99.4
3	34.1	30.8	29.5	28.7	28.2	27.9	27.7	27.5	27.3	27.2	27.1	27.1	26.2
4	21.2	18.0	16.7	16.0	15.5	15.2	15.0	14.8	14.7	14.5	14.5	14.4	14.2
5	16.3	13.3	12.1	11.4	11.0	10.7	10.5	10.3	10.2	10.1	9.96	9.89	9.77
6	13.8	10.9	9.78	9.15	8.75	8.47	8.26	8.10	7.98	7.87	7.79	7.72	7.60
7	12.3	9.55	8.45	7.85	7.46	7.19	6.99	6.84	6.72	6.62	6.54	6.47	6.36
8	11.3	8.65	7.59	7.01	6.63	6.37	6.18	6.03	5.91	5.81	5.73	5.67	5.56
9	10.6	8.02	6.99	6.42	6.06	5.80	5.61	5.47	5.35	5.26	5.18	5.11	5.01
10	10.0	7.56	6.55	5.99	5.64	5.39	5.20	5.06	4.94	4.85	4.77	4.71	4.60
11	9.65	7.21	6.22	5.67	5.32	5.07	4.89	4.74	4.63	4.54	4.46	4.40	4.29
12	9.33	6.93	5.95	5.41	5.06	4.82	4.64	4.50	4.39	4.30	4.22	4.16	4.05
13	9.07	6.70	5.74	5.21	4.86	4.62	4.44	4.30	4.19	4.10	4.02	3.96	3.86
14	8.86	6.51	5.56	5.04	4.69	4.46	4.28	4.14	4.03	3.94	3.86	3.80	3.70
15	8.68	6.36	5.42	4.89	4.56	4.32	4.14	4.00	3.89	3.80	3.73	3.67	3.56
16	8.53	6.23	5.29	4.77	4.44	4.20	4.03	3.89	3.78	3.69	3.62	3.55	3.45
17	8.40	6.11	5.19	4.67	4.34	4.10	3.93	3.79	3.68	3.59	3.52	3.46	3.35
18	8.29	6.01	5.09	4.58	4.25	4.01	3.84	3.71	3.60	3.51	3.43	3.37	3.27
19	8.18	5.93	5.01	4.50	4.17	3.94	3.77	3.63	3.52	3.43	3.36	3.30	3.19
20	8.10	5.85	4.94	4.43	4.10	3.87	3.70	3.56	3.46	3.37	3.29	3.23	3.13
21	8.02	5.78	4.87	4.37	4.04	3.81	3.64	3.51	3.40	3.31	3.24	3.17	3.07
22	7.95	5.72	4.82	4.31	3.99	3.76	3.59	3.45	3.35	3.26	3.18	3.12	3.02
24	7.82	5.61	4.72	4.22	3.90	3.67	3.50	3.36	3.26	3.17	3.09	3.03	2.93
26	7.72	5.53	4.64	4.14	3.82	3.59	3.42	3.29	3.18	3.09	3.02	2.96	2.86
28	7.64	5.45	4.57	4.07	3.75	3.53	3.36	3.23	3.12	3.03	2.96	2.90	2.79
30	7.56	5.39	4.51	4.02	3.70	3.47	3.30	3.17	3.07	2.98	2.91	2.84	2.74
32	7.50	5.34	4.46	3.97	3.65	3.43	3.26	3.13	3.02	2.93	2.86	2.80	2.70
34	7.44	5.29	4.42	3.93	3.61	3.39	3.22	3.09	2.98	2.89	2.82	2.76	2.66
36	7.40	5.25	4.38	3.89	3.57	3.35	3.18	3.05	2.95	2.86	2.79	2.72	2.62
38	7.35	5.21	4.34	3.86	3.54	3.32	3.15	3.02	2.92	2.83	2.75	2.69	2.59
40	7.31	5.18	4.31	3.83	3.51	3.29	3.12	2.99	2.89	2.80	2.73	2.66	2.56
50	7.17	5.06	4.20	3.72	3.41	3.19	3.02	2.89	2.78	2.70	2.63	2.56	2.46
60	7.08	4.98	4.13	3.65	3.34	3.12	2.95	2.82	2.72	2.63	2.56	2.50	2.39
70	7.01	4.92	4.07	3.60	3.29	3.07	2.91	2.78	2.67	2.59	2.51	2.45	2.35
80	6.96	4.88	4.04	3.56	3.26	3.04	2.87	2.74	2.64	2.55	2.48	2.42	2.31
100	6.90	4.82	3.98	3.51	3.21	2.99	2.82	2.69	2.59	2.50	2.43	2.37	2.27
∞	6.63	4.61	3.78	3.32	3.02	2.80	2.64	2.51	2.41	2.32	2.25	2.18	2.08

99%-Quantile der F-Verteilung (Fortsetzung)
$\alpha = 0.01$

Nenner-freiheits-grade n	\multicolumn{13}{c	}{Zahl der Zählerfreiheitsgrade m}
	16	18	20	22	24	26	30	40	50	60	80	100	∞
1	6170	6191	6209	6223	6234	6245	6260	6286	6303	6314	6327	6334	6366
2	99.4	99.4	99.4	99.5	99.5	99.5	99.5	99.5	99.5	99.5	99.5	99.49	99.5
3	26.8	26.7	26.7	26.6	26.6	26.6	26.5	26.4	26.4	26.3	26.3	26.24	26.13
4	14.2	14.1	14.0	14.0	13.9	13.9	13.8	13.7	13.7	13.7	13.6	13.58	13.46
5	9.68	9.61	9.55	9.51	9.47	9.43	9.38	9.29	9.24	9.20	9.16	9.13	9.02
6	7.52	7.45	7.40	7.35	7.31	7.28	7.23	7.14	7.09	7.06	7.01	6.99	6.88
7	6.28	6.21	6.16	6.11	6.07	6.04	5.99	5.91	5.86	5.82	5.78	5.76	5.65
8	5.48	5.41	5.36	5.32	5.28	5.25	5.20	5.12	5.07	5.03	4.99	4.96	4.86
9	4.92	4.86	4.81	4.77	4.73	4.70	4.65	4.57	4.52	4.48	4.44	4.42	4.31
10	4.52	4.46	4.41	4.36	4.33	4.30	4.25	4.17	4.12	4.08	4.04	4.01	3.91
11	4.21	4.15	4.10	4.06	4.02	3.99	3.94	3.86	3.81	3.78	3.73	3.71	3.60
12	3.97	3.91	3.86	3.82	3.78	3.75	3.70	3.62	3.57	3.54	3.49	3.47	3.36
13	3.78	3.72	3.66	3.62	3.59	3.56	3.51	3.43	3.38	3.34	3.30	3.27	3.17
14	3.62	3.56	3.51	3.46	3.43	3.40	3.35	3.27	3.22	3.18	3.14	3.11	3.00
15	3.49	3.42	3.37	3.33	3.29	3.26	3.21	3.13	3.08	3.05	3.00	2.98	2.87
16	3.37	3.31	3.26	3.22	3.18	3.15	3.10	3.02	2.97	2.93	2.89	2.86	2.75
17	3.27	3.21	3.16	3.12	3.08	3.05	3.00	2.92	2.87	2.84	2.79	2.76	2.65
18	3.19	3.13	3.08	3.03	3.00	2.97	2.92	2.84	2.78	2.75	2.71	2.68	2.57
19	3.12	3.05	3.00	2.96	2.92	2.89	2.84	2.76	2.71	2.67	2.63	2.60	2.49
20	3.05	2.99	2.94	2.90	2.86	2.83	2.78	2.69	2.64	2.61	2.56	2.54	2.42
21	2.99	2.93	2.88	2.84	2.80	2.77	2.72	2.64	2.58	2.55	2.50	2.48	2.36
22	2.94	2.88	2.83	2.78	2.75	2.72	2.67	2.58	2.53	2.50	2.45	2.42	2.31
24	2.85	2.79	2.74	2.70	2.66	2.63	2.58	2.49	2.44	2.40	2.36	2.33	2.21
26	2.78	2.72	2.66	2.62	2.58	2.55	2.50	2.42	2.36	2.33	2.28	2.25	2.13
28	2.72	2.65	2.60	2.56	2.52	2.49	2.44	2.35	2.30	2.26	2.22	2.19	2.06
30	2.66	2.60	2.55	2.51	2.47	2.44	2.39	2.30	2.25	2.21	2.16	2.13	2.01
32	2.62	2.55	2.50	2.46	2.42	2.39	2.34	2.25	2.20	2.16	2.11	2.08	1.96
34	2.58	2.51	2.46	2.42	2.38	2.35	2.30	2.21	2.16	2.12	2.07	2.04	1.91
36	2.54	2.48	2.43	2.38	2.35	2.32	2.26	2.18	2.12	2.08	2.03	2.00	1.87
38	2.51	2.45	2.40	2.35	2.32	2.28	2.23	2.14	2.09	2.05	2.00	1.97	1.84
40	2.48	2.42	2.37	2.33	2.29	2.26	2.20	2.11	2.06	2.02	1.97	1.94	1.80
50	2.38	2.32	2.27	2.22	2.18	2.15	2.10	2.01	1.95	1.91	1.86	1.83	1.68
60	2.31	2.25	2.20	2.15	2.12	2.08	2.03	1.94	1.88	1.84	1.79	1.75	1.60
70	2.27	2.20	2.15	2.11	2.07	2.03	1.98	1.89	1.83	1.79	1.73	1.70	1.54
80	2.23	2.17	2.12	2.07	2.03	2.00	1.94	1.85	1.79	1.75	1.69	1.66	1.49
90	2.21	2.14	2.09	2.04	2.00	1.97	1.92	1.82	1.76	1.72	1.66	1.62	1.46
100	2.19	2.12	2.07	2.02	1.98	1.95	1.89	1.80	1.74	1.69	1.63	1.60	1.43
200	2.09	2.03	1.97	1.93	1.89	1.85	1.79	1.69	1.63	1.58	1.52	1.48	1.28
∞	2.00	1.93	1.88	1.83	1.79	1.76	1.70	1.59	1.52	1.47	1.40	1.36	1.00

Zwischenwerte durch Interpolation: $F_{43}^{12}[1-0.01] = 2.63$, $F_{25}^{25}[1-0.01] = 2.605$

Stichwortverzeichnis

A

Abfertigungszeit 366
Abgeschlossenheit 228
Abhängigkeit 86
Abweichungen 108, 515
    Prinzip der kleinsten ~ 81
    Summe der quadrierten ~, SQA 57, 109, 596
abzählbar unendlich 232
Abzählbarkeit 231, 234
Additionsregel 227
Additionssatz 230
    für disjunkte Ereignisse 230
    für Erwartungswerte 325
    für Varianzen 327
Akzeleratorhypothese 548
Allensbach-Institut 504
Ankünfte, Zahl der ~ 356
Ankunftsrate 356
Annahmbereich 478
Anpassungstest 515
A-posteriori-Wahrscheinlichkeit 248
A-priori-Wahrscheinlichkeit 248
Arbeitslosigkeit 163
arithmetisches Mittel 43
ARMA und ARIMA 579, 599, 601
AR-Prozess, -Modell 579, 583, 587
Aufteilung des Ereignisraumes 244
Ausfallrisiko 388
Ausreißer 62
Autokorrelation 541, 549, 572
    Autokorrelationsfunktion, ACF 571
    empirische 577
Autokorrelogramm 586
Autokovarianz 572
    -funktion 571
Autonummern 203, 209
Axiome von KOLMOGOROV 227, 233

B

Basisperiode 172
BAYES, TH. 247
    -Theorem 247, 248
bedingte Verteilung 315
bedingte Wahrscheinlichkeit 238

Beobachtungsreihe 26
Berichtsperioden 172
BERNOULLI, D. 233, 341
BERNOULLI, J. 219, 341
    -Experimente 341
    -Verteilung 341
    -Gesetz der großen Zahlen 403
Beschäftigung 564
Bestimmtheitsmaß 113, 555
Bevölkerungspyramiden 34, 35, 38
Bias, Verzerrung 428
Binomialkoeffizienten 201
Binomialtest 486, 512
    -verteilung 343
binomische Formel 201, 343
bivariate Verteilung 307
BLUE-Eigenschaft 559
BOX, G. 600
Box-Plott 62
BRAVAIS, A. 96
Break-even point 302
BROWNsche Bewegung 587
Bruttoinlandsprodukt 131, 134, 158, 186
Bruttoinvestitionen 168
Buttolohn- und -gehaltssumme 160

C

CANTELLI, F. P. 404
Chancengleichheit 534
charakteristisches Polynom 591
Charttechnik 148
Chi-Quadrat
    -Anpassungstest 516
    -Homogenitätstest 523
    -Koeffizient 99
    -Unabhängigkeitstest 522
    -Verteilung 387, 457, 463
CHLUMSKY, J. 191
COBB-DOUGLAS-Produktionsfunktion 554, 562
CRAMÉRS V 106

D

D'ALEMBERT, J. 400
DAX 180, 225, 442, 578

Deflationieren 183
Dezile 59
Dichtefunktion 55, 268, 312
DICKEY-FULLER-Test 600
Differenzenfilter 143, 600
direkter Schluss 449, 451
disjunkte Ereignisse 217, 227, 229, 230, 243
diskret/stetig 232, 325, 260
Diversifikationseffekt 332, 388
Dreiecksungleichung 328
Dreiecksverteilung 304
Drei-Türen-Spiel 255
Dummies 157

E

EDGEWORTH, F. Y. 177
Effizienz 435
Eigenkapitalpuffer 389
Einheitskreis 592
    -matrix 549, 550
Einkommensverteilung 41
Einschrittprognose 595
    optimale lineare ~ 596
einseitiger Test 476, 481
Elastizität 565
    konstante ~ 567
    Preis-, Einkommens- 567
Elementarereignisse 213
endogene Variablen 540
Energieverbrauch 171
Ereignis 214
    -menge 214, 227, 258
    -raum 214, 240
Ergodizität 576
Erwartungstreue 434
Erwartungswert 272, 314, 320
    einer Funktion 275, 305, 319
    Rechnen mit ~n 276
EULER, L. 200, 400
    -sche Zahl e 200
Euro=Teuro 192
Eurostat 193
exogene Variablen 540
Exponentialverteilung 304, 363
exponentieller Trend 140, 167
exponentielles Glätten 149

F

Fakultäten 199
    -funktion 383
Familie von Verteilungen 339, 344, 363
FECHNERsche Lageregel 78
Fehlbelegung im Krankenhaus 467
Fehler 1. Art, α-Fehler 476
Fehler 2. Art, β-Fehler 476
fiktive Grundgesamtheit 20
Filtermethoden 135
FINETTI, B. DE 225
Finkenkrug 479
FISHER, I. 179
FISHER, R. A. 495
Freihandmethode 108
Freiheitsgrade 431, 551, 556, 596
Fundamentalprinzip der Kombinatorik 203, 231
Fünf-Punkte-Zusammenfassung 62
F-Verteilung 494

G

Gamma-Funktion 382
    -Verteilungen 384
GAUSS, C. F. 369
GAUSS-MARKOV-Theorem 559
Geldmenge 142
Geldnachfragefunktion 548, 554
Geldwertentwicklung 179
gemeinsame Verteilung 308
Gegenhypothese 475
geometrische Verteilung 358
geometrisches Mittel 47
Gesetz der großen Zahlen 223, 397
    BERNOULLIs ~ 403
GINI, C. 74
    -Konzentrationskoeffizient 74
glatte Komponente 133
    höhere Polynome für die ~ 139, 169
Glättungsparameter 149
gleichförmige Verteilung 338, 362
Gleichwahrscheinlichkeitsraum 232, 235
gleitende Durchschnitte 144, 145
    2. Ordnung 148
    zentrierte ~ 146
GLIWENKO, W. I. 407
Glockenkurve 371

Grenzverteilung 352
Grenzwertsatz von
    DE MOIVRE und LAPLACE 411
Grenzwertsätze 395
Größenklassen 22, 31, 85
Grundgesamtheit 20
    fiktive oder hypothetische ~ 20, 396
Güte der Anpassung 113, 547, 555
Gütefunktion 502

H

halblogarithmischer Ansatz 121
harmonisches Mittel 49
Häufigkeiten 26, 44, 85, 239
Häufigkeits
    -dichte 31
    -dichtefunktion 32
    -funktion 27
    -theorie 222
    -verteilung 27
Hauptsatz der Statistik 406
Heteroskedastizität 541, 549
Histogramm 31, 32, 34
HOLT-WINTERS 152
Homogenitätstest 523
Homoskedastizität 541, 549
HUYGENS, CH. 273
hypergeometrische Verteilung 348
Hypothese 475
    Ausgangs- oder Nullhypothese 475
    einfache oder zusammengesetzte 476
    Gegen-, Alternativhypothese 476

I

idealer Test 499
Idealindex nach FISHER 177
Identifikationskriterien 20
Index der Nettoproduktion 186
Indexproblem 174
    -reformen 180
    -reihen 178, 180
    -zahlen 169
Inflationsrate 602
Inspektionsplan 253
Integration 601
Intelligenzquotient 471
Interquartilsabstand, IQA 52

Intervallschätzung 447
    aus großen Stichproben 453
    aus kleinen Stichproben 460
intervallskaliert 23
Investitionsfunktion 539, 548
Irrtumswahrscheinlichkeit 453

J

JENKINS, G. M. 600
Just-in-Time 250

K

kardinal skaliert 23
Klassenbreiten, -grenzen 31
Klassenhäufigkeiten 31
Kettenindizes 182, 187
KOLMOGOROV, N. A. 227
    -sche Axiome 227, 233
Kombinationen 206, 207
Kombinatorik 199
komplementäre Ereignisse 217, 229
Konfidenzintervalle 560
    für Anteilswerte 456
    für Mittelwerte 460
    für Varianzen 462
Konfidenzwahrscheinlichkeit 453
Konjunkturschwankungen 132
Konsistenz 428, 435, 559
Konsum, privater 137
    -funktion 539, 548
Kontingenz
    -koeffizient 98, 99, 106
    quadratische ~ 99, 522
    -tabelle 84
    -test 522
Konvergenz 233
    mit Wahrscheinlichkeit Eins 400
    stochastische ~ 399
Konzentration 64
    absolute und relative ~ 64, 75
    summarische und punktuelle ~ 73
Konzentrationsfläche 74
Kopf-oder-Zahl-Spiel 416
Korrekturfaktor 352, 432, 433
Korrelation 94
    Auto- 541, 549, 572
    Test auf ~ 524

Korrelations
- -koeffizient 112, 115, 324
- -koeffizient nach BRAVAIS-PEARSON 94
- -koeffizient nach SPEARMAN 96
- -koeffizient, multipler 555
- -tabelle 84

Korrelogramm 577
Kostenfunktion 129, 539
Kostenspaltung 129
Kovarianz 92, 320
- -funktion 571
- vereinfachte Berechnung 92

Kreditrisikomanagement 388
kritischer Wert 479
KÜCHENHOFF, H. 417
Kundenbesuche 124
Kurtosis oder Wölbung 293, 305

L

Lageparameter 47, 273
Lageregel 76
LAPLACE, P.-S. 219
- -Experiment 220, 232, 339
- -sche Wahrscheinlichkeit 220, 240

LASPEYRES, E. 174
latente Variable 540, 39, 550
Likelihood-Funktion 439
lineare Tranformation 277, 282
linearer Filter 144
linearer Trend 165, 167
linkssteil, rechtsschief 293
logarithmisch linearer Ansatz 120
logarithmische Normalverteilung 378, 388
Lohnnebenkosten 564
Lohnsteueraufkommen 155
lokaler Trend 144
Lokalisationsmaß 43
LORENZ, M. O. 65
- -Kurve 65

Lotto 207, 208, 210, 253, 401, 421

M

Macht eines Tests 499
Machtfunktion 502

MA-Darstellung eines AR-Prozesses 584
MA-Prozess 579
MARKOV, A. A. 559
MARKOWITZ, H. M. 331
Markteinführung 301
MARSHALL, A. 177
Massenfunktion 266, 308
Matrix
- Einheits- 550
- inverse ~ 550, 566
- quadratische ~ 550
- reguläre ~ 550
- symmetrische ~ 558

Maximum-Likelihood-Prinzip 439
Median 45, 59, 78, 297
- Test für den ~ 511

mehrfache Regression 123
Meinungsforscher 504
Mengenalgebra 216
Mengenindizes 185
Mengenschema, Mengenvektor 172
Merkmale
- diskrete und stetige 22
- qualitative und quantitative 22

Merkmalsausprägungen 21
Merkmalssumme 62, 71
Merkmalstypen 22
Messbarkeitsniveau 22
Messzahlen 169
Methode der kleinsten Quadrate 108, 122, 139, 165, 542
metrische Merkmale 23, 101
MISES, L. und R. 222
Mittel
- arithmetisches ~ 43
- geometrisches ~ 47
- harmonisches ~ 49

Mittelwert 43, 84, 273
- -funktion stoch. Prozesse 570
- von Summe und Differenz 91

mittlere absolute Abweichung, MAA 52
mittlerer quadratischer Fehler, MSE 436
mittlerer Quartilsabstand, MQA 52
Modalitäten 21
Modalwert, Modus 46, 76, 299
MOIVRE, A. DE 200, 242, 369, 411, 418
Momente 272, 291

Momentenmethode 430, 431, 438, 544
momenterzeugende Funktion 294, 305
    der Binomialverteilung 345
    der Exponentialverteilung 364
    der geometrischen Verteilung 359
    der Normalverteilung 374
    der POISSON-Verteilung 391
Monotonieeigenschaft 29, 231, 265
Moving-Average 579
multipler Korrelationskoeffizient 555
Multiplikationssatz 241
    für Erwartungswerte 321
    für unabhängige Ereignisse 242
multivariate Verteilung 307

N

Nachfragefunktion 567
nichtlineare Regression 120
Niveau der Messbarkeit 23
nominal skalierte 23
nominale und reale Größen 183
Normalgleichungen 110, 111, 543, 551, 566
Normalprozess 579
Normalverteilung 375
    ~ als Näherungsverteilung 413
    zweidimensionale ~ 318
Nullhypothese 475

O

oberseitiger Test 487
Operationscharakteristik 253, 500
ordinal skaliert 23
Orthogonalität 552

P

PAASCHE, H. 175
parabolische Verteilung 304
partielle Autokorrelationsfunktion 597
Partition 244
PASCAL, B. 202
    -sches Dreieck 202
PEARSON, KARL 96, 99
Permutationen 204
Perzentile 59
Phasen einer Zeitreihe 136

Phasendurchschnittsverfahren 154, 162
PHILIPS-PERRON-Test 600
POISSON, D.-S. 353, 397
    -Verteilung 353, 388
Polynome 139
Population 20
Portfolio Selection 331, 334
Preisbereinigung 184
Preisindex
    für die Lebenshaltung 178
    nach LASPEYRES 174
    nach PAASCHE 175
    -Zeitreihe 178
Preisindizes, andere 176
    des Statistischen Bundesamtes 179
Preismesszahlen 175, 176
Preisvektor 172
Prinzip de unzureichenden Grundes 221
Prinzip der kleinsten Quadrate 57
Produktionsfunktion 127, 554
Prozentrang 394
Prüfgröße 479
Punktewolke 107
Punktschätzung 426
    für den Anteilswert 429
    für den Mittelwert 426
    für die Varianz 430
P-Wert 498

Q

quadratische Regression 122
Qualitätskontrolle 253, 392, 506
Quantifizierung 22
Quantile 46, 59, 299, 488
    Test für ~ 513
Quartile 52, 59

R

Random Walk 412, 586
Randverteilungen 86, 312, 314
Rangkorrelation 96
    Test auf ~ 527
reale und nominale Größen 183
Rechteckverteilung 361, 390
rechtssteil, linksschief 293

Regression
  mehrfache ~ 123
  nichtlineare ~ 120
Regressionsanalyse 537
  einfaches lineares Modell 538
  multiple lineare ~ 547
Regressionsebene 124
  -gerade 108, 111
  -parabel 122
  -rechnung 107, 537
  -werte 111
Residuen 542, 550
  Summe der quadrierten ~, SQR 543, 551
Risikosituationen 225
Roulette 217
R-Quadrat 113, 554
Rückschluss oder Umkehrschluss 453

S

Saisonbereinigung 136, 155
Saison-Dummies 157
  -faktoren 162
  -figur einer Zeitreihe 136, 154, 161
  -schwankungen 132, 147, 162
  -veränderungszahlen 155, 158, 160
SAVAGE, L. J. 225
Schätzfunktion 434, 445
  stochastische Eigenschaften 434
Schätzprinzipien 437
Schätzwerte 542, 550
Scheinvariable 549
Schiefe einer Verteilung 293, 305
SCHMALENBACH, E. 129
SCHWANKE, K. 191
Schwerpunkt 110
sicheres Ereignis 216
Sigma-Mengenalgebra 228
signifikant 478
Signifikanzniveau 478, 498
  empirisches ~ 498
Signifikanztest 577
Silvesternacht in Konstanz 242
Simulation stoch. Prozesse 604
Skalarprodukt 172, 545, 552
Skat 252
Small Enterprises 532

Sonntagsfrage 25, 504
soziale Mobilität 534
Spannweite 51
SPEARMAN, C. E. 96
  -sche Rangkorrelation 96, 527
spezielle Verteilungen 337
Sprungstellen 28, 36, 60
St. Petersburger Spiel 305
Standardabweichung 54, 278
Standardisieren 285
Standardnormalverteilung 370
stationäres Dreieck 593
Stationarität 604
Stationaritätsbedingungen 591
statistische
  Einheiten 19
  Masse 19, 20
  Merkmale 19
  Unabhängigkeit 89, 94
  Variablen 21
  Wahrscheinlichkeit 223, 405
Statistisches Bundesamt 191
Steigungsregression 112
STEINERscher Satz 56, 284
stetig/diskret 232, 234, 260
Stetigkeitskorrektur 415, 450
Steuerprogression 74
Stichproben 24
  mit Zurücklegen 395, 449
  ohne Zurücklegen 433, 450
  reine Zufallsauswahl 425
  repräsentative ~ 24, 425
Stichprobenanteilswert 429
Stichprobenraum 214
Stichprobenumfang 470, 471
Stichprobenverfahren 405
Stichprobenverteilung 447, 470
  des Anteilswertes 451
  des Mittelwertes 447
STIRLING, J. 200
  -Formel 200
stochastische Komponente 541
  Modelle 337
  Unabhängigkeit 242, 316
  Variable 257
  Prozesse 569
Störvariable 540, 550
Störvarianz 541

Schätzen der ~ 544, 551
Streudiagramm 81, 107
Streuungsmaße, parameter 51, 279
STUDENT-t-Verteilung 458, 560, 609
subjektive Wahrscheinlichkeit 224
Summenformel 340, 367

T

Test auf Homogenität 523
    auf Korrelation 525
    auf Rangkorrelation 527
    auf Unabhängigkeit 521
    DICKEY-FULLER- 600
    PHILIPS-PERRON- 600
    Unit-Root- 600
Test für den Median 511
Test für Quantile 513
Test zum Vergleich zweier
    Anteilswerte 493
    Mittelwerte 490
    Varianzen 496
Testen von Hypothesen über
    Anteilswerte 485
    Mittelwerte 477
    Varianzen 488
Testverteilungen 458, 494
theoretische Werte 542, 550
totale Wahrscheinlichkeit 243
Totalerhebung 24
Trend 133
    durch Regressionsrechnung 136
    exponentieller ~ 141, 167
    linearer ~ 165, 167
    lokaler ~ 144
Trennschärfe eines Tests 499
Treppenfunktion 28, 264, 406
TSCHEBYSCHEV, P. L. 287
    -sche Ungleichung 287
t-Verteilung 458, 560, 609

U

Überschreitungswahrscheinlichkeit 498
Umbasieren und Verketten 181
Umkehrregression 117
Umkehrschluss oder Rückschluss 453
Umlaufrendite 598
Unabhängigkeit 86, 89, 94, 242, 316

Unabhängigkeitstest 521
unimodal 46
Unit-Root-Tests 600
univariate Prognoseverfahren 594
univariate Statistik 83
unmögliches Ereignis 216, 229
unterseitiger Test 487
unvereinbare Ereignisse 217
Urliste 25
Urnenmodell 425
    mit Zurücklegen 346, 425
    ohne Zurücklegen 349, 425

V

Value at Risk, VaR 442
Variable
    endogene ~ 540
    exogene ~ 540
    latente ~ 540
    statistische ~ 21
    Zufalls- 227, 260, 266, 310
Varianz 53, 278, 292, 314, 319
    Abschätzung der ~ 328
    äußere oder externe ~ 57, 528
    Berechnung der ~ 86
    Eigenschaften und Rechenregeln 55, 281
    einer Stichprobe 432
    empirische ~ 53
    -funktion 571, 603
    innere oder interne ~ 57, 528
    Minimaleigenschaft der ~ 57
    vereinfachte Berechnung 56, 283
    von Summe und Differenz 92, 327
Varianzanalyse 528
Varianz-Kovarianz-Matrix 558
    -minimierung 108, 112
    -zerlegung 113, 547, 553
Variationen 206
Variationskoeffizient 58
VENN, J. 222
Verbraucherpreisindex 181
verhältnisskaliert 23
Verschiebungssatz 56, 106, 284, 462
Versuchsreihe 396
Verteilung
    BERNOULLI- 340
    Binomial- 343

Chi-Quadrat- 387, 457
Exponential- 363
FISHER'S F- 494
Gamma- 384
geometrische ~ 358
gleichförmige ~ 338
hypergeometrische ~ 348
Lognormal- 378
Normal- 369, 375
POISSON- 353, 388
Rechteck- 361
Standardnormal- 370
STUDENT-t- 458
Verteilung ohne Gedächtnis 360, 367
Verteilungen
    bedingte ~ 89, 315
    gemeinsame ~ 84, 312
    Parameter von ~ 339
    Rand- 86, 313
    zweidimensionale ~ 83
Verteilungsfunktion 261, 265
    der Klassen 32, 36
    Eigenschaften der ~ 28, 265
    empirische ~ 28
Verteilungswirkungen 77
Verwerfungsbereich 478
Verzerrung, Bias 428
Vollerhebung 24
Volumenindizes 188
Vorzeichentest 512

W

Wachstumsraten 47
Wahlprognose 473
Wahrscheinlichkeit
    A-posteriori- 248
    A-priori- 248
    bedingte ~ 238, 240
    LAPLACEsche oder klassische ~ 220
    statistische ~ 223, 405
    subjektive ~ 224
    totale ~ 243
Wahrscheinlichkeits
    -dichtefunktion 268, 312
    -funktion 226, 227
    -limes 399
    -maß 226, 227, 241
    -massenfunktion 266, 308

    -raum 228, 231, 234, 258
    -zumessung 226
Warenkorb 172, 191
Warteschlange 533
Warteschlangenmodelle 366
weißes Rauschen 577
Wertepaare 81, 111
Wertinidizes 189
Wettquotienten 225
Whiskers 62
White-Noise 578
WOLD, H. 600
Wurzel-n-Gesetz 329

Y

YULE-WALKER-Gleichungen 589

Z

Zäune 62
Zeitreihe 26, 132, 169, 569
    glatte Komponente 133
    Glättung einer ~ 144
    Komponenten einer ~ 133
        Konjunktur- 147
        Saison- 133, 136
        Trend- 147
        zyklische ~ 133
    Phasen einer ~ 136, 154
    saisonbereinigte ~ 136, 155
    Saisonfigur einer ~ 136
    stationäre und nichtstationäre ~ 600
Zeitreihenanalyse 569
Zentraleigenschaft 47, 273, 545, 552
zentraler Grenzwertsatz 407
Zentralwert 45, 297
zufälliges Ereignis 215
Zufallsexperiment 213, 257
    -generator 390
    -stichprobe 346
Zufallsvariable 257
    diskrete ~ 260, 266, 310
    lineare Transformation einer ~ 277, 282
    stetige ~ 260, 268, 312
Zufallsvektor 307
Zufallszahlen 407, 605
zweiseitiger Test 479
Zyklus 133

informit.de, Partner von
Pearson Studium, bietet aktuelles
Fachwissen rund um die Uhr.

www.informit.de

In Zusammenarbeit mit den Top-Autoren von Pearson Studium, absoluten Spezialisten ihres Fachgebiets, bieten wir Ihnen ständig hochinteressante, brandaktuelle deutsch- und englischsprachige Bücher, Softwareprodukte, Video-Trainings sowie eBooks.

wenn Sie mehr wissen wollen ...

www.informit.de

Jetzt in der aktuellen 3. Auflage - Mathematik für WiWis!

Das Lehrbuch präsentiert eine umfassende Einführung in die Analysis für Mathematik-Einführungskurse, die sich besonders durch mathematische Strenge und Zuverlässigkeit auszeichnet. Der Fokus liegt dabei auf den wirtschaftswissenschaftlichen Aspekten der Mathematik. In der aktuellen dritte Auflage wurde ein Kapitel zu dem im deutschsprachigen Raum sehr wichtigen Simplex-Algorithmus ergänzt sowie die Kapitel zu „Differentiation" und „Differenzengleichungen" erweitert. Zudem enthält das Buch nun die Lösungen zu allen Übungsaufgaben, was eine effiziente und bestmögliche Vorbereitung auf Prüfungen und Klausuren gewährleistet.

Mathematik für Wirtschaftswissenschaftler
Knut Sydsæter; Peter Hammond
ISBN 978-3-8273-7357-1
49.95 EUR [D]

PEARSON Studium

Pearson-Studium-Produkte erhalten Sie im Buchhandel und Fachhandel
Pearson Education Deutschland GmbH
Martin-Kollar-Str. 10-12 • D-81829 München
Tel. (089) 46 00 3 - 222 • Fax (089) 46 00 3 -100 • www.pearson-studium.de

Das Grundlagenwerk der Mikroökonomie jetzt in neuer Auflage!

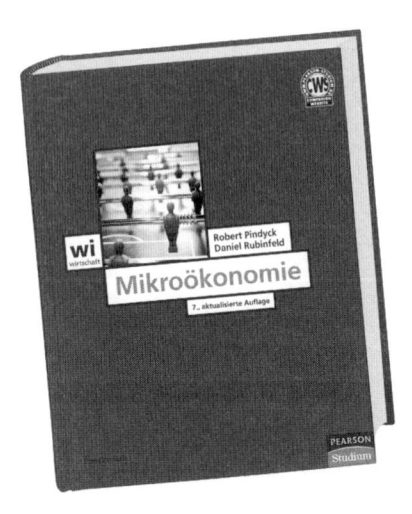

Dieses etablierte Standardwerk vermittelt auch in der 7., aktualisierten Auflage wieder die Grundlagen und Spezialaspekte der Mikroökonomie in leicht verständlicher und klarer Sprache. Viele Beispiele und Fallstudien helfen, einerseits praktische Anwendungen der theoretischen Konzepte zu erkennen und andererseits, die Konzepte besser zu verstehen. Darüber hinaus werden sämtliche Bereiche der modernen Mikroökonomie abgedeckt, von der konventionellen Angebots-, Nachfrage-, und Markttheorie über Versicherungs-, Spiel- und Oligopoltheorie, moral hazard und adverse selection bis hin zur Marktunvollkommenheitstheorie. Das Werk betont die Relevanz der Mikroökonomie für Management- und politische Entscheidungen.

Mikroökonomie
Robert Pindyck; Daniel Rubinfeld
ISBN 978-3-8273-7282-6
49.95 EUR [D]

PEARSON Studium

Pearson-Studium-Produkte erhalten Sie im Buchhandel und Fachhandel
Pearson Education Deutschland GmbH
Martin-Kollar-Str. 10-12 • D-81829 München
Tel. (089) 46 00 3 - 222 • Fax (089) 46 00 3 -100 • www.pearson-studium.de

Kosten- und Erlösrechnung: aktuell und umfassend

Der Schwerpunkt dieses Lehrbuches liegt auf der Darstellung der Systeme der Kosten- und Leistungsrechnung mit ihren abbildungstechnischen und instrumentellen Grundlagen einerseits und mit aktuellen Ausgestaltungsanforderungen andererseits. Zudem werden diese Ausführungen in den Kontext zu Managementaspekten und zu Integrationsmöglichkeiten der IFRS gestellt, um die Problematik der mit der Kosten- und Leistungsrechnung und ihrer konkreten Ausgestaltung zusammenhängenden Risiken und auch Chancen für die Unternehmen aufzuzeigen.

Kosten- und Erlösrechnung
Klaus Deimel; Rainer Isemann; Stefan Müller
ISBN 978-3-8273-7226-0
36.95 EUR [D]

PEARSON Studium

Pearson-Studium-Produkte erhalten Sie im Buchhandel und Fachhandel
Pearson Education Deutschland GmbH
Martin-Kollar-Str. 10-12 • D-81829 München
Tel. (089) 46 00 3 - 222 • Fax (089) 46 00 3 -100 • www.pearson-studium.de

Back to basics!

Das renommierte Lehr- und Nachschlagewerk „Grundlagen des Marketing" von Philip Kotler wendet sich an Studenten und Dozenten an Universitäten und Fachhochschulen. Unentbehrlich ist das Buch auch für alle, die einen verlässlichen Ratgeber für die tägliche Praxis im Unternehmen benötigen.
Zahlreiche deutsche und internationale Beispiele, Marketing-Highlights und Fallstudien illustrieren die Umsetzung theoretischer Konzepte in die Praxis. In klarer, verständlicher und stets anschaulicher Sprache bietet Kotler einen Überblick über die aktuellen Entwicklungen in allen Aspekten des Marketing.

Grundlagen des Marketing

Philip Kotler; Gary Armstrong; John Saunders; Veronica Wong
ISBN 978-3-8273-7176-8
39.95 EUR [D]

Pearson-Studium-Produkte erhalten Sie im Buchhandel und Fachhandel
Pearson Education Deutschland GmbH
Martin-Kollar-Str. 10-12 • D-81829 München
Tel. (089) 46 00 3 - 222 • Fax (089) 46 00 3 -100 • www.pearson-studium.de

Aktuell und anwendungsorientiert: Grundzüge der Beschaffung, Produktion und Logistik

Grundzüge der Beschaffung, Produktion und Logistik
Sebastian Kummer; Oskar Grün; Werner Jammernegg
ISBN 978-3-8273-7351-9
29.95 EUR [D]

Grundzüge der Beschaffung, Produktion und Logistik. Das Übungsbuch
Sebastian Kummer; Oskar Grün; Werner Jammernegg
ISBN 978-3-8273-7350-2
19.95 EUR [D]

Die bewährte Einführung in die betrieblichen Teilbereiche Beschaffung, Logistik und Produktion wird in der 2., aktualisierten Auflage mit der detaillierten Darstellung neuer Modelle sinnvoll ergänzt. Im betriebswirtschaftlichen Kontext werden die Teilbereiche aus funktionaler sowie prozessorientierter Sichtweise erläutert.
Die Studierenden entwickeln ein grundlegendes Verständnis für die Prozesse entlang des gesamten Material- und Güterstromes und für deren Zusammenhänge. Das Übungsbuch orientiert sich an der Kapitelstruktur des Lehrbuchs und enthält zahlreiche Übungen von Rechenaufgaben bis hin zu konkret anwendungsbezogenen Aufgaben. Beide Titel sind zusammen in einem ValuePack Beschaffung, Produktion und Logistik (ISBN 978-3-8273-7352-6) mit einem Preisvorteil von 5,00 EUR [D] erhältlich!

PEARSON Studium
Pearson-Studium-Produkte erhalten Sie im Buchhandel und Fachhandel
Pearson Education Deutschland GmbH
Martin-Kollar-Str. 10-12 • D-81829 München
Tel. (089) 46 00 3 - 222 • Fax (089) 46 00 3 -100 • www.pearson-studium.de